■2025年度高等学校受験用

日本大学櫻丘高等学校

収録内容一覧

JN007169

★この問題集は以下の収録内容となっています。また、編集の都合上、解説、解答用紙を省略させていただいている場合もございますのでご了承ください。

（○印は収録、一印は未収録）

入試問題の収録内容			解説	解答	解答用紙
2024年度	A日程	英語・数学・国語	○	○	○
	B日程	英語・数学・国語	ー	○	○
2023年度	A日程	英語・数学・国語	○	○	○
	B日程	英語・数学・国語	ー	○	○
2022年度	A日程	英語・数学・国語	○	○	○
	B日程	英語・数学・国語	ー	○	○
2021年度	A日程	英語・数学・国語	○	○	○
	B日程	英語・数学・国語	ー	○	○
2020年度	A日程	英語・数学・国語	○	○	○
	B日程	英語・数学・国語	ー	○	○

★当問題集のバックナンバーは在庫がございません。あらかじめご了承ください。

★本書のコピー，スキャン，デジタル化等の無断複製は著作権法上での例外を除き禁じられています。
本書を代行業者等の第三者に依頼してスキャンやデジタル化することは，たとえ個人や家庭内の利用でも，著作権法違反となるおそれがあります。

リスニングテストの音声は、下記のIDとアクセスコードにより当社ホームページ
https://www.koenokyoikusha.co.jp/pages/cddata/listening で聴くことができます。
（当社による録音です）
ユーザー名：koe　アクセスコード（パスワード）：10217　使用期限：2025年3月末日

※ユーザー名・アクセスコードの使用期限以降は音声が予告なく削除される場合がございます。あらかじめご了承ください。

●凡例●

【英語】

≪解答≫

〔　〕　①別解
②置き換え可能な語句（なお下線は置き換える箇所が2語以上の場合）
(例) I am〔I'm〕glad〔happy〕to～

（　）　省略可能な言葉

≪解説≫

1，2…　本文の段落（ただし本文が会話文の場合は話者の１つの発言）

〔　〕　置き換え可能な語句（なお〔　〕の前の下線は置き換える箇所が 2 語以上の場合）

（　）　①省略が可能な言葉
(例)「（数が）いくつかの」
②単語・代名詞の意味
(例)「彼（＝警察官）が叫んだ」
③言い換え可能な言葉
(例)「いやなにおいがするなべにはふたをするべきだ（＝くさいものにはふたをしろ）」

//　訳文と解説の区切り

cf.　比較・参照

≒　ほぼ同じ意味

【数学】

≪解答≫

〔　〕　別解

≪解説≫

（　）　補足的指示
(例)（右図１参照）など

〔　〕　①公式の文字部分
(例)〔長方形の面積〕=〔縦〕×〔横〕
②面積・体積を表す場合
(例)〔立方体 ABCDEFGH〕

∴　ゆえに

≒　約、およそ

【社会】

≪解答≫

〔　〕　別解

（　）　省略可能な語

＿＿　使用を指示された語句

≪解説≫

〔　〕　別称・略称
(例) 政府開発援助〔ODA〕

（　）　①年号
(例) 壬申の乱が起きた（672 年）。
②意味・補足的説明
(例) 資本収支（海外への投資など）

【理科】

≪解答≫

〔　〕　別解

（　）　省略可能な語

＿＿　使用を指示された語句

≪解説≫

〔　〕　公式の文字部分

（　）　①単位
②補足的説明
③同義・言い換え可能な言葉
(例) カエルの子（オタマジャクシ）

≒　約、およそ

【国語】

≪解答≫

〔　〕　別解

（　）　省略してもよい言葉

＿＿　使用を指示された語句

≪解説≫

〈　〉　課題文中の空所部分（現代語訳・通釈・書き下し文）

（　）　①引用文の指示語の内容
(例)「それ（＝過去の経験）が ～」
②選択肢の正誤を示す場合
(例)（ア，ウ…×）
③現代語訳で主語などを補った部分
(例)（女は）出てきた。

／　漢詩の書き下し文・現代語訳の改行部分

日本大学櫻丘高等学校

所在地	〒156-0045 東京都世田谷区桜上水3-24-22
電　話	03-5317-9300
ホームページ	https://www.sakura.chs.nihon-u.ac.jp/
交通案内	京王線 桜上水駅・下高井戸駅より徒歩10分 東急世田谷線 下高井戸駅より徒歩10分・小田急線 経堂駅より徒歩15分

普通科

男女共学

くわしい情報は
ホームページへ

応募状況

年度	募集数	受験数	合格数	倍率
2024	推薦220名 一般230名	228名 695名	228名 462名	1.0倍 1.5倍
2023	推薦220名 一般230名	237名 657名	237名 435名	1.0倍 1.5倍
2022	推薦220名 一般230名	273名 612名	273名 442名	1.0倍 1.4倍

試験科目　（参考用：2024年度入試）

推薦：面接　　一般：国語・数学・英語，面接

教育方針

日本大学の正付属校であり，文理学部の併設校である。付属校の特徴を生かし，学習，クラブ活動，委員会活動などを通して，自主性，創造性豊かな人材の育成を目指している。具体的には，次のような教育目標を掲げている。

1．基礎学力の向上
2．自主性の確立
3．連帯と協調性の育成
4．基本的生活習慣の形成

教育の特色

・日本大学との体験型高大連携教育

日本大学文理学部に併設された本校は「高・大7年間一貫教育」を生かし，大学での学部見学や実験実習，大学教授を招いての講義や説明会などを実施。また，文理学部は１年次から，法学部・経済学部については２年次から，各学部で指定の受講科目を選択して，大学生と同じ空間で講義を受けられる。取得した単位は講義を受けた学部に入学した場合，要件を満たせば卒業単位として認定される。

・２クラス制

少人数クラス編成によるハイレベルな授業で日本大学難関学部や国公立・難関私立大学を目指す「特別進学(S)クラス」と，日本大学の利点を活用し，体験型教育で個性を伸ばす「総合進学(G)クラス」を設置している。

・アクティブラーニングとICT教育

全教室に電子黒板を配備するほか，全生徒にタブレット端末を導入し，プレゼンテーションなどの主体的かつ双方向授業を展開している。

・グローバル教育

ネイティブ講師による少人数制英会話授業を展開し，英語によるプレゼンやディスカッションを実施。また，留学生との交流プログラム，英国語学研修や中期・長期留学制度などで日本語と英語で発信できる力を養成するなど，グローバル教育に注力する。さらに，本校で学びながら，アメリカの学校の授業を２年間履修することで，本校と現地の卒業資格を取得できる制度を導入している。

進路

学内進学希望者には，各学部への推薦入学制度がある。近年，他大学進学者も増加している。

◎日本大学進学者数　　（2024年３月卒業生）

法学部	82	スポーツ科学部	8
文理学部	81	理工学部	47
経済学部	54	生産工学部	3
商学部	43	生物資源科学部	27
芸術学部	19	歯学部	1
国際関係学部	1	薬学部	4
危機管理学部	8		

編集部注―本書の内容は2024年4月現在のものであり，変更されている場合があります。正確な情報は，学校のホームページ等で必ずご確認ください。

出題傾向と今後への対策 英語

出題内容

	2024	2023	2022
大問数	7	7	7
小問数	45	45	45
リスニング	○	○	○

◎大問７題，小問数45問という構成が続いている。出題構成は，放送問題１題，文法問題１題，長文形式の整序結合１題，対話文完成１題，長文読解２題などである。試験の最初にリスニングテストが行われる。

2024年度の出題状況

Ⅰ 放送問題

Ⅱ 適語(句)選択・語形変化

Ⅲ 長文読解―適語選択―エッセー

Ⅳ 長文読解総合

Ⅴ 長文読解―整序結合―説明文

Ⅵ 対話文完成―適文選択

Ⅶ 長文読解総合―説明文

解答形式

2024年度	記　述／マーク／併　用

（「マーク」に丸印）

出題傾向

問題数，難易度は標準的で難問・奇問の類は出題されていない。適語選択は語形変化，前置詞や接続詞をはじめ幅広く知識を問われる。会話文完成は口語表現が試される。整序結合は長文中で与えられた語句を並べかえる形式である。長文読解は長文が短めで，説明文やエッセーが多い。設問は内容真偽や英文解釈など基本的な問題が中心。

今後への対策

中学で学習したことをきちんとマスターしておくことが重要である。教科書で単語や熟語，文法を復習し，何度も音読しよう。重要構文は全文暗記が望ましい。長文読解は英文に慣れることが大事だ。放送問題はラジオなどの講座を利用し毎日英語を聞こう。対話文完成の対策にもなる。最後に過去問題集で形式や時間配分を確認しよう。

◆◆◆◆◆ 英語出題分野一覧表 ◆◆◆◆◆

分野			2022	2023	2024	2025 予想※
音声	放送問題		■	■	■	◎
音声	単語の発音・アクセント					
音声	文の区切り・強勢・抑揚					
語彙・文法	単語の意味・綴り・関連知識					
語彙・文法	適語(句)選択・補充		●	●	●	◎
語彙・文法	書き換え・同意文完成					
語彙・文法	語形変化		●	●	●	◎
語彙・文法	用法選択					
語彙・文法	正誤問題・誤文訂正					
語彙・文法	その他					
作文	整序結合		●	●	●	◎
作文	日本語英訳	適語(句)・適文選択				
作文	日本語英訳	部分・完全記述				
作文	条件作文					
作文	テーマ作文					
会話文	適文選択		■	■	■	◎
会話文	適語(句)選択・補充					
会話文	その他					
長文読解	内容把握	主題・表題		●	●	◎
長文読解	内容把握	内容真偽	●	●	●	◎
長文読解	内容把握	内容一致・要約文完成				
長文読解	内容把握	文脈・要旨把握	●	●	●	◎
長文読解	内容把握	英問英答	●	●	●	◎
長文読解	適語(句)選択・補充		■	■	■	◎
長文読解	適文選択・補充					
長文読解	文(章)整序		●			△
長文読解	英文・語句解釈(指示語など)		●	●	●	◎
長文読解	その他					

●印：１～５問出題，■印：６～10問出題，★印：11問以上出題。

※予想欄　◎印：出題されると思われるもの。　△印：出題されるかもしれないもの。

出題傾向と今後への対策　数学

出題内容

2024年度

大問５題，20問の出題。[1]は数と式，方程式の計算を主とする問題４問。[2]は小問集合で，平面図形，確率，データの活用から計５問。データの活用は箱ひげ図を利用した問題。[3]は特殊・新傾向問題で，自然数を規則的に並べた数の列に関するもの。[4]は関数で，放物線と直線に関するもの。格子点に関する問題も出題されている。[5]は平面図形で，長方形を利用した問題。回転体について問うものもある。

2023年度

大問５題，19問の出題。[1]は小問数集合で，４問。数の計算や方程式の計算など。[2]は小問集合で，平面図形，確率，データの活用から計５問。[3]は特殊・新傾向問題。並べた正方形のタイルに手順にしたがって数を書き込み，そのとき現れる数の個数などについて問うもの。[4]は関数で，放物線と直線に関するもの。平行線の性質などの図形の知識も要する。[5]は空間図形で，円柱の容器に円錐を４個入れてできた図形について問うもの。

作…作図問題　証…証明問題　グ…グラフ作成問題

解答形式

2024年度	記　述／マーク／併　用

出題傾向

大問５題，設問数15～20問の出題となることが多い。前半の２～３題は小問集合で，各分野から計６～９問。計算問題は式がやや複雑なのでていねいな計算を心がけたい。後半の２～３題は関数，図形が必出。年度により，[2]以降が各分野の総合題となることもある。レベルは標準的で，日頃の学習の成果が試される内容。

今後への対策

まずは教科書を使って基本事項を押さえよう。章末問題や練習問題をひと通り解き，解けない問題や苦手分野があれば教科書で確認を。基礎事項を確認したら標準レベルの問題集を用いステップアップをしていこう。複雑な計算問題にも対応できるよう，計算練習もしっかりと。

◆◆◆◆◆ 数学出題分野一覧表 ◆◆◆◆◆

分野	年度	2022	2023	2024	2025 予想※
数と式	計算，因数分解	■	■	■	◎
	数の性質，数の表し方				
	文字式の利用，等式変形				
	方程式の解法，解の利用	■	■	■	◎
	方程式の応用				
関　数	比例・反比例，一次関数				
	関数 $y=ax^2$ とその他の関数	★	★	★	◎
	関数の利用，図形の移動と関数	★			△
図　形	（平面）計　量	●	■	★	◎
	（平面）証明，作図				
	（平面）その他				
	（空間）計　量		★	●	◎
	（空間）頂点・辺・面，展開図				
	（空間）その他				
データの活用	場合の数，確率	●	■	■	◎
	データの分析・活用，標本調査	■	●	■	◎
その他	不 等 式				
	特殊・新傾向問題など	■	★	★	△
	融合問題				

●印：１問出題，■印：２問出題，★印：３問以上出題。
※予想欄　◎印：出題されると思われるもの。　△印：出題されるかもしれないもの。

出題傾向と今後への対策　国語

出題内容

2024年度

論説文　小説　古文

課題文

一 村上陽一郎『あらためて教養とは』
二 宮下奈都『よろこびの歌』
三『十訓抄』

2023年度

論説文　小説　古文

課題文

一 妙木浩之『AIが私たちに嘘をつく日』
二 瀬尾まいこ『君が夏を走らせる』
三 阿仏尼『十六夜日記』／『伊勢物語』

2022年度

論説文　小説　古文

課題文

一 平野啓一郎『「カッコいい」とは何か』
二 まはら三桃『たまごを持つように』
三 兼好法師『徒然草』

解答形式

2024年度	記　述／マーク／併　用

出題傾向

ここ数年，出題傾向に大きな変化はない。設問は，現代文の読解問題に30問前後，古文の読解問題に12問前後付されており，全体で45問前後の出題となっている。国語の知識の問題は，読解問題中に含まれ，全体の３割程度を占めている。課題文については，内容的には比較的読みやすく，分量も標準的である。

今後への対策

全体の問題量が多いので，文章を速く正確に読む力をつけておかなければならない。そのためには，基礎学力を養成するための問題集をできるだけたくさんこなすのがよい。また，国語の知識については，出題範囲が広いので，それぞれの分野について，参考書などを使ってノートに知識を整理し，問題集で確認しておくとよい。

国語出題分野一覧表

分野		年度	2022	2023	2024	2025 予想※
現代文	論説文 説明文	主題・要旨	●	●	●	◎
		文脈・接続語・指示語・段落関係	●	●	●	◎
		文章内容	●	●	●	◎
		表現	●	●	●	◎
	随筆 日記 手紙	主題・要旨				
		文脈・接続語・指示語・段落関係				
		文章内容				
		表現				
		心情				
	小説	主題・要旨				
		文脈・接続語・指示語・段落関係	●			△
		文章内容	●	●	●	◎
		表現	●	●	●	◎
		心情	●	●	●	◎
		状況・情景				
韻文	詩	内容理解				
		形式・技法				
	俳句 和歌 短歌	内容理解		●		△
		技法		●	●	◎
古典	古文	古語・内容理解・現代語訳	●	●	●	◎
		古典の知識・古典文法	●	●	●	◎
	漢文	(漢詩を含む)				
国語の知識	漢字 語句	漢字	●	●	●	◎
		語句・四字熟語	●	●	●	◎
		慣用句・ことわざ・故事成語	●	●	●	◎
		熟語の構成・漢字の知識	●	●		◎
	文法	品詞	●		●	◎
		ことばの単位・文の組み立て				
		敬語・表現技法	●	●	●	◎
	文学史		●	●	●	◎
作文・文章の構成・資料						
その他						

※予想欄　◎印：出題されると思われるもの。　△印：出題されるかもしれないもの。

合格を勝ち取るための

本書の使い方

本書に掲載されている過去問をご覧になって，「難しそう」と感じたかもしれません。でも，大丈夫。ほとんどの受験生が同じように感じるのです。高校入試の出題範囲は中学校の定期テストに比べて広いですし，残りの中学校生活で学ぶはずの，まだ習っていない内容からも出題されているかもしれません。

ですから，初めて本書に取り組む際には，点数を気にする必要はありません。点数は本番で取れればいいのです。

過去問で重要なのは「間違えること」です。自分の弱点を知るために，過去問に取り組むのです。当然，間違った問題をそのままにしておいては意味がありません。

本書には，長年にわたって高校受験に関わってきたベテランスタッフによる詳細な解説がついています。間違えた問題は重点的に解説を読み，何度も解きなおしてください。時にはもう一度，教科書で復習するのもよいでしょう。

別冊として，抜き取って使える解答用紙を収録しました。表示してあるように拡大コピーをとれば，実際の入試と同じ条件で，何度でも過去問に取り組むことができます。特に記述問題では解答欄の大きさがヒントになる場合があります。そうした，本番で使える受験テクニックの練習ができるのも，本書の強みです。

前のページにある「出題傾向と今後への対策」もよく読んで，本校の出題傾向に慣れておきましょう。

2024年度 日本大学櫻丘高等学校（A日程）

【英　語】（60分）〈満点：100点〉

■リスニングテストの音声は，当社ホームページで聴くことができます。(当社による録音です)
再生に必要なユーザー名とアクセスコードは「収録内容一覧」のページに掲載しています。

Ⅰ　これから放送によるリスニングテストを始めます。放送の内容をよく聞いて答えなさい。聞きながらメモをとってもかまいません。

問題１　次の(1)～(5)の写真について４つの英文が読まれます。写真の状況として最も適切な英文を１～４の中から１つ選び，その番号をマークしなさい。**英文は１回のみ放送されます。**

(1)

1.　2.　3.　4.

(2)

1.　2.　3.　4.

(3)

1.　2.　3.　4.

(4) 

1． 2． 3． 4．

(5) 

1． 2． 3． 4．

問題２　英文を聞き，質問に対する答えとして最も適切なものを１～４の中から１つ選び，その番号をマークしなさい。**英文は１回のみ放送されます**。

Questions

No. (1)　What is the main topic of this story ?

1．Bicycles in Denmark　　2．Pollution in Denmark

3．Car drivers in Denmark　　4．Schools and offices in Denmark

No. (2)　Which is true about this story ?

1．Denmark has no tax.

2．Denmark is a very flat country.

3．There is only one mountain in Denmark.

4．About 40% of the people in Denmark live in Copenhagen.

問題３　これから読まれる２人の対話を聞き，質問に答える問題です。それぞれの質問に対する答えとして最も適切なものを１～４の中から１つ選び，その番号をマークしなさい。**英文は２回放送されます**。

Questions

No. (1)　Where are the man and the woman talking ?

1．At a university in Seattle　　2．On an airplane flying to San Francisco

3．At Tokyo Station　　4．In a library in Kyoto

No. (2)　What is the woman going to do in San Francisco ?

1．Visit her cousin　　2．See her father

3．Study American history　　4．Travel

No.(3)　What does the man do ?

1．He is a student.　　2．He is a pilot.

3．He is a professor.　　4．He is a scientist.

※＜リスニングテスト放送原稿＞は英語の問題の終わりに付けてあります。

Ⅱ　次の(1)～(5)の英文の（　）に入る最も適切な語(句)を１～４の中から１つ選び，その番号をマークしなさい。

(1)　(　　　) you tell him to call me back later ?

1．Are　2．Would　3．Do　4．Were

(2)　I have (　　　) finished my homework, so I can go out to play.

1．already　2．ever　3．just now　4．yet

(3)　This beautiful dress (　　　) for Nancy by her mother.

1．made　2．was made　3．making　4．was making

(4)　“Did you find (　　　) good for his birthday present at the shop ?”

“No, I didn’t.　I’ll go to another shop.”

1．anything　2．nothing　3．that　4．one

(5)　They started (　　　) to the island and make villages.

1．came　2．come　3．to come　4．coming from

Ⅲ　文脈を考え，次の（１）～（５）に入る最も適切な語を下の語群からそれぞれ１つずつ選び，その番号をマークしなさい。同じ語を２度以上使用してはいけません。

My daily *routine is probably quite different from yours because I’m on the swim team.　I wake up at five o’clock every morning.　The (　1　) thing I do is exercise.　I ride my bike to the pool, and I swim for an hour and a half.　Then I go back home, and get ready for the day.　My first class starts at eight o’clock.　I live on campus, so I can walk to class in two minutes.　At eleven thirty, I have a (　2　) for an hour.　I usually eat in the cafeteria with my friends, but sometimes we go out to eat. After that, I have more classes.　My classes end at different times every day.　The (　3　) I finish is five o’clock.　After I finish, I normally go home, eat dinner, and get started on my homework.　If I’m tired, I take a short nap.　At seven o’clock, there are (　4　) swim team activities.　On Mondays and Wednesdays, we lift weights in the gym.　And on Tuesdays and Thursdays, we go for a run.　Then, I go home, have a shower and finish my homework.　If I finish (　5　), I hang out with my roommate.　I always go to bed at ten o’clock.　And that is my daily routine.　As you can see, I have a full schedule.

注　*routine：決まった行動

語群

1．break	2．early	3．first	4．latest
5．more	6．few	7．textbook	8．vacation

Ⅳ　次の設問(1)(2)に答えなさい。

(1)　次の文章のタイトルとして最も適切なものを１～４から選び，その番号をマークしなさい。

Do you take a walk every day ?　As you may know, walking is good for your health.　Walking will help you to feel good and to be relaxed.　If you want to lose weight, walking is perfect.　If you take a walk with your friends or family, you can enjoy talking with them. Walking is an enjoyable hobby. You can choose nice outfits and try different streets on different days.

1．The Benefits of Walking
2．How to Walk for a Long Time
3．Walking and Friendship
4．Healthy Food and Walking

(2) 次の英文を読んで，下線部から読み取れる内容として最も適切なものを１～４から選び，その番号をマークしなさい。

"You made it!" I said to Nancy. "I checked the train information but couldn't see anything. I thought you were in trouble." "Sorry, Lisa. I almost forgot the ticket. The concert will start soon. Let's find our seats and enjoy the concert."

1．Lisa was glad that Nancy came in time.
2．Lisa was angry that Nancy was in trouble.
3．Lisa was sorry that Nancy didn't bring her concert ticket.
4．Lisa was excited that she was going to enjoy the concert with Nancy.

V 下の文中の１～５の(　)内にある語(句)を意味の通る文になるように並べ替えなさい。解答は例に従って，１～４番目の順に番号で答えなさい。

例題　We (1．school　2．students　3．are　4．high).
答え：この例では We are high school students とするため，③，④，①，②を上から順にマークします。

Did you ever stop to $_1$(1．how　2．important　3．think　4．water) is? All animals and plants are mostly water. A person's body is about 65 percent water. Each of us needs to drink at least five *pints of water each day. Big animals need about 15 *gallons of water a day.

Water has other uses, too. It is used for washing and air conditioning. It is used for housework and gardening. Steel, gasoline, paper and most other products are made $_2$(1．of　2．the help　3．water　4．with). Power plants use water for cooling. Farms, of course, need water to grow food.

Water is even $_3$(1．carry　2．goods　3．to　4．used) and people around the world. Water is used for swimming, boating, and other kinds of recreation. Water is the home of many animals and plants, such as fish, whales, clams, and seaweeds.

We can easily see that life would be impossible without water. Because of this, it is so important $_4$(1．clean　2．keep　3．our water　4．to) and usable. Yet, *polluted water is becoming very common.

Water that has become polluted is unsafe to use. Pollution can happen when *sewage and other untreated waste is dumped into it. Polluted water can smell, have garbage floating in it, and be unfit for swimming or boating. But even $_5$(1．clean　2．looks　3．that　4．water) and smells good can be polluted. It may be loaded with germs and dangerous chemicals that you cannot see.

注　*pint：液体の量で約0.5リットル　*gallon：液体の量で約3.8リットル
*polluted：汚染された　*sewage：汚水

VI　次のＡ，Ｂの会話文の(１)〜(８)に入る最も適切な文をそれぞれ選択肢から選び，その番号をマークしなさい。同じ選択肢を２度以上使用してはいけません。

Ａ

イギリス留学から久しぶりに日本に帰ってきたエリが，同級生のヒサシと偶然会います。

Hisashi : Eri ?　Is that you ?
Eri　　: Hisashi ?　Wow, it's been ages.　How's it going ?
Hisashi : Pretty good.　I didn't know you were in Japan.　(　　1　　)
Eri　　: I came back last week.
Hisashi : (　　2　　), Eri.
Eri　　: Well, it has been a few years.
Hisashi : Your English is really good now.
Eri　　: Thanks.　(　　3　　)
Hisashi : Yeah.　It's cool.　Hey, let's get together sometime.　How about next Friday ?
Eri　　: That would be lovely, Hisashi.
Hisashi : And you can tell me all about your exciting experiences in the UK.
Eri　　: All right.　(　　4　　)　We have a lot to catch up.

Ａの選択肢

１．You look so different.
２．You seem to be very disappointed.
３．I can't wait to see you again soon.
４．I thought you were studying in the UK.
５．Japan is the most beautiful country in the world.
６．People often tell me I speak with a British accent.
７．To be frank with you, I wanted to study in America.
８．You should go to Ireland and enjoy the wonderful nature.

Ｂ

ベンとリリーはコンサート会場に向かっていますが，開始時間に遅れそうです。

Ben : Hey, the concert starts in an hour.　We have been looking forward to it for a year.　We cannot miss it.
Lily : I know.　We have to hurry up.　If we walk to the station, it will take too long.　(　　5　　)　We should take the train before 5 o'clock.
Ben : Wait a second.　(　　6　　)
Lily : What ?　No, I didn't.　I thought you would do it.　Didn't you do it, either ?
Ben : Oh, no !　We have to go back and lock it.　It is the most important thing to do when we go out.
Lily : That's right.　And, did you bring our tickets to the concert ?
Ben : Oh, no, I forgot them.　(　　7　　)　Without them, we won't be able to get in the hall.
Lily : Then we have to lock the door and get the tickets.　Even if we run, we won't be fast enough to go there on time.　(　　8　　)　There is very little time before it starts.
Ben : I hope we will be on time.　This concert is too good to miss !

Ｂの選択肢

1 . How lucky I am !
2 . How careless of me !
3 . We had better take a taxi there.
4 . We have plenty of time before it starts.
5 . Let's run to the station as fast as possible !
6 . Did you lock the door when we left home ?
7 . It is a fun idea to go there by train and bus.
8 . We can go to the concert when we don't have other plans.

Ⅶ 次の英文を読み，それぞれの問に答えなさい。

Most *rainforests grow in countries with very hot, wet weather all through the year. Today there are large rainforests in Asia, in Africa, and in South America. The biggest of (1)<u>these</u>—58% of the world's rainforest—is around the Amazon.

But a rainforest is not only trees. It is a wonderful world. Every *square kilometer is full of thousands and thousands of plants, birds, and animals. There is more life in a rainforest than in any other place. There are between 10,000,000 and 80,000,000 different kinds of animals and plants in the world's rainforests. Nobody really knows the number, and most of them have no names. But maybe 90% of all the plants and animals in the world live there.

You can walk for an hour through the rainforest and see around 750 different kinds of trees. (2)<u>Every tree is a home, and food, for many animals and birds.</u> The forest is full of life.

Think of a tall building with a lot of floors. Some people live on the ground floor. Other people live on the top floor. The forest has floors, too. Different plants and animals have their homes on the different floors.

From an airplane, you see only the thick, green leaves of the treetops, forty or fifty meters [(3)] the ground. Here, high [(3)] the forest floor, the trees have their flowers and fruits—but not all at the same time of the year. Every tree has its time. The forest is always green. The leaves fall—slowly—through the year. Hundreds of birds, of beautiful colors, live in the treetops. Many small animals live there, too. They climb and jump from tree to tree. Many of them never go down to the ground.

Every tree in the forest wants to grow up to the sunlight. Under the thick, green leaves there is not much light. It is dark and wet all the time. When a big tree falls, the small trees grow quickly up to the light. Here we also find many long, thin plants. Some climb around the trees up to the light. Thousands of small plants grow on the trees, too. Their *roots grow into the wood—or around it, in the air. Other plants send roots down to the ground.

On the forest floor, under the trees, it is always wet and dark. Often, the trees stand in water for many months of the year. The ground is thick with dead leaves and plants. Fruits and *seeds fall from the treetops and grow in the *soil. New plants grow and climb. Most of them die, but a small number grow tall. Large animals live here on the forest floor. Some kinds of plants grow here all the time, too. They like this dark, wet world.

The tallest trees often have thick, wide roots under the ground and above it. (4)<u>These make the</u>

tree strong.

There are 3,000 or more fruits in the rainforests of the world. People in Europe and the US use only about two hundred of them. Rainforest plants gave us many of our everyday foods－fruits and vegetables, coffee, tea, chocolate, and sugar. Today, we grow these on farms in many countries, but they came first from the rainforests.

There are also thousands of plants without names in the rain forests today. Will they be new, cheap foods for the world ? Maybe－maybe not. The rain forests are getting smaller, and we are losing many hundreds of kinds of plants every year.

When we are sick, we go to the doctor. We get medicines for different * diseases. (5)A quarter of the medicines in the world come from rainforest plants. Doctors are finding new medicines every year in these plants. They say that there is a possible use for about 10% of them. But the plants of the rain forests are disappearing fast, before we can try them.

People sometimes ask, "Why are rainforests important ?" This is one very good answer－for food and medicines, now and in the future.

注　*rainforest：熱帯雨林　*square kilometer：平方キロメートル　*root：根
*seed：種子　*soil：土　*disease：病気

問１　下線部(1)が示す最も適切なものを１つ選び，その番号をマークしなさい。

１．countries with hot, wet weather　２．large rainforests
３．plants, birds and animals　４．lives in rain forests

問２　下線部(2)の内容を表しているものを１つ選び，その番号をマークしなさい。

１．People living there cut down trees to build houses for many animals and birds.
２．People living there get food and wood for building their houses from the trees.
３．Many animals and birds use the trees to build their houses and keep their food there.
４．Many animals and birds live in the trees and get food from them.

問３　文中に２箇所ある (3) に入る最も適切なものを１つ選び，その番号をマークしなさい。

１．above　２．in　３．on　４．through

問４　本文の内容に関する次の質問に対する答えとして最も適切なものを１つ選び，その番号をマークしなさい。

Why is it dark and wet in the rain forest ?

１．Because the color of the leaves is dark and never lets in the sunlight.
２．Because there is a large roof on the trees to block out the sun.
３．Because the sunlight is blocked by the thick green leaves.
４．Because it is always raining in the forest.

問５　下線部(4)の解釈として最も適切なものを１つ選び，その番号をマークしなさい。なお，"These" が示す内容も含めて適切であるものを選ぶこと。

１．これらの土の成分が木を強くする。
２．これらの木は大きくなるにつれて強くなる。
３．最も大きな木は広範囲に強い根を作っている。
４．地中と地上の太く広い根のおかげで木が強くなる。

問６　本文の内容に関する次の質問に対する答えとして最も適切なものを１つ選び，その番号をマークしなさい。

What is happening to the rain forests every year ?

1．Because it doesn't rain so much, the trees are growing slower.
2．Because there are fewer rainforests, many kinds of plants are disappearing.
3．Because it is getting hotter in the rainforests, many kinds of plants are dying.
4．Because so many people are coming to live in the rainforests, there is less food.

問７　下線部(5)について最も適切なものを１つ選び，その番号をマークしなさい。
1．They are made from plants in the rainforests.
2．They are used to protect plants in the rainforests.
3．They are given to people living in the rainforests.
4．They are found by some doctors in the rainforests.

問８　本文の内容と一致するものを１つ選び，その番号をマークしなさい。
1．The weather around a rainforest is very hot and wet from spring to autumn.
2．Rainforests have so many trees that not so many kinds of animals live there.
3．"Rainforest" means an area which has about 10,000,000 different kinds of plants.
4．90% of all the plants and animals in the world might live in the world's rainforests.

問９　本文の内容と一致するものを１つ選び，その番号をマークしなさい。
1．Plants in rainforests can be used to build tall buildings with many floors.
2．The rainforest is similar to a tall building because plants and animals live on the different floors.
3．In the rainforest, plants and animals have their homes on the upper floors because people live on the ground.
4．From an airplane, we can see the floor of the rainforest covered in deep green leaves and colorful flowers and fruits.

問10　本文の内容と一致するものを１つ選び，その番号をマークしなさい。
1．Rainforests are important because there are some plants which have roots inside large woods.
2．Rainforests are important because large animals eat fruits and seeds that have fallen from the treetops.
3．Rainforests are important because some kinds of coffee and tea can't grow anywhere else.
4．Rainforests are important because we might be able to find food and medicine from them.

＜リスニングテスト放送原稿＞

これから放送によるリスニングテストを始めます。放送の内容をよく聞いて答えなさい。聞きながらメモをとってもかまいません。

問題１　次の(1)～(5)の写真について４つの英文が読まれます。写真の状況として最も適切な英文を１～４の中から１つ選び，その番号をマークしなさい。**英文は１回のみ放送されます。**

(1)　Look at the picture marked number (1) in your test booklet.
1．The station is very crowded.
2．Some people are getting on a train.
3．A train has stopped at the station.
4．A train is crossing a railway bridge.

(2)　Look at the picture marked number (2) in your test booklet.
1．Two dogs are playing together.
2．Two people are wearing the same costume.
3．A lot of people have dressed up as animals.

4．A lot of animals are sitting on the ground.

(3) Look at the picture marked number (3) in your test booklet.

1．There are some birds near the water.
2．All of the birds are in the water.
3．One of the birds is eating a fish.
4．The birds are flying over a river.

(4) Look at the picture marked number (4) in your test booklet.

1．A man is having breakfast.
2．A mother is preparing breakfast.
3．There is a meal on the table.
4．There is a table by the window.

(5) Look at the picture marked number (5) in your test booklet.

1．Runners are waiting in line for the start of a race.
2．Several race staff are following the runners in cars.
3．All of the runners have just finished a race.
4．A lot of runners are in a race.

問題2　英文を聞き，質問に対する答えとして最も適切なものを１～４の中から１つ選び，その番号をマークしなさい。**英文は１回のみ放送されます**。

Denmark is one of the most bicycle-friendly countries in the world. About 40 percent of the people in its capital, Copenhagen, go to school or work by bicycle.

Why are bikes so popular in Denmark ? First of all, the government is worried about pollution. Cars pollute the air, and the number of cars is growing. Denmark has a very high tax on cars because the government wants more people to ride bikes instead.

Another reason for the popularity of bicycles is that Denmark is very flat. The highest place in the country is only 170 meters above sea level, so it is very easy to ride a bike. In Copenhagen, there are also special lanes just for cyclists. Cars must stop when a bike is crossing the road. Some places have special traffic lights to tell drivers that bikes are going to cross the road.

Questions

No. (1) What is the main topic of this story ?

No. (2) Which is true about this story ?

問題3　これから読まれる２人の対話を聞き，質問に答える問題です。それぞれの質問に対する答えとして最も適切なものを１～４の中から１つ選び，その番号をマークしなさい。**英文は２回放送されます**。

M： Excuse me, my seat is next to yours. Hi, I'm Jack.

W： Nice to meet you. Hi, I'm Keiko.

M： Are you from Tokyo, Keiko ?

W： No, I'm from Kyoto, but I went to school in Tokyo.

M： I am from Seattle. I traveled to Kyoto and now I am flying to San Francisco to visit my cousin. He will meet me at the airport. How about you ?

W： I am going to go to university in San Francisco. I will stay there for three and a half years.

M： What are you going to study there ?

W： American History. My father studied English in that university when he was young.

M： I studied science at my university in Seattle.　I am a professor there now.　But, when I was a child, I wanted to be a pilot.

W： How long are you going to stay in San Francisco？

M： Two weeks.

Questions

No.(1)　Where are the man and the woman talking？

No.(2)　What is the woman going to do in San Francisco？

No.(3)　What does the man do？

以上でリスニングテストを終わります。引き続き問題に取り組んでください。

【数　学】（60分）〈満点：100点〉

（注意）　1．定規・コンパス・分度器・計算機は使用できない。

2．問題[1]から問題[5]までの，ア，イ，ウ，……の一つ一つには，それぞれ0から9までの数字があてはまる。あてはまる数字を，ア，イ，ウ，……で示される解答欄にマークすること。

3．答えが分数の形で求められているときは，それ以上約分できない分数の形で答えること。例えば，$\dfrac{3}{4}$ を $\dfrac{6}{8}$ としてマークしないこと。

4．答えが比の形で求められているときは，最も簡単な整数の比の形で答えること。例えば，1：3を2：6としてマークしないこと。

5．答えが根号の中に数字を入れる形で求められているときは，根号の中の数はできるだけ小さな数にして答えること。例えば，$4\sqrt{2}$ を $2\sqrt{8}$ としてマークしないこと。

[1]　次の[　　]に当てはまる数値を答えなさい。

(1)　$6\left\{\dfrac{2}{3}-\dfrac{(-1)^3}{3}\right\}+8\left\{\dfrac{5}{2}-\left(-\dfrac{1}{2}\right)^3\right\}=$ [アイ]

(2)　$(\sqrt{10}+3)(5\sqrt{10}-11)-(3\sqrt{10}-5)(\sqrt{10}+3)=$ [ウ]

(3)　連立方程式 $\begin{cases}\dfrac{3}{x}-\dfrac{6}{y}=-2\\[2mm] \dfrac{2}{x}+\dfrac{1}{y}=\dfrac{7}{6}\end{cases}$ の解は，$x=$ [エ]，$y=$ [オ] である。

(4)　x の2次方程式 $x^2+(a-3)x-(a^2-4a+6)=0$ の1つの解が $a\ (a<0)$ であるとき，この方程式の a 以外の解は [カ] である。

[2]　次の[　　]に当てはまる数値を答えなさい。

(1)　下の図は半径が6である3つの円がどの2つも互いに1点で接しており，線分OA，OBはそれぞれ2つの円に接している。

$x=$ [アイ]°であり，太線部の長さは [ウエ] ＋ [オカ] $\sqrt{\text{[キ]}}$ ＋ [クケ] π である。

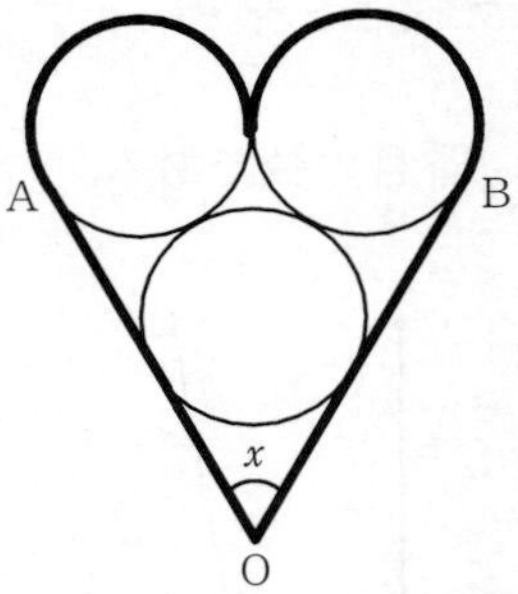

(2)　3つの正四面体のすべての面に数字がかかれたさいころA，B，Cがあり，Aのさいころには0，1，2，3の数字が，BとCのさいころには1，2，3，4の数字がそれぞれかかれている。3つのさいころを同時に投げて，Aの出た目を a，Bの出た目を b，Cの出た目を c とする。さいころの目の出方は同様に確からしいとする。

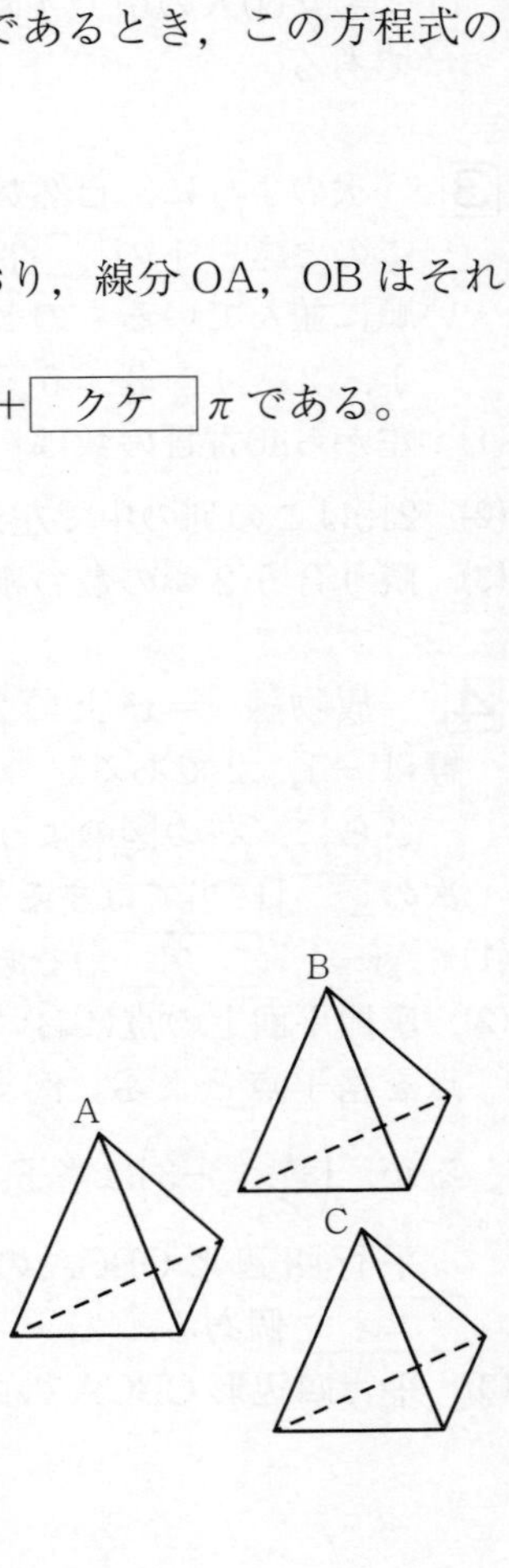

(i)　$a+b+c$ が5の倍数となる確率は $\dfrac{\text{[コサ]}}{\text{[シス]}}$ である。

(ii) $\sqrt{abc}$ が整数となる確率は $\dfrac{\boxed{セソ}}{\boxed{タチ}}$ である。

(3) 次の2つの箱ひげ図は，ある学校の男女それぞれ30人の1日の学習時間を示したものである。

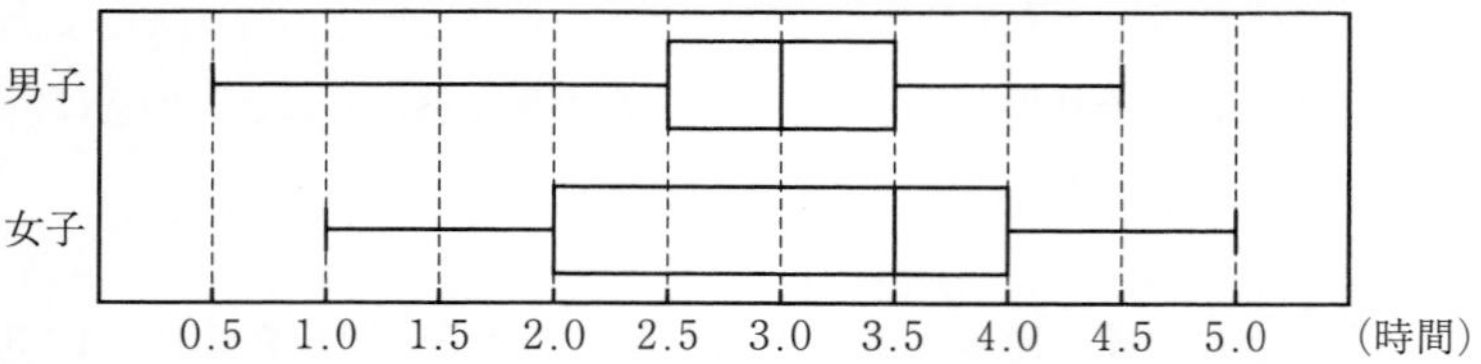

(i) 最大値が大きいのは [A] であり，第1四分位数が大きいのは [B] である。また，四分位範囲が大きいのは [C] である。

A～Cに当てはまるものの組み合わせとして適切なものは [ツ] である。[ツ] に当てはまるものを次の選択肢の中から1つ選べ。

《選択肢》

⓪ A：男子　B：男子　C：男子　　① A：男子　B：男子　C：女子
② A：男子　B：女子　C：男子　　③ A：男子　B：女子　C：女子
④ A：女子　B：男子　C：男子　　⑤ A：女子　B：男子　C：女子
⑥ A：女子　B：女子　C：男子　　⑦ A：女子　B：女子　C：女子

(ii) 男女60人の中で4時間以上勉強した人数は最も少なくて [テ] 人，最も多くて [トナ] 人である。

3 次のように，自然数を奇数が1つ出たら偶数を2つ並べるという規則に従って一列に並べる。このとき，下の [　] に当てはまる数値を答えなさい。ただし，奇数，偶数はともに左から小さい順に並んでいるものとする。

1，2，4，3，6，8，5，10，12，7，14，16，……

(1) 左から40番目の数は [アイ] である。また，左から239番目の数は [ウエオ] である。

(2) 210はこの列の中で左から [カキク] 番目の数である。

(3) 隣り合う2つの数の和が933となるのは小さい方の数が左から [ケコサ] 番目の数である。

4 放物線 $y=x^2$ 上に2点A，Bがあり，それぞれの x 座標は -1，2である。

さらに，右の図のように平行四辺形OBCAをつくるとき，次の [　] に当てはまる数値を答えなさい。

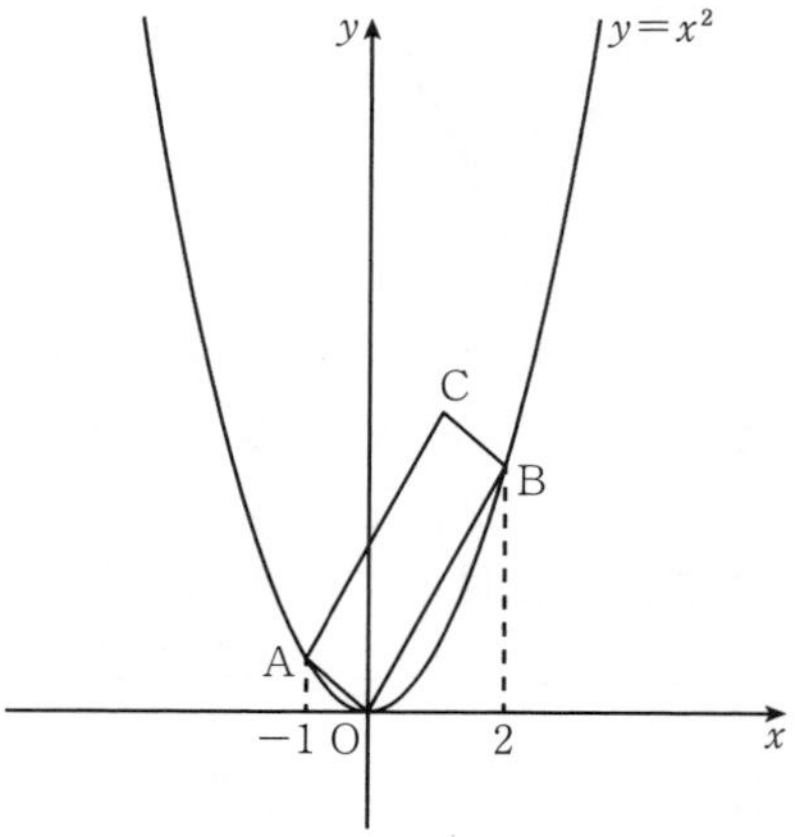

(1) A$(-1,$ [ア]$)$であり，C$($[イ]，[ウ]$)$である。

(2) 座標平面上の点において，x，y 座標がともに整数となる点を格子点とよぶ。例えば，$(1,\ 1)$や$(-1,\ 0)$は格子点であるが，$\left(\dfrac{1}{2},\ -3\right)$は格子点ではない。

平行四辺形OBCAの内部及び周上の格子点は全部で [エオ] 個ある。

(3) 平行四辺形OBCAの面積は [カ] である。

(4)　放物線 $y=x^2$ 上に点Pをとる。四角形OBPAの面積が△OABの面積の３倍となるような点Pの x 座標は小さい順に $-\boxed{\text{キ}}$，$\boxed{\text{ク}}$ である。

5　右の図のように，AB＝6，AD＝$3\sqrt{2}$ の長方形ABCDがある。点Dから対角線ACに引いた垂線をDHとし，ACの中点Mを通り，DHと平行な線と辺CDとの交点をEとする。

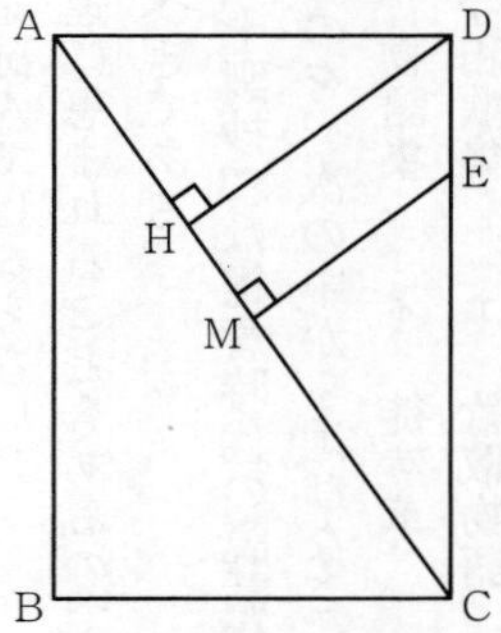

　このとき，次の $\boxed{}$ に当てはまる数値を答えなさい。

(1)　AC＝$\boxed{\text{ア}}\sqrt{\boxed{\text{イ}}}$ である。

(2)　AH＝$\sqrt{\boxed{\text{ウ}}}$ である。

(3)　EM＝$\dfrac{\boxed{\text{エ}}\sqrt{\boxed{\text{オ}}}}{\boxed{\text{カ}}}$ である。

(4)　長方形ABCDを，ACを軸にして１回転させてできる立体の体積は $\dfrac{\boxed{\text{キク}}\sqrt{\boxed{\text{ケ}}}}{\boxed{\text{コ}}}\pi$ である。

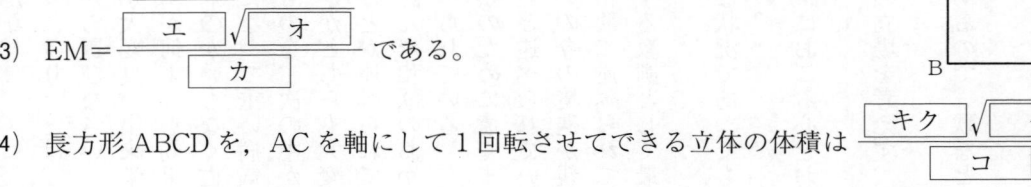

エ　あれ、和歌を詠めるのだな。

問九、傍線部⑧「よろしくなりにけり」とは、何がどうなったのか。最も適当なものを、次の中から選びなさい。

ア　和泉式部の詠んだ和歌が大変良い出来栄えとなった。
イ　和泉式部の用意した薬草が何よりも効果が出た。
ウ　小式部内侍が母親の看病のかいもなく亡くなった。
エ　小式部内侍が急に元気になって重い病気が治った。

問十、本文の内容と合致するものを、次の中から選びなさい。

ア　【文章Ａ】では、この親子がどちらも大変信心深くて、さらに日頃からとても仲の良いことが述べられている。
イ　【文章Ａ】では、母親が詠んだ和歌のおかげで、娘にすばらしい縁談が舞い込んだと述べられている。
ウ　【文章Ｂ】では、母親が娘のために遠くまで和歌の修行に出かけたが、帰らぬ人となったと述べられている。
エ　【文章Ｂ】では、娘が自分の今の境遇が親を悲しませる結果を招くのではと嘆く心情が和歌で述べられている。

問十一、【文章Ａ・Ｂ】に共通する教訓として最も適当なものを、次の中から選びなさい。

ア　子どものうちは、どんな状況であっても親に逆らい自分の意見を押しつけてはならない。
イ　周囲が心配するので、常におごる心をおさえ、控えめな態度をとるべきである。
ウ　大人になったら、相手の立場を考えず、自分の都合でむやみに歌を詠んではならない。
エ　幸運に恵まれることもあるので、歌などの教養を身につけておくべきである。

問十二、『十訓抄』は鎌倉時代の説話作品である。同じジャンル（分類）のものを、次の中から選びなさい。

ア　今昔物語集　　イ　徒然草
ウ　古今和歌集　　エ　竹取物語

＊殿上人＝清涼殿《せいりょうでん》の殿上の間に昇段を許された位の高い者の総称。

【文章B】

和泉式部《いづみしきぶ》が女《むすめ》、小式部内侍《こしきぶのないし》、この世ならずわづらひけり。かぎり（命の限り近くになって）になりて、人顔《ひとがほ》なども見知らぬほどになりて、臥《ふ》したりければ、和泉式部、(c)かたはらにそひて、額《ひたひ》をおさへて泣きけるに、目を(d)わづかに見あけて、母が顔を（母の顔を）つくづくと見て、息の下に（苦しい）、

いかにせむいくべき方をおもほえず親に先だつ道を知らねば

と、わななきたる声にて候ひければ、天井の上に、あくびさして（あくびを途中でやめたのだろうか）［ I ］あらむ、とおぼゆる声ありて、「⑦あな、あはれ」といひてけり。

さて、身のあたたかさもさめて、⑧よろしくなりにけり。

問一、波線部(a)～(d)を現代仮名遣いで表記した場合に**不適当なもの**を、次の中から選びなさい。

ア　(a)　なむ＝なぬ
イ　(b)　やう＝よう
ウ　(c)　かたはらに＝かたわらに
エ　(d)　わづかに＝わずかに

問二、傍線部①「これ」の指すものとして最も適当なものを、次の中から選びなさい。

ア　女房　　イ　みめ、かたち　　ウ　女《むすめ》　　エ　母

問三、傍線部②「かなはぬ心」の解釈として最も適当なものを、次の中から選びなさい。

ア　ようやくかなった心
イ　何とかかなってほしい心
ウ　きっとかなうはずの心
エ　どうにもかなわない心

問四、傍線部③「おどろきて」・⑤「時めき給ふ」の本文中での意味として最も適当なものを、それぞれ後の中から選びなさい。

③「おどろきて」
ア　びっくりして　　イ　目を覚まして
ウ　怒りをこめて　　エ　とても喜んで

⑤「時めき給ふ」
ア　胸が躍るような容姿でいらっしゃる
イ　時流に乗って栄えていらっしゃる
ウ　神々しい出で立ちでいらっしゃる
エ　世間の噂《うわさ》に惑わされずにいらっしゃる

問五、傍線部④「身の憂さをなかなかなにといはしみづ」には、和歌の修辞技法である「掛詞《かけことば》」が用いられている。その説明として適当なものを、次の中から選びなさい。

ア　「身の憂さを」が「なかなか」を修飾している。
イ　「なかなか」や「なに」など同音の語を組み込んでいる。
ウ　「いはしみづ」に「言は」と「石清水」の意味を持たせている。
エ　「憂さ」・「なに」・「みづ」と関連のある語を用いている。

問六、傍線部⑥「取りて」の主語として最も適当なものを、次の中から選びなさい。

ア　女房　　イ　姫君　　ウ　殿上人　　エ　作者

問七、空欄［ I ］に入る語を「係り結びの法則」を踏まえて、次の中から選びなさい。

ア　も　　イ　や　　ウ　こそ　　エ　ぞ

問八、傍線部⑦「あな、あはれ」の現代語訳として最も適当なものを、次の中から選びなさい。

ア　ああ、すばらしい和歌だ。
イ　さあ、和歌を詠んでみよう。
ウ　まあ、つまらない和歌だ。

問十三、「私」は合唱をどのようなものだと感じているか。最も適当なものを、次の中から選びなさい。

ア　厳しい練習で技術を磨き、表情等の細部にまでこだわることで、初めて本来の楽しさを味わえるもの。

イ　各自が役割を果たすことで生まれる責任感を土台とすれば、自然と明るく華やかになるもの。

ウ　合唱に関わる人たちの関係が良好になると深みが増してゆき、その上更に人間関係を親密にするもの。

エ　技術と知識がある人が先頭に立ち、適切な方法で指導すれば、いつもよい結果を残せるもの。

問十四、「御木元さん」は本文中でどのような人物として描かれているか。最も適当なものを、次の中から選びなさい。

ア　協調性がないことで孤立していたが、たとえ一人になっても周囲を気にせず自分の信念を貫く人物。

イ　音楽に特別な才能があることでやっかみを受けていたが、実は謙虚で義理堅く頼りがいのある人物。

ウ　理想とする合唱を強要することで周囲と衝突することもあったが、自分の才能を自覚して挑戦を続ける人物。

エ　周りに合わせて柔軟に対応することができずに反発を受けることもあったが、自分の道を夢中で進んでいる人物。

問十五、本文の表現の特徴を述べたものとして最も適当なものを、次の中から選びなさい。

ア　少女たちの生き方を季節を用いて象徴的に描いた上に、その変化を実際の季節の進行と重ねて表現している。

イ　一人称による地の文と短い会話文が規則的に繰り返されており、若さゆえの無鉄砲さを感じる表現になっている。

ウ　登場人物の心情を間接的に描くことで、平凡な少女たちの葛藤を一般化でき、読者が共感しやすい表現になっている。

エ　色鮮やかな比喩表現を用いることで、才能の非凡さや音楽の力の偉大さを印象的に表現している。

三　次の【文章Ａ・Ｂ】は一二五二年頃の成立とされる『十訓抄』の一節である。それぞれの文章を読んで、後の問いに答えなさい（設問の都合上、本文に一部改変がある。）

【文章Ａ】

中ごろ、なまめきたる女房、世の中たえだえしかりける（日々の生活は苦しかったが）が、みめ、かたち、よかりける女《むすめ》を(a)なむ持ちたりけるが、十七八なりければ、「①これをいかにして、目安きさまにせむ（将来安心できる様子にしたい）」と思ふかなしさに、＊八幡《やはた》に姫君とともに泣く泣く参りて、よもすがら（夜通し）、御前にて、「身は今は、いかにても候ひなむ（構いません）。この女を心安きさまにて見せ給《たま》へ」と数珠《ずず》をすりて、うちなげきうちなげき申しけるに、この娘、参りつくより、母の膝《ひざ》を枕にして、起きも上がらず、寝たりければ、暁方《あかつきがた》になりて、母申す(b)やう、「いかばかり思ひて、②かなはぬ心に、徒歩《かち》より参りつるに、わが申すやうに、よもすがら、神もあはれとおぼしめすばかり申し給ふべきに、思ふことなげに、寝給へるうたてさよ」とくどかれて（愚痴をこぼされて）、姫君③おどろきて、「かなはぬ道に苦しくて（体がついていかないほどつらい道のりで疲れてしまって）」といひて、

④身の憂さをなかなかなにといはしみづ思ふ心を汲《く》みて知るらむ

とよみたりければ、母も恥づかしくて、ものもいはずして、下向《げかう》するに、＊七条朱雀《しちでうすざく》のほとりにて、世の中に⑤時めき給ふ＊殿上人《てんじやうびと》、桂《かつら》より遊びて帰り給ふが、この女《むすめ》を⑥取りて、車に乗せて、やがて北《きた》の方《かた》にして（妻にして）、始終いみじかりけり（大事にした）。

《注》
＊八幡＝石清水八幡宮。京都府八幡市にある神社。
＊七条朱雀＝七条大路と朱雀大路が交差する場所。

ることを危惧《きぐ》している。

イ　御木元さんのこれからに興味を持ちつつ、対照的な自分の無力さを痛感しており、彼女のようにひたむきな生き方をしたいと願っている。

ウ　御木元さんや千夏が自分の生き方を確立していることに驚嘆する一方で、自分だけが何もない状態にあると焦りを感じている。

エ　御木元さんの才能に感動しつつ、自分との明白な違いに落胆しており、周囲の配慮にさえ苛立《いらだ》ってしまう自分をふがいなく思っている。

問六、空欄 C に入る語として最も適当なものを、次の中から選びなさい。

ア　つくづく　　イ　さめざめ
ウ　しぶしぶ　　エ　ほとほと

問七、空欄 D に入る語として最も適当なものを、次の中から選びなさい。

ア　すてきだな　　イ　げんきだな
ウ　のんきだな　　エ　おろかだな

問八、傍線部⑥「あのとき」とはいつのことか。最も適当なものを、次の中から選びなさい。

ア　秋の合唱コンクールに向けて『麗しのマドンナ』を練習しているとき。

イ　担任からもう一度『麗しのマドンナ』を歌わないかと提案されたとき。

ウ　マラソン大会で御木元さんに向けて『麗しのマドンナ』を歌ったとき。

エ　卒業生を送る会の直前に『麗しのマドンナ』を練習しているとき。

問九、傍線部⑦「彼女を固めていた雪が溶けかけているのがわかった」とあるが、ここで使われている表現技法と同じ技法を用いているものとして最も適当なものを、次の中から選びなさい。

ア　若竹の伸びゆくごとくこども達よ真直に伸ばせ身をたましひを

イ　ほんとうにおれのもんかよ冷蔵庫の卵置き場に落ちる涙は

ウ　最上川の上空にして残れるはいまだうつくしき虹の断片

エ　向日葵《ひまわり》は金の油を身に浴びてゆらりと高し日のちいさきよ

問十、傍線部⑨「明るい」の品詞として最も適当なものを、次の中から選びなさい。

ア　形容詞　　イ　連体詞
ウ　副詞　　エ　形容動詞

問十一、傍線部⑩「くすくす笑い声が聞こえる」とあるが、この時の級友たちはどのような様子か。最も適当なものを、次の中から選びなさい。

ア　級友たちは、御木元さんの感覚的な説明に戸惑うが、笑い合うことで皆が理解できていないと感じ安心している。

イ　級友たちは、御木元さんの要領を得ない説明に呆《あき》れているが、事実を伝えて彼女を傷つけないよう配慮している。

ウ　級友たちは、御木元さんの突飛《とっぴ》な説明をおかしく思うが、それさえも受け入れて歌うことを楽しんでいる。

エ　級友たちは、御木元さんの説明の拙《つたな》さをからかって、自分たちに能力がないという現実の憂さ晴らしをしている。

問十二、傍線部⑫「春のまっただ中にいる」とはどのようなことか。その説明として**不適当なもの**を、次の中から選びなさい。

ア　夢中になれるものに深く心を傾け、もがきながらも進むこと。

イ　同じ目標に真剣に取り組んでいる仲間と、切磋琢磨《せっさたくま》できること。

ウ　堅実な未来を考えるのではなく、今という瞬間に向き合うこと。

エ　冷静さを欠いて判断を誤っても、誰かが自分を守ってくれること。

のマドンナ』を歌い出したこと。

問一、空欄 A ・ B に入る語として最も適当なものを、それぞれ後の中から選びなさい。

A
ア 夢　イ 酔い　ウ 目　エ 熱

B
ア 読む　イ 開く
ウ しかめる　エ ひそめる

問二、傍線部①「しかたない」・②「しかたないよ」とあるが、その内容の違いについての説明として最も適当なものを、次の中から選びなさい。

ア ①「しかたない」は開催時期に問題のある合唱コンクールが盛り上がらないことに対しての発言であり、②「しかたないよ」は御木元さんが級友たちとの折り合いをつけられないことに対しての発言である。

イ ①「しかたない」は何度も御木元さんに忠告したかったのにできなかったことに対しての発言であり、②「しかたないよ」はだんだんと練習に人が集まらなくなってしまったことに対しての発言である。

ウ ①「しかたない」は音楽に特別な才能がない者たちが御木元さんの期待に応えられないことに対しての発言であり、②「しかたないよ」は御木元さんが徹底的に音楽と向き合うことに対しての発言である。

エ ①「しかたない」は音楽の経験が少ない級友たちが御木元さんのやり方について行けないことに対しての発言であり、②「しかたないよ」はいつも完璧を求める御木元さんの性格に対しての発言である。

問三、傍線部③「四つに組む」・⑧「肝煎」・⑪「不敵な」の本文中の意味として最も適当なものを、それぞれ後の中から選びなさい。

③「四つに組む」
ア 全力を尽くしてまともにぶつかる
イ 自分の限界を超えて無理をする
ウ 既成概念にとらわれない行動をする
エ 不器用ではあるが実直に取り組む

⑧「肝煎」
ア 恐縮して頼むこと
イ あれこれ世話を焼くこと
ウ お節介をすること
エ 権限を越えて行動すること

⑪「不敵な」
ア 冷静で打算的な様子
イ 幼稚で無邪気な様子
ウ あざけり相手を見下す様子
エ 大胆で恐れを知らない様子

問四、傍線部④「人間としてぜんぜん敵わない」とあるが、「私」がこのように思う理由として最も適当なものを、次の中から選びなさい。

ア 歌に一途に向き合う御木元さんに対して、自分は無難に役割をこなすことに重きを置いているから。

イ 音楽家の娘という特別な環境にいる御木元さんに対して、自分は恵まれない境遇に卑屈になっているから。

ウ 決断力のある御木元さんに対して、自分は何をするにも優柔不断で時間がかかってしまうから。

エ いつも物怖じしない御木元さんに対して、自分は物事を始める勇気がなく出遅れてしまうから。

問五、傍線部⑤「なんか、わかるよ、ひかりの気持ち」とあるが、この時のひかり本人の気持ちを説明したものを、次の中から選びなさい。

ア 孤高の存在であった御木元さんに憧れながらも同情する一方で、級友たちとの交わりによって彼女の不思議な魅力が失われだ。そのときに思いがけず見た彼女の一粒の涙が私たちの胸を濡《ぬ》らした。⑦彼女を固めていた雪が溶けかけているのがわかった。

たったそれだけで、だ。私たちは変わった。毎日、昼休みや放課後に十五分ずつ続ける練習にほとんどクラス全員が揃《そろ》うようになった。

本番直前となった今日からは、浅原の⑧肝煎《きもいり》で終礼の時間から音楽室を使わせてもらっている。ただし、浅原本人は顔を出さない。先に見ちゃったらつまんないじゃない、と彼女はあくまでも陰から楽しむつもりらしい。

「ここは明るく歌うところなの。もう歌詞も覚えたでしょ？　できるだけ楽譜は見ないで、顔を上げて」

御木元さんの指示で三十の顔が上がる。

「じゃあ四十八小節、出だしから」

千夏のピアノが鳴り、みんなが歌い出すとすぐにまた御木元さんが腕を振って歌を止めた。

「もうちょっと明るく歌おう。マドンナたちの華やいだ気持ちになって。さあ、⑨明るい顔をして」

そういって自ら明るい笑顔をつくってみせた。そうして、こちらを見渡して、

「明るい顔ってわかる？　頰骨を上げて。そう、そして目の奥を開けて。はい、各自十回、目の奥を大きく開けて、閉じて、開けて」

えー、どうやってー、とあちこちから声が上がった。

「目の奥に扉があると思ってみて。そこを大きく開くイメージ」

御木元さんは大きく目を見開いている。⑩くすくす笑い声が聞こえる。

「あれって扉じゃなくて目そのものじゃん」

早希が小声でいい、それでも真似をして大きく目を開いている。

すごいなあ、と私は素直に感心している。御木元さんがこんなふうに指示を出せる。みんながそれに従っている。音楽というのは、お互いの親密さと信頼があって育っていくものらしい。マラソン大会のゴール前で芽を出した私たちの歌は、時間をかけて、今、ゆっくりと双葉を開いたところくらいだろうか。

「そうそう、いいね、そんな感じ。みんないいかな、顔の明るさを忘れないで。これで声のピッチが揃うよ」

御木元さんの右手が挙がり、千夏のピアノが弾む。

よろこびの歌がはじまる。ほんとうだ、みんなの声が明るくなっている。

御木元さんが指揮の腕を大きく振るその軌跡《きせき》から音楽があふれ出す。私たちの声が伸びていく。重なっていく。弾み、広がり、膨らんでいく。

歌が終わっても、まだ光の粒がそこかしこに残っているような感じがする。汗ばむような熱気を逃したくて、窓を開けに立つ。重いサッシを開くと、さっと風が入り込んできた。頰に受ける風が気持ちいい。もうすぐ、春だ。

三月に入れば卒業式がある。その前日、卒業生を送る会で歌うのがこの合唱のゴールになる。

「ものすごく楽しみにしてるからね」

浅原は教師らしからぬ⑪不敵な笑みで私たちを挑発する。のるよ。受けて立つよ。クラス委員はクラスの気持ちを代表して胸を張る。

「ひかり、それじゃ浅原の思うツボだって」

「合唱は気合いで歌うものじゃないってわかってるよね、ひかり」

意気込む私にあやちゃんが、史香が、みんなが口々に声をかける。

ああ、こういうとき、春なんじゃないかな、と思う。今、もしかすると私は⑫春のまっただ中にいるんじゃないか。

（宮下奈都『よろこびの歌』による　一部改変）

《注》

＊サボタージュ＝怠けること。

＊マラソン大会で走る御木元さんの応援歌として歌った＝明泉の学校行事であるマラソン大会において、運動が得意ではない御木元さんが最後尾で校内のグラウンドに戻ってきた場面で、級友たちが自然と『麗し

　私も小さい頃からピアノを習っていてそこそこ弾けたから多少の音感はあるはずだったのに、御木元さんのハーモニーの追求は生半《なまはん》可《か》じゃなかった。否定されるような気分になった子がいたのもわかる。私たちにそこまで求めても①しかたないと思うよ、と何度いいたくなったことか。無理だということがわからないのか、わかっていても妥協ができないのか、彼女の指導は厳しくて、ただでさえ集まりが悪かったのに回を追うごとに人が集まらなくなった。②しかたないよ、と私は思った。今度はクラスメイトたちに対して。御木元さんにはこうすることしかできない。音楽に関して、歌うことに関しては、こんなふうにがっぷり③四つに組む以外に彼女には手はないんだ。

　私はそれをクラスメイトたちに伝えられなかった。彼女の歌声に、そして合唱を導こうとする情熱に圧倒されて、すごい、すごい、この人はすごい、と涙が出そうだったのだ。御木元さんのことが猛烈に羨《うらや》ましかった。敵《かな》わない。歌ではもちろん、④人間としてぜんぜん敵わない。勉強そのものが好きなわけでもないのに勉強してクラス委員をやっているだけじゃ、だめだ。それは勤勉ではなく、むしろ＊サボタージュなんじゃないか。初めから春を捨ててしまうのは、逃げているってことなんじゃないか。

　でも、どうすればいいのかわからなかった。ずっと人のまとめ役で、今さら自分にも何かほしい、何者かになりたいなんて、いったい何をどうすればいいのだろう。べつにいちばんにならなくたっていい。ただ一所懸命になれる何かがほしくてたまらなくなった。

　合唱コンクールの前後、無口になってしまった私を友人たちが気遣ってくれた。どうかしたの、とか、ひかりらしくないよ元気出してよ、とか、たくさんの子が声をかけてくれた。やりにくいよね御木元さんて、なんて眉を[B]子もいた。

「⑤なんか、わかるよ、ひかりの気持ち」

　そうつぶやいたのは千夏だった。千夏は合唱コンクールでピアノを担当していた。

　お気楽そうな千夏に何がわかるのかと思ったけれど、意外に真剣な目を見たら何もいえなくなってしまった。

「御木元さんを見てると、自分にはなんにもないんだな、って[C]思うよ」

　千夏はいい、それからにっこりと笑った。

「それなのに、不思議なんだ、見ていたいんだよ。御木元さんにはどんどん進んでいってほしいし、それをずっと見ていたい気持ちになるんだ」

　半分くらい、同じ気持ちだ。でもあとの半分では、羨んでいる。春もなく夏も秋も冬も無視して、歌うことで何の迷いもなく進んでいける御木元玲と、なんにもない私。

「なんにもないって思わされて、平気？」

　聞くと、ちょっと考えてから千夏は答えた。

「……これからじゃないかな。なんにもないんだから、これからなんじゃないの、あたしたち」

[D]、と思う。あたしたち、と一緒にされたのもなんだか面白くない。ただ、これから、という千夏の言葉に賭けてみたい気もした。そうでなければ、私は一生冬のまま、春から目を逸らして生きていかなければならない。

　⑥あのときから、何が変わったのだろう。

　クラス替えを目前にして、このクラスでもう一度合唱コンクールの歌を歌わないかという提案が担任の浅原から出されている。また御木元さんの力を見せつけられることになる。わかっていたけれど、はい、と答えた私の気持ち。クラスのみんなの気持ち。そして御木元さんの気持ち。ほんの何か月か前のあの頃とは変わっているのがわかる。

　冬のマラソン大会で、私たちはもう一度あの歌を歌うことになった。合唱コンクールではさんざんな出来に終わった『麗しのマドンナ』を、＊マラソン大会で走る御木元さんの応援歌として歌ったのえようとしたから。

ウ　他人の前で涙を見せる行為は、自分のプライドを保てないことだと考えたから。

エ　自分が受験に失敗したのは、母親の協力が不足していたからだと恨んだから。

問十五、傍線部⑮「右を見、左を見、誰かが何かを言うとそれにあたりさわりのないことを言う」状況を表す四字熟語として最も適当なものを、次の中から選びなさい。

ア　五里霧中　　イ　付和雷同

ウ　慇懃無礼《いんぎんぶれい》　　エ　唯我独尊

問十六、本文の内容と合致するものとして最も適当なものを、次の中から選びなさい。

ア　教育の機会均等が法的に認められたのは、戦後になってからである。

イ　羞恥心を育むのは家庭ではなく、主に学校での教育が中心であった。

ウ　戦前では米国の教育の影響を受け、得意分野の伸長が教育の理想であった。

エ　自分を律して行動できることが、教養がある人の条件のひとつである。

二　次の文章を読んで、後の問いに答えなさい。

「私（ひかり）」は、女子高に通っており、二年生になって「御木元玲《みきもとれい》」と同じクラスになった。

秋に、ちょっとした出来事があった。御木元さんがクラス対抗の合唱コンクールの指揮者に選ばれたのだ。彼女が指名されたのは、音楽家の娘だという噂《うわさ》が広まっていたせいもあるけれど、その協調性のなさを腹立たしく思っている人もけっこういたからだと思う。明泉《めいせん》という学校は行事が多い。合唱コンクールはちょうど文化祭が終わってひと息つこうとしたタイミングで行われるので、つい受け流す恰好《かっこう》になってしまう。クラス委員としてはなるべく盛り上げたいとは思うものの、誰も真剣に取り組もうとはしない行事だった。いやいや引き受けたに違いないのに、御木元さんは途轍《とてつ》もなかった。特別としかいいようのない光を私たちに見せてくれた。彼女にしてみれば、特別なつもりもなかったのかもしれない。指揮者になったことで光が漏れた、そんな感じだった。

級友たちをどうにか引っ張っていくために四苦八苦する彼女は、自分では歌わず、指揮と指導に徹していた。それでも彼女が各パートの出だしや山場を歌って示す、その歌声に触れただけで身体に鳥肌が立つようなことが何度もあった。そういうとき、私は昂揚《こうよう》し、かえってうまく声が出なくなってしまう。光り輝くような声の主を、ただ見つめていることしかできなかった。

練習を重ねるにつれ、歌うことってこんなに奥が深いのかと［Ａ］が覚めるようだった。ときたまみんなの声がぴたりと重なると、合唱の楽しさに触れることができた気がして、よろこびがこみ上げた。

ただし、この人を指揮者にしてしまったのは間違いだったとたぶんクラス全員が思っていただろう。指揮者は歌えない。御木元玲の声を封印してしまったのはあまりにももったいなかったという後悔。それに、彼女の歌がうますぎて自分が歌う気がなくなってしまうという子もいたし、歌い手としては素晴らしいけれど――素晴らしいからこそ――指導者としては不向きだなどという声も挙がっていた。

御木元さんは、級友たちがやる気のないふりをしていると思っていたみたいだ。少しは燻《くすぶ》っているはずの、歌いたい気持ちを刺激しようとした。まずは声を出させるところから始め、声を合わせたときの気持ちよさを私たちに教えようとした。残念ながらポーズなんかじゃなく、みんなほんとうにやる気がなかったのだけれど。そして、こっそりとやる気のあった何人かにしたって、彼女の要求にしっかり応えられるような力量はなかった。

を、次の中から選びなさい。

ア　個人に対して屈辱感を与えることが、戦後教育では重要視されているから。

イ　アメリカの大学と比較すると、日本の大学はほとんどの人を卒業させてしまうから。

ウ　個人にはそれぞれ得意不得意があるのに、それを隠蔽《いんぺい》しようとしているから。

エ　教育機会は男女に平等に与えられなければならないのに、実際はそうではないから。

問七、傍線部⑤「砥石のような働き」の説明として最も適当なものを、次の中から選びなさい。

ア　大きな困難を目前にしても、揺るがない信念を持ち続けること。

イ　自分に大きな負荷をかけて、不可能なことを可能にしていくこと。

ウ　自分の心を無にし、他人に惑わされずに努力を続けていくこと。

エ　自分と他人との比較を通して、自分の力量を高めていくこと。

問八、傍線部⑥「キレイゴト」の表記の説明として最も適当なものを、次の中から選びなさい。

ア　「キレイゴト」とカタカナ表記をすることで、ここでは皮肉を込めて用いていることを読者に暗示している。

イ　「オンリー・ワン」という表現にあわせて、「キレイゴト」もカタカナ表記をして目新しさを強調する効果を狙っている。

ウ　漢字で書くべき単語をカタカナ表記することで、外国の影響を強く受けた日本の戦後教育のあり方を批判している。

エ　「オンリー・ワン」と「民主的」は両立することはないということを、カタカナ表記を通じて表現している。

問九、傍線部⑧「それ」の表す内容として最も適当なものを、次の中から選びなさい。

ア　自己と他者との優劣

イ　自己に対する安堵感

ウ　他者の感情の襞《ひだ》

エ　互いを尊敬しあう関係

問十、傍線部⑨「発奮」の対義語として最も適当なものを、次の中から選びなさい。

ア　期待　イ　発揮　ウ　落胆　エ　平然

問十一、傍線部⑩「分」を本文中の別の言葉で言い換える場合に最も適当なものを、次の中から選びなさい。

ア　建前　イ　教養　ウ　劣等感　エ　身の丈

問十二、傍線部⑪「森鷗外」の作品として適当なものを、次の中から選びなさい。

ア　三四郎　イ　たけくらべ

ウ　友情　エ　青年

問十三、傍線部⑫「エリートは存在し得ない」とあるが、それはなぜか。その理由として最も適当なものを、次の中から選びなさい。

ア　学校ではあらかじめ限界を設定しておき、それを越えさせないような指導をおこなっているから。

イ　戦前の教育では、自分と他者とを比較して優越感を持たないようにしつけられてきたから。

ウ　家庭では子どもの個性を重視し、お互いの違いを尊重するような教育をおこなっているから。

エ　戦後社会では、戦前の反省をもとに大人だけでなく、子どもにも平等の観念を教育したから。

問十四、傍線部⑭「その瞬間キッとなった」とあるが、筆者がこのようになった理由として最も適当なものを、次の中から選びなさい。

ア　怒りに任せて自分を張り飛ばした母親の軽率さを心から腹立たしく思ったから。

イ　第一志望校には落ちたが、次の試験に向けて気持ちを切り替られた、自分を人間として成長させるための知識や振る舞い方のこと。

＊スノッブ＝上品ぶったり、趣味を誇ったりして教養人を気どること。

＊漱石＝夏目漱石（一八六七〜一九一六）。小説家。森鷗外と並ぶ近代文学の巨匠。

問一、傍線部(i)〜(iii)のカタカナ部分と同じ漢字を使う熟語として最も適当なものを、それぞれ後の中から選びなさい。

(i) 自カイ

ア　カンガルーほどの大きさの、木綿の肌着を着たカイ物が空から降りてくる話を読んだ。

イ　親友を裏切ってしまったかも知れないという、カイ恨の念に今もさいなまれている。

ウ　昔の友人たちにそそのかされ、師匠から与えられた大切なカイ律を破ってしまった。

エ　長年入院していた祖母から、病状は幸いカイ方に向かっているという知らせを受けた。

(ii) ヨク圧

ア　ヨク揚をつけて話すことで、自分の考えが相手に伝わりやすくなる。

イ　包丁で指を切ってけがをしたが、ヨク日にはすっかり治っていた。

ウ　裕福な家で育ったせいか、彼にはあまり物ヨクがないように見えた。

エ　ヨク場に入ったらまず体にお湯をかけ、汚れを落とすのがマナーだ。

(iii) 冷ショウ

ア　１１９番でショウ防署に電話をすると、最初に火事か救急かと聞かれる。

イ　あまりに現実離れしていたため、会議で彼の意見は一ショウにふされた。

ウ　感染症の急速な拡大を受けて、専門家たちはさかんに警ショウを鳴らしている。

エ　履歴書に詐ショウした経歴を書いたことが発覚して、会社を解雇された。

問二、傍線部①「自分はこう考えるということ」の表す内容として最も適当なものを、次の中から選びなさい。

ア　常識に反しても主張すべき個人の倫理観のこと。

イ　相手に対して持論を押しつけない寛容さのこと。

ウ　各時代によって異なる恥ずかしさの感覚のこと。

エ　それぞれの人が持つ正しさなどの価値観のこと。

問三、傍線部②「奇妙な事態」とはどのようなことか。最も適当なものを、次の中から選びなさい。

ア　大きな権力を握った文科省が、学校教育のすべてを把握し、管理しようとすること。

イ　素質や能力に乏しくて、勉強についていけない学生も、大学を卒業してしまうこと。

ウ　制度が整っていないのに、義務教育の就学率がほとんど百パーセントに達したこと。

エ　戦後の日本において、高校を卒業した生徒の半数近くが大学への進学を目指すこと。

問四、空欄[A]〜[C]に入る語として最も適当なものを、それぞれ次の中から選びなさい。

ア　たとえば　　イ　むしろ

ウ　あるいは　　エ　しかし

問五、傍線部③「なるほど」・⑦「なぜ」・⑬「もっとも」・⑯「たしかに」のうち、**異なる使い方**で用いられているものを、次の中から選びなさい。

ア　なるほど　　イ　なぜ

ウ　もっとも　　エ　たしかに

問六、傍線部④「戦後の教育の持つ一番いかがわしい面」とあるが、なぜいかがわしいといえるのか。その理由として最も適当なものる子供の能力には当然現時点での限界というのがありますね。その現在の限界の中で、それより少し低いところのものを与えることによって教育が成り立つという考え方がかなり蔓延《まんえん》していると思うんですよね。

　だから教材を与えるにしても、国語（日本語）の教科書から＊漱石《そうせき》は消え、⑪森鷗外《おうがい》は消える。鷗外は文語だから難しい。土井晩翠《どいばんすい》の詩、あるいは島崎藤村《しまざきとうそん》の詩も文語だから難しい。難しいからやめるというのはどういうことなんでしょうか。これも私のまったくわからないところですね。つまり、中学校三年生ではこの程度だと決めてしまって、その限度のなかでのみ、与えていく。それはたしかに平均値をとればその程度になるんでしょう。平等主義の平均値でいえば、そこより上のことをやってはいけないという考え方ね。そうすると、それよりちょっと下のあたりを与えておけば無難で、みんながわかってくれて、だいたいみんなが追いついてきてくれて、だから無難ですねという話になっていく。そういう発想の中では⑫エリートは存在し得ない。

　飛躍するようだけれど、恥ずかしさというのがなくなったんじゃないかな。できないことは確かに恥ずかしい。しかしそれを感じさせてはいけない、となったら、教育なんて何をすればよいというんですか。【中略】

　⑬もっとも戦前でも「恥ずかしい」という感覚を育むのは、学校もそうですが、むしろ家庭のなかの方が多かったのじゃないかな。私は親から、「みっともないことしなさんな」とか、「そんなことすると笑われるよ」とかいうことを常時言われていました。いまでも忘れないんですけど、中学の入試の発表を見に行って、落ちてると知ったらちょっと目が潤《うる》んできて。そしたら、隣にいた母親に張り飛ばされてね。母親もつまり自分の息子が落ちていることが恥ずかしいんだと思う。だから息子がそういう反応をしているのが腹立たしかったんだろうとは今なら思うんだけれど。いずれにしてもある意味では他人の目を気にしているわけでしょう。でも、まさに⑭その瞬間キッとなった。ここでウルウルしたりなんかしたら、自分の沽券《こけん》に関わるという感じはそういうときにハッと持ちますよね。多分、そういう家庭教育でそういうことが繰り返し言われていたんだと思いますよ。

　この点が個性を大切にするという至極《しごく》真っ当な言い分と混同されている、そう思います。

　「他人の目を気にするな」という言い方の中には、たとえば意見を言うときに、他の人は何て言うだろうかと⑮右を見、左を見、誰かが何かを言うとそれにあたりさわりのないことを言う、というような日本社会の悪い側面を指摘するときにしばしば使われてきた事柄だと思いますし、それは⑯たしかに是正すべき欠点だと思いますよ。しかしそれと、いろいろな社会の持っている、あるいは自分自身の持っている、あるいは自分自身が持つべきだと考えているいろいろな決まり事だとか、規矩だとか、自分が逸脱しそうになったときに他の人が見ているという感覚を大切にすることとは、まるで違ったことです——他の人でなくてもいいんですよね。昔はよく、誰が見ていなくても、お天道《てんと》様が見ているからお見通しだよというような言い方をされて、江戸の庶民でもみんなそういう教えを受けた。ヨーロッパやアメリカだと、それは神が見ているということになるわけだし。

　誰かが見ているという意識を根拠にして、だからやらないんだという振舞い方は、私はちゃんと残しておいていい人間の姿だと思うんですよね。そのことを十分自分の中に自覚できる人というのは、私はやはり教養ある人だというふうに思います。

（村上陽一郎『あらためて教養とは』による　一部改変）

《注》

＊『おしん』＝山形の寒村に生まれ七歳で奉公に出されたおしんが苦難に耐えて経営者として成功するまでを描いた、橋田壽賀子《はしだすがこ》作のＮＨＫのドラマ。

＊先ほど申し上げたぎりぎりの、本来の意味の教養＝筆者が父親から伝え

⑦なぜそんな奇妙なことが起こっているのか。差別をなくそうという、「民主的」という理念の中にある本来は大切な点が、戦後の社会、教育の向かう方向において、おかしな形でおよそ間違った結果を導いてしまった、としか言いようがないですね。

もう一つは子供を過小評価してしまっていることです。自分が子供であったときのことを忘れて、大人の立場から過度の父権主義に立っている、普通の言葉で言えば「過保護」でもありますね。子供は本来もっと逞《たくま》しいものです。劣等感をばねにして立ち上がることもできれば、優越感に溺《おぼ》れて失敗し、そこから立ち直ることもできます。またどこかに優越感を感じることこそが、子供が自分で育つ道でもある。そういうことを一切無視して「平等」を目指そうというのは大人の欺瞞《ぎまん》以外の何ものでもない。それはエリートであることが拒否されることにも現れます。実はエリートを社会は否定できない構造であるにもかかわらず、建前としてエリートという概念を拒否するということにもそれは明確に現れてくると思うんですね。

たとえば、僕らの子供の頃というのは、運動をやらせたら何でもできる奴《やつ》がいました。もちろん今でもいるでしょう。私は、運動はある特別のジャンル以外はかなり苦手なほうだったから、必ず負ける相手がいるわけですね。その体育系(体育会系、とは言わない)の生徒たちは、非体育系の生徒たちからは、少なくとも体育系の領域に関する限り尊敬されますよね。逆に非体育系の生徒たちは非体育系の領域では明らかに体育系の生徒たちから尊敬されますね。そういう相互の尊敬。尊敬もあればその裏には当然軽蔑《けいべつ》もあります。あいつ何だよ、あれできねえじゃないかというのがあるんですよ。だけども、その尊敬と軽蔑は先ほど申し上げた優越感と劣等感を育《はぐく》む大事な……逆だな。劣等感と優越感がその尊敬と軽蔑とを生み出すのだと言った方がいい。⑧それを否定することはまったく人間としてナンセンスだと思うんですが、そういうふうに考えてはいけないことになっている。中学の頃ある体育の先生は、何かと言うと苦手な器械体操で、クラス全員の前で私を引っ張り出してやらせました。

それは確かに屈辱的ではありますが、私にとっては、自分の駄目なところに思いを寄せる機会でもあり、他者にとっては、優越感や、自分の方がまだましという安堵感《あんどかん》を感じる機会でもあったに違いない。また私にとっては何とか苦手を克服しようと⑨発奮する励みを生み出すものでもあった。そういう感情の襞《ひだ》は、人間としての必須《ひっす》の成長ではありませんか。【中略】

もう一つ言うと、子供たちだけでなく一般の社会でもそうなのかもしれないけれども、割によく識者が「身の丈に合った生き方をしなさい」というようなことを言うでしょう。先ほど私は⑩分相応《そうおう》ということを言ったのと矛盾《むじゅん》するような話に見えますけれども、実は身の丈に合ったということは、自分の限界の中でということを意味していると思うんです。自分の限界を最初から決めてしまって、自分の限界はこのへんにあるからこれ以上のことはやらないという生き方も、私はおかしいと思う。それはやはりエリート否定と繋《つな》がる発想です。自分がいまの自分の貧しい点を自覚し、乗り越える。劣等感を起爆剤にして、自分が劣等感を感じるような相手のようになりたい、それを超えたい、と思って努力をする。そんなことまで否定をされてしまうと、それが身の丈に合ったということになってしまうのではないか。つまり平等という概念は、結局のところ、人に抜きんでる、あるいは抜きんでた人に近づこうという努力に対して、それを(iii)冷ショウしたり、あるいはあまり意味を認めない、価値を認めない方向に向かって社会が進んできてしまっている一つの結果だと思いますね。結果じゃない。［ C ］原因だと思いますね。

ですから、その意味では、私は*スノッブというのが悪いものではないという意見です。私の若い頃の恥を話せば、わかってもわからなくても……というか、わからない本をさもわかったようにして読んでというようなことが中学、高校の頃ありました。それは私ばかりではなかったけれど。いまはものを与えるときでも、できるだけかみ砕いているようです。つまり、どう言ったらいいのかな。あを受けられるということを考えること自体が、本当はおかしいんですよ。だけどもいまの建前はそうなってるわけですね。その上、九十何パーセントの高校生のうちのいまは四十五パーセント近くがとにかく大学と名の付くところに行こうとするわけです。しかも、それらの学生はよほどのことがない限り、そのまま大学の「卒業生」になります。

とくに戦後の大学におけるこのような驚くべき②奇妙な事態。こういう奇妙なことを考えているのは、日本社会だけだと思いますよ。戦後の教育制度が追随《ついずい》した、あるいは追随させられたアメリカでさえ、事態は少し違うと思うんですよ。③なるほどアメリカの場合は、特に州立大学では基本的に州の住民の子弟であれば、入学試験をしないでというか、選抜しないで受け入れなければならないということを取り決めているところが多い。さらにアメリカでは、初等教育でさえ、良きアメリカ市民として育てます、という誓約があって、教育委員会が許可すれば（つまり許可することがあるわけですね）、学校に行かずに両親が教育することを認めている州があるということです。

アメリカは中央政府に文部省がないですからね。ドイツもないですよ。中央政府が教育に関して口を出してはいけないという不文律が成り立ってますから。片や日本のように文科省がこれほど大きな権力を握ってしまって、教育、学校制度の内容全部に口を出して、それを管理するというのは、ほんとに少し奇妙な事態だと思うんですけどね。【中略】

さて話を戻すと、しかし、ではアメリカの大学に入った学生は、日本のように九十何パーセントが卒業するか、させてもらえるかというとんでもない。途中で、大学に適さないという理由でどんどん大学から追われていく。

教育に関して機会は均等でなければならないというのは、少なくとも初等、中等教育に関してはとりあえずは正しい。そこで、ある人は音楽に才能がある、ある人は美術に才能がある、ある人は理科に才能がある、ある人は文学に才能がある、あるいは体育に才能がある。逆に、あるというほうばかり言いましたけど、実は体育に才能がない、音楽に才能がない、美術に才能がない、理科に才能がない、文学に才能がないという人がいるのも当たり前でしょう。そうすると、そういう現実を回避して、［ B ］運動会で徒競走をしていつも一着になる人と、いつもビリになる人が出るから徒競走はやらないという教育とは、一体何なんですか。これはかなり強い疑問ですね。

そういうところに④戦後の教育の持つ一番いかがわしい面が出ていると思うんですよ。いわゆる平等主義というところでね。だって人間は屈辱《くつじょく》を味わうことによって成長するんですから、自分は逆上がりができない、あるいは自分は徒競走でいつもビリにしかならないという屈辱を味わうことこそ貴重な体験なのに、そういう屈辱を味わわせてはいけないという教育っていったい何なんでしょうね。本当に私にはわからない。

人間というのは優越感と劣等感で育っていくものだと思います。ある面についての優越感とある面についての劣等感というのがなかったら、人間として、＊先ほど申し上げたぎりぎりの、本来の意味の教養というところにも達し得ないと思うんですね。自分がここで他より優れている、自分はここで他より劣っていると思うことが、自分というものをつかんでいく一番最初の出発点でしょう。自分というものをつかむ。そして自分が生きていくということに誠実であろうとするときに、⑤砥石《といし》のような働きをしてくれるのは、他の人に比べて自分はどうであるかということであり、ある場面で優れているということ、ある場面で劣っているということを一つ一つ自覚していくことが、人間が自分を自分として自覚していく最初の出発点だと思うんです。それをできるだけなくそうというのは、本当にいったい何を考えているのか私にはわからない。その上「オンリー・ワン」などという⑥キレイゴトがまかり通る。

二〇二四年度 日本大学櫻丘高等学校（A日程）

【国語】（六〇分）〈満点：一〇〇点〉

一 次の文章を読んで、後の問いに答えなさい。

戦前と戦後ということを比較するとき何よりも目に付くことは、教育の現場で子供たちに接するときに、それよりも年取った世代の人たちが、良きにつけ悪《あ》しきにつけ、きちんと自分たちの規矩《きく》に自信を持っていて、それが正しいということを常に言い続けたということじゃないでしょうか。それは教師でもそうだし、家庭でもそうだろうと思います。子供たちはそれを肯定的にのみ受け取るわけではないのですが。その意味で言うと、戦後の教育の一番問題なのは、自分も高等教育に携わっている人間としてしばしば(i)自カイをするんですが、①自分はこう考えるということを、なりふり構わずきちんと主張して、後継世代にそれをぶつけていくという作業を怠ってきたんじゃないか。それが非常に違うんだと思いますね。

それから、もう一つ、これはもう少し現象的な面で言えば、私は教育というのは平等なものではないと確信しています。もちろん教育が機会均等であるということは大切なことだと思います。教育を受けたいという人間がいたときに、それがいろいろな社会的制約の中で受けられない。たとえば女性であるから受けられないとか、貧乏だから受けられないとかいうことは、やはり一つひとつ解きほぐし、できるだけなくしていくという方向に行くべきだということについては、全く疑問はありません。

もっともそれは、戦後に始まったのかというと実はそうではなくて、明治の教育理念というのがもともと平等と均等を目指したものでした。そこでは小学校、中学校、大学校という教育組織を目指した。つまり日本を八つの大学区に分けて、一つの大学区を三十二の中学区、さらに一つの中学区を二百十の小学区に分ける。そうすると、日本の総人口が、六百人単位の小学校に均等に割り振られることになります（『学制百年史』昭和四十七年、学制百年史編集委員会編参照）。つまり最終的には人口六百人あたり小学校は必ず一つできて、日本中のすべての人がとりあえず小学校へ行けるようになるはずだったのです。ですから、原則全員がまず小学校だけは機会均等で修了できるという目論見《もくろみ》で作っていったものがいまの学校制度の原型ということになる。もちろん貧しいから行けない、たとえば＊『おしん』なんかをご覧になるとおわかりになるように、子守りをしていて行けない。もっとも学校に赤ちゃんをおぶって来るなんていうのはごく当たり前のことでもあったんですけれどもね。自分の弟《きょう》妹《だい》を連れてくることもあれば、子守りで頼まれた子供を連れて来る子もいたんだけど、それでももちろんすべての子供が学校に行けたわけではない。［A］建前《たてまえ》は機会均等であった。だから機会均等というのは決して戦後に限ったことではないのですよ。高等教育は当然のことながら別ですけど、少なくとも初等教育に関しての機会均等というのは、明治の本来の教育理念でもあると思います。さらに遡《さかのぼ》れば寺子屋という制度も、それに近い発想だった。

ただそれが、いま言ったように貧しさとか、その他いろいろな制約があってなかなか現実には達成できなかったということもあるわけですから、戦後社会が豊かになったために（教育制度が整ったためにではなく）義務教育に関しては就学率がほとんど百パーセントになったというのは、結構なことです。もっとも、そこから、学校へ行くということがひどい(ii)ヨク圧になって、いわゆる「不登校学童」という概念が生まれたとも言えますが。

ところで、「高等教育は別」と言ったんですが、実は「別ですが」という言い方自体、恐らく現在ではかなりあやしくなっているのではないでしょうか。だってそうでしょう。高等学校へは九十何パーセントの人が行く。その中で落ちこぼれるのが出てくるのは当たり前なんですよね。九十何パーセントの人が高等学校でまともに教育

英語解答

Ⅰ 問題１ ⑴…３ ⑵…２ ⑶…１
⑷…３ ⑸…４
問題２ ⑴…１ ⑵…２
問題３ ⑴…２ ⑵…３ ⑶…３

Ⅱ ⑴ ２ ⑵ １ ⑶ ２ ⑷ １
⑸ ３

Ⅲ １…３ ２…１ ３…４ ４…５
５…２

Ⅳ ⑴ １ ⑵ １

Ⅴ １ ３→１→２→４
２ ４→２→１→３
３ ４→３→１→２
４ ４→２→３→１
５ ４→３→２→１

Ⅵ A １…４ ２…１ ３…６ ４…３
B ５…５ ６…６ ７…２ ８…３

Ⅶ 問１ ２ 問２ ４ 問３ １
問４ ３ 問５ ４ 問６ ２
問７ １ 問８ ４ 問９ ２
問10 ４

Ⅰ〔放送問題〕解説省略

Ⅱ〔適語(句)選択・語形変化〕

⑴Would you ～? は「～していただけますか」と，人にていねいに依頼する表現。 「後で私に電話をかけ直してくれるように，彼に伝えていただけますか」 call back「電話をかけ直す」

⑵already は現在完了(‘have/has＋過去分詞’)の肯定文とともに使われ，「すでに，もう」という意味を表す。なお，疑問文の場合は yet が使われる。また，just now「ちょうど今，ついさっき」は通例，現在形または過去形で使われるのでここでは不可。 「私はもう宿題を終わらせてしまったので，外に遊びに行くことができます」

⑶主語の This beautiful dress は「つくられる」ものなので‘be動詞＋過去分詞’の受け身にする。「このきれいなドレスは，ナンシーのために，彼女の母親によってつくられた」

⑷something や anything など -thing の形の代名詞を修飾する形容詞はその後ろに置かれ，‘-thing＋形容詞’という形になる。anything good で「何かいいもの」という意味。 「彼の誕生日プレゼントに，その店で何かいいものを見つけましたか？」―「いいえ。別の店に行ってみます」

⑸動詞 start は「～すること」の目的語として to不定詞と動名詞(～ing)の両方をとれるが，４は from が不要。 「彼らはその島へやってきて村をつくり始めた」

Ⅲ〔長文読解―適語選択―エッセー〕

≪全訳≫私は水泳チームに所属しているので，私の毎日の決まった行動は，おそらくあなたの行動とはかなり違うだろう。私は毎朝５時に起きる。私が最初にするのは運動だ。私は自転車に乗ってプールへ行き，１時間半泳ぐ。それから家に戻り，１日の準備をする。私の最初の授業は８時に始まる。私は学校の敷地内に住んでいるので，授業には歩いて２分で行ける。11時30分に，私は休憩を１時間とる。たいてい食堂で友人たちと食事をするが，ときには外に食べに行くこともある。その後，私はさらに授業を受ける。授業は毎日違う時間に終わる。一番遅く終わるのは５時だ。終わった後は，ふだんは家に帰って夕食をとり，それから宿題を始める。疲れている場合は，短い仮眠をとる。７時になると，水泳チームの活動がまたある。毎週月曜日と水曜日はジムでウエイトトレーニングをする。そして毎週火曜日と木曜日は走りに行く。それから私は家に帰り，シャワーを浴び，宿題を終わらせる。もし早く終われば，ルームメイトとのんびり過ごす。私はいつも10時に寝る。それが私の毎日の決まった行動だ。おわかりのとおり，私のスケジュールはいっぱいなのだ。

＜解説＞１．朝起きた後にすることを述べた文である。　２．11時30分という時間と，直後の文の内容から，筆者は「休憩」をとるとわかる。この break は「休憩，小休止」という意味。　３．空所前の文で，授業が終わる時間が毎日違うことについて述べている。５時はその中の一番遅く終わる時間と考えられる。　４．空所の後に続く内容は，主語が we であることから水泳部の活動と考えられる。more「さらに多くの」が使われるのは，朝にも部の活動があるため。　５．直後の文にある hang out は「のんびり過ごす」という意味。友達とのんびり過ごすのは時間があるときと考えられるので，「(宿題を)早く終えたら」とする。

Ⅳ〔長文読解総合〕

⑴＜表題選択―説明文＞≪全訳≫あなたは毎日歩いているだろうか。ご存じかもしれないが，歩くことは健康に良い。歩くことは，気分が良くなり，リラックスする助けになるのだ。もし体重を減らしたいなら，歩くことが一番いい。友人や家族と歩けば，一緒に会話を楽しむことができる。歩くことは楽しい趣味だ。かっこいい服を選んだり，日によって違う道を試したりすることもできる。

＜解説＞全体を通して，１．「歩くことの利点」について述べた文章である。　benefit(s)「利点，利益」

⑵＜文脈把握―物語＞≪全訳≫「間に合ったわね！」と私はナンシーに言った。「電車の情報をチェックしたけど，何もなかったの。あなたに何か問題が起きたかと思ったわ」「ごめん，リサ。もう少しでチケットを忘れるところだったの。コンサートがもうすぐ始まるわ。席を見つけてコンサートを楽しみましょう」

＜解説＞リサがナンシーを心配していたことと，ナンシーがリサに謝っているが，それでもコンサートはまだ始まっていないことから，ナンシーが待ち合わせに遅れたものの，コンサートには間に合ったことがわかる。よって，１．「リサはナンシーが時間に間に合ってうれしかった」のである。この make it は「間に合う」という意味。

Ⅴ〔長文読解―整序結合―説明文〕

≪全訳≫❶あなたは立ち止まって，水がどれほど大事かを考えたことがあるだろうか。全ての動物と植物の大部分は水だ。人間の体は約65％が水である。私たち一人ひとりが，毎日少なくとも約５パイント(約2.5リットル)の水を飲む必要がある。大型動物は１日約15ガロン(約57リットル)の水を必要とする。❷水には他の使い方もある。水は洗濯や空気調節に使われている。家事やガーデニングに使われている。鋼鉄，ガソリン，紙や，その他のほとんどの製品が，水の助けを得てつくられている。発電所は冷却するために水を使っている。農場はもちろん，食物を育てるために水を必要とする。❸水は世界中で物や人を運ぶためにさえも使われている。水は水泳やボートなどのレクリエーションにも使われている。水は魚やクジラ，貝，海藻のような多くの動植物の家である。❹水がなければ生活するのは不可能だろうということは容易にわかる。このため，水をきれいに，そして使用できるように保つことはとても重要だ。しかし，汚染された水はとてもありふれたものになりつつある。❺汚染された水は，使用するには安全ではない。汚染は汚水などの処理されていない廃棄物が水中に捨てられるときに起こりえる。汚染水はにおったり，ごみが浮いていることがあり，水泳やボートには適さない。しかし，見た目もにおいも悪くない水でさえも，汚染されている可能性がある。それは目に見えないばい菌や危険な化学物質でいっぱいかもしれないのだ。

＜解説＞１．まず think を置き‘stop＋to不定詞’「～するために立ち止まる」の形をつくる。think の目的語を‘疑問詞＋主語＋動詞’の語順の間接疑問にする。how は「どれほど」という‘程度’の意味の場合は，直後に形容詞〔副詞〕が続くことに注意。　Did you ever stop to think how important water is?　　2．with the help of ～で「～の助けを借りて，～の援助を受けて」という意味を表す。　... and most other products are made with the help of water.　　3．前に is があることと，前後の内容から，水の使われ方について述べた文と考えられるので，まず used を置いて受け身の形をつくり，この後に‘目的’を表す to不定詞の副詞的用法「～するために」を続ける。　Water is even used to carry goods and people around the world.　　4．文全体としては‘it is ～ to …’「…することは～だ」の文。to …の部分を，clean を形容詞として用いて‘keep＋目的語＋形容詞’「～を…(の状態)にしておく〔保つ〕」の形にまとめる。　... it is so important to keep our water clean and usable.　　5．まず文の主語として water を置く。残りは that を主格の関係代名詞として用いて，‘look＋形容詞’「～に見える」の形を続ける。　But even water that looks clean and smells good can be polluted.

Ⅵ〔対話文完成─適文選択〕

A≪全訳≫❶ヒサシ(H)：エリ，君なのかい？❷エリ(E)：ヒサシ？　わあ，かなり久しぶりね。調子はどう？❸H：なかなかいいよ。君が日本にいることは知らなかったな。[1]イギリスで勉強していると思っていたよ。❹E：先週戻ってきたの。❺H：[2]ずいぶん変わったね，エリ。❻E：まあ，数年ぶりだからね。❼H：今の君の英語はとても上手だね。❽E：ありがとう。[3]イギリスのアクセントで話すってよく言われるの。❾H：うん。かっこいいよ。そうだ，いつか集まろうよ。次の金曜はどう？❿E：それはいいわね，ヒサシ。⓫H：そしてイギリスでのわくわくする経験について全部教えてよ。⓬E：わかったわ。[4]またすぐあなたに会うのが待ちきれないわ。話すことがたくさんあるわね。

＜解説＞1．直前で，ヒサシはエリが日本にいるのを知らなかったと言っている。4の「イギリスにいると思っていた」はこの内容を具体的に説明している。　　2．直後の it has been a few years は「数年たった」という意味。最後に会ってから数年たっているので，見た目がだいぶ変わったということ。　　3．英語をほめられたエリの返答。この後ヒサシが言った It's cool. の It は，イギリスのアクセントで話すことを受けていると考えられる。　　4．次の金曜日にみんなで会う約束をした直後の発言として適切なものを選ぶ。　can't wait to ～「～するのが待ちきれない〔楽しみだ〕」

B≪全訳≫❶ベン(B)：ねえ，コンサートが1時間後に始まるよ。僕らはこの1年間ずっとそれを楽しみにしてきたんだ。見逃すことなんかできないよ。❷リリー(L)：わかってるわ。急がないと。もし駅に歩いていったら，時間がかかりすぎるわ。[5]駅までできるだけ速く走っていきましょう！　5時前の電車に乗った方がいいから。❸B：ちょっと待って。[6]君は家を出るときにドアに鍵をかけた？❹L：何？　いいえ，かけなかったわ。あなたがそうすると思っていたもの。あなたもかけてないの？❺B：えっ，なんてことだ！　戻って鍵をかけないと。それは外出するときにするべき一番大事なことだよ。❻L：そうね。それと，あなたは私たちのコンサートのチケットを持ってきた？❼B：あっ，しまった！　忘れちゃったよ。[7]僕はなんて不注意なんだ！　チケットがないと，会場に入ることができないよ。❽L：それじゃ，ドアに鍵をかけてチケットを取ってこないと。たとえ走っても，そこに時間どおりに着けるほど速く走れないわ。[8]そこまではタクシーに乗った方がいいわね。コンサートが始まるまでほとんど時間がないもの。❾B：間に合うといいんだけど。このコンサートはすばらしいから見逃せないよ！

＜解説＞5．「歩いていったら，時間がかかりすぎる」に続く部分。歩いたら間に合わないので走ろうと提案したのである。 as ～ as possible「できるだけ～」 **6**．この発言に対してリリーがNo, I didn't.と答えていることから判断できる。 **7**．コンサートのチケットを忘れたことが判明した場面。ベンは自分の不注意さを嘆いたのである。2はHow careless (it is) of me (to forget them)！のかっこ内が省略されたもの。'It is ～ of … to —'「—するとは…は～だ」の感嘆文である。 **8**．もはや走ってもコンサートの開始時間に間に合わないので，タクシーで行くことを提案したのである。had better ～は「～した方がいい」という意味。

Ⅶ〔長文読解総合—説明文〕

≪全訳≫❶ほとんどの熱帯雨林は，一年中非常に暑く，湿った天候の国で育つ。現在はアジア，アフリカ，そして南アメリカに広大な熱帯雨林がある。それらのうち最も大きいもの，つまり世界の熱帯雨林の58％がアマゾン川の流域にある。❷しかし，熱帯雨林は木だけではない。それはすばらしい世界である。1平方キロメートルの中に，数千種類の植物，鳥，動物が山ほどいる。熱帯雨林には，他のどんな場所よりも多くの生命がある。世界の熱帯雨林には，1000万から8000万種のさまざまな動植物が存在している。その数を本当に知っている人はおらず，それらのほとんどには名前もない。しかし世界中の全動植物の90％がそこにいるかもしれないのだ。❸熱帯雨林の中を1時間歩けば，約750種のさまざまな木を見ることができる。木の1本1本が，多くの動物や鳥にとってはすみかであり，食べ物である。森は生命でいっぱいなのだ。❹階数がたくさんある高い建物を考えてほしい。1階に住んでいる人もいれば，最上階に住んでいる人もいる。森にも階(フロア)がある。さまざまな植物と動物が，異なるフロアに自分のすみかを持っている。❺飛行機からは，地上40メートルか50メートルの高さにある木の先端の，密集した緑の葉しか見えない。森の地面の上にあるこのはるか高い場所に，木々は花を咲かせ実をつけるが，全ての木が1年の同じ時期にそうするわけではない。全ての木に，それぞれの時期がある。森はいつも青々としている。葉は1年を通してゆっくり落ちる。美しい色をした数百羽の鳥が，木の頂上で生きている。多くの小動物もそこで生きている。彼らは登り，木から木へ飛び移る。その多くは，決して地面へは下りてこない。❻森にある全ての木が，日光に向かって成長しようとする。緑に茂る葉の下には，あまり光が届かない。そこは常に暗く，湿っている。大きな木が1本倒れると，小さい木々が光に向かってすばやく成長する。ここではまた，長くて細い植物が多く見つかる。木に巻きついて，光の方へ伸びていくものもある。数千もの小さな植物も，その木にくっついて成長する。それらの根は，その木の内部，あるいはその木の周りを空中に向かって伸びていく。地面に向かって根を伸ばしていく植物もある。❼木の下にある森の地面は，常に暗く湿っている。多くの場合，そこの木々は1年のうち何か月も水中に立っている。地面は枯れた葉と植物で覆われている。果実と種子は木の先端から落ち，土の中で育つ。新しい植物が成長し，伸びていく。そのほとんどは枯れてしまうが，大きく成長するものもわずかにある。大型動物はこの森の地面の上で暮らしている。植物の中にはいつもこの場所で育つ種もある。それらはこの暗く湿った世界が気に入っているのだ。❽最も高い木はしばしば太く幅広い根を地中と地上に張る。こうした根が木を強くする。❾世界の熱帯雨林には，3000種以上の果実がある。ヨーロッパとアメリカの人々は，そのうちの約200種しか利用していない。熱帯雨林の植物は，果物や野菜，コーヒー，茶，チョコレート，砂糖などの日々の食料の多くを私たちに与えてくれた。今日，多くの国ではこれらを農場で育てているが，それらははじめ，熱帯雨林からやってきたのだ。❿現在，熱帯雨林には，名前のない植物も数千種ある。それらは世界にとって，新しい，安価な食料になるだろうか。なるかもしれないし，ならないかもしれない。熱帯雨林は徐々に小さくなっており，私たちは毎年何百種類もの植物を失っている。⓫私たちは病気になると，医者に行く。さまざまな病気の薬をもらう。世界の薬の4分の1が熱帯雨林の植物に由来している。医者たちは毎年，これらの植物に新薬を見つけ出している。彼らは，その植物の約10％に使える見込みがあると言う。しかし，熱帯雨林の植物は，私たちが試してみる前に，急速に消えつつある。⓬人々はときおり「なぜ熱帯雨林は重要なのか」と尋ねる。その問いに対する妥当な回答の１つは「現在，そして未来の食料と薬のため」だ。

問１＜指示語＞these「これら」なので複数のものを指す。The biggest of these「これらのうち最も大きいもの」の「これら」に当てはめて意味が通るものを，文章をさかのぼって探す。

問２＜英文解釈＞下線部は「木の１本１本が，多くの動物や鳥にとってはすみかであり，食べ物である」という意味。４．「多くの動物と鳥が木に住んでおり，木からえさを得ている」は，この内容を言い換えている。

問３＜適語選択＞最初の空所は，treetop(s)「木の頂上」＝forty and fifty meters above the ground「地上40，50メートルの高さ」ということ。２つ目の空所は，Here「ここ(＝地上よりも上の場所)」＝high above the forest floor「森の地面の上の高い位置」ということである。前置詞 above は「(接触せずに離れて)上の方に」という意味。

問４＜英問英答＞「なぜ熱帯雨林は暗く湿っているのか」―３．「密集した緑の葉に日光がさえぎられているから」　第６段落第２，３文参照。

問５＜英文解釈＞下線部の主語 These は直前の thick, wide roots (under the ground and above it)を受けている。make the tree strong は‘make＋目的語＋形容詞’「～を…(の状態)にする」の形。

問６＜英問英答＞「熱帯雨林には毎年何が起きているのか」―２．「熱帯雨林が減っているので，多くの種類の植物が消えている」　第10段落最終文参照。

問７＜要旨把握＞下線部を含む文は，「世界の薬の４分の１が熱帯雨林の植物に由来している」という意味。１．「それらは熱帯雨林の植物からつくられる」はこれに最も意味が近い。　a quarter of ～「～の４分の１」　‘be動詞＋made from＋原料’「〈原料〉からつくられる」

問８＜内容真偽＞１．「熱帯雨林周辺の天候は，春から秋まで非常に暑く，湿気が多い」…×　第１段落第１文参照。　all through the year「一年中」　２．「熱帯雨林には非常に多くの木があるので，そこに生息する動物の種類はあまり多くない」…×　第２段落参照。動物もたくさんいる。　３．「『熱帯雨林』とは，約1000万種の植物がある地域のことを意味する」…×　そのような記述はない。　４．「世界の全ての植物と動物の90％が世界の熱帯雨林に生息しているかもしれない」…○　第２段落最終文に一致する。

問９＜内容真偽＞１．「熱帯雨林の植物は，階数の多い高い建物を建てるために使うことができる」…×　そのような記述はない。　２．「熱帯雨林は，植物と動物が異なる階(フロア)に生息しているので，高い建物に似ている」…○　第４段落の内容に一致する。　３．「熱帯雨林では，人間が地上に住んでいるので，植物と動物は自分たちの家を高いフロアに持っている」…×　そのような記述はない。　４．「熱帯雨林の地面が濃い緑の葉と色とりどりの花や果実に覆われているのが飛行機から見える」…×　第５段落第１文参照。木の頂の緑の葉しか見えない。

問10＜内容真偽＞１．「熱帯雨林は大きな森の中に根を張る植物がいくつかあるので，重要である」…×　そのような記述はない。　２．「熱帯雨林は大きい動物が木の頂上から落ちた果実や種子を食べるので，重要である」…×　そのような記述はない。　３．「熱帯雨林は数種類のコーヒーや茶が他の場所では育つことができないので，重要である」…×　そのような記述はない。　４．「熱帯雨林は，そこから食料や薬を見つけられるかもしれないので，重要である」…○　第11，12段落の内容に一致する。

2024年度／日本大学櫻丘高等学校（A日程）

数学解答

1 (1) ア…2　イ…7　(2) 2
(3) エ…3　オ…2　(4) 9

2 (1) ア…6　イ…0　ウ…2　エ…4
オ…1　カ…2　キ…3　ク…1
ケ…4
(2) (i) コ…1　サ…3　シ…6
ス…4
(ii) セ…1　ソ…5　タ…3
チ…2
(3) (i) ⑤
(ii) テ…9　ト…2　ナ…2

3 (1) ア…2　イ…7　ウ…3　エ…1
オ…8
(2) カ…1　キ…5　ク…8
(3) ケ…4　コ…6　サ…6

4 (1) ア…1　イ…1　ウ…5
(2) エ…1　オ…0　(3) 6
(4) キ…2　ク…3

5 (1) ア…3　イ…6　(2) 6
(3) エ…3　オ…3　カ…2
(4) キ…6　ク…9　ケ…6　コ…4

1〔独立小問集合題〕

(1)＜数の計算＞与式$=6\left(\frac{2}{3}-\frac{-1}{3}\right)+8\left\{\frac{5}{2}-\left(-\frac{1}{8}\right)\right\}=6\left(\frac{2}{3}+\frac{1}{3}\right)+8\left(\frac{20}{8}+\frac{1}{8}\right)=6\times\frac{3}{3}+8\times\frac{21}{8}=6+21=27$

(2)＜数の計算＞与式$=(5\times10-11\sqrt{10}+15\sqrt{10}-33)-(3\times10+9\sqrt{10}-5\sqrt{10}-15)=(50-11\sqrt{10}+15\sqrt{10}-33)-(30+9\sqrt{10}-5\sqrt{10}-15)=(17+4\sqrt{10})-(15+4\sqrt{10})=17+4\sqrt{10}-15-4\sqrt{10}=2$
≪別解≫$\sqrt{10}+3=A$とおくと，与式$=A(5\sqrt{10}-11)-(3\sqrt{10}-5)A=A\{(5\sqrt{10}-11)-(3\sqrt{10}-5)\}=A(5\sqrt{10}-11-3\sqrt{10}+5)=A(2\sqrt{10}-6)=2A(\sqrt{10}-3)=2(\sqrt{10}+3)(\sqrt{10}-3)=2(10-9)=2\times1=2$となる。

(3)＜連立方程式＞$\frac{3}{x}-\frac{6}{y}=-2$……①，$\frac{2}{x}+\frac{1}{y}=\frac{7}{6}$……②とする。$\frac{1}{x}=A$，$\frac{1}{y}=B$とおくと，①は，$3A-6B=-2$……③となり，②は，$2A+B=\frac{7}{6}$，$12A+6B=7$……④となる。③＋④より，$3A+12A=-2+7$，$15A=5$，$A=\frac{1}{3}$であり，これを③に代入して，$3\times\frac{1}{3}-6B=-2$，$-6B=-3$，$B=\frac{1}{2}$である。よって，$\frac{1}{x}=\frac{1}{3}$より，$x=3$となり，$\frac{1}{y}=\frac{1}{2}$より，$y=2$となる。

(4)＜二次方程式―解の利用＞xの二次方程式$x^2+(a-3)x-(a^2-4a+6)=0$の1つの解が$x=a$だから，解を方程式に代入して，$a^2+(a-3)\times a-(a^2-4a+6)=0$より，$a^2+a^2-3a-a^2+4a-6=0$，$a^2+a-6=0$，$(a-2)(a+3)=0$となり，$a=2$，$-3$である。$a<0$だから，$a=-3$であり，二次方程式は，$x^2+(-3-3)\times x-\{(-3)^2-4\times(-3)+6\}=0$，$x^2-6x-(9+12+6)=0$，$x^2-6x-27=0$となる。これより，$(x+3)(x-9)=0$　$\therefore x=-3,\ 9$　$a=-3$より，1つの解は$x=-3$だから，$x=-3$以外の解は$x=9$である。

2〔独立小問集合題〕

(1)＜平面図形―角度，長さ＞次ページの図のように，3つの円の中心をP，Q，R，円Pと円Qの接点をC，円Rと線分OA，線分OBとの接点をそれぞれD，Eとする。3つの円P，Q，Rは半径が6で，互いに接していることより，PR＝QR＝PQ＝6＋6＝12であり，△PQRは正三角形である。これより，∠PRQ＝60°である。また，∠PAD＝∠RDA＝90°であり，PA＝RDだから，四角形

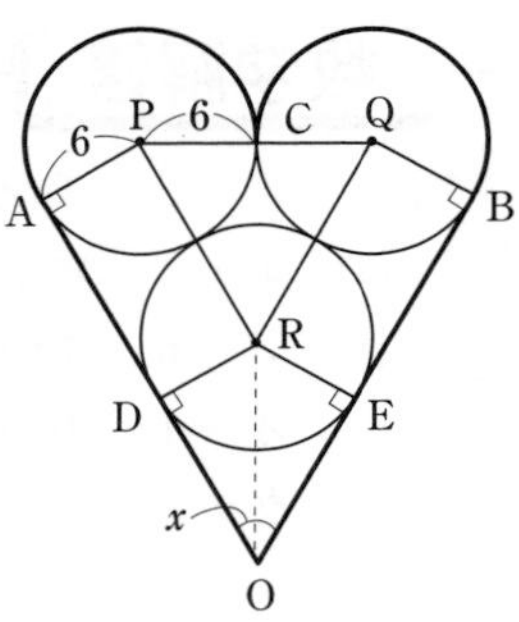

PRDA は長方形である。これより，$\angle PRD=90^\circ$ である。同様に，四角形 QREB も長方形だから，$\angle QRE=90^\circ$ である。よって，$\angle DRE=360^\circ-\angle PRQ-\angle PRD-\angle QRE=360^\circ-60^\circ-90^\circ-90^\circ=120^\circ$ となる。$\angle RDO=\angle REO=90^\circ$ なので，四角形 ODRE で，$x=360^\circ-\angle DRE-\angle RDO-\angle REO=360^\circ-120^\circ-90^\circ-90^\circ=60^\circ$ となる。次に，四角形 PRDA が長方形より，$AD=PR=12$ となり，同様に，$BE=QR=12$ となる。点Oと点Rを結ぶと，$\angle RDO=\angle REO=90^\circ$，$OR=OR$，$RD=RE$ より，$\triangle ODR\equiv\triangle OER$ となるから，$\angle ROD=\angle ROE=\frac{1}{2}x=\frac{1}{2}\times60^\circ=30^\circ$ である。よって，$\triangle ODR$，$\triangle OER$ は3辺の比が $1:2:\sqrt{3}$ の直角三角形だから，$OD=OE=\sqrt{3}RD=\sqrt{3}\times6=6\sqrt{3}$ である。さらに，$\angle QPR=60^\circ$，$\angle APR=90^\circ$ より，円Pの太線の $\overset{\frown}{AC}$ に対する中心角は $360^\circ-\angle QPR-\angle APR=360^\circ-60^\circ-90^\circ=210^\circ$ だから，太線の $\overset{\frown}{AC}$ の長さは $2\pi\times6\times\frac{210^\circ}{360^\circ}=7\pi$ となる。同様に，円Qの太線の $\overset{\frown}{BC}$ の長さも 7π である。以上より，太線部の長さは，$AD+BE+OD+OE+$〔太線の $\overset{\frown}{AC}$〕$+$〔太線の $\overset{\frown}{BC}$〕$=12+12+6\sqrt{3}+6\sqrt{3}+7\pi+7\pi=24+12\sqrt{3}+14\pi$ となる。

(2)**＜確率―正四面体のさいころ＞**(i)さいころA，B，Cは正四面体なので，3つのさいころを同時に投げたとき，それぞれの目の出方は4通りであり，目の出方は全部で $4\times4\times4=64$(通り)ある。これより，a，b，c の組も64通りある。a は0，1，2，3であり，b，c は1，2，3，4であるから，$a+b+c$ が5の倍数となるのは，$a+b+c=5$ のとき，$(a,\ b,\ c)=(0,\ 1,\ 4)$，$(0,\ 2,\ 3)$，$(0,\ 3,\ 2)$，$(0,\ 4,\ 1)$，$(1,\ 1,\ 3)$，$(1,\ 2,\ 2)$，$(1,\ 3,\ 1)$，$(2,\ 1,\ 2)$，$(2,\ 2,\ 1)$，$(3,\ 1,\ 1)$ の10通りあり，$a+b+c=10$ のとき，$(a,\ b,\ c)=(2,\ 4,\ 4)$，$(3,\ 3,\ 4)$，$(3,\ 4,\ 3)$ の3通りある。$a+b+c$ は最大で $3+4+4=11$ だから，$a+b+c$ が15以上の5の倍数になることはない。よって，$a+b+c$ が5の倍数になる場合は $10+3=13$(通り)だから，求める確率は $\frac{13}{64}$ である。　(ii)abc は最大で $3\times4\times4=48$ だから，$\sqrt{abc}$ が整数となるとき，$abc=0$，1，4，9，16，25，36 が考えられる。$abc=0$ のとき，$a=0$ だから，b が4通り，c が4通りより，$4\times4=16$(通り)ある。$abc=1$ のとき，$(a,\ b,\ c)=(1,\ 1,\ 1)$ の1通りある。$abc=4$ のとき，$(a,\ b,\ c)=(1,\ 1,\ 4)$，$(1,\ 2,\ 2)$，$(1,\ 4,\ 1)$，$(2,\ 1,\ 2)$，$(2,\ 2,\ 1)$ の5通りある。$abc=9$ のとき，$(a,\ b,\ c)=(1,\ 3,\ 3)$，$(3,\ 1,\ 3)$，$(3,\ 3,\ 1)$ の3通りある。$abc=16$ のとき，$(a,\ b,\ c)=(1,\ 4,\ 4)$，$(2,\ 2,\ 4)$，$(2,\ 4,\ 2)$ の3通りある。$abc=25$ のときはない。$abc=36$ のとき，$(a,\ b,\ c)=(3,\ 3,\ 4)$，$(3,\ 4,\ 3)$ の2通りある。以上より，64通りの a，b，c の組のうち，$\sqrt{abc}$ が整数となる場合は $16+1+5+3+3+2=30$(通り)あるから，求める確率は $\frac{30}{64}=\frac{15}{32}$ となる。

(3)**＜データの活用＞**(i)最大値は，箱ひげ図の右端の値である。男子の最大値が4.5時間，女子の最大値が5.0時間だから，最大値が大きいのは女子である。第1四分位数は，箱の部分の左端の値である。男子の第1四分位数は2.5時間，女子の第1四分位数は2.0時間だから，第1四分位数が大きいのは男子である。四分位範囲は，第3四分位数から第1四分位数をひいた差であり，第3四分位数は，箱の部分の右端の値である。男子は，第1四分位数が2.5時間，第3四分位数が3.5時間より，四分位範囲は $3.5-2.5=1.0$(時間)である。女子は，第1四分位数が2.0時間，第3四分位数が4.0時間より，四分位範囲は $4.0-2.0=2.0$(時間)である。よって，四分位範囲が大きいのは女子である。以上より，⑤となる。　(ii)男子，女子ともに30人だから，中央値は，大きい方から15番目と16番目の値の平均であり，第3四分位数は，大きい方15人の中央値だから，大きい方から8番目の値となる。男子は，最大値が4.5時間，第３四分位数が3.5時間だから，大きい方から１番目は4.5時間，８番目は3.5時間である。４時間以上勉強した生徒は，最も少ない場合，２番目から７番目が3.5時間以上4.0時間未満で，１番目の１人となる。最も多い場合，２番目から７番目が4.0時間以上4.5時間以下で，７番目までの７人となる。一方，女子は，第３四分位数が4.0時間だから，大きい方から８番目が4.0時間であり，最も少ない場合は，８番目までの８人である。また，中央値が3.5時間だから，大きい方から15番目は3.5時間以上，16番目は3.5時間以下である。15番目と16番目の合計は $3.5\times2=7.0$（時間）だから，15番目が4.0時間とすると，16番目は $7.0-4.0=3.0$（時間）となる。この値は第１四分位数より大きいので，16番目の値として適しており，15番目が4.0時間であることは考えられる。よって，最も多い場合は，15番目までの15人である。以上より，男女60人の中で，４時間以上勉強した人数は，最も少ない場合で $1+8=9$（人），最も多い場合で $7+15=22$（人）となる。

3〔特殊・新傾向問題―規則性〕

≪基本方針の決定≫３つずつの数に分けて考える。

(1)**＜40番目，239番目の数＞**自然数の奇数，偶数を，それぞれ小さい順に，奇数，偶数，偶数，奇数，偶数，偶数，……となるように並べるので，１番目から３つずつのグループに分けると，１個のグループには，奇数１つと偶数２つが含まれる。$40\div3=13$ あまり１より，40番目の数は，14個目のグループの１番目の数である。各グループの１番目の数は奇数であり，１個目のグループから小さい順になっているので，40番目の数，つまり14個目のグループの１番目の数は，１からかぞえて14番目の奇数である。よって，40番目の数は，$1+2\times13=27$ となる。また，$239\div3=79$ あまり２より，239番目の数は，80個目のグループの２番目の数である。各グループの２番目，３番目の数が偶数であり，１個目のグループから小さい順になっているので，80個目のグループの２番目の数は，２からかぞえて $2\times79+1=159$（番目）の偶数となる。よって，239番目の数は，$2\times159=318$ である。

(2)**＜順番＞**$210\div2=105$ より，210は，２からかぞえて105番目の偶数である。(1)の各グループには偶数は２つあるので，$105\div2=52$ あまり１より，210は，53個目のグループの偶数のうち小さい方，つまり，53個目のグループの２番目の数である。よって，$3\times52+2=158$（番目）の数である。

(3)**＜順番＞**933は奇数なので，隣り合う２つの数の和が933になるとき，その２つの数は偶数と奇数である。よって，２つの数は，(1)の１個のグループの中の１番目の数と２番目の数か，３番目の数と次のグループの１番目の数である。各グループの１番目と２番目の数は，１個目のグループが１と２，２個目のグループが３と６，３個目のグループが５と10，……であり，$2=1\times2$，$6=3\times2$，$10=5\times2$，……より，２番目の数は１番目の数の２倍になっている。n 個目のグループについて，１番目の数が $1+2(n-1)=2n-1$ と表せるから，２番目の数は $(2n-1)\times2=4n-2$ と表せる。この２つの数の和が933になるとすると，$(2n-1)+(4n-2)=933$ が成り立ち，$6n=936$，$n=156$ となる。小さい方の数は，156個目のグループの１番目の数なので，$3\times155+1=466$（番目）の数である。また，n 個目のグループの３番目の数は $(4n-2)+2=4n$，次のグループの１番目の数は $(2n-1)+2=2n+1$ と表せる。この２つの数の和が933になるとすると，$4n+(2n+1)=933$ が成り立ち，$6n=932$，$n=\frac{466}{3}$ となるので，適さない。以上より，和が933となる隣り合う２つの数のうち，小さい方は466番目の数である。

4〔関数―関数 $y=ax^2$ と一次関数のグラフ〕

≪基本方針の決定≫(2)　格子点の x 座標は，-1，0，1，2 である。

(1)**＜座標＞**次ページの図で，点Ａは放物線 $y=x^2$ 上にあり，x 座標は -1 だから，$y=(-1)^2=1$ より，$A(-1,\ 1)$ である。また，四角形 OBCA が平行四辺形より，OB∥AC，OB＝AC である。これより，

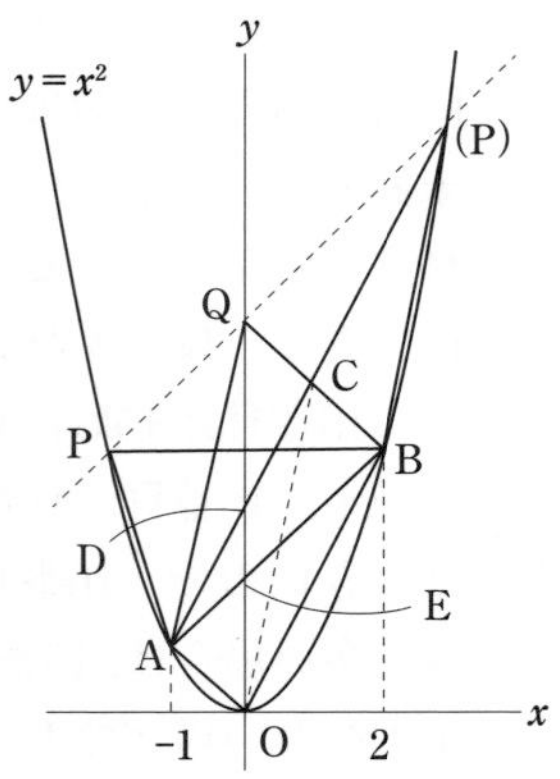

2点B，Oのx座標の差と2点C，Aのx座標の差，2点B，Oのy座標の差と2点C，Aのy座標の差はそれぞれ等しい。点Bは放物線$y=x^2$上にあり，x座標が2だから，$y=2^2=4$より，B(2，4)である。よって，2点B，Oのx座標の差は2，y座標の差は4だから，2点C，Aのx座標の差は2，y座標の差は4となる。A(−1，1)だから，点Cのx座標は$-1+2=1$，y座標は$1+4=5$となり，C(1，5)である。

(2)**<点の個数>**右図で，2点A，Bのx座標がそれぞれ−1，2だから，▱OBCAの内部および周上の格子点のx座標は−1，0，1，2である。x座標が−1の格子点はA(−1，1)の1個である。次に，直線OB上で，x座標が0の点は，O(0，0)である。B(2，4)より，直線OBの傾きは$\frac{4}{2}=2$であり，OB∥ACだから，直線ACの傾きも2となる。直線ACの式を$y=2x+b$とおくと，点Aを通ることより，$1=2\times(-1)+b$，$b=3$となり，切片が3だから，直線AC上でx座標が0の点は，点(0，3)である。よって，x座標が0の格子点は，O(0，0)，点(0，1)，点(0，2)，点(0，3)の4個ある。直線OBの式は$y=2x$だから，直線OB上でx座標が1の点は，$y=2\times1=2$より，点(1，2)である。C(1，5)だから，x座標が1の格子点は，点(1，2)，点(1，3)，点(1，4)，C(1，5)の4個ある。x座標が2の格子点は，B(2，4)の1個である。以上より，求める格子点の個数は，$1+4+4+1=10$(個)である。

(3)**<面積>**右上図で，点Oと点Cを結ぶと，▱OBCA＝2△OACとなる。辺ACとy軸の交点をDとすると，(2)より，D(0，3)であり，OD＝3である。これを底辺と見ると，点A，点Cのx座標がそれぞれ−1，1より，△OADの高さは1，△OCDの高さは1となり，△OAC＝△OAD＋△OCD$=\frac{1}{2}\times3\times1+\frac{1}{2}\times3\times1=3$である。よって，▱OBCA$=2\times3=6$である。

(4)**<x座標>**右上図で，△OAB$=\frac{1}{2}$▱OBCA$=\frac{1}{2}\times6=3$となるから，〔四角形OBPA〕＝3△OAB＝$3\times3=9$となり，△PAB＝〔四角形OBPA〕−△OAB$=9-3=6$である。辺ABとy軸の交点をEとして，y軸上の点Eより上に，△QAB＝6となる点Qをとる。このとき，△PAB＝△QABとなるので，PQ∥ABとなる。A(−1，1)，B(2，4)より，直線ABの傾きは$\frac{4-1}{2-(-1)}=1$だから，直線PQの傾きは1である。また，直線ABの式を$y=x+c$とおくと，点Aを通ることより，$1=-1+c$，$c=2$となり，切片が2なので，E(0，2)である。よって，Q(0，q)とすると，QE$=q-2$となる。辺QEを底辺と見ると，2点A，Bのx座標より，△QAEの高さは1，△QBEの高さは2となり，△QAB＝△QAE＋△QBE$=\frac{1}{2}\times(q-2)\times1+\frac{1}{2}\times(q-2)\times2=\frac{3}{2}q-3$と表せる。したがって，$\frac{3}{2}q-3=6$が成り立ち，$\frac{3}{2}q=9$，$q=6$となるので，直線PQの切片は6であり，直線PQの式は$y=x+6$となる。点Pは，放物線$y=x^2$と直線$y=x+6$の交点となるから，2式からyを消去して，$x^2=x+6$より，$x^2-x-6=0$，$(x+2)(x-3)=0$　$\therefore x=-2, 3$　求める点Pのx座標は，小さい順に−2，3である。

5　**〔平面図形―長方形〕**

≪基本方針の決定≫(3)　三角形の相似を利用する。　(4)　△ABCを直線ACについて対称移動させた図で考える。

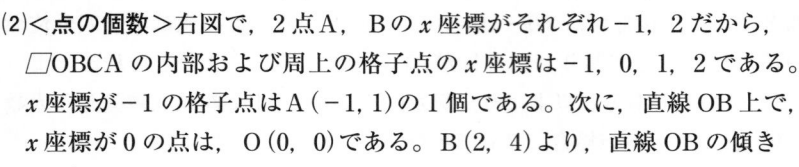

(1)**＜長さ―三平方の定理＞**右図で，$\triangle ABC$ は $\angle ABC=90^\circ$ の直角三角形だから，三平方の定理より，$AC=\sqrt{AB^2+BC^2}=\sqrt{6^2+(3\sqrt{2})^2}=\sqrt{54}=3\sqrt{6}$ となる。

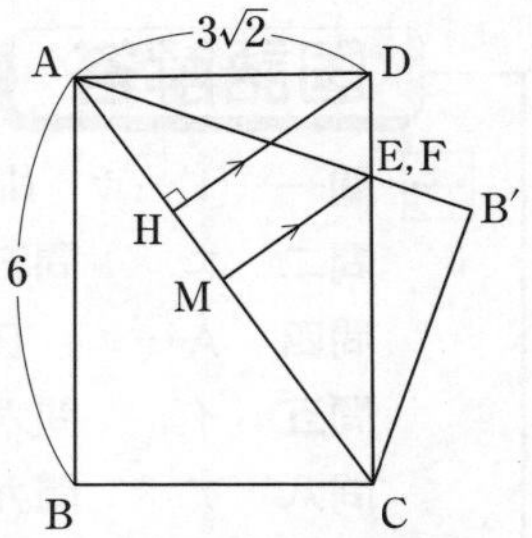

(2)**＜長さ―相似＞**右図で，$\angle AHD=\angle ADC=90^\circ$，$\angle HAD=\angle DAC$ より，$\triangle DHA \backsim \triangle CDA$ である。よって，$AH:AD=AD:AC$ だから，$AH:3\sqrt{2}=3\sqrt{2}:3\sqrt{6}$ が成り立ち，$AH\times3\sqrt{6}=3\sqrt{2}\times3\sqrt{2}$ より，$AH=\sqrt{6}$ となる。

(3)**＜長さ―相似＞**右上図で，$DH /\!/ EM$ より，$\angle EMC=\angle DHC=90^\circ$ だから，$\angle ADC=\angle EMC$ である。また，$\angle ACD=\angle ECM$ だから，$\triangle CDA \backsim \triangle CME$ である。これより，$AD:EM=DC:MC$ となる。(1)より，$AC=3\sqrt{6}$ であり，点Mが線分 AC の中点だから，$MC=\dfrac{1}{2}AC=\dfrac{1}{2}\times3\sqrt{6}=\dfrac{3\sqrt{6}}{2}$ である。よって，$3\sqrt{2}:EM=6:\dfrac{3\sqrt{6}}{2}$ が成り立ち，$EM\times6=3\sqrt{2}\times\dfrac{3\sqrt{6}}{2}$，$EM=\dfrac{3\sqrt{3}}{2}$ となる。

(4)**＜体積―回転体＞**右上図で，直線 AC について $\triangle ABC$ と対称な三角形を $\triangle AB'C$ とすると，$\triangle ABC$，$\triangle AB'C$ を直線 AC を軸として１回転させてできる立体は同じ立体となる。よって，線分 AB' と辺 CD の交点をFとすると，長方形 ABCD を直線 AC を軸として１回転させてできる立体は，図形 $ACB'FD$ を直線 AC を軸として１回転させた立体である。$\triangle ABC\equiv\triangle AB'C$ より，$\angle CAB=\angle CAB'$ であり，$AB /\!/ DC$ より，$\angle CAB=\angle ACD$ だから，$\angle CAB'=\angle ACD$ である。これより，$\triangle ACF$ は $AF=CF$ の二等辺三角形となるから，点Fは線分 AC の垂直二等分線上の点となる。$AM=MC$，$EM\perp AC$ より，EM は線分 AC の垂直二等分線だから，点Fは点Eと一致する。このとき，四角形 ADEM と四角形 $CB'EM$ は合同となるから，求める立体の体積は，四角形 ADEM を１回転させてできる立体の体積の２倍となる。四角形 ADEM を１回転させてできる立体は，$\triangle CDA$ を１回転させてできる立体から $\triangle CME$ を１回転させてできる円錐を除いたものである。$\triangle CDA$ を１回転させてできる立体は，$DH\perp AC$ より，$\triangle DHA$，$\triangle CHD$ を１回転させてできる円錐を合わせたものである。$\triangle DHA \backsim \triangle CDA$ より，$DH:CD=AD:AC$ だから，$DH:6=3\sqrt{2}:3\sqrt{6}$ が成り立ち，$DH\times3\sqrt{6}=6\times3\sqrt{2}$，$DH=2\sqrt{3}$ となる。$AH=\sqrt{6}$ だから，$CH=AC-AH=3\sqrt{6}-\sqrt{6}=2\sqrt{6}$ である。したがって，$\triangle CDA$ を１回転させてできる立体の体積は $\dfrac{1}{3}\times\pi\times(2\sqrt{3})^2\times\sqrt{6}+\dfrac{1}{3}\times\pi\times(2\sqrt{3})^2\times2\sqrt{6}=12\sqrt{6}\,\pi$ である。また，$EM=\dfrac{3\sqrt{3}}{2}$，$MC=\dfrac{3\sqrt{6}}{2}$ だから，$\triangle CME$ を１回転させてできる円錐の体積は $\dfrac{1}{3}\times\pi\times\left(\dfrac{3\sqrt{3}}{2}\right)^2\times\dfrac{3\sqrt{6}}{2}=\dfrac{27\sqrt{6}}{8}\pi$ である。以上より，四角形 ADEM を１回転させてできる立体の体積は $12\sqrt{6}\,\pi-\dfrac{27\sqrt{6}}{8}\pi=\dfrac{69\sqrt{6}}{8}\pi$ であり，求める立体の体積は，$\dfrac{69\sqrt{6}}{8}\pi\times2=\dfrac{69\sqrt{6}}{4}\pi$ となる。

＝読者へのメッセージ＝

2(3)は，箱ひげ図を使った問題でした。箱ひげ図は，ジョン・テューキー（1915～2000）の著書で初めて使われたといわれています。1970年代のことですので，箱ひげ図は，数学の歴史の中ではかなり新しいものといえます。

国語解答

一 問一 (i)…ウ (ii)…ア (iii)…イ
問二 エ 問三 イ
問四 A…エ B…ア C…イ
問五 イ 問六 ウ 問七 エ
問八 ア 問九 ア 問十 ウ
問十一 エ 問十二 エ
問十三 ア 問十四 ウ
問十五 イ 問十六 エ

二 問一 A…ウ B…エ 問二 ウ
問三 ③…ア ⑧…イ ⑪…エ
問四 ア 問五 イ 問六 ア
問七 ウ 問八 ア 問九 エ
問十 ア 問十一 ウ 問十二 エ
問十三 ウ 問十四 エ
問十五 ア

三 問一 ア 問二 ウ 問三 エ
問四 ③…イ ⑤…イ 問五 ウ
問六 ウ 問七 イ 問八 ア
問九 エ 問十 エ 問十一 エ
問十二 ア

一〔論説文の読解―哲学的分野―人間〕出典：村上陽一郎『あらためて教養とは』「価値の大転換――戦後民主主義教育で失われたもの」。

≪本文の概要≫戦後，教育の現場では，自分たちの正しいと考えることが主張されてこなかった。また，教育の機会均等は大切であるが，教育は平等なものではない。それぞれに才能の有無が異なるという現実を回避し，屈辱を味わわせないようにするという教育はおかしい。他の人と自分を比べて優越感や劣等感を持つことで，自分というものがつかめるのであるから，優越感や劣等感を持つ機会をできるだけなくそうというのは，間違っている。それは，差別をなくそうとすることがおかしな形で間違った結果を導いたということであり，子どもを過小評価しているということでもある。また，自分の限界を最初から決めて，それ以上のことはやらないという生き方もおかしい。それは，エリート否定とつながる発想である。平等主義の平均値より上のことをやってはいけないという発想の中では，エリートは存在しえない。他人の目を気にするなというのが，個性を大切にするという言い分と混同されている。誰かが見ているという意識を根拠に自分を律していくのが，教養ある人だと思う。

問一＜漢字＞(i)「自戒」と書く。アは「怪物」，イは「悔恨」，エは「快方」。 (ii)「抑圧」と書く。イは「翌日」，ウは「物欲」，エは「浴場」。 (iii)「冷笑」と書く。アは「消防署」，ウは「警鐘」，エは「詐称」。

問二＜文章内容＞戦前は，「年取った世代の人たち」が「きちんと自分たちの規矩に自信を持っていて，それが正しいということを常に言い続けた」が，戦後の教育では，それを怠っている。

問三＜文章内容＞日本では，「高等学校へは九十何パーセントの人」が行き，そのうちの「四十五パーセント近く」が大学に行って，よほどのことがないかぎり大学を卒業する。これは，大学に入学しても大学に適さなければ「大学から追われていく」アメリカの状況と比べても，「奇妙」である。

問四＜接続語＞A.「すべての子供が学校に行けたわけではない」けれども，「建前は機会均等」であった。 B. それぞれ「才能がある」「才能がない」領域があるという「現実を回避」することの例として，運動会で「徒競走はやらない」ことが挙げられる。 C.「平等という概念」は，努力に対して「あまり意味を認めない，価値を認めない方向」に向かって社会が進んできてしまっている「結果」ではなく，どちらかといえば「原因」である。

問五＜語句＞「なるほど」「もっとも」「たしかに」の三つは，自分の考えとは異なる考え，見方をいったん認めるために用いられている。

問六＜文章内容＞本来，ある人は体育に才能があり，ある人は体育に才能がないというようなことは

「当たり前」のことであるが，「運動会で徒競走をしていつも一着になる人と，いつもビリになる人が出るから徒競走はやらない」というのが「いわゆる平等主義」の「戦後の教育」である。「人間は屈辱を味わうことによって成長する」のに，その屈辱を味わわせないよう隠す教育はおかしい。

問七＜文章内容＞自分というものをつかみ，「自分が生きていくということに誠実であろうとする」ときには，「他の人に比べて自分はどうであるか」を「自覚」することが，有効にはたらく。

問八＜表現＞「私」は，「人間が自分を自分として自覚していく最初の出発点」になる，優越感や劣等感を持つことを「できるだけなくそう」とすることに，同意できない。「私」は，「オンリー・ワン」などともっともらしいことを言っているだけの表現を，よいとは思えないので，皮肉を込めて「キレイゴト」と記している。

問九＜指示語＞「劣等感と優越感」が「尊敬と軽蔑とを生み出す」のであるから，その「劣等感と優越感」を持つことを否定するのは，「まったく人間としてナンセンス」である。

問十＜語句＞「発奮」は，気持ちを奮い起こすこと。その対義語になるのは，がっかりして失望することをいう「落胆」である。

問十一＜表現＞「分相応」の「分」とは，身分や能力のこと。すなわち「身の丈」のことである。ただし，「私」は，「自分の限界の中で」という意味での「身の丈に合った」ということに対しては批判的であり，本文中では「分」と「身の丈」とでは意味が違うことになる。

問十二＜文学史＞『青年』は，森鷗外の小説。『三四郎』は，夏目漱石の小説。『たけくらべ』は，樋口一葉の小説。『友情』は，武者小路実篤の小説。

問十三＜文章内容＞「自分の限界を最初から決めてしまって，自分の限界はこのへんにあるからこれ以上のことはやらないという生き方」は，「エリート否定と繋がる発想」である。「平等主義の平均値」より「上のことをやってはいけない」とし，「それよりちょっと下のあたりを与えて」おくのでは，抜きんでたエリートは生まれてこないのである。

問十四＜文章内容＞「私」は，入試に落ちていることがわかって「ちょっと目が潤んで」きたとき，それを「恥ずかしい」と感じていた母親から張り飛ばされた。その瞬間，「私」は，このような場面で「ウルウル」するのは「自分の沽券に関わる」ことなのだと気づいた。

問十五＜四字熟語＞自分にこれと定まった考えがなく，他人の言うことにわけもなく賛成することを，「付和雷同」という。「五里霧中」は，今の状態がわからず，見通しや方針が立たないこと。「慇懃無礼」は，見かけはていねいであるが，実は尊大で横柄であること。「唯我独尊」は，自分だけが優れていると考えること。

問十六＜要旨＞「明治の教育理念」は元来，「平等と均等を目指したもの」だったので，「機会均等というのは決して戦後に限ったことではない」のである（ア…×）。アメリカに追随したのは日本の「戦後の教育制度」であり，戦前の「本来の教育理念」は「初等教育に関しての機会均等」だった（ウ…×）。戦前，「『恥ずかしい』という感覚を育む」のは，「むしろ家庭のなかの方が多かった」と考えられる（イ…×）。「誰かが見ているという意識を根拠にして，だからやらないんだという振舞い方」をすること，つまり自分で自分を律することができる人が，「教養ある人」である（エ…○）。

二〔小説の読解〕出典：宮下奈都『よろこびの歌』「夏なんだな」。

問一＜慣用句＞Ａ．はっと驚くことを，「目が覚める」という。　Ｂ．不快などのために眉の辺りにしわを寄せることを，「眉をひそめる」という。

問二＜文章内容＞①では，「私」は，御木元さんに対し，「私たち」は要求に応えられるような力量はないのだから「求めてもしかたない」と思った。②では，「クラスメイトたち」に対し，「私」は

「御木元さんにはこうすることしかできない」のだから「しかたないよ」と思った。

問三③**＜慣用句＞**正面からぶつかって争うことを，「四つに組む」という。　⑧**＜語句＞**あれこれと世話をすることを，「肝煎」という。　⑪**＜語句＞**恐れを知らず大胆な様子であることを，「不敵」という。

問四＜文章内容＞御木元さんは情熱があり，「音楽に関して，歌うことに関して」は「がっぷり四つに組む以外に」手はない人である。それに比べて，「私」は，「勉強そのものが好きなわけでもないのに勉強してクラス委員をやっているだけ」で，「初めから春を捨てて」いるような人間であった。

問五＜心情＞「私」は，御木元さんが「どんどん進んで」いくのを「ずっと見ていたい」という千夏に共感はした。しかし一方で，「私」は，御木元さんの情熱を羨み，「どうすればいい」かはわからないが，自分も「ただ一所懸命になれる何かがほしくてたまらなく」なっていた。

問六＜表現＞御木元さんを見て，千夏は，「自分にはなんにもないんだな」と深く感じた。

問七＜心情＞「なんにもないって思わされて，平気？」という「私」の問いに対し，千夏は「なんにもないんだから，これからなんじゃないの」と答えた。「私」は，それを聞いて，千夏は気楽なことを言っていると感じた。

問八＜文章内容＞秋の合唱コンクールに向けて練習していたときは，御木元さんへの不満の声も上がり，練習への集まりも悪かった。しかし，今は，「毎日，昼休みや放課後に十五分ずつ続ける練習にほとんどクラス全員が揃うように」なっていた。

問九＜表現技法＞御木元さんが皆に対して心を開き，皆と心を通わせることができるようになっていくさまが，「雪が溶けかけている」という比喩で表現されている。比喩であることを明示する「〜のように」などの語句が入っていないので，これは隠喩である。「向日葵は〜」は，「金の油を身に浴びて」が隠喩である。「若竹の伸びゆくごとく〜」には直喩，「ほんとうに〜」には倒置法，「最上川の〜」には体言止めが用いられている。

問十＜品詞＞物事の様態を表し，言い切りの形が「い」で終わるのは，形容詞。

問十一＜文章内容＞御木元さんは，「目の奥に扉があると思ってみて。そこを大きく開くイメージ」と説明した。クラスの皆は，その表現をおもしろがり，その説明を受け入れて従おうとしていた。

問十二＜文章内容＞「私」は，無難にクラス委員を務めているだけで，夢中になれるものもない自分を「春を捨てて」いると思い，今後に賭けなければ「一生冬のまま」だとも思っていた。しかし，今の「私」は，クラスの皆とともに真剣に合唱に取り組み，「クラス委員はクラスの気持ちを代表して胸を張る」と意気込んでいる。それが，「春のまっただ中にいる」ということである(エ…×)。

問十三＜心情＞「私」は，御木元さんを中心に練習に励むようになったクラスの皆の姿を見て，「音楽というのは，お互いの親密さと信頼があって育っていくものらしい」と思うようになった。

問十四＜文章内容＞御木元さんは「協調性のなさを腹立たしく思っている人もけっこういた」ために，指揮者に指名された。すると，「いやいや引き受けたに違いない」のに，引き受けたとなると，情熱的にクラスの合唱を導こうとし，音楽に関して自分の目指すものを夢中で追いかけた。

問十五＜表現＞協調性のなかった御木元さんが指揮者に指名され，「私」たちは秋の合唱コンクールに向けて練習をした。その後，冬のマラソン大会をきっかけに誰もが変わり，春を前に再びクラスの皆が一丸となって練習に取り組んだ。その過程で，「私」は，初めは自分のことを「初めから春を捨ててしまう」「一生冬のまま，春から目を逸らして生きていかなければならない」などと思っていたが，最後には「もしかすると私は春のまっただ中にいるんじゃないか」と思うようになった。

三〔**古文の読解─説話**〕出典：『十訓抄』十ノ十二／十ノ十四。

≪現代語訳≫【文章Ａ】あまり遠くない昔，若々しく美しい女房がいて，日々の生活は苦しかったが，容貌や，姿形が，美しい娘を持っていて，(その娘が)十七，八歳になったので，「これをなんとしても，将来安心できる様子にしたい」と思うあまりに，八幡に姫君とともに泣く泣く参詣して，夜通し，御前で，「私の身は今は，どうなってもかまいません。この娘を安心できる様子にして見せてください」と数珠をすって，何度も嘆いてお願いしたが，この娘は，(八幡に)到着したときから，母の膝を枕にして，起き上がりもせず，眠っていたので，明け方近くになって，母は，「どんなに思っても，どうにも(願いが)かなわない心のために，歩いてお参りに来たのだから，私がお願いするように，(あなたも)一晩中，神様も気の毒だとお思いになるほどお願い申し上げるべきなのに，何も心配などなさそうに，お眠りになっているのは情けないこと」と愚痴をこぼされて，姫君は目を覚まして，「体がついていかないほどつらい道のりで疲れてしまって」と言って，／私のつらさをどう言えばいいのでしょうか。岩清水の神様は，清水をくみ上げるように私の心をくんでくださるでしょう。／とよんだところ，母も恥ずかしく感じて，ものも言わずに，下向していったそのとき，七条朱雀の辺りで，世の中で時流に乗って栄えていらっしゃる殿上人で，桂でのお遊びからお帰りになる人が，この娘を見て，御車に乗せて，そのまま妻にして，ずっと大事にした。／**【文章Ｂ】**和泉式部の娘の，小式部内侍が，重病にかかった。命の限り近くになって，人の顔などもわからないほどになって，横たわっていたので，和泉式部が，そばに寄り添って，(娘の)額に手を当てて泣いていたところ，(娘は)目をわずかに開いて，母の顔をじっと見て，(苦しい)息の下で，／どうしたらよいのでしょう。生きていく方法も行くべき道もわかりません。親に先立つ道など知りませんから。／と，震える声でよみましたところ，天井の上で，あくびを途中でやめたのだろうか，と思われる声で，「ああ，すばらしい和歌だ」と言っていた。／そうして，体の熱も引いて，病気は治ってしまったのだった。

問一＜歴史的仮名遣い＞歴史的仮名遣いの「なむ」は，「なん」と読む(ア…×)。

問二＜古文の内容理解＞女房は，娘を何としても将来安心できる様子にしたいと思った。

問三＜現代語訳＞「ぬ」は，打ち消しの助動詞。「かなはぬ」は，願いがかなわない，という意味。

問四＜古語＞③「おどろく」は，目を覚ます，という意味。　⑤「時めく」は，時流に乗って栄える，という意味。

問五＜和歌の技法＞「掛詞」は，同音異義を利用して，一つの語に複数の意味を持たせる技法。

問六＜古文の内容理解＞桂でのお遊びから帰る途中の「世の中に時めき給ふ殿上人」が，この娘を自分のものにして，車に乗せて，そのまま「北の方」，つまり，妻にした。

問七＜古典文法＞結びが連体形になる係助詞で，疑問の意味を表すのは，「や」である。

問八＜現代語訳＞「あな」は，感動詞で，ああ，という意味。「あはれ」は，心に深くしみる感嘆を表し，すばらしい，しみじみとした，などと訳す。

問九＜古文の内容理解＞「よろし」は，よろしい，好ましい，だいたいよい，などの意味。病気が「よろしく」なるといえば，病気が治る，という意味になる。

問十＜古文の内容理解＞【文章Ａ】では，母は信心深くて，岩清水に着くと一晩中祈りをささげていたが，娘の方は，歩き疲れて眠ってしまっている(ア…×)。その母の愚痴を聞いた娘が目を覚ましてよんだ歌のおかげで，娘に良縁が舞い込んだ(イ…×)。【文章Ｂ】では，娘が，病気で死にそうになっているとき，生きる方法も行く道もわからない，とよんだところ，病気が治った(ウ…×)。その歌は，親に先立つことになる境遇を嘆いたものといえる(エ…○)。

問十一＜古文の内容理解＞二つの文章ではともに，歌をよんだことが幸運をもたらしている。二つの文章は，このような出来事を紹介して，和歌の効用を説いていると考えられる。

問十二＜文学史＞『今昔物語集』は，平安時代の説話集。『徒然草』は，鎌倉時代の随筆。『古今和歌集』は，平安時代の勅撰和歌集。『竹取物語』は，平安時代のつくり物語。

2024年度 日本大学櫻丘高等学校（B日程）

【英　語】（60分）〈満点：100点〉

■リスニングテストの音声は，当社ホームページで聴くことができます。（当社による録音です）
再生に必要なユーザー名とアクセスコードは「収録内容一覧」のページに掲載しています。

Ⅰ　これから放送によるリスニングテストを始めます。放送の内容をよく聞いて答えなさい。聞きながらメモをとってもかまいません。

問題１　次の(1)～(5)の写真について４つの英文が読まれます。写真の状況として最も適切な英文を１～４の中から１つ選び，その番号をマークしなさい。**英文は１回のみ放送されます。**

(1)

１．　２．　３．　４．

(2)

１．　２．　３．　４．

(3)

１．　２．　３．　４．

(4)  1．　2．　3．　4．

(5)  1．　2．　3．　4．

問題２　Daniel（ダニエル）が昨年の旅行についての話をします。英文を聞き，質問に対する答えとして最も適切なものを１～４の中から１つ選び，その番号をマークしなさい。**英文は１回のみ放送されます。**

Questions

No.（1）　Which is true about Daniel's trip in France ?

1．He stayed at a hotel for free.
2．He picked fruit five days a week.
3．He made friends with many people.
4．He traveled around the country by train.

No.（2）　Which is NOT true about Daniel's trip in Australia ?

1．He went hiking during the day.
2．He slept in his tent at night.
3．He carried a backpack and tent.
4．He ate delicious food on the beach.

問題３　これから読まれる２人の対話を聞き，質問に答える問題です。それぞれの質問に対する答えとして最も適切なものを１～４の中から１つ選び，その番号をマークしなさい。**英文は２回放送されます。**

Questions

No.（1）　Who is the man going to buy presents for ?

1．His wife　2．His daughter　3．His mother　4．His sister

No. (2)　What presents is the man going to buy ?

1．A dress, a ring, and a scarf

2．A shirt, a necklace, and a scarf

3．A dress, a necklace, and a scarf

4．A skirt, a ring, and a case

No. (3)　How much do the presents cost in total ?

1．445 dollars　　2．375 dollars

3．290 dollars　　4．345 dollars

※**＜リスニングテスト放送原稿＞**は英語の問題の終わりに付けてあります。

Ⅱ　次の(1)～(5)の英文の(　)に入る最も適切な語(句)を１～４の中から１つ選び，その番号をマークしなさい。

(1)　This is a (　　) difficult problem for us.

1．realness　2．reality　3．really　4．realize

(2)　He is talking (　　) the phone with his friend now.

1．at　2．in　3．on　4．to

(3)　You can use this money for (　　) abroad.

1．travel　2．traveling　3．traveling to　4．to travel

(4)　"Do you know (　　) Teddy is crying ?"

"Yes, I do.　He dropped his candy on the ground."

1．which　2．what　3．when　4．why

(5)　We (　　) to finish our work faster if we use this application.

1．can　2．can go　3．will do　4．will be able

Ⅲ　文脈を考え，次の(1)～(5)に入る最も適切な語を下の語群からそれぞれ１つずつ選び，その番号をマークしなさい。同じ語を２度以上使用してはいけません。文頭の文字も小文字で書かれています。

I think smartphones are mostly good.　They are very (1).　They allow us to *stay connected to our friends and families.　They also make our lives easier.　With our smartphones, we can get directions, learn (2) to do things, read the news, listen to music, play games, take photos, and watch videos.　We can also pay for things, use paperless services, and order deliveries.　Smartphones are convenient, and they save people a lot of time.　Yesterday, for example, I used my smartphone to study German, check my bank account, order a new pair of shoes, take notes in class, search for a plane ticket, and make a dinner (3).　I also talked to my dad and *messaged back and forth with at least ten of my friends.　On the negative side, smartphones can be *addictive.　Some people spend too much time on them and become socially *isolated.　(4) problem is that they make people *vulnerable.　Someone can hack into your phone and steal your personal (5) or spy on you. *Despite these dangers, smartphones have more *pros than *cons.　We should be careful with our phones, and we should take breaks from them.　We should use them responsibly.

注　＊stay connected：繋がりを持つ　＊message back and forth：メッセージのやりとりをする

＊addictive：(人を)夢中にさせる　＊isolated：孤立した　＊vulnerable：攻撃などを受けやすい

＊despite：～にもかかわらず　＊pros・cons：長所・短所

語群

1．afraid	2．another	3．chance	4．how
5．information	6．ready	7．reservation	8．useful

Ⅳ　次の設問⑴⑵に答えなさい。

⑴　次の文章のタイトルとして最も適切なものを１～４から選び，その番号をマークしなさい。

When we have friends, we can talk with them about many things and enjoy spending time together. Because we can trust them, we feel confident and calm when we are with them. When we share our feelings with them, our happiness increases and sadness becomes less. True friends also tell us when we are wrong so that we can be better. Friends make us feel happy in many ways.

1．The Importance of Friendship　　2．The Number of Friends
3．How to Make Nice Friends　　4．Good Friends and Bad Friends

⑵　次の英文を読んで，下線部から読み取れる内容として最も適切なものを１～４から選び，その番号をマークしなさい。

Ken and Jimmy belonged to a tennis club. One day, they had a game and Jimmy won. This made Ken work much harder. He practiced in the morning even before school began. A month later, they had another game and this time Ken won. "Good job!" Ken said to himself.

1．Ken was surprised that he won against Jimmy.
2．Ken was satisfied because he practiced hard and succeeded.
3．Ken was proud that he came to school earlier than before.
4．Ken was disappointed that Jimmy didn't practice with Ken.

Ⅴ　下の文中の１～５の(　)内にある語(句)を意味の通る文になるように並べ替えなさい。解答は例に従って，１～４番目の順に番号で答えなさい。

例題　We (1．school　2．students　3．are　4．high).
答え：この例では We are high school students とするため，③，④，①，②を上から順にマークします。

Noise is ear pollution. It is often called "unwanted sound." If a sound $_1$(1．is　2．like　3．something　4．you)—a song, or a call from a friend—it is just a sound. But if you are trying to sleep or study, then this sound becomes noise.

This "unwanted sound" has an effect upon our bodies. For example, loud noise can $_2$(1．a loss　2．cause　3．hearing　4．of). Even wanted sound, such as *amplified rock-and-roll music, can hurt your hearing, though you may not think of it as noise. The first warning that a sound may be loud enough to hurt is called "ear distress." This is felt as a pain or heard as a ringing noise in the ear. People who have this complaint should be examined by a doctor.

Noise of any kind $_3$(1．you　2．make　3．nervous　4．may) or affect your sleep. Noise can also affect your speech and your ability to think. Noise is linked to cases of heart disease, *ulcers, mental illness, and other sicknesses.

Sound is made by air pressure on your *eardrums. When you clap your hands, for example, $_4$(1．hear　2．sound　3．a　4．you). Air is pushed out from between your hands when you bring them together. At almost the same time, air in your ears push your eardrums *inward. Your ears *signal your brain $_{5}$(1. give 2. the feeling 3. to 4. you) of a clap sound.

注 *amplified：増幅された *ulcer：潰瘍(かいよう) *eardrum：鼓膜
*inward：内側へ *signal：～に合図する

VI 次のA，Bの会話文の(1)～(8)に入る最も適切な文をそれぞれ選択肢から選び，その番号をマークしなさい。同じ選択肢を2度以上使用してはいけません。

A

メイとユリは，ユリの家の庭で紅茶を飲みながら話し合っています。

May : Thank you for inviting me to your home. (1)

Yuri : I am glad you like it.

May : Who takes care of the plants?

Yuri : My mother and grandmother do. (2) It is nice that they share their hobby, and it is so nice to enjoy tea time in their lovely garden!

May : This tea tastes nice and these cookies are delicious too.

Yuri : It is lovely to look at the beautiful garden over a cup of tea and snacks, isn't it?

May : You are quite right. (3) Our garden is also beautiful, and I want to show you a collection of Barbie dolls in my room.

Yuri : Many thanks for your invitation. I can't wait to visit you. By the way, we promised to do our math homework together, didn't we? It is very hard and we have to solve fifty questions. So, let's not forget to do it.

May : (4).

Aの選択肢

1. They love gardening.
2. What a beautiful garden!
3. Please come to my house next time.
4. I want to cook lunch for your family.
5. Your house is very close to my house.
6. Yes, we will be able to help each other.
7. Mother likes cooking, and Grandmother loves cleaning.
8. I want to introduce my parents and sisters to you when you come to my house.

B

ネッドとヘンリーは将来の計画について話し合っています。

Ned : What do you want to be in the future, Henry?

Henry : (5)

Ned : OK, but what kind of job do you want to have?

Henry : I want to have a job with a high salary.

Ned : (6) If you work long hours, you may earn more money, but it must be very tough!

Henry : Yes, I can do that. With a high salary, I can buy anything I want and enjoy traveling around the world.

Ned : Well, you might become too busy to spend your time as freely as you like.

Henry : You may be right. (7)

Ned : That's a good idea. If you get long vacations, you will have more free time and you'll be able to relax. It will be refreshing. You will be able to spend more time with your family and friends, too.

Henry : How about you, Ned ? What is your dream ?

Ned : I want to become a professional baseball player like Shohei Ohtani.

Henry : Oh, how nice ! (8)

Ned : Thank you for your kind words !

Bの選択肢

1 . I haven't decided yet.
2 . I have several plans now.
3 . I hope your dream will come true.
4 . How do you feel about working long hours ?
5 . I will try to find a job with long vacations too.
6 . Will it be necessary for us to work in the future ?
7 . I will just travel around the world without working.
8 . Do you really want to work after you graduate from university ?

VII 次の英文を読み，それぞれの問に答えなさい。

In the past, some people saw *UFOs (Unidentified Flying Objects) in the sky. Were these UFOs spaceships from other planets ? Were there *aliens on these spaceships ?

You can read stories and see photos of these UFOs in the news. But are the stories true ? What did the people really see ? Is there life on other planets ? We do not know. Maybe we first have to ask, "Why is there life on Earth ?"

There are seas and rivers everywhere on Earth. Maybe life on Earth began in the sea, because living things need [(1)]. Now *astronomers are looking for other planets with lots of [(1)]. The Earth's *atmosphere has the right air, and living things need this air. The Earth also has lots of rocks. Astronomers are looking for other planets with lots of rocks. Maybe there are signs of life in the rocks. They are looking for planets with the right atmosphere, too.

Astronomers are also looking for planets with the same weather as Earth. Things cannot live on Venus, because it is too hot. It is too near the Sun. Maybe things cannot live on Mars, because it is too cold. It is far from the Sun. The Earth has spring, summer, autumn and winter. The atmosphere on Earth changes in summer and winter. More things grow in hot summers than in cold winters. Astronomers are studying the atmosphere on some *extrasolar planets with a special new *telescope. They want to find planets with the same atmosphere as the Earth. Maybe things can live and grow (2)there, too.

Astronomers are also listening for (3)*radio signals from other planets. In the 1960s, an American astronomer called Frances Drake started listening for them with a *radio telescope. He heard some radio signals, but they came from planets in the sky.

In the 1970s, *NASA started listening for radio signals, too. But they did not hear any radio signals from aliens. In the 1990s, NASA stopped listening to the signals. But, now, many other astronomers are listening for radio signals, and better computers can help the astronomers.

(4)Astronomers found lots of possible new extrasolar planets in other solar systems. They are using *the Kepler telescope for this. Kepler looks at groups of stars in space. It watches them for lots of years. Sometimes a “thing” moves across a star. And then that star is not as bright. But are these “things” planets ? Astronomers do not always know.

Astronomers often look for life on Mars. They first saw Mars through a telescope from Earth. Mars looks red because of its rocks. The atmosphere on Mars hits the rocks, and the rocks go red. This is called *oxidation. In the past, Mars was warmer, and there was water on the ground. But where did the water go ? Some of it is now ice on the high ground. Some of it went into the atmosphere. Some of it stayed under the rocks on Mars.

In July 2018, *the ESA Mars Express orbiter found lots of water under the ground on Mars. Maybe there are small living things in Mars's rocks today. Maybe there are living things in the water under the ground on Mars. NASA and the ESA are going to send new *probes to Mars. They will find rocks and bring them back to Earth.

Maybe later more planets will get warm because the Sun is getting bigger and hotter. Maybe Mars will get hotter and have water on its ground again. Maybe there will be rivers and seas on Mars—and new life, too.

(5)Some astronomers are studying difficult places to live on Earth. Understanding life on Earth may help them find life in space. Very small things live everywhere on Earth. They live in hot, dry places, and they live in cold, wet places. They live in very cold water and in very hot water. They live in sea water and far under the sea, too. Can small things live in difficult places on other planets, too ? Astronomers on Earth are studying different parts of space. This will help us travel in space.

注 ＊UFO：未確認飛行物体　＊alien：宇宙人　＊astronomer：天文学者
＊atmosphere：大気　＊extrasolar：太陽系外の　＊telescope：望遠鏡
＊radio signal：電波信号　＊radio telescope：電波望遠鏡　＊NASA：米国国家航空宇宙局
＊the Kepler telescope：ケプラー宇宙望遠鏡　＊oxidation：酸化
＊the ESA Mars Express orbiter：欧州宇宙機関（ESA）が打ち上げた火星探査機
＊probe：宇宙探査用装置

問１　文中に２箇所ある (1) に入る最も適切なものを１つ選び，その番号をマークしなさい。

1．air　2．rivers　3．water　4．rocks

問２　本文の内容に関する次の質問に対する答えとして最も適切なものを１つ選び，その番号をマークしなさい。

What type of planets are astronomers looking for ?

1．They are looking for planets which have living things in the air.
2．They are looking for planets which have lots of rocks like Earth.
3．They are looking for planets which are not too far from the Sun.
4．They are looking for planets which are warmer than Earth.

問３　下線部(2)が示す内容として最も適切なものを１つ選び，その番号をマークしなさい。

1．in Earth's sea and rivers
2．during Earth's hot summer
3．in places with the right atmosphere on Earth

4. on planets with the same atmosphere as Earth

問4　下線部(3)について最も適切なものを１つ選び，その番号をマークしなさい。

1. Frances Drake heard radio signals which were from planets in the sky.
2. Radio signals heard in the 1960s were sent by aliens living on planets in the sky.
3. Frances Drake received radio signals, but they really came from the other places on Earth.
4. Because an astronomer heard the radio signals in the 1960s, Frances Drake wanted to hear them himself.

問5　下線部(4)をほぼ同じ内容に言い換えたものとして最も適切なものを１つ選び，その番号をマークしなさい。

1. Astronomers learned about other solar systems that had a lot of new planets.
2. Astronomers found that there could be new extrasolar planets in other solar systems.
3. Astronomers knew that we would surely find new extrasolar planets in other solar systems.
4. Astronomers thought that it was possible to go to other solar systems to find new extrasolar planets.

問6　本文の内容に関する次の質問に対する答えとして最も適切なものを１つ選び，その番号をマークしなさい。

What fact was found by the ESA Mars Express orbiter in 2018?

1. There was a lot of water in the ground on Mars.
2. There were surely some living things in the water on Mars.
3. New probes brought back some rocks to the Earth from Mars.
4. Some plants could live on Mars because the Sun is getting bigger and hotter.

問7　下線部(5)の解釈として最も適切なものを１つ選び，その番号をマークしなさい。

1. 地球上の生物の研究に苦労している天文学者たちもいる。
2. 地球上で住みにくい場所を研究している天文学者たちもいる。
3. 地球上の生物を危険な場所で研究している天文学者たちもいる。
4. 地球上で生き延びるために難しい研究をしている天文学者たちもいる。

問8　本文の内容と一致するものを１つ選び，その番号をマークしなさい。

1. We can read stories of aliens which were really seen in the past.
2. We can learn a lot about aliens from stories and photos of them.
3. We can see that in the past UFOs came from other planets.
4. We can see pictures of UFOs appearing in the news.

問9　本文の内容と一致するものを１つ選び，その番号をマークしなさい。

1. Because Venus is hotter than Earth but colder than Mars, there can't be any life on it.
2. Mars has red rocks which can also be seen on Earth, but there is no life on or inside them.
3. Astronomers haven't found any planets which have the same atmosphere as Earth for there to be life.
4. Venus is closer to the Earth than Mars, so astronomers thought at first there were some kinds of life on it.

問10　本文の内容と一致するものを１つ選び，その番号をマークしなさい。

1. There will be more rivers and seas on Mars and other extrasolar planets.
2. It will be easier for us to find very small living things on warmer planets in space.
3. We will be able to travel in space to find small living things under the sea on other planets.

4．If astronomers understand life on Earth, it may be easier for them to find life on other planets in space.

＜リスニングテスト放送原稿＞

これから放送によるリスニングテストを始めます。放送の内容をよく聞いて答えなさい。聞きながらメモをとってもかまいません。

問題１　次の(1)～(5)の写真について４つの英文が読まれます。写真の状況として最も適切な英文を１～４の中から１つ選び，その番号をマークしなさい。**英文は１回のみ放送されます。**

(1) Look at the picture marked number (1) in your test booklet.

1．Some people are sitting on a bench.
2．The area is a little crowded with people.
3．There is a large car parked in the square.
4．A man is walking his dog in the park.

(2) Look at the picture marked number (2) in your test booklet.

1．A large bird is flying in the sky.
2．Little birds are walking in a line.
3．There are some birds in a tree.
4．The bird has caught a fish.

(3) Look at the picture marked number (3) in your test booklet.

1．Some people are waving at the boat.
2．Some people are waiting to get on the boat.
3．Some people are swimming in the river.
4．Some people are riding in the boat.

(4) Look at the picture marked number (4) in your test booklet.

1．A lot of toys are outside the shop.
2．A lot of children are surrounding a big doll.
3．A girl is holding a big doll in her arms.
4．A large decorated tree is behind the children.

(5) Look at the picture marked number (5) in your test booklet.

1．The restaurant is preparing to open.
2．There is a person wearing a big hat.
3．A man is cutting a cake on the table.
4．A lady is drinking a cup of tea.

問題２　Daniel（ダニエル）が昨年の旅行についての話をします。英文を聞き，質問に対する答えとして最も適切なものを１～４の中から１つ選び，その番号をマークしなさい。**英文は１回のみ放送されます。**

I took trips to France and Australia last year.　I spent almost a month in each country.

For my first trip, I went to France for a working holiday.　Every year, farmers in France hire travelers to come and work on their farms.　I slept at a farm for free, and then every weekend I traveled around the country.　During the week, however, I picked fruit for eight hours a day, five days a week.　Picking fruit isn't easy, and sometimes it didn't feel like I was on vacation!　But people were very kind and I ate a lot of delicious food at the farm.

For the next trip, I went backpacking in Australia.　During the day I went hiking, and each night I slept in my tent.　Carrying a backpack and tent all day can be tiring.　However, the mountains and beaches were so beautiful that I didn't think about my heavy backpack.

Questions

No. (1)　Which is true about Daniel's trip in France?

No. (2)　Which is NOT true about Daniel's trip in Australia?

問題３　これから読まれる２人の対話を聞き，質問に答える問題です。それぞれの質問に対する答えとして最も適切なものを１～４の中から１つ選び，その番号をマークしなさい。**英文は２回放送されます。**

W：　Hello, may I help you, sir?

M：　Yes, I am looking for some nice birthday presents for my daughter.

W：　Oh, how nice!　How old will she be and what kind of presents do you have in mind?

M：　She will turn 18 and I want to give her a pretty dress, a necklace, and a scarf.

W：　Here is a nice dress and a scarf.　The dress is 230 dollars, and the scarf is 60 dollars.

M：　Oh, they look nice.　I will buy them for her.　Can I have a look at this gold necklace?

W：　Sure, it is 85 dollars.

M：　That would be 375 dollars in total.　Well, it is a little too expensive.　How about this silver one?

W：　It is 55 dollars.　This beautiful ring will be a nice present too.

M：　I will take the silver necklace but not the ring.

W：　Those are great choices.　Thank you, sir.　Have a nice afternoon.

M：　Thank you for your help.　Have a good day.

Questions

No. (1)　Who is the man going to buy presents for?

No. (2)　What presents is the man going to buy?

No. (3)　How much do the presents cost in total?

以上でリスニングテストを終わります。引き続き問題に取り組んでください。

【数　学】（60分）〈満点：100点〉

（注意）1．定規・コンパス・分度器・計算機は使用できない。

2．問題①から問題⑤までの，ア，イ，ウ，……の一つ一つには，それぞれ0から9までの数字があてはまる。あてはまる数字を，ア，イ，ウ，……で示される解答欄にマークすること。

3．答えが分数の形で求められているときは，それ以上約分できない分数の形で答えること。例えば，$\frac{3}{4}$ を $\frac{6}{8}$ としてマークしないこと。

4．答えが比の形で求められているときは，最も簡単な整数の比の形で答えること。例えば，1：3を2：6としてマークしないこと。

5．答えが根号の中に数字を入れる形で求められているときは，根号の中の数はできるだけ小さな数にして答えること。例えば，$4\sqrt{2}$ を $2\sqrt{8}$ としてマークしないこと。

1　次の［　］に当てはまる数値を答えなさい。

(1)　$\left\{-1-2^3+4\times\frac{6}{5}\times\left(7+\frac{9}{8}\right)\right\}\div10=$［ア］

(2)　$\left(1-\frac{\sqrt{3}+1}{2}\right)\left(\frac{\sqrt{5}-2}{3}+1\right)\left(1-\frac{-\sqrt{3}+2}{3}\right)\left(1-\frac{\sqrt{5}+1}{2}\right)=\frac{［イ］}{［ウ］}$

(3)　a は整数とする。連立方程式 $\begin{cases}3x+2y=7\\5x+ay=4\end{cases}$ を満たす x，y がともに整数となるとき，$a=$［エ］，［オカ］である。

(4)　2次方程式 $x^2+ax+24=0$ の解がともに整数であるような定数 a の値は全部で［キ］個ある。

2　次の［　］に当てはまる数値を答えなさい。

(1)　点Oを中心とし，直径ABの長さが8の半円がある。$\overset{\frown}{AP}:\overset{\frown}{PB}=1:3$ となるように点Pをとり，線分BPに関して下図のように折り曲げる。

このとき，図の斜線部分の面積は［ア］$\pi+$［イ］$-$［ウ］$\sqrt{［エ］}$ である。

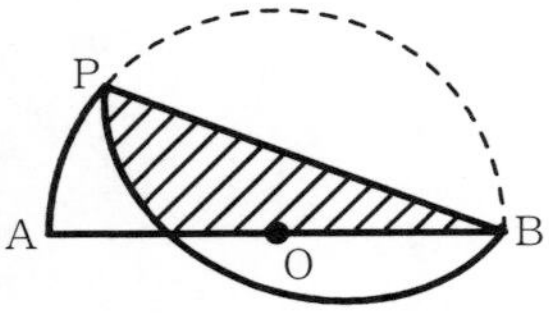

(2)　[0]，[1]，[2]，[3]，[5] と書かれた5枚のカードがある。この中から3枚のカードを取り出して並べ，3桁の整数をつくる。

(i)　3桁の整数は全部で［オカ］個である。

(ii)　5の倍数になる確率は $\frac{［キ］}{［クケ］}$ である。

(3)　8人の生徒を対象に100点満点の数学の試験を行ったところ，右の表のようになった。

生徒	A	B	C	D	E	F	G	H
得点(点)	40	40	54	56	60	69	72	81

(i)　8人の生徒の平均値は［コサ］(点)である。

(ii)　9人目の生徒がこの試験を受けたとき，中央値としてとり得る値は全部で［シ］通りある。

3 1辺1cmの白と黒の正三角形を図のような規則で隙間なく並べて正三角形をつくるとき，下の□に当てはまる数値を答えなさい。

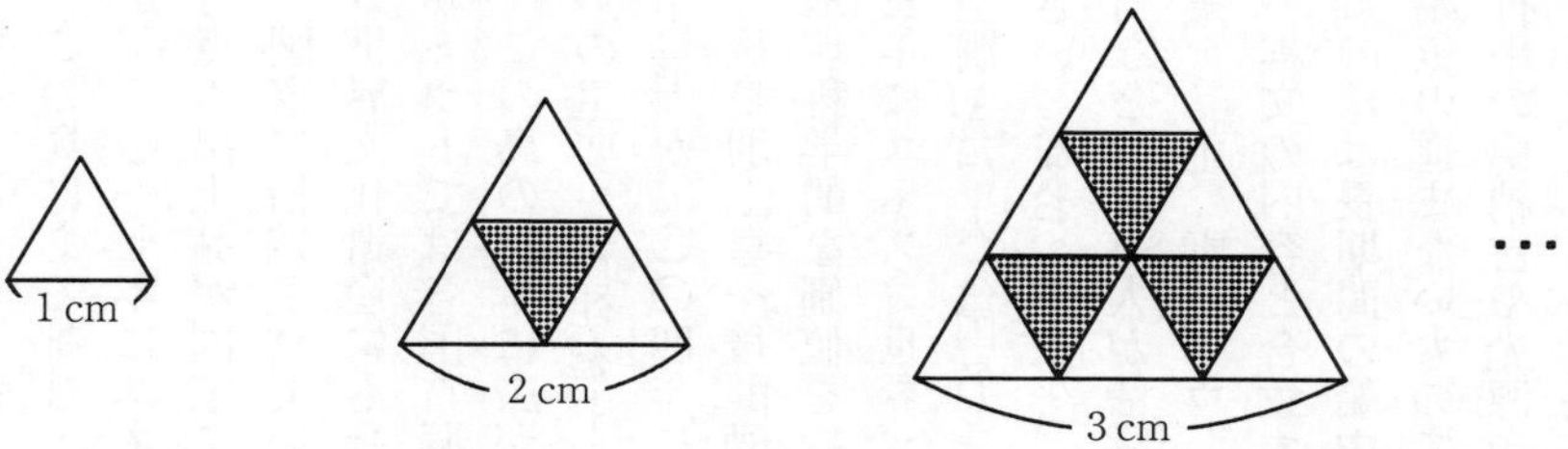

(1) 1辺6cmの正三角形をつくるとき，1辺1cmの正三角形は［アイ］枚必要である。

(2) 1辺1cmの正三角形を169枚並べたとき，1辺1cmの白の正三角形は［ウエ］枚必要である。

(3) 1辺1cmの白の正三角形を153枚並べたとき，1辺1cmの黒の正三角形は［オカキ］枚必要である。

4 右の図のように放物線 $y=ax^2\ (a>0)$ がある。

$y=ax^2$ 上の点 A(4, 12)を通り，傾きが $\dfrac{3}{2}$ の直線と放物線との交点のうち，Aと異なる点をBとする。

このとき，次の□に当てはまる数値を答えなさい。

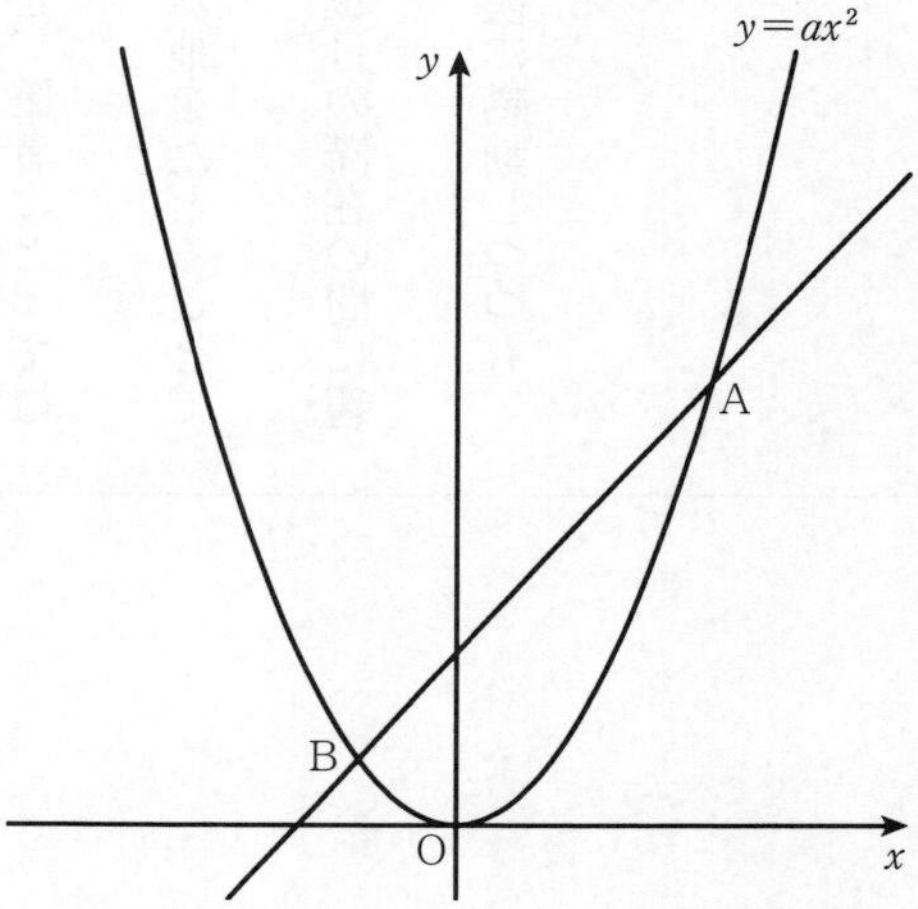

(1) $a=\dfrac{\boxed{ア}}{\boxed{イ}}$ であり，直線ABは $y=\dfrac{3}{2}x+\boxed{ウ}$ である。

(2) △OABの面積は［エオ］である。

(3) 放物線上の2点A，Bの間に点Pをとるとき，△OABの面積と△PABの面積が等しくなる点Pの座標は，P(［カ］, ［キ］)である。

また，放物線上に点Qをとるとき，△OABの面積と△QABの面積が等しくなるような点Qの x 座標は $\boxed{ク}+\sqrt{\boxed{ケコ}}$ である。ただし，点Qの x 座標は4以上である。

5 右の図のように，AB＝8，AD＝6，AE＝$6\sqrt{3}$ である直方体ABCD-EFGHがある。

線分AC上に∠APE＝60°となるような点Pをとり，辺CG上に∠CPQ＝60°となるような点Qをとる。

このとき，次の□に当てはまる数値を答えなさい。

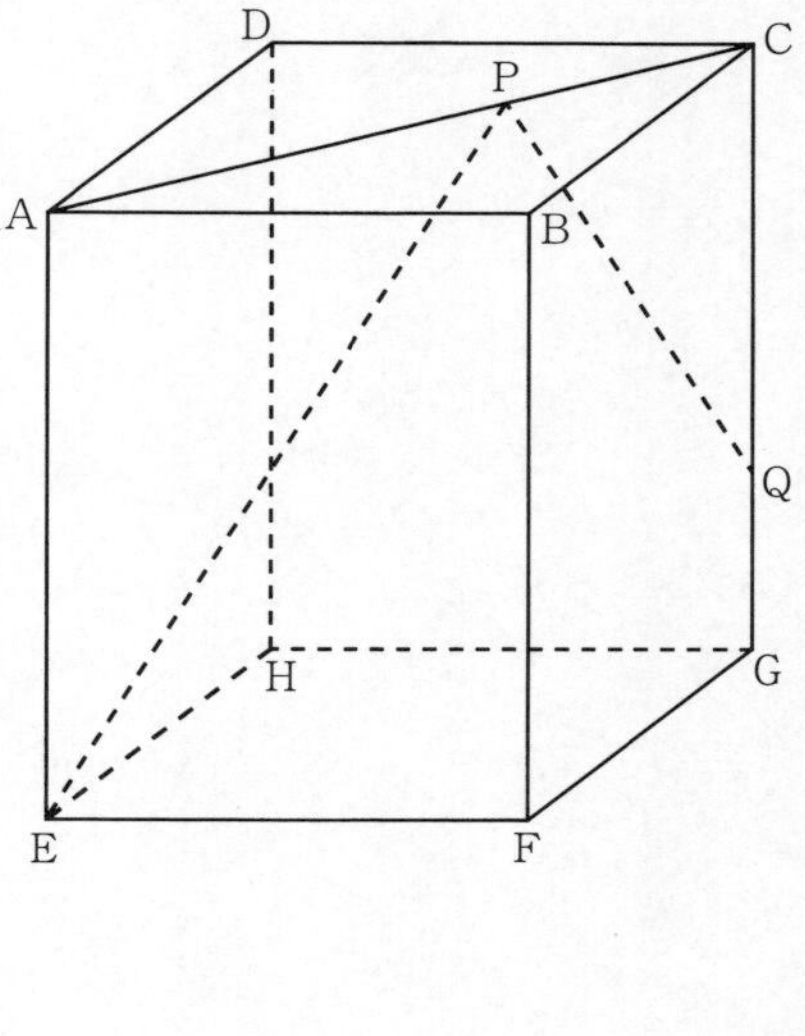

(1) AC＝［アイ］，AP＝［ウ］である。

(2) 立体Q-EFGHの体積は $\boxed{エオ}\sqrt{\boxed{カ}}$ である。

(3) △EQPの面積は $\boxed{キク}\sqrt{\boxed{ケ}}$ である。

(4) 線分CEと線分PQの交点をKとする。KF＝$\sqrt{\boxed{コサ}}$ である。

なさい。

ア　この島にある神社と対岸にある神社などをあわせた遺産群が、二〇一七年にユネスコ世界文化遺産に登録された。約八万点の出土品が国宝に指定され、「海の正倉院」と呼ばれる。

イ　国宝に指定されている神社があり、一九九六年にはユネスコ世界文化遺産にも登録された。二〇二三年に行われたG7サミットでは各国首脳もこの場所を訪問した。

ウ　この島の対岸に広がる山地はそれ自体が信仰の対象で、三つの主要な神社を中心とした霊場と、それらを巡る参詣路(古道)が二〇〇四年にユネスコ世界文化遺産に登録された。

エ　後鳥羽《ごとば》上皇や後醍醐《ごだいご》天皇などの流刑地としても知られる。地球科学的な価値を持つ遺産を多く有することから、二〇一三年にユネスコ世界ジオパークに認定されている。

問十、空欄[A]に入る国名として最も適当なものを、次の中から選びなさい。なお、「玄宗」の没年は七六二年で、同時代には李白《りはく》や杜甫《とほ》などの漢詩人が活躍した。

ア　秦　イ　唐　ウ　宋　エ　清

問十一、本文の内容と合致するものを、次の中から選びなさい。

ア　この旅は長期間の船中泊を強いられるなど、筆者にとっては終始気の進まないものである。

イ　行平の中納言や光源氏などにゆかりのある地をたどることで、筆者は歌人として成長しようとしている。

ウ　筆者と遊女とは境遇も立場も異なるが、数日の滞在の間に親しく交流したことがうかがえる。

エ　目的地に到着した筆者はその建造物の規模に感動しつつも、そこでの催事は期待外れだったと感じている。

ウ　体言の代わりをする　　　エ　疑問の意味を表す

問二、傍線部②「藻塩垂れつつわびける住まひ」は、行平の中納言がこの地で謹慎した時に詠んだ和歌（『古今和歌集』収載）、
　わくらば《(たまたま)》に問ふ人あらば須磨の浦に藻塩垂れつつわぶと答へよ
を踏まえた表現であるが、ここでの「藻塩垂れ」の解釈として最も適当なものを、次の中から選びなさい。

ア　愚痴をこぼす　　　イ　罪を償う
ウ　うなだれる　　　エ　涙を流す

問三、傍線部③「長月」とは何月のことを指すか。最も適当なものを、次の中から選びなさい。

ア　九月　　イ　十月　　ウ　十一月　　エ　十二月

問四、傍線部④「悲しき」とあるが、筆者にそのような気持ちを起こさせた理由として**不適当なもの**を、次の中から選びなさい。

ア　慕っていた先代の天皇である高倉帝が亡くなったから。
イ　何日にもわたり波に揺られる船旅に不安になったから。
ウ　かつて、この付近で過ごした人の不遇を想像したから。
エ　寒さが増していく中で、もの寂しい風物に触れたから。

問五、傍線部⑤「光源氏」と関係の深い人物として最も適当なものを、次の中から選びなさい。

ア　小野小町　　　イ　紫式部
ウ　清少納言　　　エ　和泉式部

問六、傍線部⑥「いつほどにか都へ漕ぎ帰るべき」の解釈として最も適当なものを、次の中から選びなさい。

ア　私はいつごろ都に帰ればいいですか。
イ　私はいつか都に帰ろうと思っている。
ウ　あなたはいつか都に帰った方がよい。
エ　あなたはいつごろ都に帰るのですか。

問七、傍線部⑦「おぼえて」・⑩「なつかし」の本文中の意味として最も適当なものを、それぞれ後の中から選びなさい。

⑦　おぼえて
ア　記憶して　　　イ　思われて
ウ　思い出して　　エ　答えて

⑩　なつかし
ア　昔を思い出す　　イ　もの寂しい
ウ　心引かれる　　　エ　久しぶりだ

問八、傍線部⑧「いさやその幾夜明かしの泊りともかねてはえこそ思ひ定めね」の和歌に用いられている表現技法についての説明として最も適当なものを、次の中から選びなさい。

ア　「枕詞《まくらことば》」と「係り結び」が用いられている。
イ　「枕詞」と「体言止め」が用いられている。
ウ　「掛詞《かけことば》」と「体言止め」が用いられている。
エ　「掛詞」と「係り結び」が用いられている。

問九、傍線部⑨「彼の島」について次の問いに答えなさい。

i　「彼の島」の場所を、次の地図上から選びなさい。

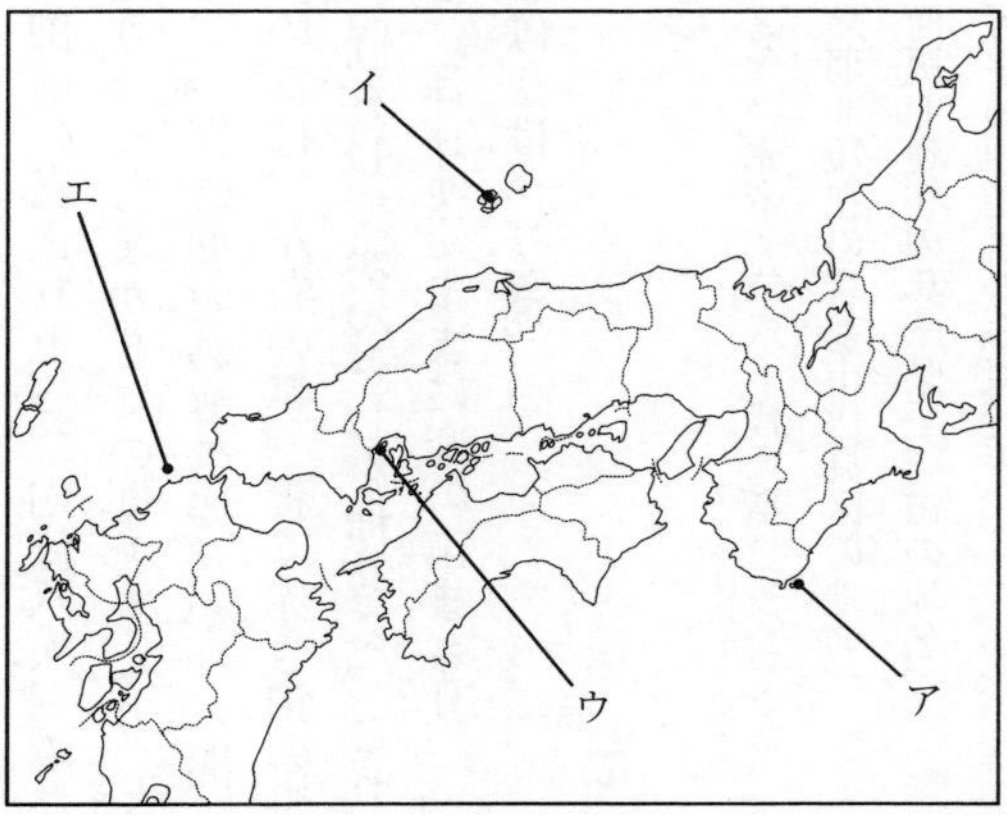

ii　「彼の島」の説明として最も適当なものを、次の中から選び

エ　新聞社内の同僚たちと積極的にコミュニケーションを取ることによって、協力して仕事をする大切さを学んでいる。

問十四、本文の作者である井上靖が著した作品として最も適当なものを、次の中から選びなさい。

ア　しろばんば　　イ　サラダ記念日

ウ　山椒魚　　エ　銀河鉄道の夜

三　次の文章を読んで、後の問いに答えなさい。

さても、安芸国《あきのくに》厳島《いつくしま》の社は、*高倉の先帝《せんてい》も御幸《みゆき》したまひける跡の白波もゆかしくて、思ひ立ちはべりしに、例の*鳥羽《とば》より船に乗りつつ、*河尻《かはじり》より海①のに乗り移れば、波の上の住まひも心細きに、ここは須磨《すま》の浦と聞けば、*行平《ゆきひら》の中納言《ちゆうなごん》、②藻塩《もしほ》垂れつつわびける住まひもいづくのほどにかと、吹きこす風にも問はまほし。③長月の初めのことなれば、霜枯れの草むらに、鳴き尽くしたる虫の声絶え絶え聞こえて、岸に船着けて泊りぬるに、千声万声の砧《きぬた》の音は夜寒の里にやと音づれて、波の枕をそばだてて聞くも④悲しきころなり。明石《あかし》の浦の朝霧に島隠れゆく船どもも、いかなる方へとあはれなり。⑤光源氏の、*月毛の駒にかこちけむ心の内まで、残る方なく推しはかられて、とかく漕《こ》ぎゆくほどに、備後国《びんごのくに》鞆《とも》といふ所に至りぬ。

何となく賑はしき宿と見ゆるに、*たいか島とて離れたる小島あり。*遊女の世を逃れて、庵《いほり》並べて住まひたる所なり。

（中略）

これに一、二日留《とど》まりて、また漕ぎ出でしかば、遊女どもなごり惜しみて、「⑥いつほどにか都へ漕ぎ帰るべき」など言へば、「いさや、これや限りの」など⑦おぼえて、

⑧いさやその幾夜明かしの泊りともかねてはえこそ思ひ定めね

⑨彼の島に着きぬ。漫々たる波の上に、鳥居遥《はる》かにそばだち、百八十間の回廊、さながら浦の上に立ちたれば、おびたたしく船どももこの廊に着けたり。大法会あるべきとて、*内侍《ないし》といふ者、面々になどすめり。長月十二日試楽とて、回廊めく海の上に舞台を立てて、御前の廊より上る。内侍八人、みな色々の小袖に白き*湯巻《ゆまき》を着たり。うちまかせての楽どもなり。[A]の玄宗《げんそう》の*楊貴妃《やうきひ》が奏しける、*霓裳《げいしやう》羽《う》衣《い》の舞の姿とかや、聞くも⑩なつかし。

会の日は、左右の舞、青く赤き錦の装束、菩薩《ぼさつ》の姿に異ならず。*天冠《てんくわん》をしてかんざしを挿せる、これや*楊妃《やうひ》の姿ならむと見えたる。暮れゆくままに楽の声まさり、*秋風楽《しうふうらく》ことさらに耳に立ちておぼえはべりき。

（『とはずがたり』による　一部改変）

《注》

*高倉の先帝＝第八十代天皇。

*鳥羽＝現在の京都市伏見区の地名。

*河尻＝現在の兵庫県尼崎市の地名。

*行平の中納言＝在原行平。

*月毛の駒＝「秋の夜の月毛の駒よわが恋ふる雲居をかけれ時の間も見む」の和歌を踏まえた表現。

*たいか島＝前の文にある備後国の鞆（港がある）付近の小島。

*遊女＝宿場や港などで歌や踊りなどの娯楽を提供する女性。たいか島には出家した遊女が多く住んでいた。

*内侍＝ここでは神社の巫女《みこ》。神前での舞も担当した。

*湯巻＝腰部につける衣服。

*楊貴妃＝玄宗皇帝の妃。

*霓裳羽衣の舞＝玄宗が楊貴妃のために作らせたと言われる舞曲。

*天冠＝舞楽などで用いるかぶりもの。

*楊妃＝楊貴妃に同じ。

*秋風楽＝雅楽の曲の一つ。

問一、傍線部①「の」の働きを説明したものとして最も適当なものを、次の中から選びなさい。

ア　主語をつくる　　イ　連体修飾語をつくる

物。
ウ　現状が苦しくてすぐにでも逃げ出したいと思っている人物。
エ　つらい過去を忘れて今現在を楽しみたいと思っている人物。

問六、空欄[A]に入る語として最も適当なものを、次の中から選びなさい。
ア　耳　イ　口　ウ　目　エ　鼻

問七、傍線部⑤「二人の人物」に対して「鮎太」はどのように思っているか。その説明として最も適当なものを、次の中から選びなさい。
ア　常に特種を取ってくる行動力を持った山岸と、一年に一回は大きな特種を取る杉村を誇りに思っている。
イ　新聞記者として成功している山岸と比べると、仕事が回ってこない杉村を物足りなく思っている。
ウ　威圧的で新人を圧倒するような山岸と比べると、新人に優しく接する杉村を尊敬に値すると思っている。
エ　行動的で新聞記者としての情熱を持った山岸と、自分のペースで仕事をする杉村を立派だと思っている。

問八、傍線部⑥「うだつの上がらぬ」・⑦「色めき立って来る」・⑨「いささか」の本文中の意味として最も適当なものを、それぞれ後の中から選びなさい。
⑥　うだつの上がらぬ
ア　よい境遇になれない　イ　やる気を感じられない
ウ　他人を頼らない　エ　自由な時間がない
⑦　色めき立って来る
ア　愉快な様子だったのがしらけてくる
イ　他人の行動を気にして注意深くなる
ウ　緊張して落ち着かなくなる
エ　恐怖に支配されてくる
⑨　いささか
ア　少し　イ　秘密
ウ　長年　エ　これまで

問九、空欄[B]に入る表現として最も適当なものを、次の中から選びなさい。
ア　肩代わり　イ　足がかり
ウ　口ぞえ　エ　手ほどき

問十、空欄[C]に入る語句として最も適当なものを、次の中から選びなさい。
ア　横柄《おうへい》　イ　鷹揚《おうよう》　ウ　真摯《しんし》　エ　明晰《めいせき》

問十一、傍線部⑧「鮎太は初めて佐分利信子に会うべきか否かを考えた」とあるが、その理由として最も適当なものを、次の中から選びなさい。
ア　信子への恋心を持ち続けていることで、信子の夫に対して申し訳なく思ったから。
イ　忘れ去っていた信子への恋心を取り戻し、信子と結婚したいと思ってしまうから。
ウ　信子への恋心を改めて意識し、落ち着いていた心が乱されてしまうと思ったから。
エ　信子に会ったら、その場で彼女に自分の恋心を打ち明けたいと思ってしまうから。

問十二、空欄[D]に入る語として最も適当なものを、次の中から選びなさい。
ア　精力　イ　青春　ウ　人生　エ　情熱

問十三、本文全体を通して読み取れる「鮎太」の人物像の説明として最も適当なものを、次の中から選びなさい。
ア　友人が亡くなった戦争を通して生命のはかなさを学び、信子への恋心を断ち切って仕事に生きがいを求めている。
イ　悲惨な戦争を通して内気な性格から活発な性格になったが、戦争後も信子への恋にとらわれて生きている。
ウ　新聞社での先輩たちとの出会いによって、記者としての理想的な生き方を教えられ新聞記者として大きく成長している。

そんな調子で混ぜっ返された。しかし、鮎太は本当に自分は、あの一人の女性のために D というものの総てを既に費い果してしまったと思った。

（井上　靖『あすなろ物語』による　一部改変）

《注》

＊永定河＝中国の河北省を流れる河のこと。

＊北支＝かつての中国北部の地の略称のこと。

＊内地＝日本本土のこと。

＊女給＝飲食店の女性従業員のこと。

＊スターシステム＝有能で人気のある記者が取り上げられて評価される制度のこと。

＊二十何貫＝「貫」は重さの単位。一貫は約３・７５キログラム。

＊癇癖＝怒りっぽい性質のこと。

＊慷慨＝憤って嘆くこと。

＊忿懣＝怒りが発散できずいらいらすること。

問一、傍線部①「彼の心の中で特殊な椅子を持っている」とあるが、この表現から「鮎太」のどのような心情が読み取れるか。最も適当なものを、次の中から選びなさい。

ア　佐分利信子の夫に対する嫉妬心

イ　佐分利信子に対する愛情

ウ　佐分利信子を愛した過去に対する後悔

エ　佐分利信子に対する反発心

問二、傍線部②「自分が昨日までの自分と全く異っていることを感じていた」の説明として最も適当なものを、次の中から選びなさい。

ア　佐分利信子と再会することを絶望的に感じていた鮎太が、過酷な戦争を生きのびて信子に思いを伝えられることを期待するようになっている。

イ　戦争で死ぬかもしれないという不安に押しつぶされていた鮎太が、戦友たちが次々と死んでいく状況を生き残ることができて安心するようになっている。

ウ　佐分利信子への思いを振り払いたいと思っていた鮎太が、戦友の死という衝撃によって信子の幻影を忘れ去ることができたことに満足するようになっている。

エ　佐分利信子への思いを持ち続けていた鮎太が、悲惨な戦争を通して信子への思いが弱まり生き残れたこと自体に感動するようになっている。

問三、空欄 X ・ Y に入る語として最も適当なものを、それぞれ後の中から選びなさい。

X

ア　だらだら　　イ　だぶだぶ

ウ　ぼろぼろ　　エ　ばたばた

Y

ア　ぱっと　　イ　こんこんと

ウ　がんがんと　　エ　ぎっしりと

問四、傍線部③「自分が他の青年たちと異っていることを感じた」の説明として最も適当なものを、次の中から選びなさい。

ア　鮎太が他の同世代の青年と違って積極的に遊ぶことができなかったということ。

イ　鮎太が他の同世代の青年と違って仕事に励むことができなかったということ。

ウ　鮎太が他の同世代の青年と違って同世代の女性に興味を持てなかったということ。

エ　鮎太が他の同世代の青年と違って戦争による心の傷が深かったということ。

問五、傍線部④「新聞社内はあすなろでいっぱいだった」とあるが、本文中における「あすなろ」の説明として最も適当なものを、次の中から選びなさい。

ア　将来出世して立派な人物になろうと思っている人物。

イ　世間から認められなくても自分の道を歩もうと思っている人

であるが、何も、諸君はがつがつと事件事件で毎日眼の色を変える新聞記者になる必要はない」

杉村春三郎は、「春さん」とか、「お祭り春さん」とか呼ばれていた。尤《もっと》も「お祭り春さん」の方は蔭《かげ》でそう呼ばれるのであって、面と対《む》かっては「春さん」である。

この春さんの新入社員に対する訓辞は、まことに春さんらしいものであり、そのまま春さん自身の信条でもあり、＊慷慨《こうがい》でもあり、＊忿懣《ふんまん》でもあった。

彼は彼自身のこの言葉のように生きていた。決してがつがつと跳び廻ることはなかった。入社以来三十年の社会部では飛び抜けての最古参であったが、春さんは火事の記事と、それから神社仏閣の催しとか祭礼とかの記事しか受持っていなかった。

勿論初めから彼にこうしたポストが与えられたわけではない。いつ頃からか知らないが、彼の性格と彼の生活信条と彼の勤務態度とが、自然に彼にこうした特殊なポストを与える結果になったのであった。

春さんは長身で、額は大きく抜け上がっていた。動作は悠々迫らぬ緩慢さを持し、口のきき方も極めて［ C ］であった。（中略）

佐分利信子が突然鮎太を新聞社に訪ねて来たのは、彼が新聞記者になってから三年目の春であった。

「横溝さんと言う方が面会です」

と、受付から電話があったが、鮎太はその名前に記憶がなかった。

「三十ぐらいの奥さんと五十ぐらいの御主人らしい方です」

少し声を低めた受付の女の子の声が、また聞えて来た。

鮎太は会ってみることにして机を離れた。

そして階下への階段を中途まで降りて、鮎太は視線を下の受付の方へ投げたままそこに棒立ちになった。

佐分利信子と、彼女の主人らしい上品な紳士が立っていた。二人は新聞社の受付では余り見受けない豪華な一組だった。

鮎太は、咄嗟《とっさ》の判断で、降りて来た階段を大急ぎで上がった。そして二人が視野の外に出た時、⑧鮎太は初めて佐分利信子に会うべきか否《いな》かを考えた。

恐らく信子は夫と共に何かの用事で大阪へやって来て、ここのR新聞社に鮎太が勤めていることを誰かから聞き知っていて、それを憶《おも》い出し、旧知でも訪ねるつもりでやって来たものと思われた。

「昔、学生さんの頃、よく私のところへいらしっていた方なんです」

そんな風に、信子は自分を彼女の夫に紹介するだろうと思う。信子にしてみれば、その言葉には⑨いささかの偽りも含まれていない。全くその通りであった。鮎太は曾《かつ》て彼女を取り巻いていた男友達の一人であるに過ぎなかった。

しかし鮎太の方は違っていた。彼は自分の心の中に長年月にわたって、現在もなお生々しく呼吸している一人の女性を、何年かぶりで平静に見得る自信はなかった。

鮎太はそのまま階下へ降りて行かず、改めて、給仕に彼の不在を告げさせた。

その晩鮎太は二、三人の同僚と何軒かの酒場を飲み歩いて酩酊《めいてい》した。彼の心の中で古い傷口が改めてむごく引き裂かれていた。佐分利信子は依然美しかった。そして彼女の夫も、彼女に相応《ふさわ》しい上品な富裕そうな紳士であった。二人が並んで立っていた姿が、時々同僚と盃《さかずき》のやり取りをしている鮎太の眼の先《さ》きにちらちらした。

「情熱というものの量は、人間、一定量だと思うんだ。俺の場合は一人の女性にその全部を費《つか》い果《はた》してしまったので、もう今は残っていない。誰を愛することもできないらしいんだ」

そんなことを、鮎太は真剣な気持で言ったが、誰にも相手にされなかった。

「莫迦《ばか》を言え！　俺の場合は尽きずに、［ Y ］湧《わ》いて来る」

とか、

「深刻そうなことを言うな。学生時代の恋愛なんか恋愛のうちではないんだ」

時代の恋愛は、きれいに終止符を打って然《しか》るべきであったが、鮎太の場合はそうは行かなかった。

信子の影像が小さく遠く見えたのは、永定河の河州に於てのただ一日のことでしかなかった。

＊内地へ帰還してみると、彼の心のどこかには、依然として佐分利信子の亡霊がひそんでおり、それがいつ如何《いか》なる時でも、鮎太を見守り監視しているようであった。勿論《もちろん》鮎太は再婚した信子がどこに住んでいるかも知らなかったし、信子に会いたいとも、信子と話をしてみたいとも思わなかった。

ただ鮎太は時折、③自分が他の青年たちと異っていることを感じた。酒場の＊女給とか、同僚の妹とか、そうした若い女性のことで、新聞社の仲間たちはわいわい騒いでいたが、鮎太はいつもその仲間入りすることが出来なかった。青年らしい心の燃え方がなかった。信子に較《くら》べると、いかなる女性も、例外なく貧しく、薄汚れて見えた。

鮎太にとって新聞社の仕事は面白かった。戦争は、結局鮎太の信子に対する感情を微塵《みじん》も変《かわ》らせることはできなかったが、彼の引込《ひっこ》み思案の性格には多少の変化を与えた。彼は戦争から帰ると、むしろ活動的な人間になっていた。

④新聞社内はあすなろでいっぱいだった。誰も彼も翌檜《あすなろう》だった。その日その日が翌檜の生活だった。明日は特種《とくだね》を取ろう、明日は他紙の連中の A をあかしてやろう、そんな競争意識で編集局内を忙しく出入りしている連中ばかりだった。

戦争初期のことではあるし、社内には一種の＊スターシステムが布《し》かれ、派手な特種を取れば、社会面に大きく署名入りで記事が載った。例外なく若い記者たちは全部特派員として、大陸や南方へ従軍したがっていた。

鮎太は入社すると直《す》ぐ社会部へ廻《まわ》され、一年間は下働きをしたが、二年目から警察を持って、どうやら一人前の駈《か》け出し記者として遇された。

鮎太は多勢の先輩記者の中で、⑤二人の人物を尊敬していた。一人は部長の山岸大蔵、もう一人は山岸より寧《むし》ろ先輩でありながら、今だに社会部の隅の方で⑥うだつの上がらぬ生活をしている老記者、春さんこと、杉村春三郎《はるさぶろう》である。

部長の山岸は見るからに精悍《せいかん》な感じのする典型的な新聞記者で、やりての社会部長として他社からも怖がられている人物であった。＊二十何貫の巨軀《きょく》と、＊癇癖《かんぺき》と、大きな太い声を持っていた。

「行け！」

事件が起きると、彼はそこにいる記者の方に向かって、こう短く呶鳴《どな》った。この「行け」の時と、号外のベルを押す時の彼が、鮎太は好きだった。単純だったが男性的な魅力がその巨体に溢《あふ》れていた。

（中略）

号外発行を指令する電鈴は編集局、工場、その他必要部署に鳴り響く。それと同時に、急に社内は⑦色めき立って来る。山岸大蔵の周囲には、多勢の人間が詰めかけて来る。

「何だい、一体」とか「何の事件だ」とか、彼を取り巻く幹部たちの質問が彼に向かっていっせいに発射される。

このベルを押す時の山岸大蔵の表情は、その他の時とはまるで違って活《い》き活《い》きとしている。いかにも新聞記者の生活に生き甲斐《がい》を感じている男の、満足な表情であった。

鮎太はこうした山岸社会部長を尊敬もしていたし、自分もまた彼のように一事に没入し、そこに生き甲斐を感ずる男になりたいと思った。山岸大蔵のベルを押す時のような表情を持ちたいと思った。

杉村春三郎はまるでこれと対蹠《たいしょ》的だった。鮎太は入社当初、杉村から新聞記者の B を受けた。あとで知ったことであるが、この至極《しごく》一線の新聞記者らしからぬのんびりした仕事は、毎年春になると彼に廻って来る仕事であった。

「新聞記者という者は、一生に一度大きいスクープをすればいい。それだけで大記者だ。そうそう大特種というものは廻って来るものではない。一生に一度も大記事を取れないような奴《やつ》は、これは論外

イ　人工林の増加により、天然木材の希少価値が高まっていった。
ウ　人工的に造林することで、荒廃した森林が減少していった。
エ　補助金制度導入で、建築資材となるスギ等が植樹されていった。

問十三、傍線部⑨「いよいよ木材生産は縮小していっている」理由として最も適当なものを、次の中から選びなさい。
ア　拡大造林が急激に推し進められたために市場に出回る木材が増加し、価格が下がってしまったから。
イ　輸入木材との価格競争に勝ち残るのは困難であるとともに、林業をになう人材育成ができていないから。
ウ　新型コロナの流行によって建築資材としての木材の需要が減り、林業が採算の取れない産業になったから。
エ　造林の拡大要因の一つとなった補助金が国の財政難によって打ち切られ、造林ブームが終わってしまったから。

問十四、傍線部⑩「そのため木材生産量はなかなか増えない」理由として最も適当なものを、次の中から選びなさい。
ア　地球環境保護を必要以上に優先する人が増えたから。
イ　林業従事者が不足し木材の大量伐採ができないから。
ウ　伐採しても経営が成り立つ収入を見込めないから。
エ　大量伐採によって木材の市場価格が低下してしまうから。

問十五、本文の内容と合致するものを、次の中から選びなさい。
ア　日本の戦後の林業は、外国産木材の輸入による価格競争や労働者不足など様々な問題を抱えており、国内生産される木材は減少傾向にある。
イ　第二次世界大戦による大量の家屋喪失からの復興のために大量の木材が必要になったが、日本は国産木材のみを使って難局を乗り切った。
ウ　戦後、敗戦国である日本産の木材は安く買いたたかれて採算が取れなくなったため、現在の林業は魅力のない産業になり果ててしまった。
エ　林業は生産までに長期間を要するので、日本は常に計画的に植林と伐採を繰り返すことで木材の安定供給をはかり、国際競争に勝ち残った。

［二］　次の文章を読んで、後の問いに答えなさい。

梶《かじ》鮎《あゆ》太《た》は途中に兵隊生活を挟んで、長い大学生活を終ると、大阪で発行されている一流紙のR新聞社に入社して、新聞記者になった。二年間の大陸に於《お》ける野戦の生活で、鮎太はいろいろの事を経験し、物の考え方や見方にもかなり大きな変化を持ったが、ただ一つどうにも変えることのできぬものがあった。それは高等学校の頃から①彼の心の中で特殊な椅子《いす》を持っている未亡人佐分利《さぶり》信子に対する気持である。

佐分利信子は鮎太が応召《おうしょう》して大陸へ渡ってから間もなくかなり知名な実業家と再婚した。その知らせを鮎太は第何次目かの＊永定河《えいていが》の渡河戦の直前、彼女の妹から受取っていた。

鮎太は、彼が大陸で経験した最も凄惨《せいさん》なその渡河戦の翌日、多くの戦友たちの屍体《したい》を河州の一隅で焼きながら、②自分が昨日までの自分と全く異っていることを感じていた。信子どころではなかった。信子の幻影など昨日までの自分がそれに取り憑《つ》かれていたことが可《お》笑《か》しい程ちっぽけで貧弱だった。その時は、自分が生きていたと言うことだけの大きい感慨でいっぱいだった。あらゆる人間の営みは絶望的であったが、そうした中に於《おい》てもなお人間は生きなければならない、生きることだけが貴い、そんな感情の昂《たか》ぶりだった。広い河の水の面には＊北支の初秋の陽が細かく散り、屍臭《ししゅう》と、屍体を焼く紫の烟《けむ》りが川波の上をゆっくりと渡って行った。鮎太は　X　涙を流していた。自分が生きていたという不思議な今日という日に対する感激だった。

本当ならこれで、鮎太の、高等学校以来それまで続いていた佐分利信子に対する、一回の意志表示もしたこともない一人相撲《ずもう》の青年

イ　X　発展　Y　完成　Z　買収

ウ　X　縮小　Y　壊滅　Z　解放

エ　X　拡大　Y　中断　Z　侵略

問五、傍線部(a)～(d)の波線部分の漢字を訓読みに直したものとして**不適当なもの**を、次の中から選びなさい。

ア　(a)　裁量＝ツかる　　イ　(b)　度外視＝ミる

ウ　(c)　最盛期＝モる　　エ　(d)　攻勢＝セめる

問六、本文には次の一文が抜けている。補うのに最も適当な箇所は、本文中の【Ⅰ】～【Ⅳ】のどこか。後の中から選びなさい。

> その結果、海外の製品が入手しやすくなったこともあって、外材の輸入が大きく伸びた。

ア　【Ⅰ】　イ　【Ⅱ】　ウ　【Ⅲ】　エ　【Ⅳ】

問七、傍線部②「日本社会が享受してきた安価な木材の便益からのしっぺ返しともいえる」とはどのようなことか。最も適当なものを、次の中から選びなさい。

ア　中国が世界中の安価な木材を買い占めはじめたのに、速やかに各国の輸入量制限を取り決められなかったこと。

イ　アメリカ政府の方針で安価な木材を輸入せざるを得ない状況になり、自国の木材を優先的に使用できなくなったこと。

ウ　国外の安価な木材に頼り切ったため世界的な木材価格の高騰によって、十分な量の木材を確保できなくなったこと。

エ　木材価格の世界的高騰を見越せなかったために、安価な木材確保のための計画的な植林ができなかったこと。

問八、傍線部③「有り体」・⑥「持てあまして」・⑧「スパイラル」の本文中の意味として最も適当なものを、それぞれ後の中から選びなさい。

③　有り体

ア　事実の通り　　イ　表面的

ウ　おおげさ　　エ　いい加減

⑥　持てあまして

ア　無駄遣いして　　イ　取り扱いに困って

ウ　大切に保存して　　エ　他人に譲って

⑧　スパイラル

ア　刺激的な変化　　イ　積極的な変動

ウ　大々的な変化　　エ　連鎖的な変動

問九、傍線部④「市場に十分な量の木材を供給できなくなっていた」理由として最も適当なものを、次の中から選びなさい。

ア　終戦後、一部の財閥による木材の大量買い占めが行われたから。

イ　木材の需要に追いつけるだけの量を輸入できなかったから。

ウ　木材を市場に運ぶための手段が確保できなくなっていたから。

エ　戦争による人口減少で労働者を確保できなくなったから。

問十、空欄 1 ～ 3 に入る語として最も適当なものを、それぞれ後の中から選びなさい。

1

ア　たとえば　　イ　もしかしたら

ウ　つまり　　エ　ところで

2

ア　ところが　　イ　むしろ

ウ　さらに　　エ　したがって

3

ア　もちろん　　イ　しかし

ウ　すると　　エ　それゆえ

問十一、傍線部⑤「無税」と同じ構成の熟語を、次の中から選びなさい。

ア　高低　　イ　終了　　ウ　不用　　エ　登山

問十二、傍線部⑦「戦後の造林ブーム」について**不適当なもの**を、次の中から選びなさい。

ア　植樹が推進されて、人工林の面積が着実に広くなっていった。

た〇・六パーセントとなっている。ＯＥＣＤ（経済協力開発機構）加盟国のうち森林蓄積量の多い上位一五ヶ国（日本を含む）の平均が〇・八パーセントである。日本は一三位で、蓄積量に対する伐採量がたいへん少ない国である。

現在はすでに人工林の半分が五〇年生以上になっているので、＊主伐を行って大量に木材を生産できる状態にある。林業は植えて伐って植える産業である。伐らなければ事業は進まない。しかし、国産材価格の低迷により、主伐収入が伐採後の再造林費用を賄えなくなっている。たとえば、二〇一八年の統計資料によれば、一ヘクタールあたりの平均立木販売収入が九六万円であるのに対して、地《じ》拵《ごしら》え（伐採跡地を整地し、植え付けの準備をすること）や植え付け、下刈り（植栽した苗木が雑草に負けないように、植え付け後の数年間行う草刈り）などの造林費が一八〇万円もかかる。再造林補助として造林経費の七割ほどが補助されて、やっと手元に四〇万円ほど残ることになる。これではその後の間伐などの手入れが滞ってしまうので、伐採跡地が再造林されない場合が増えている。二〇一八年までの一〇年間に伐採された林分のうち、造林されたのは三七パーセントに過ぎず、伐採されたまま多くの林地が［Z］されている。成長した森林を生かすべき時代にあって、日本の森林は日に日に荒廃していっている。主伐を控えて＊長伐期に移行する森林経営が増えてきている。そのほうが林地の保護には役立つが、⑩そのため木材生産量はなかなか増えない。いったん嵌まってしまった負のスパイラルから抜け出すのは容易なことではない。

（吉川　賢『森林に何が起きているのか』による　一部改変）

《注》

＊主伐＝木材としての利用を目的とした全面的な伐採のこと。

＊長伐期＝伐採までの期間を通常の二倍程度に引き延ばすこと。

問一、傍線部(i)〜(iii)のカタカナ部分と同じ漢字を使う熟語として最も適当なものを、それぞれ後の中から選びなさい。

(i)　シュウ正

ア　シュウ合時間に間に合うように家を出た。
イ　靴箱にシュウ納してあった長靴を履いた。
ウ　夏を前にしてエアコンのシュウ理を頼んだ。
エ　早起きをシュウ慣にして勉強に取り組んだ。

(ii)　ヒン発

ア　入学試験のヒン出問題を徹底的に解く。
イ　世界のヒン困問題の解決に取り組む。
ウ　入学式の来ヒンの挨拶を任される。
エ　夏祭りで景ヒンの交換をしてもらう。

(iii)　ケイ承

ア　簡単なケイ算を間違えないように気を付ける。
イ　ケイ続は力なりという言葉を信じて勉強する。
ウ　神からのケイ示を受けて教会堂を建立する。
エ　自然に対する畏ケイの念を忘れてはいけない。

問二、空欄［A］に入る語として最も適当なものを、次の中から選びなさい。

ア　桶　　イ　風呂　　ウ　薬　　エ　蕎麦《そば》

問三、傍線部①「その変化」とはどのような変化か。最も適当なものを、次の中から選びなさい。

ア　新型コロナが流行することで、木材価格が高騰するという変化。
イ　新型コロナが流行することで、家の新築や増築をする人が増えるという変化。
ウ　新型コロナが流行することで、住宅ローン金利が引き下げられるという変化。
エ　新型コロナが流行することで、建築業界が苦境に立たされるという変化。

問四、空欄［X］・［Y］・［Z］に入る語の組み合わせとして最も適当なものを、次の中から選びなさい。

ア　X　停滞　　Y　崩壊　　Z　放棄

に森林の生産力を(b)度外視して行われた乱伐により、一九四八年当時は一・五万平方キロメートルの山地が荒廃し放置されてしまっていたし、そのせいで洪水や土砂崩れなどの自然災害が(ii)ヒン発し、道路や鉄道が被災して流通のインフラが機能しなくなっていた。そのため伐採も搬出もできず、④市場に十分な量の木材を供給できなくなっていた。［ 1 ］、木材資源そのものが不足していたことに加えて、戦後の木材の供給体制の再建が遅れていたため、海外から木材を輸入するしか需要に応える術はなかった。【 Ⅲ 】しかし、当時の日本経済では、高価な木材を輸入するのは容易なことではなかった。少しでも安価な木材を市場に供給するために、経済成長が進むと共に、木材輸入の自由化を段階的に進め、一九六四年には全面自由化した。それから現在に至るまで、ほとんどの原木丸太や製材品は⑤無税で輸入されてきている。それはあたかもその五二年後にはじまる環太平洋パートナーシップ協定（TPP）を先取りしたような感がある。

日本の木材消費量がピーク（一・二二億立方メートル）を迎えた一九七三年の国産材の生産量は四五〇〇万立方メートルほどしかなく、自給率は三七パーセントまで低下してしまっていた。一九七一年のスミソニアン協定で一ドル三六〇円の時代が終わり、七三年には変動相場制に移行、その後円高が進む。【 Ⅳ 】国産材と同質で、しかも安価で大量に供給される外材が国内市場を完全に席巻してしまい、木材価格は海外の木材需要に左右されることになった。やっと整いはじめた国産材の供給体制はこのとき［ Y ］したともいえる。

現在の国産材の生産量は三〇九九万立方メートルしかない。最盛期の半分以下になったのは、決して日本に伐採できる森林がなくなったからではない。現在は木材資源のなかった戦後とは違い、有りあまる森林資源を⑥持てあましている。

【中略】

一年間の成長量が木材生産の(c)最盛期の生産量を上回るほどの人工林があるのは、⑦戦後の造林ブームのおかげである。荒廃した森林を復興させるために、一九五〇年から全国植樹祭がはじめられ、全国の荒廃してしまっていた林地へ積極的な森林造成が進められた。一九五七年になると、ブナ林などの広葉樹の天然林を伐採して、建築資材として有用なスギ、ヒノキの人工造林を行う拡大造林が進められるようになり、一九六〇年代後半までに約四万平方キロメートルが造林された。それまで森林経営に携わったことがなかった小面積の林地しか持っていない農民も、多額の補助金によって自身の持山にスギやヒノキを植えることができたので、急速に日本の山は緑になった。

林業が他の産業と大きく違うところは生産に長期間を要することである。短くても三〇年、長ければ一〇〇年かけて木を育て、木材を市場に供給する。［ 2 ］、一九五〇年代にはじまった拡大造林が木材市場で効果を発揮するのは一九八〇年以降、ことによると二〇〇〇年ごろまで待たなければならなかった。それまでのあいだに、木材を伐り出せるような森林がどんどん少なくなってしまったため、木材の絶対量が不足して生産量が低下した。全体の生産量は少なくなっても、需要があって供給が減ることで価格が上がれば、林業生産の体制は維持されるはずである。［ 3 ］、前述のような外材の(d)攻勢という外圧によって木材価格は低迷し、林業の生産活動と経済規模が縮小してしまい、林業の労働人口も減ってしまった。現在少し持ちなおしはじめているが、それでも一九八〇年には一四・六万人もいた林業従事者が、二〇一五年には四・五万人になってしまっている。さらに六五歳以上の労働者の占める割合は、一九八〇年は八パーセントであったが、二〇一五年は二五パーセントとなって著しく高齢化が進み、林業技術が(iii)ケイ承されなくなっている。ちなみに、全国に七四校あった林業系の高等学校で、二〇〇八年に林業科が残っているのは五校になってしまった。日本の林業は負の⑧スパイラルの中を勢いよく回って、⑨いよいよ木材生産は縮小していっている。その結果、木材蓄積量に対する生産量の割合はたっ

二〇二四年度　日本大学櫻丘高等学校（B日程）

【国　語】（六〇分）〈満点：一〇〇点〉

一　次の文章を読んで、後の問いに答えなさい。

近頃日本の建築業界を慌てさせ、我々のマイホーム計画に少なからぬ軌道(i)シュウ正を迫った事件が、二〇二一年初頭からはじまった木材価格の高騰である。オイルショックをもじって、ウッドショックと呼んでいるが、業界用語のようで、あまり一般的なものではない。原因は新型コロナの流行だと言えば、「風が吹けば［　A　］屋が儲かる」のような話だが、風邪が流行れば棟梁が職に溢《あぶ》れる、というのは洒落にならない。アメリカでは、新型コロナが流行したことで経済活動が停滞して、新設住宅着工戸数が減少するだろうと予想された。実際、当初は建設活動が停滞をはじめた。①その変化を見越して、アメリカの製材業界は生産規模の縮小をはじめていたところ、先の大統領が景気刺激策として住宅ローンの金利の引き下げを行い、コロナ禍で在宅勤務が増えて時間に余裕のできたアメリカ市民がこぞって家の新築や増築をはじめた。その結果、アメリカでは未曽有の建設ブームとなり、大量の木材が必要となった。

一方、第二章で触れたように、中国では一九九八年に大洪水が発生したため、さっそく同年には長江および黄河の上流域の天然林の伐採を全面的に禁止する林業政策の大転換を行った。その結果、国内での木材の需給バランスが崩れ、中国は世界各地で木材の買い漁りをはじめた。二〇一九年度の中国の丸太・製材の輸入量は約一億立方メートルで、日本の総需要量を超えている。ちなみに、中国の針葉樹丸太の輸入量は世界の貿易量の四四パーセントを占めている。コロナ禍で世界全体の経済活動が［　X　］する中、アメリカと同様に、一時中国の輸入量も減少したが、いち早くコロナ禍から抜け出すと、輸入活動も活発になった。

こうして世界中の木材がアメリカと中国によって高値で買い占められて、木材の価格が高騰した。木材価格が値上がりするだけなら、出費をどこまで我慢できるかという消費者の(a)裁量にかかるが、輸送するためのコンテナ船も中国が大量に契約してしまって使えなくなったことによる品薄が追い打ちとなって、建設業者は新しい注文を受けられなくなった。

さてここで不思議に思うのは、国土の六七パーセントを森林が占める世界有数の森林国の日本が、なぜ海外の木材需要の拡大で建築用木材に不足を来すことになったのかということである。このウッドショックはコロナ禍という特別な事情が世界で起こったせいだと考えるのがごく普通である。【　Ⅰ　】しかし、ウッドショックは突然事情が変化したための混乱ではなく、日本の木材需給体制の脆弱さがたまたまコロナ禍でのアメリカ政府の政策で顕在化したに過ぎないのだ。一九六四年の木材輸入自由化以来、②日本社会が享受してきた安価な木材の便益からのしっぺ返しともいえる。③有り体に言うなら、もっと早く、少なくとも四〇年ほど早くこの苦境に陥っていれば、日本の林業やその生産基盤となる森林は現在のようなていたらくにはなっていなかっただろう。

実は日本の二〇一九年の木材の自給率は三七・八パーセントしかない。【　Ⅱ　】これでもここ一〇年近く徐々に増えてきた結果で、最悪の年は二〇〇二年で、一八・八パーセントしかなかった。日本の木材の消費量は一九七〇年ごろから三〇年近く一年間に約一億立方メートルであった。国民は一人でだいたい一メートル角のさいころ一つ分の木を消費していたが、最近は七五〇〇万立方メートルまで減少している。さいころの中身は紙もあれば家具もあるが、多くは建築に使われている原木や合板である。そのさいころの七割から八割が外材で占められているというのは驚きだが、これは終戦直後の木材事情によるものだ。

第二次世界大戦によって二二〇万戸の家屋が失われ、その焼け跡から復興するためには大量の木材が必要とされた。しかし、戦時中

英語解答

Ⅰ 問題1 (1)…2 (2)…3 (3)…4 (4)…4 (5)…2
問題2 (1)…2 (2)…4
問題3 (1)…2 (2)…3 (3)…4

Ⅱ (1) 3 (2) 3 (3) 2 (4) 4 (5) 4

Ⅲ (1) 8 (2) 4 (3) 7 (4) 2 (5) 5

Ⅳ (1) 1 (2) 2

Ⅴ 1 1→3→4→2
2 2→1→4→3
3 4→2→1→3
4 4→1→3→2
5 3→1→4→2

Ⅵ A (1)…2 (2)…1 (3)…3 (4)…6
B (5)…1 (6)…4 (7)…5 (8)…3

Ⅶ 問1 3 問2 2 問3 4
問4 1 問5 2 問6 1
問7 2 問8 4 問9 3
問10 4

数学解答

1 (1) 3 (2) イ…2 ウ…9
(3) エ…3 オ…1 カ…1 (4) 8

2 (1) ア…2 イ…8 ウ…4 エ…2
(2) (i) オ…4 カ…8
(ii) キ…7 ク…1 ケ…6
(3) (i) コ…5 サ…9 (ii)…5

3 (1) ア…3 イ…6
(2) ウ…9 エ…1
(3) オ…1 カ…3 キ…6

4 (1) ア…3 イ…4 ウ…6
(2) エ…1 オ…8
(3) カ…2 キ…3 ク…1 ケ…1
コ…7

5 (1) ア…1 イ…0 ウ…6
(2) エ…3 オ…2 カ…3
(3) キ…2 ク…4 ケ…3
(4) コ…8 サ…5

国語解答

一 問一 (i)…ウ (ii)…ア (iii)…イ

問二 ア 問三 エ 問四 ア

問五 ア 問六 エ 問七 ウ

問八 ③…ア ⑥…イ ⑧…エ

問九 ウ

問十 1…ウ 2…エ 3…イ

問十一 ウ 問十二 イ

問十三 イ 問十四 ウ

問十五 ア

二 問一 イ 問二 エ

問三 X…ウ Y…イ 問四 ウ

問五 ア 問六 エ 問七 エ

問八 ⑥…ア ⑦…ウ ⑨…ア

問九 エ 問十 イ 問十一 ウ

問十二 エ 問十三 イ

問十四 ア

三 問一 ウ 問二 エ 問三 ア

問四 ア 問五 イ 問六 エ

問七 ⑦…イ ⑩…ウ 問八 エ

問九 i…ウ ii…イ 問十 イ

問十一 ウ

2023年度 日本大学櫻丘高等学校（A日程）

【英　語】（60分）〈満点：100点〉

■リスニングテストの音声は，当社ホームページで聴くことができます。（当社による録音です）
再生に必要なユーザー名とアクセスコードは「収録内容一覧」のページに掲載しています。

I　これから放送によるリスニングテストを始めます。放送の内容をよく聞いて答えなさい。聞きながらメモをとってもかまいません。

問題1　次の(1)～(5)の写真について4つの英文が読まれます。写真の状況として最も適切な英文を1～4の中から1つ選び，その番号をマークしなさい。**英文は1回のみ放送されます。**

(1)

1.　2.　3.　4.

(2)

1.　2.　3.　4.

(3)

1.　2.　3.　4.

(4)  1．　2．　3．　4．

(5)  1．　2．　3．　4．

問題２　これからベンが休日の過ごし方について話をします。英文を聞き，質問に対する答えとして最も適切なものを１～４の中から１つ選び，その番号をマークしなさい。**英文は１回のみ放送されます。**

Questions

No.（1）　What does Ben like to do on Sunday morning ?

1．He meets his friends and talks with them.

2．He reads the newspaper for about thirty minutes.

3．He listens to music and plays the piano.

4．He reads novels at home.

No.（2）　Why does Ben love Sundays ?

1．Because he can study hard.　　2．Because he can cook meals.

3．Because he can watch good movies.　　4．Because he can relax.

問題３　これから読まれる２人の対話を聞き，質問に答える問題です。それぞれの質問に対する答えとして最も適切なものを１～４の中から１つ選び，その番号をマークしなさい。**英文は２回放送されます。**

Questions

No.（1）　When did the couple's flight arrive ?

1．Late at night　　2．In the evening　　3．An hour ago　　4．Two hours ago

No.（2）　Where could the man's luggage be ?

1．In London　　2．In New York　　3．In Los Angeles　　4．At the hotel

No.（3）　When should the man's suitcase arrive at the hotel ?

1．By 6：00 p.m.　　2．Before 5：00 p.m.
3．An hour after they spoke　　4．Tomorrow afternoon

※＜**リスニングテスト放送原稿**＞は英語の問題の終わりに付けてあります。

Ⅱ　次の(1)～(5)の英文の(　)に入る最も適切な語(句)を１～４の中から１つ選び，その番号をマークしなさい。

(1)　My friend always says he (　　) walking in the morning because it is good exercise.
1．like　　2．likes　　3．liked　　4．would like

(2)　Last summer, I stayed in New Zealand (　　) two weeks.
1．for　　2．in　　3．since　　4．while

(3)　We enjoyed (　　) in a Japanese style hotel, *ryokan*.
1．take a bath　　2．stayed　　3．relaxing　　4．having arrived

(4)　"(　　) you like another cup of tea ?"
"Yes, please."
1．How about　　2．What do　　3．Would　　4．Did

(5)　Which car do you want to buy, a new one or a (　　) one ?
1．use　　2．used　　3．using　　4．user

Ⅲ　文脈を考え，次の(1)～(5)に入る最も適切な語を下の語群からそれぞれ１つずつ選び，その番号をマークしなさい。同じ語を２度以上使用してはいけません。

Do you have breakfast every morning ?　Some people are not interested in breakfast and start the day (1) it.　They will say, "I don't have much (2) in the morning," or "I don't want to eat just after I get up."　But breakfast is very important.　It gives you energy.　Your body gets warm and (3) when you eat breakfast.　Eating breakfast makes your brain active, too.　If you skip breakfast, you will be like a car with no gas.

Breakfast has some influence on the health of your (4).　For example, when something bad happens, breakfast skippers will get angry easily.　Sometimes they cannot think very (5) about one thing for a long time.

語群			
1．with	2．sleepy	3．carefully	4．time
5．mind	6．body	7．active	8．without

Ⅳ　次の設問(1)(2)に答えなさい。

(1)　次の文章のタイトルとして最も適切なものを１～４から選び，その番号をマークしなさい。

We use language to talk with each other.　Do dogs talk, too ?　Watch dogs carefully and you may understand what they want to say.　Though you can't understand what they are saying, if you see how they move their body parts, you'll understand how they are feeling.　When a dog is *wagging its tail, it shows us it's happy.

注　*wag：～を振る

1．Watching Dogs　　2．How dogs communicate
3．Talking to Dogs　　4．How Dogs Feel

(2) 次の英文を読んで，下線部から読み取れる内容として最も適切なものを1～4から選び，その番号をマークしなさい。

It's the sports day at Ken's school today. He doesn't like running, so he said to his mother, "I have a headache." His mother looked at him carefully, and shook her head. She said, "I'll be happy if you do your best."

1．She didn't believe him.
2．She didn't know what to do.
3．She wanted to take him to a doctor.
4．She wanted to show him how to swim.

V 次の文中の1～5の(　)内にある語(句)を意味の通る文になるように並べ替えなさい。解答は例に従って，1～4番目の順に番号で答えなさい。

例題　We (1．school　2．students　3．are　4．high).
答え：この例では We are high school students とするため，③，④，①，②を上から順にマークします。

For many people, January 1st is a time $_1$(1．about　2．forget　3．the past　4．to) year and *focus on the year ahead. Many foods $_2$(1．around　2．are　3．that　4．enjoyed) the New Year are thought to bring good luck.

Let $_3$(1．tell　2．about　3．me　4．you) a custom of Spanish culture. In Spain, grapes are eaten by everyone at midnight on New Year's Eve, one grape for each month of the year. Each grape *represents a different month. For example, if the first grape is sweet, it is thought that January will be a good month for you. If the second grape is a little sour, then it is believed that February $_4$(1．be　2．may　3．month　4．a difficult).

This custom is $_5$(1．interesting　2．that　3．so　4．I) want to go to Spain one day!

注　*focus on ～：～に集中する　*represent：表す

VI 次のA，Bの会話文の(1)～(8)に入る最も適切な文をそれぞれ選択肢から選び，その番号をマークしなさい。同じ選択肢を2度以上使用してはいけません。

A

アリスは友人の誕生日にパーティーを計画しています。

John：So, how many people are coming to your friend's birthday party?
Alice：I'm inviting about ten people.
John：(　1　) Are you making all of it by yourself?
Alice：Yes, I think I can. I love cooking.
John：If you need some help, I can come early.
Alice：Thanks. If you can come an hour early, that would be great!
John：You can *count on me! (　2　)
Alice：Really? What is your favorite thing to make?
John：Fried chicken! I add a little soy sauce to the *batter.
Alice：Sounds great. (　3　)
John：Sure. Shall I bring some drinks, too?
Alice：(　4　) I'm looking forward to your fried chicken!
John：OK! Then see you tomorrow.

Alice： All right, see you！

注 ＊count on ～：～に任せる ＊batter：(液状の)生地

Aの選択肢

1．I like to cook.
2．I'm sorry to hear that.
3．That means a lot of food.
4．Soy sauce is really tasty.
5．The party won't be canceled.
6．I am good at speaking English.
7．I think we have enough, thanks.
8．Can you make some for the party？

B

アメリカから日本へ留学しているクリスは，レミと先週末のことについて教室で話し合っています。

Remi： Hello, Chris. （ 5 ）

Chris： Oh, hi, Remi, my weekend was great！

Remi： What did you do？ Tell me all about it.

Chris： My brother came to Japan from America last week. He was on a business trip, and he stayed with me this weekend. So I took him to Asakusa and we walked around the Skytree area. He was excited to see the Skytree. We had a great time.

Remi： How nice！ Did you draw ＊a fortune slip from the temple at Asakusa？

Chris： （ 6 ） I got the best luck. My brother's luck was only so-so. What did you do this weekend？

Remi： I just cleaned my room and studied after that. I was pretty busy.

Chris： What did you study？

Remi： I studied math and French. （ 7 ）

Chris： Yeah, I know. I had to do a lot of studying last week, because my brother was planning to stay with me over the weekend.

Remi： When did he leave？

Chris： （ 8 ） I think he is on the plane now.

Remi： I am sure he had a great time with you. I hope he is having a nice flight back to America.

注 ＊a fortune slip：おみくじ

Bの選択肢

1．We sure did！
2．We met long time ago.
3．How was your weekend？
4．I find both of them really hard.
5．He left for the airport this morning.
6．He decided to stay with us for one more week.
7．I never study at home because I think it is pointless.
8．No, we aren't interested in drawing fortune slips at all.

Ⅶ　次の英文を読み，それぞれの問に答えなさい。

Calgary is a Canadian city close to the Rocky Mountains.　It has lots of parks and rivers but also lots of cafés, shops, tall buildings, cars and trains.　Many *creatures live there too.

More than 10,000 *mallards stay on Calgary's lakes in the winter, because it is warmer in the city [(1)] in the country.　But these beautiful birds have a problem.　There is not much food for them to eat in the city because there is a lot of snow.　They have to fly out of the city to find food.　Then, they fly back to Calgary to feel warm again.　Some animals live outside the city and come in for food— but these *intelligent birds (2)do the *opposite.

*Moose are tall, with long legs.　They are the heaviest creatures in the *deer family.　They are not very *frightened of the city.　Calgary has lots of green places and the moose like them.　In 2018, a moose came into the middle of Calgary and walked along the road !　Sometimes the moose eat the grass near Calgary Airport or the apples in people's gardens.

*Porcupines are *mammals with thousands of sharp *quills.　They like climbing trees, and they like Calgary's parks because there are lots of plants to eat.　Some people in Calgary give (3)their old Christmas trees to the porcupines because the porcupines like eating them !

In the past, there were not many *bobcats in North America, but now there are more of them. Maybe this is because the winters are warmer now.　Bobcats are also learning not to be frightened of people.　In Calgary, they sometimes come into streets and gardens to hunt for food, but sometimes they attack family pets.　Bobcats are much bigger [(1)] house cats, and they can kill bigger animals.　(4)Often bobcats jump on other animals from above.

*Coyotes are intelligent, and they have sharp teeth.　They kill and eat lots of other creatures.　In the city, they eat everything from *rubbish to pet food . . . and sometimes pets !　Coyotes are part of life in Canada, and there are lots of very old stories about them.

White-tailed *jackrabbits have grey *fur but it turns white in winter.　It is difficult to see them in the snow.　Jackrabbits usually move around in the very early morning or very late evening.　But in Calgary sometimes they move in the middle of the day because it is not dangerous.　They can run at fifty-five kilometers per hour !

Canada is famous for its black bears.　They usually live in the woods.　Because they sleep all winter, they need to eat a lot of food in autumn.　Hungry bears sometimes come to the *edge of Calgary because they want to find food.　It is very important to keep away from them.　These big animals are *furry, but they can also be dangerous.

People build cities for people.　But animals do not understand (5)this.　No one can tell a coyote, "Stay in the woods !" or tell a bird, "Don't fly !"　No one can tell a fox, "Don't walk down the street."

It is not always easy for wildlife and people to live together, but we all want to survive.　Our cities are growing.　We need to make places for people and animals to live together.

How can you help ?　Put up a *nesting box.　Teach other people about wildlife.　Try to change things.　It is very important to do the right thing for the animals around us.

Next time you are walking down a city street, look up, down and around.　What wildlife can you see ?

注　*creature：生き物　*mallard：マガモ　*intelligent：利口な　*opposite：反対のこと
*moose：アメリカヘラジカ　*deer：シカ　*frightened：怖がって　*porcupine：ヤマアラシ
*mammal：哺乳類　*quill：針　*bobcat：ボブキャット（ネコ科の中型獣）

＊coyote：コヨーテ(イヌ科の肉食類)　＊rubbish：ごみ　＊jackrabbit：ジャックウサギ
＊fur：毛皮　＊edge：はずれ　＊furry：毛皮で覆われた　＊nesting box：巣箱

問１　次の質問に対する答えとして最も適切なものを１つ選び，その番号をマークしなさい。
Which of the following is true about Calgary？
1．It is near the Rocky Mountains in Canada.
2．It has a lot of green places and no tall buildings.
3．It has a lot of snow so people worry about having enough food.
4．There is an airport and a train station in the center of Calgary.

問２　文中に２か所ある (1) に入る最も適切なものを１つ選び，その番号をマークしなさい。
1．as　2．to　3．for　4．than

問３　下線部(2)の具体的な内容を表しているものを１つ選び，その番号をマークしなさい。
1．fly out of the city to find food
2．fly back to Calgary to feel relaxed
3．stay on Calgary's lakes in the winter
4．live outside the city and come in for food

問４　下線部(3)について，最も適切なものを１つ選び，その番号をマークしなさい。
1．Porcupines eat plants, so some people in Calgary give their old Christmas trees to them as food.
2．People in Calgary grow new Christmas trees every year, and they give porcupines the old ones.
3．Porcupines like Christmas trees because the trees—with their needle-like leaves—look like their friend.
4．People in Calgary put their old Christmas trees outside to keep away porcupines that eat plants in the garden.

問５　下線部(4)の解釈として最も適切なものを１つ選び，その番号をマークしなさい。
1．よくボブキャットの上に他の動物が飛び乗る。
2．よくボブキャットの上を他の動物が飛び越える。
3．よくボブキャットは上から他の動物に飛びつく。
4．よくボブキャットは他の動物の上を飛び越える。

問６　次の質問に対する答えとして最も適切なものを１つ選び，その番号をマークしなさい。
Why do black bears need to eat a lot of food in autumn？
1．Because it is easy to find food in this season.
2．Because they have to prepare for a long winter sleep.
3．Because people have to keep dangerous bears away in winter.
4．Because they want to get more fur to protect themselves from danger.

問７　下線部(5)が示す内容として最も適切なものを１つ選び，その番号をマークしなさい。
1．Animals must stay in the woods.
2．Animals cannot walk down the street.
3．Humans build cities for themselves.
4．Humans and animals want to survive.

問８　本文の内容と一致するものを１つ選び，その番号をマークしなさい。
1．A moose—a kind of deer—is a tall and very heavy animal.
2．Moose sometimes come to Calgary Airport and eat the apples there.
3．Both porcupines and bobcats eat meat, so some family pets are eaten by them.

4．Bobcats can kill small animals in people's gardens, but never attack big animals.

問9　本文の内容と一致するものを１つ選び，その番号をマークしなさい。

1．Coyotes like pet food, so they search through garbage cans for pet food that they can eat.
2．The coyote is an animal from Canadian fantasy stories, and it is thought to eat everything.
3．Jackrabbits are hard to find in the snowy winter because they have white fur in that season.
4．Jackrabbits in Calgary never walk around the city during the day because there are so many people.

問10　本文の内容と一致するものを１つ選び，その番号をマークしなさい。

1．We should stop animals from troubling people living in the city.
2．We have to create places for people and animals to live together.
3．We think it good to put up nesting boxes, but it is actually not helpful for birds.
4．We can find a lot of wild animals walking down city streets, so we must be careful not to kill them.

＜リスニングテスト放送原稿＞

これから放送によるリスニングテストを始めます。放送の内容をよく聞いて答えなさい。聞きながらメモをとってもかまいません。

問題１　次の(1)～(5)の写真について４つの英文が読まれます。写真の状況として最も適切な英文を１～４の中から１つ選び，その番号をマークしなさい。**英文は１回のみ放送されます。**

(1)
1．There is a small house by the lake.
2．The lake is covered with snow and ice.
3．Some people are swimming in the lake.
4．A lot of tall trees can be seen in this area.

(2)
1．A single tall flower is on the table.
2．A woman is holding a basket of flowers.
3．The flower basket is decorated with a ribbon.
4．Many flowers are being sold in front of the shop.

(3)
1．People are watching the half-time show.
2．There are no players on the football pitch.
3．A ball has been thrown onto the football pitch.
4．The keeper stopped the ball from going into the goal.

(4)
1．Some people are touching a giraffe's head.
2．A giraffe is trying to pick fruit from a tree.
3．Several giraffes are walking in a line.
4．Some animals are kept in this area.

(5)
1．Some people are having a barbecue outside.
2．Several tents are set up for camping.
3．A tent is being put away in the car.
4．A dog is running in front of a tent.

問題２　これからベンが休日の過ごし方について話をします。英文を聞き，質問に対する答えとして最も適切なものを１～４の中から１つ選び，その番号をマークしなさい。**英文は１回のみ放送されます。**

Hello, I'm Ben. I'm going to tell you how I spend time on Sundays. On Sundays, I usually get up at 8:00 or 8:30, a little later than usual. After breakfast, I read the newspaper for about half an hour. I think it is important to know what is happening in the world. Then I listen to music or play the guitar until noon. It's very interesting. My sister likes to listen to music too.

In the afternoon, I sometimes meet friends for coffee or lunch. It's very nice to talk with them. When I don't see them, I play tennis with my brother. I am the best tennis player in my family. At night, I like to stay home and read novels. I usually go to bed around 11:00. I love Sundays because I can have a good rest. I can't wait for the next Sunday to come.

Questions

No. (1) What does Ben like to do on Sunday morning?

No. (2) Why does Ben love Sundays?

問題 3 これから読まれる２人の対話を聞き，質問に答える問題です。それぞれの質問に対する答えとして最も適切なものを１～４の中から１つ選び，その番号をマークしなさい。**英文は２回放送されます**。

W: Good afternoon sir, how may I help you?

M: Hello. I arrived on a flight from London two hours ago, but my luggage seems to be missing.

W: I'm sorry. Let me check your travel details. What is your name?

M: Ken Smith. I'm travelling with my wife, Jane. Her suitcase has arrived here in Los Angeles, but my suitcase hasn't.

W: Was this a direct flight from London?

M: No, we changed planes in New York, and then we flew here.

W: Yes, that must be the problem. Your suitcase could be in New York, according to my information.

M: I'm glad to know it. How soon can I get it?

W: We can have it here this afternoon at 5:00 p.m. and we will send it straight on to your address. Where are you staying in Los Angeles?

M: At a hotel near the airport. Here is the address.

W: Thanks. Then it should arrive there within an hour of us getting it at the airport.

M: Great. Thanks for your help.

Questions

No. (1) When did the couple's flight arrive?

No. (2) Where could the man's luggage be?

No. (3) When should the man's suitcase arrive at the hotel?

以上でリスニングテストを終わります。引き続き問題に取り組んでください。

【数　学】 （60分）〈満点：100点〉

（注意）　1．定規・コンパス・分度器・計算機は使用できない。

2．問題[1]から問題[5]までの，ア，イ，ウ，……の一つ一つには，それぞれ0から9までの数字があてはまる。あてはまる数字を，ア，イ，ウ，……で示される解答欄にマークすること。

3．答えが分数の形で求められているときは，それ以上約分できない分数の形で答えること。例えば，$\frac{3}{4}$ を $\frac{6}{8}$ としてマークしないこと。

4．答えが比の形で求められているときは，最も簡単な整数の比の形で答えること。例えば，1：3を2：6としてマークしないこと。

5．答えが根号の中に数字を入れる形で求められているときは，根号の中の数はできるだけ小さな数にして答えること。例えば，$4\sqrt{2}$ を $2\sqrt{8}$ としてマークしないこと。

[1]　次の[　　]に当てはまる数値を答えなさい。

(1)　$(6-2^2)\div6+2\div\{7-(-2)^2\}=$ [ア]

(2)　$\dfrac{(\sqrt{11}-\sqrt{22}+\sqrt{33})(\sqrt{11}-\sqrt{22}-\sqrt{33})}{(\sqrt{11}+\sqrt{22})(\sqrt{11}-\sqrt{22})}=$ [イ]$\sqrt{[ウ]}$

(3)　連立方程式 $\begin{cases}\dfrac{2}{5}x-\dfrac{1}{3}y=-\dfrac{3}{5}\\ \dfrac{-3x-y}{6}=-1\end{cases}$ の解は，$x=$ [エ]，$y=$ [オ] である。

(4)　n を自然数とする。x の2次方程式 $x^2+nx-n^2-4n+3=0$ の1つの解が3であるとき，$n=$ [カ] であり，この方程式のもう1つの解は $-$[キ] である。

[2]　次の[　　]に当てはまる数値を答えなさい。

(1)　右の図のように，∠ABCが鋭角で，AB＝5，AD＝8である平行四辺形ABCDがある。∠ABC，∠BCDの二等分線と，辺ADとの交点をそれぞれE，Fとし，線分BE，CFとの交点をGとする。平行四辺形ABCDの面積が32であるとき，次の各問いに答えなさい。

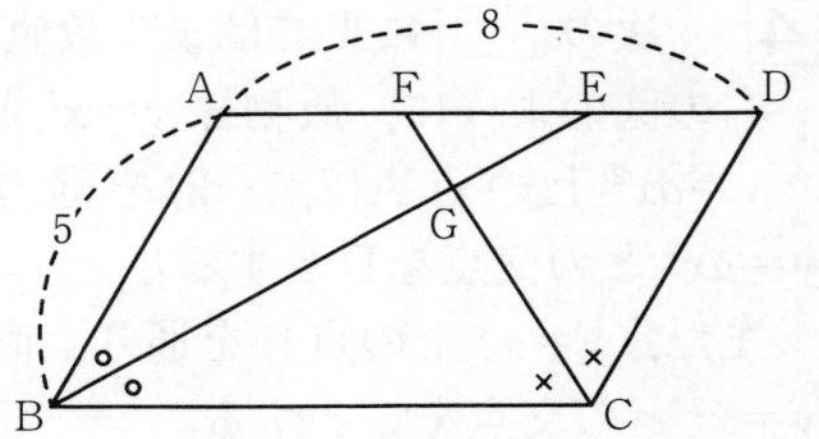

(i)　EF＝[ア]，CG＝$\dfrac{[イ]\sqrt{[ウ]}}{[エ]}$ である。

(ii)　平行四辺形ABCDの面積は△EFGの面積の[オカ]倍である。

(2)　立方体の各面に数0，1と素数2，3，5，7が1つずつ書かれているサイコロがある。このサイコロを2回続けて投げるとき，次の確率を求めなさい。ただし，どの面が出る確率も同様に確からしいものとする。

(i)　出た目の積が0となる確率は $\dfrac{[キク]}{[ケコ]}$ である。

(ii)　出た目の積が素数となる確率は $\dfrac{[サ]}{[シ]}$ である。

(3)　ある20人のクラスで10点満点の計算テストを実施したところ，当日Aさん，Bさん2人が欠席したため，その2人を除いたテストの結果を度数分布表にまとめると，次のページのようになった。

得点(点)	10	9	8	7	6	5	4	3	2
人数(人)	1	1	4	3	3	3	1	1	1

翌日にＡさん，Ｂさんが出席したため，この２人にも同じテストを実施してその結果も含めたところ，20人の平均値，中央値は共に6.5点となった。Ａさんの得点を a，Ｂさんの得点を b とするとき，$a+b=$［スセ］である。

また，$a<b$ であるとき，$a=$［ソ］である。

3　次の［　］に当てはまる数値を答えなさい。

一辺が x cm の正方形の中に，一辺が１cm の正方形のタイルを隙間なく並べる。さらに，次の手順にしたがって，すべてのタイルに１，２，３の数を書く。

<手順>
① 左上のタイルに１と書く。
② １と書かれたタイルの右と下のタイルに２と書く。
③ ２と書かれたタイルの右と下のタイルに３と書く。
④ ３と書かれたタイルの右と下のタイルに１と書く。
⑤ すべてのタイルに数が書かれるまで上記の②から④を繰り返す。

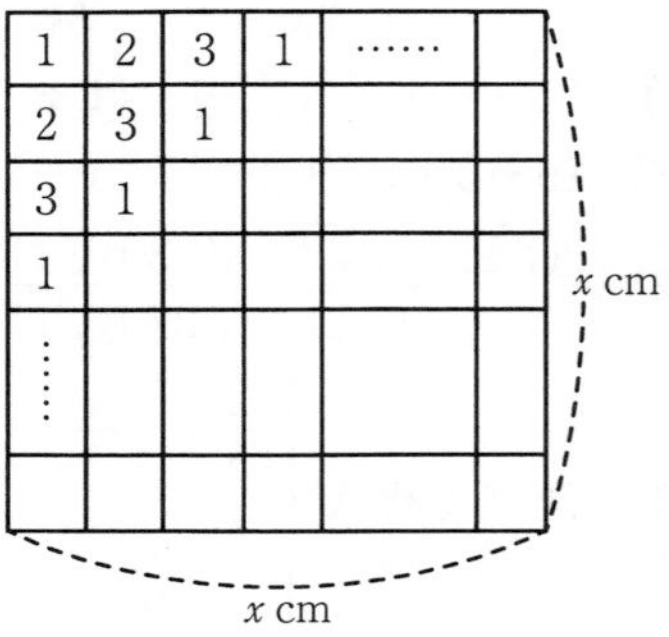

(1) $x=6$ のとき，２と書かれたタイルの枚数は［アイ］枚である。

(2) n を自然数とする。$x=3n$ のとき，１と書かれたタイルの枚数は［ウ］$n^{［エ］}$枚である。

(3) ２と書かれたタイルの枚数が97枚であるとき，$x=$［オカ］である。

4　次の［　］に当てはまる数値を答えなさい。

右の図のように，放物線 $y=x^2$ と $y=ax^2\ (a<0)$ がある。

$y=ax^2$ 上の点 A(2，−2) を通り，傾きが１の直線と $y=ax^2$ との交点をＤとする。

また，$y=x^2$ 上の点Ｂを通り，直線 AD と平行な直線と $y=x^2$ との交点をＣとする。

点Ｂの x 座標が２であるとき，次の各問いに答えなさい。

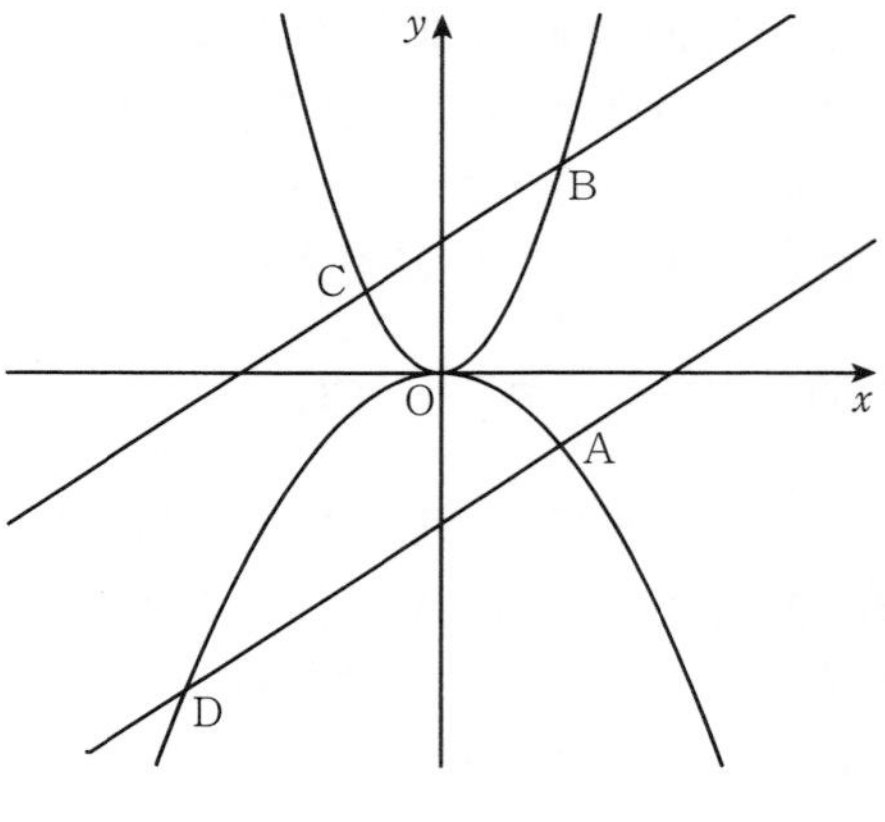

(1) $a=-\dfrac{［ア］}{［イ］}$ であり，D(−［ウ］，−［エ］) である。

(2) 直線 BC の方程式は $y=x+$［オ］であり，四角形 ABCD の面積は［カキ］である。

(3) △BCD と △ABD の面積比は［ク］：［ケ］である。

(4) 点Ｃを通る直線が四角形 ABCD の面積を二等分するとき，その直線の傾きは −［コ］である。

5　次の $\boxed{}$ に当てはまる数値を答えなさい。

底面の半径が５，高さが12である円すいが４つある。この４つの円すいを高さが12である円柱の容器に入れると【図１】のようになった。また【図１】を真上から見ると【図２】のように４つの円すいの底面は互いに接し，容器の底面と円すいの底面も互いに接していた。

【図１】

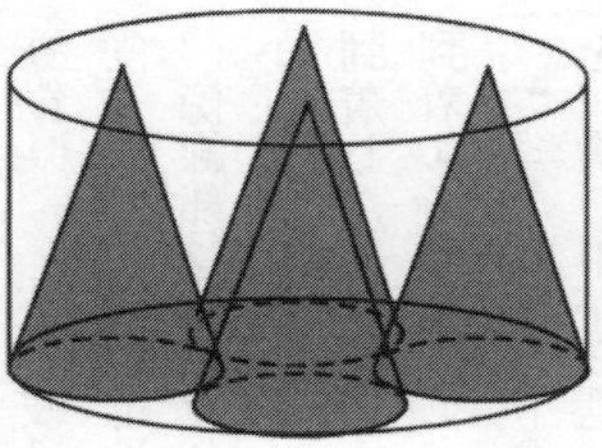

【図２】

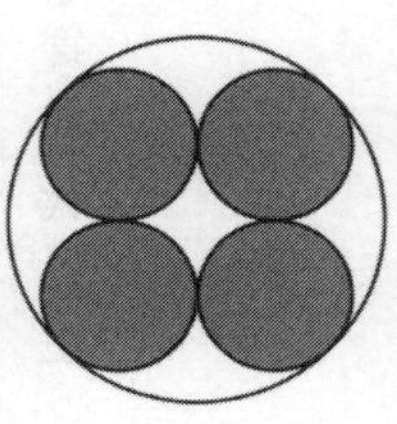

(1)　円すい１つの体積は $\boxed{アイウ}\,\pi$ であり，表面積は $\boxed{エオ}\,\pi$ である。

(2)　容器の底面の半径は $\boxed{カ}\left(\boxed{キ}+\sqrt{\boxed{ク}}\right)$ である。

(3)　【図３】のように半径 r の球 C を４つの円すいの間に入れ，容器にふたをすると球 C は容器のふたと４つの円すいの側面に接した。

【図４】は【図３】を真横から見た図である。

このとき，この球の半径は $r=\dfrac{\boxed{ケコ}\sqrt{\boxed{サ}}}{\boxed{シ}}$ である。

また，球 C と円すいの接する点は，円すいの底面から $\boxed{スセ}-\dfrac{\boxed{ソタ}\sqrt{\boxed{チ}}}{\boxed{ツテ}}$ の高さにある。

【図３】

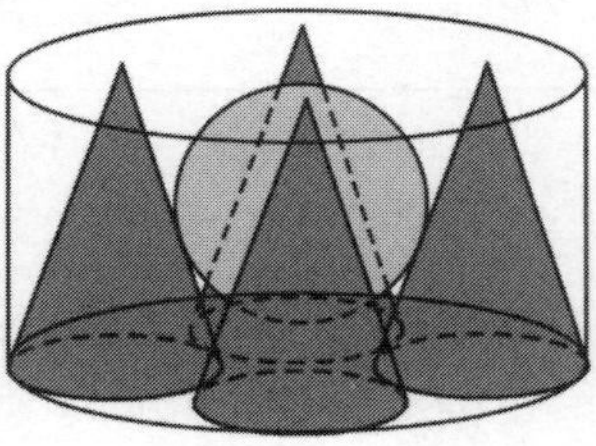

【図４】

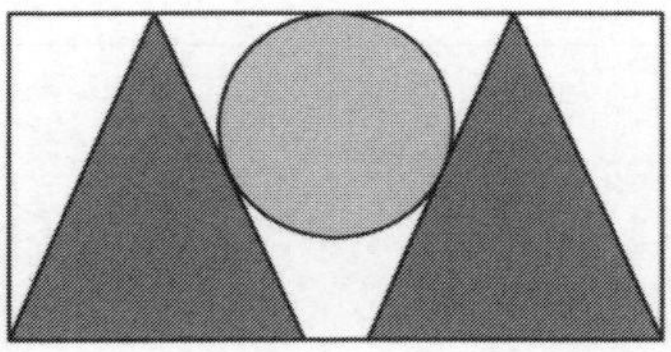

⑨ あまた

ア 少し　イ たくさん
ウ 丁寧に　エ 長く

問八、傍線部⑧「言へば」の主語として最も適当なものを、次の中から選びなさい。

ア 山伏　イ 阿闍梨
ウ 作者　エ 夢に出てきた人

問九、傍線部⑩「聞ゆる」の活用形として最も適当なものを、次の中から選びなさい。

ア 連用形　イ 終止形
ウ 連体形　エ 已然形《いぜんけい》

問十、空欄 X には、第二句にある「うつつ」の対義語が入る。最も適当なものを、次の中から選びなさい。

ア 夢　イ 山　ウ 家　エ 旅

問十一、傍線部⑪「駿河の国」とは現在の何県に当たると考えられるか。最も適当なものを、次の中から選びなさい。

ア 滋賀県　イ 岐阜県
ウ 愛知県　エ 静岡県

問十二、傍線部⑫「いたりぬ」の解釈として最も適当なものを、次の中から選びなさい。

ア 到着した　イ 到着しない
ウ 到着するだろう　エ 到着しよう

問十三、【文章B】の『伊勢物語』が成立した時代として最も適当なものを、次の中から選びなさい。

ア 奈良時代　イ 平安時代
ウ 鎌倉時代　エ 室町時代

れた名所。
＊ことのままといふ社＝当地にある「事任八幡宮《ことのままはちまんぐう》」。
＊菊川＝東海道の宿場の一つ。付近を菊川が流れる。
＊大井河＝赤石山脈を水源として駿河湾に注ぐ河川。大井川。
＊里＝長さを表す単位。
＊宇津の山＝「小夜の中山」と同様、東海道の難所として知られた山道。古くから和歌にも詠まれた名所。
＊阿闍梨＝真言宗・天台宗の高僧の称号。ここでは、都から同道している作者の息子のこと。
＊時雨れ（終止形は「時雨る」）＝時雨《しぐれ》（晩秋から初冬にかけて降ったりやんだりする冷たい雨）が降る。
＊こがるる＝色が変化する。

問一、傍線部①「小夜の中山」について、作者はどのような場所であると述べているか。最も適当なものを、次の中から選びなさい。

ア　どこを見ても山ばかりで、心細くつまらない場所。
イ　周辺の山々の形状が独特で、寂しくも趣深い場所。
ウ　山の陰になっていて、珍しい植物が見られる場所。
エ　けわしい山々に導かれて、常に強い風が吹く場所。

問二、傍線部②「有明の月」とはどのような月か。最も適当なものを、次の中から選びなさい。

ア　一ヶ月の中で最も明るく輝く月。
イ　薄雲を通してかすかに見える月。
ウ　旅先で故郷を思いながら見る月。
エ　夜が明けても空に残っている月。

問三、傍線部③「渡らむと思ひやかけし東路にありとばかりはきく川の水」の和歌に見られる修辞技法を説明したものとして、次の文Ⅰ・Ⅱの正誤の組み合わせとして正しいものを、後の中から選びなさい。

Ⅰ「渡らむと」が「思ひ」の枕詞《まくらことば》となっている。
Ⅱ「きく」が「（話を）聞く」と「菊（川）」の掛詞《かけことば》となっている。

ア　Ⅰ・Ⅱがともに正しい　　イ　Ⅰのみが正しい
ウ　Ⅱのみが正しい　　エ　Ⅰ・Ⅱがともに誤り

問四、傍線部④「わづらひなし」とはどういうことか。その説明として最も適当なものを、次の中から選びなさい。

ア　病気にかからず無事に進めたということ。
イ　面倒な手続きは必要なかったということ。
ウ　そこに川は流れていなかったということ。
エ　難なく川を渡ることができたということ。

問五、傍線部⑤「思ひ出づる都のことはおほ井河いく瀬の石の数も及ばじ」の和歌から読み取れる心情として最も適当なものを、次の中から選びなさい。

ア　都のことを恋しく思う気持ち。
イ　華やかな都を誇らしく思う気持ち。
ウ　都のことは忘れたいと思う気持ち。
エ　煩わしい都をうとましく思う気持ち。

問六、傍線部⑥「昔をわざとまねびたらむ心地して」とあるが、このような気持ちにさせたこととして最も適当なものを、次の中から選びなさい。

ア　宇津の山道が急なので進むことがためらわれること。
イ　約束通り顔見知りの修行者と宇津の山で落ち合えたこと。
ウ　出会った修行者に都に残してきた人へ文を託せること。
エ　宇津の山に蔦や楓が茂って通行できなくなっていること。

問七、傍線部⑦「優しく」⑨「あまた」の本文中の意味として最も適当なものを、それぞれ後の中から選びなさい。

⑦　優しく
ア　情け深い　　イ　すぐれている
ウ　上品で美しい　　エ　ゆるやかである

エ　自分のことで精一杯な高校生の「俺」に対し、同じように疲れているはずの崎山は周囲のことを考える余裕があり、敬意を抱いている。

問十一、本文の特徴として最も適当なものを、次の中から選びなさい。

ア　周囲の人の応援に励まされて懸命に走る「俺」の姿が、一人称視点からいきいきと描かれている。

イ　走ることで心のわだかまりから解放されていく「俺」の姿が、情景描写を通じて効果的に描かれている。

ウ　中学生との交流の中で成長していく「俺」の姿が、会話文を主体として魅力的に描かれている。

エ　自分自身の限界を超えて走ることに打ち込む「俺」の姿が、擬音語を多用することによって、はつらつと描かれている。

問十二、本文の作者瀬尾まいこは『卵の緒』で「坊っちゃん文学賞」を受賞している。この賞の名称の元となった『坊っちゃん』の作者を、次の中から選びなさい。

ア　島崎藤村　　イ　谷崎潤一郎
ウ　夏目漱石　　エ　太宰治

三

次の【文章A】は一二八〇年頃の成立とされる、京都から鎌倉への紀行文『十六夜《いざよい》日記』の一節である。また【文章B】は【文章A】の後半部分を理解する上で参考となる『伊勢《いせ》物語』の一節である。それぞれの文章を読んで、後の問いに答えなさい。

【文章A】

二十四日、昼になりて、①*小夜《さや》の中山越ゆ。*ことのままといふ社《やしろ》の程、紅葉いと面白し。山陰にて、嵐も及ばぬなめり（のだろう）。深く入るままに、遠近《をちこち》の峰続き、異山《ことやま》に似ず、心細くあはれなり。麓の里、*菊川といふ所にとどまる。

越えくらす麓の里の夕闇に松風おくる小夜の中山

暁、起きて見れば月も出《い》でにけり。

雲かかる小夜の中山越えぬとは都に告げよ②有明の月

川音いとすごし。

③渡らむと思ひやかけし東路《あづまぢ》にありとばかりはきく川の水

二十五日、菊川を出でて、今日は*大井河といふ川を渡る。水いとあせて、聞きしには違《たが》ひて、④わづらひなし。川原幾*里とかや、いと遥《はる》かなり。水の出でたらむ面影（ここに大水が出たらどんな様子だろうと）、おしはからる。

⑤思ひ出づる都のことはおほ井河いく瀬の石の数も及ばじ

*宇津《うつ》の山越ゆる程にしも、*阿闍梨《あざり》の見知りたる山伏《やまぶし》、行きあひたり。「夢にも人を」など、⑥昔をわざとまねびたらむ心地して（まねしたような感じがして）、いと珍《めづら》かに、をかしくも、あはれにも、⑦優しくも覚ゆ（思われる）。「急ぐ道なり」と⑧言へば、文も⑨あまたはえ書かず（書けず）、ただやむごとなき所一つにぞおとづれ⑩聞ゆる。

我が心うつつともなし宇津の山 X 路も遠き都恋ふとて

蔦楓《つたかへで》*時雨《しぐ》れぬひまも宇津の山涙に袖の色ぞ*こがるる

【文章B】

ゆきゆきて⑪駿河《するが》の国に⑫いたりぬ。宇津の山にいたりて、わが入らむとする道はいと暗う細きに、蔦かへでは茂り、もの心細く、すずろなる（思いがけない）めを見ることと思ふに、修行者あひたり。「かかる道は、いかでかいまする（どうしていらっしゃるのか）」といふを見れば、見し人（見知った）なりけり。京に、その人（あの方）の御もとにとて、文かきてつく。

駿河なるうつの山辺のうつつにも夢にも人にあはぬなりけり

《注》

*小夜の中山＝東海道の難所として知られた山道。古くから和歌にも詠ま

ていたよりもブランクを感じておらず、少し自信が生まれてきている。

エ　二年間無駄な時間を過ごしていたため走ることへの恐怖はあったが、実際には周囲を見る余裕があるなど、気持ちが楽になっている。

問六、傍線部③「俺とは全然違う毎日」についての説明として最も適当なものを、次の中から選びなさい。

ア　「俺」が部活動よりも学業を優先する日々を送っていたのに対し、崎山は文武両道を貫き通す日々を送っていたということ。

イ　「俺」が何事に対しても無責任な日々を送っていたのに対し、崎山は部長として責任感ある行動を取る日々を送っていたということ。

ウ　「俺」が現実から逃避して子どもと遊ぶだけの日々を送っていたのに対し、崎山は理想と現実の差にもがき、抗《あらが》う日々を送っていたということ。

エ　「俺」が目的もなく無為に日々を送っていたのに対し、崎山は目標に向かって努力を積み重ねる日々を送っていたということ。

問七、傍線部④「この走りは俺の走りとは違う」についての説明として最も適当なものを、次の中から選びなさい。

ア　「この走り」は身体に負担がかからないような穏やかな走り方で、「俺の走り」はペースよりもスピードを重視したパワフルな走り方。

イ　「この走り」は計画的にペースを守る走り方で、「俺の走り」はただがむしゃらに後のことを考えない走り方。

ウ　「この走り」は他者を意識しながら機をうかがう走り方で、「俺の走り」は誰よりも先頭に立ち、自分のペースを守る走り方。

エ　「この走り」は基本的なフォームを重視した走り方で、「俺の走り」はフォームなど気にせずタイムを優先する走り方。

問八、傍線部⑤「あのころの俺はいつも弾丸のように走っていた」に使われている表現技法として最も適当なものを、次の中から選びなさい。

ア　直喩法　　イ　擬人法　　ウ　隠喩法　　エ　倒置法

問九、傍線部⑥「お前ら以上に、ずっとこんなふうに走りたかったんだ」とあるが、このときの「俺」の心情として最も適当なものを、次の中から選びなさい。

ア　普段から当たり前のように走ることができる施設がある崎山たちに対し、「俺」はその環境に恵まれていないため、立派な競技場で走ることができる喜びを味わっている。

イ　周囲の人に応援されながら走ることが多い崎山たちに対し、「俺」は孤独に走ることが多かったため、鈴香たちに応援されながら走ることができる喜びを味わっている。

ウ　部活動を通じて他者と走る機会が日常的にある崎山たちに対し、「俺」はその機会がないため、他者と競いながら一生懸命に走ることができる喜びを味わっている。

エ　継続的に記録を取りながら活動する機会に恵まれている崎山たちに対し、「俺」は部活動に所属していないため、過去の自分の記録に挑戦しながら走ることができる喜びを味わっている。

問十、傍線部⑦「すごいよな。中学生って」とあるが、このときの「俺」の心情として最も適当なものを、次の中から選びなさい。

ア　レースに勝ったことで得意げな高校生の「俺」に対し、崎山は悔しさを感じさせない大人びた対応をしており、敬意を抱いている。

イ　一回の走りで疲れてしまった高校生の「俺」に対し、もう一度走り出そうとしている崎山の底が知れない体力に、敬意を抱いている。

ウ　わがままで自己中心的な高校生の「俺」に対し、仲間への励ましを忘れない崎山の類まれなるリーダーシップに、敬意を抱いている。

200」などと声をかけ始めた。

⑦すごいよな。中学生って。走りきって疲れた後に、俺に負けて悔しい気持ちのままで、誰かに声を送れるなんて。

俺はその様子を見ながら上原にもらったアクエリアスを飲みほした。もう高校生になってしまった俺は、たかだか3000メートル走っただけで、完全に体は空っぽで、立ち上がることも声を出すこともできないくらいへばっていた。

（瀬尾まいこ『君が夏を走らせる』による）

《注》
＊篠山＝地名。
＊ラップタイム＝トラック一周にかかる所要時間。
＊愛ちゃんと由奈ちゃん＝公園で出会った鈴香の友達。
＊お母さんたち＝愛ちゃんと由奈ちゃんの母親たち。
＊ぶんぶー＝鈴香のお気に入りの言葉。

問一、傍線部(a)「平然としている」(b)「つたない」(c)「なりふりかまわず」の本文中の意味として最も適当なものを、それぞれ後の中から選びなさい。

(a) 平然としている
ア ひたむきな様子である
イ 爽やかな様子である
ウ 勇ましい様子である
エ 落ち着いた様子である

(b) つたない
ア 上手でない　イ ささやかな
ウ つまらない　エ 消え入りそうな

(c) なりふりかまわず
ア 服装にこだわらないで
イ 大人げない行為にもかかわらず
ウ 周囲の目線を気にしないで
エ 非難されるにもかかわらず

問二、空欄[X]と[Z]に入る語の組み合わせとして最も適当なものを、次の中から選びなさい。
ア X ちょろちょろ　Z だらり
イ X おどおど　Z がっちり
ウ X いらいら　Z きっちり
エ X きょろきょろ　Z すらり

問三、空欄[Y]に入る語として最も適当なものを、次の中から選びなさい。
ア 体　イ 首　ウ 顔　エ 肩

問四、傍線部①「みんなの目の色が変わった」のはなぜか。最も適当なものを、次の中から選びなさい。
ア 「俺」のことを自分たちとあまり関わりのない人だと思っていたが、陸上の能力が優れている人物だと分かり、印象が変化したから。
イ 「俺」のことを外見から当初は怖がっていたが、母校の卒業生であるということを知り、安心したから。
ウ 「俺」のことを取るに足らない人物だと認識していたが、自分たちの目標としている人物だと判明し、尊敬の念を抱いたから。
エ 「俺」のことを初めは歓迎していなかったが、上原の話を聞き、上辺だけでも歓迎しているように見せかけようと思ったから。

問五、傍線部②「いいぞ。俺は自分の体に手ごたえを感じた」とあるが、このときの「俺」の心情として最も適当なものを、次の中から選びなさい。
ア 中学生と競うことを目標に日々走り込んできていたため、万全の仕上がりになっていることに安心している。
イ 中学生に負けるはずがないという自信は元々あったが、実際に走ってみてその認識が間違っていなかったと確信している。
ウ 久しぶりのタイムを競う走りに不安を感じていたが、想像しる。⑤あのころの俺はいつも弾丸のように走っていた。レース展開なんて考えず、ただゴールに向かうことに、ただタスキを渡すことに、必死だった。

「ラスト200、がんばって」

ここからはもう短距離だ。このままゴールまで一息に行こう。だけど、さすがに俺の体は重くなって足の回転が遅くなり出した。むやみにかけたスパートのせいで、息も完全に乱れている。そんな俺に反して、崎山は自分のペースを取り戻し、真後ろにぴたりとついている。そして、「やっぱり正しい走りが一番なんだな」そう思った瞬間に、するりと抜かされてしまった。

当然だ。たまたま調子よく走れていただけで、まじめにやってるやつにかなうわけがない。高校の陸上部もいつのまにかやめて、何ひとつやりきっていない俺が勝てるほどレースは甘くないのだ。どんどん崎山の背中は遠のいていく。こうなったら、二位だけは保たないとな。せめて9分台で走りきろう。そう呼吸を整えて、腕を軽く揺すったところに、声が飛んできた。

「おじさん、ファイト！」

＊愛ちゃんと由奈ちゃんの声だ。

「ほら、しっかりー！　前離れてるよ！」

＊お母さんたちも大きな声で応援してくれている。

「ばんばってー」

そして、一番よく聞こえるのは、みんなのまねをして叫ぶ(b)つたない鈴香の言葉だ。

中学校駅伝のブロック大会。駅伝は6区間もあるから、わざわざ俺が走る2区を応援しにくるやつなど誰もいなかった。他校の選手への声援が飛ぶ中、俺は孤独にそれでもがむしゃらに走っていた。そんな最後の上り坂。声援を浴びた他の選手が加速し、俺を引き離したときだ。担任の小野田の声が聞こえた。「走れ！　お前ならやれる」って。その声で俺の体は、勢いがついたんだっけ。

「前抜けるよ！」

「あと少しファイト！」

お母さんたちの声援の合間に、愛ちゃんたちがきゃあきゃあ叫び、そのそばで、鈴香は「＊ぶんぶー」と「ばんばってー」を繰り返している。

ただのタイムトライアル。それなのに、声をかけられると、残された力が沸き立ってくる。まだ余力があったのかと自分で驚くくらい、手にも足にも力が満ちていく。崎山の背中は手を伸ばせば届くところに近づいた。残りは50メートル。ここですべてを出し切ってやる。毎日走ってるやつらには悪いけど、俺はやれるんだ。俺は走りたかったんだ。⑥お前ら以上に、ずっとこんなふうに走りたかったんだ。

「ラストー、ファイト。ここまで」

ゴール地点に、俺は倒れこむように突入した。(c)なりふりかまわずただ前に突っ込んだ。そして、倒れこんだ分だけ、崎山よりわずかに先に走りぬいた。

ゴールした俺はそのまま動けずべたりと座り込んでしまったけれど、崎山は涼しい顔で汗をぬぐっただけだった。

「お前、すごいじゃん」

俺は思わず崎山を見上げて言った。

「負けるわけないって思ってたんですけど……。さすがっすね」

崎山はそんな俺に静かに微笑《ほほえ》んだ。

「いや、完全にレースはお前の勝ちだわ。あと10メートルでもあったら完敗だ」

俺は正直に言った。最後の最後、ただ声援に乗せられて体が進んだだけだ。

「駅伝では、僕も倒れるまで走ります」

「そんなことしたら、お前ダントツ一位だな」

「ありがとうございます」

崎山は軽く頭を下げると、ほかのやつらに「腕を振れよ」「あと完全に走り慣れているし、体に負担がかからないような穏やかな走りだ。もう一人は真っ黒に日に焼けたがっちりしたやつ。駅伝のために集められたのだろう、長距離がなじんでないから体が無駄にはねているけど、スピードがある。体にペースが染みついていけば、力が付きそうだ。

「二周目終了、この周78、79、」

スタート地点を通過すると、＊ラップタイムを読み上げる上原の声が聞こえた。最初の周とほぼ同じタイムだ。このペースで行けば、３０００メートル10分を切れる。なかなかいい速度だ。それに、俺の体はまだどこも疲れてはいない。毎日鈴香の家まで走っているし、ショッピングモールや駅に行くときも走ることが多い。いつもジョグ程度の速さだけれど、心肺は鍛えられているようで、まだ息も上がっちゃいない。それどころか、ここにきて足や腕にエンジンがかかり、勢いを増している。②いいぞ。俺は自分の体に手ごたえを感じた。

「三周通過、この周、76、77、78……」

１２００メートルを過ぎても、まだ速度は落ちていなかった。練習を積んだ中学生と対等に走れるなんて思った以上だ。崎山が3メートルほど前を走り、俺の真ん前に色黒のやつが足音を響かせながら走っている。パワフルな走りに、最後まで持つのだろうか、とこっちが心配になってしまう。ほかの六人はだんだん後れを取り始め、半周近くの差が開いているやつもでてきた。

「四周終了、この周77、78」

１６００メートルを通過し、俺は上原の読み上げるタイムに、驚いた。一番前を行く［Ｚ］とした背中。崎山のペースは一切乱れていない。なんという正確な走りだろう。その一方で、俺はだんだん息が上がってきた。前を行く色黒のやつも俺と同じように息が乱れている。さすがにこの速度で3キロを走るのはきつい。だけど、9分台で走るには、崎山から離れてはだめだ。俺は腕を軽く振って息を整えると、もう一度足に力を込めた。ここで少し勢いをつけよう。パワーのあるうちに詰めておかなくては。わりいな。俺は心の中でつぶやきながら、すぐ前を走る背中を追い抜いた。

「五周目、76、77、78……、残り二周半」

２０００メートル経過。それでも崎山は速くなることも遅くなることもせず、同じ間隔で足を運んでいる。一年生で駅伝練習に参加していたときは、か弱くすぐにバテていたというのに。こいつはこの二年、どれだけ練習を積んできたのだろう。③俺とは全然違う毎日を重ねてきたはずだ。うっかり気を抜いたら一気に離されてしまう。俺はしっかりと背中を見つめ、前へ前へ足を運んだ。

「六周経過、この周79、80……。残り一周半」

上原の声が響く。あと６００メートルだ。七周目に入って、俺は周回遅れのやつを二人抜いた。そのたびに少しペースが崩れ、息が上がる。先を行く崎山は誰かを抜かしてもペースに変動がない。相変わらずリズムを刻むように走っていく。細いけれど、体幹が鍛えられているのだろう。体はまったくぶれがない。すげえペースメーカーだ。このまま、崎山についていけさえすれば、俺も9分台で3キロを走りきれるだろう。

いや、それじゃだめだ。これではおもしろくない。④この走りは俺の走りとは違う。体が空っぽになっていくあの快感はまだやってきていない。ここでスパートをかけるのは早すぎるし、もう体も疲れかけている。でも、このペースから外れたいと、跳び出したいと体は言っている。あとのことはどうだっていい。体中弾ませて、無鉄砲でも前に向かっていく走り。それが俺の走りだ。それをしなくちゃ走る意味はない。大きく腕を振ると、俺は体ごと前に送り出した。その勢いにちゃんと足も付いてくる。よし、いける。俺は大きく息を吐くと、そのまま崎山を抜き去った。

「あと、一周４００メートル」

上原の声が聞こえ、崎山もペースを上げ俺につけてきた。さすが部長だ。まだ余力を残していたんだな。悪いけど、負けてはいられない。体があの夏を思い出して、何度も何度もスパートをかけていった。こいつが部長になったのか。あのときは小さかったのに、今は俺より背が高く、すらりとした足にきれいな筋肉がついている。

「あ、なんか聞いたことがある。坊主《ぼうず》にして走った人ですよね」

崎山の横で、落ち着きなく X していたやつが言った。こいつはまだ二年生だろう。ほんのわずかだけど、みんなより顔つきが幼い。

「そういえば本番は坊主だったかな。こないだみんなで試走に行ったでしょう？　あの上りの多い２区のコースを、大田君は最初の試走、10分ジャストで走ったんだよ。しかも、まだあんまり体動かしてなかったときに」

上原が言うのに、「うわ、すげえ」という声が漏れた。

「そう。すごいの。で、ブロック大会では９分48秒で区間二位。県大会では＊篠山《ささやま》のコースを９分46秒で走ったんだ」

上原が掲げるタイムに、①みんなの目の色が変わった。数字って説得力があるんだな。さっきまで軽く見られていたのに、一目置かれている。昔残した記録が、俺を救ってくれてるようだった。

「そんな人と走れるなんて光栄でしょう。めったにない機会だよ。十分後スタートするから、それぞれアップしてね」

上原がそう告げると、みんなは俺に負けられないとでも思ったのか、すぐさま体を動かしにかかった。

「おい。お前、どうして、記録覚えてんだ？」

「記録？」

みんなが散らばった後、声をかけると、上原が Y をかしげた。

「試走とかの俺のタイムだよ」

「覚えてるって、最初の試走と本番だけだよ」

上原はあたりまえだという顔をした。

「へえ……」

こいつにもすごいとこがあるんだな。俺みたいなやつの記録まで覚えてるなんて。

「大田君もアップしとかないと、あとで体に来るよ」

上原はそう言うと、トラックの中の小石をのけ始めた。

「ああ、わかってる」

グラウンドの隅のほうに目をやると、砂場から移動してきた鈴香たちが陰に置かれたベンチに座ってこっちに手を振っている。母校の練習に参加するだけなのに、何かの大会のようだ。俺は手を上げて応えると、屈伸をして、軽いジョグを始めた。

今日走るのも駅伝と同じ距離の３キロ。昔の記録とあまりにもかけ離れた走りはしたくない。「久しぶりだからだ」なんて言い訳をしないといけないような結果は残したくない。４００メートルトラックを確かめるようにジョグをしている間に、体が目覚めてきた。最後に流しを入れると、手足の先までが高揚しているのがわかる。誰かとグラウンドを走る。俺の体はそのことにすっかり興奮していた。

「一分前だよー」

上原の声に、スタート地点にみんなが集まってきた。中学生たちはいつもの練習の一環だから(a)平然としているけど、俺の心臓は高鳴っていた。３０００のタイムトライアル。こいつらとのレースが始まるのだ。

「よーい、スタート」

上原の合図に合わせて、一斉にスタートを切る。俺の体もぐんと前に飛び出る。このトラックを七周半。以前の俺なら９分台で走れただろう。あれから二年。無駄に過ごした時間は、俺をどれくらいなまらせてしまっているのだろうか。俺は自分の体を確かめながら、足を進めた。

連なって走っていたのは２００メートルほどで、一周を過ぎるとだいぶ差がついてきた。駅伝練習がスタートして、一ヶ月は経っているのだろうか。中学生たちの走りもそれなりに様にはなっている。それでも、まだ夏休みの時点では長距離を走り慣れてないやつが多いようで、俺より前を走るのは二人だけだ。

一番前を走るのは崎山。一定のリズムを刻みながら進んでいる。

イ　親の世代の価値観に反発を覚えたために新しい生き方を選ぶ子供が増えたから。

ウ　家族という枠に囚《とら》われなくても同じ価値観を持つ人とつながれるようになったから。

エ　価値観というものは政治の影響を受けて変化するということに若者が気付いたから。

問十一、傍線部⑤「第三フェーズ」で見られる状態の説明として最も適当なものを、次の中から選びなさい。

ア　父の稼ぎで母が家計のやりくりをして子供を育てている状態。

イ　家族を含めた他者との物理的距離感が意識されている状態。

ウ　親子の対立によって家族という関係が崩壊し始めている状態。

エ　子供が社会から孤立しないように親が見守っている状態。

問十二、傍線部⑥「崩壊」と同じ構成の熟語を、次の中から選びなさい。

ア　登山　イ　前後　ウ　腹痛　エ　寒冷

問十三、傍線部⑦「パンデミックの皮肉な効果だった」と言えるのはなぜか。最も適当なものを、次の中から選びなさい。

ア　パンデミックがなければ家族をかえりみようとする発想には至らなかったであろうから。

イ　パンデミックがなければ家族圧を克服する機会を得ることができなかったであろうから。

ウ　パンデミックがなければリモート授業の利便性に気付くことはなかったであろうから。

エ　パンデミックがなければ感染症予防を考えて行動しようとは考えなかったであろうから。

問十四、本文の内容と合致するものを、次の中から選びなさい。

ア　時代の変化によって子供の在り方が変わるとともに世界中を混乱させたパンデミックがきっかけとなり、今までとは異なる新しい家族の在り方ができつつある。

イ　ホーム・ドラマで描かれた新しい家族の姿に子供が触発されて、親と子供が互いの存在を尊重して暮らすという家族の幸福な循環が断ち切られてしまった。

ウ　インターネットの急速な普及により家族内の直接的なコミュニケーションが減り、他者との距離感をつかめない若者が増加するという大きな問題が発生した。

エ　他者との接触を避けることが求められる時代の中で生きていくためには、家族内でのソーシャル・ディスタンスの在り方を考えて慎重に行動する必要がある。

二

次の文章を読んで、後の問いに答えなさい。

高校二年生の大田（「俺」）は、夏休みに三歳上の先輩から、二歳になる娘の「鈴香」の面倒《めんどう》を一ヶ月の間見て欲しいと頼まれる。次の文章は、鈴香と公園で遊んでいたときに、中学校時代に駅伝の顧問をしていた上原に声をかけられ、中学生と競技場でタイムトライアルをする場面である。

「集まってー」

上原が声をかけると、生徒たちがバラバラと寄ってきた。

「今からタイムトライアルするんだけど、大田君にも参加してもらおうと思って」

上原が横にいる俺を手で示した。

八人の生徒は、俺を一瞥《いちべつ》しただけで、誰もうれしそうな顔はしなかった。そりゃそうだ。こいつらが一年生のときに俺は三年生だ。直接知らなくても、俺の悪い評判は聞いてるだろうし、こんなふざけた格好のやつと走りたいわけがない。

「大田君だよ。知らないの？　部長は知ってるでしょう」

無反応のみんなを見渡して上原が言った。

「知ってますけど。僕が一年のときに駅伝に来ていたから」

崎山だ。俺が駅伝練習に参加してたときは、まだ一年生で補欠だ

ア　社会維持のために労働に励む父と母の帰りを、子供が大人しく家で待つ関係。
イ　父が労働により社会を維持し、母が家事により家族を維持して、子供を育てる関係。
ウ　父と母が家族を維持するために家事を役割分担しながら、子供を育てる関係。
エ　家族を維持するために労働する父の収入に、母と子供が頼り切っている関係。

問五、本文には次の二文が抜けている。補うのに最も適当な箇所は、本文中の【Ⅰ】～【Ⅳ】のどこか。後の中から選びなさい。

> この近代以前には、子供は「子供」ではなかった。「小さな大人」だったのです。

ア【Ⅰ】　イ【Ⅱ】　ウ【Ⅲ】　エ【Ⅳ】

問六、傍線部(a)「謳歌していく」(b)「確執」(c)「拍車をかけた」の本文中の意味として最も適当なものを、それぞれ後の中から選びなさい。

(a)　謳歌していく
ア　のんびりと心ゆくまで休む
イ　よい境遇にあることを楽しむ
ウ　何度も同じことを繰り返す
エ　不安を感じることなく過ごす

(b)　確執
ア　違いが際立つこと
イ　お互いに遠慮すること
ウ　変化に苦しむこと
エ　仲が悪くなること

(c)　拍車をかけた
ア　進行を一段と早めた
イ　決定的な打撃を与えた
ウ　大きな影響を及ぼした
エ　特に注目を集めた

問七、空欄[1]・[2]に入る語として最も適当なものを、それぞれ後の中から選びなさい。

[1]
ア　だから　イ　ところが　ウ　なぜなら　エ　あるいは

[2]
ア　よもや　イ　まるで　ウ　にわかに　エ　もはや

問八、傍線部②「『起爆剤』」とはどのようなきっかけとなるものか。最も適当なものを、次の中から選びなさい。
ア　子供に親の有り難みを押し付けるきっかけとなるもの。
イ　親の権威を子供に振りかざすきっかけとなるもの。
ウ　家族構成の多様性を容認するきっかけとなるもの。
エ　これまでの家族の在り方が変わるきっかけとなるもの。

問九、傍線部③「『子供の発見』」とはどのような考えのことか。最も適当なものを、次の中から選びなさい。
ア　子供は生産力になっているため、きちんと賃金を支払われる存在であるべきだという考え。
イ　子供は家族に養ってもらうために、労働力として貢献する存在であるべきだという考え。
ウ　子供は家族の中で大切に保護され、人として尊重される存在であるべきだという考え。
エ　子供は親から早く自立し、自分の家族を新たに作る存在であるべきだという考え。

問十、傍線部④「家族のあり方における大きな変化を促し」た理由として最も適当なものを、次の中から選びなさい。
ア　十分な収入のある親から経済的な援助を受ければよいという価値観が社会に広がったから。

は、家族のあり方に、大きなクエスチョン・マークを投げかけました。それを二つの視点から、整理してみます。

ひとつ目は、「家族こそが不安の材料になる」ということです。感染拡大の初期、外出自粛、ステイホームの動きの中で、家庭内でのDVや、虐待などのニュースが多く報道されたことには驚きました。学校や職場など、一種の逃げ場を奪われ、常に家族が面と向かい合わなければならない、そんな通常とは違う生活を強いられる中で、家族圧とでもいうべき強いストレスを抱えた人たちが少なくなかったのでしょう。また、盛り場での感染が一段落したあと、次に、家族内感染という言葉がニュース報道などで目立ち始めました。本来、究極の安全地帯であるはずの家庭が感染の原因になるという、何とも皮肉な状況に皆さんも戸惑ったことと思われます。しかし、家族という存在を考え直す機会を与えてくれたのは、⑦パンデミックの皮肉な効果だったのかもしれません。

もうひとつは、「接触することが不安の材料になる」ということです。パンデミックの時代は、接触すること、近づくことが危険・不安材料になり、ソーシャル・ディスタンスというかけ声のもと、あらゆる場面で、距離を保つことが求められました。しかし、家族という存在は本来的に、接触をベースに近接して存在しているものです。その根本が脅かされているわけです。家族のソーシャル・ディスタンスって……例えば、別々の部屋でスマートフォンのリモート機能で話すこと。いやいや、それは家族とは言えないのではないでしょうか。

実は、この二つ目の、「ソーシャル・ディスタンス」という問題は、家族だけにとどまらず、社会全体の問題と捉えることもできます。接触が忌避される、いわば「疎外された世界」で、私たちは、他者との信頼をどう築いていけばいいのでしょうか。リモートでの授業が続く大学、テレワークで回っていく会社、それに慣れていくことの先には、何があるのでしょうか。パンデミック時代の家族を考えることは、このように新しい社会のモデルを考えることにつながっていきます。

（妙木浩之『AIが私たちに嘘をつく日』による　一部改変）

問一、傍線部(i)～(iii)のカタカナ部分と同じ漢字を使う熟語として最も適当なものを、それぞれ後の中から選びなさい。

(i)　ソク進

ア　図書の返却を催ソクする。
イ　彼はソク座に答えなかった。
ウ　校ソクの見直しを始めた。
エ　会議で補ソク説明をする。

(ii)　不カ分

ア　私が得意なカ目は国語です。
イ　提出期限までにカ題をこなす。
ウ　使いやすいようにカ工する。
エ　友人との外泊の許カをもらう。

(iii)　懸ネン

ア　車のネン費を考えて買い替えた。
イ　ネン願の高校に合格した。
ウ　天ネンの鮎《あゆ》を釣り上げた。
エ　四月から新ネン度が始まった。

問二、空欄 X に入る語として最も適当なものを、次の中から選びなさい。

ア　頭数　　イ　維持　　ウ　役割　　エ　年齢

問三、空欄 A ・ B ・ C に入る語の組み合わせとして最も適当なものを、次の中から選びなさい。

ア　A　継続　B　人間　C　平均
イ　A　倫理　B　合理　C　一時
ウ　A　経済　B　絶対　C　安定
エ　A　人道　B　閉鎖　C　断片

問四、傍線部①「この三つの関係」とはどのような関係か。最も適当なものを、次の中から選びなさい。

う時代の意識の産物であると述べています。【 Ⅲ 】どういうことかと言うと、子供は、あくまで、一人前の労働力になるまでの前段階に過ぎないものであって、そこには何らかの意味や権利などは存在しないという考え方です。先ほど、述べた第一次産業の時代には、これは当然のことであり、誰も疑問は持たなかった。そして、近代、第三次産業の時代になって、子供の人権や、存在意味などがアリエスによって述べられたものから、また変化してくるわけです。

家族の中の子供の位置づけを考えるときに、フロイトのエディプス・コンプレックスという考え方も興味深いものです。エディプス・コンプレックスとは、子供にとって、父母と自分との位置づけを体験・理解していく際に必要なプロセスのことを指します。この過程の中で、子供が成長していくにつれて、親との葛藤が生まれ、(b)確執が起こり、分離していく。ここで、生まれてきたのが、「青年」という概念の発見です。これは、社会に出ていくまでの「子供」というものの存在の移行期を表したもので、だいたい一四歳から、大学生あたり、一八歳ぐらいまでを指すものです。

最近言われていることは、この青年期というものが、一八歳などではなくて、三〇歳ぐらいまで延びてしまったのではないかということであり、第三フェーズの家族では、その「青年」が大きな役割を持つことになるのです。

「大人になれない子供」が家にとどまって、うまく社会に出ていくことができなくなっている。【 Ⅳ 】そこで生まれてきた社会問題が、「引きこもり」であり、それに(c)拍車をかけたのが、九〇年代に入ってからのインターネットの普及です。そこでは、ネットによって、容易に他者とつながることができ、そこで仲間を作り始めた。つまり、引きこもっていても、孤立はしていないわけです。そこには、むしろ家族とは別の新しい、共通の価値観を持ったもうひとつの「縁」という新しい価値観が生まれてきたわけです。このことの是非はまた後ほど、お話ししますが、この変化に伴って目に見える大きな問題が二つ起きてきました。

ひとつは、社会を維持していくための労働者の欠如。もうひとつは、子供がなかなか「男と女」になれない、その結果の少子化ということです。これが、結果として、④家族のあり方における大きな変化を促し、成長し続ける社会を背景にした家族の幸福な循環が崩れ始めました。

ここまで述べてきたような家族内部の変化に追い打ちをかけたのが二一世紀以降の社会変化です。政治の不安定、世界的な不況の中で進行していく格差社会の拡大というのは、［ 2 ］、どの国にも共通の問題です。日本は、まだましなほうだという論調もありますが、今後、悪くなることはあっても、良くなることはないというのが正直なところでしょう。そこでは、幸福な高度成長期のモデルである、父親(だけ)が外で稼ぎ、母親(だけ)が家を守る、というような家族は、間違いなく恵まれた少数派であり、共働きでないと生活を維持できない家族のほうが、もはや普通なのではないでしょうか。

ここまでの家族の変化の形態を、まとめてみましょう。第一フェーズの父親を中心とした「農業集約型モデル」から、第二フェーズの父・母・子が、それぞれの役割を迷いなく遂行できた「性別役割分担モデル」が、戦争という大きな契機の前後に生じた社会変化の中で変貌してきました。それまで、［ C ］的に見えたカタチが、「大人になれない子供」という家族内部からの変化、さらには外部からは社会構造の大きな変化などを受けて、じわじわと足元が溶け出していくという⑤第三フェーズに、私たちは直面しているわけです。これは、「家族の崩壊」と言ってもいいのではないでしょうか。

この「家族」の⑥崩壊という現象の中で、今後、私が(iii)懸ネンしている問題を挙げていきます。精神分析家としての私の仕事においては、家族のあり方はいつも大きな問題になります。直接的であったり、間接的であったり、その現れ方は様々ですが、多くの人の心のベースにあるのは、一番身近な対人関係としての家族の問題だということは変わらないのではないでしょうか。【中略】

二〇二〇年、世界中を混乱の渦に巻き込んだパンデミックの時代

二〇二三年度 日本大学櫻丘高等学校（A日程）

【国語】（六〇分）〈満点：一〇〇点〉

一 次の文章を読んで、後の問いに答えなさい。

まず、第一のフェーズ（段階）は、農業など第一次産業をベースにしていた戦前の社会における家族です。ここでの父親・母親の役割分担は、それほど明確ではなく、総動員体制で少しでも多くの農産物を生産することが目標です。いわば「農業集約型モデル」とでも言うべき家族です。ここでは、子供も「小さな大人」として、つまり、ひとりの生産者として、できる範囲で農業生産に携わっていたわけです。ですから、この「農業集約型モデル」にとって最も大切なのは何か。それは、［ X ］です。子供は、ひとりでも多ければ、また、少しでも力のある男のほうが「農業集約型モデル」の家族にとってはありがたかったのです。

そのあとの第二フェーズは、戦後の高度成長期に入って、都市部のサービス業など第三次産業をベースにした社会が形成されてきたころに生じてきました。ここでは、男は家の外に働きに出て金を稼ぎそれを持ち帰る。女は家にいて食生活の維持を中心に家族を守っていく。いわば「性別役割分担モデル」とでもいう形態です。このモデルにおいては、家族という集団は、「家族を維持する」こと、「社会を維持する」こと、という二つの異なる役割が要求されます。「社会を維持する」というのは経済活動を(i)ソク進させる、という言い方もできます。高度成長期は、この前者を母親が、後者を父親が担うというのが多くの家族の基本的なかたちでした。そして、次の世代へのたすきをつないでいくために、子供にはある年齢まで、［ A ］的な投資と、精神的な支えというサポートをしていく。①この三親（父・母）と子の役割分担が明快に設定することができ、互いに成長していくことができ、社会への貢献も果たされる。【 I 】これは、高度成長期を支えた理想のロールモデルでもあったのです。

高度成長期の社会は、このようにいろいろなものがうまく循環していた時代だったのですが、この第二フェーズの後半、具体的には一九七〇年代後半あたりになって、親と子の対立というものが目立つようになってきました。第一フェーズの、いわば総力戦家族の時代には、家族内における対立というものはそもそも存在しません。妻に対しての夫、子に対しての親というものは［ B ］的存在であり、家族というものは、家長（夫・父・男）という存在を先頭に迷いなく進んでいくものだったからです。【 II 】そして、第二フェーズ前半、幸福な循環が続いていたときにも、父、母、子、それぞれが自分の役割に対して大きな不満を持つことはなく、粛々とそれをこなし、日々の生活を(a)謳歌《おうか》していくことができたのです。［ 1 ］、第二フェーズ後半、それまで、親への従属的存在であり、次世代へのたすきでしかなかった子供の存在が、家族の構造に対して大きな揺さぶりをかけてくるのです。②「起爆剤」が起動してきたのです。

子供は、単なる「小さな大人」ではなく、その存在そのものとして意味を持っている。この③「子供の発見」によって生まれてきた大きな問題が、親子の対立というもので、それまでの幸福な家族のあり方をねじまげていきました。

戦後の日本文学で、このテーマを扱った作品は膨大にあります。また、七〇年代からのテレビの世界で生まれたホーム・ドラマというのも、多くは、この家族形態の中の親子の対立、夫婦の対立、その中での軋轢《あつれき》や和解を描くものでした。

ここで、今述べた、「子供」という存在がいつ発見されたかということについてお話ししましょう。歴史家のアリエスが『〈子供〉の誕生』で、「十六世紀から十七世紀にかけて、こうしてほとばしり出る家族意識は子供という意識と(ii)不カ分である」と、家族の中で守られる、あるいは成長を助けられる子供というのは、近代とい

2023年度／日本大学櫻丘高等学校（A日程）

英語解答

Ⅰ　問題１　⑴…４　⑵…３　⑶…２
　　　　　⑷…４　⑸…２
　問題２　⑴…２　⑵…４
　問題３　⑴…４　⑵…２　⑶…１

Ⅱ　⑴　２　⑵　１　⑶　３　⑷　３
　⑸　２

Ⅲ　１…８　２…４　３…７　４…５
　５…３

Ⅳ　⑴　２　⑵　１

Ⅴ　１　４→２→１→３
　２　３→２→４→１
　３　３→１→４→２
　４　２→１→４→３
　５　３→１→２→４

Ⅵ　A　１…３　２…１　３…８　４…７
　B　５…３　６…１　７…４　８…５

Ⅶ　問１　１　問２　４　問３　１
　問４　１　問５　３　問６　２
　問７　３　問８　１　問９　３
　問10　２

Ⅰ〔放送問題〕解説省略

Ⅱ〔適語(句)選択・語形変化〕

⑴理由となる because it is good exercise に合わせて現在形にする。主語が he なので，３単現の s をつける。　「朝のウォーキングはいい運動になるので好きだと，私の友人はいつも言っている」

⑵for は「～の間」と‘期間’を表す。　「この前の夏，私は２週間ニュージーランドに滞在した」

⑶enjoy は「～すること」という意味の目的語に動名詞(～ing)をとる。４は意味が通らないので不適切。「私たちは日本式ホテルである旅館でくつろいで楽しんだ」

⑷Would you like ～? は「～はいかがですか」と，人にものをていねいに勧める表現。　「お茶をもう一杯いかがですか？」―「はい，いただきます」

⑸a used car で「中古車(←使われた車)」という意味。本問では繰り返しを避けるため car の代わりに代名詞 one が使われている。「新車と中古車，どちらの車を買いたいですか」

Ⅲ〔長文読解総合―適語選択―説明文〕

≪全訳≫❶あなたは毎朝朝食を食べるだろうか。朝食に関心がなく，それ抜きで一日を始める人もいる。そのような人たちは「朝はあまり時間がない」とか「起きた直後に食べたくない」と言う。しかし朝食は非常に重要だ。それはあなたにエネルギーを与える。朝食を食べると，体が温まり，活動的になる。朝食を食べると，脳も活動的になる。もし朝食を抜くと，ガソリンが切れた車のようになってしまうのだ。❷朝食は心の健康にいくらかの影響を与える。例えば，何かよくないことが起きたとき，朝食を抜いている人は怒りやすい。１つのことについて長時間あまり注意深く考えることができないこともある。

＜解説＞１．直後の it は breakfast を指す。朝食に関心がない人は，朝食なしで一日を始めると推測できる。　２．主語の They は，前文で述べた「朝食に関心がなく，朝食なしで一日を始める人々」のこと。彼らが言いそうなことは「朝は時間がない」。　３．朝食を食べたら体が温まって，そしてどうなるかを考える。次の文の … make your brain active, too からもわかる。‘get＋形容詞'「～になる」　**4**．朝食があなたの何の健康に影響を与えるかを考える。直後の文で具体例として「怒りやすくなる」ことが述べられているので，ここでは肉体的な影響ではなく精神的な影響について説明しているとわかる。　**5**．朝食を抜くことによる悪影響について述べている文。選択肢の中で think「考える」を修飾する副詞は carefully「注意深く，慎重に」だけ。

Ⅳ〔**長文読解総合**〕

⑴＜**表題選択―説明文**＞≪**全訳**≫私たちはお互いと話すために言語を用いる。イヌも話すのだろうか。イヌを注意深く観察すれば，あなたは彼らが言いたいことを理解できるかもしれない。彼らが言っていることを理解できなくても，彼らが体の部分をどのように動かすかを見れば，彼らがどのように感じているのかがわかるだろう。イヌが尻尾を振っているとき，それはそのイヌがうれしがっていることを私たちに示している。

＜**解説**＞本文で述べているのは，イヌが言葉ではなく体を動かすことで自分たちの気持ちを伝えるということ。言葉はコミュニケーションの手段。イヌはその代わりに体を使うのだからタイトルとして適切なのは，2．「イヌはどのように意思伝達するか」。

⑵＜**文脈把握―物語**＞≪**全訳**≫今日はケンの学校の体育祭だ。彼は走るのが好きではないので，母にこう言った。「頭が痛い」　母は彼を注意深く見て，首を振った。彼女は言った。「あなたが全力を尽くしてくれたら，私はうれしいのよ」

＜**解説**＞母親は「頭が痛い」と言ったケンをよく見たうえで，全力を尽くせばそれでいいというような言葉をかけることで体育祭に出ることを促していることから，母が「首を振った」のは，1．「彼女が彼を信じなかった」からだと考えられる。

Ⅴ〔**長文読解―整序結合―エッセー**〕

≪**全訳**≫❶多くの人にとって1月1日は，過去の1年を忘れ，これからの1年に集中するための時間である。新年前後に食べられる多くの食べ物は好運をもたらすと考えられている。❷スペインの文化の，ある慣習についてお話ししよう。スペインでは，大みそかの午前0時に，みんなでぶどうを，1年の各月に対して1粒ずつ食べる。ぶどう1粒が，異なる月を表すのだ。例えば，もし1つ目のぶどうが甘ければ，1月は良い月になるだろうと考えられている。もし2つ目のぶどうが少しすっぱければ，2月は苦しい月になるかもしれないと信じられている。❸この慣習がとても興味深いので，私はいつかスペインに行きたいと思っている！

＜**解説**＞1．forget about ～で「～について忘れる」。これを to不定詞の形容詞的用法として用いて直前の a time を修飾すればよい。the past year で「過ぎた年」という意味。　… January 1st is a time to forget about the past year and …　**2**．文の述語動詞は後ろの are thought と考えて，that を主格の関係代名詞として用いて foods を修飾する関係代名詞節をつくる。that の後は'be動詞＋過去分詞'の受け身で are enjoyed とし，最後に around を置いて around the New Year「新年の頃に」とつなげる。　Many foods that are enjoyed around the New Year are thought to …　**3**．'let＋人＋動詞の原形'「～に…させる」の形を用いた命令文。　'tell＋人＋about ～'「〈人〉に～について話す」　Let me tell you about a custom of …　**4**．may は助動詞なので，後ろには動詞の原形が続く。残りは a difficult month とまとまる。　… that February may be a difficult month.　**5**．'so ～ that …'「とても～なので…」の構文をつくる。　This custom is so interesting that I want to ...

Ⅵ〔対話文完成─適文選択〕

A≪全訳≫❶ジョン(J)：それで，君の友達の誕生日パーティーには何人来るんだい？❷アリス(A)：10人くらい招待してるの。❸J：1それは食べ物がたくさん必要だということだね。君はそれを全部自分だけでつくるの？❹A：そうよ，できると思うわ。私は料理するのが大好きだから。❺J：もしいくらか手助けが必要なら，早めに行けるよ。❻A：ありがとう。もし1時間早く来られるなら，それはありがたいわ！❼J：頼りにしてよ！　2僕は料理するのが好きなんだ。❽A：本当？あなたの得意料理は何？❾J：フライドチキンさ！　僕は衣にしょうゆを少し加えるんだ。❿A：おいしそうね。3パーティーのためにいくらかつくってくれる？⓫J：もちろん。飲み物もいくらか持っていこうか？⓬A：4(飲み物は)十分あると思うわ。ありがとう。私はあなたのフライドチキンを楽しみにしているわ！⓭J：オーケー！　それじゃ，また明日。⓮A：わかった。じゃあね！

＜解説＞1．直後の文にある all of it の it が何を指すかを考える。この後料理の話が続くことから，この it は3の a lot of food を指すと判断できる。3の文の主語 That は「アリスが約10人を招待していること」という前文の内容を受けている。　2．直後でアリスがジョンの得意料理を尋ねたのは，ジョンが料理好きと聞いたからだと考えられる。　3．直後のジョンの Sure.「もちろん」という返答を導くものを選ぶ。その後アリスが，ジョンのフライドチキンを楽しみにしていると述べているので，アリスはジョンにそれをつくってくれるように頼んだのである。8の some の後には fried chicken が省略されている。　4．飲み物を持ってこようかと提案したジョンに対するアリスの返答。7の enough の後に drinks を補って考える。

B≪全訳≫❶レミ(R)：こんにちは，クリス。5週末はどうだった？❷クリス(C)：あっ，やあ，レミ。僕の週末はすばらしかったよ！❸R：何をしたの？　それについて全部教えて。❹C：僕の兄が先週アメリカから日本に来たんだ。彼は出張で来ていて，この週末は僕と一緒に滞在したんだよ。それで僕は兄を浅草に連れていって，僕たちはスカイツリー周辺を歩いたんだ。兄はスカイツリーを見て興奮していた。僕たちはすばらしい時間を過ごしたよ。❺R：よかったわね！　浅草のお寺でおみくじを引いた？❻C：6もちろん引いたよ！　僕は一番いい運を引いた。兄の運は良くも悪くもない感じだったよ。君はこの週末に何をしたの？❼R：私はただ自分の部屋を掃除して，その後勉強をしただけよ。かなり忙しかったわ。❽C：何を勉強したの？❾R：数学とフランス語を勉強したの。7両方ともとても難しくて。❿C：そうだね，わかるよ。先週は，兄が週末ずっと僕と一緒に滞在する計画を立てていたから，僕はたくさん勉強しなければならなかったんだ。⓫R：お兄さんはいつ出発したの？⓬C：8彼は今朝空港へ出発したよ。今頃は飛行機の中だと思うよ。⓭R：お兄さんはあなたとすばらしい時間を過ごしたのね。彼がアメリカへ帰る飛行機の旅を快適に過ごしていることを願うわ。

＜解説＞5．この後クリスが自分の週末の出来事を話しているのは，レミがクリスの週末について尋ねたからである。　6．おみくじを引いたかと尋ねたレミに対するクリスの返答。この後，クリスは自分と兄のおみくじの結果を説明しているので，2人とも引いたのだとわかる。選択肢1の did は，draw の過去形 drew の代用(draw－drew－drawn)。　7．選択肢4の them が math and French を指していると考えられる。　'find＋目的語＋形容詞'「～が…だとわかる」　8．クリスの兄が出発した時間を尋ねるレミの問いに対する返答。直後でクリスが「(兄は)今頃は飛行機の中だと思う」と言っていることから判断できる。　leave for ～「～に向けて出発する」

Ⅶ〔長文読解総合―説明文〕

≪全訳≫❶カルガリーはロッキー山脈の近くにある，カナダの都市である。そこには多くの公園や川だけでなく，多くのカフェや店，高い建物，車，そして電車がある。そこには多くの生き物も生息している。❷冬は田舎よりも都市の方が暖かいので，カルガリーの湖には１万羽を超えるマガモがとどまる。しかし，これらの美しい鳥は問題を抱えている。雪が多いので，この街には彼らが食べる食べ物があまりないのだ。彼らは食べ物を見つけるために街から飛んで出ていかなければならない。その後，彼らはまた暖まるためにカルガリーに戻ってくる。街の外にすみ，食べ物のために街に入ってくる動物もいるが，これらの利口な鳥たちは，反対のことをしているのだ。❸アメリカヘラジカは背が高く，脚が長い。彼らはシカ科の中で最も重い生き物である。彼らは街をあまり怖がらない。カルガリーには緑が豊かな場所が多くあり，アメリカヘラジカはそのような場所が好きである。2018年に，１頭のアメリカヘラジカがカルガリーの中心部に入ってきて，道路に沿って歩いた。アメリカヘラジカは，カルガリー空港近くの草や，人々の庭のリンゴを食べることもある。❹ヤマアラシは数千本の鋭い針を持つ哺乳類である。彼らは木に登るのが好きで，また食べる植物がたくさんあるのでカルガリー公園が好きである。カルガリーの人々の中には古いクリスマスツリーをヤマアラシに与える人もいるが，それはヤマアラシがそれらを食べるのが好きだからだ。❺昔は北アメリカにボブキャットはあまり多くはいなかったが，現在その数は以前よりも増えている。たぶんこれは，今は以前より冬が暖かいからだろう。また，ボブキャットは人を怖がらなくなっている。カルガリーでは，ボブキャットが食料を探しに通りや庭に入ってくることがあるが，ときに家庭のペットを攻撃する。ボブキャットは家ネコよりかなり大きく，自分よりも大きな動物を殺すことができる。よくボブキャットは上から他の動物に飛びつく。❻コヨーテは利口で，鋭い歯を持っている。彼らは多くの他の生き物を殺し，食べる。街で彼らは，ごみからペットフードまで何でも…ときにはペットまで食べるのだ。コヨーテはカナダでは生活の一部であり，コヨーテに関するとても古い物語が多くある。❼尾が白いジャックウサギは，毛皮は灰色だが，冬にはそれが白くなる。雪の中で彼らを見分けるのは難しい。ジャックウサギはたいてい，朝早くか，夜の遅い時間に動き回る。しかしカルガリーでは，日中に行動しても危険ではないため，日中に行動することもある。彼らは時速50キロで走ることができる。❽カナダはクロクマで有名だ。彼らはふつう，森の中に生息している。彼らは冬の間はずっと眠っているので，秋にたくさんの食べ物を食べる必要がある。腹をすかせたクマは，食料を見つけたいので，カルガリーのはずれにやってくることがある。彼らには近づかないことが非常に重要である。この巨大な動物は毛皮で覆われているが，危険な場合もあるのだ。❾人間は人間のために街をつくる。しかし動物はこのことを理解しない。コヨーテに「森の中にとどまれ！」と言ったり，鳥に「空を飛ぶな！」と言ったりすることは誰にもできない。キツネに「通りを歩くな！」と言うことは誰にもできないのだ。❿野生生物と人間が共生することはいつも簡単なわけではないが，私たちはみんな生き延びたいと思っている。私たちの街は大きくなっている。私たちは人間と動物がともに生きるための場所をつくる必要がある。⓫あなたはどのようにして助けることができるだろうか。巣箱をつくろう。他の人に野生生物について教えよう。物事を変えようと努力しよう。私たちの周りにいる動物たちのために正しいことをするのはとても重要だ。⓬次にあなたが街の通りを歩いているときには，上を見て，下を見て，周りを見回してみよう。どんな野生生物が見えるだろうか。

問１＜英問英答＞「カルガリーについて，次のうちどれが正しいか」―１．「それはカナダのロッキー山脈の近くにある」　第１段落第１文参照。　close to ～「～の近くに」

問２＜適語選択＞比較級の文。‘比較級＋than ～’「～より…」の形。

問３＜語句解釈＞下線部を含む文の大意は「～する動物もいるが，これらの利口な鳥(＝マガモ)は反対のことをする」。文前半の内容は「街の外にすみ，食べ物のために街に入ってくる」なので，その反対のことは，１．「食べ物を見つけるために街を出る」である。

問４＜要旨把握＞下線部を含む文とその前文参照。下線部３の their old Christmas trees とは，「カルガリーの人々が，植物を食べるヤマアラシにあげるもの」。１．「ヤマアラシは植物を食べるので，カルガリーの人々は古いクリスマスツリーを食べ物として彼らにあげる」は，これを言い換えた内容になっている。

問５＜英文解釈＞jump on ～「～に飛び乗る，飛びかかる」　from above「上(の位置)から」

問６＜英問英答＞「なぜクロクマは秋にたくさんの食べ物を食べる必要があるのか」―２．「なぜなら彼らは長い冬眠のために準備をしなければならないから」　第８段落第３文参照。

問７＜指示語＞ここに当てはめて意味が通るのは，直前の文の内容である。３．「人間は自分たちのために街をつくる」は，その言い換えになっている。

問８＜内容真偽＞１．「シカの一種であるアメリカヘラジカは，背が高くてとても重い動物である」…○　第３段落第１，２文の内容に一致する。　２．「アメリカヘラジカはカルガリー空港までやってきて，そのリンゴを食べることもある」…×　第３段落最終文参照。　３．「ヤマアラシとボブキャットはどちらも肉を食べるので，それらに食べられる家庭のペットもいる」…×　第４段落参照。ヤマアラシは植物を食べる。　４．「ボブキャットは人の庭にいる小さな動物を殺せるが，大きな動物には決して攻撃しない」…×　第５段落終わりから２文目参照。

問９＜内容真偽＞１．「コヨーテはペットフードが好きなので，ゴミ箱をあさって自分たちが食べられるペットフードを探す」…×　第６段落参照。　２．「コヨーテはカナダの空想物語に出てくる動物で，何でも食べると考えられている」…×　３．「ジャックウサギは雪の多い冬は毛が白くなるので，その季節に見つけるのは難しい」…○　第７段落第１，２文の内容に一致する。　４．「カルガリーのジャックウサギが決して日中に街を歩き回らないのは，人がとてもたくさんいるからだ」…×　第７段落第４文参照。

問10＜内容真偽＞１．「私たちは動物が街に住む人々を困らせるのをやめさせるべきである」…×　そのような記述はない。　２．「私たちは人間と動物が共生できる場所をつくり出さなくてはならない」…○　第10段落最終文に一致する。　３．「巣箱をつくるのはいいことだと考えるが，それは実際には鳥の役には立たない」…×　第11段落参照。巣箱をつくることは，私たちにできることの一例として挙げられており，「それが鳥の役に立たない」という記述はない。　４．「私たちはたくさんの野生生物が街の通りを歩いているのを見かけるので，それらを殺さないように注意しなければならない」…×　そのような記述はない。

2023年度／日本大学櫻丘高等学校（Ａ日程）

数学解答

1 (1) 1　(2) イ…2　ウ…2
(3) エ…1　オ…3
(4) カ…3　キ…6

2 (1) (i) ア…2　イ…8　ウ…5
エ…5
(ii) オ…4　カ…0
(2) (i) キ…1　ク…1　ケ…3
コ…6
(ii) サ…2　シ…9
(3) ス…1　セ…6　ソ…6

3 (1) ア…1　イ…2
(2) ウ…3　エ…2
(3) オ…1　カ…7

4 (1) ア…1　イ…2　ウ…4　エ…8
(2) オ…2　カ…2　キ…7
(3) ク…1　ケ…2　(4) 3

5 (1) ア…1　イ…0　ウ…0　エ…9
オ…0
(2) カ…5　キ…1　ク…2
(3) ケ…1　コ…0　サ…2　シ…3
ス…1　セ…2　ソ…6　タ…0
チ…2　ツ…1　テ…3

1〔独立小問集合題〕

(1)＜数の計算＞与式＝$(6-4)\div6+2\div(7-4)=2\div6+2\div3=\frac{1}{3}+\frac{2}{3}=\frac{3}{3}=1$

(2)＜数の計算＞分子で，$\sqrt{11}-\sqrt{22}=A$ とおくと，与式＝$\frac{(A+\sqrt{33})(A-\sqrt{33})}{(\sqrt{11}+\sqrt{22})(\sqrt{11}-\sqrt{22})}=\frac{A^2-33}{11-22}=\frac{(\sqrt{11}-\sqrt{22})^2-33}{-11}=\frac{11-2\sqrt{11\times22}+22-33}{-11}=\frac{-2\times11\sqrt{2}}{-11}=2\sqrt{2}$ となる。

(3)＜連立方程式＞$\frac{2}{5}x-\frac{1}{3}y=-\frac{3}{5}$……①，$\frac{-3x-y}{6}=-1$……②とする。①×15より，$6x-5y=-9$……①′　②×6より，$-3x-y=-6$……②′　①′＋②′×2より，$-5y+(-2y)=-9+(-12)$，$-7y=-21$　$\therefore y=3$　これを②′に代入して，$-3x-3=-6$，$-3x=-3$　$\therefore x=1$

(4)＜二次方程式―解の利用＞二次方程式 $x^2+nx-n^2-4n+3=0$ の1つの解が $x=3$ だから，解を方程式に代入して，$3^2+n\times3-n^2-4n+3=0$，$9+3n-n^2-4n+3=0$，$-n^2-n+12=0$，$n^2+n-12=0$，$(n+4)(n-3)=0$ より，$n=-4$，3となる。n は自然数だから，$n=3$ である。これより，二次方程式は，$x^2+3x-3^2-4\times3+3=0$，$x^2+3x-9-12+3=0$，$x^2+3x-18=0$ となり，$(x+6)(x-3)=0$ より，$x=-6$，3だから，もう1つの解は $x=-6$ である。

2〔独立小問集合題〕

(1)＜平面図形―長さ，面積比＞(i)右図で，∠ABE＝∠EBCであり，AD∥BCより∠AEB＝∠EBCだから，∠ABE＝∠AEBとなる。よって，△ABEは二等辺三角形だから，AE＝AB＝5となり，ED＝AD－AE＝8－5＝3となる。同様にして，∠DCF＝∠BCF，∠DFC＝∠BCFより，∠DCF＝∠DFCだから，△DCFは二等辺三角形であり，DF＝DC＝5である。したがって，EF＝DF－ED＝5－3＝2である。次に，点Cから辺ADに垂線CHを引く。▱ABCD＝32より，AD×CH＝32だから，8×CH＝32が成り立ち，CH＝4となる。△CDHで三平方の定理より，DH＝$\sqrt{DC^2-CH^2}=\sqrt{5^2-4^2}=\sqrt{9}=3$ となり，DE＝3だから，点Hは点Eと一致し，CE＝CH＝4，∠CEF＝∠CHF＝90°となる。△CEFで三平方の定理より，FC＝$\sqrt{CE^2+EF^2}=\sqrt{4^2+2^2}=\sqrt{20}=2\sqrt{5}$ となる。また，∠EGF＝∠BGC，∠GEF＝∠GBCより，△EFG

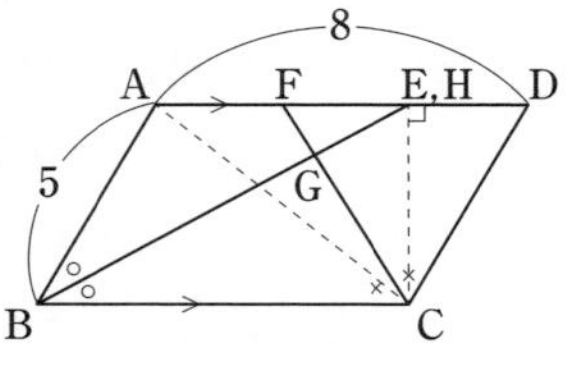

∽△BCG だから，FG：CG＝EF：BC＝2：8＝1：4 である。よって，CG＝$\frac{4}{1+4}$FC＝$\frac{4}{5}\times 2\sqrt{5}$＝$\frac{8\sqrt{5}}{5}$ である。　(ii)前ページの図で，(i)より FG：CG＝1：4 だから，△EFG：△CEF＝FG：FC＝1：(1＋4)＝1：5 となり，△EFG＝$\frac{1}{5}$△CEF となる。△CEF＝$\frac{1}{2}$×EF×CE＝$\frac{1}{2}$×2×4＝4 だから，△EFG＝$\frac{1}{5}$×4＝$\frac{4}{5}$ である。▱ABCD＝32 なので，32÷$\frac{4}{5}$＝40 より，▱ABCD の面積は△EFG の面積の40倍である。

(2)**＜確率―サイコロ＞**(i) 0，1，2，3，5，7 の数が 1 つずつ書かれた立方体のサイコロを投げるとき，目の出方は 6 通りあるから，2 回続けて投げるときの目の出方は全部で 6×6＝36(通り)ある。このうち，出た目の積が 0 となるのは，0 の目が少なくとも 1 回出るときだから，(1 回目，2 回目)＝(0，0)，(0，1)，(0，2)，(0，3)，(0，5)，(0，7)，(1，0)，(2，0)，(3，0)，(5，0)，(7，0)の11通りある。よって，求める確率は$\frac{11}{36}$である。　(ii)(i)の36通りの目の出方のうち，出た目の積が素数となるのは，1 と素数の目が出るときだから，(1 回目，2 回目)＝(1，2)，(1，3)，(1，5)，(1，7)，(2，1)，(3，1)，(5，1)，(7，1)の 8 通りある。よって，求める確率は $\frac{8}{36}=\frac{2}{9}$ である。

(3)**＜データの活用―得点の和，aの値＞**Aさん，Bさんの 2 人を除いた得点の合計は，10×1＋9×1＋8×4＋7×3＋6×3＋5×3＋4×1＋3×1＋2×1＝114(点)である。また，Aさん，Bさんを含めた20人の得点の平均値は6.5点となったから，20人の得点の合計は，6.5×20＝130(点)である。よって，Aさん，Bさんの得点の和は 130－114＝16(点)となるので，$a+b=16$(点)である。次に，20人の得点の中央値が6.5点であることから，7 点以上，6 点以下の人数はともに 20÷2＝10(人)となる。Aさん，Bさんを除く18人は，7 点以上の人数が 1＋1＋4＋3＝9(人)，6 点以下の人数が 3＋3＋1＋1＋1＝9(人)だから，$a<b$ より，$a\leqq 6$，$b\geqq 7$ である。10点満点のテストだから，$7\leqq b\leqq 10$ となり，$a+b=16$ より，$a=6$，$b=10$ となる。

3　〔特殊・新傾向問題―規則性〕

(1)**＜タイルの枚数＞**$x=6$ のとき，1 辺が 1 cm の正方形のタイルは，縦，横に 6 個ずつ並ぶ。手順に従ってタイルに数字を書くと，右図のようになり，6÷3＝2 より，どの段にも，1，2，3 の数が書かれたタイルが 2 枚ずつとなる。よって，2 と書かれたタイルの枚数は，2×6＝12(枚)である。

1	2	3	1	2	3
2	3	1	2	3	1
3	1	2	3	1	2
1	2	3	1	2	3
2	3	1	2	3	1
3	1	2	3	1	2

(2)**＜タイルの枚数＞**n を自然数とすると，$x=3n$ のとき，1 辺が 1 cm の正方形のタイルは，縦，横に $3n$ 枚ずつ並ぶ。$3n\div 3=n$ より，どの段にも 1，2，3 の数が書かれたタイルが n 枚ずつとなるから，1 と書かれたタイルの枚数は，$n\times 3n=3n^2$(枚)である。

(3)**＜xの値＞**n を自然数として，$x=3n$ のとき，(2)と同様に考えて，2 と書かれたタイルの枚数は $3n^2$ 枚となる。$n=5$ のとき，$x=3\times 5=15$ であり，2 と書かれたタイルの枚数は $3\times 5^2=75$(枚)となり，$n=6$ のとき，$x=3\times 6=18$ であり，2 と書かれたタイルの枚数は $3\times 6^2=108$(枚)となる。よって，2 と書かれたタイルの枚数が97枚となるのは，$x=16$ のときか $x=17$ のときである。$x=16$ のとき，上から 1 段目は，16÷3＝5 あまり 1 より，1，2，3 のタイルがこの順に 5 回並び，その右に 1 のタイルが並ぶから，2 と書かれたタイルは 5 枚ある。2 段目は，2，3，1 のタイルがこの順に 5 回並び，その右に 2 のタイルが並ぶから，2 と書かれたタイルは 5＋1＝6(枚)ある。3 段目は，3，1，2 のタイルがこの順に 5 回並び，その右に 3 のタイルが並ぶから，2 と書かれたタイルは 5 枚ある。4～

6段目，7～9段目，10～12段目，13～15段目も，1～3段目と同じ並びになり，16段目は1段目と同じ並びになっているから，2と書かれたタイルは，$(5+6+5)\times5+5=85$(枚)となり，適さない。$x=17$ のとき，同様に考えると，$17\div3=5$ あまり2より，1段目，2段目は6枚，3段目は5枚，……と並ぶから，2と書かれたタイルは，全部で，$(6+6+5)\times5+6+6=97$(枚)となり，適する。以上より，$x=17$ である。

4 〔**関数─関数 $y=ax^2$ と一次関数のグラフ**〕

≪基本方針の決定≫(2)　AB は y 軸に平行である。点Cを通り y 軸に平行な直線で，四角形 ABCD を2つの図形に分ける。

(1)**＜比例定数，座標＞**右図1で，放物線 $y=ax^2$ は A(2, −2)を通るので，$-2=a\times2^2$ より，$a=-\frac{1}{2}$ である。これより，点Aを通る放物線の式は $y=-\frac{1}{2}x^2$ である。直線 AD は傾きが1なので，その式は $y=x+b$ とおける。点Aを通るので，$-2=2+b$，$b=-4$ となり，直線 AD の式は $y=x-4$ である。点Dは放物線 $y=-\frac{1}{2}x^2$ と直線 $y=x-4$ の交点だから，$-\frac{1}{2}x^2=x-4$，$x^2+2x-8=0$，$(x+4)(x-2)=0$ より，$x=-4$，2となり，点Dの x 座標は −4 である。$y=-\frac{1}{2}\times(-4)^2=-8$ となるから，D(−4, −8)である。

図1

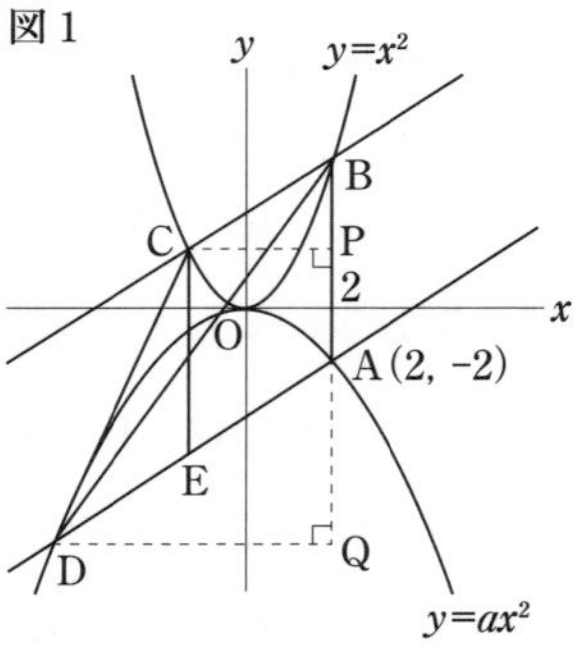

(2)**＜直線の式，面積＞**右上図1で，直線 BC は直線 AD と平行であり，直線 AD の傾きは1だから，直線 BC の傾きも1である。直線 BC の式を $y=x+c$ とおく。点Bは放物線 $y=x^2$ 上にあり，x 座標が2だから，$y=2^2=4$ より，B(2, 4)である。よって，$y=x+c$ に $x=2$，$y=4$ を代入すると，$4=2+c$，$c=2$ となり，直線 BC の式は $y=x+2$ である。2点A，Bは x 座標がともに2だから，線分 AB は y 軸に平行である。点Cを通り，線分 AB と平行な直線と直線 AD との交点をEとすると，四角形 ABCE は平行四辺形となり，〔四角形 ABCD〕=▱ABCE+△CDE となる。点Cは放物線 $y=x^2$ と直線 $y=x+2$ の交点だから，$x^2=x+2$，$x^2-x-2=0$，$(x+1)(x-2)=0$ より，$x=-1$，2となり，点Cの x 座標は −1 である。A(2, −2)，B(2, 4)より，CE=AB=$4-(-2)=6$ となり，CE を底辺と見ると，2点A，Cの x 座標より，▱ABCE の高さは $2-(-1)=3$ であり，2点C，Dの x 座標より，△CDE の高さは $(-1)-(-4)=3$ となる。よって，〔四角形 ABCD〕=▱ABCE+△CDE=$6\times3+\frac{1}{2}\times6\times3=18+9=27$ である。

(3)**＜面積比＞**右上図1で，△ABD の底辺を AB=6 と見ると，2点A，Dの x 座標より，高さは $2-(-4)=6$ となる。よって，△ABD=$\frac{1}{2}\times6\times6=18$ となり，△BCD=〔四角形 ABCD〕−△ABD=$27-18=9$ となるから，△BCD：△ABD=9：18=1：2 である。

≪別解≫図1で，△BCD と△ABD の底辺をそれぞれ BC，AD と見ると，BC∥AD より，高さは等しいから，△BCD：△ABD=BC：AD である。2点C，Dから直線 AB に垂線 CP，DQ を引くと，△BCP∽△ADQ より，BC：AD=CP：DQ=$\{2-(-1)\}:\{2-(-4)\}=3:6=1:2$ となるから，△BCD：△ABD=1：2 である。

(4)**＜直線の傾き＞**次ページの図2で，点Cを通り，四角形 ABCD の面積を2等分する直線と AD の交点をHとすると，(2)より〔四角形 ABCD〕=27 だから，△CDH=$\frac{1}{2}$〔四角形 ABCD〕=$\frac{1}{2}\times27=$

$\dfrac{27}{2}$となる。また，△CDE＝9だから，△CEH＝△CDH－△CDE＝$\dfrac{27}{2}-9=\dfrac{9}{2}$である。△CEHの底辺をCE＝6と見たときの高さをhとすると，△CEHの面積について，$\dfrac{1}{2}\times6\times h=\dfrac{9}{2}$が成り立ち，$h=\dfrac{3}{2}$となる。点Cの$x$座標は$-1$だから，点Hの$x$座標は$-1+\dfrac{3}{2}=\dfrac{1}{2}$となり，点Hは直線$y=x-4$上にあるので，$y=\dfrac{1}{2}-4=-\dfrac{7}{2}$より，$\mathrm{H}\left(\dfrac{1}{2},\ -\dfrac{7}{2}\right)$となる。点Cは放物線$y=x^2$上にあり，$x$座標は$-1$だから，$y=(-1)^2=1$より，C$(-1,\ 1)$である。よって，直線CHの傾きは，$\left(-\dfrac{7}{2}-1\right)\div\left\{\dfrac{1}{2}-(-1)\right\}=\left(-\dfrac{9}{2}\right)\div\dfrac{3}{2}=-3$である。

図2
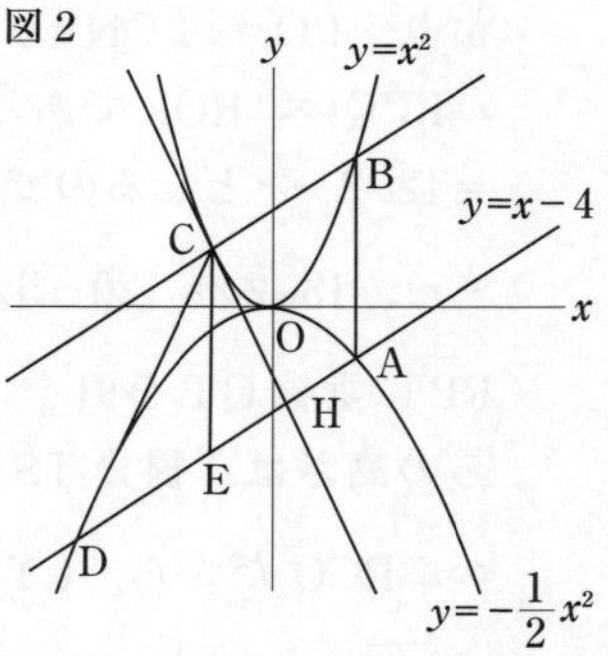

5 〔空間図形―円柱，円錐〕

(1)＜体積，表面積＞右図1で，円錐は，底面の半径が5，高さが12だから，円錐の体積は，$\dfrac{1}{3}\times\pi\times5^2\times12=100\pi$である。次に，円錐の頂点をO，底面の円の中心をH，底面の周上の点をAとすると，∠OHA＝90°だから，△OAHで三平方の定理より，$\mathrm{OA}=\sqrt{\mathrm{OH}^2+\mathrm{AH}^2}=\sqrt{12^2+5^2}=\sqrt{169}=13$となる。これより，円錐を展開すると右図2のようになる。側面のおうぎ形OAA′の中心角をxとすると，おうぎ形OAA′の$\overset{\frown}{\mathrm{AA'}}$の長さと底面の円Hの周の長さが等しいことより，$2\pi\times13\times\dfrac{x}{360^\circ}=2\pi\times5$が成り立ち，$\dfrac{x}{360^\circ}=\dfrac{5}{13}$となる。よって，側面のおうぎ形OAA′の面積は$\pi\times13^2\times\dfrac{x}{360^\circ}=\pi\times13^2\times\dfrac{5}{13}=65\pi$，底面の円Hの面積は$\pi\times5^2=25\pi$となるから，円錐の表面積は$65\pi+25\pi=90\pi$である。

図1
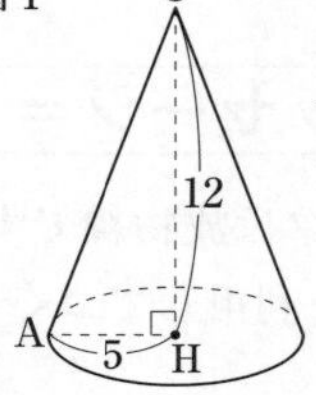

図2
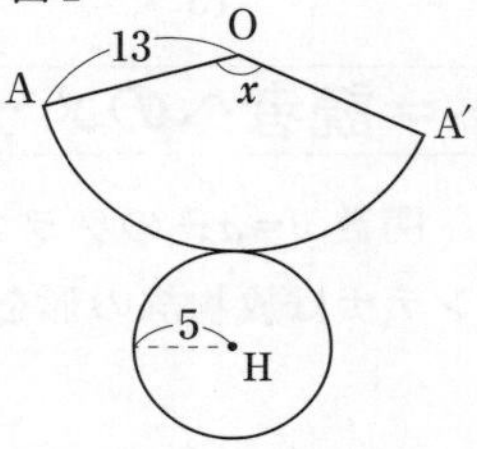

(2)＜長さ＞右図3のように，円の中心H，I，J，Kを定める。4つの円錐の底面の円が互いに接し，円錐の底面の円と容器である円柱の底面の円も互いに接しているので，HI＝IJ＝JK＝KH＝5×2＝10となり，図形の対称性より，四角形HIJKは正方形である。△HIJは直角二等辺三角形となるので，$\mathrm{HJ}=\sqrt{2}\,\mathrm{HI}=\sqrt{2}\times10=10\sqrt{2}$である。また，図3のように，HJの延長と円柱の底面の円の周との交点をL，Mとすると，線分LMはこの円の直径になり，LH＝JM＝5である。よって，容器の底面の円の直径は$\mathrm{LM}=\mathrm{LH}+\mathrm{HJ}+\mathrm{JM}=5+10\sqrt{2}+5=10+10\sqrt{2}$となるので，半径は，$\dfrac{1}{2}\mathrm{LM}=\dfrac{1}{2}\times(10+10\sqrt{2})=5+5\sqrt{2}=5(1+\sqrt{2})$である。

図3
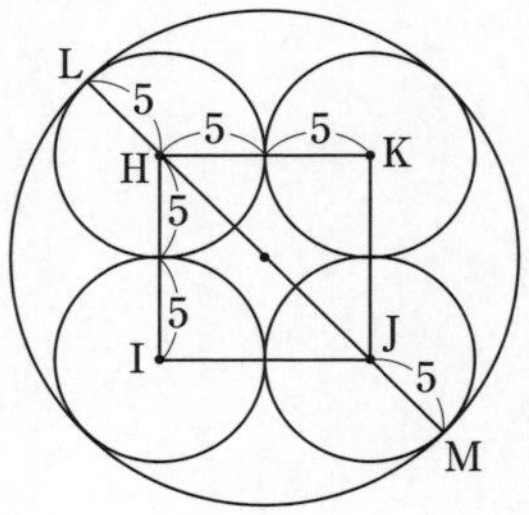

(3)＜長さ＞右図4のように，各点を定め，PCの延長とONの延長の交点をR，PRとLMの交点をSとする。∠OHN＝∠RPO＝90°であり，OH∥PRより∠HON＝∠PROだから，△ONH∽△ROPである。$\mathrm{OP}=\mathrm{HS}=\mathrm{LS}-\mathrm{LH}=(5+5\sqrt{2})-5=5\sqrt{2}$より，相似比は$\mathrm{NH}:\mathrm{OP}=5:5\sqrt{2}=1:\sqrt{2}$である。よって，$\mathrm{OH}:\mathrm{RP}=1:\sqrt{2}$より，$\mathrm{RP}=\sqrt{2}\,\mathrm{OH}=\sqrt{2}\times12=12\sqrt{2}$となり，$\mathrm{ON}:\mathrm{RO}=1:\sqrt{2}$

図4
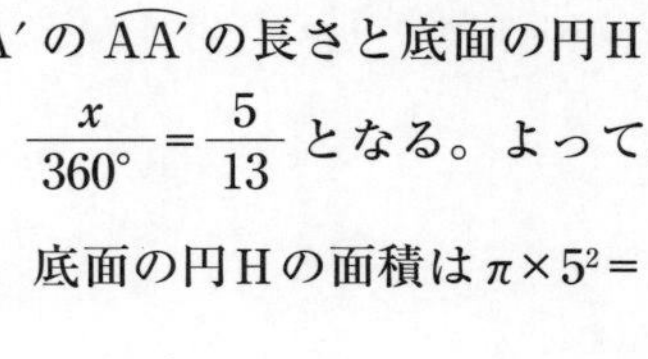

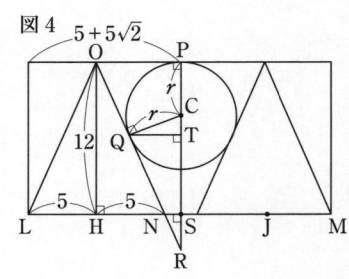

より，$RO=\sqrt{2}ON=\sqrt{2}\times 13=13\sqrt{2}$ となる。また，$\angle RQC=\angle RPO=90^\circ$，$\angle QRC=\angle PRO$ より，$\triangle RCQ \backsim \triangle ROP$ である。これより，$CQ:OP=RC:RO$ である。$CP=CQ=r$ より，$RC=RP-CP=12\sqrt{2}-r$ となるので，$r:5\sqrt{2}=(12\sqrt{2}-r):13\sqrt{2}$ が成り立つ。よって，$r\times 13\sqrt{2}=5\sqrt{2}\times(12\sqrt{2}-r)$，$13\sqrt{2}r=120-5\sqrt{2}r$，$18\sqrt{2}r=120$ より，球Cの半径は $r=\dfrac{10\sqrt{2}}{3}$ である。次に，点QからRPに垂線QTを引く。球Cと円錐が接する点は点Qだから，$QT \parallel LM$ より，点Qの円錐の底面からの高さは，線分TSの長さで表される。$\angle QTC=\angle RQC=90^\circ$，$\angle QCT=\angle RCQ$ より，$\triangle QCT \backsim \triangle RCQ$ だから，$CT:CQ=QC:RC$ である。$CQ=r=\dfrac{10\sqrt{2}}{3}$，$RC=12\sqrt{2}-r=12\sqrt{2}-\dfrac{10\sqrt{2}}{3}=\dfrac{26\sqrt{2}}{3}$ だから，$CT:\dfrac{10\sqrt{2}}{3}=\dfrac{10\sqrt{2}}{3}:\dfrac{26\sqrt{2}}{3}$ が成り立ち，$CT\times\dfrac{26\sqrt{2}}{3}=\dfrac{10\sqrt{2}}{3}\times\dfrac{10\sqrt{2}}{3}$，$CT=\dfrac{50\sqrt{2}}{39}$ となる。よって，求める高さは，$TS=PS-CP-CT=OH-r-CT=12-\dfrac{10\sqrt{2}}{3}-\dfrac{50\sqrt{2}}{39}=12-\dfrac{60\sqrt{2}}{13}$ となる。

＝読者へのメッセージ＝

関数 $y=ax^2$ のグラフは放物線です。放物線は，英語でパラボラ（parabola）といいます。パラボラアンテナは放物線の形を利用してつくられています。

2023年度／日本大学櫻丘高等学校（A日程）

国語解答

一 問一 (i)…ア (ii)…エ (iii)…イ
問二 ア 問三 ウ 問四 イ
問五 ウ
問六 (a)…イ (b)…エ (c)…ア
問七 1…イ 2…エ 問八 エ
問九 ウ 問十 ウ 問十一 ウ
問十二 エ 問十三 ア
問十四 ア

二 問一 (a)…エ (b)…ア (c)…ウ
問二 エ 問三 イ 問四 ア
問五 ウ 問六 エ 問七 イ
問八 ア 問九 イ 問十 エ
問十一 ア 問十二 ウ

三 問一 イ 問二 エ 問三 ウ
問四 エ 問五 ア 問六 ウ
問七 ⑦…ウ ⑨…イ 問八 ア
問九 ウ 問十 ア 問十一 エ
問十二 ア 問十三 イ

一 〔論説文の読解─社会学的分野─家族〕出典；妙木浩之『AIが私たちに嘘をつく日』「『AI家族』のリアリティ」。

≪本文の概要≫家族のあり方は，時代とともに変化してきた。第一フェーズは，第一次産業をベースにした戦前の社会における家族で，ここでは，家族は総動員体制を取っていた。第二フェーズは，戦後の高度成長期に入って，第三次産業をベースにした社会が形成された頃に生じた。ここでは，父・母・子がそれぞれの役割を迷いなく遂行できていた。ところが，第二フェーズ後半，親と子の対立が目立つようになり，私たちは今，第三フェーズの「家族の崩壊」といってよい事態に直面している。この現象の中で，パンデミックは，家族のあり方に二つの視点から大きな疑問を投げかけた。一つ目は，常に家族と向き合わなければならないことへのストレスや，家族内感染のように，家族こそが不安の材料になるということである。もう一つは，接触することが不安の材料になることで，ソーシャル・ディスタンスというかけ声のもと，本来，接触をベースに近接して存在している家族の根本が，脅《おびや》かされているということである。二つ目の問題は，社会全体の問題ととらえることもできる。

問一＜漢字＞(i)「促進」と書く。イは「即座」，ウは「校則」，エは「補足」。 (ii)「不可分」と書く。アは「科目」，イは「課題」，ウは「加工」。 (iii)「懸念」と書く。アは「燃費」，ウは「天然」，エは「新年度」。

問二＜文章内容＞「『農業集約型モデル』の家族」にとっては，「子供は，ひとりでも多ければ」ありがたかった。家族の人数が多いことが，大切だったのである。

問三＜表現＞A．高度成長期においては，親は，子どもには成長を期待してお金をかけるとともに，精神面をサポートした。 B．総力戦家族の時代には，「家族内における対立」はなく，妻に対する夫，子に対する親は絶対の状態であり，家族は，「家長(夫・父・男)という存在を先頭に迷いなく進んでいくもの」だった。 C．第三フェーズでは，父・母・子がそれぞれの役割を「迷いなく」遂行していた状態が，変化した。

問四＜文章内容＞高度成長期には，「家族を維持する」という役割は母親が担《にな》い，「社会を維持する」という役割は父親が担って，次世代へのたすきである子どもをサポートしていった。

問五＜文脈＞「家族の中で守られる，あるいは成長を助けられる子供」というのは，「近代という時代の意識の産物」である。「この近代以前には，子供は『子供』ではなかった。『小さな大人』だった」のである。どういうことかというと，「子供は，あくまで，一人前の労働力になるまでの前段階に過ぎないもの」で，そこには「何らかの意味や権利などは存在しない」という考え方である。

問六(a)＜語句＞「謳歌」は，自分の境遇に満足し，それを楽しむこと。 (b)＜語句＞「確執」は，自分の考えをあくまで主張して譲らず，その結果相手との関係が悪くなること。　(c)＜慣用句＞「拍車をかける」は，物事の進行にいっそう力を加える，という意味。

問七．1＜接続語＞「第二フェーズ前半」では，「父，母，子，それぞれが自分の役割に対して大きな不満を持つことはなく，粛々とそれをこなし，日々の生活を謳歌していくことができた」のに，「第二フェーズ後半」になると事情は変わって，「それまで，親への従属的存在であり，次世代へのたすきでしかなかった子供の存在が，家族の構造に対して大きな揺さぶりをかけて」きた。　2＜表現＞「政治の不安定，世界的な不況の中で進行していく格差社会の拡大」は，今となってはもう，「どの国にも共通の問題」である。

問八＜文章内容＞「第二フェーズ後半」になると，「それまで，親への従属的存在であり，次世代へのたすきでしかなかった子供の存在が，家族の構造に対して大きな揺さぶりをかけて」きて，この後，家族のあり方は「家族の崩壊」という「第三フェーズ」に入っていくことになるのである。

問九＜文章内容＞「子供の発見」とは，「子供は，単なる『小さな大人』ではなく，その存在そのものとして意味を持っている」ということの「発見」である。近代以前は，子どもは「あくまで，一人前の労働力になるまでの前段階に過ぎないものであって，そこには何らかの意味や権利などは存在しない」と考えられていたが，近代になって，子どもは「家族の中で守られる，あるいは成長を助けられる」存在へと変わったのである。

問十＜文章内容＞インターネットが普及すると，「ネットによって，容易に他者とつながること」が可能になった。「引きこもっていても，孤立はしていない」し，そこには，「家族とは別の新しい，共通の価値観を持ったもうひとつの『縁』」という価値観が生まれてきたのである。こうして「大人になれない子供」が家にとどまるようになり，「成長し続ける社会を背景にした家族の幸福な循環」が崩れ始めたのである。

問十一＜文章内容＞「第一フェーズ」は「総力戦家族の時代」で，家族内における対立はそもそも存在しなかった。「第二フェーズ前半」も，「父，母，子，それぞれが自分の役割に対して大きな不満を持つことはなく，粛々とそれをこなし，日々の生活を謳歌して」いて，家族内の対立は特になかった。しかし，「第二フェーズ後半」から状況は変わってきて，「第三フェーズ」では，家族は「じわじわと足元が溶け出して」いき，「家族の崩壊」といってもよい事態が生じている。

問十二＜熟語の構成＞「崩壊」と「寒冷」は，同じような意味の字を組み合わせた熟語。「登山」は，下の字が上の字の目的語になっている熟語。「前後」は，意味が対になる字を組み合わせた熟語。「腹痛」は，上の字と下の字が主語と述語の関係になっている熟語。

問十三＜文章内容＞パンデミックは，「家族圧」のストレスや「家族内感染」といった「家族こそが不安の材料になる」という状況をもたらしたが，これが「家族という存在を考え直す機会を与えて」くれた。もしパンデミックがなかったら，家族のあり方について考え直すことはなかっただろう。

問十四＜要旨＞かつて「小さな大人」だった子どもは，近代になると，その存在そのものとして意味を持つと考えられて，家族の中で守られ，成長を助けられる存在になったが，「第三フェーズ」には「大人になれない子供」が家にとどまるという家族内の変化が生じ，さらにパンデミックをきっかけに，家族という存在の考え直しが起きている（ア…○）。「第二フェーズ後半」には，子どもの存在が「家族の構造に対して大きな揺さぶりをかけて」きて，この時代のホームドラマにも，家族内の対立を描いたものが多かった（イ…×）。インターネットの普及により，引きこもっていても孤立はせず，むしろ家族とは別の新しい「縁」という価値観が生まれてきた（ウ…×）。パンデミック時代の「ソーシャル・ディスタンス」という問題は，家族だけにとどまらず，「社会全体の問題」ととらえることもでき，パンデミック時代の家族を考えることは，「新しい社会のモデルを考えることにつながって」いく(エ…×)。

二〔小説の読解〕出典；瀬尾まいこ『君が夏を走らせる』。

問一＜語句＞(a)「平然」は，落ち着いて平気でいるさま。　(b)「つたない」は，巧みではないさま。(c)「なりふり」は，服装と態度のこと。「なりふりかまわず」は，服装や態度を周囲がどのように見ているのかなど気にせずに，という意味。

問二＜表現＞X．落ち着かない様子で辺りを見回している者がいた。　Z．今の崎山は，「俺より背が高く，すらりとした足にきれいな筋肉がついて」いる。「俺」は，その崎山の姿を後ろから見ながら，ペースがいっさい乱れていないことに驚いた。

問三＜慣用句＞不審に思って首を傾けることを，「首をかしげる」という。

問四＜文章内容＞上原が「俺」の中学のときの「タイム」を掲げると，「みんなの目の色が変わった」のである。「数字」によって，「俺」に対する印象が変わったのである。

問五＜心情＞「俺」は，「以前の俺なら９分台で走れただろう」が，卒業して二年が過ぎ，無駄に過ごした時間は，自分を「どれくらいなまらせてしまっているのだろうか」と不安を感じていた。しかし，走ってみると「なかなかいい速度」で走れているし，「体はまだどこも疲れてはいない」し，「まだ息も上がっちゃいない。それどころか，ここにきて足や腕にエンジンがかかり，勢いを増している」ので，「俺」は少し自信を持つことができたのである。

問六＜文章内容＞今の「俺」は，「高校の陸上部もいつのまにかやめて，何ひとつやりきっていない」という状態であった。一方，崎山は，「一年生で駅伝練習に参加していたときは，か弱くすぐにバテていた」のに，今は「正確な走り」でペースもいっさい乱れない。そうなるまでに，崎山は，レベルアップのための練習を相当積んできていたはずである。

問七＜文章内容＞崎山は「ペースに変動が」なく，「俺」は，「このまま，崎山についていけさえすれば，俺も９分台で３キロを走りきれるだろう」と思った。そのように，計画に従ってペースを守るのが「この走り」である。一方，「俺の走り」は，「あとのことはどうだっていい」と思い，「がむしゃら」に「体中弾ませて，無鉄砲でも前に向かっていく走り」である。

問八＜表現技法＞比喩であることを示す「ように」などを用いてたとえる技法を，「直喩法」という。

問九＜心情＞「俺」は，声援を受けて「手にも足にも力が満ちていく」のを感じながら，すぐ前を走っている崎山をとらえようと夢中で走り，それができることに喜びを感じた。中学の駅伝大会で「孤独にそれでもがむしゃらに走って」いたときに，担任の「走れ！　お前ならやれる」という声が聞こえて「勢いがついた」経験があり，「俺」は，声援を受けて走る喜びを思い出したのである。

問十＜心情＞崎山が他のメンバーに声をかけ始めたのを見て，「俺」は，「走りきって疲れた後に，俺に負けて悔しい気持ちのままで，誰かに声を送れるなんて」すごいと思ったのである。

問十一＜表現＞「俺」は，思いがけず中学生とタイムトライアルをすることになったが，そのとき，見ている「お母さんたち」や「愛ちゃんたち」や「鈴香」が大きな声で声援を送ってくれたことで，「こんなふうに走りたかったんだ」と自分の気持ちに気づいた。そういう「俺」の姿が，「俺」の視点から活力的に描かれた文章である。

問十二＜文学史＞『坊っちゃん』は，明治39(1906)年に発表された夏目漱石の小説。

三〔古文の読解―日記／物語〕出典；阿仏尼『十六夜日記』／『伊勢物語』九。

≪現代語訳≫【文章Ａ】二十四日，昼になって，小夜の中山を越える。事任八幡宮の辺りは，紅葉がたいそう趣深い。山陰で，嵐も届かないのだろう。深く入るにつれて，あちこちの峰の続き具合が，他の山と違い，もの寂しく(も)趣深く感じる。麓の里の，菊川という所にとどまる。／山越えに日を暮らして泊まる麓の里の夕闇に松風を送る小夜の中山よ。／明け方，起きて見ると月も出ていた。／雲がかかる小夜の中山を越えたと都に告げよ，有明の月よ。／川の音がとてももの寂しい。／渡ろうと思っただろうか。東国への道にあるということだけは聞いていた，菊川の水を。／二十五日，菊川を出て，今日は大井川という川を渡る。水がたいそうかれて，聞いていたのとは違って，難なく渡ることができた。川原は何里というのか，とても広い。ここに大水が出たらどんな様子だろうと，推量される。／思い出す都のことの多いことはこの大井川の広い川原の石の数も及ばないだろう。／（ちょうど）宇津の山を越えるところで，阿闍梨の知り合いの山伏に，行き合った。（『伊勢物語』の）「夢にも人を」（の歌）など，昔をわざとまねしたような感じがしてとても珍しくも，おもしろくも，しみじみした感じにも，上品で美しくも思われる。「急ぎの旅だ」と（山伏が）言うので，手紙もたくさんは書けず，ただ特別な（あの人の）所一つに音信申し上げる。／私の心は（旅の今を）現実とも思えません。宇津の山で，〈夢〉の中でも遠い都を恋しく思うので。／蔦や楓が時雨で色づかない間でも，宇津の山を越える私の着物の袖の色は涙で変わります。

【文章Ｂ】どんどん進んでいって駿河の国に到着した。宇津の山に着いて，私が入ろうとする道はとても暗く細いうえに，蔦や楓は茂り，なんとなく心細く，思いがけない目を見ることよと思っていると，修行者と行き合った。「このような道は，どうしていらっしゃるのか」と言うのを見ると，見知った人だった。京に，あの方のいらっしゃる所にと思って，手紙を書いてことづける。／駿河にある宇津の山は人けもなく寂しくて，現実にも夢にもあなたにお会いできないことでした。

問一＜古文の内容理解＞小夜の中山は，深く入るにつれて，あちこちの峰の続き具合が他の山とは違っていて，それは「心細くあはれなり」，つまり，寂しいがしみじみとした趣のあるものだった。

問二＜古語＞「有明の月」は，夜が明けてもなお空に残っている月のこと。

問三＜和歌の技法＞「きく」には，東国への道にあるということだけは聞いていた，という意味の「きく」と，「菊川」の「きく」が掛けられている。

問四＜古文の内容理解＞「わづらひ」は，心配事のこと。作者は，大井川を渡るのは大変だと聞いていたので心配していたが，実際には水がかれていたため，難なく渡れたのである。

問五＜和歌の内容理解＞「おほ井」には，「多し」と「大井川」の「おほい」が掛けられている。「思ひ出づる都のこと」は，大井川の広い川原の石の数でも及ばない，つまり，とても多いのである。

問六＜古文の内容理解＞作者は，旅先で偶然知り合いに会い，都にいる人への手紙を託した。そのことが，『伊勢物語』で「夢にも人を」とよまれているところとよく似ていて，まるで昔のまねをしているようだと作者は思った。

問七＜古語＞⑦「優し」は，優雅だ，上品で美しい，という意味。　⑨「あまた」は，たくさん，という意味。

問八＜古文の内容理解＞作者は，偶然出会った山伏が知り合いだったため，都にいる人に宛てた手紙を託そうと思った。しかし，山伏が急いでいると言ったので，たくさん書くことはできなかった。

問九＜古典文法＞上に係助詞の「ぞ」があるため，係り結びの法則により，結びは連体形になる。

問十＜和歌の内容理解＞「うつつ」は，現実のこと。「うつつともなし」の「うつつ」から同じ音の「宇津」を導き，「うつつ」と「夢」を対応させている。

問十一＜古典の知識＞「駿河」は，現在の静岡県。

問十二＜現代語訳＞「いたりぬ」の「ぬ」は，完了の助動詞「ぬ」の終止形。

問十三＜文学史＞『伊勢物語』は，平安時代に成立した歌物語。

2023年度 日本大学櫻丘高等学校（Ｂ日程）

【英　語】（60分）〈満点：100点〉

■リスニングテストの音声は，当社ホームページで聴くことができます。（当社による録音です）
　再生に必要なユーザー名とアクセスコードは「収録内容一覧」のページに掲載しています。

Ｉ　これから放送によるリスニングテストを始めます。放送の内容をよく聞いて答えなさい。聞きながらメモをとってもかまいません。

問題１　次の(1)～(5)の写真について４つの英文が読まれます。写真の状況として最も適切な英文を１～４の中から１つ選び，その番号をマークしなさい。**英文は１回のみ放送されます。**

(1)

1．　2．　3．　4．

(2)

1．　2．　3．　4．

(3)

1．　2．　3．　4．

(4) 

1．　2．　3．　4．

(5) 

1．　2．　3．　4．

問題２　これからメアリーが自分の住む街と家を紹介します。英文を聞き，質問に対する答えとして最も適切なものを１～４の中から１つ選び，その番号をマークしなさい。**英文は１回のみ放送されます**。

Questions

No. (1)　What is one thing Mary doesn't like about her apartment ?

1．It is too quiet.
2．It is far from the station.
3．There aren't many nice shops around it.
4．It is too old.

No. (2)　What does Mary like about living in San Francisco ?

1．She can eat nice seafood.
2．She can swim in the sea every day.
3．She can walk her dog Lucky in the area.
4．She can go to the nice shops with her friends.

問題３　これから読まれる２人の対話を聞き，質問に答える問題です。それぞれの質問に対する答えとして最も適切なものを１～４の中から１つ選び，その番号をマークしなさい。**英文は２回放送されます**。

Questions

No. (1)　What does the man want to do first ?

1．Go to the beach　　2．Go to the restaurant
3．Watch some animals　　4．Have a rest

No. (2)　How much will their dinner cost if the man uses his coupon ?

1．$10　　2．$20　　3．$30　　4．$36

No.(3)　What will the woman most likely do next？

1．Iron her clothes　　2．Take a walk

3．Call her friend　　4．Go shopping for clothes

※**＜リスニングテスト放送原稿＞**は英語の問題の終わりに付けてあります。

Ⅱ　次の(1)～(5)の英文の(　)に入る最も適切な語(句)を1～4の中から1つ選び，その番号をマークしなさい。

(1)　Can you see that woman (　　) the long black dress？

1．at　　2．by　　3．in　　4．of

(2)　I think we (　　) the movie last year, but I'm not sure.

1．see　　2．saw　　3．seen　　4．have seen

(3)　I'm busy because I have a lot of work (　　) now.

1．finishing　　2．to finish　　3．I've finished　　4．should I finish

(4)　"(　　) I borrow something to write with？"

"Sure.　Here you are."

1．Can　　2．Do　　3．Shall　　4．Should

(5)　The key to winning the next game is (　　) hard every day.

1．believe　　2．played　　3．to practice　　4．going train

Ⅲ　文脈を考え，次の(1)～(5)に入る最も適切な語を下の語群からそれぞれ1つずつ選び，その番号をマークしなさい。同じ語を2度以上使用してはいけません。

Today we can enjoy movies anytime, anywhere on computers or on smartphones.　However, there are still many people who like (　1　) movies in theaters.　What's the (　2　) between movies on demand and movies in theaters, and which should we choose to enjoy movies more？

The first point is the price.　Movies on demand cost (　3　) than going to theaters.　On the other hand, if we think about the price of a wonderful sound system and a large screen, going to theaters costs much less than (　4　) good speakers and a large TV for the home.

Another important point is convenience.　Of course, movies on demand are more convenient (　5　) going to theaters.　We can stop the movie to answer the phone or to go to the bathroom or we can talk about the story with our friends while we are watching the movie.

語群

1．less	2．getting	3．watching	4．difference
5．better	6．importance	7．as	8．than

Ⅳ　次の設問(1)(2)に答えなさい。

(1)　次の文章のタイトルとして最も適切なものを1～4から選び，その番号をマークしなさい。

Do you know what "Ainu" means？　It means "people."　Ainu are the people who have lived in Hokkaido for centuries.　Many of them live in cities now, but many years ago they lived by rivers, in houses built from trees and plants.　They ate fish and plants given by nature.　They used to wear clothes made of the *fur of *seals or the skin of salmon.　They lived as a part of nature.

注　＊fur：毛皮　　＊seal：アザラシ

1．the Nature of Hokkaido　　2．Living in Hokkaido

3．What Ainu Means　　4．the Culture of the Ainu

(2)　次の英文を読んで，下線部から読み取れる内容として最も適切なものを１～４から選び，その番号をマークしなさい。

Taro likes Nancy. One day he asked her, "What do you usually do on weekends ?" She said, "I have just started playing tennis. I enjoy playing it on Saturdays." Taro said, "<u>Really</u> ?" He liked playing tennis, too. He wanted to play tennis every Saturday with Nancy.

1．He was disappointed to hear it.

2．He was very happy to hear it.

3．He felt sorry for her.

4．He thought it's good for her health.

V　次の文中の１～５の(　)内にある語(句)を意味の通る文になるように並べ替えなさい。解答は例に従って，１～４番目の順に番号で答えなさい。

> 例題　We (1．school　2．students　3．are　4．high).
> 答え：この例では We are high school students とするため，③，④，①，②を上から順にマークします。

Washington, D.C. is 1 (1．for　2．beautiful　3．famous　4．its) cherry trees. On March 27, 1912, the mayor of Tokyo presented the city of Washington, D.C. with 3,020 cherry trees. He 2 (1．as　2．them　3．a symbol　4．gave) of friendship between the two countries. The trees quickly became popular. Every spring thousands 3 (1．of　2．come　3．people　4．to see) them and *admire their beauty. The first National Cherry Blossom Festival was held in Washington in 1948. It 4 (1．grown　2．become　3．to　4．has) the largest Japanese cultural festival in the United States, with food, arts and culture, and traditional and J-Pop musical *performances. They say that many people around the world 5 (1．to　2．are　3．attend　4．interested) the festival.

注　＊admire：～に感嘆する　　＊performances：演奏

VI　次のＡ，Ｂの会話文の(１)～(８)に入る最も適切な文をそれぞれ選択肢から選び，その番号をマークしなさい。同じ選択肢を２度以上使用してはいけません。

Ａ

アリスとジャックは映画に行く約束をしていますが，ジャックがまだ来ないのでアリスが心配して電話をかけて話しています。

Alice :　Hi, Jack, are you at the station ? I hope everything is all right with you.

Jack :　(　1　) So I'll call you back when I get off.

Alice :　OK, talk to you in a few minutes, then.

(a few minutes later)

Jack :　Hi, again. Sorry I couldn't talk.

Alice :　No problem. Where are you now ?

Jack :　(　2　) Will you tell me where to meet you ?

Alice : I'm at the café in front of the station. It is on the second floor of the building.

Jack : (3) The food there is great.

Alice : That's right. We have about an hour before the movie, so you don't need to hurry.

Jack : (4) I'm really excited to see today's movie.

Alice : OK. Bye for now and see you soon.

Aの選択肢

1 . No, I'm still on the train.
2 . OK, I'll be with you soon.
3 . I have just got off the train.
4 . Oh, is it the café which we visited before ?
5 . I decided to go back home because I felt sick.
6 . When you go out of the west exit, you will see a shopping mall.
7 . There are some restaurants and cafés in every town in this country.
8 . I overslept so I have just got up and I'm now eating breakfast with my mother.

B

ジムとマリが週末の予定について話し合っています。

Jim : What are you going to do this weekend ? Do you have any special plans ?

Mari : I'm going to Disneyland with some friends. How about you ?

Jim : (5) I'm just working on a report which I have to finish this weekend.

Mari : That doesn't sound like much fun.

Jim : But I'm going to go to Disneyland in December when it's decorated for Christmas.

Mari : (6) I love the decorations. Do you have any holidays before Christmas ?

Jim : In America, we have *Thanksgiving. We eat turkey on the day. This year I'm going to cook a turkey here in Japan.

Mari : I've never had turkey before. (7)

Jim : Of course. I'm inviting a few friends for a *potluck. What would you like to bring ?

Mari : (8)

Jim : Great !

注 *Thanksgiving：(アメリカの)感謝祭 *potluck：持ち寄りパーティー

Bの選択肢

1 . No, nothing special.
2 . It must be beautiful then.
3 . That must be very boring.
4 . May I come to your place ?
5 . No one knows about the day.
6 . I was very busy on that day.
7 . Well, how about a pie for dessert ?
8 . Do your parents like to go to Disneyland ?

Ⅶ　次の英文を読み，それぞれの問に答えなさい。

The fourteenth Winter Olympics were held in 1984.　All was peaceful in Sarajevo, the host city in a European country [　(1)　] Yugoslavia.

One of the biggest *draws at these Games was ice dancing.

The event is a skating contest for partners.　There are no *trick jumps or high lifts.　It's all about dancing— *grace, rhythm, and style.　Sound simple ?　It's not.　There are *strict rules.　The pair always needs to move forward.　Most of the time they have to skate face-to-face, so close their skates *practically touch.　On the day of their events, British partners Jayne Torvill and Christpher Dean went to the ice arena at six in the morning to practice.　The pair skated to a piece of classical music [　(1)　] *Boléro*.　When they finished, they looked up to see the *entire cleaning staff giving them a standing ovation.

Would the judges feel the same way ?

Yes !　Torvill and Dean earned gold—and the first perfect scores for presentation in the history of Olympic figure skating.

After winning silver in 1984, Canadian figure skater Brian Orser was hoping for gold in 1988 at Calgary, the first Winter Games in his home country.　The Olympics went down in history as the "Battle of the Brians."　American Brian Boitano was the other *favorite and a good friend of Orser's. The free skate program—four and half minutes long—would decide the gold medal winner.　Before the event, the Brians came face-to-face backstage.　They exchanged punches.　Reporters *rushed over.　Of course (2)it was a joke.

The final program required "elements"—moves skaters must do, certain spins and jumps.　One was the triple axel, (3)the trickiest jump of all at the time.　Get it right, and your score went up.　Boitano *nailed two.　His *routine was just about perfect.　(4)Boitano felt too nervous to watch Orser perform.　He only heard Orser's score from the final judge.　*A perfect six.　Boitano *braced himself for silver.　Because of his difficult moves, however, the judges awarded him higher marks. For the American, *nabbing gold was great, but also a bittersweet victory.　His *buddy Brian lost.

In the women's event, the top two skaters didn't share a name.　They shared the same music. Their choice for the last program was from the opera *Carmen*.　East Germany's Katarina Witt was graceful and artistic.（East Germany and West Germany did not *reunite into one country until October 1990.）Still, her scores left room for American skater Debi Thomas to take gold.　Few African Americans *competed in winter sports.　Thomas was a young skater of color, *excelling in *competitions—everyone else was white in the competitions.　Her goal was to be an Olympian. Now, almost twenty-one and studying to be a doctor, Thomas was competing at the Calgary Games.

About three minutes into her performance, Thomas landed badly after a jump.　"The whole reason for being here was to skate great," she said later.　"And if it was like, I couldn't skate great, I didn't want to be out there."

In the end, Witt took gold, Thomas bronze.　Debi Thomas still made history.　She became the first Black athlete to win a medal in the Winter Games.　(5)She broke the color barrier and *paved the way for Kristi Yamaguchi, the first Asian American to win gold at the Winter Olympics, in 1992.

注　*draw：(客などを)引き付けるもの　*trick：技の　*grace：優雅　*strict：厳格な
*practically：ほとんど　*entire：全ての　*favorite：優勝候補
*rush over：駆け寄る　*nail：～を達成する　*routine：決められた一連の動作

＊a perfect six：フィギュアスケート旧採点方式で，審査員たちが技術点と芸術点をそれぞれ６点満点で採点する。2002年ソルトレークシティオリンピックまで採用されていた。

＊brace oneself：覚悟する　＊nab：～をかっさらう　＊buddy：仲間・相棒

＊reunite：再統一する　＊compete：(競技に)参加する　＊excel：卓越する

＊competition：競技会　＊pave the way：道を開く

問１　文中に２か所ある (1) に入る最も適切なものを１つ選び，その番号をマークしなさい。

１．call　２．called　３．calling　４．to call

問２　次の質問に対する答えとして最も適切なものを１つ選び，その番号をマークしなさい。

Which of the following is true about ice dancing？

１．In this event, two athletes skate one at a time to score points.

２．In this event, there are no rules.　The athletes must just skate beautifully.

３．In this event, athletes must be very close to their partners when they are skating.

４．In this event, athletes cannot jump, but the men can lift the women high over their heads.

問３　下線部(2)が示す内容として最も適切なものを１つ選び，その番号をマークしなさい。

１．Reporters came backstage.

２．The two Brians exchanged punches.

３．The skaters had to follow the rules for the elements.

４．The winner would be decided at the free skate program.

問４　下線部(3)を言い換えた表現として最も適切なものを１つ選び，その番号をマークしなさい。

１．the most popular jump

２．the most difficult jump to do

３．the jump that most people did

４．the jump that is most liked by skaters

問５　下線部(4)の解釈として最も適切なものを１つ選び，その番号をマークしなさい。

１．ボイタノはとても緊張しながら，オーサーが演技するのを見ていた。

２．ボイタノはとても緊張していたので，オーサーが演技するところを見ていた。

３．ボイタノはあまりに緊張していて，オーサーが演技するのを見ることができなかった。

４．ボイタノはあまり緊張していなかったので，オーサーが演技するのを見ることができた。

問６　次の質問に対する答えとして最も適切なものを１つ選び，その番号をマークしなさい。

Why did Boitano win a gold medal in the Winter Olympics in 1988？

１．Because the judges gave him high scores for his difficult moves.

２．Because he tried the triple axel twice, but his buddy Brian didn't.

３．Because he jumped the triple axel and landed perfectly without any penalty.

４．Because the music that he used in his free skate program had a difficult rhythm.

問７　下線部(5)の内容を表す最も適切なものを１つ選び，その番号をマークしなさい。

１．Thomas became a doctor after she won a medal at the Olympic games.

２．Thomas was on the victory stand with the famous gold medalist, Katarina Witt.

３．Thomas was the first gold medal winner at the Winter Olympics from an African country.

４．Thomas showed that even a non-white athlete could win a medal at the Winter Olympics.

問８　本文の内容と一致するものを１つ選び，その番号をマークしなさい。

１．The Winter Olympics in 1984 were not held in Europe.

２．The Winter Olympics in 1988 were not held in Europe.

3．The only event that excited people in 1984 was ice dancing.
4．The only event that excited people in 1988 was ice dancing.

問9　本文の内容と一致するものを１つ選び，その番号をマークしなさい。
1．Torvill and Dean got a standing ovation from the cleaning staff after the Games.
2．Torvill and Dean won a gold medal in the ice dancing at the Olympic games in Britain.
3．Orser won the silver medal at the Sarajevo Olympics and hoped for gold at the next Olympics.
4．Orser didn't get a medal at the Calgary Olympics because he couldn't score a perfect six.

問10　本文の内容と一致するものを１つ選び，その番号をマークしなさい。
1．At the Olympics held in Calgary in 1988, two women skaters chose the same music.
2．No Asian American athlete has ever won a gold medal at the Winter Olympic Games.
3．Thomas won bronze and gold medals at the Olympics, and now she is working as a doctor.
4．Witt was from East Germany, and she hoped that East and West would be together again.

＜リスニングテスト放送原稿＞

これから放送によるリスニングテストを始めます。放送の内容をよく聞いて答えなさい。聞きながらメモをとってもかまいません。

問題１　次の(1)～(5)の写真について４つの英文が読まれます。写真の状況として最も適切な英文を１～４の中から１つ選び，その番号をマークしなさい。**英文は１回のみ放送されます。**

(1)　1．Some animals are jumping over the waterfall.
　　2．A big mountain can be seen behind the river.
　　3．It is snowing heavily on the mountain.
　　4．A man is fishing in the river.

(2)　1．A man is taking a picture of flowers.
　　2．Children are watering the flowers.
　　3．A lot of sunflowers are in the park.
　　4．There are many flowers by the water.

(3)　1．Two buses are parked in front of the building.
　　2．A lot of people are waiting to enter the building.
　　3．Some people are standing on the balcony of the building.
　　4．A flag is on the roof of the building.

(4)　1．A big turtle is coming out of the water.
　　2．A big turtle is walking with its baby.
　　3．A big turtle is lying on the ground.
　　4．A big turtle is trying to hide in a hole.

(5)　1．French fries and chicken are in the basket.
　　2．Fish and chips are next to a drink.
　　3．There is still some food and drink left.
　　4．Both the basket and the cup are full.

問題２　これからメアリーが自分の住む街と家を紹介します。英文を聞き，質問に対する答えとして最も適切なものを１～４の中から１つ選び，その番号をマークしなさい。**英文は１回のみ放送されます。**

Hi, my name is Mary. Let me tell you about my hometown. I live in an apartment in San

Francisco with my parents and my dog, Lucky.　We have lived here since I was born 15 years ago.

I like my hometown because it is near the sea and it is in a quiet neighborhood.　My neighbors are very kind.　There are lots of nice shops and restaurants in the area.　One thing I don't like about my apartment is that it is far from the station.　It takes me one and a half hours to get from my apartment to my school.　It is a pretty long time for me, so I have to get up at six in the morning when I go to school.　I feel sleepy around that time, but I enjoy living here.　We can eat delicious sea food and see the beautiful ocean every day.　I am proud of my hometown and love it a lot.

Questions

No. (1)　What is one thing Mary doesn't like about her apartment ?

No. (2)　What does Mary like about living in San Francisco ?

問題３　これから読まれる２人の対話を聞き，質問に答える問題です。それぞれの質問に対する答えとして最も適切なものを１～４の中から１つ選び，その番号をマークしなさい。**英文は２回放送されます。**

M：　Here we are.　Wow, this room is huge !　How nice !　OK, I'll take this bed and you take that one.

W：　They're both the same size !　Turn on the air conditioner, too.　It's very hot.　Anyway, let's rest here for a while and plan what we're going to do tonight.

M：　I'm really excited about walking along the beach and looking for dolphins.　And I want to go shopping !　I found a big shopping mall near the hotel.　But first, of course, we should have dinner.　There's a nice restaurant with an all-you-can-eat seafood buffet just down the street.

W：　How much does it cost ?

M：　It's twenty dollars for each of us, but I have a coupon that gives us ten dollars off our total bill.

W：　Wonderful !　I have the coupon, too.　But mine is 10% off our total bill, so let's use your coupon. Before eating dinner let me call the front desk.　I'll ask them to bring up an iron.　I want to press the clothes that were in my bag all day.

Questions

No. (1)　What does the man want to do first ?

No. (2)　How much will their dinner cost if the man uses his coupon ?

No. (3)　What will the woman most likely do next ?

以上でリスニングテストを終わります。引き続き問題に取り組んでください。

【数　学】 (60分)〈満点：100点〉

（注意） 1．定規・コンパス・分度器・計算機は使用できない。

2．問題1から問題5までの，ア，イ，ウ，……の一つ一つには，それぞれ0から9までの数字があてはまる。あてはまる数字を，ア，イ，ウ，……で示される解答欄にマークすること。

3．答えが分数の形で求められているときは，それ以上約分できない分数の形で答えること。例えば，$\frac{3}{4}$ を $\frac{6}{8}$ としてマークしないこと。

4．答えが比の形で求められているときは，最も簡単な整数の比の形で答えること。例えば，1：3を2：6としてマークしないこと。

5．答えが根号の中に数字を入れる形で求められているときは，根号の中の数はできるだけ小さな数にして答えること。例えば，$4\sqrt{2}$ を $2\sqrt{8}$ としてマークしないこと。

1 次の$\boxed{}$に当てはまる数値を答えなさい。

(1) $\frac{7}{18}\div\left\{\left(4-\frac{5}{3}\right)\times\frac{(-1)^3}{(-2)^2}\right\}\times\frac{(-3)^3}{2}=\boxed{\text{ア}}$

(2) $\left(\frac{-1+\sqrt{13}}{2}+1\right)^2+\left(\frac{3+\sqrt{13}}{2}-2\right)^2=\boxed{\text{イ}}$

(3) x，y についての連立方程式 $\begin{cases}x+ay=18\\ \frac{1}{6}x-\frac{1}{3}y=1\end{cases}$ の解がともに整数となるような自然数 a は全部で $\boxed{\text{ウ}}$ 個ある。

(4) 2次方程式 $(3x+2)(x-8)=(x-4)^2+4$ の解は，$x=-\boxed{\text{エ}}$，$\boxed{\text{オ}}$ である。

2 次の$\boxed{}$に当てはまる数値を答えなさい。

(1) 一辺の長さが3の正三角形と中心角が60°，半径が1の扇形3つが下の図のように重なっている。さらに，3つの扇形の弧に接する円がある。このとき，円の半径は $\sqrt{\boxed{\text{ア}}}-\boxed{\text{イ}}$ であり，図の斜線部分の面積は $\frac{\boxed{\text{ウ}}\sqrt{\boxed{\text{エ}}}}{\boxed{\text{オ}}}-\left(\frac{\boxed{\text{カ}}}{\boxed{\text{キ}}}-\boxed{\text{ク}}\sqrt{\boxed{\text{ケ}}}\right)\pi$ である。

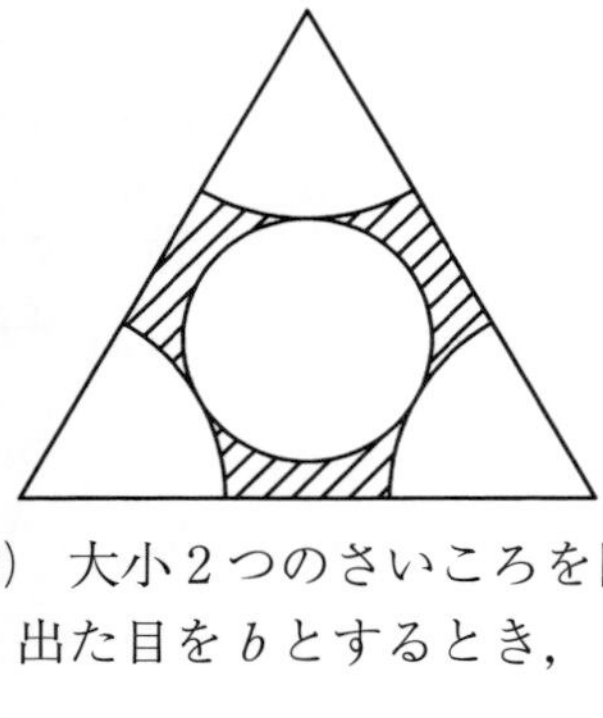

(2) 大小2つのさいころを同時に投げる。大きい方のさいころの出た目を a，小さい方のさいころの出た目を b とするとき，2次方程式 $x^2-ax+b=0$ について考える。

$x=1$ を解にもつ確率は $\frac{\boxed{\text{コ}}}{\boxed{\text{サシ}}}$，自然数を解にもつ確率は $\frac{\boxed{\text{ス}}}{\boxed{\text{セソ}}}$ である。

(3) 下の表は，あるクラスで実施したテストの結果を度数分布表にまとめたものである。

得点(点)	0	1	2	3	4	5	6	7	8	9	10
人数(人)	0	0	0	1	1	2	6	3	4	2	1

テストの得点の平均値は [タ].[チ] 点，中央値は [ツ].[テ] 点である。

(4) 右の図は，Ａ組，Ｂ組で実施したテストの得点を箱ひげ図で表したものである。

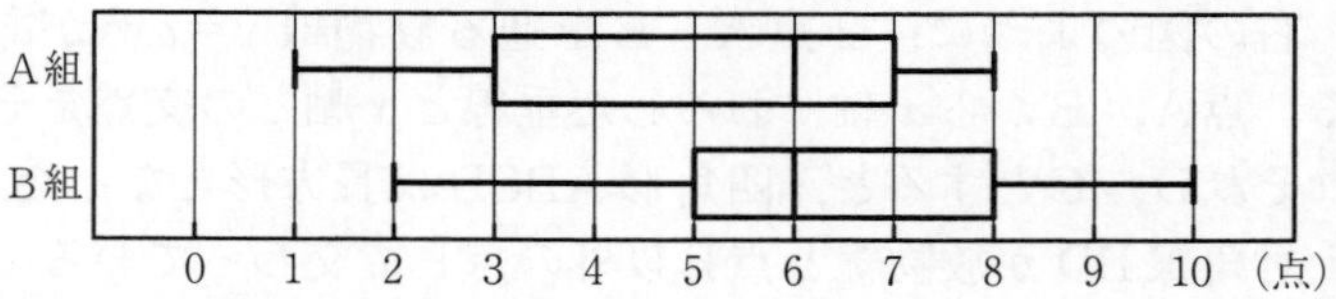

この箱ひげ図から読み取れることとして正しいものは [ト] である。[ト] の解答は以下の選択肢の中から選びなさい。

＜選択肢＞
① Ａ組とＢ組の生徒の人数は同じである。
② Ａ組とＢ組のテストの平均点は同じである。
③ どちらの組も得点が８点の生徒が必ずいる。
④ 四分位範囲が大きいのはＡ組である。

3 次の [　] に当てはまる数値を答えなさい。

(1) 右の【表①】は 1×1 ～ 5×9 までの計算結果の下１桁の数を表にまとめたものである。

同様の手順で 6×1 ～ 10×9 までの計算結果の下１桁の数を表にまとめたものを【表②】，11×1 ～ 15×9 までの計算結果の下１桁の数を表にまとめたものを【表③】というように次々と表を作っていく。

【表①】

	1	2	3	4	5
1	1	2	3	4	5
2	2	4	6	8	0
3	3	6	9	2	5
⋮	⋮	⋮	⋮	⋮	⋮
7	7	4	1	8	5
8	8	6	4	2	0
9	9	8	7	6	5

(i) 【表⑦】は [アイ] ×1 ～ [ウエ] ×9 までの計算結果をまとめた表である。

(ii) 二重線の部分を切り取り，5×9 マスの表を作る。

【表⑦】と【表⑧】を重ね合わせたとき，マスの中の数が一致するのは全部で [オカ] 個ある。

また，【表⑦】と【表⑨】を重ね合わせたとき，マスの中の数が一致するのは全部で [キク] 個ある。

(2) 右の【表Ａ】は 1×1 ～ 9×9 までの計算結果の下２桁の数を表にまとめたものである。ただし，計算結果が１桁の場合は01，02，…，09と表記する。同様の手順で 11×11 ～ 19×19 までの計算結果の下２桁の数を表にまとめたものを【表Ｂ】とする。この表の横列を行，縦列を列とよび，表のマスのよび方を自然数 m，n を用いて m 行 n 列とよぶ。

例えば，【表Ａ】において２行３列は06の書いてあるマスであり，８行９列は72の書いてあるマスである。

この表の二重線の部分を切り取り，9×9 マスの表を作る。

【表Ａ】

	1	2	3	…	7	8	9
1	01	02	03	…	07	08	09
2	02	04	06	…	14	16	18
3	03	06	09	…	21	24	27
⋮	⋮	⋮	⋮	⋱	⋮	⋮	⋮
7	07	14	21	…	49	56	63
8	08	16	24	…	56	64	72
9	09	18	27	…	63	72	81

【表Ａ】と【表Ｂ】を重ね合わせたとき，【表Ａ】の p 行 q 列（p，q は１桁の自然数）のマスと重なる【表Ｂ】の数は p，q を用いて，([ケコ] $+p$)([サシ] $+q$) を計算した値の下２桁である。

このことから，【表Ａ】と【表Ｂ】を重ね合わせたとき，マスの中の数が一致するのは全部で [ス] 個ある。

4　次の[　]に当てはまる数値を答えなさい。

右の図のように，2点A，Bを通る放物線 $y=ax^2$ がある。点A，Bから x 軸におろした垂線と x 軸との交点をそれぞれD，Cとすると，四角形ABCDは長方形となった。

対角線BDが放物線と点B以外の点Pで交わっている。点Pを通り，x 軸に垂直な直線が辺ABと交わる点をEとする。点A(4, 6)のとき，次の各問いに答えなさい。

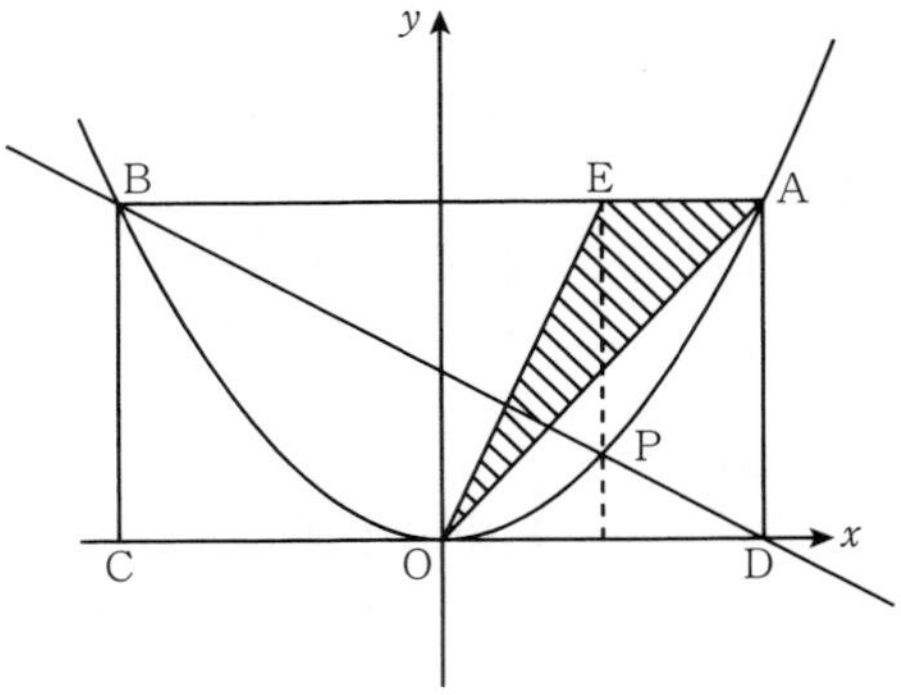

(1)　$a=\dfrac{[\text{ア}]}{[\text{イ}]}$ である。

(2)　直線BDの方程式は $y=-\dfrac{[\text{ウ}]}{[\text{エ}]}x+[\text{オ}]$ であり，$P\left([\text{カ}],\ \dfrac{[\text{キ}]}{[\text{ク}]}\right)$ である。

(3)　△OAE(図の斜線部分)の面積は[ケ]であり，この三角形を x 軸のまわりに1回転してできる回転体の体積は[コサ]π であり，y 軸のまわりに1回転してできる回転体の体積は[シス]π である。

5　次の[　]に当てはまる数値を答えなさい。

(1)　一辺が4の立方体があり，この立方体をある平面で分割することを考える。まず，最初の分割で立方体を2つに分割したとき，分かれた立体のうち小さい方について展開図を書くと【図①】のようになった。さらに，この立体を取り除いた残りの立体について，ある平面で2つに分割したとき，分かれた立体のうち小さい方について展開図を書くと【図②】のようになった。

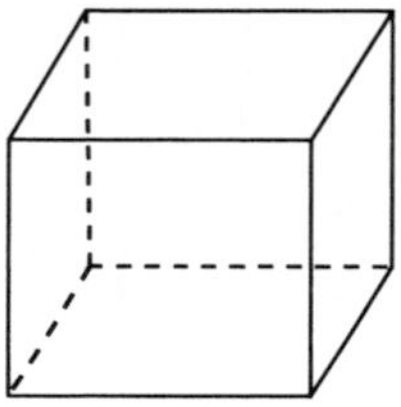

AD＝AE＝FL＝LI＝GM＝MJ＝4，BD＝CE＝HF＝KG＝2のとき，次の各問いに答えなさい。

【図①】

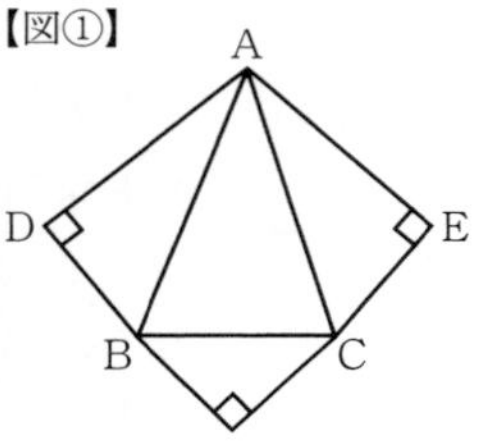

【図②】

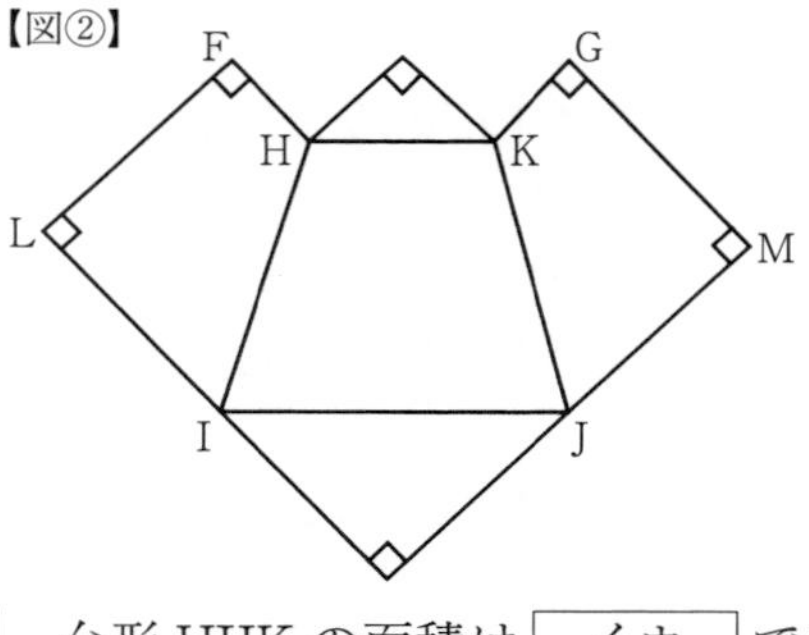

(i)　△ABCの面積は[ア]，台形HIJKの面積は[イウ]である。

(ii)　【図①】と【図②】の展開図で表される立体の体積をそれぞれ V_1，V_2 とするとき，$V_1:V_2=$[エ]：[オ]である。

【図③】

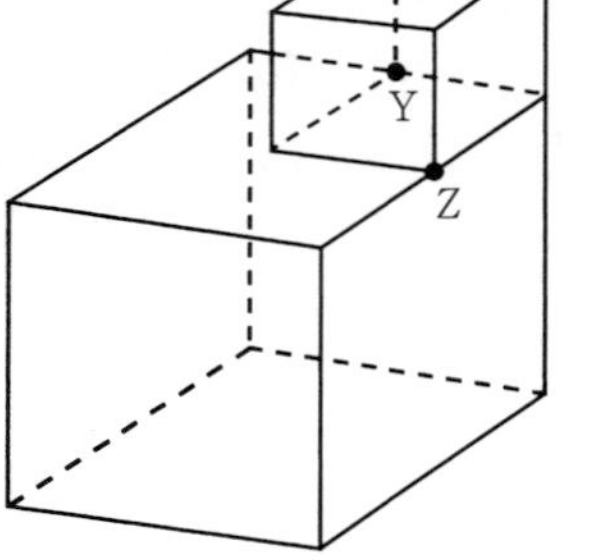

(2)　【図③】のように，一辺が2の大きい立方体と一辺が1の小さい立方体を，それぞれ直交する一組の辺が重なるように重ねた立体がある。X，Y，Zの3点を通る平面でこの立体を切るとき，小さい立方体の断面の図形は[カ]であり，大きい立方体の断面の図形は[キ]である。また，これら2つの断面の図形の面積の和は

$\dfrac{\boxed{\text{ク}}\sqrt{\boxed{\text{ケ}}}}{\boxed{\text{コ}}}$ である。$\boxed{\text{カ}}$，$\boxed{\text{キ}}$ の解答は以下の選択肢の中から選びなさい。

＜選択肢＞

⓪　二等辺三角形	①　直角二等辺三角形	②　正三角形	③　正方形
④　長方形	⑤　ひし形	⑥　台形	⑦　正五角形
⑧　正六角形	⑨　正八角形		

ア　雨　　イ　三五夜

ウ　わたる　エ　くらかり

ii　「真の闇」という表現は【文章B】の漢詩の一部分のパロディである。その対象となった部分として最も適当なものを、次の中から選びなさい。

ア　独宿　　イ　新月　　ウ　煙波　　エ　卑湿

問九、【文章B】の漢詩の形式として最も適当なものを、次の中から選びなさい。

ア　五言律詩　　イ　五言絶句

ウ　七言律詩　　エ　七言絶句

問十、空欄 Ⅱ に入る語について、押韻（韻を踏むこと）の規則を踏まえて最も適当なものを、次の中から選びなさい。

ア　陰　　イ　雲　　ウ　影　　エ　霧

問十一、【文章A】と同じく江戸時代前期に成立した作品として最も適当なものを、次の中から選びなさい。

ア　新古今和歌集　　イ　伊勢物語

ウ　奥の細道　　エ　風姿花伝

だろう。

(こちらの宮中の)浴殿の西側では、鐘や水時計の音が深々と響いている。

それでもなお私は心配する。この清らかな月光を君が私と同じように見られないことを。

(君のいる)江陵は低湿地で、秋の空も曇りがちだから。

《注》

＊銀台＝中国の官庁の一つ「翰林院」の門。銀台門。

＊金闕＝銀台に付属する施設の門。金鑾門。

＊故人＝昔なじみの友。

＊渚宮＝かつての楚王の宮殿。ここでは友人のいる江陵を指す。

＊江陵＝現在の中国湖北省にある地名。

問一、傍線部①「八月」の月の異名として最も適当なものを、次の中から選びなさい。

ア　長月　イ　葉月　ウ　文月　エ　神無月

問二、傍線部②「日と月とさし望む事の正しければ、月の光もことさらに明らかなる故に望月とも云ふなり」は、「望月」について「太陽と月とが正面に向き合うので月がとりわけ明るくなる」と説明をしている。ここからうかがえる作者の理科的知識として、次の文X・Yの正誤の組み合わせとして正しいものを、後の中から選びなさい。

X　月の満ち欠けに太陽光が関係していること。
Y　地球が太陽の周りを回っていること。

ア　X・Yがともに正しい　イ　Xのみが正しい

ウ　Yのみが正しい　エ　X・Yがともに誤り

問三、空欄 I の部分は前の記述を踏まえた、いわゆる洒落《しゃれ》となる言葉が入る。ここに入る言葉として最も適当なものを、次の中から選びなさい。

ア　玉月　イ　万月　ウ　明月　エ　餅月

問四、傍線部③「含み句」について、ここではどのようなものを意味すると考えられるか。最も適当なものを、次の中から選びなさい。

ア　急に作詩・作歌を求められても対応できるよう、事前に用意しておく漢詩や和歌。

イ　有名な和歌の要素を取り込んで、和漢融合の内容をもって創作された漢詩。

ウ　会の出席者が密《ひそ》かに楽しめるよう、洒落や皮肉が込められた漢詩や和歌。

エ　古い漢詩の一部を取り入れ、漢詩の知識がある者だけが理解できる和歌。

問五、傍線部④「かねて作りける詩歌」について、これはどのような内容であったと考えられるか。最も適当なものを、次の中から選びなさい。

ア　美しい月を隠してしまった雨雲を恨むもの。

イ　月の美しさとそれを見られない状況を嘆くもの。

ウ　この時期の月の美しさを想像して楽しむもの。

エ　月が明るくひときわ美しいことを賞賛するもの。

問六、傍線部⑤「仰せられ」の敬語の種類として最も適当なものを、次の中から選びなさい。

ア　尊敬語　イ　謙譲語

ウ　丁寧語　エ　美化語

問七、傍線部⑥「案じ」の本文中での意味として最も適当なものを、次の中から選びなさい。

ア　心配する　イ　明らかにする

ウ　考えをめぐらす　エ　揺らす

問八、傍線部⑦「雨ふれば～」の和歌(狂歌)について次の各問いに答えなさい。

i　掛詞《かけことば》となっている部分として最も適当なものを、次の中から選びなさい。

ア　防波堤での人間関係に敏感で、様々な感情を抱いてもそれをあまり表に出さない内省的な人物。
イ　はっきりした意志を持ち、他人の考えを気にせずに自分が思ったように行動ができる人物。
ウ　極端な人間嫌いで他人の言動を素直に受け取らず、悪意で解釈する皮肉なものの見方をする人物。
エ　どんな場所でも自分の長所を生かし、周囲と協力しながら物事に取り組むことができる前向きな人物。

問十五、本文は梅崎春生が一九四二(昭和十七)年に発表した小説である。作者と同時期に文壇に現れ、『潮騒』や『金閣寺』などを発表した作家を、次の中から選びなさい。
ア　芥川龍之介　　イ　宮沢賢治
ウ　与謝野晶子　　エ　三島由紀夫

三　次の【文章A】は一六六五年頃の成立とされる、『浮世物語』の一節で、中秋の観月会の様子を描いた部分である。また【文章B】は【文章A】の後半で登場人物が参考にした漢詩(作者・白居易)である。それぞれの文章を読んで、後の問いに答えなさい(一部本文を改めたところがある)。

【文章A】
今はむかし、①八月十五日夜は、名におふ(評判の)月の満てる時分なり。この夜は、②日と月とさし望む事の正しければ、月の光もことさらに明らかなる故《ゆゑ》に望月とも云《い》ふなり。又、まんまるに満つる故に　Ⅰ　といふとも申し伝へし。*詩作り・歌詠みども、日ごろより③含み句をこしらへて、只今《ただいま》作りしやうにもてなし(ふるまい)、うめきす(苦しみながら)めきて詠み出《い》だす。さるままに(そういうわけだから)日暮より雲うずまきて雨ふり出でしかば、④かねて作りける詩歌相違して、夜ふくれども一首も出でず。

「*浮世房《うきよばう》、いかにいかに(どうだどうだ)」と⑤仰《おほ》せられしかば、仰《あを》のきうつぶき(上を向いたり下を向いたり)、麦穂《むぎほ》の風にふかるるやうにして⑥案じける折節、*鴈《がん》のわたる声聞こえければ、「雲外に*鴈《かり》を聞きて夜声を」ととなへさまに(口ずさみかけて)、不図《ふと》思ひよりてかくぞ詠みける。
⑦雨ふれば三五夜中の真の闇二千里わたるくらかりの声

《注》
*詩作り・歌詠み＝漢詩を作る人や和歌を詠む人。
*浮世房＝この物語の主人公。
*鴈《がん》＝雁《かり》とも。かり、かりがね。秋に渡来し、春に北へ帰る渡り鳥。

【文章B】
*銀《ぎん》台《だい》*金《きん》闕《けつ》夕《ゆふべニ》沈《ちん》沈《ちんタリ》
独《どく》宿《しゅく》相《あひ》思《ウテ》在《リ》二翰《かん》林《りんニ》一
三五夜中新月《ノ》色
二千里外*故人《ノ》心
*渚《しょ》宮《きうノ》東面煙《えん》波《ぱ》冷《カニ》
浴《よく》殿《でんノ》西頭鐘《しよう》漏《ろう》深《シ》
猶《なホ》恐《ル》清《せい》光《くわう》不《ざルヲ》二同《ジク》見《ル》一
*江《かう》陵《りょうハ》卑《ひ》湿《しつニシテ》足《たル》二秋　Ⅱ　一

(大意)
ここ銀台門、金鑾門《きんらんもん》の周囲がだんだん暗くなっていく頃、
私は一人翰林院に泊まり勤務して、君を思う。
中秋の名月の夜、ここでは空に上ったばかりの満月の姿を眺めると、
二千里のかなたにいる君の心情が思われる。
(そちら江陵の)役所の東の方では、もやや波が冷たく光っている

ア　すっかり気分を良くして
イ　緊張と恐怖で震えながら
ウ　引き込みが付かなくなって
エ　強気な態度に驚きあきれて

問八、傍線部⑤「また何時かはそこに帰って行かねばならぬことをもの倦く考えていた」とあるが、「私」がそう考えたのはなぜか。最も適当なものを、次の中から選びなさい。

ア　規律正しい軍隊生活を経験したので、人々の身勝手な様子を見てうんざりしたから。
イ　和やかな漁師が魚を売る際に見せた変わりようが、現実の厳しさを思い出させたから。
ウ　せっかく常連から認められたのに、居心地のよい場所を捨てなければならないから。
エ　生活のためにわざわざつらいことをしなければならないのは、不幸なことだったから。

問九、傍線部(a)「うやむやの中に」(b)「せっぱつまって」(c)「しゃくにさわった」の本文中の意味として最も適当なものを、それぞれ後の中から選びなさい。

(a)　うやむやの中に
ア　むりやりに　　イ　はっきりせずに
ウ　あたりまえに　　エ　いつもどおりに

(b)　せっぱつまって
ア　思い直して　　イ　怒りがこみあげて
ウ　しかたなくなって　　エ　思い切り力を込めて

(c)　しゃくにさわった
ア　少し気になった　　イ　恐ろしくなった
ウ　悲しくなった　　エ　憎らしくなった

問十、傍線部⑥「着物を乾かすのなどを手伝ってやったりして（　）を焼いた」とあるが、「面倒をみる」の意味になるように、カッコ内に補う語として最も適当なものを、次の中から選びなさい。

ア　手　　イ　肝　　ウ　焼餅　　エ　世話

問十一、傍線部⑦「ぼんやりと」の品詞として最も適当なものを、次の中から選びなさい。

ア　形容詞　　イ　連体詞
ウ　副詞　　エ　形容動詞

問十二、傍線部⑧「『いらん!』」⑨「『いらない』」とあるが、ここから読み取れる兄の態度の変化の説明として最も適当なものを、次の中から選びなさい。

ア　「私」の言葉に思わず強く反発したが、いったん断ってしまったので、捨てると聞いて後悔し始めた。
イ　年上らしく弟の前ではっきり態度を示すことができたので、魚釣りにすっかり興味を失ってしまった。
ウ　大人に反感を抱いていたが、「私」と出会うことによって、他者を信用する気持ちを持ち始めた。
エ　「私」にも必要とされず、自分にも不要とされて捨てられるゴカイがかわいそうになってしまった。

問十三、傍線部⑩「緑色を帯びた海水に、赤いゴカイは美しく伸び縮みしながら沈んで行った」の説明として最も適当なものを、次の中から選びなさい。

ア　「私」と兄弟の争いの対象でなくなったゴカイが自然界に戻っていく様子を、対照的な色を用いて写実的に表現している。
イ　「私」と兄との間に生まれたきずなが失われていく様子を、見えなくなっていくゴカイの姿と重ねて表現している。
ウ　「私」の示した大人げない態度と兄の未練の心情の両方ともが浄化されていく様子が、いきいきと表現されている。
エ　「私」と兄弟が抱える生にまつわる苦しみが解消されていく様子が、伸び縮みするゴカイに託して表現されている。

問十四、本文全体を通じて、登場する「私」の人物像の説明として最も適当なものを、次の中から選びなさい。

捨てるんだから、要るのなら置いてゆくよ、とまだ言い終らないうちに、⑨「いらない」とも一度兄が言った。前ほどはっきりではなくて、何か弱々しいひびきをもっていた。そうか、と、しかし私は少しむっとした。しばらく立っていたが、わざと兄弟の目の前の海面にゴカイを捨てた。⑩緑色を帯びた海水に、赤いゴカイは美しく伸び縮みしながら沈んで行った。

（梅崎《うめざき》春《はる》生《お》「防波堤」による　一部改変）

《注》

＊軍医＝軍隊で診察や治療を受け持つ人。

＊チヌ＝クロダイの異名。タイ科の海産魚。

＊撞球場＝ビリヤード場のこと。

＊メバル＝カサゴ目フサカサゴ科の海産魚。

＊元服＝古代中国の風習を模して行なわれた男子成人の儀式。

＊径庭＝へだたり。

＊鰡＝スズキ目ボラ科の海産魚。

＊浮子＝釣糸の途中につけて浮かせ、その動きで魚がかかったかどうかを知る道具。

＊底意＝心に隠している気持ち。

問一、傍線部①「故知れぬ反撥を彼等に感じて」とあるが、それはなぜか。最も適当なものを、次の中から選びなさい。

ア　毎日顔を合わせる人たちが勝手に一つのグループをつくっているように見えたから。

イ　釣りの下手な人たち以外は寄せ付けない暗い雰囲気を持っているように見えたから。

ウ　無意識に上下関係をつくって人はそれに合わせて行動しているように見えたから。

エ　誰もが自分の職業や身分をお互いに知られないように隠しているように見えたから。

問二、傍線部②「その日から彼等は私に口を利くようになった」とあるが、それはなぜか。最も適当なものを、次の中から選びなさい。

ア　彼等が「私」にあやかろうとしたから。

イ　彼等が「私」に対して優越感を覚えたから。

ウ　彼等が「私」の存在にやっと気づいたから。

エ　彼等が「私」の持つ力量を認めたから。

問三、傍線部③「お素人衆」に含まれる敬語の種類とそのニュアンスの組み合わせとして最も適当なものを、次の中から選びなさい。

ア　種類　謙譲語　ニュアンス　嫌味

イ　種類　美化語　ニュアンス　揶揄《やゆ》

ウ　種類　尊敬語　ニュアンス　羨望

エ　種類　丁寧語　ニュアンス　憐憫《れんびん》

問四、傍線部④「両者」とあるが、ここでの「両者」とは具体的に誰と誰のことか。最も適当なものを、次の中から選びなさい。

ア　防波堤の常連と、日曜日の客達

イ　「私」と、防波堤の常連

ウ　日曜日の客達と、素人衆

エ　本当の漁師と、「私」

問五、空欄 A ・ B に入る語として最も適当なものを、それぞれ後の中から選びなさい。

A

ア　うようよ　　イ　ぐるぐる

ウ　さばさば　　エ　ぱらぱら

B

ア　たどたど　　イ　とげとげ

ウ　まがまが　　エ　うやうや

問六、空欄 X に入る語として最も適当なものを、次の中から選びなさい。

ア　気味　　イ　公平　　ウ　器用　　エ　愛想

問七、空欄 Y に入る表現として最も適当なものを、次の中から選びなさい。

かった。そのゴカイを私は一度盗まれたことがある。
それは七月の末か八月の始め頃であったと思う。曇《くも》った日のことであった。あまり人は来ていなかった。私と反対側には、夏休みになったのか近頃毎日姿を見せる十三四と十ばかりの兄弟らしい子供がいた。どちらも頭の大きい貧相《ひんそう》な感じのする子供たちだったけれど、仲々釣りはうまくて、何時も私の二倍位釣り上げて帰って行くようであった。その日は餌を使ってしまったのか、人の魚籠を見て廻ったり、脚を組んで沖を眺めたりしていたのだが、――私は餌をつけかえようとして餌箱を見た。するとゴカイがいなくなっている。まだ数十匹かたまっていたのだが、たった二三匹になっていて、その二三匹も箱の縁にひっかかって伸び縮みしている。盗《と》ったな！私はすぐにその子供たちを振り返った。私の方を眺めていたらしい小さい方の子供の視線と私の視線があった。急におびえた表情になって、視線を外《そ》らして、少し体を後方にずらすようにした。兄の方は黙って釣糸を垂れたまま、じっと＊浮子《うき》を眺めている。

先刻まで、餌が無くてぼんやり海を見ていたのだ。今、海面を凝視している兄の硬《こわ》ばった頰《ほお》は、痛い程私の視線を感じているにちがいない。私は意地悪く、じっとそれから視線をはなさなかった。先刻、私のうしろで何かかすかな跫音《あしおと》がしたのを私は気にも止めないでいたのだが、そうか、弟を手足に使って餌を盗ったのか、と私は暗い気持になりながらそう思った。そろそろ帰ろうと思っていたところだったから、餌を失ったことは別段打撃ではなかった。ただ、それほどまでして餌をほしがる子供の気持が、私の心を暗くしたのだ。私は帰り支度《じたく》をした。そしてその子供達の横を通るとき、彼等は私の視線を避けるようにして、ことに弟の方は身体をかたくしてあきらかにおそれに満ちた表情でそっぽを向いていた。そのまま振り返らず、私はまっすぐに防波堤を岸の方にあるいた。急に不快な感じが私の胸にこみ上げて来たのである。それは何故《なぜ》であったか判らぬ。子供たちからなめられたような気がしたのか、子供たちの所業が(c)しゃくにさわったのか、また、子供たちの所業を見逃した自分の弱さが不快をそそったのか、私は膝までひたす海水を足ではねのけるような気持で進んで行きながら、その感じが次第に烈《はげ》しい憤《ふん》怒《ぬ》にかわって来るのを意識した。

それから何日位経った日のことだろう。やはり曇ったような天気のはっきりしない日であった。私は、釣れないでいい加減くさっていた。その上、岩にひっかけて何本も糸を切らしていた。――昼はとっくに過ぎているのに、私の魚籠はほとんど空であった。その子供たちも来ていた。――ふと振り返ったとき、此の前と同じように子供達は餌を使い尽したと見えて⑦ぼんやりと並んで海を見ていたのだ。私は無意識の中に、彼等に気付かれないようにそっと自分の餌箱を脇に引きよせた。その瞬間、そうした自分のやり方のひ弱さが急にあらあらしく私に反撥して来た。前の日の憤りがよみがえって来た。しかし、今腹立てても仕方はないことであった。私はその気持をはらいのけようとして首を振ったとたん、ふと、あの子たちにこちらから餌を分けてやったらどうだろうという思い付きが頭に浮んで来たのである。

私は立ち上り、餌箱を持ってその兄弟に近づいた。跫音を聞いて振り返った兄弟は、急に警戒するようにその表情を鋭《する》どくして私を見つめた。兄は、よりそって来た弟をかばうようにして身体を動かした。その眼付は私をたじろがせるほど烈しかった。
「餌をやろうか。え？」私はさり気なく言ったつもりだったが、あるいは彼等はその言葉の裏に何か＊底意を感じたのかも知れない。
「餌が無いのだろう。いらないのか」兄は警戒の表情を動かさないで、じっと私の顔を見ている。弟の顔は次第にくずれて、泣き出しそうな顔になった。しかし泣き出しはしなかった。次第に私はこんな愚かな思い付きを後悔し始めていたのだ。しかし此のままひっこむわけには行かなかった。私は少しいらだって来た。「餌をやろうと言うのだよ」そして私は笑って見せようとしたが、笑い顔にならなかったかも知れない。突然兄の方が、いやにはっきり答えた。
⑧「いらん！」そうか、と私は言い、しかし俺はもう帰るし、餌は

って呉れと言った男は、皆が見ているものだから、［ Y ］、とうとう買って行ったのだが、防波堤の突端では、あのようになごやかな組しやすく見えた此の男の表情が、そこでは冷厳なまでに抜け目なく変ったのに私は驚かされた。当時私は、医師のすすめで毎日魚釣りをしていたのだから、此の男の獲魚の直接背後につながるこのような厳しい現実の面を見たとき、何かひっぱたかれるような思いであった。私も病気がなおればそうした現実の生活に戻って行かなければならないのは当然であった。私は海岸の道を帰りながら、そうした現実が私に程遠いものであることを感じ、⑤また何時かはそこに帰って行かねばならぬことをもの倦《う》く考えていた。おもうに、私の気力は、肉体とともに、未だ回復してはいなかったのだ。【中略】

此の弱気とも臆病ともつかぬ、常連たちの不思議に優柔《ゆうじゅう》な雰囲気の中で、ときには争いが起ることもあった。それはどう言う理由があるわけでもない。極《ご》く詰《つま》らない理由で、――たとえば、釣糸が少しばかり自分の方に寄り過ぎているとか、妙な声を立てるから魚が逃げてしまうじゃないか、と言ったようなことで、今まで和やかな雰囲気の中に、急に［ B ］しいものがみなぎって来るのである。しかし結局殴《なぐ》り合いや喧嘩《けんか》になることはまれで、四辺になだめられたりして居るうちに治まってしまう。(a)うやむやの中に仲直りしてしまう。しかしそのような対峙《たいじ》の瞬間にあって、それ等当人達の表情は、相手をたおそうと言う勇猛な意欲にあふれているわけではなくて、二人とも、皆からいじめられた子供のような表情をしているのである。このことが痛く私の興味を引いた。彼等は二人とも非常に腹を立てている。が、それは必ずしも対峙した相手に対してではないのだ。何者にとも判《わか》らない不思議な怒りを、彼等は何時も胸の中にたくわえているらしかった。なだめられたまま治まって、またもとのように背を円《まる》くして並んでいる後姿を見るたびに、私は自分の心まで寒くなるような、悲しい人間のあり方を見ずにはいられなかった。

一度だけ、殴り合いを見た。

これもやはり詰らない原因からだったが、何を、と一人が立ち上ったので、相手も仕方なさそうに立ち上った瞬間に二人とも闘志をすっかり無くしてしまったように見えた。あとは、立ち上ったその虚勢を、如何《いか》にして不自然ではないように治めてしまうかが問題だったのだ。何か二言三言低い声で言い争ったと思うと、片方がおどすようにのろのろと拳《こぶし》を振り上げた。ところが相手がじっとしているものだから、追いつめられた此の男は(b)せっぱつまって、本当に相手の頭をこつんと叩《たた》いてしまったのだ。

打たれた方の男は、びっくりしたような顔をして一寸《ちょっと》の間じっとしていたが、いきなり相手の胸を取って横に引いたのである。殴った方は呆然《ぼうぜん》と立っていたところを急に横に押され、中心を失って簡単に海の中に落ちてしまったのだ。それから皆で大騒ぎして、濡れ鼠《ねずみ》になったのをやっとの事で引っぱり上げたのだが、可笑《おか》しなことには、突き落した男が先頭に立って、⑥着物を乾かすのなどを手伝ってやったりして（　　）を焼いたのである。そして別段仲直りの言葉も交さずに、漠然と仲直りをしてしまったのだ。着物が乾いて夕方になると、いつもは別々に帰るくせにその日に限って、一緒に談笑しながら防波堤を踏んで帰って行った。反撥しようとする意欲よりも慣れ合おうと言う意識の強い、出来るだけ自分の廻《まわ》りに摩擦《まさつ》を避けようとする之等《これら》の人々の生活態度を見て、私はようやく彼等に対する一つの感じがはっきり形を取り始めるのを感じた。それは、不潔なものを見たときの感じに良く似ていたのだ。

毎日毎日魚釣りを続けているうちに、私は自分の釣竿や魚籠や、安いものであったけれどそんな道具類に一種の愛着を感じ始めていた。それからまた、私は餌のゴカイという虫が好きになった。【中略】

勿論、防波堤で餌がなくなった場合でも、常連は決して分けて呉れることはなかったから、少しいつも余分に買って行かねばならな気分があった。私が始めて此処に来たのは五月の頃であったけれども、彼等と口を利《き》くようになったのは一箇月も立ってからである。もっとも私も①故《ゆえ》知れぬ反撥《はんぱつ》を彼等に感じて、なるべく隔《へだ》って釣ってはいたのだが、ある日のことどういう潮加減《しおかげん》か＊メバルの大きいのが私の釣針につづけさまにかかったのだ。②その日から彼等は私に口を利くようになったのだが、いわばその日を＊元服《げんぷく》の日として私も大人の仲間入りをさせられたものらしい。思うに、彼等の中にある微かな排他の風情《ふぜい》も、つまりは此のような微妙な優越感に過ぎないのだ。

日曜日になると、此の防波堤は沢山の人出で埋められる。勤人《つとめにん》や職工や学生が、休みを楽しみに来るのだ。それを防波堤の常連は、③お素人《しろうと》衆と称して嫌った。だから日曜日には、彼等はほとんど顔を出さなかった。しかし、素人衆とさげすみはするものの、私が見るところでは、両者には、伎倆《ぎりょう》の点からはさほど＊径庭《けいてい》があるものとも思えなかった。もし違う点があるとすれば、魚釣りということに打ちこむ熱情の差であっただろう。面白いことには、日曜日の客達はひとしく世間の貌で押し通そうとするのである。たとえば、人の釣っているうしろで大声で話したり、他人の魚籠《びく》を無遠慮にのぞいたり、そうした無神経さが防波堤の常連の気にさわっていたのかも知れない。が、魚釣りを楽しむという点では同じであったから、その点においては④両者はひとしく素人であったのだ。と言うのは、此の防波堤には本当の漁師が来ることもあったからである。【中略】

「私むかし、捕鯨船《ほげいせん》に乗り組んでおりましてな」

捕鯨船のモリから、此の水中鉄砲を考案したというのである。もう五十位になる、非常に和《なご》やかな、人なつこい表情の男であった。引鉄《ひきがね》を引くと、ゴムが外れて、長さ二尺程の小さなモリが射出される。勿論《もちろん》そのモリは銃身につないであるのだから、刺された魚は逃げ出すことは出来ない。彼の話によると、防波堤のへりには、私達の糸にはなかなかかからないチヌが、［A］と群れているということであった。大きな水中眼鏡をかけ、水面上で深呼吸を何度もしていたかと思うと、急に身体を平たくして海の底に沈んで行く。そして暫《しばら》くすると一尺以上のチヌを突き刺して浮き上って来るのである。

防波堤の縁は高かったから、常連の誰かが獲物を受け取って、防波堤上の大きな魚籠に入れてやる。時には、腕ほどの大きさの鰻《うなぎ》のこともあったし、また、＊鯔《ぼら》のこともあった。私は此の男から、いろいろと海の底の話を聞いた。私達にとっては、海が濁っている方がチヌは釣りやすいのだが、此の男にとってはそれが反対になるらしかった。

「横向きになるのを待っているうちに、呼吸が苦しくなりましてな――」

正面を向いた魚をうつと、肉が壊れてしまって売物にはならないらしい。それほど、そのモリの力は強かった。いつか常連があつまって、ゴムを引鉄にかけようとしたけれど、誰一人として成功したものはなかった。ところが彼は、水の中で立ち泳ぎをしながら、楽々とかけるのである。ゴムをかけるコツや、水中鉄砲を考案した苦心や、あるいは捕鯨船のときのことを語るとき、彼は本当に嬉しそうであった。

此の男は、時間を見はからってやって来て、二三時間の間に四五年物のチヌを二十匹ほども取ってさっさと帰って行った。その伎倆の故をもって、此の男が常連の畏敬と羨望《せんぼう》の対象となっていたのは勿論である。が、考えて見ると、五十にもなって冷たい水にもぐらねばならないことは、むしろ不幸なことであったにちがいない。

いつか、此の男が重い魚籠を下げて海岸まで戻って来たとき、私も其処にいた。日曜日であったか、海岸を散歩していた人々がそれを見に集《あつま》って来たが、その中の一人が、土産にするのだから売って呉《く》れないか、と此の男に言った。勿論魚は新鮮だし、直接漁師からだから安いだろうと思ったにちがいない。男は暫く考えていた。そして、一尺程のを手にとって、一円五十銭なら売ろう、と不

［X］に答えたのである。それは法外に高値だと思われた。売

ら。

イ　日本人のコミュニケーションは、自分が言っていることを相手に正しく理解してもらうために、既成の言語を使ってアイデンティティを表現することが社会的な約束事だから。

ウ　現代社会では、日常的に使用されていることばの種類があまりにも多様化しており、かつそれを上手く使い分けることが不可能なため、アイデンティティも表現することができないから。

エ　現代社会には、一般的に認識されていることばが限られた数量しか存在しておらず、かつそれを用いてアイデンティティを表現したとしても限定されたものでしかないから。

問十五、次に示すのは、本文を読んだ四人の生徒たちが書いた感想文である。本文の内容に合致するものとして最も適当なものを、次の中から選びなさい。

ア　生徒A「私は『アイデンティティ』ということばを聞いたことはあるけれど、今まであまりよく理解していませんでした。でもこの文章を読んで、少しでも早い時期に自分の『アイデンティティ』を見つけることの重要性を学びました。これからは、周りの人に自分の『アイデンティティ』を知ってもらえるような言葉づかいをしたいと思います。」

イ　生徒B「『アイデンティティ』ということばを辞書で引いたら、〈自己同一性〉と書いてありました。僕はこの文章で、ていねいな言葉づかいをする人が複数の『アイデンティティ』を表現できるということを学びました。これからは、正しい敬語法を習得して自分のさまざまな『アイデンティティ』を相手に伝えられるようになりたいです。」

ウ　生徒C「『アイデンティティ』とは、自分が自分であること、自分が他者や社会から認められているという感覚のことです。僕はこの文章を読んで、自分のことを相手に理解してもらうには、複数の『アイデンティティ』を創造することが大切であることを学びました。これからは、日本語だけでなく多様な言語を学び、自分の言語資源を充実させたいです。」

エ　生徒D「私は『アイデンティティ』ということばの意味があいまいでしたが、この文章を読んでとても身近なものに感じました。この文章では、表現される『アイデンティティ』は自分のすべてを表しているわけではないことを学びました。これからは、人と接するときに言葉づかいだけで『アイデンティティ』を決めつけないようにしようと思います。」

二

次の文章を読んで、後の問いに答えなさい。

＊軍医の指摘によって自分の胸の病気を知った「私」は故郷に戻り、療養の一環で魚釣りを日課にするようになった。「私」の通っている防波堤にはいろいろな人がやってきた。

其処《そこ》には何時《いつ》も誰かが釣糸を垂れていた。夜は夜で、＊チヌの夜釣りがいるから、つまり此処《ここ》には二十四時間誰かいることになる。少しずつ顔ぶれは代って行くようだったけれども、それでも毎日顔を合《あわ》せる連中は自然に一つの群《グループ》をつくっていた。年寄りもいるし、若いのもいるし、また少年もいたが、此《こ》の連中と長いこと顔を合せていて私は一度も彼等《かれら》の職業や身分を感じ取ったことはなかった。彼等は常に一様な表情であり、一様な言葉で語り合った。いわば彼等は、世間の貌《かお》を置き忘れて来ている。——そして、此の群の中で上下がつくとすれば、それは飽《あ》くまで釣魚の上手下手によるものであった。たとえば碁《ご》会所や＊撞球場《どうきゅうじょう》で上手な人が漠然と畏敬《いけい》の対象となっているように、ここでも上手は幾分横柄《おうへい》にふるまうし、あまり上手で無いものは控《ひか》え目に振舞っているようであった。それも、意識的ではなくて、自然に行われていた。がそれもはっきりした純粋なものではなくて、技術だけが問題である此の世界でも、また人間心理のそれぞれの陰影を含んで来るようであった。

此の群には、そして、微《かす》かではあったけれども、一種の排他的な

B

ア　それでも　イ　それゆえ
ウ　あるいは　エ　しかし

C

ア　だから　イ　さらに
ウ　すると　エ　つまり

問六、傍線部③「アイデンティティ表現に利用することができる材料」として**不適当なもの**を、次の中から選びなさい。

ア　病院内で医師が診察や治療および手術の際に着用する白衣。
イ　学校内で授業の開始や終了時刻を知らせるためのチャイム。
ウ　日本で喜びを表すときに両手を何度か上げ下げするしぐさ。
エ　私立小学校で男子は黒、女子は赤と指定されるランドセル。

問七、傍線部④「人間が意味を表現するために利用するものを『記号』としてとらえる」とはどういうことか。最も適当なものを、次の中から選びなさい。

ア　人が記号論の分野で「ことば」から連想できるものと関連づけて、具体的な「アイデンティティ」とみなすこと。
イ　人が音声や形を持ったものに意味合いを見いだすため、「視覚イメージ」を想像すること。
ウ　人が「ことば」などの具体物にその意味を結び付けて、抽象的な「アイデンティティ」を認識すること。
エ　人が情報を伝える「ことば」の重要な働きを活用して、「視覚イメージ」に意味づけること。

問八、傍線部⑥「造形」と同じ構成の熟語を、次の中から選びなさい。

ア　虚像　イ　徹夜　ウ　国営　エ　縦横

問九、空欄 X ・ Y に入る語の組み合わせとして最も適当なものを、次の中から選びなさい。

ア　X　ざっくばらんな親しい　Y　上から目線の
イ　X　他人行儀でよそよそしい　Y　公平な立場の
ウ　X　初対面でぎこちない　Y　尊敬を表す
エ　X　律儀で中立的な　Y　その場限りの

問十、傍線部⑦「典型」の対義語として最も適当なものを、次の中から選びなさい。

ア　標準　イ　優秀　ウ　雑然　エ　例外

問十一、傍線部⑨「アイデンティティ表現の材料として利用されることば」として**不適当なもの**を、次の中から選びなさい。

ア　社会的に共有されていない創造されたことば。
イ　話し手が場面や状況に合わせて用いることば。
ウ　会話に関わる人物等を造形するときのことば。
エ　敬語表現や「人称詞」「文末詞」などのことば。

問十二、傍線部⑩「時と場合に応じてさまざまな言語資源を駆使すること」とあるが、このような状況を言い表した四字熟語として最も適当なものを、次の中から選びなさい。

ア　試行錯誤　イ　臨機応変
ウ　暗中模索　エ　意味深長

問十三、傍線部⑪「また」と意味・用法が同じものを、次の中から選びなさい。

ア　彼は運動部に所属し、また文化部にも所属して活動している。
イ　彼女は、また記録を更新するために練習量を大幅に増やした。
ウ　母は今年も実家に帰省できず、またの機会を楽しみにしている。
エ　大型の台風が、またもや関東地方に接近しているという予報だ。

問十四、傍線部⑫「私たちのコミュニケーションは、すでにあることばを使わざるを得ないという意味では、制限されている」とあるが、それはなぜか。最も適当なものを、次の中から選びなさい。

ア　我々のコミュニケーションは、現代社会においていまだ認知されていない「ことば」を使うという暗黙のルールが存在するため、アイデンティティは一定の仲間内にしか表現されないかアイデンティティを表現している。むしろ、制限があるから創造が生まれると言えるほどだ。今あるアイデンティティ表現の制限に変化を引き起こすのは、このような「アイデンティティの創造」である。

（中村桃子『「自分らしさ」と日本語』による　一部改変）

《注》

＊（池上一九八四）＝一九八四年に刊行された池上嘉彦『記号論への招待』（岩波新書）の中で述べられているということ。

問一、傍線部(i)〜(iii)のカタカナ部分と同じ漢字を使う熟語として最も適当なものを、それぞれ後の中から選びなさい。

(i)　分セキ

ア　夏以降に僕の成セキが徐々に伸びた。
イ　祖父が即セキで作った俳句を披露する。
ウ　教授が臨床実験の結果を解セキする。
エ　研究員が物体の体セキ変化を調査する。

(ii)　類ジ

ア　弟が高齢者の身体を疑ジ体験した。
イ　父は術後に温泉場へ湯ジに行った。
ウ　私は役員の職をかたくなに固ジした。
エ　生徒は先生の教ジどおりに行動した。

(iii)　街カド

ア　うちの息子も人ナミに恋をしているようだ。
イ　家族旅行の夕食で尾カシラつきの鯛が出た。
ウ　お寺のモンの前には美しい花が咲いている。
エ　我が家の壁には鹿のツノが飾られている。

問二、傍線部①「ジェンダー」⑤「ゆえん」⑧「高飛車な」の本文中の意味として最も適当なものを、それぞれ後の中から選びなさい。

①　ジェンダー

ア　国籍などにこだわらない世界主義者
イ　国家や民族の統一化を推進する運動
ウ　利益や目的を同じくする人々の集合
エ　社会的な意味合いから見た性の区別

⑤　ゆえん

ア　根拠　イ　風習　ウ　傾向　エ　影響

⑧　高飛車な

ア　誰に対しても低姿勢でへりくだった
イ　相手に対して頭から威圧するような
ウ　家柄が高貴で世間知らずの所がある
エ　崇高な精神を持ち人を寄せつけない

問三、傍線部(a)〜(d)の波線部分の漢字を訓読みに直したものとして**不適当なもの**を、次の中から選びなさい。

ア　(a)　役割＝サく　イ　(b)　交換＝カえる
ウ　(c)　有効＝キく　エ　(d)　言及＝オびる

問四、傍線部②「この三つの側面は、実際にははっきり区別することはできないのだ」とあるが、それはなぜか。最も適当なものを、次の中から選びなさい。

ア　友人との会話のやり取りでは、ミクロ以外のアイデンティティの側面が、特に際立った表現になるから。
イ　自分が発する言葉には、マクロ以外の異なるアイデンティティの側面が、互いに混ざり合うことになるから。
ウ　相手との会話の際に、マクロ・メソ・ミクロという異なるアイデンティティの側面が、同時に表現されることになるから。
エ　どんな会話の際でも、マクロ・メソ・ミクロという異なるアイデンティティの側面は、いずれも反対の表現になるから。

問五、空欄[A]〜[C]に入る語として最も適当なものを、それぞれ後の中から選びなさい。

[A]

ア　ところが　イ　そして
ウ　もちろん　エ　さらに

⑦典型例には、「あら、あたし嫌だわ」のような話し方が挙げられる。

「〇〇ことば」の中には、具体的な人物像、つまり、アイデンティティと結び付いているものがある。「女ことば」の場合で言えば、〈ひかえめで、丁寧で、女らしい女性〉や〈中年の主婦〉、あるいは、〈⑧高飛車なお嬢さま〉という人物像を想起させるかもしれない。

このように、⑨アイデンティティ表現の材料として利用されることばは「言語資源」と呼ばれる。

「言語資源」という概念は、ことばを話し手から切り離して、だれでも使える「アイデンティティ表現の材料」としてとらえなおす。

これまでの考え方では、ある人がていねいな言葉づかいをするのは、その人が謙虚な人だから、つまり、〈謙虚な人〉なので、「ていねいな言葉づかい」になったと考えた。しかし、「ていねいな言葉づかい」をだれもが使える言語資源とみなすと、謙虚な人でもおうへいな人でも、時と場合に応じて「ていねいな言葉づかい」をすることになる。

人と関わり合う前から〈謙虚な人〉や〈おうへいな人〉がいるのではなく、同じ人でも、「ていねいな言葉づかい」をするかしないかによって、〈謙虚〉になったり〈おうへい〉になったりする。私たちは、⑩時と場合に応じてさまざまな言語資源を駆使することで、さまざまなアイデンティティを持った人間として立ち現れ、⑪また、さまざまな人物を造形することができるのだ。

ことばを「言語資源」とみなす視点が重要なのは、私たちは、自分のアイデンティティと結び付いているわけではない言葉づかいを使って、同時に複数のアイデンティティを表現するときがあるからだ。

【中略】

ことばは、私たちが豊かなアイデンティティを表現するために利用することができる貴重な材料であることが分かった。

しかし、⑫私たちのコミュニケーションは、すでにあることばを使わざるを得ないという意味では、制限されている。

自分が言っていることを相手に理解してもらうためには、社会にすでに共有されている「ことば」を使うしかない。ことばは社会的な約束事なので、「今日から私は自分のことをパピポと呼ぶ」と決めても、相手が「パピポ」ということばの意味を知らなければコミュニケーションが成りたたない。

しかし社会には、限られた数のことばしか用意されていない。限られた数のことばで表現できるアイデンティティは、限られる。たとえば、日本語で主に使われている自称詞(自分を指すのに使われることば)には、「わたし、わたくし、あたし、ぼく、おれ」などがある。そのうち、女子に適当だと考えられているのは、「わたし、わたくし、あたし」までだ。

しかし、自分を「わたし、わたくし、あたし」と呼ぶことに抵抗がある女子がいることも確かだ。同じように、男子に適当だと考えられている「ぼく、おれ」にも、抵抗感を持つ人がいる。つまり、「わたし、わたくし、あたし、ぼく、おれ」という限られた自称詞と結び付いているアイデンティティでは、自分が表現したい「自分」にピッタリこないのだ。

その結果、私たちは、アイデンティティと結び付いた限られた数のことばをさまざまに組み合わせたり、別の所から借りてきたりしながら、創造的にアイデンティティを表現するという形をとる。右に挙げた自称詞の例で言えば、最近の女子小中学生は、関西方言から借りてきた「うち」を使い始めている。自称詞は使わずに、名前を使う人もいる。

【中略】

このように、アイデンティティは、さまざまな制限の中で、さまざまな方法で表現されるので、いつ表現されたアイデンティティも、その人のすべてを表しているのではない。私たちのアイデンティティ表現は、いつも部分的なのだ。

それでも、私たちは、制限を乗り越え、方法を駆使して、日々、るのは、すでに「セーラー服」という服装と〈女子高生〉のアイデンティティが結び付いているからである。この意味では、服装や髪型も「ことば」と(ii)類ジした働きをしている。

　そのなかでも「ことば」は、もっとも体系化され、だれもが利用することのできる材料である。まさに人間が、音声や文字という具体物を通して意味を表現する「言語」を発達させてきた⑤ゆえんである。

　通常、「ことば」は、何かの内容を人に伝えるために使われると考えられている。もちろん、情報を伝えることは「ことば」の重要な働きのひとつだ。それに加えて、「ことば」には、アイデンティティを表現する材料としての働きもある。

　私たちが人とコミュニケーションをするときには、同じ内容を伝えていても、言葉づかいを使い分ける。それは、話している内容以外のさまざまな情報を「ことば」を使い分けることによって伝えているからである。

　その中には、自分をどのような人物として⑥造形するのか、相手をどのような人物として扱っているのか、［　B　］、会話の中に登場している人をどのような人物として(d)言及しているのかなどの情報も含まれている。会話に関わるさまざまな人物を「ことば」を使い分けることによって造形しているのである。これが「ことばはアイデンティティ表現の材料だ」という意味だ。

　アイデンティティ表現の材料としてもっとも分かりやすい例は、先に挙げたマクロなレベルのアイデンティティを指す「ことば」だ。たとえば、「日本人」ということばを使って「私は日本人です」と言えば、〈日本人〉というアイデンティティを表現できる。反対に、「日本人」という「ことば」がないと、このように簡単には〈日本人〉というアイデンティティを表現できない。社会で広く認められているアイデンティティには、表現しやすいように、それを示す「ことば」がつくられるのだ。

　また、日本では「日本人なら日本語を話すはず」という考え方が根強いので、日本語を話しているだけで、〈日本人〉というアイデンティティを表現できる場合も多い。外国の(iii)街カドで日本語が聞こえてくると、「あっ、日本人だ」と思う。「日本語」全体が、アイデンティティの材料になるのだ。

　［　C　］、細かいことばでは、「人称詞」や「文末詞」を挙げることができる。人称詞というのは、「わたし」や「あなた」のような人を指すことば、文末詞というのは、「です」「ます」「だ」のような、文の最後に来ることばを指す。

　人称詞の例で言えば、自分のことを「ぼく」と呼ぶか、「わたし」と呼ぶかで、話し手が表現している自分のイメージはずいぶん違ってくる。相手のことを「〇〇さん」と呼ぶか、「〇〇ちゃん」と呼ぶかで、自分と相手の関係も異なる。また、会話に登場した人を「あの人」と呼ぶか、「あいつ」と呼ぶかでも、その人物の造形が変わってくる。

　同じように、文末詞も、「今、何時？」と聞かれて、「八時」と答えるか、「八時です」、あるいは、「八時だ」と答えるかで、相手との関係が全く違う。「八時」だと、［　X　］関係、「八時です」だと、ていねいだけど、少し距離のある関係、「八時だ」だと、［　Y　］関係とでも書き表せる。相手との関係によって、自分の相手に対するアイデンティティも異なってくる。

　しかし、これらの例で、異なる文末詞によって表現される相手との関係をはっきり決めることができなかったように、実際に相手との関係の中で、話し手がどのようなアイデンティティを表現しているのかを知るには、「です」「だ」のような個々のことばだけではなく、使われている場面や会話の目的などの状況、さらに、話し手が使っている他のことばも考慮する必要がある。

　また、アイデンティティを表現する材料として使われるのは、個々のことばだけではなく、それらが集まった「〇〇ことば」であることが多い。たとえば、「あたし」という人称詞や「～だわ」という文末詞などが集まった言葉づかいは、「女ことば」と呼ばれる。

二〇二三年度　日本大学櫻丘高等学校（B日程）

【国語】（六〇分）〈満点：一〇〇点〉

一　次の文章を読んで、後の問いに答えなさい。

私たちは、人と関わり合うことで、その時々にさまざまなアイデンティティを表現している。すると、「その時々」、つまり、だれが、どういう状況で、いつ、だれと関わり合っているかを細かく調べることが、とても重要になってくる。

そして、このように細かな(i)分セキが行われた結果、アイデンティティ自体にも異なる側面を区別できることが分かってきた。

ひとつは、年齢、①ジェンダー、国籍や人種、社会階級のように、その社会全体で広く受け入れられているマクロなアイデンティティだ。例として、〈若い〉〈男らしい〉〈日本人〉〈中流〉が挙げられる。

二つ目は、ある集団に特定のメソ（マクロとミクロの中間）のアイデンティティだ。たとえば、ある中学では、部活に所属している〈部活生〉と所属していない〈帰宅生〉が区別されているとすれば、〈部活生〉と〈帰宅生〉は、この中学という集団に限って使われるメソなアイデンティティとなる。

最後が、会話のやり取りの中の、ミクロなアイデンティティだ。どんな会話でも、話し手には、その場面に特有の(a)役割がある。たとえば、生徒の発表を聞いて点数を付ける先生は、〈評価者〉というアイデンティティを「行っている」。また、冗談を言ってみんなを笑わせてくれる人には、しばしば、〈ムードメーカー〉というアイデンティティが与えられる。さらに、失恋した友だちから相談を受けるときには、〈聞き役〉というアイデンティティを引き受ける。

重要なのは、実際の会話では、これらの異なるアイデンティティの側面が同時に表現されるという点だ。同時に表現されることで、互いが混ざり合う。つまり、②この三つの側面は、実際にははっきり区別することはできないのだ。

また、場面によっては、異なるアイデンティティの側面が強調される。たとえば、普段日本にいるときには、自分が日本人であることをそれほど意識することはない。［A］、海外に行って日本に関する質問に答えるときなど、日本人の代表になったように感じられ、〈日本人〉としてのアイデンティティを意識する。また、中学校で登下校時刻についての話し合いがあると、朝練や放課後の練習をしたい〈部活生〉と、そうでない〈帰宅生〉のアイデンティティが表面に出てくるだろう。

それでは私たちは、どのようにしてアイデンティティを表現するのか。何もないところから表現することはできない。材料が必要である。③アイデンティティ表現に利用することができる材料は、無限にある。なぜならば、意味を表すものならば、何でも利用できるからだ。

悲しいかな人間は、「アイデンティティ」のような抽象的イメージを直接伝えあうことができない。音や形、色や味、手触りなど、五感で認識できるものを通して表現しなければならない。だから、音や形を持ったものに意味を結び付けて、お互いに音や形を(b)交換することで意味を伝えようとするのだ。

記号論という分野では、このように音や形、色が意味と結び付いているものは、すべて「記号」とみなす＊（池上一九八四）。ことばも記号のひとつになる。トイレの入り口にある絵は〈女子トイレ〉や〈男子トイレ〉という意味を示す記号であり、学校の制服も〈その学校の生徒〉という意味を示す記号だ。④人間が意味を表現するために利用するものを「記号」としてとらえる視点は、広告や雑誌のように視覚イメージが多用されているものを賢く理解する「メディアリテラシー」を身に着けるためにも(c)有効だ。

服装や髪型、しぐさや姿勢なども、それが〈意味〉と結び付いていれば、アイデンティティを表現するための材料になる。「セーラー服」を、その人が〈女子高生〉であることを示すために利用でき

英語解答

Ⅰ 問題１ (1)…2 (2)…4 (3)…1
(4)…3 (5)…3
問題２ (1)…2 (2)…1
問題３ (1)…2 (2)…3 (3)…1

Ⅱ (1) 3 (2) 2 (3) 2 (4) 1
(5) 3

Ⅲ (1) 3 (2) 4 (3) 1 (4) 2
(5) 8

Ⅳ (1) 4 (2) 2

Ⅴ 1 3→1→4→2
2 4→2→1→3
3 1→3→2→4
4 4→1→3→2
5 2→4→1→3

Ⅵ A (1)…1 (2)…3 (3)…4 (4)…2
B (5)…1 (6)…2 (7)…4 (8)…7

Ⅶ 問１ 2 問２ 3 問３ 2
問４ 2 問５ 3 問６ 1
問７ 4 問８ 2 問９ 3
問10 1

数学解答

1 (1) 9 (2) 7 (3) 4
(4) エ…2 オ…9

2 (1) ア…3 イ…1 ウ…9 エ…3
オ…4 カ…9 キ…2 ク…2
ケ…3
(2) コ…5 サ…3 シ…6 ス…7
セ…3 ソ…6
(3) タ…6 チ…7 ツ…6 テ…5
(4) ④

3 (1) (i) ア…3 イ…1 ウ…3
エ…5
(ii) オ…2 カ…0 キ…4
ク…5
(2) ケ…1 コ…0 サ…1 シ…0
ス…9

4 (1) ア…3 イ…8
(2) ウ…3 エ…4 オ…3 カ…2
キ…3 ク…2
(3) ケ…6 コ…4 サ…8 シ…2
ス…4

5 (1) (i) ア…6 イ…1 ウ…8
(ii) エ…1 オ…7
(2) カ…② キ…⑧ ク…7 ケ…3
コ…2

国語解答

一 問一 (i)…ウ (ii)…ア (iii)…エ

問二 ①…エ ⑤…ア ⑧…イ

問三 エ 問四 ウ

問五 A…ア B…ウ C…イ

問六 イ 問七 ウ 問八 イ

問九 ア 問十 エ 問十一 ア

問十二 イ 問十三 ア

問十四 エ 問十五 エ

二 問一 ウ 問二 エ 問三 イ

問四 ア 問五 A…ア B…イ

問六 エ 問七 ウ 問八 エ

問九 (a)…イ (b)…ウ (c)…エ

問十 エ 問十一 ウ 問十二 ア

問十三 ウ 問十四 ア

問十五 エ

三 問一 イ 問二 イ 問三 エ

問四 ア 問五 エ 問六 ア

問七 ウ 問八 i…エ ii…イ

問九 ウ 問十 ア 問十一 ウ

2022年度 日本大学櫻丘高等学校（A日程）

【英　語】（60分）〈満点：100点〉

■リスニングテストの音声は，当社ホームページで聴くことができます。（当社による録音です）
再生に必要なユーザー名とアクセスコードは「収録内容一覧」のページに掲載しています。

Ⅰ　これから放送によるリスニングテストを始めます。放送の内容をよく聞いて答えなさい。聞きながらメモをとってもかまいません。

問題１　次の(1)～(5)の写真について４つの英文が読まれます。写真の状況として最も適切な英文を１～４の中から１つ選び，その番号をマークしなさい。**英文は１回のみ放送されます。**

(1)

１．　２．　３．　４．

(2)

１．　２．　３．　４．

(3)

１．　２．　３．　４．

(4) 

1．　2．　3．　4．

(5) 

1．　2．　3．　4．

問題２　これからLisaが自分のおばあさんについて話をします。英文を聞き，質問に対する答えとして最も適切なものを１～４の中から１つ選び，その番号をマークしなさい。**英文は１回のみ放送されます。**

Questions

No.(1)　Why doesn't Lisa see her grandmother very often?

1．Because her grandmother lives in a small town.

2．Because her grandmother's life is full of interesting things.

3．Because her grandmother lives three hours away from Lisa.

4．Because her grandmother talks and laughs with a lot of friends.

No.(2)　How does Lisa's grandmother stay in touch with family and friends?

1．She visits them.　　2．She writes letters.

3．She uses a smartphone.　　4．She cooks dinner for them.

問題３　これから読まれる２人の対話を聞き，質問に答える問題です。それぞれの質問に対する答えとして最も適切なものを１～４の中から１つ選び，その番号をマークしなさい。**英文は２回放送されます。**

Questions

No.(1)　What time will they probably arrive at the concert hall?

1．4:00　2．4:15　3．4:20　4．4:30

No.(2)　What time will they meet at the station?

1．3:20　2．3:40　3．4:00　4．4:20

No.(3)　What is the man's cell phone number?

1．610-0075　2．610-0057　3．061-0075　4．061-0057

以上でリスニングテストを終わります。引き続き問題に取り組んでください。

※**＜リスニングテスト放送原稿＞**は英語の問題の終わりに付けてあります。

II 次の(1)～(5)の英文の(　)に入る最も適切な語(句)を1～4の中から1つ選び，その番号をマークしなさい。

(1) How about (　　) a game online with local kids next weekend?
　1. play　2. played　3. playing　4. is playing

(2) I saw his uncle (　　) the first time in ten years.
　1. at　2. for　3. in　4. on

(3) When (　　) you going to come back to Tokyo next time?
　1. are　2. do　3. will　4. can

(4) We need a chance to learn how (　　) computers.
　1. using　2. is used　3. should use　4. to use

(5) I have been in this soccer club (　　) I was six years old.
　1. from　2. for　3. since　4. while

III 文脈を考え，次の(1)～(5)に入る最も適切な語を下の語群からそれぞれ1つずつ選び，その番号をマークしなさい。同じ語を2度使用してはいけません。

At first, potatoes were not popular among European people as a food. People didn't want to eat vegetables that grew underground, but they loved the potato flowers. At one time in France, potato flowers were one of the most (1) kinds.

Ireland was the first country to adopt the potato of flower as a daily food in the 17th century. The Irish found that they had many (2). The potato grew in their cold and wet (3), and they could harvest a lot even from (4) land. In Germany in the 18th century, King Frederic II strongly encouraged people to (5) potatoes. He thought that they would save his people from hunger, and he was right.

語群

1. advantages	2. rich	3. expensive	4. climate
5. temperature	6. wrong	7. plant	8. poor

IV 次の設問に答えなさい。

(1) 次の英文を意味が通るように正しい順序で並べ替えた場合，**3番目にくるもの**はどれか，1～4の中から1つ選び，その番号をマークしなさい。

1. The movie business was one of them.
2. The coronavirus had a big impact on many businesses in 2020.
3. Because of this, there was a *revival of *Gihbli movies in the summer of 2020.
4. Many studios had to stop making movies, and some movies did not open on time.

注　*revival：再上映　*Gihbli movies：スタジオジブリが製作した映画

(2) 以下の英文中で意味が通るようにア～エの英文を並べ替えた場合，正しい順番になっているものを1～4の中から1つ選び，その番号をマークしなさい。

In his free time, Jeff loves to go bicycling. [　⇒　⇒　⇒　] Everyone says Jeff is very healthy and has very strong legs.

ア　Some of his friends also ride bicycles.
イ　They often ride their bicycles together.
ウ　Sometimes he rides his bicycle for hours.
エ　So on weekends he goes for bicycle rides.

1．イ⇒ア⇒エ⇒ウ　　2．イ⇒ウ⇒エ⇒ア　　3．エ⇒イ⇒ア⇒ウ　　4．エ⇒ウ⇒ア⇒イ

V

次の文中の１～５の(　)内にある語(句)を意味の通る文になるように並べ替えなさい。解答は例にしたがって，１～４番目の順に番号で答えなさい。

例題　We (1．school　2．students　3．are　4．high).
答え：この例では We are high school students とするため，③，④，①，②を上から順にマークします。

What do you do if you need to $_{1}$(1．with　2．from　3．talk　4．people) foreign countries? It may be at a party, at a sports club, or on a long train trip. I'd like $_{2}$(1．some advice　2．give　3．to　4．you) that will help you in such cases.

First of all, find out $_{3}$(1．long　2．have　3．they　4．how) been in Japan. If they have been here for a short time, then making conversation will be very easy. They'll probably enjoy talking about their impressions of Japan, Japanese food and why they came. They won't mind if $_{4}$(1．they　2．treated　3．are　4．like) guests.

You should be careful, however, when you talk with foreigners who have lived in Japan for a long time. Such people usually want to forget they are foreigners. I do, too. After all, words like *gaijin* and *foreigner* mean "outsider." And $_{5}$(1．really wants　2．to be　3．one　4．no) an outsider.

VI

次のＡ，Ｂの会話文(１)～(８)に入る最も適切な文をそれぞれ選択肢から選び，その番号をマークしなさい。同じ選択肢を２度使用してはいけません。

A

John : How long are you staying here?
Mary : Just five more days. (　1　)
John : Hmm. Have you been to Underwater World?
Mary : No. What is it?
John : It's a huge aquarium with sharks and lots of big fish in it.
Mary : Is it fun?
John : It's awesome! You should definitely go there.
Mary : It sounds great. Maybe I'll do that. (　2　)
John : Well, you could go up the Sky Tower. There are some amazing views from up there.
Mary : The Sky Tower? It sounds high.
John : (　3　) It's very, very high.
Mary : Uh, I don't really like heights.
John : Really? But the Sky Tower is cool!
Mary : Thanks for the idea. (　4　)

Aの選択肢

1．It is.
2．Anything else？
3．I'll think about it.
4．Oh, that's too bad.
5．I heard it wasn't so good.
6．What should I do before I leave？
7．Were you busy on Sunday morning？
8．Do you have any information about the Sky Tower？

B

Greg：Hi, Anna.　How are you doing？
Anna：Great, thanks.（　5　）
Greg：Oh, yeah？　What's going on？
Anna：Well, I'm in a school play.　We have our first performance next week, so I'm *rehearsing every night this week.　I'm also studying for the *midterm exams.
Greg：Me too.　I'm studying for about two or three hours a day.
Anna：Yeah, same here.
Greg：So, what's the play about？
Anna：Well, it's a comedy.　It's really funny.（　6　）
Greg：Oh, sure.　I'll definitely be there.
Anna：I'm glad to hear that.　How are things going with you？
Greg：Actually, I'm pretty busy too.　I have a part-time job now.
Anna：Where are you working？
Greg：At the coffee shop near our university.（　7　）I'm saving money for my trip to France next year.
Anna：France？　Wow.　Do you speak French？
Greg：Not much, but I'm learning French.
Anna：You know, my roommate comes from France.（　8　）
Greg：Really？　That's a good idea.

注　*rehearse：リハーサルをする　　*midterm exams：中間試験

Bの選択肢

1．Around 7:00 p.m.
2．I hope you can come.
3．She speaks good English.
4．You can practice with her.
5．I work three nights a week.
6．What do you think of the play？
7．But I'm really busy these days.
8．I'm studying for my history test.

Ⅶ　次の英文を読み，それぞれの問に答えなさい。

One day, in a big house in *Brussels, *Belgium, a man took his daughter in his arms. Little Audrey Hepburn looked up and saw some beautiful lights above her. They were as white as snow. She remembered those lights all her life. She always loved the color white. She saw white and remembered (1)her father. Then she felt safe and warm.

Audrey Kathleen van Heemstra Hepburn-Ruston was born in Brussels on May 4, 1929. Her mother, Baroness Ella van Heemstra, was *Dutch. Her father, Joseph, was half English, half *Irish. He worked for many companies and made a lot of money.

Young Audrey enjoyed reading and loved animals and birds. But (2)her greatest love was music. "What's music ?" Audrey asked her mother one day. "It's for dancing," her mother answered.

Audrey wanted to be a dancer, but she was [(3)]. "I'm too fat," she thought. "Dancers are thin and pretty, but my face is too round and my legs are too big."

Her parents were [(3)] too. They often fought. One night her mother and father had a big fight. When Audrey woke up the next morning, her father was not there. Audrey cried for days.

Her mother took her to England. At school, Audrey was different from the other girls. The other girls were funny and noisy. They enjoyed sports and talked about their fathers. Audrey was quiet and sad. Her English was not good and she hated sports. She did not talk to anybody about her father. But, slowly, Audrey began to make some friends.

Then, suddenly, in 1939, her mother took her away from England. She could not say goodbye to her schoolfriends. There was no time. "Why are we leaving ?" Audrey asked.

"There's going to be a war," her mother told her. "We're going to *Holland. You'll be safe there."

Audrey lived with her mother and two *half-brothers in the Dutch town of *Arnhem. She became more and more interested in dancing. At the age of ten she wanted to be a world-famous ballet dancer. But one morning, Audrey's mother came into her bedroom. "Wake up," she told her daughter. "It's war."

In the early days of the war Audrey did not leave school or stop dancing. Then, one day, the Germans sent everybody out of the town. Outside, in the country, there was very little food. Audrey and her family (4)had to dig vegetables in the winter from the hard ground. When the war finished, Audrey was very thin and weak. People from the *United Nations came to Arnhem and gave the children milk, sugar, and chocolate. Audrey never forgot them.

Audrey and her mother moved to *Amsterdam after the war. Her mother became a cook. She was not rich, but she paid for Audrey's dancing lessons. Audrey had the best dancing teacher in Holland. Then, when she was seventeen, she had a small part in a travel movie. The director loved her happy face. He said, "A little sun is shining in her eyes."

In 1948 Audrey and her mother moved to London. Her mother worked in a flower store. Friends gave them some money, and Audrey went to the Ballet Rambert. This was the most important ballet school in London. Audrey worked hard at her dancing. She had no time for boyfriends. But one day the ballet school told her, "I'm sorry, but you'll never be a famous dancer. You're too tall."

Audrey was sad, but then something happened. It changed her life. Somebody remembered her from the ballet school, and gave her a small part in a big London musical. Three thousand girls tried to get the part, but the producers wanted Audrey. She quickly found jobs in other musicals. Everybody liked this thin girl with the pretty face and wide smile. "I was not a great dancer," Audrey remembered later. "I *threw up my arms and smiled. That's all."

When Audrey was twenty, her photo was in many magazines. She had small parts in three cheap movies, and she was a *cigarette-girl in the famous movie, *The Lavender Hill Mob* (1951).

注　*Brussels：ブリュッセル(ベルギーの街)　*Belgium：ベルギー　*Dutch：オランダ人／オランダの
*Irish：アイルランド人　*Holland：オランダ　*half-brother：異母[異父]の兄弟
*Arnhem：アーネム(オランダの街)　*United Nations：国際連合
*Amsterdam：アムステルダム(オランダの街)　*throw up：～を勢い良く上げる
*cigarette-girl：煙草やスナック菓子をトレーに入れて販売する女性

問１　下線部(1)について，最も適切なものを１つ選び，その番号をマークしなさい。
1．One of his parents was Irish and the other was English.
2．He made a lot of money because he had many companies to manage.
3．He married a woman who was born in Holland and they came to live there.
4．He and his wife moved to Brussels in 1929 and his daughter was born in the same year.

問２　下線部(2)と最も意味が近いものを１つ選び，その番号をマークしなさい。
1．the best book which she loved
2．the thing which she liked the best
3．the most interesting topic which she read about
4．the most fun which she and her animals and birds had

問３　文中に２か所ある［(3)］に入る最も適切なものを１つ選び，その番号をマークしなさい。
1．attractive　2．excited　3．strong　4．unhappy

問４　AudreyのEnglandでの学校生活について，本文に書かれている内容を１つ選び，その番号をマークしなさい。
1．Audrey did her best to speak English and play sports although she was not good at them.
2．Audrey was different from the other girls at school because of the number of languages she could speak.
3．Audrey already had some friends at school when she had to leave the country with her mother in 1939.
4．Audrey was quiet at first, but she soon became friends with the other girls and began to talk about her father.

問５　下線部(4)の解釈として最も適切なものを１つ選び，その番号をマークしなさい。
1．冬に固い地面に野菜を植え始めた。
2．冬に固い地面からとれる野菜を売っていた。
3．冬に固い地面で育つ野菜を食べようと決めた。
4．冬に固い地面から野菜を掘らなければならなかった。

問６　次の質問に対する答えとして最も適切なものを１つ選び，その番号をマークしなさい。
Which of the following happened in the early days of the war?
1．Audrey appeared in a travel movie.
2．Audrey's mother started working as a cook.
3．People from the United Nations came to Arnhem.
4．The Germans sent people from Arnhem out of the town.

問７　次の質問に対する答えとして最も適切なものを１つ選び，その番号をマークしなさい。
What happened before Audrey became a movie actress in London?

1．After a short performance in a big London musical, Audrey soon appeared in other musicals.
2．A person remembered Audrey from the Ballet Rambert, and she was asked to appear in a movie which he was making.
3．The producers of a big London musical liked Audrey, so her photos were sent to many magazine companies after that.
4．Audrey became the best dancer of the three thousand girls at the ballet school, and appeared in many performances.

問8　本文の内容と一致するものを1つ選び，その番号をマークしなさい。
1．Audrey remembered her father and felt safe when she saw the color white.
2．Audrey liked to see snow because white was her favorite color when she was a little child.
3．Audrey enjoyed taking care of some animals and birds which she kept when she was young.
4．Audrey had a very thin body and a pretty face when she became interested in being a dancer.

問9　本文の内容と一致するものを1つ選び，その番号をマークしなさい。
1．Audrey's father left their home in England when she was asleep at night, and never returned.
2．Audrey's mother wanted to protect her family from the war, so she took them to Holland.
3．Audrey's brothers lived in Arnhem with their sister and mother, but they were taken away by the Germans.
4．Audrey's friends were sorry that they couldn't say goodbye to her, so they decided to help her go to the ballet school in London.

問10　本文の内容と一致するものを1つ選び，その番号をマークしなさい。
1．The dance school which Audrey went to told Audrey not to have a boyfriend and to work hard.
2．The Ballet Rambert did not give Audrey a chance to dance in a musical because she was too tall.
3．When Audrey lived in Amsterdam after the war, the best dancing teacher in Holland taught her.
4．A lot of magazines came to have a photo of Audrey after she appeared in the movie, *The Lavender Hill Mob*.

＜リスニングテスト放送原稿＞

これから放送によるリスニングテストを始めます。放送の内容をよく聞いて答えなさい。聞きながらメモをとってもかまいません。

問題1　次の(1)～(5)の写真について4つの英文が読まれます。写真の状況として最も適切な英文を1～4の中から1つ選び，その番号をマークしなさい。**英文は1回のみ放送されます。**

(1)　Look at the picture marked number (1) in your test booklet.
1．A man and a woman are pulling a boat.
2．A man is rowing a boat with the number "six" on it.
3．There are many boats in the river.
4．There is a line of birds swimming alongside.

(2)　Look at the picture marked number (2) in your test booklet.
1．A cat is looking out of the window.
2．A cat is eating some food.
3．A cat is going into a room.
4．A cat is lying on the floor.

(3) Look at the picture marked number (3) in your test booklet.

1. Some women are wearing gorgeous dresses.
2. A woman in a long dress is sitting.
3. Women in dresses are dancing in a circle.
4. Some women are looking at a dress on display.

(4) Look at the picture marked number (4) in your test booklet.

1. It is snowing heavily on the mountain.
2. A long horn has been left on the ground.
3. A man is standing on the grass.
4. No clouds can be seen in the sky.

(5) Look at the picture marked number (5) in your test booklet.

1. A person is crossing the street on a bike.
2. A lot of cars are parked in front of a building.
3. There are several tall buildings on the street.
4. Some people are standing on the balcony of a building.

問題2　これからLisaが自分のおばあさんについて話をします。英文を聞き，質問に対する答えとして最も適切なものを１～４の中から１つ選び，その番号をマークしなさい。**英文は１回のみ放送されます。**

I visited my grandmother last week. I don't see her very often because she lives in a small town about three hours away from me. I stayed for a week and learned a lot about my grandmother's life.

My grandmother doesn't have a smartphone or even a computer. But she has an interesting life. She enjoys planting new flowers in her garden and she picks vegetables to cook for dinner. She has a lot of friends, and talks and laughs with them. She loves to read and write. She writes letters to her family and friends. In this way, she stays in touch with them.

After I returned home, I got a handwritten letter from my grandmother. She thanked me for coming to visit. I want to see her again very soon.

Questions

No. (1) Why doesn't Lisa see her grandmother very often?

No. (2) How does Lisa's grandmother stay in touch with family and friends?

問題3　これから読まれる２人の対話を聞き，質問に答える問題です。それぞれの質問に対する答えとして最も適切なものを１～４の中から１つ選び，その番号をマークしなさい。**英文は２回放送されます。**

A: Why don't we go to Meg's concert together tomorrow?

B: Good idea. What time shall we meet?

A: Do you know what time the concert starts?

B: The concert starts at 4:30. It will take 15 minutes from the station to the concert hall. So we should arrive at the station at 4:00.

A: OK, but first I want to buy flowers for Meg at the station. What do you think?

B: Sounds good. How much time will it take to buy flowers?

A: 15 minutes? No, maybe 20 minutes.

B: Well, then, let's meet at the station at 20 to 4:00.

A： Yes, I think so. If there is any change, please let me know. My new cellphone number is 061-0057.

Questions

No.(1) What time will they probably arrive at the concert hall？

No.(2) What time will they meet at the station？

No.(3) What is the man's cell phone number？

以上でリスニングテストを終わります。引き続き問題に取り組んでください。

【数　学】 (60分) 〈満点：100点〉

(注意) 1．定規・コンパス・分度器・計算機は使用できない。

2．問題 1 から問題 5 までの，ア，イ，ウ，……の一つ一つには，それぞれ0から9までの数字があてはまる。あてはまる数字を，ア，イ，ウ，……で示される解答欄にマークすること。

3．答えが分数の形で求められているときは，それ以上約分できない分数の形で答えること。例えば，$\frac{3}{4}$ を $\frac{6}{8}$ としてマークしないこと。

4．答えが比の形で求められているときは，最も簡単な整数の比の形で答えること。例えば，1：3を2：6としてマークしないこと。

5．答えが根号の中に数字を入れる形で求められているときは，根号の中の数はできるだけ小さな数にして答えること。例えば，$4\sqrt{2}$ を $2\sqrt{8}$ としてマークしないこと。

1 次の $\boxed{\quad}$ に当てはまる数値を答えなさい。

(1) $3\times\left(1+\frac{5}{3}\right)-\frac{1}{4}\div\left(\frac{1}{3}-\frac{1}{4}\right)=\boxed{\text{ア}}$

(2) $(3\sqrt{3}+2)^2+(\sqrt{3}-5)^2-(3\sqrt{3}-2)^2-(\sqrt{3}+5)^2=\boxed{\text{イ}}\sqrt{\boxed{\text{ウ}}}$

(3) 連立方程式 $\begin{cases}\frac{x+6}{9}+\frac{y}{6}=2\\ \frac{x-3}{3}+\frac{y}{4}=2\end{cases}$ の解は，$x=\boxed{\text{エ}}$，$y=\boxed{\text{オ}}$ である。

(4) 2次方程式 $x^2-7x+9=0$ の2つの解の積は $\boxed{\text{カ}}$ である。

2 次の $\boxed{\quad}$ に当てはまる数値を答えなさい。

(1) 右の図のように，半径2の円が5つあり，隣り合う円同士は互いに接している。

このとき，ぬりつぶされた▒部分と接しない太線部の周の長さは $\boxed{\text{アイ}}\pi$ であり，ぬりつぶされた部分の面積の和は $\boxed{\text{ウエ}}\sqrt{\boxed{\text{オ}}}-\boxed{\text{カ}}\pi$ である。

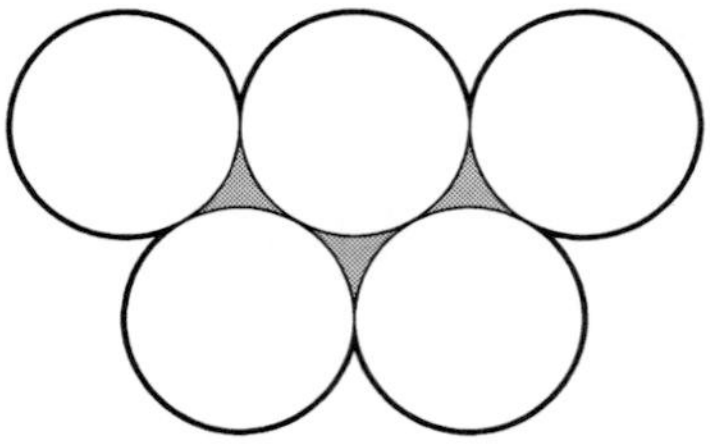

(2) 生徒5人a～eにテストを行ったところ，点数が下の表のようになった。

生徒	a	b	c	d	e
点数(点)	86	79	96	82	72

(i) 5人の点数について，平均値は $\boxed{\text{キク}}$ 点，中央値は $\boxed{\text{ケコ}}$ 点である。

(ii) 5人のテストの結果を点検したところ，1人の生徒の点数に誤りがあることがわかった。その生徒の点数を訂正したところ，5人の点数の平均値は84点となり，訂正した生徒の点数が中央値となった。このとき，点数が誤っていた生徒は $\boxed{\text{サ}}$ である。$\boxed{\text{サ}}$ は下の選択肢から選びなさい。

【選択肢】
① a　② b　③ c　④ d　⑤ e

(3)　A，B，C，D，Eの5人が右の図のような1台の車に乗る。座席は前に2人，後ろに3人並んで座ることができ，運転はA，Bの2人だけができる。前にある運転席にはA，Bのいずれかが座る。

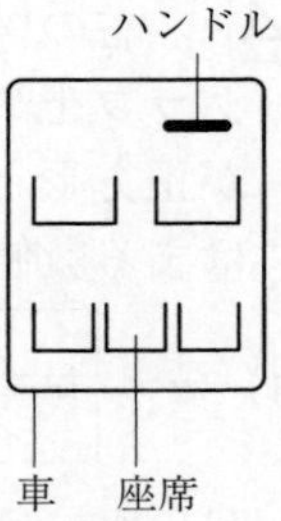

　このとき，5人の座り方は［シス］通りあり，D，Eの2人が隣り合う確率は $\dfrac{\boxed{セ}}{\boxed{ソ}}$ である。

3　B4サイズの大きさの用紙を用意し，図1のように真ん中で折って重ねて，冊子を作る。できた冊子の外側から，左開きになるようにページ番号を1，2，3，……の順で書いていく。ただし，すべてのページに番号を書くものとする。このとき，下の［　］に当てはまる数値を答えなさい。

図1

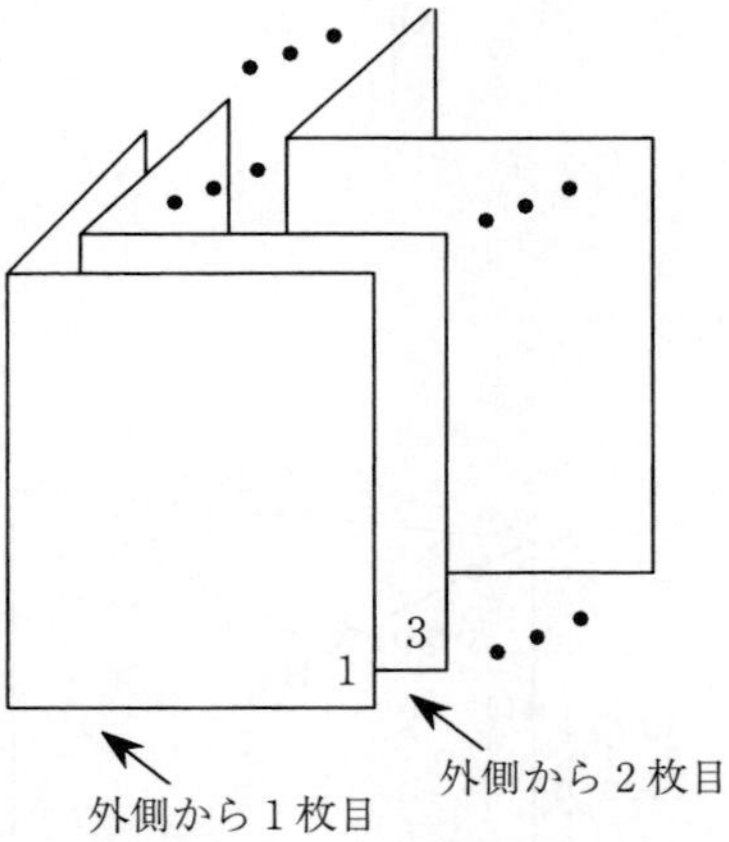

図2

最後のページ番号が48のときの外側から1枚目

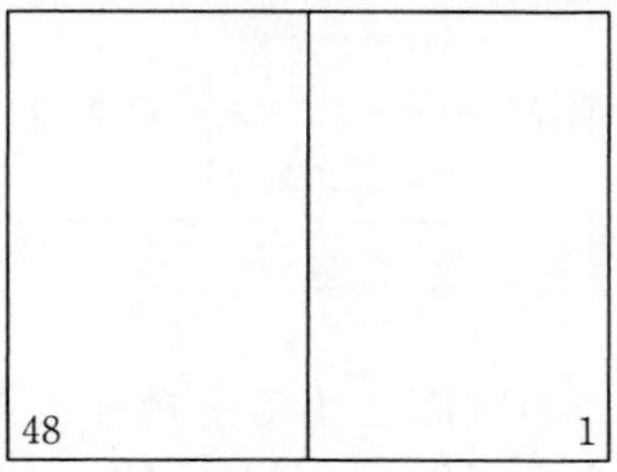

(1)　最後のページの番号が48である場合，B4の用紙は［アイ］枚使ったことになる。また，外側から6枚目の用紙を抜き取り，図2のように広げたとき，同じ面にある2つのページ番号の和は［ウエ］であり，両面にある4つのページ番号のうち2番目に大きいページ番号は［オカ］である。

(2)　次の条件①～③を満たす冊子の最後のページ番号は［キク］である。

条件①：冊子の最後のページ番号は80より小さい。

条件②：冊子の中から抜き取った1枚の用紙にある4つのページ番号のうち，2つは39と40であった。

条件③：条件②で抜き取った用紙において，最も大きいページ番号と最も小さいページ番号の積に6を加えると残り2つのページ番号の積に等しくなった。

4　右の図のように，点(6, 18)を通る関数 $y=ax^2$…①のグラフ上に2点A，Bと，y 軸上に点Cを四角形OACBが正方形となるようにとる。このとき，次の[　]に当てはまる数値を答えなさい。

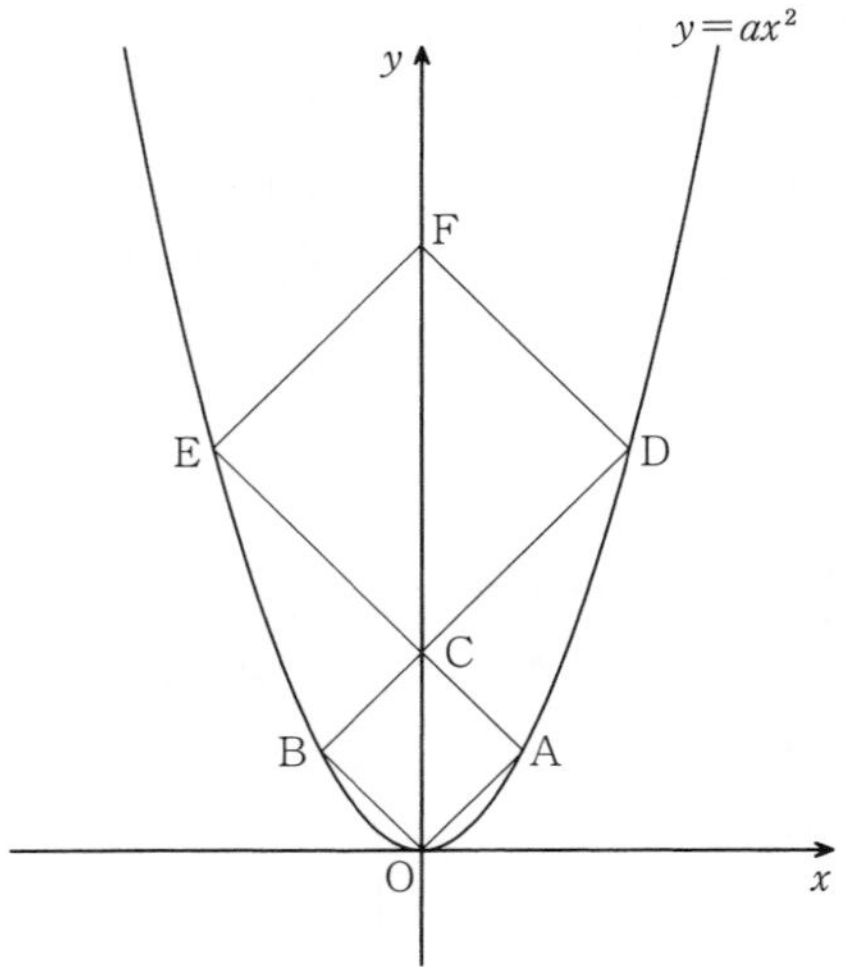

(1)　$a=\dfrac{\boxed{ア}}{\boxed{イ}}$，点Aの座標は([ウ] , [エ])，点Cの座標は([オ] , [カ])である。

(2)　2点A，Bと異なる①のグラフ上の2点D，Eと，点Cに関してOと反対側の y 軸上の点Fを四角形CDFEが正方形となるようにとるとき，点Dの座標は([キ] , [ク])である。

(3)　点(0, 1)をPとする。直線DPと①のグラフの交点のうち，Dではない方の点の x 座標は $-\dfrac{\boxed{ケ}}{\boxed{コ}}$ であり，直線DPは正方形OACBの面積を [サシ] : [ス] の比に分割する。

5　右の図は，△ABCを1つの底面とする三角柱である。この三角柱においてAB=6cm，AC=10cm，AD=12cmであり，側面はすべて長方形である。また，∠ABC=∠DEF=90°である。点Pは点Aを出発して辺AB，BC，CA上をA→B→C→Aの順に毎秒2cm，点Qは点Aを出発して辺AD，DE上をA→D→E→D→Aの順に毎秒3cm，点Rは点Eを出発して辺EB上をE→Bへ毎秒1cmで動くものとする。

3点P，Q，Rが同時に出発して t 秒後について，次の[　]に当てはまる数値を答えなさい。ただし，$0 \leqq t \leqq 12$ とする。

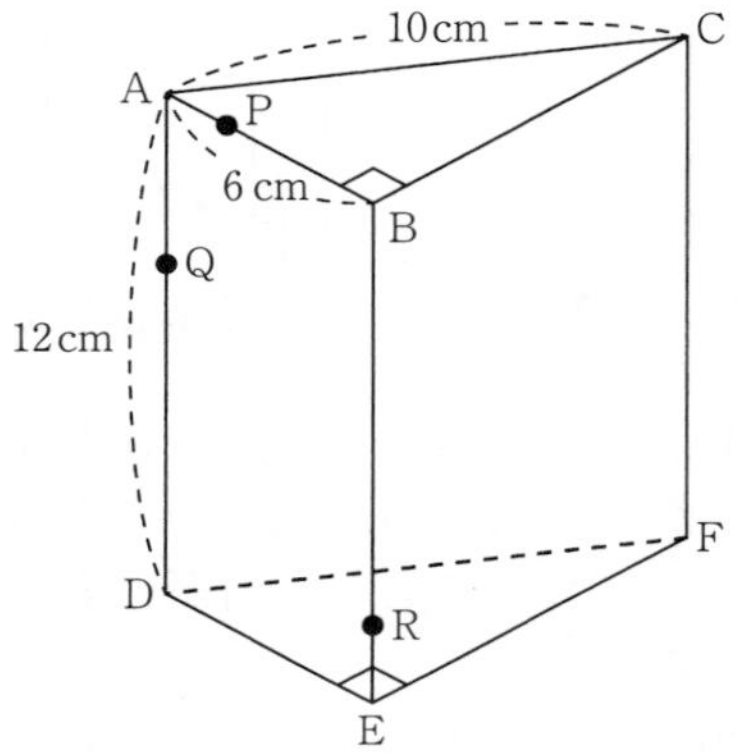

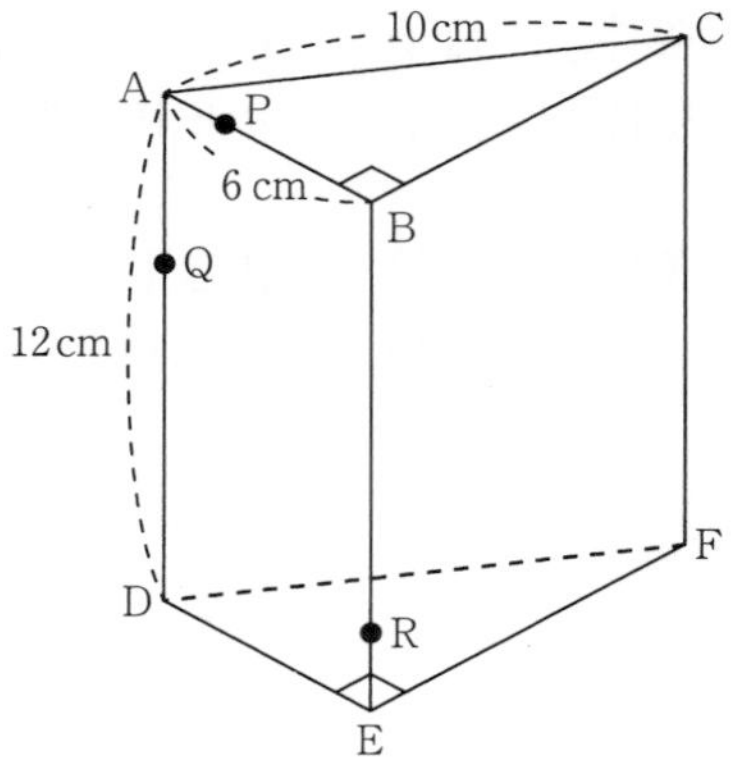

(1)　$t=2$ のとき，AP= [ア] cmであり，PQ= [イ] $\sqrt{\boxed{ウエ}}$ cmである。

(2)　$t=9$ のとき，△ABPと△ABCの面積の比は [オ] : [カ] であるから，三角すいQ-ABPの体積は $\dfrac{\boxed{キクケ}}{\boxed{コ}}$ cm³である。

(3)　この三角柱の側面の長方形において，3点P，Q，Rが1つの長方形の辺上にあるとき，△PQRの面積が18cm²となる時間を t_1，t_2(秒)とする。$t_1 < t_2$ としたとき，

$t_1=\dfrac{\boxed{サシ}-\boxed{ス}\sqrt{\boxed{セソ}}}{\boxed{タ}}$，$t_2=$ [チ] である。

問十一、本文の内容と合致するものとして最も適当なものを、次の中から選びなさい。

ア 自分の都合しか考えない人は、世間で認められて成功を収めることなど決してできない。

イ 人にとって大事なことは、勢いの激しい川のように強い意志で努力を続けることである。

ウ 必ず成し遂げたいということがある場合には、何はさておきすぐに取りかかるべきである。

エ すべての物事が移り変わる無常の世では、流れに身を任せて生きてゆくことが大切である。

問十二、本文の出典である『徒然草』の作者を、次の中から選びなさい。

ア 兼好　イ 鴨長明

ウ 清少納言　エ 西行

し、変化し、滅び去ること。人間でいえば生・老・病・死にあたる。

＊行ひゆく＝実現してゆく。

＊真俗＝出世間（俗世間の生活を離れて僧になること）と、俗世間（一般の人が住む世の中）とをさす。

＊もよひ＝用意。準備。

＊下よりきざしつはるに堪へずして＝下から芽ぐみきざす力にこらえきれないで。

＊迎ふる気、下に設けたるゆゑに＝待ちうけている気力を下に準備してあるので。

＊急ならざるに＝切迫していないうちに。

＊干潟＝潮の干あがった遠浅の砂地。

＊磯＝陸地に近い磯（岩の多い海辺）。

問一、傍線部①「機嫌」④「やがて」の本文中の意味として最も適当なものを、それぞれ後の中から選びなさい。

① 機嫌

ア 願いを実現する方法
イ 自分の意向や気持ち
ウ 相手の世間での評判
エ 事が進んでいく順序

④ やがて

ア ずっと　イ すぐに
ウ すっかり　エ ゆっくり

問二、傍線部②「人の[X]にもさかひ」が、「いい意見でも人に受け入れられず」の意味になるように、空欄[X]に補う語として最も適当なものを、次の中から選びなさい。

ア 耳　イ 目　ウ 口　エ 手

問三、傍線部③「ついで悪しとてやむことなし」の現代語訳として最も適当なものを、次の中から選びなさい。

ア 後回しは良くないといって、優先しても仕方がない。
イ 時機が悪いからといって、途中で止まることはない。
ウ 片手間に行うのは良くないといって、始めない。
エ 具合が悪いからといって、治すことはできない。

問四、波線部a～dの「なり」の中に一つだけ動詞があるが、それはどれか。最も適当なものを、次の中から選びなさい。

ア a　イ b　ウ c　エ d

問五、傍線部⑤「十月」の月の異名として最も適当なものを、次の中から選びなさい。

ア 神無月《かみなづき》　イ 霜月《しもつき》　ウ 長月《ながつき》　エ 葉月《はづき》

問六、空欄[Y]に補う語として最も適当なものを、次の中から選びなさい。

ア 夜寒《よさむ》　イ 小春《こはる》　ウ 花冷《はなび》え　エ 入梅《にゅうばい》

問七、傍線部⑥「ゆゑ」の「ゑ」は何行か。最も適当なものを、次の中から選びなさい。

ア ア行　イ ヤ行　ウ ラ行　エ ワ行

問八、傍線部⑦「これ」の表す内容として最も適当なものを、次の中から選びなさい。

ア 生・住・異・滅がめぐりくること
イ 草が茂り梅がつぼみをつけること
ウ 春・夏・秋・冬が移り変わること
エ 沖の方から海水が満ちてくること

問九、傍線部⑧「磯より潮の満つるが如し」とあるが、比喩の内容として最も適当なものを、次の中から選びなさい。

ア 死は誰もがその存在を知っているということ。
イ 死は人の世で常に繰り返されているということ。
ウ 死は生・老・病の後に必ず訪れるということ。
エ 死は人が気づかない間に迫っているということ。

問十、本文を二つの段落に分ける場合、後の段落の始まりとして最も適当な箇所は、本文中の〔Ⅰ〕～〔Ⅳ〕のどこか。次の中から選びなさい。

ア 〔Ⅰ〕　イ 〔Ⅱ〕　ウ 〔Ⅲ〕　エ 〔Ⅳ〕

ちの前で諭され、自分が恥ずかしくいたたまれない気持ちになったから。

エ　坂口先生が見抜いた通りの結果に終わり悔しかったものの、それを受け入れざるをえないことにも気づき意気消沈してしまったから。

問十四、波線部ア～エの中で直喩が用いられているものを次の中から選びなさい。

ア　格別に力がみなぎっているような気がした

イ　弓には十分な力がこめられているようだった

ウ　バネ仕掛けのようにはじけとんだ

エ　見たことがないような、険しい表情だった

問十五、本文に登場する「坂口先生」の人物像として最も適当なものを、次の中から選びなさい。

ア　髪を染めて登校した実良に対して何も言えずにいる気弱な人物。

イ　技術があっても練習しない者の言葉には耳を貸さない冷淡な人物。

ウ　実良が髪を染めて練習したことを大声で叱責する気性の荒い人物。

エ　ものごとを表面的な要素だけで判断しない冷静で思慮深い人物。

問十六、本文の表現の特徴を述べたものとして最も適当なものを、次の中から選びなさい。

ア　早弥や実良たち弓道部員と指導者の坂口先生の会話を中心に展開している一方、会話以外の説明や叙述は主に早弥の視点によって表現されている。

イ　弓道が持つ独特の複雑さや難しさが示されるとともに、苦悩しながらも一歩ずつ前進する部員の様子が弓道の所作を通して丁寧に描かれている。

ウ　北九州の中学校の弓道部を舞台にした内容であるが、共通語で話す坂口先生をはじめ、本文からは北九州の地域性を見出《みいだ》すことができない表現となっている。

エ　はつらつとした弓道部員の会話を中心にしつつも、早弥や実良たちが抱いている思春期特有の葛藤や悩みが倒置法や擬人法などを多用して描かれている。

三

次の文章を読んで、後の問いに答えなさい。

＊世に従《したが》はん人は、先《ま》づ①機嫌《きげん》を知るべし。ついで悪《あ》しき事は、②人の X にも＊さかひ、心にもたがひて、その事成らず。さやうの折節《をりふし》を心得《こころう》べきなり。〔Ⅰ〕但《ただ》し、病をうけ、子うみ、死ぬる事のみ、機嫌をはからず、③ついで悪しとてやむことなし。＊生《しやう》・住《ぢゆう》・異《い》・滅《めつ》の移りかはる、実《まこと》の大事は、たけき河《かは》のみなぎり流るるが如《ごと》し。しばしもとどこほらず、ただちに＊行《おこな》ひゆくもの a なり。〔Ⅱ〕されば、＊真俗《しんぞく》につけて、必ず果《はた》し遂《と》げんと思はん事は、機嫌をいふべからず。とかくの＊もよひなく、足をふみとどむまじき b なり。〔Ⅲ〕春暮れてのち夏になり、夏果《は》てて秋の来《く》るにはあらず。春は④やがて夏の気《き》をもよほし、夏より既に秋は通《かよ》ひ、秋は則《すなは》ち寒く c なり、⑤十月は Y の天気、草も青くなり梅もつぼみぬ。木《こ》の葉《は》の落つるも、先づ落ちて芽《め》ぐむにはあらず。＊下《した》よりきざしつはるに堪《た》へずして落つる d なり。＊迎《むか》ふる気《き》、下《した》に設《まう》けたる⑥ゆゑに、待ちとるついで甚《はなは》だはやし。生《しやう》・老《らう》・病《びやう》・死《し》の移り来《きた》る事、又⑦これに過ぎたり。四季はなほ定まれるついであり。死期《しご》はついでを待たず。〔Ⅳ〕死は前よりしも来《きた》らず、かねて後《うしろ》に迫《せま》れり。人皆死あることを知りて、待つこと、しかも＊急ならざるに、覚えずして来《きた》る。沖の＊干潟《ひかた》遥《はる》かなれども、⑧＊磯《いそ》より潮《しほ》の満《み》つるが如《ごと》し。

（『徒然草』による　一部改変）

《注》

＊世に従はん＝世間の大勢に順応して生きる意。

＊さかひ＝「逆ひ」。さからうこと。

＊生・住・異・滅＝仏教の用語。四つの有為転変、四相。物が生じ、存続

エ　久しぶりに練習に出てきたにもかかわらず、おわびの一言もない実良の希望をそのまま受け入れていいかためらっているうちに時間が経ってしまったから。

問五、傍線部⑤「あっけにとられる」の意味として最も適当なものを、次の中から選びなさい。

ア　相手にやり込められ反論できない状態
イ　意外な事に直面し驚きあきれる状態
ウ　周囲に惑わされて何もできない状態
エ　悲しみのあまりに言葉を失った状態

問六、傍線部⑥「怪しいところがあった」の解釈として最も適当なものを、次の中から選びなさい。

ア　不思議な魅力があった
イ　品がなく見苦しかった
ウ　不気味な雰囲気があった
エ　あいまいで不正確だった

問七、空欄［A］・［B］に入る語として最も適当なものを、それぞれ後の中から選びなさい。

［A］
ア　おだやかな　　イ　こまやかな
ウ　しなやかな　　エ　おごそかな

［B］
ア　よたよたと　　イ　ゆったりと
ウ　のんびりと　　エ　がっちりと

問八、空欄［X］に入る助詞として最も適当なものを、次の中から選びなさい。

ア　まで　　イ　だに　　ウ　など　　エ　こそ

問九、傍線部⑦「早弥は息を潜める」とあるが、この時の早弥の気持ちとして最も適当なものを、次の中から選びなさい。

ア　実良に自分が見ていることを気づかれたくない気持ち。
イ　実良の弓道に対する情熱を汚《けが》したくない気持ち。
ウ　実良の邪魔をしないよう少しの音も立てたくない気持ち。
エ　実良への期待を坂口先生に知られたくない気持ち。

問十、傍線部⑧「中った」とあるが、ここでの「中」と同じ意味で「中」が用いられている熟語を、次の中から選びなさい。

ア　中毒　　イ　懐中　　ウ　中流　　エ　中止

問十一、傍線部⑨「早弥もつられて控えから射場に飛びこんだ」とあるが、この時の早弥の気持ちを説明したものとして最も適当なものを、次の中から選びなさい。

ア　実良がスランプから脱したとは思えなかったが、せっかく盛り上がっている雰囲気を壊したくないと思っている。
イ　実良の奔放な取り組み方にとまどっていたが、見事に的を射たことを自分のことのようにうれしく思っている。
ウ　実良がスランプを脱したと勘違いしていることに気づいたが、まずは的を射たことをほめたいと思っている。
エ　実良を苦々しく思っている坂口先生に遠慮していたが、的を射たことでもうその必要はないと思っている。

問十二、本文には次の一文が抜けている。補うのに最も適当な箇所は、本文中の【Ⅰ】～【Ⅳ】のどこか。後の中から選びなさい。

周りの気を集めて封じこめたような静かな時間。

ア　【Ⅰ】　　イ　【Ⅱ】　　ウ　【Ⅲ】　　エ　【Ⅳ】

問十三、傍線部⑩「『疲れた。帰る』」とあるが、実良がこのように発言した理由として最も適当なものを、次の中から選びなさい。

ア　久しぶりに練習に参加し巻きわら練習のほか的前練習まで行い、最後の一本以外の矢を的中させるほど高い集中力で取り組んだから。
イ　最近になく明るく振る舞うなど自分が変わったことを必死にアピールしたにもかかわらず、坂口先生は全く認めてくれなかったから。
ウ　髪の色を変えても競技力が変わるわけではないと他の部員た

坂口先生は静かに歩み寄った。

「あなたがやる気になったのは、大変よいことだと思いますよ。髪の色を変えて、気分を一新したかったのもわかります。だからその自分を変えたいという気持ちを大事になさい。そのうち、いろんなことがわかってくるはずです」

実良は歯を食いしばるようにして、先生を見た。目がゆがんでいる。今にも涙がこぼれそうだ。それを必死でこらえている。

⑩「疲れた。帰る」

やがて実良は、ぽつんとそう言うと制服に着替えて帰っていった。

（まはら三桃『たまごを持つように』による　一部改変）

《注》

*控え＝射場の隣にある控え室。

*巻きわら＝射術練習用の的。米俵型に藁《わら》を固く束ねたもの。

*的前練習＝初心者が取り組む練習のうち、最終段階のもの。一般に、ゴム弓や巻きわらでの練習を十分に積んでから行う。

*会から離れまで＝「会」は弓を引きしぼった状態のこと。「離れ」は矢を放つこと。

*ゆがけ＝弦から指を保護するための手袋状の用具。

問一、傍線部①「『松原は来とるか』」とあるが、古賀先生がこのように聞いた理由として最も適当なものを、次の中から選びなさい。

ア　実良が練習を休みがちだと聞きその事実を確かめようとしたから。

イ　実良が花壇のコスモスを引き抜いたことをとがめようとしたから。

ウ　実良に会って髪の毛を染めたことについて注意しようとしたから。

エ　実良の最近の様子を同じ部活動の早弥から聞き出そうとしたから。

問二、傍線部②「本当に実良は生まれ変わったのかな」とあるが、この時の早弥の気持ちを説明したものとして最も適当なものを、次の中から選びなさい。

ア　実良が高い集中力で今日の練習に向き合っているのは確かだが、髪を染めたぐらいで内面まで変わるはずないと信用できないでいる。

イ　今日の実良の取り組みはとても前向きで素晴らしい結果も出しているが、それは先生の前だけの態度なのではないかと疑っている。

ウ　髪を染めて真剣に練習している姿に実良の変化を認めるが、最近のだらけた練習態度も記憶に新しいため評価に迷っている。

エ　髪を染めても気持ちまでは変わらないだろうと思っていたが、実良が巻きわら練習でスランプの克服を示したため嬉しく思っている。

問三、傍線部③「申し出た」と同じ種類の敬語が用いられている文を、次の中から選びなさい。

ア　資料を御覧ください。

イ　午後三時にうかがいます。

ウ　どうぞ召し上がってください。

エ　名物のリンゴでございます。

問四、傍線部④「やや時間を置いてから」とあるが、坂口先生の対応がこのようになった理由として最も適当なものを、次の中から選びなさい。

ア　勝手なことをしている実良に的前練習をさせると、真面目に取り組んでいる部員に示しがつかないのではないかと迷っているうちに時間が経ってしまったから。

イ　巻きわら練習よりも高度な技術を必要とする的前練習を、実力不足の実良に行わせることに危険はないかと安全確認をしているうちに時間が経ってしまったから。

ウ　練習不足のまま的前練習をしても意味が無いと思う一方、実良自身がやってみて納得する必要もあると考えているうちに時間が経ってしまったから。

てほしい。

イ弓には十分な力がこめられているようだった。弦も滑らかに引きしぼられ、実良は微動［X］しない。

大丈夫。

⑦早弥は息を潜める。

やがて、［B］構えた弓から、矢が飛び出した。*会から離れまで、十分な間があったと思えた。

「飛んだ」

「⑧中《あた》った」

矢が的を射た。

実良がしゃがみこんだ。

「実良？」

「やったーっ」

しゃがみこんでいた実良が、ウバネ仕掛けのようにはじけとんだ。

「中ったあ！　直ったあ！」

その場で叫んでジャンプし始めた。

「直った？　よかったあ」

⑨早弥もつられて控えから射場に飛びこんだ。実良の手を握って、喜び合った。そのとき、

「おやめなさい」

ガラスまで震えるくらいの大声がした。

はっと坂口先生を見る。エ見たことがないような、険しい表情だった。

「直ってなどいません」

「えー、でも前みたいにできました。ちゃんと中ったし」

実良の抗議を先生は受け入れなかった。

「今のは、正射ではありません。まぐれです」

「ひどっ」

「それから、前みたいにできたと言いましたね」

「はい。言いました」

ぶすっとしたまま、実良は返事をした。

「それはあなたが覚えていないのです。あまりに練習を怠ってきたから、以前の感覚を忘れてしまっているだけなのです」

「ひっどーい！」

実良は鋭い視線を先生に返し、挑むように言った。

「じゃあもう一度やってみせます。それで中ったら直ったっていうことだから。こんなに気合が入っているのに、できんことなんかあるわけないやん」

実良は再び的に向かった。先生はその姿をじっと見つめている。おこっているのか、困っているのか、表情からは読み取れない。

【　Ⅰ　】

実良は的を確かめると、足場を決めた。背中がすっと伸びている。実良は本当に姿勢がいい。滑らかな動きに合わせて、弓が少しずつ上昇を始める。【　Ⅱ　】位置が決まった。力がこもる実良の左手。*ゆがけの右手が弦を伸ばし始めた。【　Ⅲ　】はりつめた背中。きっと肩甲骨の間の筋肉をしっかりと使っているにちがいない。正しい力を入れているからこそ、こんなに美しいのだ。

あと少し。弓が完全に引きしぼられたら、訪れる、静止のとき。

ぎゃん。

【　Ⅳ　】

！

訪れたばかりの静寂を、にごった音が破った。だれかの悲鳴のような音だった。

「あ」

実良は小さく叫んだ。的を確かめるまでもない。矢は的を射ていない。

「なんで」

実良は自分の右手を呆然《ぼうぜん》と見た。それきり言葉が出ない。

「松原さん」

という感じだった。

「そうか」

古賀先生はもう一度うなると、

「松原が来たら、おれのところに来るように言ってくれ」

と、帰っていった。

今度は何をしたんやか。

早弥の疑問は、実良の登場とともに明らかになった。

「よろしくお願いしまーす」

最近では珍しいテンションで、実良は入ってきた。

「わっ」

早弥は声をあげた。

「松原さん……」

坂口先生は、実良の名前を呼んだきり絶句し、さすがの春もうわずった声を出した。

「どうしたんかっちゃ。その髪」

「あー、これ？　ちょっと明るかったかね」

実良は、セミロングの髪をかきあげた。茶色というより、黄色に近い髪色だ。

「ちょっとやないよ」

実良は顔のメイクには熱心だけれど、髪の毛だけには手を加えていなかった。実良の髪は、黒くてつややかなストレートで、とてもきれいだった。

「どうして、そんな髪にしたのですか。何か心境の変化でもあったんですか」

坂口先生が穏やかにたずねると、実良は大きな声で答えた。

「そうです。あたし、新しい自分になりたかったんです。髪の毛を染めて、気合を入れてがんばります！」

心配顔の坂口先生に、実良は力強く言い、すたすたと神棚の前へ歩いていった。そして、その意気ごみの表現なのか、いつもより力強く柏手《かしわで》を打ち、念入りに頭を下げた。


黄色い髪を一つにたばねて、実良は巻きわらに向かっている。

びゅん、びゅんと、弦の音がする。至近距離からねらう巻きわらの矢は、通常のものよりも太いため、大きな音が出るものだが、それにしても響いている。今日の実良には、ア格別に力がみなぎっているような気がした。

実良は続けざまに、八本の矢を射た。そのどれもが、巻きわらのほぼ同じところに刺さっている。集中度の高さを証明していた。
②本当に実良は生まれ変わったのかな。
早弥がしばらくうかがっていると、実良は坂口先生にこう③申し出た。

「＊的前練習をさせてください」

坂口先生は④やや時間を置いてから、うなずいた。

「あなたがやりたいと思うなら、おやりなさい」

「やります」

実良は四本の矢を握った。

「久しぶりにそれは、きついんやない？」

このところの実良は、練習に来てもストレッチやゴム弓を適当にやるばかりで、的に向かうことはなかった。「暑い、暑い」と、だれてばかりいた。

「大丈夫。あたしは生まれ変わったんやけん」

「変わりすぎやろ」
⑤あっけにとられる春を尻目に、実良は射場に入っていった。とまどう三人の視線を背負って、実良は射法を始めた。所作はところどころ⑥怪しいところがあったが、確かにやる気はみなぎっている。
見た目の印象はずいぶんちがうけれど、［A］手足の伸びは実良のものだ。

久しぶりに実良が射場に立っている。

それを見ると、胸が高鳴った。やっぱり実良には、弓を引いていせることで相対的に自己否定の感情を芽生えさせ、VR空間への現実逃避の発端になってしまうという問題がある。

ウ 「カッコいい」は新しい判断基準を生み、人間関係を構築するだけでなく、社会全体に作用し得る強力な力を有していて、しばらくは人々の中から失われないものである。

エ 何が「カッコいい」のかは、時代や社会の価値観が変化すると変わっていくが、「スーパーマン」や「スパイダーマン」が常に正義の味方であるように、その本質は普遍的なものである。

問十五、この文章の説明として最も適当なものを、次の中から選びなさい。

ア 「カッコいい」の定義や問題点を、様々なジャンルの具体例を挙げてわかりやすく説明している。

イ 筆者の実体験を踏まえながら「カッコよさ」の変遷を振り返りつつ、今後の展望を提示している。

ウ 「カッコ悪い」や「ダサい」の考察によって、逆説的に「カッコいい」とは何かを浮き彫りにしている。

エ 国内外で見られる課題や懸念を明らかにし、「カッコよさ」への向き合い方を論理的に提示している。

二

次の文章を読んで、後の問いに答えなさい。

　主人公の伊吹早弥《いぶきさや》は、北九州市の光陵中学校で弓道部に所属、不器用ながら地道に技術の向上に励んでいる。弓道部員には他に天才肌の松原実良《みら》やアメリカ人の父を持つ石田春《はる》フィリップアンダーソンらがいる。指導者は七十八歳の坂口清子先生である。

二学期に入っても、実良はスランプからぬけだせなかった。それどころか、どんどんひどくなっているようだった。

先月までは五秒待つというところを、二秒だったり三秒待てたこともあったが、このごろは、それも我慢できない様子だ。ひどいときには、矢が弓を支えている人差し指につかないうちに離れていってしまうこともある。

さすがの実良の顔もだんだん暗くなってきた。

そんな九月の中ごろ。弓道場に入ろうとした早弥は、花壇の前ではたと足を止めた。

「あれ？」

コスモスが減っている。昨日まで、風に揺れていた早咲きのコスモスの束が、少なくなっている気がしたのだ。

そういえば、前にもこんなことがあったような気がした。

夏休みも終わるころだった。ポーチュラカが引き抜かれていた。また、実良が抜いて＊控えの棚の上にでも飾ったのだろうと、入ってみたが花はどこにもなかった。変だなとは思ったけれど、そのうち花壇の夏の花も終わり、忘れてしまっていたのだ。

思いちがいかな。

花に近寄ろうとしたとき、だれかが自分を呼んだ。

「おーい、伊吹」

野太い声の主が近づいてくる。生徒指導の古賀先生だ。

「はい」

①「松原は来とるか」

「いえ、まだだと思います。わたしが鍵を持っていますから。それに、今日は学校でも会ってないです」

「そうか」

「実良が何かしたんですか？」

また。という言葉は、飲みこんできいてみた。古賀先生は、うーんと低い声でうなり、太い両腕をでっぱったおなかの上で組んだ。

「最近、松原は練習に来とるか？」

「来たり、来なかったりです」

日々、暗い顔をしていた実良は、ときどき練習を休むようになっていた。たまにやってきても、＊巻きわらの前にばかりいて、的の前に出ようとしない。怖くなったというよりも、力が出なくなった

ウ　生まれつき持っていると考えられる行動の様式や能力
エ　社会や政治などの行動を支配する根本的な考え方や思想傾向

⑧　乖離
ア　話の筋道が通らずつじつまが合っていないこと
イ　一致することが望ましい物事が食い違っていること
ウ　本来は深い関係のある両者の間に隔たりがあること
エ　偏見や思い込みによって間違った理解をすること

⑪　躍起になっている
ア　どこまでも忍耐して努力している
イ　元気や勇気をふるいおこしている
ウ　辛いことや苦しいことに堪えている
エ　むきになって熱心に取り組んでいる

問十、傍線部⑦「若い世代からは『カッコいい』と共感を集めている」とあるが、若者の「カッコいい」が社会に影響を与えるために筆者が必要だと考えていることは何か。最も適当なものを、次の中から選びなさい。

ア　新しい価値観を持つ若者の人口が多く経済的にも余裕があって、消費経済の中軸を担っていること。
イ　年寄りも新しい価値観を寛容に受け入れて、過去を過剰に美化したり必要以上に固執したりしないこと。
ウ　新しい価値観にこだわる若者が過去を「古い」・「ダサい」と拒絶せずに、良いところを継承すること。
エ　災害や不景気で先行きが不安であるから、どの世代もお金をかけない「カッコいい」を認めること。

問十一、空欄 A ・ B に入る語として最も適当なものを、それぞれ後の中から選びなさい。

A
ア　ゆえに　イ　そのうえ
ウ　または　エ　しかし

B
ア　せめて　イ　つまり
ウ　やはり　エ　むしろ

問十二、傍線部⑨「そういう時代」とはどのような時代か。最も適当なものを、次の中から選びなさい。

ア　高い政治意識が受け継がれていることを「ダサい」とし、既存の政治の在り方を批判する時代。
イ　政治に積極的な姿勢をとることを「ダサい」とし、国民が政治へ興味を示さなくなる時代。
ウ　前時代的な政治家を「ダサい」としながらも、若い世代から支持される人物が台頭しない時代。
エ　政治に無関心なことを「ダサい」としながらも、周囲の目を気にして政治に参加しない時代。

問十三、傍線部⑩「面倒臭さ」について、筆者はどのように考えているか。最も適当なものを、次の中から選びなさい。

ア　「面倒臭さ」とは経済的な負担の大きさのことであり、憧れの対象ではあるが身近なものではない。
イ　「面倒臭さ」とは心をこめて丁寧に行うことであり、かつては「カッコいい」ことそのものであった。
ウ　「面倒臭さ」とは非効率で無駄なことであり、これにいかに意味を見出すかが課題とされている。
エ　「面倒臭さ」とは何かを得るために必要な手間のことであり、これがあることで強烈な興奮に繋《つな》がる。

問十四、本文の内容と合致するものとして最も適当なものを、次の中から選びなさい。

ア　「カッコいい」ことが定義されるとその対比によって「カッコ悪い」ことも明確になるが、たとえ「カッコ悪」くてもそれが自分の個性だとして受け入れ、自信を持って生きるべきである。
イ　「カッコいい」は人々に憧れや同化・模倣願望を強烈に抱か

ウ　指示に従ってチク次間違いを訂正していく。

エ　この地域はチク産に適した牧草地が少ない。

問二、傍線部(ii)・(iii)・(iv)・(vii)の漢字の読み方のうち**不適当なもの**を、次の中から選びなさい。

ア　(ii)　偏重＝へんちょう

イ　(iii)　懸念＝けねん

ウ　(iv)　担って＝になって

エ　(vii)　促す＝もよおす

問三、傍線部①「製作されている」の「れ」と同じ意味・用法のものを、次の中から選びなさい。

ア　雨に降られて困ってしまった。

イ　あの日のことが思い出される。

ウ　先生は普段から電車を使われている。

エ　大切なことを言いそびれてしまった。

問四、傍線部②「監督」と同じ語構成の熟語を、次の中から選びなさい。

ア　意志　　イ　人為　　ウ　予想　　エ　就職

問五、傍線部③「自分たちの首を絞めることになる」とあるが、それはなぜか。最も適当なものを、次の中から選びなさい。

ア　特定の人だけに注目していると視野が狭くなってしまい、世に埋もれている才能豊かな俳優を見出《みいだ》すことができなくなってしまうから。

イ　特定の人だけを評価していると差別的視点があるとみなされ、社会的非難の対象になるばかりか産業的価値の低下が起きてしまうから。

ウ　自分とは異なる価値観を否定して特定の人だけを優遇していると、巡り巡って今度は差別していた自分たちが差別の対象となってしまうから。

エ　文化や人種が入り乱れて存在する地域で特定の人だけに受け入れられるような作品を作っていると、十分な興行収入が見込めなくなってしまうから。

問六、傍線部④「模倣」の対義語を、次の中から選びなさい。

ア　創造　　イ　破壊　　ウ　特異　　エ　斬新

問七、本文中には次の一文が抜けている。補うのに最も適当な箇所は、本文中の【Ⅰ】～【Ⅳ】のどこか。後の中から選びなさい。

> 従って、修整済みの写真は、その事実を表示すべきだ、という動きが出ている。

ア　【Ⅰ】　イ　【Ⅱ】　ウ　【Ⅲ】　エ　【Ⅳ】

問八、傍線部⑤「倫理的な配慮を欠きながら、『カッコいい』の動員と消費の力を利用しようとする態度」とはどのような態度か。最も適当なものを、次の中から選びなさい。

ア　モデル本来の姿をごまかして存在を否定することに胸を痛めず、「カッコいい」によって商業的価値を高めようとする態度。

イ　事実をねじ曲げて見る人をだますことになっても後ろめたさを感じず、「カッコいい」によって嘘《うそ》を正当化しようとする態度。

ウ　画一的な憧れの対象を作って人々の個性を奪うことに罪悪感を抱かず、「カッコいい」によって流行をコントロールしようとする態度。

エ　人々の身体の健康や精神の安定を脅かしていることに心を配らず、「カッコいい」によって利益を得ようとする態度。

問九、傍線部⑥「アイデンティティ」⑧「乖離」⑪「躍起になっている」の本文中の意味として最も適当なものを、それぞれ後の中から選びなさい。

⑥　アイデンティティ

ア　生物学的な性別に対し、社会的・文化的に形づくられる性別

イ　自分が他と区別され、他ならぬ自分だと感じられる時の感覚や意識

それらはいずれも、この脱「面倒臭い」と相性が良かった。

今日、私たちがスポーツカーに乗っているのを見て、あまり「カッコいい」と感じないとすれば、何となく、面倒臭そうな感じがするからだろう。

しかし、好きな人にとっては、その面倒こそがいいのだとも言える。かつて私たちが音楽にあれほどまでに「しびれた」のは、レコードやCDを手に入れるための手間にじらされたからでもあった。新譜の発売日にレコード店に駆けつけ、家に帰るなり、荷物を放り出してプレイヤーに飛びついたあの時の興奮は、ネットで音楽を聴くことが当たり前になった今では失われて久しい。結果、私たちは以前よりも音楽そのものに「しびれ」にくくなっているかもしれない。

将来的に、いつまで人が「カッコよさ」を求め続けるのかはわからない。しかし、「カッコいい」には、人間にポジティヴな活動を(vii)促す大きな力がある。人と人とを結びつけ、新しい価値を創造し、社会を更新する。

私たちは、「カッコいい」の、時に暴力的なまでの力を抑制しつつ、まだ当面はこの価値観と共に生きてゆくことになるのではあるまいか。

（平野啓一郎『「カッコいい」とは何か』による　一部改変）

《注》

*意識的な政治的悪用は既に批判したが＝本文より前の箇所で「カッコいい」を意識的に政治に悪用することを批判している。

*ホワイト・ウォッシュ＝非白人を白人のように加工すること。

*人倫＝人としていかに生きるべきかという問題。

*AI＝人工知能。推論・判断などの知的な機能を人工的に実現したもの。

*VR＝バーチャルリアリティー。コンピューターの作り出す仮想の空間を現実であるかのように知覚させること。

*eスポーツ＝コンピューターゲーム、ビデオゲームを使った対戦をスポーツ競技として捉える際の名称。

*SEALDs＝日本の学生により結成された政治団体。

*eコマース＝インターネットでものを売買することの総称。

*IoT＝Internet of Things（モノのインターネット）の略称。身の周りのあらゆるモノがインターネットにつながること。

*プロダクト・デザイン＝製品デザイン。自動車や機械装置などのメカニズム製品だけでなく、各種量産品のデザイン。

*ディーター・ラムス＝工業製品のデザインを手掛けるデザイナー。

*深澤直人＝プロダクトデザイナー。

*ジョナサン・アイブ＝工業製品のデザインを手掛けるデザイナー。

*リアルクローズ＝上質の素材を用い、きちんと縫製された本物指向の服。現実離れした虚飾に満ちたデザインの服ではなく、実質的な価値のある現実的な服。

*ノームコア＝流行に執着せず、あえて周囲の人と同じような「極めて普通」を選ぶファッションの傾向。

問一、傍線部(i)「ヘイ害」・(v)「自マン」・(vi)「駆チク」のカタカナ部分と同じ漢字を使う熟語として最も適当なものを、それぞれ後の中から選びなさい。

(i)　ヘイ害

ア　新しい貨ヘイのデザインを手掛ける。
イ　治療のために二種類の薬をヘイ用する。
ウ　その男はいつも横ヘイな態度をとっている。
エ　疲ヘイした経済を立て直すために尽力する。

(v)　自マン

ア　問題が円マンに解決してほっとする。
イ　試合に勝ってもマン心せず練習に励む。
ウ　彼女は事業で成功して巨マンの富を築いた。
エ　疲れが溜《た》まると注意力が散マンになる。

(vi)　駆チク

ア　二人はまさにチク馬の友と言える関係だ。
イ　将来に備えて貯チクを始めるつもりだ。

⑤倫理的な配慮を欠きながら、「カッコいい」の動員と消費の力を利用しようとする態度は、今後、ますます難しくなってゆくはずである。

「カッコいい」とは何かは、時代とともに変化してゆく。

近代以降、長らく個人の⑥アイデンティティは、労働と消費、それに余暇の活動が(iv)担ってきた。仕事にやりがいを感じているならば、職業がそのアイデンティティを支え、余暇をこそ重視してきた人は、何を買い、所有しているかを誇り、また、趣味やボランティア、友人とのつきあい、恋愛などが生《い》き甲斐《がい》ということもあっただろう。

A 、今後、景気の悪化や自然災害、*AIの発展などで、多くの失業者が出てくれば、自分のやりたい仕事をしていると(v)自マンすることも、誇示的な消費も、「カッコ悪い」と見做《みな》されることになるかもしれない。既に日本に関しては、平成の長いデフレ経済下の価値観が、「カッコいい」の判断にも大きな影響を及ぼしている。

「カッコいい」がビジネスの上でインパクトを持ってきたということは、裏を返せば、「カッコよく」なるためには金がかかる、ということであり、だからこそ、「カッコ悪くない」ファストファッションで十分、という考えにもなる。

実際、ネットを通じて様々なサーヴィスがタダで利用でき、シェアリングが普及し始めると、それらを活用して、いかにローコストで、いかに身軽に生きるか、ということの方が、遥《はる》かに「カッコいい」という価値観に傾くかもしれない。バリバリ働いて、ジャンジャン稼いでパーッと使う、などというのは、ダサいことなのだ、と。

職業に関しても、ユーチューバーのように従来通りのキャリアのイメージとは異なった新しい方法で収入を得ている人たちが、⑦若い世代からは「カッコいい」と共感を集めている。また、*VRの中で行う*eスポーツの人口なども、急速に増加している。

また現在でも、SNSのアイコンを動物の写真やアニメのキャラクターにする人がいるように、VR空間内では自分とはまったく異なる「カッコいい」アバターを――それも複数――使用することが出来るし、こうなると、表面と内実との⑧乖離《かいり》は、当然の前提となるだろう。

政治意識の高さは、人間活動の一つとして、古代ギリシアの「アンドレイア」以来、「カッコいい」こととされてきたが、それが「ダサい」とされてしまえば、政治への無関心は強くなる。*SEALDsのような運動は、⑨そういう時代の新しい「カッコよさ」を目指して、国民に政治参加を呼びかけるものだった。

日本の懸念としては、 B 、少子高齢化が挙げられるだろう。というのも、「カッコいい」の世代間闘争は、人口のグラフがピラミッド型であればこそ、新しい価値観の若者たちが勝利することが出来るからである。猶《なお》且つ、若者たちが裕福であることも重要だろう。そこにヴォリューム・ゾーンがあれば、どれほど年寄りが顔を顰《しか》めても、ビジネスは若者の「カッコいい」を中心に動いていくのである。

ところが、〝棺桶《かんおけ》型〟になってしまえば、社会は、いつまでも古臭い「カッコいい」に依存せざるを得ず、つまりは、既に「カッコ悪く」なってしまった文化が更新されることもなくメインストリームであり続ける、という事態が生じる。残念ながら、その兆候は既に見えているだろう。

今日のテクノロジーは、「⑩面倒臭さ」に焦点を当て、それを生活の中からいかに(vi)駆チクするかに⑪躍起になっている。*eコマースも*IoTも、自分で体を動かしてすればいいことを率先して代替していっているが、そうした風潮によって、「面倒臭い」ことは、まさに「ダサい化」しつつある。

*プロダクト・デザインは*ディーター・ラムス以降、*深澤《ふかさわ》直人やアップルの*ジョナサン・アイブなど、機能主義的なミニマルなデザインを発展させてきた。ファッションでは*リアルクローズから*ノームコアまでと「着やすさ」が重視される傾向になるが、

二〇二二年度　日本大学櫻丘高等学校（Ａ日程）

【国語】（六〇分）〈満点：一〇〇点〉

一　次の文章を読んで、後の問いに答えなさい。

人間を見た目の「美醜」で判断するルッキズムに対して、「カッコいい／カッコ悪い」という判断は、本来は、より多面的で、複雑なはずだった。外観がどうであれ、生き様が素晴らしければ、私たちはその人のことを「カッコいい」と評しているはずである。それは、私たちの時代の新しい「真＝善＝美」を批判的に創造してゆくことに他ならない。「カッコいい」は、「美人」や「ハンサム」を褒め言葉として使用し辛《づら》くなったとしても、むしろ他者に対する肯定的な言葉として、今後も有効であり続けるだろう。

その上で、笑いのネタにする、というのは確かに賛成できないが、誰かを「カッコいい」と言っただけで、同時にその他の人を「カッコ悪い化／ダサい化」することになってしまう、というのは、幾ら何でもやりすぎじゃないか？　という意見もあるだろう。そんなことを言い出せば、人を褒めることさえ出来ない社会になってしまう、と。

ケイス・バイ・ケイスだが、この批判には一理あり、実際、ハリウッドで今起きていることは、多様性の肯定によって、「カッコいい」ことが相対的に「カッコ悪い」ものを生んでしまう(i)ヘイ害を防ごうとすることである。

具体的には、「カッコいい」ヒーローが白人男性に(ii)偏重しているのに対して、黒人がヒーローの『ブラックパンサー』や女性がヒロインの『キャプテン・マーベル』といった映画が①製作されていることである。

同じ②監督がすべてを撮っているわけではないが、業界として、このようなバランスが実現されてゆけば、『スーパーマン』や『スパイダーマン』が製作されても、白人男性だけを「カッコいい」化し、つまりはその他の人々を「ダサい化」している、とは直ちに批判されないだろう。だからこそ、アカデミー賞などでも、昨今はジェンダー・バランスや人種のバランスに非常に敏感になっている。それが偏ってしまえば、結局のところ、③自分たちの首を絞めることになるからである。

「カッコいい」には、人に憧れを抱かせ、そのようになりたいと同化・④模倣願望を抱かせる力があるが、だからこそ、引き起こされる問題がある。＊意識的な政治的悪用は既に批判したが、もう一つは、〝修整〟の影響である。

フォトショップの登場以来、写真や動画の「レタッチ（修整）」が一般化し、「＊ホワイト・ウォッシュ」問題も、大いにこれと関連しているが、昨今、モードの世界で議論されているのは、モデルが痩せすぎだという問題である。

これは、モデル自身の健康上の(iii)懸念もあるが、パソコンで画像が修整された非現実的なほどスタイルの良いモデルの写真は、単に美的な鑑賞の対象となるだけでなく、「カッコいい」存在として社会に影響を及ぼすことになる。【　Ｉ　】すると、それに直接憧れる若い女性も、またその極端な痩身が模範化されることで、自分の体型を「カッコ悪い」と感じ、痩せなければと思いつめてしまう女性も、挙《こぞ》ってダイエットをするようになる。【　Ⅱ　】

しかし、ロック・スターやスポーツ選手に憧れ、必死に努力するのとは違い、そもそも現実に存在しない、写真修整技術で作られた体型になるためには、病的なダイエット以外に方法がない。

【　Ⅲ　】これは、「カッコいい」の影響力を自覚し、倫理的にどのようにコントロールしていくか、という取り組みの一つの実例だろう。

私たちは、結局のところ、「カッコいい」存在に「真＝善＝美」を期待している。さもなくば、それは、社会の「＊人倫の空白」を埋める機能を果たし得ないからである。【　Ⅳ　】

2022年度／日本大学櫻丘高等学校（Ａ日程）

英語解答

Ⅰ 問題１ (1)…２ (2)…４ (3)…１
(4)…３ (5)…３
問題２ (1)…３ (2)…２
問題３ (1)…２ (2)…２ (3)…４

Ⅱ (1) ３ (2) ２ (3) １ (4) ４
(5) ３

Ⅲ １…３ ２…１ ３…４ ４…８
５…７

Ⅳ (1) ４ (2) ４

Ⅴ １ ３→１→４→２
２ ３→２→４→１
３ ４→１→３→２
４ １→３→２→４
５ ４→３→１→２

Ⅵ A １…６ ２…２ ３…１ ４…３
B ５…７ ６…２ ７…５ ８…４

Ⅶ 問１ １ 問２ ２ 問３ ４
問４ ３ 問５ ４ 問６ ４
問７ １ 問８ １ 問９ ２
問10 ３

Ⅰ〔放送問題〕解説省略

Ⅱ〔適語(句)選択・語形変化〕

(1)How about ～ing?「～するのはどうですか」は‘提案’や‘勧誘’を表す表現。 「来週末に地元の子どもたちとオンラインゲームをするのはどう？」

(2)for the first time in ～ で「～ぶりに」。 「私は10年ぶりに彼のおじを見た」

(3)be going to ～ の疑問文。 「あなたは次にいつ東京に戻ってくる予定ですか」

(4)‘疑問詞＋to不定詞’の形。 how to ～「～する方法」 「私たちにはコンピュータの使い方を学ぶ機会が必要だ」

(5)‘have/has＋過去分詞’の現在完了の文。since は現在完了と一緒に使われると「～以来(ずっと)」という意味を表す。 「私はこのサッカークラブに６歳のときから入っている」

Ⅲ〔長文読解総合─適語選択─説明文〕

≪全訳≫❶当初，ヨーロッパの人々の間では，ジャガイモは食べ物として人気がなかった。人々は地下で育つ野菜を食べたがらなかったのだが，彼らはジャガイモの花がとても好きだった。フランスでは一時期，ジャガイモの花は最も高価な花の種類の１つだった。❷17世紀，アイルランドは花が咲くジャガイモを初めて日常食として取り入れた国だった。アイルランド人は，たくさんの優れた点がそれらにあることに気づいた。ジャガイモは寒くて湿った気候で育ち，人々はやせた土地からでもたくさん収穫することができた。18世紀のドイツでは，国王フレデリック２世が人々にジャガイモを植えることを強く奨励した。彼は，ジャガイモが民衆を飢えから救うと考え，そして彼は正しかった。

＜解説＞１．前文から，ヨーロッパではジャガイモの花が人気だったことがわかる。人気があれば値段は高かったと考えられる。 ２．この後にジャガイモの具体的な advantages「優れた点」が説明されている。 ３・４．寒くて湿った「気候」でも栽培できたり，「やせた」土地でもたくさん収穫できたりすることは優れた点と考えられる。ここでの poor は，「(土地が)やせた」という意味。 ５．‘encourage＋人＋to不定詞’「人に～することを奨励する」の形。選択肢の中で動詞の用法があるのは plant「～を植える」だけ。

Ⅳ〔文整序〕

(1)≪全訳≫２．2020年にコロナウイルスは多くの事業に大きな影響を与えた。／→１．映画ビジネスはその１つだった。／→**４**．多くのスタジオが映画製作を中止せざるをえなくなり，予定どおりに公開されない映画もあった。／→**３**．このため，2020年の夏にスタジオジブリが製作した映画の再上映が行われた。

＜解説＞２の「コロナウイルスは多くの企業に大きな影響を与えた」という内容が文章全体の主題と考えられるのでこれを先頭に置く。映画ビジネスは，コロナウイルスによって影響を受けたビジネスの１つと考えられるので，２→１とする（１の them は２の many businesses を受けている）。この後は，ジブリ映画の再上映が行われたのは，新しい映画をつくれないことによる影響と考えられるので，４→３と続ける（３の this は４の内容を受けている）。

⑵**≪全訳≫**自由に使える時間があると，ジェフはサイクリングに行くのが好きだ。／→**エ**．だから，彼は週末に自転車に乗る。／→**ウ**．彼はときどき何時間も自転車に乗る。／→**ア**．友達の何人かも自転車に乗る。／→**イ**．彼らはよく一緒に自転車に乗る。／ジェフはとても健康で，脚力があると誰もが言っている。

＜解説＞選択肢より，最初にくるのはイかエ。イでは主語の They が指すものがわからないので，エを置く。これに続くのはイかウだが，イではやはり They の内容がわからないので続かない。

V 〔長文読解―整序結合―説明文〕

≪全訳≫❶外国人と話す必要があるとき，あなたはどうするだろうか。それはパーティーのときやスポーツクラブにいるとき，あるいは長距離列車での移動中のようなときかもしれない。そのような場合に役立つアドバイスを教えたいと思う。❷まず，彼らが日本に来てどのくらいかを知るといい。もし彼らが短期間しか日本にいない場合，会話をすることはとても易しいだろう。彼らはおそらく日本の印象や日本食，彼らが日本に来た理由などについて話すのを楽しむだろう。お客のように扱われても気にしないだろう。❸ただし，日本に長く住んでいる外国人と話すときには注意が必要だ。そういう人はたいてい，自分が外国人であることを忘れたがっている。私もそうだ。結局のところ，外人や外国人という言葉は「部外者」という意味なのだ。そして，本当に部外者になりたい人など誰もいないのだ。

＜解説＞１．need to ～ の後には動詞の原形が続くので talk を置く。talk with ～ で「～と話す」となるので talk with people として，最後に from を置けば，「外国出身の人々と話す」となる。 … if you need to talk with people from foreign countries？　２．would like to ～「～したい」（ここでの I'd は I would の短縮形）と 'give＋人＋物'「〈人〉に〈物〉を与える」の形を組み合わせる。 I'd like to give you some advice that will help you in such cases.　３．find out の目的語として，'疑問詞＋主語＋動詞…' の語順の間接疑問を続ける。'疑問詞' は how long「どれくらい（長く）」。 First of all, find out how long they have been in Japan.　４．前に接続詞の if があるので '主語＋動詞…' の形をつくる。'主語' は they，'動詞' は 'be動詞＋過去分詞' の受け身で are treated とすればよい。最後に like を「～のように」を表す前置詞として置く。 not mind if ～「～しても気にしない」 They won't mind if they are treated like guests.　５．主語に no one「誰も～しない」を置けば，残りは want to ～ の形にまとまる。 And no one really wants to be an outsider.

Ⅵ 〔対話文完成―適文選択〕

A**≪全訳≫**❶ジョン（J）：いつまでここにいるの？❷メアリー（M）：あと５日よ。1出発前にやっておくべきことはあるかしら？❸J：うーん。アンダーウォーターワールドには行ったことある？❹M：いいえ。それは何？❺J：サメや大きな魚がたくさんいるとても大きい水族館だよ。❻M：楽しいの？❼J：最高だよ！　絶対に行った方がいいよ。❽M：よさそうね。そうしようかな。2他に何かある？❾J：そうだな，スカイタワーに登るのはどうだろう。あそこからはすばらしい景色が見られるよ。❿M：スカイタワー？　高そうね。⓫J：3高いよ。とてもとても高い。⓬M：えっ，私，高いところはあまり好きじゃないの。⓭J：そうなの？　でも，スカイタワーはいいところだよ！⓮M：教えてくれてありがとう。4考えてみるわ。

＜解説＞1．この後ジョンは観光スポットを紹介している。メアリーは残された滞在日数の中で何をしたらいいか尋ねたのである。　2．この後ジョンが別の観光スポットを教えている。Anything else?「他には？」は食べ物の注文を受ける店員などにもよく使われる定型表現。

3．It sounds high.「高そうね」というメアリーの発言に対する応答。まず高いと認めたうえで，ただ高いだけじゃないということを伝えている。It is. は It is high. ということ(high は繰り返しとなるため省略されている)。　4．高いところは苦手だが，ジョンが強く勧めるので，行くことを検討してみると伝えたのだと考えられる。

B≪全訳≫❶グレッグ(G)：こんにちは，アンナ。調子はどう？❷アンナ(A)：いいわよ，ありがとう。5でも，最近はとても忙しくて。❸G：えっ，そうなの？　どういうこと？❹A：実は，学校の劇に出ているの。来週に初演があるから，今週は毎晩リハーサルをしているのよ。中間テストの勉強もしているわ。❺G：僕もさ。1日2，3時間くらい勉強してるよ。❻A：そう，こちらも同じよ。❼G：で，どんな劇なの？❽A：えっとね，コメディーなの。とてもおもしろいわよ。6あなたが来てくれるといいんだけど。❾G：ああ，もちろんさ。絶対に行くよ。❿A：そう聞いてうれしいわ。あなたの調子はどう？⓫G：実は僕もかなり忙しいんだ。今アルバイトをしているから。⓬A：どこで働いているの？⓭G：大学近くのコーヒーショップだよ。7週3日，夜に働いてる。来年のフランス旅行のためにお金をためてるのさ。⓮A：フランス？　へえ。フランス語を話せるの？⓯G：あまり話せないけど，勉強してるよ。⓰A：あのね，私のルームメイトはフランス出身なの。8彼女と一緒に練習できるわよ。⓱G：そうなの？　それはいい考えだね。

＜解説＞5．この後のアンナの発言から，彼女は忙しいことがわかる。　6．続くグレッグの発言から，アンナは彼に劇を見に来てほしいことを伝えたのだとわかる。　7．アルバイトについて話している場面。アルバイトの場所に続けて，どれくらい働いているのかを説明したのだと考えられる。　8．フランス語を学んでいるグレッグに，フランス出身のルームメイトの存在を教えている場面。ルームメイトと会話を練習できると伝えていると考えられる。

Ⅶ〔長文読解総合─伝記〕

≪全訳≫❶ある日，ベルギーのブリュッセルにある大きな家で，男が娘を抱きかかえた。幼いオードリー・ヘプバーンが見上げると，頭上に美しい光がいくつか見えた。それは雪のように白かった。彼女はその光を生涯ずっと覚えていた。彼女はいつも白が大好きだった。彼女は白い色を見ると，父親のことを思い出した。すると，彼女は安心して心のぬくもりを感じた。❷オードリー・キャスリーン・ヴァン・ヘームストラ・ヘプバーン・ラストンは，1929年5月4日，ブリュッセルで生まれた。母親のエッラ・ヴァン・ヘームストラ男爵夫人はオランダ人で，父親のジョセフはイギリス人とアイルランド人のハーフだった。彼は多くの会社で働き，多くのお金を稼いだ。❸幼少のオードリーは読書を楽しみ，動物や鳥が大好きだった。しかし，彼女が一番好きなものは音楽だった。「音楽って何？」と，ある日オードリーは母に尋ねた。「ダンスをするためのものよ」と母は答えた。❹オードリーはダンサーになりたかったが，彼女は悲しかった。「私は太りすぎだわ」と彼女は思った。「ダンサーは細くてきれいだけれど，私の顔は丸すぎるし，足も太すぎる」❺彼女の両親も幸せではなかった。両親はよくけんかをした。ある晩，彼女の母親と父親が大げんかをした。翌朝オードリーが目を覚ますと，父親の姿はそこにはなかった。オードリーは何日も泣き続けた。❻母親は彼女をイングランドに連れていった。学校では，オードリーは他の女の子たちとは違っていた。他の女の子たちはおもしろくて騒がしかった。彼女たちはスポーツを楽しんだり，父親の話をしたりした。オードリーは静かで，悲しげだった。彼女は英語がうまくなく，スポーツも嫌いだった。父親のことは誰にも話さなかった。しかし，少しずつ，オードリーは友達をつくり始めた。❼すると突然，1939年に母親は彼女をイングランドから連れ出した。彼女は学校の友達に別れを告げることができなかった。時間がなかったのだ。「どうして行かなければならないの？」とオードリーは尋ねた。❽「戦争が起こるのよ」と母親は彼女に言った。「私たちはオランダに行くの。そこなら安全よ」❾オードリーは母親と２人の異母兄弟と一緒にオランダのアーネムという町に住んだ。彼女はますますダンスに興味を持つようになった。10歳になると，彼女は世界的に有名なバレーダンサーになりたいと思うようになった。しかし，ある朝，オードリーの母親が彼女の寝室に入ってきた。「起きなさい」と母親は娘に言った。「戦争よ」❿戦争が始まって間もない頃，オードリーは学校をやめず，ダンスもやめなかった。するとある日，ドイツ軍が人々を誰もかれも町から追い出した。町から離れた田舎では，ほとんど食べ物がなかった。オードリーと彼女の家族は，冬になると固い地面から野菜を掘らなければならなかった。戦争が終わると，オードリーはとても痩せて体力が衰えていた。国際連合の職員がアーネムにやってきて，子どもたちに牛乳や砂糖，チョコレートをくれた。オードリーは彼らのことを決して忘れなかった。⓫戦後，オードリーと彼女の母親はアムステルダムに移り住んだ。母親は料理人になった。母親は裕福ではなかったが，オードリーのダンスのレッスン料を払ってくれた。オードリーはオランダで一番ダンスが上手な先生についていた。そして17歳のとき，彼女は旅行映画で小さな役をもらった。監督は彼女の幸せそうな顔をとても気に入っていた。彼は言った。「彼女の目には，小さな太陽が輝いている」⓬1948年，オードリーと彼女の母親はロンドンに引っ越した。母親は花屋で働いた。友人たちがオードリーと母親にお金を提供してくれたので，オードリーはランベールバレエ団に入団した。これは，ロンドンで最も由緒あるバレエ学校だった。オードリーはダンスに励んだ。ボーイフレンドをつくる暇もなかった。しかし，ある日，バレエ学校から彼女はこう告げられた。「残念だが，あなたは有名なダンサーにはなれない。背が高すぎる」⓭オードリーは悲しかったが，幸運が訪れた。それは彼女の人生を変えた。バレエ学校時代の彼女のことを覚えていた人が，ロンドンの大きなミュージカルで彼女に小さな役を与えたのだ。3000人の女の子たちがその役をもらおうとしたが，プロデューサーたちはオードリーを望んでいた。彼女はすぐに他のミュージカルの仕事を見つけることができた。誰もが，かわいらしい笑顔と大きな笑みを持つこの細い女の子を好きになった。「私はすばらしいダンサーだったわけではないの」とオードリーは後になって思い出している。「私は腕を勢いよく上げてほほ笑んだの。それだけよ」⓮オードリーが20歳のとき，彼女の写真が多くの雑誌に載った。彼女は３つの安っぽい映画で小さな役を得て，有名な映画『ラベンダー・ヒル・モブ』(1951年)ではタバコを売る女性を演じた。

問１＜要旨把握＞第２段落第３文参照。１．「彼の両親の１人はアイルランド人でもう１人はイギリス人だった」は，この内容に一致する。

問２＜語句解釈＞greatest は great の最上級。また，ここでの love は「愛着のあるもの」という意味。以上より下線部の意味は「彼女の最も愛着があったもの」。これは，２．「彼女が一番好きだったもの」ということ。

問３＜適語選択＞１つ目の空所の後で，オードリーは自分の容姿に失望している。また，２つ目の空所の後では，彼女の両親は夫婦げんかをしている。　unhappy「悲しい，不幸な」

問４＜内容真偽＞１．「オードリーは英語を話すこととスポーツをすることが得意ではなかったにもかかわらず，それらに最善を尽くした」…×　　２．「オードリーが学校の他の少女たちと違っていたのは，彼女が話せる言語の数によるものだった」…×　　３．「オードリーは，1939年に母親と一緒に出国しなければならなかったとき，すでに学校に何人か友達がいた」…○　第６段落最終文～第７段落第１文に一致する。　　エ．「オードリーは最初静かだったが，すぐに他の少女たちと友達になり，父親のことについて話し始めた」…×

問５＜語句解釈＞had to ～ は，have/has to ～「～しなければならない」の過去形。dig は「～を掘る」という意味。

問６＜英問英答＞「戦争初期に起きたことは次のうちどれか」―４．「ドイツ軍がアーネムの人々を町から追い出した」　第10段落第１，２文参照。'send＋人＋out of＋場所' の形で「〈人〉を〈場所〉から追い出す」。

問７＜英問英答＞「オードリーがロンドンで映画女優になるまでに，どんなことが起こったか」―１．「ロンドンの大きなミュージカルで少しだけ出演した後，オードリーはすぐに他のミュージカルに出演するようになった」　第13段落第３～５文参照。

問８＜内容真偽＞１．「オードリーは父親のことを思い出し，白い色を見ると安心した」…○　第１段落後半に一致する。　　２．「オードリーは小さい頃，白が好きだったので，雪を見るのが好きだった」…×　　３．「オードリーは若い頃に飼っていた動物や鳥の世話をするのを楽しんだ」…×　　４．「オードリーはダンサーになることに興味を持ったとき，とても細い体ときれいな顔をしていた」…×　第４段落参照。太っていた。

問９＜内容真偽＞１．「オードリーの父親は，彼女が夜に寝ている間にイングランドの家を出て，一度も戻ってこなかった」…×　第２～５段落参照。父親が出ていったのは，ベルギーに住んでいたとき。　　２．「オードリーの母親は，家族を戦争から守りたかったので，家族をオランダに連れていった」…○　第７，８段落に一致する。　　３．「オードリーの兄たちは，妹と母親と一緒にアーネムに住んでいたが，ドイツ軍に連れ去られた」…×　　４．「オードリーの友達たちは別れを告げられないことを申し訳なく思ったので，オードリーがロンドンのバレエ学校へ行くのを手伝うことにした」…×

問10＜内容真偽＞１．「オードリーが通っていたダンススクールは，オードリーにボーイフレンドをつくらずに一生懸命取り組むように言った」…×　　２．「ランベールバレエ団は，オードリーの身長が高すぎるという理由で，ミュージカルで踊るチャンスを彼女に与えなかった」…×　第12段落参照。ミュージカルで踊るチャンスを与えなかったのではなく，有名なダンサーにはなれないと告げた。　　３．「戦後，オードリーがアムステルダムに住んでいたとき，オランダで最高のダンスの先生が彼女を教えた」…○　第11段落第１，４文に一致する。　　４．「映画『ラベンダー・ヒル・モブ』に出演した後，多くの雑誌にオードリーの写真が掲載されるようになった」…×　最終段落参照。『ラベンダー・ヒル・モブ』に出演したのは，写真が雑誌に掲載された後である。

数学解答

1　(1)　5　(2)　イ…4　ウ…3
(3)　エ…6　オ…4　(4)　9

2　(1)　ア…1　イ…4　ウ…1　エ…2
オ…3　カ…6
(2)　(i)　キ…8　ク…3　ケ…8
コ…2
(ii)…②
(3)　シ…4　ス…8　セ…1　ソ…3

3　(1)　ア…1　イ…2　ウ…4　エ…9
オ…3　カ…7
(2)　キ…7　ク…2

4　(1)　ア…1　イ…2　ウ…2　エ…2
オ…0　カ…4
(2)　キ…4　ク…8
(3)　ケ…1　コ…2　サ…1　シ…5
ス…7

5　(1)　ア…4　イ…2　ウ…1　エ…3
(2)　オ…3　カ…5　キ…2　ク…1
ケ…6　コ…5
(3)　サ…2　シ…1　ス…3　セ…1
ソ…7　タ…8　チ…6

1　〔独立小問集合題〕

(1)＜数の計算＞与式$=3\times\left(\dfrac{3}{3}+\dfrac{5}{3}\right)-\dfrac{1}{4}\div\left(\dfrac{4}{12}-\dfrac{3}{12}\right)=3\times\dfrac{8}{3}-\dfrac{1}{4}\div\dfrac{1}{12}=8-\dfrac{1}{4}\times12=8-3=5$

(2)＜数の計算＞$3\sqrt{3}+2=A$，$3\sqrt{3}-2=B$，$\sqrt{3}-5=C$，$\sqrt{3}+5=D$とおくと，与式$=A^2+C^2-B^2-D^2=A^2-B^2+C^2-D^2=(A+B)(A-B)+(C+D)(C-D)=\{(3\sqrt{3}+2)+(3\sqrt{3}-2)\}\{(3\sqrt{3}+2)-(3\sqrt{3}-2)\}+\{(\sqrt{3}-5)+(\sqrt{3}+5)\}\{(\sqrt{3}-5)-(\sqrt{3}+5)\}=6\sqrt{3}\times4+2\sqrt{3}\times(-10)=24\sqrt{3}-20\sqrt{3}=4\sqrt{3}$である。

(3)＜連立方程式＞$\dfrac{x+6}{9}+\dfrac{y}{6}=2$ ……①，$\dfrac{x-3}{3}+\dfrac{y}{4}=2$ ……②とする。①×18より，$2(x+6)+3y=36$，$2x+12+3y=36$，$2x+3y=24$……①′　②×12より，$4(x-3)+3y=24$，$4x-12+3y=24$，$4x+3y=36$ ……②′　②′−①′より，$4x-2x=36-24$，$2x=12$　$\therefore x=6$　これを①′に代入して，$12+3y=24$，$3y=12$　$\therefore y=4$

(4)＜二次方程式─解の利用＞二次方程式$x^2-7x+9=0$の解を$x=p$，qとすると，左辺は$(x-p)(x-q)$と因数分解できる。$(x-p)(x-q)=x^2-(p+q)x+pq$だから，$x^2-(p+q)x+pq=x^2-7x+9$であり，$pq=9$となる。よって，2つの解の積は9である。

2　〔独立小問集合題〕

(1)＜平面図形─長さ，面積＞右図のように，5つの円の中心を結ぶと，正三角形が3つでき，それぞれの辺は2つの円の接点を通る。この正三角形1つの中に半径2で中心角60°のおうぎ形が3個含まれる。

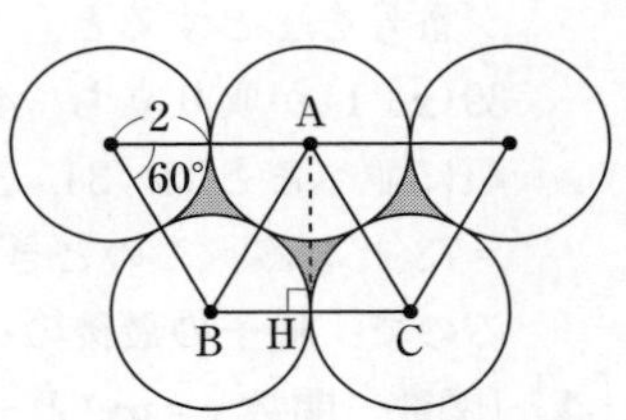

よって，求める周の長さは，$2\pi\times2\times5-2\pi\times2\times\dfrac{60^\circ}{360^\circ}\times3\times3=14\pi$である。また，円の中心を結んでできた正三角形の1辺の長さは$2\times2=4$である。図の正三角形ABCの頂点Aから辺BCに垂線AHを引くと，△ABHは3辺の比が$1:2:\sqrt{3}$の直角三角形になるので，$\mathrm{AH}=\dfrac{\sqrt{3}}{2}\mathrm{AB}=\dfrac{\sqrt{3}}{2}\times4=2\sqrt{3}$となる。したがって，求める面積の和は$\dfrac{1}{2}\times4\times2\sqrt{3}\times3-\pi\times2^2\times\dfrac{60^\circ}{360^\circ}\times9=12\sqrt{3}-6\pi$となる。

(2)＜データの活用─平均値，中央値＞(i)5人の平均値は，$(86+79+96+82+72)\div5=415\div5=83$(点)である。また，生徒5人の点数を小さい順に並べると，72点，79点，82点，86点，96点になるので，中央値は小さい方から３番目の82点である。　(ii)訂正した後の５人の平均値は訂正する前より，84－83＝1(点)高いので，訂正した後の５人の合計点は84×5＝420(点)で，訂正する前より1×5＝5(点)多い。よって，訂正した生徒の点数は５点上がり，その点数が中央値となることから，点数が誤っていたのは，５点上がって82点より多くなるｂである。

(3)＜**場合の数，確率―座席**＞Ａが運転席に座るとき，隣には残り４人の中から１人座るので４通り，後部座席は，右の座席には残り３人の中から１人座るので３通り，中央の座席には残り２人から１人座るので２通り，左の座席には残りの１人が座るので１通りの座り方があり，５人の座り方は4×3×2×1＝24(通り)ある。Ｂが運転席に座るときも24通りあるので，５人の座り方は全部で24＋24＝48(通り)ある。このうち，Ｄ，Ｅの２人が隣り合うのは，２人が後部座席のときで，２人が座る席が，(Ｄ，Ｅ)＝(右，中央)，(中央，右)，(中央，左)，(左，中央)の４通りある。また，Ａが運転するとき，Ｂ，Ｃの座り方は，Ｂが運転席の隣に座り，Ｃが後ろのＤ，Ｅが座っていない席に座る４通り，Ｃが運転席の隣に座り，Ｂが後ろのＤ，Ｅが座っていない席に座る４通りで，4＋4＝8(通り)ある。Ｂが運転するときも同様だから，Ｄ，Ｅの２人が隣り合う場合は8＋8＝16(通り)ある。よって，求める確率は $\frac{16}{48}=\frac{1}{3}$ である。

3〔**特殊・新傾向問題―規則性**〕

≪基本方針の決定≫(1)　Ｂ４の用紙１枚に書かれているページ番号の規則性を見つける。　(2)　条件②の39と40がその用紙のページ番号のうち何番目に大きいかに着目する。

(1)＜**枚数，ページ番号**＞Ｂ４の用紙１枚は４ページ分に当たるので，最後のページ番号が48である場合，Ｂ４の用紙は48÷4＝12(枚)使ったことになる。図２のように，外側から１枚目を広げたときのページ番号は１と48であり，外側から２枚目を広げたときのページ番号は３と46，外側から３枚目を広げたときのページ番号は５と44となり，小さい方のページ番号は２ずつ大きくなり，大きい方のページ番号は２ずつ小さくなるから，２つのページ番号の和は，1＋48＝3＋46＝5＋44＝……＝49と一定になる。また，外側から６枚目の４つのページ番号は，1＋2×(6－1)＝11より，11，12，49－12＝37，49－11＝38だから，２番目に大きいページ番号は37である。

(2)＜**一次方程式の応用**＞冊子の最後のページ数が80より小さいとき，用紙の枚数は80÷4＝20(枚)より少なく，19枚が最大だから，内側から１枚目の用紙にあるページ番号の最大値は2×19＋2＝40以下になる。これより，中から抜き取った１枚の用紙にあるページ番号の39と40は，両面にある４つのページ番号のうち最も大きいページ番号と２番目に大きいページ番号である。最も小さいページ番号を x とすると，２番目に小さいページ番号は $x+1$ となる。よって，条件③より，$40x+6=39(x+1)$ が成り立ち，$40x+6=39x+39$ より，$x=33$ となるから，この用紙のページ番号を小さい順に並べると33，34，39，40である。したがって，同じ面にある２つのページ番号の和は33＋40＝73となる。このとき，外側から１枚目の用紙を広げたときのページ番号は１と73－1＝72となるので，冊子の最後のページ番号は72である。

4〔**関数―関数 $y=ax^2$ と一次関数のグラフ**〕

(1)＜**比例定数，座標**＞関数 $y=ax^2$ のグラフは点(6，18)を通るので，$18=a\times6^2$ より，$a=\frac{1}{2}$ である。右図１で，線分OCは正方形OACBの対角線になるので，∠AOC＝45°である。２点Ａ，Ｂを結び，対角線ABとOCの交点をＧとすると，OG＝AGとなる。よって，直線OAの傾きは１となり，その式は $y=x$ である。点Ａは関数 $y=\frac{1}{2}x^2$ のグラフと直線 y

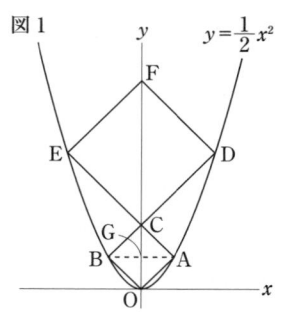

図１

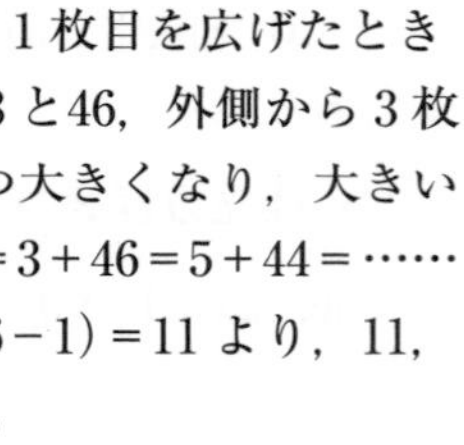

$=x$ の交点だから，2式から y を消去して，$\frac{1}{2}x^2=x$ より，$x^2=2x$，$x^2-2x=0$，$x(x-2)=0$　$\therefore x=0$，2 よって，点Aの x 座標は2だから，$y=\frac{1}{2}\times2^2=2$ より，A(2, 2)である。また，OG＝GCであり，OG＝2だから，OC＝OG＋GC＝2＋2＝4となり，C(0, 4)である。

(2)＜座標＞前ページの図1で，∠OCB＝∠DCF＝45°だから，3点B，C，Dは一直線上にある。このとき，BC∥OAだから，直線BDの傾きは1であり，C(0, 4)より切片は4だから，直線BDの式は $y=x+4$ となる。点Dは関数 $y=\frac{1}{2}x^2$ のグラフと直線 $y=x+4$ の交点だから，2式から y を消去して，$\frac{1}{2}x^2=x+4$ より，$x^2-2x-8=0$，$(x+2)(x-4)=0$　$\therefore x=-2$，4　よって，点Dの x 座標は4であり，$y=\frac{1}{2}\times4^2=8$ より，D(4, 8)である。

(3)＜x 座標，面積比＞まず，2点P(0, 1)，D(4, 8)を通る直線の傾きは $\frac{8-1}{4-0}=\frac{7}{4}$，切片は1だから，直線DPの式は $y=\frac{7}{4}x+1$ である。この直線と関数 $y=\frac{1}{2}x^2$ のグラフの交点は，2式から y を消去して，$\frac{7}{4}x+1=\frac{1}{2}x^2$ より，$2x^2=7x+4$，$2x^2-7x-4=0$，解の公式を利用して，$x=\frac{-(-7)\pm\sqrt{(-7)^2-4\times2\times(-4)}}{2\times2}=\frac{7\pm\sqrt{81}}{4}=\frac{7\pm9}{4}$ となるから，$x=\frac{7+9}{4}=4$，$x=\frac{7-9}{4}=-\frac{1}{2}$ である。よって，点Dではない方の点の x 座標は $-\frac{1}{2}$ である。次に，右図2のように，直線DPと正方形OACBの辺OB，ACとの交点をそれぞれI，Hとし，正方形OACB，台形OAIH，台形BHICの面積を求める。正方形OACBの面積は，C(0, 4)よりOC＝4，点Aの x 座標が2よりAG＝2だから，〔正方形OACB〕$=2\triangle \mathrm{OAC}=2\times\frac{1}{2}\times \mathrm{OC}\times \mathrm{AG}=2\times\frac{1}{2}\times4\times2=8$ である。また，点I，Hの x 座標を求める。点I，Hは，それぞれ直線DPと直線AC，OBの交点である。点Bは点Aと y 軸について対称な点より，B(−2, 2)で，直線OBの傾きは $-\frac{2}{2}=-1$ だから，その式は $y=-x$ であり，直線ACは直線OBと平行だから，傾きは−1で，切片は4より，その式は $y=-x+4$ である。これより，点Iの x 座標は，直線DP，ACの2式から y を消去して，$\frac{7}{4}x+1=-x+4$，$7x+4=-4x+16$，$11x=12$，$x=\frac{12}{11}$ となり，点Hの x 座標は，直線DP，OBの2式から y を消去して，$\frac{7}{4}x+1=-x$，$7x+4=-4x$，$11x=-4$，$x=-\frac{4}{11}$ となる。したがって，〔台形OAIH〕＝〔四角形OAIP〕＋△OPH＝△OAC－△PIC＋△OPHであり，△PICの底辺をPC＝OC－OP＝4－1＝3と見ると，高さは点Iの x 座標より $\frac{12}{11}$ となり，△OPHの底辺をOP＝1と見ると，高さは点Hの x 座標より $\frac{4}{11}$ となるから，〔台形OAIH〕$=\frac{1}{2}\times4\times2-\frac{1}{2}\times3\times\frac{12}{11}+\frac{1}{2}\times1\times\frac{4}{11}=4-\frac{18}{11}+\frac{2}{11}=\frac{28}{11}$ である。さらに，〔台形BHIC〕＝〔正方形OACB〕－〔台形OAIH〕$=8-\frac{28}{11}=\frac{60}{11}$ となる。以上より，〔台形BHIC〕：〔台形OAIH〕$=\frac{60}{11}:\frac{28}{11}=15:7$ となるから，直線DPは正方形OACBの面積を15：7の比に分割する。

図2
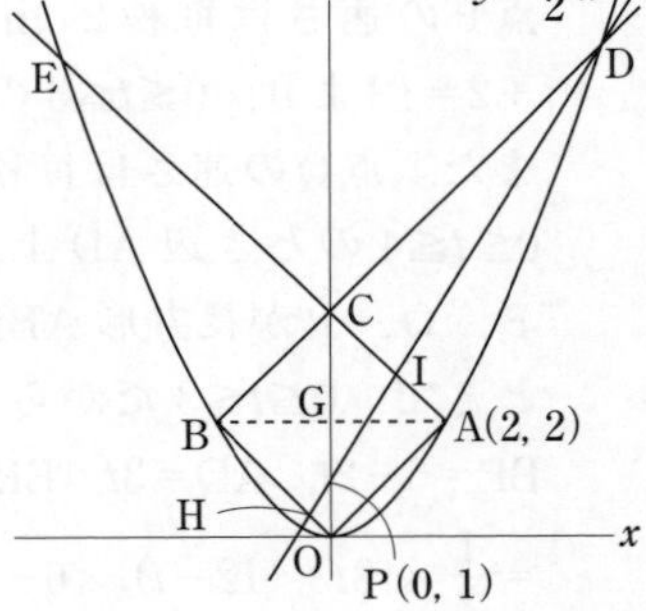

5〔関数—図形の移動と関数〕

⑴＜長さ＞$t=2$ のとき，$2\times2=4$ より，点Ｐは点Ａから 4 cm 動き，辺 AB 上にあるから，$AP=4$(cm)である。また，$3\times2=6$ より，点Ｑは点Ａから 6 cm 動き，辺 AD 上にある。よって，右図１のようになり，△APQ で三平方の定理より，$PQ=\sqrt{AP^2+AQ^2}=\sqrt{4^2+6^2}=\sqrt{52}=2\sqrt{13}$ (cm)となる。

図１

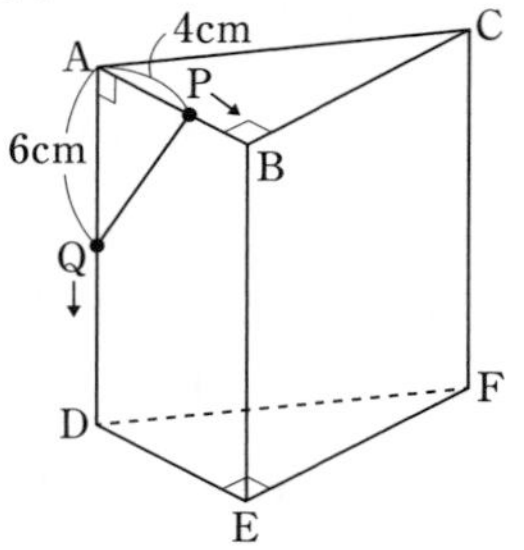

⑵＜面積比，体積＞右下図２の△ABC で三平方の定理より，$BC=\sqrt{AC^2-AB^2}=\sqrt{10^2-6^2}=\sqrt{64}=8$ である。$t=9$ のとき，$2\times9=18=6+8+4$ より，点Ｐは辺 CA 上にあり，$AP=AC-CP=10-4=6$ となる。△ABP と△ABC で底辺をそれぞれ辺 AP と辺 AC と見ると高さが等しいので，△ABP：△ABC＝AP：AC＝6：10＝3：5 となる。また，$3\times9=27=12+6+6+3$ より，点Ｑは辺 AD 上にあり，$AQ=AD-DQ=12-3=9$ となる。三角錐 Q-ABP の底面を△ABP とすると，$\triangle ABP=\frac{3}{5}\triangle ABC=\frac{3}{5}\times\left(\frac{1}{2}\times6\times8\right)=\frac{72}{5}$ だから，〔三角錐 Q-ABP〕$=\frac{1}{3}\times\triangle ABP\times AQ=\frac{1}{3}\times\frac{72}{5}\times9=\frac{216}{5}$ (cm^3)である。

図２

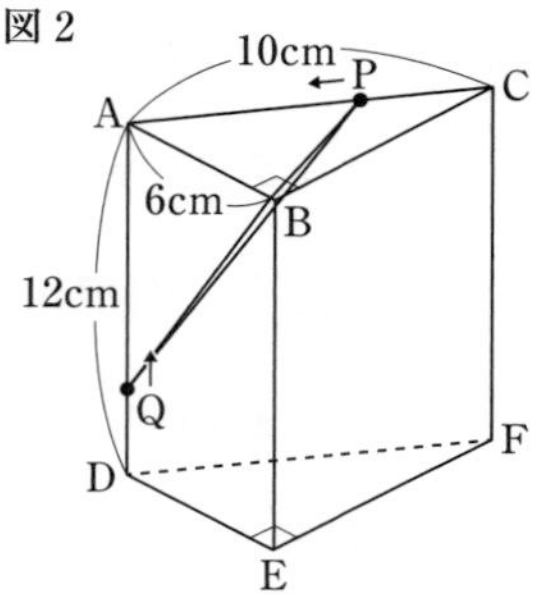

⑶＜時間＞３点Ｐ，Ｑ，Ｒが１つの長方形の辺上にあるのは，長方形 ABED の辺上の場合，または長方形 BEFC の辺上の場合が考えられる。点Ｐの速さは毎秒 2 cm だから，$6\div2=3$，$(6+8)\div2=7$，$(6+8+10)\div2=12$ より，$0\leqq t\leqq3$ のとき辺 AB 上，$3\leqq t\leqq7$ のとき辺 BC 上にある。また，点Ｑの速さは毎秒 3 cm だから，$12\div3=4$，$(12+6)\div3=6$ より，$0\leqq t\leqq4$ のとき辺 AD 上，$4\leqq t\leqq6$ のとき辺 DE 上にある。まず，３点Ｐ，Ｑ，Ｒが長方形 ABED の辺上にある場合，点Ｐが辺 AB 上にあるときで，$0\leqq t\leqq3$ だから，右図３のようになる。このとき，$AP=2t$，$BP=6-2t$，$AQ=3t$，$ER=t$ より $BR=12-t$ となるので，△PQR＝〔台形 ABRQ〕－△APQ－△BPR $=\frac{1}{2}\times\{3t+(12-t)\}\times6-\frac{1}{2}\times2t\times3t-\frac{1}{2}\times(6-2t)\times(12-t)=3(2t+12)-3t^2-\frac{1}{2}(72-6t-24t+2t^2)=-4t^2+21t$ となる。よって，$-4t^2+21t=18$ が成り立ち，$4t^2-21t+18=0$ となるから，解の公式より，$t=\frac{-(-21)\pm\sqrt{(-21)^2-4\times4\times18}}{2\times4}=\frac{21\pm\sqrt{153}}{8}=\frac{21\pm3\sqrt{17}}{8}$ となる。よって，$0\leqq t\leqq3$ より，$t=\frac{21-3\sqrt{17}}{8}$ が適する。次に，３点Ｐ，Ｑ，Ｒが長方形 BEFC の辺上にある場合，点Ｑは点Ｅにあるので，右図４のようになる。このとき，$t=6$ だから，$BP=2\times6-6=6$，$ER=1\times6=6$ となり，$\triangle PQR=\frac{1}{2}\times6\times6=18$ となるから適する。したがって，$t_1=\frac{21-3\sqrt{17}}{8}$，$t_2=6$ である。

図３

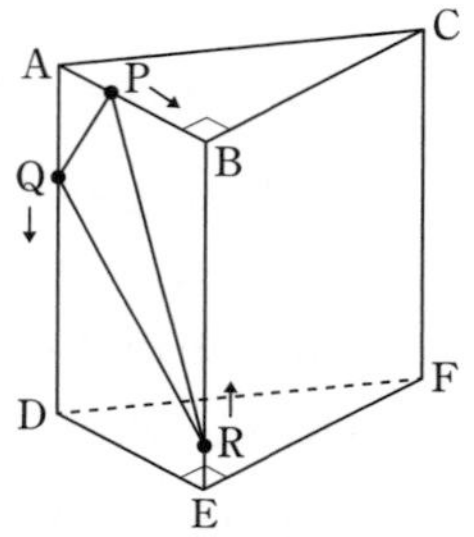

図４

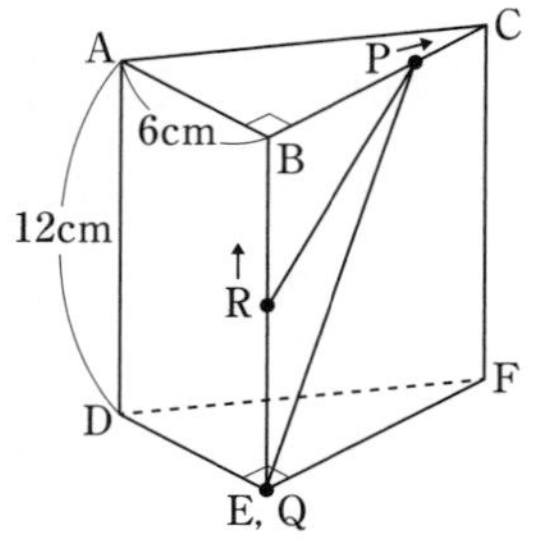

国語解答

一　問一　(i)…エ　(v)…イ　(vi)…ウ
問二　エ　問三　ア　問四　ア
問五　イ　問六　ア　問七　ウ
問八　エ
問九　⑥…イ　⑧…ウ　⑪…エ
問十　ア　問十一　Ａ…エ　Ｂ…ウ
問十二　イ　問十三　エ
問十四　ウ　問十五　エ

二　問一　ウ　問二　ウ　問三　イ
問四　ウ　問五　イ　問六　エ
問七　Ａ…ウ　Ｂ…イ　問八　イ
問九　ウ　問十　ア　問十一　イ
問十二　エ　問十三　エ
問十四　ウ　問十五　エ
問十六　ア

三　問一　①…エ　④…イ　問二　ア
問三　イ　問四　ウ　問五　ア
問六　イ　問七　エ　問八　ウ
問九　エ　問十　ウ　問十一　ウ
問十二　ア

一〔論説文の読解―文化人類学的分野―文化〕出典；平野啓一郎『「カッコいい」とは何か』。

≪本文の概要≫「カッコいい」は，他者に対する肯定的な言葉として，今後も有効であり続けるだろう。ただ，「カッコいい」ことが相対的に「カッコ悪い」ものを生んでしまう弊害を，防ごうとする動きはある。「カッコいい」には，人に憧れを抱かせ，同化・模倣願望を抱かせる力があるだけに，「カッコいい」の社会への影響力を自覚して倫理的にコントロールしようという取り組みもある。「カッコいい」とは何かは，時代とともに変化してゆく。すでに日本では，平成の長いデフレ経済下の価値観が，職業などの「カッコいい」の判断に影響を及ぼしている。また一方で，少子高齢化に伴い，社会がいつまでも古臭い「カッコいい」に依存せざるをえなくなる兆候も見えてきている。今日のテクノロジーは，面倒臭いことを「ダサい化」しつつある。いつまで人が「カッコよさ」を求め続けるのかはわからないが，「カッコいい」は，人と人とを結びつけ，新しい価値を創造し，社会を更新する。私たちはまだ当面は「カッコいい」の価値観とともに生きてゆくことになるのではないか。

問一＜漢字＞(i)「弊害」と書く。アは「貨幣」，イは「併用」，ウは「横柄」。(v)「自慢」と書く。アは「円満」，ウは「巨万」，エは「散漫」。(vi)「駆逐」と書く。アは「竹馬」，イは「貯蓄」，エは「畜産」。

問二＜漢字＞「促す」は，「うながす」と読む。「もよおす」は，「催す」。

問三＜品詞＞「製作されている」と「雨に降られて」の「れ」は，受け身を表す。「思い出される」の「れ」は，自発を表す。「使われている」の「れ」は，尊敬を表す。「言いそびれて」の「れ」は，「言いそびれる」という動詞の一部である。

問四＜熟語の構成＞「監督」と「意志」は，似た意味の字を組み合わせた熟語。「人為」は，上の字と下の字が主語―述語の関係になっている熟語。「予想」は，上の字と下の字が修飾―被修飾の関係になっている熟語。「就職」は，下の字が上の字の目的語になっている熟語。

問五＜文章内容＞ハリウッドでは，「白人男性だけを『カッコいい』化し，つまりはその他の人々を『ダサい化』している」と「批判」されないようにしている。そのような「批判」を受けると，映画が社会に受け入れられなくなり，業界が損失を被ることになるからである。

問六＜語句＞「模倣」は，すでにあるものをまねること。その対義語は，自分で新しいものをつくり出す，という意味の「創造」。

問七＜文脈＞「現実に存在しない，写真修整技術で作られた体型になるためには，病的なダイエット以外に方法がない」ので，「修整済みの写真は，その事実を表示すべきだ，という動き」が出ている。この動きは，「『カッコいい』の影響力を自覚し，倫理的にどのようにコントロールしていくか，という取り組みの一つ」だろう。

問八＜文章内容＞「パソコンで画像が修整された非現実的なほどスタイルの良いモデルの写真」は，「『カッコいい』存在として社会に影響を及ぼす」ことになるが，「病的なダイエット」などを引き起こすため，「倫理的」な問題がある。その問題に目を向けずに，修正した「カッコいい」写真を使って消費者をひきつけようとする態度は，問題視されるのである。

問九＜語句＞⑥「アイデンティティ」は，自分がほかならぬこの自分であると自分で感じ，また他者からもそのように認められるときの，自分のあり方や，そういう自分についての感覚や意識のこと。⑧「乖離」は，離れていること。　⑪「躍起になる」は，むきになって熱心に行う，という意味。

問十＜文章内容＞「『カッコいい』の世代間闘争」で「新しい価値観の若者たちが勝利することが出来る」のは，「人口のグラフがピラミッド型」であり，なおかつ「若者たちが裕福である」場合である。そういう場合に，「ビジネスは若者の『カッコいい』を中心に動いて」いく。

問十一．A＜接続語＞近代以降，「職業」や「何を買い，所有しているか」などが個人のアイデンティティを担ってきたけれども，今後は，「自分のやりたい仕事をしていると自慢することも，誇示的な消費も，『カッコ悪い』と見做される」ことになるかもしれない。　**B＜表現＞**「日本の懸念」としては，いろいろ考えてみても結局は，「少子高齢化」が挙げられる。

問十二＜指示語＞古代ギリシア以来「『カッコいい』こととされて」きた「政治意識の高さ」が，「『ダサい』とされてしまえば，政治への無関心は強く」なる。「SEALDsのような運動」は，「政治意識の高さ」が「『ダサい』とされて」しまい，人々の「政治への無関心」が強くなる時代の「新しい『カッコよさ』を目指して，国民に政治参加を呼びかけるもの」だった。

問十三＜文章内容＞今日，「面倒臭い」ことは「ダサい化」しつつある。しかし，「面倒臭そう」な感じがする「スポーツカー」は，「好きな人にとっては，その面倒こそがいいのだとも言える」し，「レコードやCDを手に入れるための手間にじらされた」人が「新譜の発売日にレコード店に駆けつけ，家に帰るなり，荷物を放り出してプレイヤーに飛びついた」際には，「興奮」があった。

問十四＜要旨＞「『カッコいい』ことが相対的に『カッコ悪い』ものを生んでしまう」という「弊害」を防ごうとする動きがある（ア…×）。「カッコいい」には，「人に憧れを抱かせ，そのようになりたいと同化・模倣願望を抱かせる力」があり，女性が痩せたモデルの写真を見て「自分の体型を『カッコ悪い』と感じ，痩せなければと思いつめてしまう」ようなことも起こるが，だからこそ，「『カッコいい』の影響力を自覚し，倫理的にどのようにコントロールしていくか，という取り組み」がある（イ…×）。「『カッコいい』とは何かは，時代とともに変化してゆく」が，「カッコいい」は「人と人とを結びつけ，新しい価値を創造し，社会を更新する」のであり，私たちは「まだ当面はこの価値観と共に生きてゆくことになる」と考えられる（ウ…○）。映画業界で「『カッコいい』ヒーローが白人男性に偏重している」のに対して黒人や女性が主人公の映画が製作されるように，「バランスが実現されて」ゆけば，「スーパーマン」や「スパイダーマン」が「白人男性だけを『カッコいい』化」して他の人々を「『ダサい化』している」とは批判されないだろう（エ…×）。

問十五＜表現＞ハリウッドで「『カッコいい』ことが相対的に『カッコ悪い』ものを生んでしまう弊害を防ごうと」していることや，「モードの世界」で「モデルが痩せすぎだという問題」が議論されていることが挙げられ，日本の懸念として，少子高齢化によって社会に「既に『カッコ悪く』なってしまった文化が更新されることもなくメインストリームであり続ける，という事態」の兆候があることが挙げられている。そのうえで，「私たちは，『カッコいい』の，時に暴力的なまでの力を抑制しつつ，まだ当面はこの価値観と共に生きてゆくことになる」という見解が示されている。

二〔**小説の読解**〕出典；まはら三桃『たまごを持つように』。

問一＜文章内容＞「生徒指導」の古賀先生が「松原が来たら，おれのところに来るように言ってくれ」と言うので，早弥は「今度は何をしたんやか」と思ったが，その疑問は，「実良の登場とともに明らかに」なった。古賀先生は，実良が髪を染めたことで，実良を呼び出しに来たのだと考えられる。

問二＜心情＞実良が射た矢は，「どれもが，巻きわらのほぼ同じところに刺さって」いた。それを見た早弥は，実良の様子を「しばらくうかがって」いた。実良が最近「だれてばかりいた」ことを知っている早弥は，実良が「生まれ変わった」ということに，まだ確信が持てなかったのである。

問三＜敬語＞「申し出た」の「申し」と「うかがいます」は，謙譲語。「御覧ください」と「召し上がってください」は，尊敬語。「ございます」は，丁寧語。

問四＜心情＞実良が，最近は練習を怠っていたため，坂口先生は，的前練習をすぐには許可できなかった。一方で，やらせてみれば，実良自身が現状を自覚し納得するだろうとも思ったと考えられる。

問五＜語句＞「あっけにとられる」は，思いがけないことに出会って驚きあきれる，という意味。

問六＜語句＞「怪しい」は，ここでは，不確かで，正確ではない，という意味。実良の所作には正確ではないところがあったのである。

問七＜表現＞Ａ．矢を射るときの実良の「手足」の「伸び」は，滑らかで柔らかであった。　Ｂ．実良は，落ち着いてゆとりのある感じで弓を構えていた。

問八＜語句＞「微動」すらしない，ということを，「微動だにしない」という。

問九＜心情＞早弥は，久しぶりに射場に立って的前練習で弓を引こうとしている実良が集中できるように，邪魔になるような音はいっさい立てないようにしたのである。

問十＜語句＞「中毒」は，毒にあたること。

問十一＜心情＞早弥は，「本当に実良は生まれ変わったのかな」と思っていたが，実良の矢は，みごとに的を射た。実良が的を射たことに喜んでジャンプしたので，早弥も射場に飛び込み，「実良の手を握って，喜び合った」のである。

問十二＜文脈＞実良は再度矢を射る態勢に入った。弓が少しずつ上昇を始め，左手に力がこもり，ゆがけの右手が弦を伸ばし始め，「弓が完全に引きしぼられ」たら，「静止のとき」がくる。その「静止のとき」とは，「周りの気を集めて封じこめたような静かな時間」である。

問十三＜心情＞坂口先生に「まぐれ」だと指摘された実良は，「こんなに気合が入っているのに，できんことなんかあるわけないやん」と言って，再度射たが，今度は的を射ることはできず，言い返す言葉はなかった。坂口先生に「その自分を変えたいという気持ちを大事になさい。そのうち，いろんなことがわかってくるはずです」と言われると，実良は，もう先ほどまでの意気込みが消え，先生の言葉を納得して受け入れるほかなかった。

問十四＜表現技法＞しゃがみこんでいた実良が喜んで飛び上がる様子が，「バネ仕掛け」にたとえられている。「ようだ」や「ごとし」などの語を用いて比喩であることを明示する表現を，「直喩」という。

問十五＜文章内容＞坂口先生は，この日の実良の意気込みや，矢が的を射たことだけを見て，実良を認めることはしなかった。坂口先生は，実良を全面的に否定するのではなく，「やる気になった」ことは認め，髪を染めた実良の気持ちにも理解を示したうえで，「その自分を変えたいという気持ちを大事になさい。そのうち，いろんなことがわかってくるはずです」と言った。

問十六＜表現＞場面は弓道部員たちと坂口先生との会話で展開するが，その他の部分は，実良を見つめる早弥の視点から描かれている（ア…○）。弓道の所作は具体的に描かれ，実良の苦悩も描かれているが，本文の範囲では部員は特に「前進」はしていない（イ…×）。古賀先生や弓道部員たちは，方言も使っている(ウ…×)。本文中に，倒置法や擬人法の表現は見られない(エ…×)。

三〔**古文の読解―随筆**〕出典；兼好法師『徒然草』第百五十五段。

≪**現代語訳**≫世の習わしに従おうという人は，まず事が進んでいく順序を知らなければならない。時機がよくないことは，人の〈耳〉にも逆らい，心にも合わなくて，そのことはうまくいかない。それにふさわしい時機をわきまえるべきである。ただし，病気，出産，死だけは，事の順序を見はからわず，時機が悪いからといって途中で止まることはない。ものが生じ，存続し，変化し，滅び去ることという，本当に大事なことは，荒々しい川がみなぎり流れるようなものである。しばらくの間も停滞せず，すぐに実現してゆくものである。だから，出世間と俗世間のどちらであっても，必ず成し遂げようと思うようなことは，事の起こる順序にこだわってはならない。あれこれの準備などせず，進行を止めてはならない。春が暮れてその後夏になり，夏が終わって秋がくるのではない。春はすぐに夏の気配を示し，夏の間からすでに秋は交じり，秋はすぐに寒くなり，十月は〈小春〉の陽気で，草も青くなり梅もつぼみをつけてしまう。木の葉の落ちるのも，まず落ちてから芽が出るのではない。下から芽ぐみきざす力にこらえきれないで落ちるのである。待ち受けている気力を，下に準備してあるので，待ち受けて交代する時機がはなはだ早い。生・老・病・死が入れかわりやってくることも，またこれ以上に早い。四季にはまだ一定の事が行われる時機がある。(しかし，)死期は時機を待たない。死は前方からくるとはかぎらず，かねてから背後に迫っている。人は皆死があることを知って，覚悟しているが，それほど切迫していないうちに，不意に(死は)やってくる。沖の干潟ははるか彼方であるのに，(足下の)磯から潮が満ちてくるようなものである。

問一＜古語＞①「機嫌」は，事の起こる順序のこと。　④「やがて」は，すぐに，という意味。

問二＜慣用句＞聞いて不愉快に感じて聞き入れられないことを，「耳にさからう」という。

問三＜現代語訳＞「ついで」は，ここでは，事を行う時機，タイミングのこと。「やむ」は「止む」で，途中で止まる，という意味。

問四＜古典文法＞「行ひゆくものなり」と「ふみとどむまじきなり」と「落つるなり」の「なり」は，断定の助動詞。「寒くなり」の「なり」は，「なる」という動詞の連用形。

問五＜古典の知識＞「霜月」は十一月，「長月」は九月，「葉月」は八月の異名である。

問六＜古語＞旧暦「十月」頃の，春のように暖かい天気のことを，「小春」という。

問七＜歴史的仮名遣い＞「ゑ」は，ワ行四段目の字で，現代語では「え」と表記する。

問八＜古文の内容理解＞「迎ふる気，下に設けたるゆゑに，待ちとるついで甚だはやし」は，春が夏になり，夏が秋になり，秋が冬になるという四季の変化について述べられたものである。生老病死が入れかわりやってくることは，四季の変化以上に早い。

問九＜古文の内容理解＞沖の干潟をはるか彼方に見ているとき，実は足下では磯の潮が満ちている。そのように，死はまだ遠い先のことだろうと思っていると，知らぬ間に背後から迫っている。

問十＜古文の内容理解＞前半では，「機嫌」を知ることの重要性と，その「機嫌」にこだわってはならない事柄があることが述べられる。後半は，四季の変化に言及しながら，生老病死のくることの早さにふれ，とりわけ死は，背後から不意にやってくるという現実について述べられている。

問十一＜古文の内容理解＞「実の大事」は，少しの間も停滞せずに早く実現してゆくものであるから，必ず成し遂げようと思うことは，事の起こる順序にこだわらず，すぐに行わなければならない。特に，死は，不意に背後からやってくるものなので，大事なことはすぐにしなければならない。

問十二＜文学史＞『徒然草』は，鎌倉時代に成立した，兼好法師による随筆。

2022年度　日本大学櫻丘高等学校（B日程）

【英　語】（60分）〈満点：100点〉

■リスニングテストの音声は，当社ホームページで聴くことができます。（当社による録音です）
再生に必要なユーザー名とアクセスコードは「収録内容一覧」のページに掲載しています。

Ⅰ　これから放送によるリスニングテストを始めます。放送の内容をよく聞いて答えなさい。聞きながらメモをとってもかまいません。

問題１　次の(1)～(5)の写真について４つの英文が読まれます。写真の状況として最も適切な英文を１～４の中から１つ選び，その番号をマークしなさい。**英文は１回のみ放送されます。**

(1)

1．　2．　3．　4．

(2)

1．　2．　3．　4．

(3)

1．　2．　3．　4．

(4)  1.　2.　3.　4.

(5) 

1.　2.　3.　4.

問題2　これから Richard が話す英文を聞き，質問に対する答えとして最も適切なものを１～４の中から１つ選び，その番号をマークしなさい。**英文は１回のみ放送されます。**

Questions

No.(1)　Why did Richard come to California ?

1. Because he lives with his parents.
2. Because he studies at a university.
3. Because he loves living in a big city.
4. Because he is interested in traveling.

No.(2)　What does Richard want to do in the future ?

1. To live with his dog.
2. To teach at a high school.
3. To go back to his parents' house.
4. To play basketball in his free time.

問題3　これから読まれる２人の対話を聞き，質問に答える問題です。それぞれの質問に対する答えとして最も適切なものを１～４の中から１つ選び，その番号をマークしなさい。**英文は２回放送されます。**

Questions

No.(1)　Where is John calling from ?

1. Florida　2. China　3. A café　4. A theme park

No.(2)　When are John and Catherine going to see each other ?

1. In two weeks　2. On May 1st　3. On May 3rd　4. On May 11th

No.(3)　What does Catherine want to do with John ?

1. She wants to talk.　2. She wants to go to China.
3. She wants to go to a beach.　4. She wants to watch a movie.

以上でリスニングテストを終わります。引き続き問題に取り組んでください。
※＜リスニングテスト放送原稿＞は英語の問題の終わりに付けてあります。

II　次の(1)～(5)の英文の(　)に入る最も適切な語(句)を1～4の中から1つ選び，その番号をマークしなさい。

(1) That movie is (　　) scary that I don't want to watch anymore of it.
　1．as　2．more　3．so　4．too

(2) Do you remember (　　) Mr. Smith gave us homework ?
　1．to　2．for　3．whom　4．when

(3) (　　) you please put this letter in the mailbox ?
　1．Are　2．Do　3．Have　4．Would

(4) I'm thinking (　　) book to read for my next vacation.
　1．about which　2．about that　3．for what　4．for how

(5) How about (　　) swimming with me this summer ?
　1．go　2．to enjoy　3．practicing　4．you teach

III　文脈を考え，次の(1)～(5)に入る最も適切な語を下の語群からそれぞれ1つずつ選び，その番号をマークしなさい。同じ語を2度使用してはいけません。

The first stamps in the world were made in the UK in 1840. After that, (1) letters became easier. Stamps on (2) showed that people had already paid to send the letters. Stamps have been popular around the world (3) then.

There are very beautiful and interesting stamps in the world. A lot of people like to collect stamps. They (4) looking at the beautiful pictures on stamps. They also learn a lot from the (5) of famous people, special events and important places.

語群
1．for　2．enjoy　3．since　4．sending
5．letters　6．pictures　7．writing　8．sold

IV　次の設問に答えなさい。

(1) 次の英文を意味が通るように正しい順序で並べ替えた場合，**3番目にくるもの**はどれか，1～4の中から1つ選び，その番号をマークしなさい。

1．This system can remember viruses it fought in the past.
2．With this system, our bodies can fight the virus better when it comes again.
3．Our bodies have a system for fighting viruses.
4．It is because our bodies remember the virus and get ready to fight it.

(2) 以下の英文中で意味が通るようにア～エの英文を並べ替えた場合，正しい順番になっているものを1～4の中から1つ選び，その番号をマークしなさい。

These days, people can do a lot of business on the Internet. For example, you don't have to go to the bank. [　　⇒　　⇒　　⇒　　] You choose what you want from the pictures on the Internet. Then you buy it with your credit card and it comes to your house.

ア　You can do that on the Internet, too. イ　You can do your banking on the Internet. ウ　You may want to buy tickets for a concert. エ　You can also do lots of shopping on the Internet.

1．ア⇒エ⇒ウ⇒イ　　2．イ⇒ウ⇒ア⇒エ
3．ウ⇒エ⇒イ⇒ア　　4．エ⇒ア⇒ウ⇒イ

Ⅴ

　次の文中の１～５の(　)内にある語(句)を意味の通る文になるように並べ替えなさい。解答は例にしたがって，１～４番目の順に番号で答えなさい。

例題　We (1．school　2．students　3．are　4．high). 答え：この例では We are high school students とするため，③，④，①，②を上から順にマークします。

Everybody knows that exercise is good for our health. But did you know that $_1$(1．you　2．can　3．exercise　4．help) study? Recent research has shown that exercise can make your brain more active. Research has also shown that children $_2$(1．stopped　2．got　3．exercising　4．who) lower grades.

When you exercise, $_3$(1．your　2．happen　3．inside　4．changes) body. Your brain gets more oxygen because more blood is sent to it. Because of this, your brain becomes more active and you $_4$(1．focus　2．can　3．things　4．on) better. It also becomes easier to process different kinds of information.

But you shouldn't feel stressed if you don't exercise much now. You $_5$(1．don't　2．exercise　3．very hard　4．have to). Your brain can get more oxygen even from light exercise.

Ⅵ

　次のＡ，Ｂの会話文(１)～(８)に入る最も適切な文をそれぞれ選択肢から選び，その番号をマークしなさい。同じ選択肢を２度使用してはいけません。

Ａ

Eri　　: Can you help me?
Waiter : (　１　)
Eri　　: I've lost my bag.
Waiter : Where do you think you lost it?
Eri　　: (　２　)
Waiter : Did you have your bag when you were here?
Eri　　: Yes. I think it was on the chair next to me.
Waiter : OK. So when did you notice your bag was lost?
Eri　　: When we went outside. My friend and I were going to buy lunch.
Waiter : Right. (　３　)
Eri　　: It's a new brown shoulder bag. I bought it three days ago.
Waiter : What was in the bag? Any money?
Eri　　: Some cash and credit cards. And magazines and a water bottle.
Waiter : OK. (　４　)

Aの選択肢

1. Of course.
2. I'm not sure.
3. Yes, that's right.
4. What does it look like?
5. How much does it cost?
6. I've never had it before.
7. Do you mind if I ask you a question?
8. I'll check to see if anyone has found it.

B

Tom : How do you like your apartment?

Maria : Oh, it's great. It's a little small, but it's really convenient and quiet.

Tom : (5) I like living here.

Maria : By the way, where do you buy your *groceries?

Tom : I usually go to the grocery store on the corner of Pine Street and First Avenue.

Maria : It's near the subway, right?

Tom : Yes.

Maria : I go to Market Fair.

Tom : Is it by the park?

Maria : That's right. (6) I walk there.

Tom : Maybe I'll go there next time. So, do you have everything you need for your apartment now?

Maria : I'm sleeping on the sofa at the moment. (7) Also, I want to get some chairs and a bookcase.

Tom : Do you need a desk? I have one I'm not using.

Maria : No, I have a desk, but thank you.

Tom : OK. Let me see. Why don't you check out the Superstore? They have everything you need.

Maria : Really? Can you go there with me?

Tom : (8)

注 *groceries：食料品

Bの選択肢

1. Why not?
2. That's not true.
3. It's not far at all.
4. I can't tell the difference.
5. Yes, this is a good location.
6. Let's make something else.
7. Do you know where I can get a bed?
8. I found what you need in your apartment.

VII 次の英文を読み，それぞれの問に答えなさい。

Two thousand years ago, London was a small village by *the River Thames. Then *the Romans came and built a town, and thousands of people lived there. Now, in the twenty-first century, London is the biggest city in Britain, with more than seven million people. It is the *capital city of the United Kingdom, the home of Queen Elizabeth the Second, and the home of the British government. Millions of visitors come to London every year.

The name 'London' comes from (1)the Romans. People lived here before the Romans came, but we do not know very much about them. The Romans came to England in the year 43. Their ships came [(2)] the River Thames from the sea, and they built houses and other buildings next to the river. They built a bridge over the river, and they called the town Londinium. You can find out about London's early days, and about the Romans, at the Museum of London.

It was a rich town, and about 50,000 people lived in it. But soon after the year 400, the Romans left Londinium and went back to Rome, and for three hundred years London was a quiet place. Then people began to live in the town again, and it was soon rich and important. People called *Angles, Saxons, and Jutes came to Britain from Germany, *Holland, and Denmark. Then, in the ninth and tenth centuries, *Danish ships came [(2)] the River Thames and destroyed many of London's buildings.

In 1066, England had a new king— *William the Conqueror from France. William came to live in London and built a castle there (today we know it as the Tower of London). London was now the biggest and most important city in England, and it got bigger and bigger. In 1509, when Henry the Eighth was king, there were 50,000 people in London. In 1600, when Henry's daughter Elizabeth the First was queen, there were 200,000 people.

The *plague often came to London, but 1665 was the worst year of all. In the hot summer that year thousands of people were ill, and 100,000 of them died. 1665 was called the Year of the Great Plague. Then a year later, in 1666, there was a big fire—(3)the Great Fire of London. It began in a house in *Pudding Lane, near London Bridge. Most houses were built of wood at that time, and fires love wood. The Great Fire of London went through street after street after street, and it did not stop for four days.

More than a quarter of a million people lost their homes in the fire. It destroyed *St Paul's Cathedral and eighty-eight other churches. But it also destroyed most of the worst old buildings. A new St Paul's Cathedral was built between 1675 and 1711.

In the eighteenth century, Britain was one of the most important countries in the world, and London was its most important city. Some Londoners were very rich, and (4)they built some of the most beautiful houses in the city. Many of those houses are standing today. But at the same time, other people lived in cold, dark, wet houses.

Many of the buildings in London today were built when Queen Victoria was the queen. She was the queen for nearly sixty-four years, from 1837 when she was 18 years old, to 1901 when she died.

In that time, many railways were built, and for the first time people could travel by train. Trains were much faster than coaches and horses, of course, and visitors came to London from all across the country. In 1851 there was *the Great Exhibition at the Crystal Palace in *Hyde Park. More than six million people came and saw the wonderful *exhibits. In 1863, the world's first underground trains began to run in London, between Paddington and Farringdon. In 1881, there were more than three million people in the city.

In the twentieth century, German bombs destroyed many buildings in the Second World War (1939-1945). But they did not destroy St Paul's Cathedral. And now London has some of the world's most exciting new buildings.

注 ＊the River Thames：テムズ川　＊the Romans：ローマ人　＊capital city：首都
＊Angles, Saxons, and Jutes：アングル族，サクソン族，ジュート族　＊Holland：オランダ
＊Danish：デンマークの　＊William the Conqueror：征服王ウィリアム
＊plague：疫病　＊Pudding Lane：プディングレーン(通りの名称)
＊St Paul's Cathedral：セントポール大聖堂　＊the Great Exhibition：万国博覧会
＊Hyde Park：ハイドパーク(ロンドンにある公園)　＊exhibits：展示品

問１　下線部(1)について，最も適切なものを１つ選び，その番号をマークしなさい。

1．We all know why they came to England.
2．They are famous for giving the River Thames its name.
3．They moved to a small city and named it 'London' 43 years ago.
4．Information about them can be found at the Museum of London.

問２　文中に２か所ある (2) に入る最も適切なものを１つ選び，その番号をマークしなさい。

1．on　2．up　3．for　4．back

問３　次の質問に対する答えとして最も適切なものを１つ選び，その番号をマークしなさい。

What did the Romans do soon after the year 400 ?

1．They made Rome a rich city.
2．They built a quiet city in Britain.
3．They moved from Londinium to Rome.
4．They left Londinium but soon came back.

問４　11世紀から18世紀までのイギリスについて，本文に書かれている内容を１つ選び，その番号をマークしなさい。

1．In the eleventh century, many buildings in Britain were destroyed by people from Germany, Holland and Denmark.
2．In the sixteenth century, a new king from France came to England and invited 50,000 foreigners.
3．In the seventeenth century, a plague broke out in London that killed 100,000 people in one summer.
4．In the eighteenth century, the new St. Paul's Cathedral began to be built and it was finished 40 years later.

問５　下線部(3)について，最も適切なものを１つ選び，その番号をマークしなさい。

1．The fire continued for three days.
2．A fire broke out in a house near London Bridge.
3．Fires burned wooden and stone houses everywhere.
4．It happened in a year called the Year of the Great Plague.

問６　下線部(4)の解釈として最も適切なものを１つ選び，その番号をマークしなさい。

1．裕福なロンドン市民はロンドンで最も美しい家を建てた。
2．家を焼かれた人たちはイギリスで最も美しい家を建てた。
3．ロンドン市はロンドンをイギリスで最も美しい街にした。
4．イギリス人はロンドンに自分が最も美しいと思う家を建てた。

問7　次の質問に対する答えとして最も適切なものを１つ選び，その番号をマークしなさい。

How was travel in Britain in the nineteenth century?

1．The first train was made because the number of horses used was decreasing.

2．Horses were the only way to travel before the first underground train started to run.

3．Trains made it much easier for people to travel to London from all across the country.

4．The first British train was shown at the Great Exhibition held at the Crystal Palace in Hyde Park in London.

問8　本文の内容と一致するものを１つ選び，その番号をマークしなさい。

1．London has a population of over seven million now.

2．London was built by people who were living in Britain at that time.

3．Every year, one million visitors come to London to meet Queen Elizabeth the second.

4．London has been the biggest city in the United Kingdom for more than two thousand years.

問9　本文の内容と一致するものを１つ選び，その番号をマークしなさい。

1．William the Conqueror was the king who built the castle, now known as the Tower of London.

2．Henry the Eighth was the king who made Britain the world's strongest country with a population of 200,000.

3．Elizabeth I was the queen who solved the very serious problem of the plague in the country.

4．Queen Victoria was the queen of the United Kingdom for about sixty-four years after she got married.

問10　本文の内容と一致するものを１つ選び，その番号をマークしなさい。

1．St. Paul's Cathedral was damaged during both the Great Fire of London and World War Ⅱ.

2．Paddington is an underground station which opened in 1881.　Trains only went to Farringdon at that time.

3．All the kings and queens of the United Kingdom have the same family roots and come from the same country.

4．London has a long history as a big city.　It was sometimes attacked by foreign powers such as the Angles, the Saxons, and the Jutes.

＜リスニングテスト放送原稿＞

これから放送によるリスニングテストを始めます。放送の内容をよく聞いて答えなさい。聞きながらメモをとってもかまいません。

問題1　次の(1)～(5)の写真について４つの英文が読まれます。写真の状況として最も適切な英文を１～４の中から１つ選び，その番号をマークしなさい。**英文は１回のみ放送されます。**

(1)　Look at the picture marked number (1) in your test booklet.

1．Some penguins are getting into the water.

2．A woman is holding a penguin in her arm.

3．There are some penguins lying on the ground.

4．All of the penguins are looking in the same direction.

(2)　Look at the picture marked number (2) in your test booklet.

1．A fork is on the plate.

2．The cake is cut into two pieces.

3．There is an empty plate on the table.

4．The cake has been served with a glass of milk.

(3) Look at the picture marked number (3) in your test booklet.

1．This place is crowded with people taking a walk.
2．A man is waving his hand toward the ship.
3．Many birds are flying over the bridge.
4．Two people are sitting on a bench.

(4) Look at the picture marked number (4) in your test booklet.

1．A train is coming into a station.
2．Steam is coming out of the train.
3．Several people are waiting in front of a car.
4．All of the trees have been cut down for the tracks.

(5) Look at the picture marked number (5) in your test booklet.

1．There is a bus stop on the right side of the street.
2．Many people are entering a theatre.
3．A lot of cars can be seen on the road.
4．A police car is chasing a large car.

問題２　これからRichardが話す英文を聞き，質問に対する答えとして最も適切なものを１～４の中から１つ選び，その番号をマークしなさい。**英文は１回のみ放送されます。**

Hi, my name is Richard, but you can call me Ricky. Today, I'm going to tell you a little bit about myself. I was born in a small town in Texas. My parents still live there. I moved to California this year for school. I love living in a big city. It's a lot of fun. There are so many places to go in California, so I'd like to make some travel plans. I'm nineteen years old and in my first year of university. I like science and sports. In my free time, I like to play basketball. In the future, I want to become a teacher of science and also a coach of a basketball team at a high school. I also like dogs. Actually, I have a dog at my parents' house. I want him to live with me, but I can't have any pets in my apartment. I miss my dog.

Questions

No. (1) Why did Richard come to California ?

No. (2) What does Richard want to do in the future ?

問題３　これから読まれる２人の対話を聞き，質問に答える問題です。それぞれの質問に対する答えとして最も適切なものを１～４の中から１つ選び，その番号をマークしなさい。**英文は２回放送されます。**

A： Hello ?

B： Hi, Catherine. It's me, John.

A： John ! You are in China, right ? Are you making an international call ?

B： No. I have come back to Florida.

A： Oh ! How long will you be here ?

B： For two weeks. I'm leaving Florida on May 3rd. But I want to see you before I go back to China.

A： Me, too. When can we meet ?

B： Anytime you'd like.

A： Let me check my schedule. How about May 1st ?

B : OK. What do you want to do then ? Shall we go to a theme park, a beach, a movie theater . . .

A : I'd like to talk a lot with you at a café. I want to know about your life in China.

B : OK. Then how about meeting at Café Comfort at 11:00 in the morning ?

A : Sounds good. See you then !

Questions

No. (1) Where is John calling from ?

No. (2) When are John and Catherine going to see each other ?

No. (3) What does Catherine want to do with John ?

以上でリスニングテストを終わります。引き続き問題に取り組んでください。

【数　学】 (60分) 〈満点：100点〉

（注意） 1．定規・コンパス・分度器・計算機は使用できない。

2．問題[1]から問題[5]までの，ア，イ，ウ，……の一つ一つには，それぞれ0から9までの数字があてはまる。あてはまる数字を，ア，イ，ウ，……で示される解答欄にマークすること。

3．答えが分数の形で求められているときは，それ以上約分できない分数の形で答えること。例えば，$\frac{3}{4}$ を $\frac{6}{8}$ としてマークしないこと。

4．答えが比の形で求められているときは，最も簡単な整数の比の形で答えること。例えば，1：3を2：6としてマークしないこと。

5．答えが根号の中に数字を入れる形で求められているときは，根号の中の数はできるだけ小さな数にして答えること。例えば，$4\sqrt{2}$ を $2\sqrt{8}$ としてマークしないこと。

[1] 次の[　　]に当てはまる数値を答えなさい。

(1) $\frac{1}{3}\cdot 5^3+\frac{1}{2}\cdot 5^2-\left\{\frac{1}{3}\cdot(-1)^3+\frac{1}{2}\cdot(-1)^2\right\}=\boxed{\text{アイ}}$

(2) $(1+\sqrt{2})^2-\frac{(\sqrt{10}-2)(\sqrt{5}+\sqrt{2})}{3}=\boxed{\text{ウ}}+\sqrt{\boxed{\text{エ}}}$

(3) a を定数とする。2次方程式 $(3x-2)(x+5)=-2x+a$ の一つの解が -6 のとき，$a=\boxed{\text{オ}}$ であり，2次方程式のもう一つの解は $\boxed{\text{カ}}$ である。

(4) 自然数 a の正の平方根は，2.5より大きく3.5より小さい数である。この条件を満たす a をすべて足した値は $\boxed{\text{キク}}$ である。

[2] 次の[　　]に当てはまる数値を答えなさい。

(1) 右の図の△ABCにおいて，辺AB，BC，CA上に3点D，E，Fがあり，直線AB，EFの交点をGとする。AF：FC＝2：3，FE：EG＝1：2，BC∥DFであるとき，AD：BG＝$\boxed{\text{ア}}$：$\boxed{\text{イ}}$ であり，△ADFと△FECの面積の比は，$\boxed{\text{ウ}}$：$\boxed{\text{エオ}}$ である。

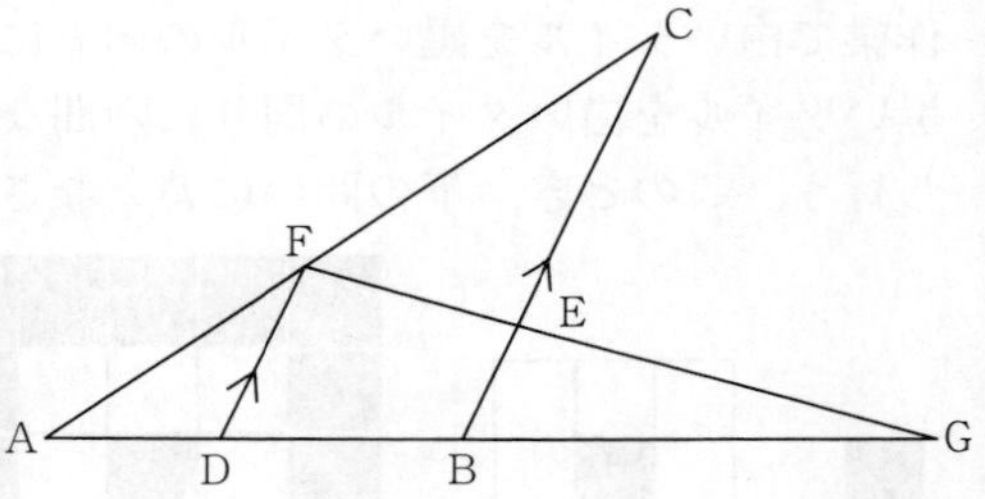

(2) 右の図のように，点Pを座標平面上の原点Oにおく。この点を次のルールにしたがって動かしていく。ただし，原点Oから点(1, 0)および点(0, 1)までの距離はいずれも1cmとする。

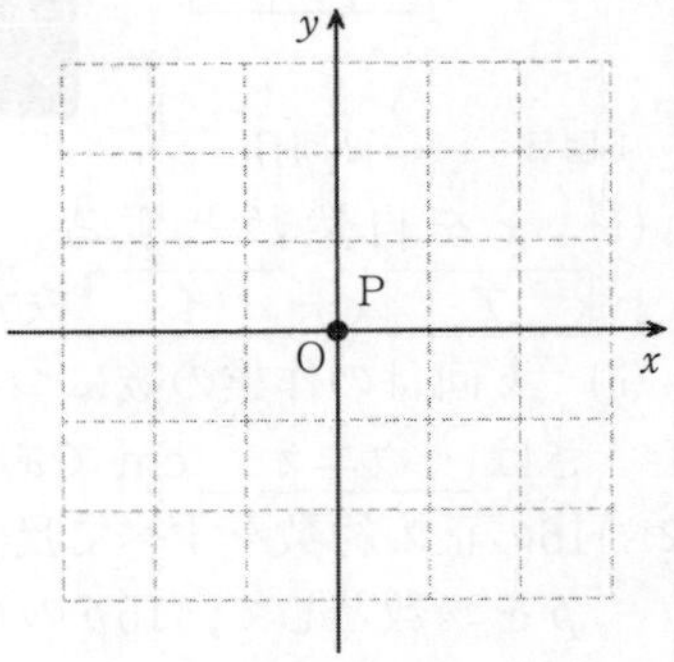

【ルール】

さいころは2回投げるものとし，1回目は2cm，2回目は1cm動かす。点Pの移動方向は以下のように定める。

1の目が出たとき，x 軸の正の方向に動かす。

2の目が出たとき，y 軸の正の方向に動かす。

3の目が出たとき，x 軸の負の方向に動かす。

4の目が出たとき，y 軸の負の方向に動かす。

5，6の目が出たとき，直前にいた場所から動かさない。

例えば，出た目が1，5の順であれば，点Pは点(2, 0)に移動する。

さいころを2回投げ終わった後，点Pの座標が(2, 1)である確率を p_1 とすると，$p_1=\dfrac{\boxed{\text{カ}}}{\boxed{\text{キク}}}$
である。

また，さいころを2回投げ終わった後，点Pの座標が(0, −2)，(1, 0)である確率をそれぞれ p_2，p_3 とすると，p_1，p_2，p_3 の中で一番大きい確率は［ケ］であり，一番小さい確率は［コ］である。［ケ］，［コ］は下の選択肢から選びなさい。

【選択肢】
① p_1　② p_2　③ p_3

(3) 下の表は，10人の生徒に実施した漢字テストと計算テストの結果をヒストグラムに表したものである。この2つのテストの平均点の差は0.［サ］点であり，漢字テストの第3四分位数は［シ］点である。

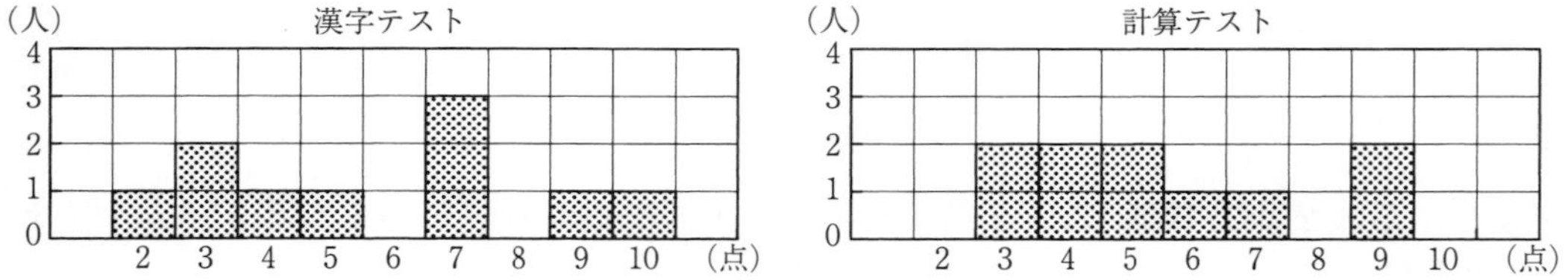

③ 次の［　］に当てはまる数値を答えなさい。

(1) 1辺の長さが10cmである白と黒の正方形のタイルがある。最初に黒いタイルを1枚おき，次の作業で白いタイルを黒いタイルの周りに隙間なく正方形をつくるように並べる。さらに次の作業で黒いタイルを白いタイルの周りに隙間なく正方形をつくるように並べる。以下，この作業を繰り返し行う。このとき，下の問いに答えなさい。

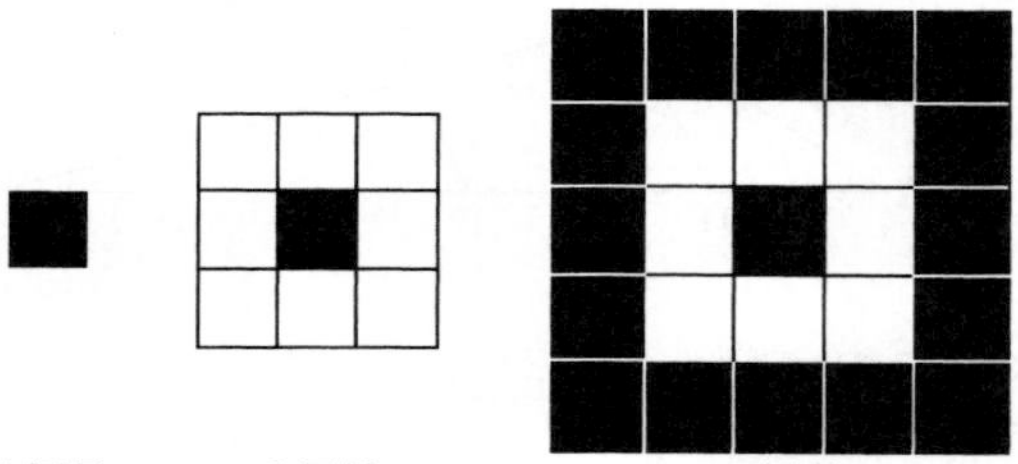

1回目　2回目　3回目

(i) x を自然数とする。1辺の長さが $10x$cm のとき，次の作業で必要なタイルの枚数は［ア］x＋［イ］枚である。

(ii) k 回目の作業の後につくられた正方形の面積が 1.69m^2 となったとき，この正方形の1辺の長さは［ウエオ］cmであり，正方形に使われている黒のタイルの枚数は［カキ］枚である。

(2) 16の正の約数をすべて足すと［クケ］である。

p を素数として，$16p$ の正の約数の個数は［コサ］個である。

ある自然数 n に対して，n の正の約数からその数自身を抜いた数の和が n となる数を完全数という。例えば6の正の約数は1，2，3，6であり，約数の6を抜いた数の和は1＋2＋3＝6となることから，6は完全数である。

$16p$ が完全数となる p の値は［シス］である。

4 　右の図において，関数 $y=ax^2$ のグラフ上に2点A，Bがある。点Aの座標は$(-3,\ 6)$であり，点Bの x 座標は2である。また，直線ABと y 軸との交点をCとする。このとき，次の［　］に当てはまる数値を答えなさい。

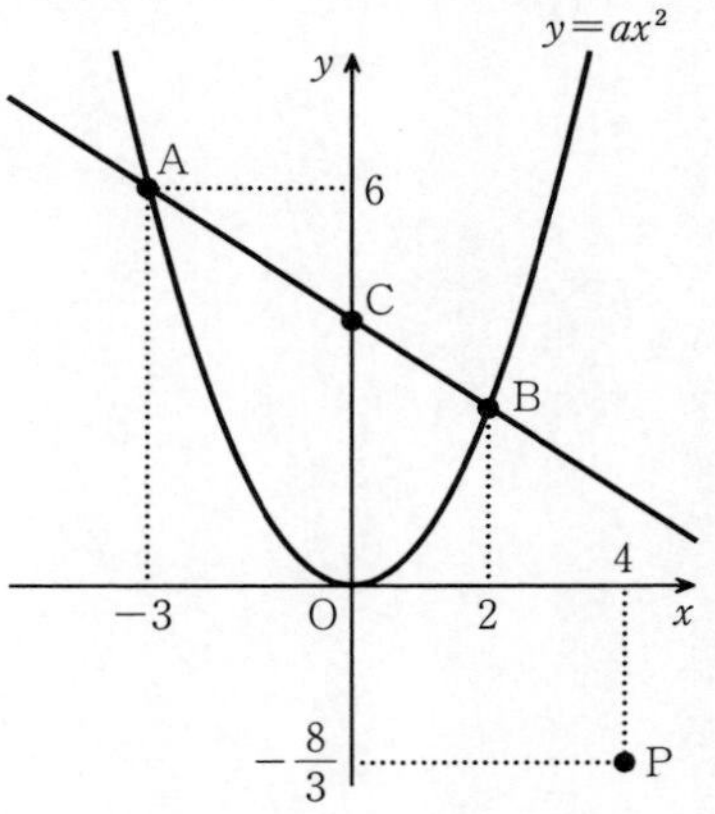

(1)　$a=\dfrac{[ア]}{[イ]}$ であり，点Bの座標は$\left(2,\ \dfrac{[ウ]}{[エ]}\right)$である。

また，直線ABの式は $y=-\dfrac{[オ]}{[カ]}x+[キ]$ である。

(2)　座標平面上に点$\mathrm{P}\left(4,\ -\dfrac{8}{3}\right)$をとる。△ABPの面積を S とするとき，$S=$［クケ］である。

(3)　△OACを y 軸のまわりに1回転させてできる立体の体積を V とするとき，$V=$［コサ］π である。

5 　図1のように，円すいの中にある大きさが異なる2つの球が内側から接している。大きい球の半径は6，小さい球の半径は3である。図2，3は図1を真横から見たものであり，O，O′はそれぞれ大きい球と小さい球の中心を表す。2つの球が接しているとき，下の［　］に当てはまる数値を答えなさい。

図1

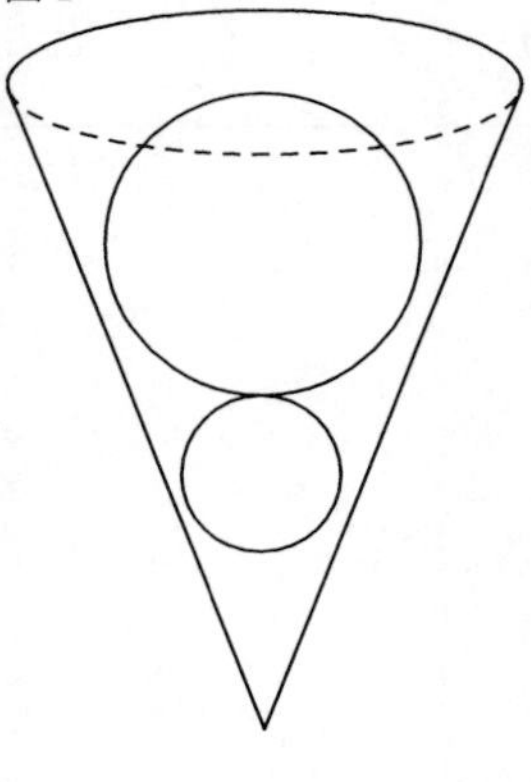

図2

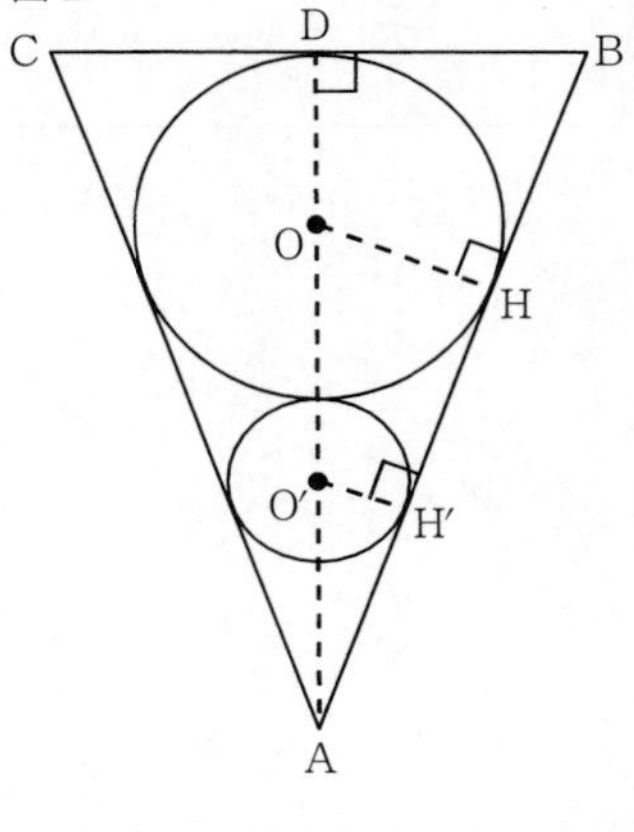

図3

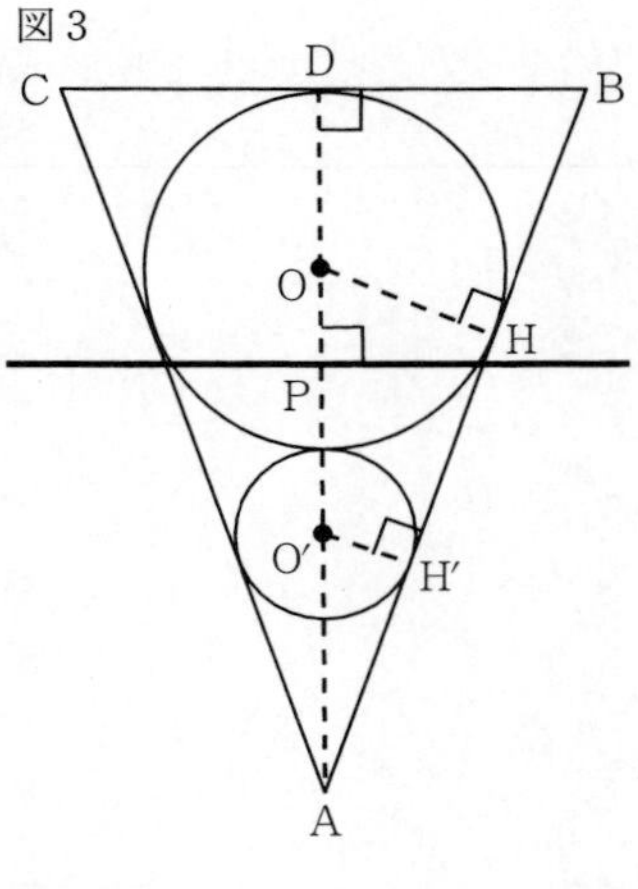

(1)　大きい球と小さい球の体積の比は［ア］：［イ］である。

(2)　図2において，円すいの頂点をAとする。O′A＝［ウ］であるから，この円すいの高さは［エオ］である。

(3)　図2のように，大きい球と円すいの側面との接点をH，小さい球と円すいの側面との接点をH′とする。このとき，HH′＝［カ］$\sqrt{[キ]}$ である。

(4)　図3のように，大きい球と円すいの底面との接点をDとする。線分AD上にDP＝9となる点Pを通り，円すいの底面に平行な平面でこの立体を切る。このとき，円すいの切り口である図形と球の切り口である図形の面積の比は［クケ］：［コサ］である。

適当なものを、次の中から選びなさい。

ア　他人が聞いて腹を立てるようなことは、言わないでおくことにしよう。

イ　世間の人々が言っていることを、今さら知ったかぶって言うのは良くない。

ウ　『源氏物語』などで語られていることだとしても、言ってみようかと思う。

エ　今さら言っても仕方のないことは、時間の無駄になるからあえて言わない。

問十、本文の内容と合致するものとして最も適当なものを、次の中から選びなさい。

ア　昔から秋になると鳥が群れをなしている姿を見かける。

イ　人の恋しさが増すのは梅の匂いに包まれる頃である。

ウ　『源氏物語』『枕草子』では夏が取り立てて素晴らしいとしている。

エ　季節が変化していく様子に心が動かされるとしている。

問十一、本文の出典『徒然草』と同じジャンルの作品を、次の中から選びなさい。

ア　今昔物語集　　イ　方丈記

ウ　歎異抄　　エ　大鏡

＊祭＝京都の上賀茂、下賀茂両神社の祭で、当時は四月の中の酉《とり》の日に行われた。京都で最も大きな祭で、中古・中世において、「祭」といえばこの祭を意味した。
＊早苗とるころ＝苗代から稲の苗を抜き取り田に移し植えること。
＊水鶏のたたく＝クイナ科の鳥の総称。その鳴声が戸をたたく音に似ているところから、「たたく」という。
＊心ぼそからぬかは＝心細いことである。
＊蚊遣火＝煙を出して蚊を追い払うためにたく火。
＊六月祓＝六月の晦日《みそか》に水辺で行った神事。

問一、傍線部①「それもさるものにて」とはどのようなことか。最も適当なものを、次の中から選びなさい。

ア　秋はしみじみとした雰囲気が一番感じられるということ。
イ　秋という季節はすぐさま過ぎ去ってしまうということ。
ウ　秋は山が紅葉するから美しさに優れているということ。
エ　秋はとりわけ物悲しい気持ちになりがちだということ。

問二、傍線部②「浮き立つ」と活用形が**異なるもの**を、二重傍線部㋐～㋓の中から選びなさい。

ア　のどやかなる　イ　ふかく
ウ　茂りゆく　エ　くる

問三、本文には「萩《はぎ》の下葉色づくほど、」が抜けている。補うのに最も適当な箇所を、本文中の【A】～【D】の中から選びなさい。

ア　【A】　イ　【B】　ウ　【C】　エ　【D】

問四、傍線部③「花もやうやうけしきだつほど」を単語に分ける場合、どのようになるか。最も適当なものを、次の中から選びなさい。

ア　花も／やう／やうけ／しきだつ／ほど
イ　花も／やうやう／け／しき／だつ／ほど
ウ　花／も／やうや／うけしき／だつ／ほど
エ　花／も／やうやう／けしきだつ／ほど

問五、傍線部④「悩ます」の活用形として最も適当なものを、次の中から選びなさい。

ア　連用形　イ　終止形
ウ　連体形　エ　已然形

問六、傍線部⑤「おぼつかなき」⑥「をかし」の本文中の意味として最も適当なものを、それぞれ後の中から選びなさい。

⑤　おぼつかなき
ア　なんとなく危うい
イ　ぼんやりしている
ウ　とりとめのない
エ　ゆったりしている

⑥　をかし
ア　趣がある　イ　思い出がある
ウ　御利益《ごりやく》がある　エ　心残りがある

問七、傍線部⑦「七夕まつるこそなまめかしけれ」⑩「人の見るべきにもあらず」の現代語訳として最も適当なものを、それぞれ後の中から選びなさい。

⑦　七夕まつるこそなまめかしけれ
ア　七夕を待つのは、非常に心が躍ることである。
イ　七夕を執《と》り行うのは、特に楽しいことではない。
ウ　七夕を待つのは、生半可な心では無理である。
エ　七夕を執り行うのは、まことに優美なものである。

⑩　人の見るべきにもあらず
ア　人が見るはずもない。
イ　人が見たいとは思わない。
ウ　人が見てはいけない。
エ　人が見ても分からない。

問八、傍線部⑧「野分」とは何のことか。最も適当なものを、次の中から選びなさい。

ア　台風　イ　山火事　ウ　地震　エ　落雷

問九、傍線部⑨「今さらに言はじとにもあらず」の解釈として最も

イ　画からライターへと尻込みせず興味を示す太郎に感嘆している。
ウ　画の評価よりもライターに夢中になっている太郎に落胆している。
エ　アンデルセンの物語の本質を正確に理解できた太郎を尊敬している。

問十二、空欄 Ⅱ に入る語として最も適当なものを、次の中から選びなさい。
ア　嫉妬心　イ　虚栄心
ウ　利己心　エ　警戒心

問十三、傍線部⑪「夜ふけのベッドのうえでひとり腹をかかえて哄笑した」とあるが、それはなぜか。その理由として最も適当なものを、次の中から選びなさい。
ア　太郎が描いた大名の画を見て、太郎がこれからも自分の趣味として画を描いていけると確信したから。
イ　太郎が課題に取り組む様子から、太郎は自分の中の劣等感を克服して友人たちと付き合っていけると思ったから。
ウ　太郎の画や部屋での様子から、太郎が家族にとらわれず新しい何かに向かっていけるとわかったから。
エ　太郎のライターをいじる姿を見て、太郎が流行に左右されず古風なものに好奇心を持っていけると考えたから。

問十四、本文は一九五七年に発表された小説であるが、同時期に発表された小説として正しいものを、次の中から選びなさい。
ア　伊豆の踊子（川端康成）
イ　坊っちゃん（夏目漱石）
ウ　蟹工船（小林多喜二）
エ　飼育（大江健三郎）

三　次の文章を読んで、後の問いに答えなさい。

折節《をりふし》の移りかはるこそ、ものごとにあはれなれ。

「もののあはれは秋こそまされ」と、人ごとに言ふめれど、①それもさるものにて、今ひときは心も②浮き立つものは、春の気色《けしき》にこそ*あめれ。【　A　】鳥の声などもことの外《ほか》に春めきて、㋐のどやかなる日影に、垣根の草もえ出づるころより、やや春㋑ふかく霞《かす》みわたりて、③花もやうやうけしきだつほどこそあれ、折しも雨風うちつづきて、心あわたたしく散り過ぎぬ、青葉になり行くまで、よろづにただ心をのみぞ④悩ます。花橘《はなたちばな》は名にこそおへれ、なほ、梅の匂ひにぞ、いにしへの事もたちかへり恋しう思ひ出でらるる。【　B　】山吹のきよげに、藤の⑤おぼつかなきさましたる、すべて、思ひ捨てがたきこと多し。

「*灌仏《くわんぶつ》のころ、*祭のころ、若葉の梢《こずゑ》涼しげに㋒茂りゆくほどこそ、世のあはれも、人の恋しさもまされ」と、人のおほせられしこそ、げにさるものなれ。五月《さつき》、菖蒲《あやめ》ふくころ、*早苗《さなへ》とるころ、【　C　】*水鶏《くひな》のたたくなど、*心ぼそからぬかは。六月のころ、あやしき家に、ゆふがほの白く見えて、*蚊遣火《かやりび》ふすぶるもあはれなり。*六月祓《ばらへ》また⑥をかし。

⑦七夕《たなばた》まつるこそなまめかしけれ。やうやう夜寒《よさむ》になるほど、雁《かり》なきて㋓くるころ、【　D　】早稲田《わさだ》かりほすなど、とりあつめたる事は、秋のみぞ多かる。また、⑧野分《のわき》の朝《あした》こそをかしけれ。いひつづくれば、みな源氏物語《げんじものがたり》・枕草子《まくらのさうし》などにことふりにたれど、おなじ事、また、⑨今さらに言はじとにもあらず。おぼしき事いはぬは、腹ふくるるわざなれば、筆にまかせつつ、あぢきなきすさびにて、かつ破《や》り捨つべきものなれば、⑩人の見るべきにもあらず。

（『徒然草』による　一部改変）

《注》
*あめれ＝「あんめれ」の撥音便無表記。
*灌仏＝陰暦四月八日の釈迦の誕生日に、その像に香水をそそぎかける仏事。

イ 「ぼく」の子どもへの容赦のない対応を批判しようとする様子。
ウ 「ぼく」の面倒くさがる傾向を取り上げて問題にしようとする様子。
エ 「ぼく」のいいかげんな生活態度を改めさせようとする様子。

問四、空欄 I に入る表現として最も適当なものを、次の中から選びなさい。

ア しっかりと　イ びっしりと
ウ ざらざらと　エ べっとりと

問五、傍線部④「ぼくはショックを感じて手をおいた」とあるが、ここから読み取れる「ぼく」の心情として最も適当なものを、次の中から選びなさい。

ア 動物園や川原に連れて行けなかったが、童話を話したことで太郎が自分の思うとおりの画を描いてくれたことを喜ばしく思っている。
イ 雨の日に童話を話したことによって、太郎の想像力が刺激されこれまでとまったく違う作風の画が出来上がったことに感心している。
ウ 必死に努力して童話の内容を画にした太郎の画が、他の子どもと同じような画になってしまっていたことに失望している。
エ 雨の日に話した童話の内容を太郎は画に描いたが、その中の一枚が他とまったく違う世界を描いていたことに驚嘆している。

問六、傍線部⑤「きょとんとした表情」とあるが、ここから読み取れる太郎の様子として最も適当なものを、次の中から選びなさい。

ア 「ぼく」がなぜ笑いころげているか理解できない様子。
イ 「ぼく」が笑いころげているのを軽蔑している様子。
ウ ベッドに転がっていたライターに興味津々な様子。
エ ライターに没頭するのを邪魔されて不機嫌な様子。

問七、空欄 X と Y に入る表現の組み合わせとして最も適当なものを、次の中から選びなさい。

ア X むかむか　Y じろじろ
イ X ひくひく　Y つくづく
ウ X だぶだぶ　Y じろじろ
エ X ひくひく　Y そろそろ

問八、傍線部⑥「抽象化」とはここではどのようなことか。その説明として最も適当なものを、次の中から選びなさい。

ア 『皇帝の新しい着物』から外国の情景を連想させる言葉を除き、「男」や「着物」といった物語の枠組みを示す言葉で物語を提示すること。
イ 『皇帝の新しい着物』から「カイゼルひげ」のような中世を感じさせる言葉のみを残し、今現在の物語であると認識させないようにすること。
ウ 『皇帝の新しい着物』と『シンデレラ』などの物語との共通点を抜き出し、「宮殿」や「宮内官」といった外国の風物を想像させる物語として構成すること。
エ 『皇帝の新しい着物』における「男前」や「立派」という言葉を強調し、物語の主題から子供の理解が外れていかないようにすること。

問九、空欄 A ～ C に入る語として最も適当なものを、それぞれ次の中から選びなさい。

ア そのため　イ もう
ウ まだ　エ たとえ

問十、傍線部⑦「既成」と同じ構成の熟語として最も適当なものを、次の中から選びなさい。

ア 暗示　イ 辞任　ウ 早急　エ 寒暖

問十一、傍線部⑧「ぼくは新しい気持ちで眺めた」とあるが、ここから読み取れる「ぼく」の心情の説明として最も適当なものを、次の中から選びなさい。

ア アンデルセンの物語を理解した太郎の画に成長を感じつつも不満を持っている。

の場で画にしろとも、宿題にやってこいともいわなかった。だから太郎はあくまでも内心の欲求にしたがったのだ。

ぼくはあとの『マッチ売りの少女』や『人魚のお姫様』や『シンデレラ』などとこの裸の王様の画をみくらべた。『シンデレラ』のカボチャの馬車は描きなおしたために二枚あった。この四枚と裸の王様には技巧の点からいうと、表面上、なんの顕著な相違も感じられなかった。おなじように形がととのわず、おなじように色がまちがっている。しかし、イメージへの傾倒といった点からみれば、裸の王様には＊夾雑物《きょうざつぶつ》がなにもないのだ。そこではアンデルセンが完全に消化されていた。太郎はぼくから暗示を受けた瞬間にこの人物と風景をみたはずだ。彼はまっすぐ松並木のあるお堀端にむかって歩いていき、［Ⅱ］のつよい権力者がだまされて裸で闊歩するあとをつけていったのだ。彼の血管は男の像でふくれ、頭のなかには熱い旋律があり、体内の新鮮な圧力を手から流すのに彼はもどかしくていらいらした。そのときほど彼が壁や母親から遠くはなれて独走している瞬間はこれまでにかつてなかっただろう。彼は父親を無視し、母親を忘れ、松と堀とすっ裸の殿様を⑩ためつすがめつ描きあげ、つぎに中古ライターを発見した瞬間、その努力のいっさいを黙殺してしまったのだ。大丈夫だ。もう大丈夫だ。彼はやってゆける。どれほど出血しても彼はもう無人の邸や両親とたたかえる。ぼくは焼酎を紅茶茶碗《ちゃわん》にみたすと、越中フンドシの殿様に目礼して一気にあおり、⑪夜ふけのベッドのうえでひとり腹をかかえて哄笑した。

（開高　健「裸の王様」による　一部改変）

《注》

＊ハンス・エルニ＝スイスの画家・彫刻家のこと。

＊エキゾチシズム＝異国趣味のこと。

＊闊歩＝大手を振って歩くこと。

＊大田夫人＝太郎の継母のこと。

＊荒莚＝わらや竹で雑に編んだ敷物のこと。

＊桟敷＝演劇場などに作る仮設の席のこと。

＊フィンガー・ペイント＝手に直接絵の具をつけて画を描く技法のこと。

＊カイゼルひげ＝先をぴんとはねあげた口ひげのこと。

＊夾雑物＝異質なものが混じっている物のこと。

問一、傍線部①「とつぜん」が直接修飾している語句として最も適当なものを、次の中から選びなさい。

ア　外で　　イ　自動車の

ウ　きしみを　　エ　聞いた

問二、傍線部②「けげんそうに」⑨「途方にくれている」⑩「ためつすがめつ」の本文中の意味として最も適当なものを、それぞれ後の中から選びなさい。

②　けげんそうに

ア　不思議に思った様子で

イ　確信を持った様子で

ウ　特別に警戒した様子で

エ　無邪気な様子で

⑨　途方にくれている

ア　どこへ行ったらいいかわからず苦しんでいる

イ　どうしようかあれこれと必死に考えている

ウ　どうしたらよいか誰かに相談しようとしている

エ　どうしていいかわからず困っている

⑩　ためつすがめつ

ア　おそるおそるゆっくりと

イ　あらゆる角度から念入りに

ウ　何度も失敗を繰り返しながら

エ　いやいやながらものんびりと

問三、傍線部③「ぼくの無精をつつきそうな気配」の説明として最も適当なものを、次の中から選びなさい。

ア　「ぼく」の運転手に対する無礼な態度を問い詰めようとする様子。

「ブンカイしてごらんよ」

「こわれてもいいの?」

「いいよ、いいよ。それは君にあげる」

太郎の眼《め》と頬に花がひらき、火花が散った。彼はねじまわしをつかむと、皮だけになったふとんに腹這《はらば》いになり、ライターを攻撃にかかった。


ぼくはなおもこみあげる笑いで腹を X させながら彼のそばに体をのばした。実験は完全に成功した。途方もない成功だ。昨日、ぼくは『皇帝の新しい着物』を話してやったのだが、話すまえにぼくはこの物語がほかの物語よりはるかに装飾物がすくないことを発見して、即興で⑥抽象化を試みたのだ。

「むかし、えらい男がいてね、たいへんな見え坊な奴《やつ》でな、金にあかせて着物をつくっちゃあ、一時間おきに着かえては、どうだ男前だろう、立派にみえるだろうと、いばっていた……」

そんな調子でぼくはこの物語を骨格だけの寓話《ぐうわ》に書きかえてしまったのである。この物語にふくまれた「王様」や「宮殿」や「宮内官」や「御用織物匠」などという言葉は A 内容がわかっても子供を絵本のイメージに追いこむ危険があった。『シンデレラ』や『錫《すず》の兵隊』や『人魚のお姫様』ではこんな操作ができなかった。太郎の描いたあとの四枚の作品は根本的に書物の世界である。外国の童話を話せば外国の風物が児童画にまぎれこむのは当然だ。だからぼくは子供がほんとに描きたくて描くのなら絵本の⑦既成のイメージが画にまぎれこんでもしかたがないと思う。しかしぼくはネッカチーフをかぶった少女やカボチャの馬車を描かせることを目的としているのではないのだ。『皇帝の新しい着物』では権力者の虚栄と愚劣という、物語の本質を理解させてやりたかったのだ。

太郎はそれを「大名」というイメージでとらえた。 B 背景には松並木とお堀端が登場したのだ。ぼくは＊大田夫人の述懐を思いだす。太郎は父親にすてられて生母といっしょに村芝居をみにいった。自家用車や、唐草模様の鉄柵や、芝生や、カナリアなどというものにかこまれて暮らしていながら越中フンドシとチョンマゲがさまよいこんだのはぼくの話が骨格だけで、なんの概念の圧力もないために、むかしの記憶が再現されやすかったからだ。おそらくこの画のイメージは村芝居の役者と泥絵具の背景であろう。この画は薄暗い＊荒莚《あらむしろ》の＊桟敷《さじき》から生まれたのだ。汗や足臭や塩豆の味やアセチレンガスの生臭い匂いなどが充満した鎮守の境内から生まれたのだ。そしてそれはエビガニとともに太郎がもっとも密着して暮らしていたにちがいない世界であった。

ベッドに寝そべってライターいじりに夢中になっている太郎を⑧ぼくは新しい気持ちで眺めた。彼は孤独を救うために午後いっぱいかかって画を描いたのに、 C ふりむこうともせずライターを鳴らしたり、たたいたりしていた。こんな子供の精力にはいつものことながらぼくは圧倒される。新しい現実から現実へ彼らはなんのためらいもなくとびうつってゆくのだ。どんな力のむだも彼らは意に介しないのだ。ぼくは太郎がライターの注油孔《ちゅうゆこう》のねじをはずすのを待って針金をわたした。彼はそれを穴につっこんで綿のかたまりをひきずりだした。（中略）

ぼくは家に帰ると、もう一度、太郎の描いた裸の王様の画をとりだして、 Y 眺めた。＊フィンガー・ペイントやポスター・カラーの赤でお化けを殺したり、自分ひとりの姿だけ描いて競走に負けた劣等感を克服したりしていた頃とくらべると、これはたしかに飛躍を物語るものであった。はじめてぼくのところへきたとき、彼のなかには草一本生えていなかったのだ。彼はアトリエの床にすわり、絵具皿をまえにしたまま⑨途方にくれているばかりであった。しかし、今日、やっと彼は自分の世界をつかみ、それを組みたて、形と色彩をあたえることに成功した。王冠と＊カイゼルひげのかわりにチョンマゲと越中フンドシを描いた彼にひとりの批判者を感ずるのは、この場合、不当なことであろう。批判は物語にあったのだ。ここにあるのはあくまでも太郎の世界である。彼は誰にも助けを借りずにそれを構築したのだ。ぼくは彼に話をしてやっただけで、そ

「あとで俺が送っていくから、もうこなくていいよ」

運転手の背に声をかけてぼくは扉をしめ、太郎をつれて部屋にもどった。ぼくはベッドに散乱した古雑誌や灰皿やネクタイをかたづけ、エルニの画集を壁の本棚にもどすと、太郎にぼくとならんでベッドにすわるようにいった。太郎は敷《しき》ぶとんのうえに腰をおろしてから、②けげんそうに顔をあげた。

「先生……」

「なんだい？」

「このふとんはどうしてここんとこだけ薄くなってるの？　ホラ、皮だけじゃない」

「……それはね、つまり俺の寝相《ねぞう》がいいからさ。いつもおなじところに寝て、おなじところに足をおくから、そこだけ掘れちまうんだよ」

「ボクだって寝相はいいけれど、こんなにならないよ」

「君はまだ子供だから体が軽いのさ」

「穴があいてるのね」

「うん、そこへちょうど足がコトンとはまっていい工合《ぐあい》だよ」

彼はまだ納得がいかないような顔で、③ぼくの無精をつつきそうな気配であったから、いそいでタバコに火をつけるとぼくは彼の手から画をぬきとった。

「ほう、描いたね」

「学校から帰ってずっと描いてたんだよ」

「そりゃたいへんだったねえ」

ぼくは、まだ［ Ｉ ］絵具のぬれている画用紙を一枚ずつベッドにならべた。それをみてぼくは太郎が邸《やしき》でなにをしていたかがすっかりわかった。彼は昨日の日曜日にぼくの話したアンデルセンの童話を画にしたのである。昨日は雨だったからぼくは動物園にも川原《かわら》にも子供たちをつれていってやれなかった。そこで、一日じゅう童話をしゃべったのだ。その反応は太郎の画のひとつずつにはっきりあらわれていた。『マッチ売りの少女』や『人魚のお姫様』や『シンデレラ』などがたどたどしい線と、関係を無視した色彩とでとらえられていた。ぼくはくわしく各作品をしらべてみて、太郎のめざましい成長と努力を感じた。どの作品も、表面的にはほかの子供とたいしてかわらなかったが、何ヶ月かまえの太郎は完全に窒息していたのだ。混乱状態にもせよ、それがこれだけのイメージを生むようになったということは注目すべき開花だとぼくは思った。ただ、少女や人魚や馬車などのなかにある理解が類型的な＊エキゾチシズムをぬけきれていない点にぼくは自分の才能の不足と空想画の限界を暗示されるような気がした。

ぼくは五枚の作品を一枚ずつ観察してはベッドのよこにおいた。さいごの一枚が色の泥濘《ぬかるみ》のしたからあらわれたとき、思わず④ぼくはショックを感じて手をおいた。ぼくはすわりなおしてその画をすみからすみまで調べた。この画はあとの四枚とまったく異質な世界のものであった。越中フンドシをつけた裸の男が松の生えたお堀端を歩いているのである。彼はチョンマゲを頭にのせ、棒をフンドシにはさみ、兵隊のように手をふってお堀端を＊闊歩《かっぽ》していた。その意味をさとった瞬間、ぼくは噴水のような哄笑《こうしょう》の衝動で体がゆらゆらするのを感じた。

「……！　……！」

ぼくは画を投げ出すと大声をあげて笑った。ぼくは膝をうち、腹をかかえ、涙で太郎の顔がにじむほど笑った。ベッドのよこの机にころがっていた中古ライターに没頭していた太郎はぼくの声にふりかえり、⑤きょとんとした表情で、笑いころげるぼくを眺めた。ぼくはベッドのスプリングをキィキィ鳴らしながら太郎にとびつき、肩をたたいた。

「助けてくれ、笑い死しそうだ！」

太郎はぼくのさしだす画を眺めたが、すぐつまらなそうに顔をそむけてライターをカチカチ鳴らせにかかった。ぼくはベッドからとびだすと机のひきだしをかきまわして、ねじまわしをみつけ、太郎の膝に投げた。

問十三、傍線部⑦「機械でもできる仕事のみのために生きるのはすくなくとも、現代において賢明とは言えないだろう」と筆者が考えるのはなぜか。最も適当なものを、次の中から選びなさい。

ア　全ての仕事はいずれ機械が担っていくものであるため、人間は労働に注力するべきではないから。

イ　生活こそが人間の実体であるため、生活を犠牲にしてまで労働をするべきだとは言えないから。

ウ　人間は生活を重視するべきであり、仕事は一部の能力の有る人間に任せる方が効率的であるから。

エ　機械の進歩がめざましい現代において、人間の働き方そのものを根本的に見直す必要があるから。

問十四、傍線部⑨「生活自体を見失って生命力を弱めることになる」とあるが、それはなぜか。最も適当なものを、次の中から選びなさい。

ア　今まで仕事に打ち込んできた生活が終わり、生きる目的が失われてしまうから。

イ　加齢によって体力が低下することによって、生きる意欲が失われてしまうから。

ウ　失職することで社会との関わりがうすれて、生きる手段が失われてしまうから。

エ　知的生活について反省する機会がなくなり、生きる指針が失われてしまうから。

問十五、次に示すのは、本文を読んだ四人の生徒が話し合っている場面である。本文の趣旨に合致する発言として最も適当なものを、次の中から選びなさい。

ア　生徒A「本文では生活と知識の関係について、筆者の考えが展開されていたね。たしかに豊かに生きるためには、知識のつめこみもある程度は仕方ないのかな。」

イ　生徒B「でも筆者は知識の量よりも質に注目していたよね。そういう意味では、近代教育はうまくいっていると言えるよね。」

ウ　生徒C「筆者は人間らしい生き方について述べていたね。生活と知識のバランスという視点を持つことが大切なことなんだね。」

エ　生徒D「つまり知的生活習慣の確立のことだね。そのためには、我々は出家などの仏教的価値観についても学んでいく必要があるね。」

二

次の文章を読んで、後の問いに答えなさい。

画塾を営んでいる「ぼく」は、なかなか画を描いてくれない生徒の太郎にあれこれと画を描かせる工夫をしていた。

ある月曜日の夜、ぼくは①とつぜん家の外でとまる自動車のきしみを聞いた。ちょうど夕食をおわって、ベッドに寝ころび、＊ハンス・エルニの画集を眺《なが》めていたところだった。

エルニはクロード・ロワの解説以後〝スイスのピカソ〟と呼ばれている男である。何年間もぼくは彼を愛してきたが、さいきんはあまり完成されてしまって、ちょっとついていけないものを感じている。写実と抽象を結合した彼のポスターの細部に熱中しているところをぼくは呼び声でひきもどされた。

アトリエに電燈《でんとう》をつけ、玄関の扉をあけると、運転手が太郎をつれてたっていた。運転手はぼくをみると恐縮して制帽《せいぼう》をとり、頭をかきながら説明した。

「坊ちゃんがどうしてもつれていけって聞かないもんですからね。ちょうど奥さんも旦那さんもいらっしゃらなくて、さびしいらしいんです。なんでも画をみてもらうんだとかおっしゃってるんで、すみませんが、先生ひとつ……」

「いいよ、お入り」

画用紙を小脇にかかえこんでいる太郎をぼくがひきとると運転手はホッとしたように自動車にもどっていった。

イ　睡眠時間が少なければ少ないほど、人間として立派であるという考え方。

ウ　他人と関わる時間をなくし、一人で孤独に暮らすことが望ましいという考え方。

エ　研究以外の時間を減らし、できるだけ学問を追究すべきだという考え方。

問七、傍線部②「霞を食うような生き方」とはどのような生き方か。最も適当なものを、次の中から選びなさい。

ア　浮世離れした生き方。

イ　苦境に立たされる生き方。

ウ　一つのことに打ち込む生き方。

エ　その場しのぎな生き方。

問八、傍線部③「それ」が指す内容として最も適当なものを、次の中から選びなさい。

ア　学問や芸術

イ　堅実な生活

ウ　ある程度の知識、技術

エ　知識追求、知識尊重の考え

問九、傍線部④「知識の量的価値はあまり大きくない」と筆者が考えるのはなぜか。最も適当なものを、次の中から選びなさい。

ア　知識を得ることは、生きていくうえで必要なことではないから。

イ　知識の量が増やせるかどうかは、個人の記憶力に左右されるから。

ウ　豊かな生活のためには、知識は量よりも活用方法が大切だから。

エ　辞書の登場によって、知識の価値は大きく減ってしまったから。

問十、傍線部⑤「記憶人間」とあるが、筆者は「記憶人間」についてどのようにとらえていると考えられるか。最も適当なものを、次の中から選びなさい。

ア　「自分は頭がいい、とうぬぼれることができる」と批判的な言い方をして、知識にこだわる存在として否定的な立場からとらえている。

イ　「片っぱしから忘れるザル頭」などと比較して、優れた頭脳を持つ人材として肯定的な立場からとらえている。

ウ　「コンピューターと競争することはできない」と悲観的な展望をしながら、存在そのものに対して懐疑的な立場からとらえている。

エ　「優秀な頭脳と賞賛される」と手放しで持ち上げながら、社会の中心で活躍する人材として好意的な立場からとらえている。

問十一、傍線部⑥「博覧強記」⑧「悠々自適」の本文中の意味として最も適当なものを、それぞれ後の中から選びなさい。

⑥　博覧強記

ア　自分が一番偉いと、うぬぼれること。

イ　広く物事を見知って、よく覚えていること。

ウ　他人を無視して、勝手な行動をすること。

エ　状況に応じて、行動や対応をとること。

⑧　悠々自適

ア　しっかりした考えを持たず、他人にすぐ同調すること。

イ　落ち着いていて、どんなことにも動じないこと。

ウ　のんびりと心静かに、思うままに過ごすこと。

エ　生かすも殺すも、自分の思うままであること。

問十二、空欄［X］・［Y］に入る語として最も適当なものを、それぞれ後の中から選びなさい。

［X］

ア　専門　イ　能動　ウ　積極　エ　合理

［Y］

ア　非生産　イ　非人間

ウ　非科学　エ　非協力

多少とも知的な仕事をしていると、実際の生活をいためつけていることが多いが、改めて知的に生活を発見する必要がある。それにはまず、自分の生活を知的にする。そして知的なものを生活化する。さらに、知と生活の(k)融合をさせられれば、人間としての価値は大きく高まる。昔の人は、人生後半に、出家ということをした。出家した人がどういう生きかたをしたのか、いまとなってはよくわかりかねるが、生活的なものを精神的な生活で高めることをしていたのではないかと想像される。

現代では、形の上では出家は容易ではないが、知性によって生活を昇華し、生活力によって、自分を個性化することは不可能ではないだろう。

ここまでのべてきたことは、多くこの知的生活の発見、生活的知性の覚醒ということに*収斂《しゅうれん》していくように考える。知識と生活の手を結ばせることができれば、これまでの生き方と違った人生が可能になる。知的生活習慣の確立はその具体である。

（外山滋比古『知的生活習慣』による　一部改変）

《注》

*象牙の塔＝学問の世界に閉じこもる学者の姿勢をあらわした表現。

*啓蒙＝人々に正しい知識を与え、考え方を教え導くこと。

*文士＝文筆を職業とする人。文章家。

*あたら＝惜しくも。残念なことに。

*収斂＝一つにまとまること。

問一、傍線部(c)・(i)のカタカナ部分と同じ漢字を使う熟語として最も適当なものを、それぞれ後の中から選びなさい。

(c)　一カン

ア　利益を労働者にカン元する。
イ　親へのカン謝の気持ちを忘れない。
ウ　カン境問題について考える。
エ　初志をカン徹する。

(i)　シュウ集

ア　整理券を回シュウする。
イ　シュウ囲への配慮を心がける。
ウ　集まった聴シュウに訴える。
エ　シュウ得物を警察へ届ける。

問二、傍線部(b)・(e)・(f)・(k)の漢字の読み方として**不適当なもの**を、次の中から選びなさい。

ア　(b)　犠牲＝ぎせい
イ　(e)　権化＝ごんか
ウ　(f)　勲章＝くんしょう
エ　(k)　融合＝ゆうごう

問三、傍線部(j)「勤勉」の対義語として正しいものを、次の中から選びなさい。

ア　無学　イ　怠惰　ウ　適当　エ　放置

問四、傍線部(a)・(d)・(g)・(h)の中で品詞の種類として正しいものを、次の中から選びなさい。

ア　(a)　あらゆる＝副詞
イ　(d)　おもしろい＝名詞
ウ　(g)　堅実な＝連体詞
エ　(h)　りっぱに＝形容動詞

問五、空欄 Ⅰ ～ Ⅲ に入る語の組み合わせとして最も適当なものを、次の中から選びなさい。

ア　Ⅰ　だから　Ⅱ　かえって　Ⅲ　なぜなら
イ　Ⅰ　しかし　Ⅱ　むしろ　Ⅲ　つまり
ウ　Ⅰ　いっぽう　Ⅱ　むやみに　Ⅲ　それとも
エ　Ⅰ　すなわち　Ⅱ　あるいは　Ⅲ　さて

問六、傍線部①「生活がすくなければすくないほど人間として価値があるという考え方」とはどのような考え方か。最も適当なものを、次の中から選びなさい。

ア　仕事に全ての時間を費やし、病になってでも働く人が優れているという考え方。

も認めず、何もかも一緒くたに覚えこむことを⑥博覧強記のように誇る。

　知識信仰に風穴をあけるものがあらわれた。コンピューターである。二十世紀中ごろのことで、すでに半世紀以上たっているのに、コンピューターの人間に及ぼす影響ははっきり自覚されていない。

　コンピューターは記憶の巨人である。知識や情報の(i)シュウ集にかけて、人間など足もとへも及ばない。とりわけ、知識の記憶にかけては文字通り超人的存在である。どんな記憶のよい人も、コンピューターと競争することはできない。

　知識的人間は、当然、ショックを受けなくてはならない。[Ⅰ]、知ることはできても考えることのできないコンピューター人間はのんきに半世紀を生き続けてきた。

　このごろ、就職難がひどくなり、社会のヒズミのように考えられているが、つまり、コンピューターに仕事を奪われているのだという認識がないのは不思議である。

　知識の断片をつめこんだだけで、ロクに働きもしなければ、努力もしない。それでいて不平、不満たらたらといった学校出を採用するより、コンピューターを導入した方が[X]的である。コンピューターは不眠不休で働き、文句も言わなければ賃上げ要求をしたりもしない。福利厚生のカネもいらなければ、年金積立ての必要もない。人間よりコンピューターだと考えるのは当然である。気の弱い経営者が、そこまでは踏みきれないから、コンピューター人間は助かっている。コンピューター人間ははっきりコンピューターより[Y]的である。

　生活に心をわずらわすのは、仕事人、職人にとって不純であるというような生き方は昔からあった。それは仕事をするのは人間しかいなかったときのことである。仕事専一であれば、生活はなくなる。かつては生きることは仕事をすることとなりと割り切ることができた。

　コンピューターがあらわれると、事情は大きく変わってくる。人間がいくら、よく働いても、完全に不眠不休で働くキカイの敵ではないことがやがてわかる。仕事の処理の能力だけを問題にすれば、単純な事務処理だったらコンピューターに負けない人間はないと言ってよい。人間には生活がある。それは仕事ではないが、人間の生きる実体である。コンピューターは生活をもつことができない。

　生活にかけては、人間は、すべてのものよりすぐれている。それをないがしろにして、⑦機械でもできる仕事のみのために生きるのはすくなくとも、現代において賢明とは言えないだろう。

　近代教育は、仕事第一主義の時代、社会において生まれたものであるから、機械的な仕事のために人間的生活をないがしろにすることを[Ⅱ]誇りにしたところがある。仕事さえできれば人間としての力が不足していても高く評価する。生活から縁が遠ければ遠いほど価値が高いという専門尊重の思想を生む。一芸に秀でていれば、人間としての欠点があっても、〝天才的〟となることができる。


（中略）


　学校を出て勤めるようになると、生活欠如を反省したりしているヒマがない。ただ(j)勤勉にはたらけば、充実した生活であるように考えやすい。[Ⅲ]、仕事人間であって、本当の人間らしさを失うおそれが大きい。

　定年退職で、それまでの仕事がなくなると、なにもすることがない。かつては⑧悠々自適、などと言ったものだが、考えてみると失業状態である。それまで、仕事が生活であるから、仕事がなくなれば生活がなくなったも同然で、生き甲斐(がい)もなく無為の日々を送っていて、病魔に魅入られることがすくなくない。俗に言う〝荷おろし症候群〟などではない。⑨生活自体を見失って生命力を弱めることになる。

　知的生活がしたかったら、仲のわるい生活と知識を結びつけることを工夫しなくてはならない。仕事も、さきにのべたように、生活との関係が怪しいことが多いから、改めて、生活の中で仕事をする、仕事の中で生活するようにするには、どうすればよいのかを考えるのである。

二〇二二年度 日本大学櫻丘高等学校（B日程）

【国語】（六〇分）〈満点：一〇〇点〉

一　次の文章を読んで、後の問いに答えなさい。

いまの社会は知識信仰というべきものによって動いていると言ってもよい。知識を身につけるには(a)あらゆる努力をいとわない。だいいち、そのためには何かをすてることを惜しいとは思わない。

学校はそういう知識を与えるところで、社会から特別扱いをされている。学校はあらゆるものを(b)犠牲にして、知識の学習を目ざす。朝から午後、帰るまで、知識のための学校は勉強ばかりである。さすがに、昼の食事はするが、これを教育の(c)一カンだと教える学校はどこにもない。

こどもたちは、生活を停止して、学習に全力を注ぐことを求められる。まっとうなこどもにとって、それが、(d)おもしろいわけがない。なにかこどもらしい生活をしたいと思っても、学校も家庭も許してくれない。それで反発して非行に走るこどももある。学校はそれを〝落ちこぼれ〟のように考え、それを非人間的とも思わない。

このことを、近代の教育は反省することがない。

明治の話だが、日露戦争のあったことも知らず、勉強、研究した学者がいて、世人はそれを学問の(e)権化のようにたたえた。＊象牙の塔では、そういう人たちによって守られると誤解した。①生活がすくなければすくないほど人間として価値があるという考え方である。象牙の塔には生活がなくて、ただ知識の残骸あるのみ、ということを＊啓蒙《けいもう》期の社会は知らない。おくれているのである。

徹夜で勉強するのは、体によくない、とか勉強の効率がよくない、などとは考えないで美化する。わけもわからず、こどもや若者が、必要もない徹夜の勉強をして得意になり、まわりはそれを悪いとは考えない。

大人も生活を否定することが、知的であるような錯覚をもっている。昼の間、ぶらぶらしていて、夜になると、机に向かって、原稿用紙を埋めるのをえらいことのように考える＊文士、文士志望者が、病に倒れると、名誉の(f)勲章のように見る常識が生まれて、＊あたら才能を失った人があらわれる。

学問や芸術を志すものは、モノやカネのことを考えるのは不純である――そういう通念にしばられて、破滅型の人間を美化する。文学青年がそうして②霞《かすみ》を食うような生き方を考える。(g)堅実な生活をする人たちは内心、おかしいとは考えながらも、知識信仰に遠慮してその害に思い及ばない。

人間は知識のために生きるのではない。よりよく生きるためにある程度の知識、技術が必要なのである。知識追求、知識尊重の考えにとりつかれていると、人はそのことを忘れるらしい。生きるために知る必要があることを無視して、知るために生きるのが高等だという、おかしな考えにとりつかれ、③それが死に至る病になることも知らぬかのようである。

役に立つかどうかも考えない。知識は、もともと、そんなにありがたいものではない、いくら知識が多くても、充実した人生を生きることができるという保証はない。④知識の量的価値はあまり大きくない。もの知りは、たしかに、便利で、世の中に必要とされることはあるが、本人にとって、(h)りっぱに生きる助けにはならないことがすくなくない。生き字引というのは、ヨーロッパにもあるようだが、人間は辞書として価値があるのではなくて、生きているから価値があるのである。

知識を身につけるためには、記憶力がつよくなくてはならない。知的エリートはみな記憶の秀才である。つまらぬことをいつまでも忘れなければ、優秀な頭脳と賞賛されるから、記憶のいい人間は、自分は頭がいい、とうぬぼれることができる。他方、片っぱしから忘れるザル頭は、バカのようにさげすまされ、本人も自信を失って、本当のバカのようになることもある。⑤記憶人間は忘却ということ

2022年度／日本大学櫻丘高等学校（B日程）

英語解答

I 問題1 (1)…2　(2)…1　(3)…4
(4)…2　(5)…3
問題2 (1)…2　(2)…2
問題3 (1)…1　(2)…2　(3)…1

II (1) 3　(2) 4　(3) 4　(4) 1
(5) 3

III (1) 4　(2) 5　(3) 3　(4) 2
(5) 6

IV (1) 2　(2) 2

V 1　3→2→4→1
2　4→1→3→2
3　4→2→3→1
4　2→1→4→3
5　1→4→2→3

VI A　(1)…1　(2)…2　(3)…4　(4)…8
B　(5)…5　(6)…3　(7)…7　(8)…1

VII 問1　4　問2　2　問3　3
問4　3　問5　2　問6　1
問7　3　問8　1　問9　1
問10　4

数学解答

1 (1) ア…5　イ…4
(2) ウ…3　エ…2
(3) オ…8　カ…1
(4) キ…5　ク…7

2 (1) ア…1　イ…3　ウ…4　エ…1
オ…1
(2) カ…1　キ…3　ク…6　ケ…③
コ…①
(3) サ…2　シ…7

3 (1) (i) ア…4　イ…4
(ii) ウ…1　エ…3　オ…0
カ…9　キ…7
(2) ク…3　ケ…1　コ…1　サ…0
シ…3　ス…1

4 (1) ア…2　イ…3　ウ…8　エ…3
オ…2　カ…3　キ…4
(2) ク…1　ケ…0
(3) コ…1　サ…2

5 (1) ア…8　イ…1
(2) ウ…9　エ…2　オ…4
(3) カ…6　キ…2
(4) ク…2　ケ…5　コ…2　サ…4

国語解答

一 問一　(c)…ウ　(i)…ア　問二　イ
問三　イ　問四　エ　問五　イ
問六　エ　問七　ア　問八　エ
問九　ウ　問十　ア
問十一　⑥…イ　⑧…ウ
問十二　X…エ　Y…ア　問十三　イ
問十四　ア　問十五　ウ

二 問一　エ
問二　②…ア　⑨…エ　⑩…イ
問三　ウ　問四　エ　問五　エ
問六　ア　問七　イ　問八　ア
問九　A…エ　B…ア　C…イ
問十　ア　問十一　イ　問十二　イ
問十三　ウ　問十四　エ

三 問一　ア　問二　イ　問三　エ
問四　エ　問五　イ
問六　⑤…イ　⑥…ア
問七　⑦…エ　⑩…ア　問八　ア
問九　ウ　問十　エ　問十一　イ

2021年度 日本大学櫻丘高等学校（Ａ日程）

【英　語】（60分）〈満点：100点〉

■リスニングテストの音声は，当社ホームページで聴くことができます。（当社による録音です）

再生に必要なIDとアクセスコードは「収録内容一覧」のページに掲載しています。

Ⅰ　これから放送によるリスニングテストを始めます。放送の内容をよく聞いて答えなさい。聞きながらメモをとってもかまいません。

問題１　次の(1)～(5)の写真について４つの英文が読まれます。写真の状況として最も適切な英文を１～４の中から１つ選び，その番号をマークしなさい。**英文は１回のみ放送されます。**

(1)

1．　2．　3．　4．

(2)

1．　2．　3．　4．

(3)

1．　2．　3．　4．

(4)  1．　2．　3．　4．

(5)  1．　2．　3．　4．

問題２　これから読まれる英文は氷河期の人類についての文です。英文を聞き，質問に対する答えとして最も適切なものを１～４の中から１つ選び，その番号をマークしなさい。**英文は１回のみ放送されます。**

Questions

(1) Why did humans hunt animals and gather plants?

1．To keep warm
2．To grow plants and sell them
3．To enjoy looking at plants
4．To stay alive

(2) What was their most important task?

1．Making tools　　2．Buying clothes
3．Finding food　　4．Making needles

問題３　これから読まれる２人の対話を聞き，質問に答える問題です。それぞれの質問に対する答えとして最も適切なものを１～４の中から１つ選び，その番号をマークしなさい。**英文は２回放送されます。**

Questions

(1) How much is a medium-sized coffee?

1．50cents　　2．$1.00　　3．$1.50　　4．$2.00

(2) What did the man buy?

1．A medium-sized black coffee, a sandwich and a magazine
2．A medium-sized coffee with cream, a sandwich and a newspaper
3．A large-sized black coffee, a sandwich and a newspaper

4．A large-sized coffee with cream, a sandwich and a newspaper

(3)　How much is the correct change ?

1．$2.00　　2．$2.50　　3．$3.00　　4．$3.50

以上でリスニングテストを終わります。引き続き問題に取り組んでください。

※**＜リスニングテスト放送原稿＞**は英語の問題の終わりに付けてあります。

Ⅱ　次の(1)～(5)の英文の（　）に入る最も適切な語(句)を１～４の中から１つ選び，その番号をマークしなさい。

(1)　What (　　) he do after he graduates ?

1．has　　2．is　　3．will　　4．was

(2)　I usually (　　) straight home after work these days.

1．have gone　　2．went　　3．had gone　　4．go

(3)　There (　　) be a book store around corner.

1．used to　　2．is used　　3．is used to　　4．used

(4)　Clean the room (　　) you go out to play.

1．while　　2．before　　3．for　　4．since

(5)　The boy (　　) to music under the tree is Tom.

1．listens　　2．listening　　3．to listen　　4．listened

Ⅲ　文意を考え，次の（１）～（５）に入る最も適切な語を下の語群からそれぞれ１つずつ選び，その番号をマークしなさい。同じ語を２度使用してはいけません。

I often go out to coffee shops.　Of course, I have a cup of coffee when I go to a coffee shop, but my real (　1　) for going is not to drink coffee.

Rather, I go there to read newspapers and magazines.　I don't get any papers or any magazines at (　2　), so I do my reading at coffee shops.　I (　3　) money that way, and anyway it's more interesting to be surrounded by other people, instead of being home alone.

I've made many (　4　) with a number of the owners of coffee shops.　And I've gotten to (　5　) the regular customers, too.

語群

1．home	2．opinions	3．know	4．save
5．friends	6．reason	7．noises	8．make

Ⅳ　次の設問に答えなさい。

(1)　次の英文を意味が通るように正しい順序で並べ替えた場合，**3番目にくるもの**はどれか，１～４の中から１つ選び，その番号をマークしなさい。

1．That is the distance from Tokyo to Tanegashima.
2．Homing pigeons are the most famous example.
3．They can find their way home from 1000 kilometers away.
4．Some animals can return home from far away.

(2)　以下の英文中で意味が通るようにア～エの英文を並べ替えた場合，正しい順番になっているものはどれか，１～４の中から１つ選び，その番号をマークしなさい。

I went to Kyoto last month. I visited many temples there. I liked Kinkaku-ji best. ［　　⇒　　⇒　　⇒　　］ I was very happy.

ア	But I was able to answer him.
イ	One of them asked me about Kinkaku-ji.
ウ	I was surprised because he suddenly talked to me in English.
エ	When I went there, there were many foreign people taking pictures.

１．エ⇒イ⇒ウ⇒ア　　２．ウ⇒ア⇒イ⇒エ
３．ア⇒ウ⇒イ⇒エ　　４．イ⇒エ⇒ウ⇒ア

Ⅴ

次の文中の１～５の(　)内にある語(句)を意味の通る文になるように並べ替えなさい。解答は例に倣って，１～４番目の順に番号で答えなさい。文頭に来る語も小文字になっています。

> 例題　We (１．school　２．students　３．are　４．high).
> 答え：この例では We are high school students. とするため，③，④，①，②を順にマークします。

Postman Pete delivers mail to all his busy neighbors in Cambridge. In the morning he picks up the letters and packages at Cambridge post office. Then he $_{1}$(１．through　２．trip　３．starts　４．his) the town. He always begins at the candy store.

Next Postman Pete stops at the police station. Police Chief Charlie is $_{2}$(１．keeping　２．of　３．charge　４．in) things peaceful in Cambridge.

Postman Pete has some mail for Doctor Lion. He gives it to Nurse Nelly. She $_{3}$(１．the　２．after　３．all　４．looks) sick people in Cambridge. Dr. Lion $_{4}$(１．examining　２．is　３．patient　４．a) in his office.

He $_{5}$(１．sure　２．that　３．makes　４．everyone) in Cambridge stays healthy.

Ⅵ

次のＡ，Ｂの会話文(１)～(８)に入る最も適切な文をそれぞれ選択肢から選び，その番号をマークしなさい。同じ選択肢を２度使用してはいけません。

Ａ

Jane : Hi, Ken. (　１　)

Ken : Can you believe it? I need to buy a birthday gift for my mother after class today. And I left my credit card at home.

Jane : (　２　)

Ken : I don't know. . . . Could you lend me some money?

Jane : How much do you need?

Ken : Oh . . . about $50.00.

Jane : (　３　)

Ken : Oh, well, do you think I could borrow your smartphone? I'll call my sister and ask her to get my credit card and meet me at the store.

Jane : (　４　) Just don't talk forever, OK?

Ken : Don't worry. Thanks a lot!

Aの選択肢

1．That's not always true.
2．What's the matter ?
3．What are you going to do ?
4．That's no problem.
5．I lost my wallet, too !
6．I don't have that much money right now.
7．Who are you talking to ?
8．I'm very sorry to hear that.

B

Jane : What a delicious meal !
Ken : Thank you. Would you like some coffee now ?
Jane : (5) I don't want any coffee. I prefer tea.
Ken : Do you use sugar in your tea ?
Jane : No, I don't use sugar. How about you ?
Ken : I use a little sugar and a little cream. Would you like some fruit ?
Jane : Yes, thank you. Do you have any apples ?
Ken : Yes. Try one of these apples. They're very sweet.
Jane : Thank you. Hmmm. It's delicious.
Ken : (6) Apples are only thirty cents a pound.
Jane : Is that so ? I don't want to trouble you, but I'd like a glass of water.
Ken : Would you like some cold orange juice ?
Jane : No, thank you. I don't like orange juice. I prefer water.
Ken : (7) I don't like water. I prefer orange juice.
Jane : It is very nice that we share our nice meal and good conversation.
Ken : (8)
Jane : Thank you very much for your invitation ! I appreciate it.
Ken : Don't mention it. It's my pleasure.

Bの選択肢

1．No, thank you.
2．I am thirsty but not hungry.
3．Oh, how strange !
4．Oranges are very popular among young people.
5．Fruit is very cheap now.
6．What a nice surprise !
7．Yes, that would be lovely.
8．Please come over again soon.

Ⅶ　次の英文を読み，それぞれの問に答えなさい。

Stephen Hawking was born in Oxford, England, on 8th January 1942. On that same day, some people were remembering the death three hundred years earlier of another great man, Galileo Galilei. He studied the night sky like Stephen, too.

Stephen was the oldest of four children—he had two sisters and a much younger brother. His father Frank was a doctor and scientist. (1)Stephen's father and his mother Isobel both were excellent, and had *degrees from Oxford University, one of the best universities in the world. They were a very clever family, and (2)the Hawkings often all sat and read books at the table while they were eating dinner. The family home during Stephen's earliest years was in *Highgate, north London—Stephen was only born in Oxford because Britain was at war with Germany at that time, and people thought that London was too dangerous for babies.

After the war ended, when Stephen was eight years old, the family moved to St Albans, a small town about 30 kilometers north of London. The Hawkings' house in St Albans was big, old, and very cold in winter, but Stephen loved it. (3)He and his sister Mary liked to find lots of different ways into their house. They often climbed up the outside and then went in through open windows. Stephen was a good climber, and he sometimes climbed trees, too.

His mother Isobel often [(4)] her children out into the garden at night. They loved this time. On warm summer evenings, they *lay on their backs and looked up at the night sky. Even then, Stephen was very interested in the stars.

Stephen liked to understand how things worked, and he often built little *aeroplanes and boats. Nobody had computers at home or school in those days, but when Stephen was sixteen, he and some school friends built a computer from pieces of old machines. It was not very good, but they could use it to do mathematics problems.

Stephen did not like school very much, but he had some good friends there. They enjoyed talking together about things like science and music. Stephen's friends called him '*Einstein' because he was so clever. His teachers knew that he was clever, too, but he was always laughing and making jokes at school, and he did not work very hard. He was not a good student!

Stephen began to work harder in his last year at school because he wanted to study science at Oxford University. He became a student there, at *University College, when he was only seventeen years old.

He studied *physics for his degree. Physics is very difficult to understand for most people, but it was easy for Stephen, so he did not have to work as hard as many other students. And Stephen did not need to write a lot of notes, because he could remember things very easily.

Stephen was younger than many of the other Oxford students, and he felt lonely at first, but that changed when he discovered *rowing. Stephen was *cox: he did not *row, but he sat at the front of the boat and told the rowers to go faster or slower, left or right. Stephen wanted his rowing team to go faster than the other teams, so he often did dangerous things to go past their boats. He sometimes [(4)] his team's boat very near to other boats, and even hit them!

After a difficult start, Stephen had a great time at Oxford. He had many friends in the rowing team, and he liked to listen to music with them and go to dances. Stephen often stayed out with his friends late at night, and had to climb over the walls to go back to his room because his college closed its doors at midnight.

注　＊degrees：学位（大学卒業者の称号）　＊Highgate：ハイゲート（イギリスの地名）
＊lie on their backs：仰向けになる　＊aeroplanes：飛行機
＊Einstein：アインシュタイン（イギリスの物理学者）
＊University College：ユニバーシティカレッジ（ホーキングの学んだ学寮）
＊physics：物理学　＊rowing：ボート漕ぎ　＊cox：レース用ボートのかじ取り　＊row：漕ぐ

問１　第１段落で述べられている内容として最も適切なものを１つ選び，その番号をマークしなさい。

1．Some people remember not only Stephen Hawking but also Galileo Galilei was born in Oxford, England.
2．Stephen Hawking started to study the night sky because he was interested in a great man, Galileo Galilei.
3．Stephen Hawking was born in Oxford, England at the end of January 1942 after the death of Galileo Galilei.
4．Galileo Galilei died in 1642, hundreds of years before Stephen Hawking was born in Oxford, England in 1942.

問２　下線部(1)について，最も適切なものを１つ選び，その番号をマークしなさい。

1．Stephen's parents were so busy every day that Stephen had to take care of his younger sisters and brother.
2．Stephen's father and mother were smart enough to get degrees at one of the best universities in the world.
3．Stephen respected his father as a scientist and decided to become a great scientist like him in the future.
4．Because Stephen's parents wanted their son, Stephen, to become a doctor or a scientist they always read books during dinner.

問３　下線部(2)に関することとして，最も適切なものを１つ選び，その番号をマークしなさい。

1．Stephen and his sisters and brother were all born in London because their parents thought this was the best place to bring up their children.
2．While Stephen was born in St Albans during the war, his sisters and brother were born in different places after the war.
3．Stephen and his family had to move from St Albans to Oxford because of the war between Britain and Germany.
4．After Stephen, as the first child of the Hawkings, was born, his family moved to Highgate in north London.

問４　下線部(3)の解釈として最も適切なものを１つ選び，その番号をマークしなさい。

1．Stephen と Mary は自宅までのたくさんの帰り道を探すことが好きだった。
2．Stephen と Mary は今住んでいる家と以前住んでいた家の違いを見つけるのが好きだった。
3．Stephen と Mary は家の中に入るためのいろいろな方法を見つけるのが好きだった。
4．Stephen と Mary は家の周りでたくさんの遊び場を見つけることが好きだった。

問５　文中に２箇所ある［(4)］に共通して入る最も適切なものを１つ選び，その番号をマークしなさい。

1．put　2．took　3．threw　4．left

問６　次の質問に対する答えとして最も適切なものを１つ選び，その番号をマークしなさい。

Why did Stephen's friends give him the name of a famous scientist？

1．Because in those days, his face was very similar to that of the great scientist Einstein.

2．Because he always told his friends at school that he wanted to be a scientist like the great scientist Einstein.

3．Because he was so intelligent like Einstein, even though he was not a hardworking student at school.

4．Because he was much cleverer than his friends and teachers in his school and he always helped students with poor grades.

問7　大学時代のStephenについて述べたものとして最も適切なものを1つ選び，その番号をマークしなさい。

1．He had to enter Oxford University one year later than other students because of his poor grades, so he had a lonely student life without friends.

2．In his first year at Oxford University, he decided to study music and science with many friends, but gradually he became interested in physics.

3．When he was a student at Oxford University, he had a better memory than other students, so it was almost not necessary for him to take notes.

4．Physics was one of the most popular subjects at Oxford University when he was a student, so many students studied it.

問8　本文の内容と一致するものを1つ選び，その番号をマークしなさい。

1．Stephen was born in Oxford in 1942, and he spent his childhood first at Highgate and then another town from 1950.

2．Stephen and his sisters liked reading books during dinner, but his parent never accepted this kind of behavior.

3．When Stephen lived in St Albans with his family, his mother taught him how to climb a tree to enter their house from the second floor because the doors wouldn't open when it was cold in winter.

4．Stephen was the second son in the Hawking family, and his brother was over 10 years older than Stephen.

問9　本文の内容と一致するものを1つ選び，その番号をマークしなさい。

1．The teachers knew Stephen and his friends were good at making things, so they asked them to make a computer.

2．Because Stephen was always joking and not studying hard when he was a student, he was always laughed at by his friends at school.

3．When Stephen was a student, physics was a very difficult subject, but everyone could easily solve physics problems by using the computer built by Stephen.

4．Stephen was born in a different city than London because London was thought to be too dangerous for babies.

問10　本文の内容と一致するものを1つ選び，その番号をマークしなさい。

1．Stephen never wanted to lose to the other teams in the rowing race and he did some bad things for his own team to win.

2．Stephen and some of his friends didn't want to go to school because they didn't have a computer.

3．When Stephen was a student at Oxford University, his grades were so bad that he had to study harder than other students.

4．Because Stephen felt lonely after entering Oxford University, some teachers and friends invited him to join the rowing club.

＜リスニングテスト放送原稿＞

これから放送によるリスニングテストを始めます。放送の内容をよく聞いて答えなさい。聞きながらメモをとってもかまいません。

問題１　次の(1)～(5)の写真について４つの英文が読まれます。写真の状況として最も適切な英文を１～４の中から１つ選び，その番号をマークしなさい。**英文は１回のみ放送されます。**

(1)　1．Four people are waiting for a bus on the side of the road.
　　2．Four people are picking up trash along the road.
　　3．Four people are walking along the road side by side.
　　4．Four people on a bridge are looking up at the sky.

(2)　1．You can see different kinds of animals in this picture.
　　2．You can see two large elephants in this picture.
　　3．You can see some animals sleeping on the ground in this picture.
　　4．You can see a lot of people around the animals in this picture.

(3)　1．A man is trying to stand up to get his camera.
　　2．A woman is standing in front of a building to take a family photo.
　　3．A man is setting up his camera to take a family photo in a park.
　　4．A woman is trying to take a photo with her camera in her left hand.

(4)　1．A woman is holding a bag full of many kinds of vegetables.
　　2．A woman is taking some vegetables out from a bag.
　　3．A woman is buying some vegetables with her parents.
　　4．A woman is putting some vegetables on a table.

(5)　1．All of the people are talking with a microphone and looking at the same monitor.
　　2．A man is standing next to a woman and talking on his mobile phone.
　　3．All of the people are sitting on chairs and drinking coffee.
　　4．A man with glasses is looking at the woman next to him.

問題２　これから読まれる英文は氷河期の人類についての文です。英文を聞き，質問に対する答えとして最も適切なものを１～４の中から１つ選び，その番号をマークしなさい。**英文は１回のみ放送されます。**

A long time ago, the Earth was colder than it is now and life was more difficult in many ways.　To stay alive, people hunted animals and gathered plants to eat.　They couldn't buy their clothes or food.　They had to make or find everything when they needed them.　They made tools out of sticks and stones.　They made needles out of bones.　But their most important task was finding food. Just like you, they got hungry and had to eat.

Questions

(1)　Why did humans hunt animals and gather plants？
　1．To keep warm
　2．To grow plants and sell them
　3．To enjoy looking at plants
　4．To stay alive

(2) What was their most important task ?

1 . Making tools　　2 . Buying clothes

3 . Finding food　　4 . Making needles

問題 3 これから読まれる 2 人の対話を聞き，質問に答える問題です。それぞれの質問に対する答えとして最も適切なものを 1 ～ 4 の中から 1 つ選び，その番号をマークしなさい。**英文は 2 回放送されます。**

A : Hi, can I have this sandwich and a cup of coffee ?

B : Sure. Would you like cream and sugar for the coffee ?

A : Just cream please. Excuse me, is this cup medium size ?

B : Yes, if you would like a large one, you can pay 50 cents more.

A : OK, I'll take a large one.

B : The sandwich is $2.50 and the large size coffee is $1.50, so $4.00 in total. Will that be all ?

A : Oh, I'll take this newspaper, too.

B : OK, so the total will be $6.50.

A : Here is 10 dollars.

B : Here is 4 dollars change. Have a good day, sir !

A : Oh, wait ! You gave me too much.

Questions

(1) How much is a medium-sized coffee ?

1 . 50 cents　　2 . $1.00　　3 . $1.50　　4 . $2.00

(2) What did the man buy ?

1 . A medium-sized black coffee, a sandwich and a magazine

2 . A medium-sized coffee with cream, a sandwich and a newspaper

3 . A large-sized black coffee, a sandwich and a newspaper

4 . A large-sized coffee with cream, a sandwich and a newspaper

(3) How much is the correct change ?

1 . $2.00　　2 . $2.50　　3 . $3.00　　4 . $3.50

以上でリスニングテストを終わります。引き続き問題に取り組んで下さい。

【数　学】 (60分) 〈満点：100点〉

(注意)　1．定規・コンパス・分度器・計算機は使用できない。

2．問題[1]から問題[5]までの，ア，イ，ウ，……の一つ一つには，それぞれ0から9までの数字があてはまる。あてはまる数字を，ア，イ，ウ，……で示される解答欄にマークすること。

3．答えが分数の形で求められているときは，それ以上約分できない分数の形で答えること。例えば，$\frac{3}{4}$ を $\frac{6}{8}$ としてマークしないこと。

4．答えが比の形で求められているときは，最も簡単な整数の比の形で答えること。例えば，1：3を2：6としてマークしないこと。

5．答えが根号の中に数字を入れる形で求められているときは，根号の中の数はできるだけ小さな数にして答えること。例えば，$4\sqrt{2}$ を $2\sqrt{8}$ としてマークしないこと。

[1]　次の $\boxed{}$ に当てはまる数値を答えなさい。

(1)　$\frac{3}{10}\left(\frac{1}{2}+\frac{1}{3}\right)-\frac{5}{2}\left(\frac{3}{10}-1\right)=\boxed{\text{ア}}$

(2)　$\left(\frac{\sqrt{10}-\sqrt{5}}{5\sqrt{2}}\right)\times(2\sqrt{5}+\sqrt{10})=\boxed{\text{イ}}$

(3)　連立方程式 $\begin{cases}\frac{1}{3}a+\frac{1}{4}b=1\\ \frac{1}{6}a+\frac{1}{2}b=-1\end{cases}$ の解は，$a=\boxed{\text{ウ}}$，$b=-\boxed{\text{エ}}$ である。

(4)　2次方程式 $(2x-1)(x-4)=-x-2$ の解は，$x=\boxed{\text{オ}}$，$\boxed{\text{カ}}$ である。ただし，$\boxed{\text{オ}}<\boxed{\text{カ}}$ とする。

[2]　次の $\boxed{}$ に当てはまる数値を答えなさい。

(1)　右図のように，点Oを中心とし，線分ABを直径とする半円がある。$\overset{\frown}{AB}$上に，AB//CDとなるように2点C，Dをとり，点Cから2点B，Oを結んだ線分と，線分ADの交点をそれぞれE，Fとする。

$\angle AFC=111^\circ$ とするとき，$\angle BOC=\boxed{\text{アイウ}}^\circ$ である。

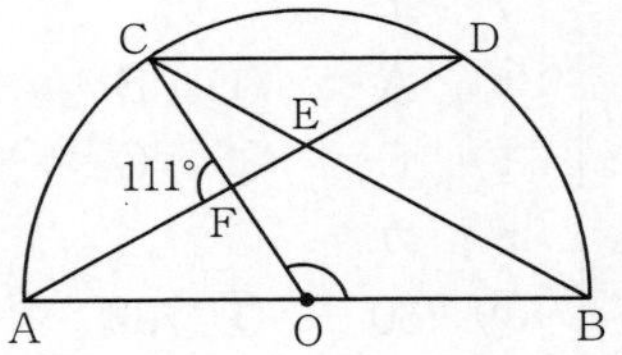

(2)　1から6の目が書いてある大小2個のさいころがある。大きいさいころの出た目の数を a，小さいさいころの出た目の数を b とするとき，$\frac{a+b}{a}$ が整数になる確率は $\frac{\boxed{\text{エ}}}{\boxed{\text{オカ}}}$ であり，$\sqrt{5ab}$ が整数になる確率は $\frac{\boxed{\text{キ}}}{\boxed{\text{ク}}}$ である。ただし，大小2個のさいころはともに，1から6のどの目が出るかは同様に確からしいものとする。

(3)　こういち君とこうじ君は，公園の中にある1周3kmのさくら池をスタート地点から1周しようと一緒に散歩していた。最初は，2人そろって分速60mの速さで歩いていたが，途中でこういち君は，父親から電話が掛かってきたため，立ち止まり電話に出た。こういち君が電話をしている間も，こうじ君は分速60mの速さで一人で歩き続け，電話を終えたこういち君は，こうじ君に追いつくため，分速80mで歩いたところ，スタート

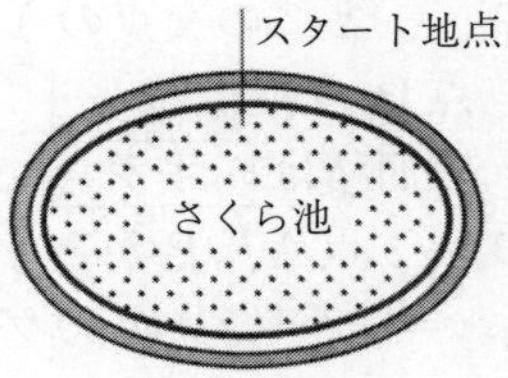

地点でこうじ君に追いついた。

こういち君が立ち止まっていた時間を5分としたとき，こうじ君がスタート地点から歩いた時間は[ケコ]分であり，こういち君が立ち止まったのは，スタート地点から歩き始めて[サシ]分後である。

3　右の散布図は，AからJの生徒10人の登校で利用する電車とバスの時間を調べたものである。横軸が電車の利用時間(分)であり，縦軸がバスの利用時間(分)である。ただし，図には補助的に切片が10から60までの10刻みで傾き -1 の直線を6本付加している。

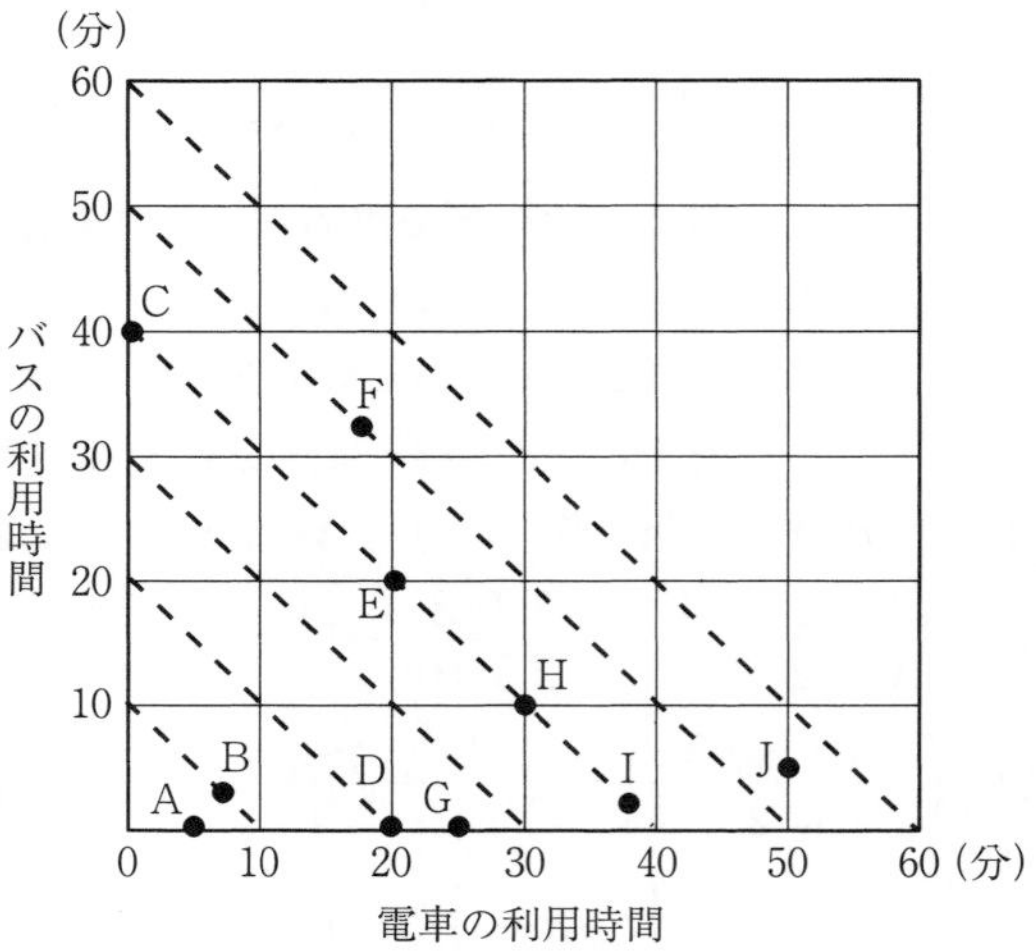

このとき，次の[　]に当てはまる番号を下記の解答群から選びなさい。ただし，答えが複数の場合はすべて選びなさい。

(1)　バスを使わずに登校する生徒は[ア]である。

(2)　電車の利用時間が一番長い生徒は[イ]である。

(3)　電車の利用時間とバスの利用時間が同じ生徒は[ウ]である。

(4)　電車とバスの利用時間の合計が同じ生徒は[エ]であり，その利用時間の合計は[オ]分である。

(5)　電車とバスの利用時間の合計の平均値は約[カ]分である。(一番近い値を選択すること)

解答群

ア～エ

⓪　A　①　B　②　C　③　D　④　E

⑤　F　⑥　G　⑦　H　⑧　I　⑨　J

オ，カ

⓪　30　①　32　②　34　③　36　④　38　⑤　40　⑥　42

4　右図のように1次関数 $y=mx+6$…①のグラフと，関数 $y=ax^2(a>0)$…②のグラフが，ともに点A(4, 12)を通る。

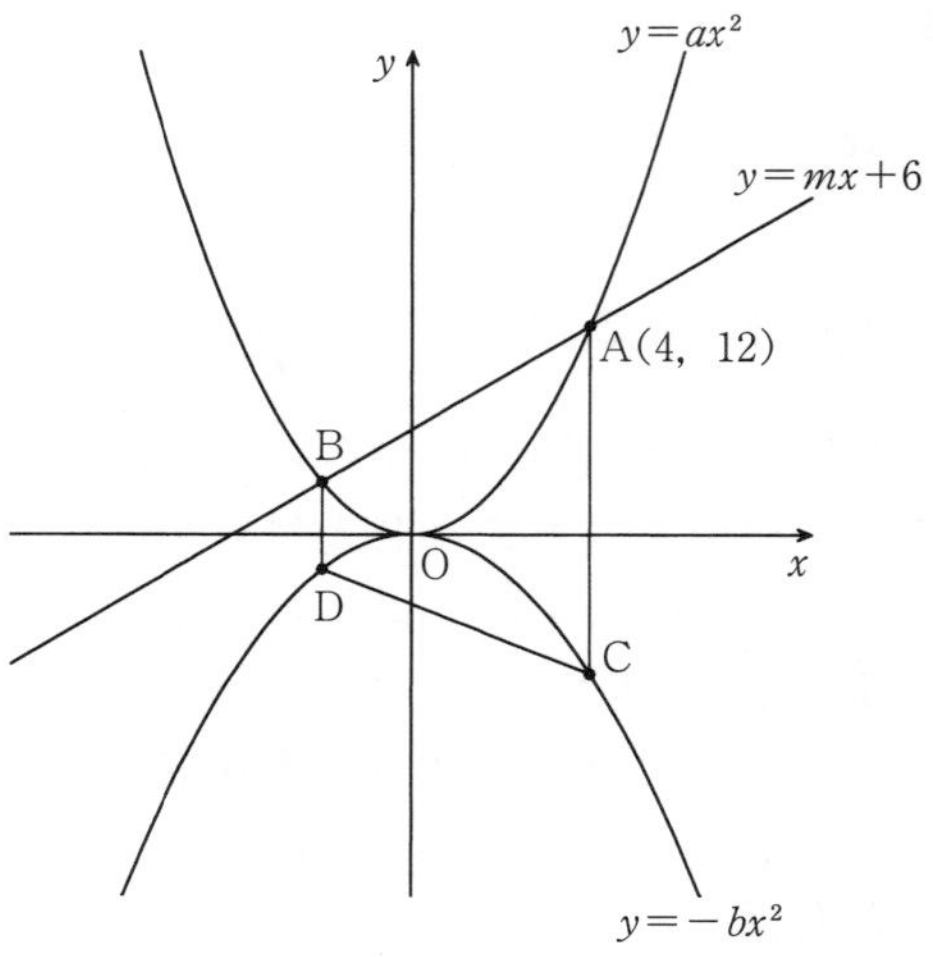

このとき，次の[　]に当てはまる数値を答えなさい。

(1)　$m=\dfrac{[ア]}{[イ]}$，$a=\dfrac{[ウ]}{[エ]}$ である。

(2)　①と②の交点のうち，点Aと異なる点をBとすると，点Bの座標は(－[オ]，[カ])であり，△OABの面積は[キク]である。

(3)　2点A，Bから x 軸におろした垂直な直線と，関数 $y=-bx^2(b>0)$ のグラフの交点をそれぞれC，Dとする。台形ABDCの面積が75であるとき，$b=\dfrac{\boxed{\text{ケ}}}{\boxed{\text{コ}}}$ であり，△ODCをx軸を軸として1回転させたときの立体の体積は［サシ］πである。

5 右図のように，1辺の長さが4 cmである立方体ABCD-EFGHがある。2つの動点P，Qははじめに点Aの位置にあり，正方形ABCDの周上を，点Pは毎秒1 cmの速さで時計回りに動き，点Qは毎秒3 cmの速さで反時計回りに動く。2点P，Qが同じ位置に到達したとき，動きを止める。

このとき，次の［　］に当てはまる数値を答えなさい。

ただし，［ウ］，［エ］，［オ］は当てはまる番号を下記の解答群から選びなさい。(同じものを2回選んでもよい)

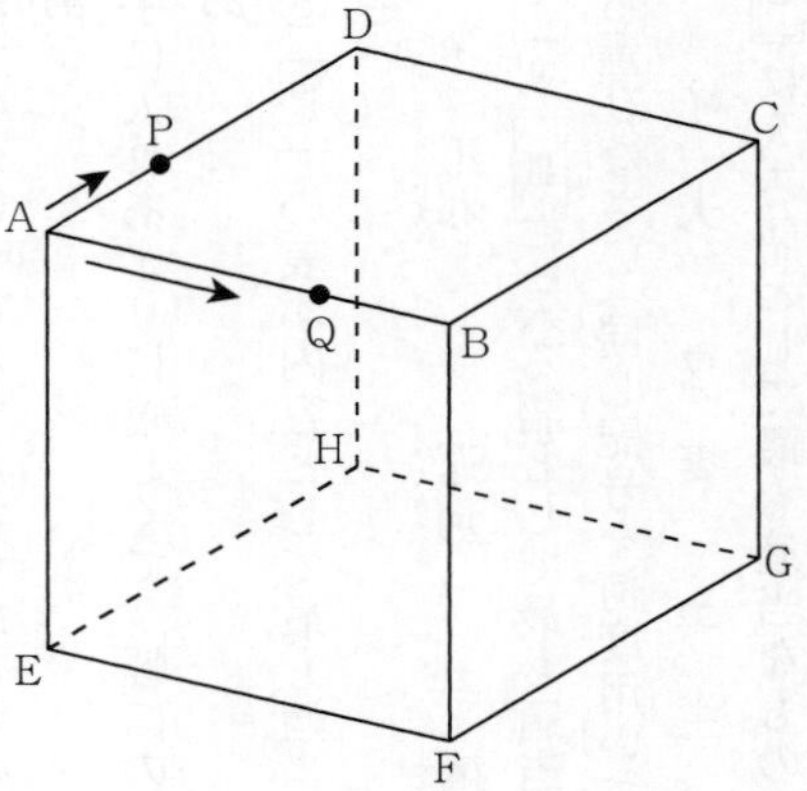

解答群

⓪　xに比例する
①　xに反比例する
②　xの2乗に比例する
③　xに比例しないが，1次関数である
④　⓪～③のいずれでもない

(1)　1秒後の△AEPの面積は［ア］cm^2である。

(2)　x秒後の△AEPの面積をSとする。xの取りうる値の範囲は$0<x\leqq$［イ］であり，このときSは［ウ］。

(3)　x秒後の三角すいQ-AEPの体積をVとする。xの取りうる値の範囲は$0<x<$［イ］であり，$0<x\leqq\dfrac{4}{3}$のときVは［エ］。また，$\dfrac{4}{3}<x\leqq\dfrac{8}{3}$のとき$V$は［オ］。

(4)　三角すいQ-AEPの体積が2 cm^3となるのは全部で［カ］回ある。最初に体積が2 cm^3となるのは［キ］秒後であり，最後に体積が2 cm^3となるのは［ク］$+\sqrt{\boxed{\text{ケ}}}$秒後である。

ア　気の毒なことである。
イ　本当に欲《ほ》しいことだ。
ウ　待ち遠しいことだろう。
エ　面倒《めんどう》なことになる。

⑥　六つながら夫妻に給はりけり
ア　六つほど拾い主の夫妻にいただいたのであろうか。
イ　六つではあるが拾い主の夫妻にいただいたのである。
ウ　六つだけ拾い主の夫妻にくださったのであろうか。
エ　六つすべて拾い主の夫妻にくださったのである。

問四、二重傍線部㋐～㋓の活用形として**不適当なもの**を、次の中から選びなさい。
ア　給へ＝命令形　　イ　不思議なれ＝連体形
ウ　なし＝終止形　　エ　召し＝連用形

問五、傍線部④「一つは隠されたるにや」と言った理由として最も適当なものを、次の中から選びなさい。
ア　銀貨は落としたのではなく盗《ぬす》まれたのだと気づいて、返してもらうため。
イ　銀貨の数が最初と合わないことに納得《なっとく》がいかず、原因を解明するため。
ウ　銀貨を渡すのがいざとなったらためらわれて、言《い》い掛《が》かりをつけるため。
エ　銀貨を手に入れあまりに嬉しくて、軽口の一つもたたきたくなったため。

問六、傍線部⑤「是」の表す内容として最も適当なものを、次の中から選びなさい。
ア　謝礼　　イ　正邪《せいじゃ》　　ウ　返却《へんきゃく》　　エ　優劣《ゆうれつ》

問七、空欄［Ⅰ］～［Ⅲ］に入る語として最も適当なものを、それぞれ次の中から選びなさい（同じ記号を何度用いてもよい）。
ア　国の守　　イ　夫　　ウ　妻　　エ　主

問八、空欄［B］に入る語として最も適当なものを、次の中から選びなさい。
ア　但《ただ》し　　イ　かくて　　ウ　即《すなは》ち　　エ　さて

問九、傍線部⑦「いみじき成敗」の説明として最も適当なものを、次の中から選びなさい。
ア　それぞれの主張をよく聞き的確な申《もう》し渡《わた》しをして、評判になった素晴《すば》らしい判決。
イ　確かな証拠もなく下されたことから、人々の反応に賛否両論があった判決。
ウ　喧嘩《けんか》両成敗で、拾い主と落とし主のどちらに対しても反省を促《うなが》した公平な判決。
エ　国司の鋭《するど》い洞察力《どうさつりょく》を広く世に示したことで、悪人が心底恐《おそ》れた冷酷《れいこく》な判決。

問十、本文の内容に関連の深い表現として最も適当なものを、次の中から選びなさい。
ア　論より証拠
イ　捨てる神あれば拾う神あり
ウ　正直の頭《こうべ》に神宿る
エ　疑わしきは罰《ばっ》せず

問十一、本文の出典『沙石集』と同じ鎌倉《かまくら》時代に成立した作品を、次の中から選びなさい。
ア　古今和歌集　　イ　平家物語
ウ　奥《おく》の細道　　エ　今昔《こんじゃく》物語集

エ　二重傍線部ⓔ「着物」の色と二重傍線部ⓕ「蜜柑の色」が対照的に描《えが》かれ、作品の前半は暗い雰囲気であったが後半は蜜柑が鮮やかな明るさを与《あた》えている。

問十四、この小説の作者芥川龍之介の作品を、次の中から選びなさい。

ア　それから　　イ　伊豆《いず》の踊子《おどりこ》

ウ　鼻　　エ　人間失格

三　次の文章を読んで、後の問いに答えなさい。

近比《ちかきころ》、帰[A]の僧《そう》の説とて、ある人語りしは、唐に①賤《いや》しき夫《ふう》婦《ふ》有り。餅《もち》を売りて世を渡《わた》りけり。夫《をつと》の道の辺《ほとり》にして餅を売りけるに、人の袋《ふくろ》を落としたりけるを見ければ、銀《しろがね》の*軟挺《なんてい》六つ有りけり。家に持ちて帰りぬ。

妻、心すなほに欲なき者にて、「我等《われら》は商《あきな》うて過ぐれば、事も欠けず。この主《ぬし》、いかばかり歎《なげ》き求むらん。②いとほしき事なり。主を尋《たづ》ねて返し㋐給《たま》へ」と云《い》ひければ、「誠《まこと》に」とて、普《あまね》く触《ふ》れけるに、主と云ふ者出来《いでき》て、是《これ》を得て、あまりに嬉《うれ》しくて、「三つをば奉《たてまつ》らん」と云ひて、既《すで》に分《わか》つべかりける時、③思ひ返して、*煩《わづら》ひを出《いだ》さんが為《ため》に、「七つこそ有りしに、六つあるこそ㋑不思議なれ。④一つは隠《かく》されたるにや」と云ふ。「さる事㋒なし。本《もと》より六つこそ有りしか」と論ずる程《ほど》に、果ては、*国の守《かみ》の許《もと》にして、⑤是を断《ことわ》らしむ。

国の守、*眼賢《まなこさかし》くして、「この[Ⅰ]は不実の者なり。この男は正直の者」と見ながら、不審《ふしん》なりければ、かの[Ⅱ]を㋓召《め》して別の所にて、事の子細を尋ぬるに、夫が*状《じやう》に少しもたがはず。「この妻は極《きは》めたる正直の者」と見て、かの主、不実の事慥《たし》かなりければ、国の守の*判《はん》に云はく、「この事、慥かの証拠《しようこ》なければ判じがたし。[B]、共に正直の者と見えたり。夫妻また詞《ことば》変らず、[Ⅲ]の詞も正直に聞こゆれば、七つあらん軟挺を尋ねて取るべし。是は六つあれば、別の人にこそ」とて、⑥六つながら夫妻に給はりけり。

*宋《そう》朝の人、⑦いみじき成敗とぞ、普く讃《ほ》めののしりける。心直《なほ》ければ、自《おのづか》ら天の与へて、宝を得たり。心曲《まが》れば、*冥《みやう》のとがめにて、宝を失ふ。この理《ことわり》は少しも違ふべからず。返す返すも心浄《きよ》くすなほなるべき者なり。

《注》

*軟挺＝銀の貨幣《かへい》。

*煩ひ＝めんどうなこと。

*国の守＝国司の長官。一国を統治し徳行をもって民《たみ》を教導するのを任とする。

*眼賢くして＝見抜《みぬ》く力にすぐれていて。

*状＝言い分。

*判＝判決。

*宋朝の人＝宋の時代の人。

*冥のとがめ＝目に見えぬ神仏のとがめ。

問一、空欄《くうらん》[A]に入る語で、歴史的仮名遣《かなづか》いで「てう」と読《よ》み仮名《がな》を振《ふ》る漢字として最も適当なものを、次の中から選びなさい。

ア　都　　イ　唐　　ウ　中　　エ　朝

問二、傍線部《ぼうせんぶ》①「賤しき」③「思ひ返して」の本文中の意味として最も適当なものを、それぞれ後の中から選びなさい。

①　賤しき

ア　身分が低い　　イ　珍《めずら》しい

ウ　やさしい　　エ　欲深い

③　思ひ返して

ア　思い出して　　イ　考え直して

ウ　気になって　　エ　心に決めて

問三、傍線部②「いとほしき事なり」⑥「六つながら夫妻に給はりけり」の現代語訳として最も適当なものを、それぞれ後の中から選びなさい。

②　いとほしき事なり

れ次の中から選びなさい。

ア　しかも　　イ　やはり

ウ　あたかも　　エ　まさか

問七、傍線部⑦「象徴」の働きの説明として最も適当なものを、次の中から選びなさい。

ア　形のない抽象的《ちゅうしょうてき》なことがらを具体的なものによって表わすこと。

イ　言葉を普段《ふだん》とは別の専門的な意味で使用することを暗に示すこと。

ウ　文中のある言葉をそれと正反対の意味を持った言葉と解釈《かいしゃく》すること。

エ　文や会話をできるだけ省略し、文章の内容を縮小すること。

問八、傍線部⑧「険しい感情」とあるが、この「感情」の内容の説明として最も適当なものを、次の中から選びなさい。

ア　不潔な身なりの娘に対する不快感と、自分の座席を間違えるほど愚《おろ》かなことに対する腹立たしさ。

イ　考えなしに列車の窓を開けようとする娘へのいらだちと、周囲の静けさを乱されたことに対するやるせなさ。

ウ　貧しさを感じさせる娘の姿に対する同情と、気まぐれに列車の窓を開けた娘への不可解さ。

エ　列車の中の雰囲気《ふんいき》を悪くした娘への嫌悪《けんお》感と、自分の平凡な人生を思わせる娘への不愉快《ふゆかい》さ。

問九、空欄 X と Y に入る漢字の組み合わせとして最も適当なものを、次の中から選びなさい。

ア　X＝奮　Y＝死　　イ　X＝悪　Y＝苦

ウ　X＝苦　Y＝奮　　エ　X＝悪　Y＝死

問十、空欄 A に入る表現として最も適当なものを、次の中から選びなさい。

ア　ごみごみと　　イ　がやがやと

ウ　ばらばらと　　エ　まごまごと

問十一、傍線部⑩「私は思わず息を呑んだ」とあるが、ここから読み取れる「私」の様子の説明として最も適当なものを、次の中から選びなさい。

ア　娘が列車から自分の弟たちに蜜柑を投げたことが予想外に優《やさ》しい行動だったので、自分の理解が追いつかず不可解に思っている様子。

イ　娘が列車から自分の弟たちに蜜柑を投げたことが肉親を大切にする行為《こうい》だったので、感動を言葉にできずもどかしく思っている様子。

ウ　娘が自分に断りなく列車の窓を開けて蜜柑を投げたことが危険な行動だったので、何も言えないほど不愉快に思っている様子。

エ　娘が列車から蜜柑を自分の弟たちに向かって投げたことが予想もしていないことだったので、息ができないほど驚《おどろ》いている様子。

問十二、空欄 Z に入る語として最も適当なものを、次の中から選びなさい。

ア　不安　イ　倦怠　ウ　悲哀《ひあい》　エ　苦悩《くのう》

問十三、この文章の表現に関する説明として最も適当なものを、次の中から選びなさい。

ア　「私」の心情が、前半では二重傍線部ⓐ「うす暗いプラットフォオム」などのように悲しげな風景の描写《びょうしゃ》に重ねられ、後半では二重傍線部ⓖ「萌黄色の毛糸の襟巻」の明るい色に重ねられている。

イ　二重傍線部ⓑ「汽車の走っている方向が逆になったような錯覚」の箇所《かしょ》は、娘の「私」に対する感情がこれまでと正反対なものに変化していくことを暗示している。

ウ　「私」の娘に対する不快な感情を二重傍線部ⓒ「死んだように眼をつぶって」や二重傍線部ⓓ「冷酷な眼」といった視覚的な表現によって描写している。

識した。私は＊昂然《こうぜん》と頭を挙げて、まるで別人を見るようにあの小娘を注視《ちゅうし》した。小娘は何時かもう私の前の席に返って、相不変《あいかわらず》皸だらけの頬をⓖ萌黄色の毛糸の襟巻に埋めながら、大きな風呂敷包みを抱《かか》えた手に、しっかりと三等切符を握っている。…………………

私はこの時始めて、云いようのない疲労と［Z］とを、そうして又不可解な、下等な、退屈な人生を僅《わず》に忘れる事が出来たのである。

（芥川龍之介《あくたがわりゅうのすけ》「蜜柑」による　一部改変）

《注》

＊二等客車＝当時は列車が一等から三等まで区分されていた。二等客車は中間級の車両。

＊外套＝コート。

＊日和下駄＝下駄の一種。

＊赤帽＝駅で手荷物運びをする職業の人。

＊銀杏返し＝当時の女性の髪形《かみがた》の一種。

＊萌黄色＝鮮《あざ》やかな黄緑色。

＊瀆職事件＝汚職《おしょく》事件。

＊一旒＝一つの旗。

＊蕭索＝ものさびしげな様子。

＊喊声＝叫《さけ》び声《ごえ》。

＊幾顆＝ここでは「いくつか」という意味。

＊昂然＝自信を持っている様子。

問一、傍線部《ぼうせんぶ》①「珍らしく」が直接修飾《しゅうしょく》している語句として最も適当なものを、次の中から選びなさい。

ア　私の外に　　イ　一人も

ウ　乗客は　　エ　いなかった

問二、傍線部②「まるで雪曇りの空のようなどんよりした影を落していた」に用いられている修辞技法として最も適当なものを、次の中から選びなさい。

ア　直喩《ちょくゆ》法　　イ　倒置《とうち》法

ウ　隠喩《いんゆ》法　　エ　対句《ついく》法

問三、傍線部③「私は漸くほっとした心もちになって」とあるが、ここから読み取れる「私」の心情として最も適当なものを、次の中から選びなさい。

ア　出発前の列車の中では悲しげな気持ちになっていたが、列車の出発と共に帰宅できることを喜ぶ気持ちになっている。

イ　列車の出発直前に急いだ様子で飛び乗ってきた娘に感じた腹立たしさも収まり、落ち着いた気持ちになっている。

ウ　出発前のわずかに落ち着いた気持ちを出発前後の騒《さわ》がしさに乱されたが、それも一段落して穏《おだ》やかな気持ちになっている。

エ　二等車と三等車を間違《まちが》えて列車に乗ってきた娘に対して、一《いっ》旦《たん》はいらだちを感じながらも、それを許す気持ちになっている。

問四、傍線部④「一瞥した」⑤「漫然と」⑨「頓着する」の本文中の意味として最も適当なものを、それぞれ後の中から選びなさい。

④　一瞥した

ア　気づかれないように見た

イ　じっくりと見た

ウ　意地悪く見た

エ　ちらりと見た

⑤　漫然と

ア　注意深く　　イ　ぼんやりと

ウ　落ち着いて　　エ　楽しげに

⑨　頓着する

ア　謝罪をする　　イ　言い訳をする

ウ　気にかける　　エ　文句を言う

問五、傍線部⑥「平凡」と同じ構成の熟語として最も適当なものを、次の中から選びなさい。

ア　異国　　イ　好悪《こうお》　　ウ　基礎《きそ》　　エ　営業

問六、空欄《くうらん》［Ⅰ］～［Ⅲ］に入る語として最も適当なものを、それぞている事を絶えず意識せずにはいられなかった。この隧道の中の汽車と、この田舎者の小娘と、そうして又この平凡な記事に埋《うずま》っている夕刊と、——これが⑦象徴《しょうちょう》でなくて何であろう。不可解な、下等な、退屈《たいくつ》な人生の象徴でなくて何であろう。私は一切《いっさい》がくだらなくなって、読みかけた夕刊を抛《ほう》り出すと、又窓枠に頭を靠《もた》せながら、ⓒ死んだように眼をつぶって、うつらうつらし始めた。

それから幾分《いくぶん》か過ぎた後であった。ふと何かに脅《おびやか》されたような心もちがして、思わずあたりを見まわすと、何時《いつ》の間にか例の小娘が、向う側から席を私の隣《となり》へ移して、頻《しきり》に窓を開けようとしている。が、重い硝子戸《ガラスど》は中々思うようにあがらないらしい。あの皸だらけの頬は愈《いよいよ》赤くなって、時々鼻《は》洟《な》をすすりこむ音が、小さな息の切れる声と一しょに、せわしなく耳へはいって来る。これは勿論私にも、幾分《いくぶん》ながら同情を惹《ひ》くに足るものには相違《そうい》なかった。しかし汽車が今将《まさ》に隧道の口へさしかかろうとしている事は、暮色《ぼしょく》の中に枯《かれ》草《くさ》ばかり明《あかる》い両側の山腹が、間近く窓側に迫《せま》って来たのでも、すぐに合点《がてん》の行く事であった。にも関《かかわ》らずこの小娘は、わざわざしめてある窓の戸を下そうとする、——その理由が私には呑《の》みこめなかった。いや、それが私には、単にこの小娘の気まぐれだとしか考えられなかった。だから私は腹の底に依然《いぜん》として⑧険しい感情を蓄《たくわ》えながら、あの霜焼けの手が硝子戸を擡《もた》げようとして[X]戦[Y]闘する容子《ようす》を、まるでそれが永久に成功しない事でも祈《いの》るようなⓓ冷酷《れいこく》な眼で眺《なが》めていた。すると間もなく凄《すさま》じい音をはためかせて、汽車が隧道へなだれこむと同時に、小娘の開けようとした硝子戸は、とうとうばたりと下へ落ちた。そうしてその四角な穴の中から、煤《すす》を溶《とか》したようなどす黒い空気が、俄《にわか》に息苦しい煙《けむり》になって、濛々《もうもう》と車内へ漲《みなぎ》り出した。元来咽喉《のど》を害していた私は、手巾《ハンケチ》を顔に当てる暇《ひま》さえなく、この煙を満面に浴びせられたおかげで、殆息もつけない程咳《せ》きこまなければならなかった。が、小娘は私に⑨頓着《とんじゃく》する気《け》色《しき》も見えず、窓から外へ首をのばして、闇《やみ》を吹く風に銀杏返しの鬢《びん》の毛を戦《そよ》がせながら、じっと汽車の進む方向を見やっている。その姿を煤煙と電燈の光との中に眺めた時、もう窓の外が見る見る明くなって、そこから土の匂《におい》や枯草の匂や水の匂が冷《ひやや》かに流れこんで来なかったなら、漸咳きやんだ私は、この見知らない小娘を頭ごなしに叱《しか》りつけてでも、又元の通り窓の戸をしめさせたのに相違なかったのである。

しかし汽車はその時分には、もう安々と隧道を辷《すべ》りぬけて、枯草の山と山との間に挟《はさ》まれた、或貧しい町はずれの踏切《ふみき》りに通りかかっていた。踏切りの近くには、いずれも見すぼらしい藁屋根《わらやね》や瓦屋《かわらや》根《ね》が[A]狭苦《せまくる》しく建てこんで、踏切り番《ばん》が振《ふ》るのであろう、唯*一旒《いちりゅう》のうす白い旗が懶げに暮色を揺《ゆす》っていた。やっと隧道を出たと思う——その時その*蕭索《しょうさく》とした踏切りの柵《さく》の向うに、私は頬の赤い三人の男の子が、目白押《めじろお》しに並んで立っているのを見た。彼等《かれら》は皆《みな》、この曇天《どんてん》に押しすくめられたかと思う程、揃《そろ》って背が低かった。そうして又この町はずれの陰惨《いんさん》たる風物と同じような色のⓔ着物を着ていた。それが汽車の通るのを仰《あお》ぎ見《み》ながら、一斉《いっせい》に手を挙げるが早いか、いたいけな喉《のど》を高く反《そ》らせて、何とも意味の分らない*喊声《かんせい》を一生懸命《いっしょうけんめい》に迸《ほとばし》らせた。するとその瞬間である。窓から半身を乗り出していた例の娘が、あの霜焼けの手をつとのばして、勢《いきおい》よく左右に振ったと思うと、忽《たちま》ち心を躍《おど》らすばかり暖な日の色に染まっている蜜柑《みかん》が凡《およ》そ五つ六つ、汽車を見送った子供たちの上へばらばらと空から降って来た。⑩私は思わず息を呑んだ。そうして刹那《せつな》に一切を了解《りょうかい》した。小娘は、恐《おそ》らくはこれから奉公先《ほうこうさき》へ赴《おもむ》こうとしている小娘は、その懐《ふところ》に蔵していた*幾顆《いくか》の蜜柑を窓から投げて、わざわざ踏切りまで見送りに来た弟たちの労に報《むく》いたのである。

暮色を帯びた町はずれの踏切りと、小鳥のように声を挙げた三人の子供たちと、そうしてその上に乱落《らんらく》する鮮なⓕ蜜柑の色と——すべては汽車の窓の外に、瞬《またた》く暇もなく通り過ぎた。が、私の心の上には、切ない程はっきりと、この光景が焼きつけられた。そうしてそこから、或得体《えたい》の知れない朗《ほがらか》な心もちが湧《わ》き上って来るのを意

ウ　自ら学ぶ姿勢が失われてしまうと、文明が衰退《すいたい》し人類が滅亡《めつぼう》してしまうから。

エ　過去や他者から学ばないと、知を深めていくことができなくなってしまうから。

問十三、本文の内容と合致《がっち》するものとして最も適当なものを、次の中から選びなさい。

ア　ネットやSNSに頼《たよ》ってばかりいると、人間は思考力を失ってしまう。

イ　自らの人生を豊かにするためには、教養を身につけることが重要である。

ウ　読書をする際には、本を読む量よりも読み方の質を重視するべきである。

エ　本をたくさん読むことで、人間はAIよりも優《すぐ》れた存在になることができる。

二

次の文章を読んで、後の問いに答えなさい。

或曇《あるくも》った冬の日暮である。私は横須賀《よこすか》発上り ＊二等《とう》客車の隅《すみ》に腰《こし》を下して、ぼんやり発車の笛を待っていた。とうに電燈《でんとう》のついた客車の中には、①珍《めず》らしく私の外に一人も乗客はいなかった。外を覗《のぞ》くと、ⓐうす暗いプラットフォムにも、今日は珍《めずら》しく見送りの人《ひと》影《かげ》さえ跡《あと》を絶って、唯《ただ》、檻《おり》に入れられた小犬が一匹《ぴき》、時々悲しそうに、吠《ほ》え立てていた。これらはその時の私の心もちと、不思議な位似つかわしい景色だった。私の頭の中には云《い》いようのない疲労《ひろう》と倦《けん》怠《たい》とが、②まるで雪曇《ゆきぐも》りの空のようなどんよりした影を落していた。私は＊外套《がいとう》のポッケットへじっと両手をつっこんだまま、そこにはいっている夕刊を出して見ようと云う元気さえ起らなかった。

が、やがて発車の笛が鳴った。私はかすかな心の寛《くつろ》ぎを感じながら、後《うしろ》の窓枠《まどわく》へ頭をもたせて、眼《め》の前の停車場がずるずると後ずさりを始めるのを待つともなく待ちかまえていた。ところがそれよりも先にけたたましい ＊日和下駄《ひよりげた》の音が、改札口の方から聞え出したと思うと、間もなく車掌《しゃしょう》の何か云《い》い罵《ののし》る声と共に、私の乗っている二等室の戸ががらりと開いて、十三四の小娘《こむすめ》が一人、慌《あわただ》しく中へはいって来た、と同時に一つずしりと揺《ゆ》れて、徐《おもむろ》に汽車は動き出した。一本ずつ眼をくぎって行くプラットフォムの柱、置き忘れたような運水車、それから車内の誰《だれ》かに祝儀《しゅうぎ》の礼を云っている＊赤帽《あかぼう》――そう云うすべては、窓へ吹《ふ》きつける煤煙《ばいえん》の中に、未練がましく後へ倒《たお》れて行った。③私は漸《ようや》くほっとした心もちになって、巻煙草《まきたばこ》に火をつけながら、始めて懶《ものう》い睚《まぶた》をあげて、前の席に腰を下していた小娘の顔を④一瞥《いちべつ》した。

それは油気のない髪《かみ》をひっつめの ＊銀杏《いちょう》返しに結《ゆ》って、横なでの痕《あと》のある皸《ひび》だらけの両頬《ほお》を気持の悪い程《ほど》赤く火照《ほて》らせた、如何《いか》にも田舎者《いなかもの》らしい娘だった。[Ⅰ] 垢《あか》じみた ＊萌黄色《もえぎいろ》の毛糸の襟巻《えりまき》がだらりと垂れ下った膝《ひざ》の上には、大きな風呂敷包《ふろしきづつ》みがあった。その又《また》包みを抱《だ》いた霜焼《しもや》けの手の中には、三等の赤切符《あかきっぷ》が大事そうにしっかり握《にぎ》られていた。私はこの小娘の下品な顔だちを好まなかった。それから彼女《かのじょ》の服装が不潔なのもやはり不快だった。最後にその二等と三等との区別さえも弁《わきま》えない愚鈍《ぐどん》な心が腹立たしかった。だから巻煙草に火をつけた私は、一つにはこの小娘の存在を忘れたいと云う心もちもあって、今度はポケットの夕刊を⑤漫然《まんぜん》と膝の上へひろげて見た。するとその時夕刊の紙面に落ちていた外光が、突然《とつぜん》電燈の光に変って、刷《すり》の悪い何欄《らん》かの活字が意外な位鮮《あざやか》に私の眼の前へ浮《うか》んで来た。云うまでもなく汽車は今、横須賀線に多い隧道《トンネル》の最初のそれへはいったのである。

しかしその電燈の光に照らされた夕刊の紙面を見渡《みわた》しても、[Ⅱ] 私の憂鬱《ゆううつ》を慰《なぐさ》むべく、世間は余りに⑥平凡《へいぼん》な出来事ばかりで持ち切っていた。講和問題、新婦新郎《しんろう》、＊瀆職《とくしょく》事件、死亡広告――私は隧道へはいった一瞬間《いっしゅんかん》、ⓑ汽車の走っている方向が逆になったような錯覚《さっかく》を感じながら、それらの索漠《さくばく》とした記事から記事へ殆《ほとんど》機械的に眼を通した。が、その間も勿論《もちろん》あの小娘が、[Ⅲ] 卑俗《ひぞく》な現実を人間にしたような面持《おもも》ちで、私の前に坐《すわ》っを求める点。

エ　他人との会話の中で話題を自分から発信せず、常に受け身な態度でいる点。

問五、傍線部②「同じ海を目の前にしても、やることは人によって違う」とはどういうことか。最も適当なものを、次の中から選びなさい。

ア　同じ遊び方をしても、人によって発想や工夫《くふう》の仕方が違うということ。

イ　同じサイトにアクセスしても、人によって重視する内容が違うということ。

ウ　同じ世界を見ても、人によって感じ方や働きかけ方が違うということ。

エ　同じ本を読んでも、人によって音読するか黙読《もくどく》するか違うということ。

問六、傍線部③「『専門ならすぐ言えるのですけど……』という人が増えている」とあるが、筆者はどのような点を問題視しているのか。最も適当なものを、次の中から選びなさい。

ア　知識を生かすには多角的な視点が必要にも関わらず、限定的な視点しか持っていない点。

イ　知識の量が必要とされる職業にも関わらず、知識の絶対量が不足している点。

ウ　とっさの対応力が必要である面接にも関わらず、機転をきかせた回答ができない点。

エ　幅広い教養が求められる時代にも関わらず、専門の知識をひけらかそうとする点。

問七、傍線部④「実践的」⑥「想像」の対義語として最も適当なものを、それぞれ後の中から選びなさい。

④　実践的

ア　形式的　　イ　初歩的

ウ　学問的　　エ　理論的

⑥　想像

ア　破壊《はかい》　　イ　実際　　ウ　妄想《もうそう》　　エ　真相

問八、空欄Ｘに入る語として最も適当なものを、次の中から選びなさい。

ア　おかしなこと　　イ　おもしろいこと

ウ　ゆるせないこと　　エ　すさまじいこと

問九、傍線部⑤「私に言わせればそれはナンセンスです」と筆者が言うのはなぜか。最も適当なものを、次の中から選びなさい。

ア　人間とＡＩではそれぞれ得意とする分野が違うから。

イ　人間がＡＩの能力を上回ることなどありえないから。

ウ　人間とＡＩを比べること自体無意味な行為《こうい》であるから。

エ　人間がＡＩを利用する立場であることは疑いようがないから。

問十、傍線部⑦「本末転倒」の意味として最も適当なものを、次の中から選びなさい。

ア　物事の根本的なことと、そうでないことを取《と》り違《ちが》えること。

イ　小さな差はあるが、たいした違いや変わりはないこと。

ウ　意見や考えが目まぐるしく変わって、一定しないこと。

エ　目先の違いにとらわれて、結局同じであることを理解しないこと。

問十一、空欄Ｙに入る語として最も適当なものを、次の中から選びなさい。

ア　体　　イ　肉　　ウ　身　　エ　骨

問十二、傍線部⑧「『本を読まない』ではなく『読めない』ようになってしまったら、人類の未来は明るくないのではないか」とあるが、筆者はなぜこのように考えているのか。最も適当なものを、次の中から選びなさい。

ア　本を読めない環境《かんきょう》が増えると、教育の水準が低下してしまうから。

イ　本を読まない人が増えると、活字文化がいずれすたれてしまうから。

ことができます。
家族や友達とおしゃべりするだけなら、サルも犬もやっています。アリだってやっているでしょう(声を出してのおしゃべりではないかもしれませんが、さまざまなコミュニケーションはとっています)。でも、動物や虫たちは地域や時代を超えたところにいたものたちが、何を考えていたかを知ることができません。

本を読まないのは、ホモ・サピエンスとしての誇《ほこ》りを失った状態。集中力もさらに低下して、いよいよ⑧「本を読まない」ではなく「読めない」ようになってしまったら、人類の未来は明るくないのではないかとすら思えてきます。

繰《く》り返《かえ》しますが、ネット、SNSが悪いと言っているのではありません。

この素晴《すば》らしいツールも人類の知が生み出したもの。うまく活用しない手はないでしょう。ただ、軸足《じくあし》を完全にそちらに移してしまって、読書の喜びを忘れてしまうのはあまりにももったいない。読書は人間に生まれたからこそ味わえる喜びです。自分で自分の人生を深めていける最高のものです。

ネット、SNS全盛《ぜんせい》の現代だからこそ、あらためて本と向き合うことが重要だと思うのです。

(齋藤《さいとう》 孝《たかし》『読書する人だけがたどり着ける場所』による　一部改変)

《注》

＊ディープマインド＝イギリスの人工知能を扱《あつか》う企業《きぎょう》。

＊アルファゼロ＝ディープマインドによって開発されたコンピュータープログラム。

＊棋譜＝囲碁・将棋の対局の手順を数字や符号《ふごう》で表した記録。

＊レイ・カーツワイル＝アメリカの発明家・実業家。

問一、傍線部《ぼうせんぶ》(i)～(iii)のカタカナ部分と同じ漢字を使う熟語として最も適当なものを、それぞれ後の中から選びなさい。

(i) セッ取

ア 試合は両チーム健闘《けんとう》しセッ戦《せん》となった。
イ 公園にブランコをセッ置する。
ウ セッ氏という温度について勉強する。
エ 来年度の部活動の予算セッ衝を行う。

(ii) カ程

ア チームのカ題についてみなで話し合いをする。
イ カ説を立てて理科の実験で検証をする。
ウ カ庭科の授業で調理実習に取り組む。
エ 大型の台風が日本列島を通カしていった。

(iii) ガイ念

ア 公ガイ問題について友達と話し合う。
イ ガイ国に足を運び自らの見聞を広める。
ウ 子どもの成長を見て感ガイ深い気持ちになる。
エ 建設会社に費用のガイ算を要求する。

問二、傍線部(a)～(d)の「ない」のうち、**品詞が他と異なるもの**を、次の中から選びなさい。

ア (a)　イ (b)　ウ (c)　エ (d)

問三、空欄《くうらん》 Ⅰ ～ Ⅲ に入る語として最も適当なものを、それぞれ次の中から選びなさい。

ア だから　イ たとえば
ウ ところが　エ すなわち

問四、傍線部①「『そのキーワードは聞いたことがあるんですが、どんな内容なんですか?』と聞かれてしまいます」とあるが、筆者はどのような点を問題視しているのか。最も適当なものを、次の中から選びなさい。

ア スマホの情報をそのまま受け取るだけで、情報の真偽《しんぎ》を確かめようとしない点。
イ 物事の本質を理解しようとせず、持っている知識を深めようとしない点。
ウ 身の回りの疑問を自分で調べようとせず、すぐに他人に答えした。そして、これがのちに神学・医学・法律といった専門教育ができたときに、それより前に学ぶべきものとなったのです。

現代のリベラルアーツはその流れを汲《く》みながら、近代に発達した経済学や自然科学などが含められてさらに幅広くなっています。

近年リベラルアーツが重要視されるようになっていますが、グローバル化が進み、社会問題が複雑化する中で、問題解決には専門分野を超《こ》えた柔軟性《じゅうなんせい》が必要だと強く認識《にんしき》されているからでしょう。

専門分野の知識が豊富にあっても、その知識を生かすうえでは多角的な視点がなければ難しい。［Ⅱ］遺伝子工学を学んで、遺伝子操作の技術がわかったとしても、生命倫理《りんり》とどう折り合いをつけるべきかという難しい問題に対処していくには歴史や宗教、哲学など幅広い知識が必要とされます。

ですから、ますます教養が重要とされている時代なのに、本を読んでいないという［Ｘ］が起こっているのです。

いま、ＡＩ（人工知能）に関心が集まっています。

２０１７年、ＡＩが囲碁《いご》で世界トップ棋士《きし》に勝利したというニュースがありました。囲碁は将棋《しょうぎ》やチェスに比べて盤《ばん》が広くて手順が長く、場面によって石の価値が変わるという特徴《とくちょう》があります。チェスなら可能だった、「すべての手を覚え、計算して最適解を出す」というやり方が通用しづらいのです。［Ⅲ］囲碁では、コンピューターが人間に勝つのはまだ先だと思われていました。

ところが、２０１７年10月に発表されたグーグル傘下《さんか》の＊ディープマインドによる「＊アルファゼロ」は、お手本となる先人の＊棋《き》譜《ふ》データすら使わず、ひたすら自己学習により強くなっているとのことです。しかも、囲碁だけでなく他のゲームもできます。もはや人間の手を離《はな》れて、コンピューターが自分で学習・成長しているのです。

このようにすさまじいスピードで進化しているＡＩ。この分野の権威《けんい》である＊レイ・カーツワイルは２０４５年にシンギュラリティ（技術的特異点）に到達《とうたつ》すると言っています。人工知能が人間の脳を超え、世界が大きく変化するというのです。

ＡＩに仕事を奪《うば》われないためには何を身につけておくべきか、ＡＩにできないことをできるようにしておくためにはどうすればいいのかといった議論も盛《さか》んです。

しかし⑤私に言わせればそれはナンセンスです。「ＡＩにできないこと」を予測したって簡単に覆《くつがえ》るでしょう。現在の進化のスピードを見ても、普通《ふつう》の人間の⑥想像をはるかに超える変化が起こるはずです。そこで「ＡＩにできることは学ばなくていい、ＡＩにできないことだけ一生懸命《いっしょうけんめい》学ぶ」という考えはリスクにはなりこそすれ、人生を豊かにはしてくれません。

ＡＩに負けないことを目的に据《す》えて生きるなんて⑦本末転倒《ほんまつてんとう》です。それこそＡＩに人生を明《あ》け渡《わた》してしまったようなものです。

ＡＩが出てこようが出てこなかろうが、「自分の人生をいかに深く生きるか」が重要なのではないでしょうか。

人生を深めるために、ＡＩや未来予測についての本を読むのはとても有意義だと思います。たとえば「人間の脳を超えた知性を持つＡＩがいた場合、人間らしいやりとりをすることだって簡単だろう。それでは何が人間を人間たらしめるのだろうか？　自分は人間に何を求めているだろうか？」などと本を片手に思考を深めていくことで、人生を豊かにしていくことはできるはずです。

私たち人類は「ホモ・サピエンス＝知的な人」です。知を多くの人と共有し、後世にも伝えていくことができるのがホモ・サピエンスのすごいところです。書店や図書館に行けば、古今東西の知が所狭《ところせま》しと並んでいます。偉大《いだい》な人が人生をかけて真理を探究し、あるいは［Ｙ］を削《けず》って文学の形に昇華《しょうか》させ、それを本の形にして誰《だれ》でも読めるようにしている。だから知を進化させていく

二〇二一年度　日本大学櫻丘高等学校（A日程）

【国語】（六〇分）〈満点：一〇〇点〉

一　次の文章を読んで、後の問いに答えなさい。

現代は情報化社会と言われていて、あたかも私たちは毎日大量の情報に触《ふ》れているかのように思っています。確かにインターネット上にある情報の量はすごい。その気になれば、何でもいくらでも調べられます。

しかし、意外にみんなそれほど情報を(i)セッ取していないというのが私の印象です。

いつもスマホをいじっているのに、あれも知らない、これも知ら(a)ない。「最近こういうニュースが話題だけど……」と話を振《ふ》っても、①「そのキーワードは聞いたことがあるんですが、どんな内容なんですか?」と聞かれてしまいます。どうやら、表面だけサーッと撫《な》でてキーワードだけ拾っており、詳《くわ》しいところまでは読んでいないようなのです。

「まとめサイトしか見てい(b)ない」という人もいます。知りたいことが簡単にまとめてあって、それでわかった気になる。わかった気になったけれど、聞かれると答えられ(c)ない。間違《まちが》って読んでいたり、すぐに忘れてしまったりします。

インターネットの海と言いますが、ほとんどの人は浅瀬《あさせ》で貝殻《かいがら》をとっているようなもの。深いところへ潜《もぐ》りにいく人はあまりいません。潜れば、まだ見たことの(d)ない深海魚に出合えるかもしれないし、知らなかった世界が広がっているのに、です。②同じ海を目の前にしても、やることは人によって違《ちが》うわけです。

後ほどお話ししますが、読書は人に「深さ」をつくります。

この本でお伝えしたい「深さ」とは、一つのことを突《つ》き詰《つ》めただけの深さではありません。専門分野について突き詰めていても、他がまったくダメというのではバランスを欠いています。深さは全人格的なもの、総合的なものです。

大学生が本を読まなくなった話をしましたが、実は大学の先生も教養のための幅広《はばひろ》い読書をしなくなっている印象があります。私は大学の採用面接でこんな質問をしています。

「あなた自身の教養になった3冊を専門以外で教えていただけますか?」

専門以外というのがポイントで、幅広い教養のある人なのかを確《かく》認《にん》する質問です。

学生に対して教養を身につけさせるには、先生自身に教養がなければなりません。

［　Ⅰ　］、急に言葉に詰《つ》まってしまう人が多くなっています。「数え切れなくて言えません」というのならわかります。「3冊に絞《しぼ》るのは難しいので、10冊言わせてください」くらい言ってほしい。でも、残念ながら③「専門ならすぐ言えるのですけど……」という人が増えているのです。

専門分野は当然詳しいのでしょうが、そのバックグラウンドとして一般《いっぱん》教養があるべきだと私は思っています。哲学《てつがく》なしに科学をやるとか、文学的なものを知らずに経済学をやるというのは危険なことです。だから大学1年生には教養(ii)カ程《てい》があります。

それがリベラルアーツというものです。

リベラルアーツの(iii)ガイ念は古代ギリシャで生まれました。「自由になるための全人的技芸」という教育原理が起源です。人間が偏《へん》見《けん》や習慣を含《ふく》めた呪縛《じゅばく》から解放され、自分の意思で生きていくために、幅広く④実践的《じっせんてき》な知識が必要とされたのです。

その後中世ヨーロッパに受《う》け継《つ》がれ、「文法・論理・修辞・算術・幾何《きか》・天文・音楽」という「自由七科」として定義づけられま

英語解答

Ⅰ 問題１ (1)…３ (2)…１ (3)…４
(4)…１ (5)…４
問題２ (1)…４ (2)…３
問題３ (1)…２ (2)…４ (3)…４

Ⅱ (1) ３ (2) ４ (3) １ (4) ２
(5) ２

Ⅲ １…６ ２…１ ３…４ ４…５
５…３

Ⅳ (1) ３ (2) １

Ⅴ １ ３→４→２→１
２ ４→３→２→１
３ ４→２→３→１
４ ２→１→４→３
５ ３→１→２→４

Ⅵ Ａ １…２ ２…３ ３…６ ４…４
Ｂ ５…１ ６…５ ７…３ ８…８

Ⅶ 問１ ４ 問２ ２ 問３ ４
問４ ３ 問５ ２ 問６ ３
問７ ３ 問８ １ 問９ ４
問10 １

Ⅰ〔放送問題〕解説省略

Ⅱ〔適語(句)選択・語形変化〕

(1)after he graduates「(彼が)卒業した後」という未来のことについて述べているので，未来を表す助動詞 will が適する。　「卒業した後，彼は何をするんだろうか」

(2)these days「最近」と usually「たいてい」があることから，文は現在の‘習慣’について述べられていると判断できる。現在の‘習慣’は現在形を用いて表す。　「最近，私は仕事の後たいていまっすぐ家に帰る」

(3)used to ～は「(かつては)～だった，よく～したものだ」という過去の‘状態’や‘習慣’を表す。「かつては角を曲がった所に本屋があった」

(4)「遊びに出かける」と「部屋を掃除しなさい」をつなぐ語として，before「～する前に」が適切。「遊びに行く前に部屋を掃除しなさい」

(5)The boy is Tom が文の骨組みで，空所から tree までが The boy を後ろから修飾している。‘名詞＋～ing＋語句’で「～している…」と，～ing 以降が前の名詞を修飾するまとまりをつくれる(現在分詞の形容詞的用法)。　「木の下で音楽を聴いている男の子はトムだ」

Ⅲ〔長文読解─適語選択─エッセー〕

≪全訳≫❶私はよく喫茶店に足を運ぶ。もちろん，喫茶店に行ってコーヒーを１杯飲むのだが，喫茶店に行く本当の理由はコーヒーを飲むことではない。❷むしろ，私は新聞や雑誌を読むためにそこに行く。家には新聞も雑誌もないので，私は喫茶店でそれらを読む。そうやって私はお金を節約しているし，いずれにせよ家に１人でいるのではなく，他の人たちに囲まれている方がおもしろい。❸私はたくさんの喫茶店の店主と友達になった。そして，常連客とも知り合いになった。

１．「本当の(　　)はコーヒーを飲むことではない」の後に続けて「新聞や雑誌を読むためにそこに行く」と，喫茶店に行く本当の reason「理由」を述べる流れになっている。　２．筆者の家には新聞も雑誌もないので，喫茶店でそれらを読むのである。　at home「家に(で)」　３．that way は「そのようにして」といった意味で，‘方法’や‘手段’を表す。ここでは喫茶店で読書をすることを指しており，喫茶店で読書をすれば，新聞も雑誌も買う必要がなくお金を save「節約する」ことができると述べている。　４．筆者は喫茶店に通うことで，たくさんの喫茶店の店主と友達になったのだと推測できる。　‘make friends with ～’「～と友達になる」　５．「多くの店主と友達になった」という内容に続く文として，「常連客とも知り合いになった」という内容が適する。

get to ～「～するようになる」

Ⅳ〔文整序〕

⑴≪全訳≫４．遠く離れた場所から，巣に戻ることができる動物もいる。／→２．伝書バトが最も有名な例だ。／→３．彼らは1000キロメートル離れた場所から巣に戻る道を見つけることができる。／→１．それは東京から種子島までの距離になる。

＜解説＞まず，「遠く離れた場所からでも巣に戻れる」という主題を示し，これ以降で具体例を挙げる。最も有名な例として伝書バトを挙げ，これをTheyで受けてその行動を説明する。最後は，1000キロメートルをthatで受け，その距離がどれくらいかを補足説明するという流れである。

⑵≪全訳≫私は先月京都に行った。私はそこでたくさんのお寺を訪れた。金閣寺が最高だった。／エ．私がそこに行くと，写真を撮っている外国人がたくさんいた。／→イ．その中の１人が私に金閣寺について尋ねてきた。／→ウ．彼が突然英語で私に話しかけてきたので，私は驚いた。／→ア．しかし，私は彼の質問に答えることができた。私はとてもうれしかった。

＜解説＞まず，私が金閣寺に到着したときの状況を述べる。エのthereは金閣寺を指している。これに続く展開として，たくさんいた外国人観光客の１人が筆者に話しかけてきたというイが続く。この後は，突然英語で話しかけられて驚いたが，それに答えることができた，という流れにすればよい。

Ⅴ〔長文読解―整序結合―物語〕

≪全訳≫❶郵便屋さんのピートはケンブリッジに住む忙しい隣人たちに郵便物を届ける。午前中，彼は手紙と荷物をケンブリッジの郵便局で受け取る。それから，彼は町を移動し始める。彼はいつもお菓子屋さんから始める。❷次に，郵便屋さんのピートは警察署に立ち寄る。警察署長のチャーリーは，ケンブリッジの治安維持を担当している。❸郵便屋さんのピートは，医者のライオン先生宛の郵便物を持っている。彼はそれを看護師のネリーに渡す。彼女はケンブリッジの全ての病人の世話をしている。ライオン先生は診察室で患者の診察をしているところだ。❹彼はケンブリッジの誰もが健康でいるように注意している。

１．主語のheの後に動詞のstarts「～を始める」を置く。この後に目的語としてhis trip「移動」を置くと，「移動し始める」というまとまりになる。この後に，through「～を通って」を続ける。Then he starts his trip through the town.　２．‘be in charge of ～’で「～を担当している」。ofが前置詞なので，動名詞(～ing)が続く。‘keep＋目的語＋形容詞’で「～を…(の状態)に保つ」。Police Chief Charlie is in charge of keeping things peaceful in Cambridge.　３．‘look after ～’で「～の世話をする」。これに‘all the＋名詞’「(その)全ての～」の形を続ける。 She looks after all the sick people in Cambridge.　４．‘be動詞＋～ing’の進行形をつくればよい。 examine「～を診察する」 patient「患者」 Dr. Lion is examining a patient in his office.　５．‘make sure that ～’で「(必ず)～するように注意する」といった意味を表せる。 He makes sure that everyone in Cambridge stays healthy.

Ⅵ〔対話文完成―適文選択〕

Ａ≪全訳≫❶ジェーン(Ｊ)：こんにちは，ケン。$_1$どうかしたの？❷ケン(Ｋ)：信じられるかい？今日，授業の後にお母さんの誕生日プレゼントを買わなきゃならないんだ。だけどクレジットカードを家に置いてきてしまってさ。❸Ｊ：$_2$どうするつもり？❹Ｋ：どうしたらいいかな…お金を少し貸してもらえる？❺Ｊ：いくら必要？❻Ｋ：うーん…50ドルくらいかな。❼Ｊ：$_3$そんなにたくさんのお金は今はないわ。❽Ｋ：そっか，じゃあ，スマートフォンを貸してもらっていいかな？ 姉〔妹〕に電話をしてクレジットカードを取ってきてもらって，店で待ち合わせしてくれるように頼んでみるよ。❾J：4問題ないわ。長電話はしないでね，いい？❿K：心配しないで。本当にありがとう！

1．続けてケンは自分の今の状況を説明している。ジェーンがWhat's the matter?「どうかしたの？」と状況を尋ねたので，それを説明したのである。　2．直後にケンが「どうしたらいいかな」と答えていることから，どうするつもりか尋ねたと考えられる。　3．ケンは50ドルくらい貸してくれと言ったが，ジェーンの返事を聞いて，スマートフォンを貸してくれと対応を変えている。ここから，そんなお金は持ち合わせていないと伝えたことがわかる。　4．空所の後の発言から，ジェーンがケンにスマートフォンを貸すことがわかるので，ケンのお願いを「問題ない」と考えて聞き入れたとわかる。

B≪全訳≫❶ジェーン(J)：なんておいしい料理なの！❷ケン(K)：ありがとう。コーヒーでもどう？❸J：5いいえ，いいわ。コーヒーはいらない。紅茶の方がいいな。❹K：紅茶に砂糖は入れる？❺J：いいえ，砂糖はいらないわ。あなたは？❻K：砂糖とクリームを少し使うよ。果物でも少しどう？❼J：うん，ありがとう。リンゴはあるかしら？❽K：あるよ。このリンゴ食べてみて。とても甘いから。❾J：ありがとう。うーん。おいしいわ。❿K：6果物は今とても安いんだ。リンゴは1ポンドで30セントしかしないんだよ。⓫J：そんなに安いの？　手間はかけたくないんだけど，お水を1杯もらってもいいかしら。⓬K：冷たいオレンジジュースはどう？⓭J：いいえ，いいわ。オレンジジュースは好きじゃないの。お水の方が好き。⓮K：7不思議だなあ！　僕は水は好きじゃなくて。オレンジジュースの方がいいよ。⓯J：すてきな食事と楽しい会話を共有できるのはとてもいいことね。⓰K：8近いうちにまたおいでよ。⓱J：誘ってくれてありがとう！　感謝するわ。⓲K：どういたしまして。こちらこそ。

5．コーヒーをすすめるケンの言葉に対し，「コーヒーはいらない」と言っているので，No, thank you.「いいえ，いいわ」と言ってていねいに断ったのだとわかる。　6．リンゴの値段を具体的に説明する文が続いているので，値段を話題にしている5が適する。　7．紅茶の飲み方が異なることに加え，水とオレンジジュースの話題でも好みが正反対だとわかった。それをケンは不思議だと感じたのである。　8．直前のジェーンの言葉から，よい時間を過ごせたことがわかる。これに答えてケンも，また同じような時間を過ごそうと提案したのだと考えられる。

Ⅶ〔長文読解総合―伝記〕

≪全訳≫❶スティーブン・ホーキングは1942年1月8日，イングランドのオックスフォードで生まれた。同じ日に，別の偉大な人物であるガリレオ・ガリレイの300年前の死を思い起こしている人たちもいた。彼もまた，スティーブンのように夜空を研究した。❷スティーブンは4人の子どもの長男で――2人の妹と年の離れた弟がいた。父のフランクは医師であり，研究者だった。スティーブンの父と母のイゾベルは2人とも優秀で，世界最高の大学の1つであるオックスフォード大学の学位を取得していた。彼らはとても賢い家族で，ホーキング一家は夕食を食べている間，みんな席について読書することが多かった。スティーブンが幼い頃の家族の家はロンドン北部のハイゲートにあった――当時イギリスはドイツと戦争中で，ロンドンは赤ん坊にはあまりにも危険だと思われていたので，スティーブンはオックスフォードでただ生を受けたにすぎなかった。❸終戦後，スティーブンが8歳のとき，家族はロンドンから北へ約30キロメートルの所にある小さな町セント・オールバンズに引っ越した。ホーキング一家のセント・オールバンズの家は大きく古く，冬はとても寒かったが，スティーブンはその家が大好きだった。彼と妹のメアリーは，家の中に入るいろいろな方法を見つけるのが好きだった。彼らはよく家の外壁を登り，そして開いた窓から中に入った。スティーブンは高い所に登るのが上手で，木に登ることもあった。❹母のイゾベルはよく，子どもたちを夜の庭へと連れ出した。彼らはこの時間が大好きだった。暖かい夏の夜，彼らは仰向けになって夜空を見上げた。そのときにはもう，スティーブンは星にとても興味を持っていた。❺スティーブンは物がどう動くかを理解するのが好きで，よく小さな飛行機やボートをつくった。当時は家にも学校にもコンピュータがなかったが，スティーブンは16歳のとき，何人かの学校の友達と古い機械の部品からコンピュータをつくった。それはあまり優れたものではなかったが，彼らはそれを使って数学の問題を解くことができた。❻スティーブンは学校があまり好きではなかったが，学校には良い友達が何人かいた。彼らは一緒に科学や音楽といったことについての話をして楽しんだ。スティーブンの友達は，スティーブンがとても賢かったので，彼のことを「アインシュタイン」と呼んだ。先生たちも彼が賢いことを知っていたが，彼はいつも学校で笑って冗談を言い，あまり熱心に勉強しなかった。彼は真面目な学生ではなかったのだ。❼学校での最終学年，スティーブンはオックスフォード大学で科学を研究したいと思ったので，より熱心に勉強し始めた。彼はオックスフォード大学のユニバーシティカレッジの学生となったが，そのとき彼はわずか17歳だった。❽彼は学位のために物理を研究した。物理はほとんどの人たちにとって理解するのがとても難しいが，スティーブンにとっては簡単だったので，他の多くの学生ほどがんばる必要がなかった。スティーブンはとてもたやすく物事を覚えることができたので，メモをたくさん取る必要がなかった。❾スティーブンは他の多くのオックスフォード大学の学生より若く，最初は寂しかったが，その気持ちはボート漕ぎレースに出会ったときに変わった。スティーブンはレース用ボートのかじ取りを務めた。彼はボートを漕がなかったが，ボートの先頭に座り，漕ぎ手にスピートを上げたり下げたり，左右どちらに進むかを伝えたりした。スティーブンは他のボートチームより自分のボートチームに速く進んでほしかったので，よく他のボートを追い抜くために危険なことをした。自分のチームのボートを他のボートに接近させ，ぶつけることさえあった。❿はじめの困難な時期を乗り越え，スティーブンはオックスフォード大学ですばらしい時間を過ごした。彼にはボートチームにたくさんの友達ができ，彼らと一緒に音楽を聴いて踊りに行くのが好きだった。スティーブンは夜遅くまで友達と外出することがよくあり，大学が午前0時に扉を閉めてしまうので，壁をよじ登って自分の部屋に戻らなければならなかった。

問１＜要旨把握＞スティーブン・ホーキングは1942年1月8日に生まれ，300年前のその日にガリレオ・ガリレイが亡くなったとあるので，４．「ガリレオ・ガリレイは，スティーブン・ホーキングが1942年にイングランドのオックスフォードで生まれる数百年前の1642年に亡くなった」が適切。

問２＜要旨把握＞直後の内容から，２．「スティーブンの父母は世界最高の大学の１つで学位を取得できるほど賢かった」が適切。　smart「賢い」

問３＜要旨把握＞第２段落第１文および最終文の内容から，４．「スティーブンがホーキング家の長男として生まれた後，彼の家族はロンドン北部のハイゲートに引っ越した」が適切。

問４＜英文解釈＞ここでは，way(s)が「方法」という意味で用いられている。lots of ～は「たくさんの～」。different は「異なる，違った」という意味を持ち，「たくさんの異なる方法」は「いろいろな方法」と表現することもできる。

問５＜適語選択＞第４段落の take は，‘take＋人＋out’の形で「〈人〉を(外に)連れ出す」。第９段落の take は，‘take＋人＋to＋場所’で「〈人〉を〈場所〉に連れていく」。

問６＜英問英答＞「なぜスティーブンの友達は彼に有名な科学者の名前をつけたのか」―３．「彼は学校では勤勉な生徒ではなかったのに，アインシュタインのように賢かったから」　第６段落第３～最終文参照。　intelligent「賢い，知能が高い」

問７＜要旨把握＞第８段落の内容より，３．「オックスフォード大学で学生だったとき，彼は他の学生よりも記憶力がよかったので，メモを取る必要はほとんどなかった」が適切。

問８＜内容真偽＞１．「スティーブンは1942年にオックスフォードで生まれ，幼少期をハイゲートで最初に過ごし，その後1950年からは別の町で過ごした」…○　第１～３段落に一致する。1942年にオックスフォードで生まれ，ハイゲートから８歳のときにセント・オールバンズに引っ越したので，1950年から別の町で生活を始めたことになる。　２．「スティーブンと彼の妹たちは夕食中に読書をするのが好きだったが，彼の親はこのような行動を決して受け入れなかった」…×　第２段落終わりから２文目参照。　３．「スティーブンが家族と一緒にセント・オールバンズに住んでいたとき，冬はとても寒くてドアがどうしても開かなかったので，母は彼に２階から家に入れるように，木登りの仕方を教えた」…×　このような記述はない。　４．「スティーブンはホーキング家の次男で，彼の兄はスティーブンより10歳以上年上だった」…×　第２段落第１文参照。

問９＜内容真偽＞１．「先生たちはスティーブンと彼の友達は物をつくるのが上手だと知っていたので，彼らにコンピュータをつくるように頼んだ」…×　このような記述はない。　２．「スティーブンは学生の頃，いつも冗談を言って一生懸命に勉強をしなかったので，いつも学校の友達に笑われていた」…×　第６段落参照。　３．「スティーブンが学生だったとき，物理学はとても難しい科目だったが，誰もがスティーブンがつくったコンピュータを使うことによって，物理学の問題を簡単に解くことができた」…×　第５段落最終文参照。　４．「ロンドンは赤ん坊にはあまりにも危険すぎると思われていたので，スティーブンはロンドンとは異なる街で生まれた」…○　第１段落第１文および第２段落最終文に一致する。

問10＜内容真偽＞１．「スティーブンはボート漕ぎレースで他のチームに決して負けたくなかったので，彼自身のチームが勝てるように悪いことをいくつかした」…○　第９段落最後の２文に一致する。　２．「スティーブンと彼の友達の何人かは，コンピュータを持っていなかったので学校に行きたくなかった」…×　このような記述はない。　３．「スティーブンはオックスフォード大学の学生だったとき，成績がとても悪かったので，他の学生よりも熱心に勉強しなければならなかった」…×　第８段落参照。　４．「スティーブンはオックスフォード大学に入学してから寂しかったので，何人かの先生と学生が彼にボート漕ぎクラブに入るよう誘った」…×　このような記述はない。

数学解答

1 (1) 2　(2) 1
(3) ウ…6　エ…4
(4) オ…1　カ…3

2 (1) ア…1　イ…0　ウ…6
(2) エ…7　オ…1　カ…8　キ…1
ク…9
(3) ケ…5　コ…0　サ…3　シ…0

3 (1) ⓪，③，⑥　(2) ⑨　(3) ④
(4) エ…②，④，⑦，⑧　オ…⑤
(5) ①

4 (1) ア…3　イ…2　ウ…3　エ…4
(2) オ…2　カ…3　キ…1　ク…8
(3) ケ…1　コ…2　サ…8　シ…0

5 (1) 2　(2) イ…4　ウ…⓪
(3) エ…②　オ…⓪
(4) カ…2　キ…1　ク…2　ケ…3

1〔独立小問集合題〕

(1)＜数の計算＞与式 $=\frac{3}{10}\times\left(\frac{3}{6}+\frac{2}{6}\right)-\frac{5}{2}\times\left(\frac{3}{10}-\frac{10}{10}\right)=\frac{3}{10}\times\frac{5}{6}-\frac{5}{2}\times\left(-\frac{7}{10}\right)=\frac{1}{4}-\left(-\frac{7}{4}\right)=\frac{1}{4}+\frac{7}{4}$ $=\frac{8}{4}=2$

(2)＜平方根の計算＞与式 $=\frac{\sqrt{5}(\sqrt{2}-1)}{5\sqrt{2}}\times\sqrt{5}(2+\sqrt{2})=\frac{(\sqrt{5})^2\times(\sqrt{2}-1)(2+\sqrt{2})}{5\sqrt{2}}=\frac{5\times(2\sqrt{2}+2-2-\sqrt{2})}{5\sqrt{2}}$ $=\frac{5\sqrt{2}}{5\sqrt{2}}=1$

(3)＜連立方程式＞$\frac{1}{3}a+\frac{1}{4}b=1$……①，$\frac{1}{6}a+\frac{1}{2}b=-1$……②とする。①×12より，$4a+3b=12$……①′　②×6より，$a+3b=-6$……②′　①′－②′より，$4a-a=12-(-6)$，$3a=18$　$\therefore a=6$　これを②′に代入して，$6+3b=-6$，$3b=-12$　$\therefore b=-4$

(4)＜二次方程式＞$2x^2-8x-x+4=-x-2$，$2x^2-8x+6=0$，$x^2-4x+3=0$，$(x-1)(x-3)=0$　$\therefore x=1, 3$

2〔独立小問集合題〕

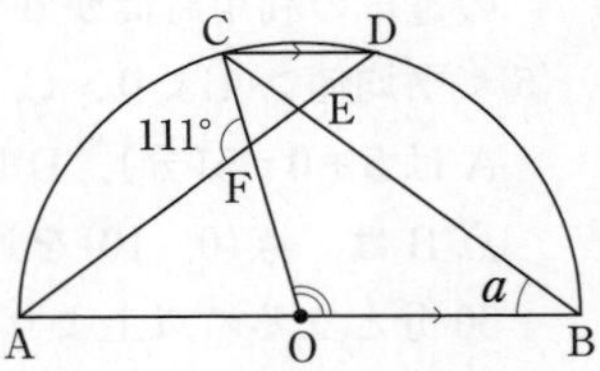

(1)＜図形―角度＞右図で，$\angle ABC=a$ とおくと，$\overset{\frown}{AC}$に対する円周角と中心角の関係より，$\angle AOF=2\angle ABC=2a$ となる。また，$\overset{\frown}{AC}$に対する円周角より，$\angle ADC=\angle ABC=a$ となり，AB∥CDより錯角が等しいから，$\angle OAF=\angle ADC=a$ となる。よって，△AOFで内角と外角の関係より，$\angle AOF+\angle OAF=\angle AFC$ だから，$2a+a=111^\circ$が成り立ち，$3a=111^\circ$，$a=37^\circ$である。これより，$\angle BOC=180^\circ-\angle AOF=180^\circ-2a=180^\circ-2\times37^\circ=106^\circ$となる。

(2)＜確率―さいころ＞大小2個のさいころの目の出方は，それぞれ6通りだから，全部で $6\times6=36$（通り）あり，a，b の組も36通りある。$\frac{a+b}{a}=\frac{a}{a}+\frac{b}{a}=1+\frac{b}{a}$より，$\frac{a+b}{a}$が整数となるのは，$\frac{b}{a}$が整数のときである。$\frac{b}{a}$が整数になるとき，$b$ は a の倍数だから，a，b の組は，$(a, b)=(1, 1)$，$(1, 2)$，$(1, 3)$，$(1, 4)$，$(1, 5)$，$(1, 6)$，$(2, 2)$，$(2, 4)$，$(2, 6)$，$(3, 3)$，$(3, 6)$，$(4, 4)$，$(5, 5)$，$(6, 6)$の14通りある。よって，$\frac{a+b}{a}$が整数になる a，b の組は14通りだから，その確率は $\frac{14}{36}=\frac{7}{18}$ である。また，$\sqrt{5ab}$ が整数となるのは，$ab=5$，$5\times2^2=20$，$5\times3^2=45$，……のときである。$ab=5$ のとき $(a, b)=(1, 5)$，$(5, 1)$の2通り，$ab=20$ のとき $(a, b)=(4, 5)$，$(5, 4)$の

2通りあり，$ab \geqq 45$ になることはない。よって，$\sqrt{5ab}$ が整数になる a，b の組は $2+2=4$(通り)だから，その確率は $\frac{4}{36}=\frac{1}{9}$ である。

(3)＜一次方程式の応用＞3km は 3000m である。こうじ君は分速 60m で 3000m を歩いたので，こうじ君が歩いた時間は，$\frac{3000}{60}=50$(分)である。こういち君は，スタート地点でこうじ君に追いついたので，スタートしてからかかった時間は 50 分である。こういち君が歩き始めて x 分後に立ち止まったとすると，こういち君は分速 60m で x 分歩き，5 分立ち止まっていたから，分速 80m で歩いた時間は $50-x-5=45-x$(分)となる。よって，こういち君が分速 60m で歩いた道のりは $60x$m，分速 80m で歩いた道のりは $80(45-x)$m だから，歩いた道のりについて，$60x+80(45-x)=3000$ が成り立つ。これを解くと，$60x+3600-80x=3000$，$-20x=-600$，$x=30$ となるので，こういち君が立ち止まったのは，歩き始めて 30 分後である。

3 〔特殊・新傾向問題〕

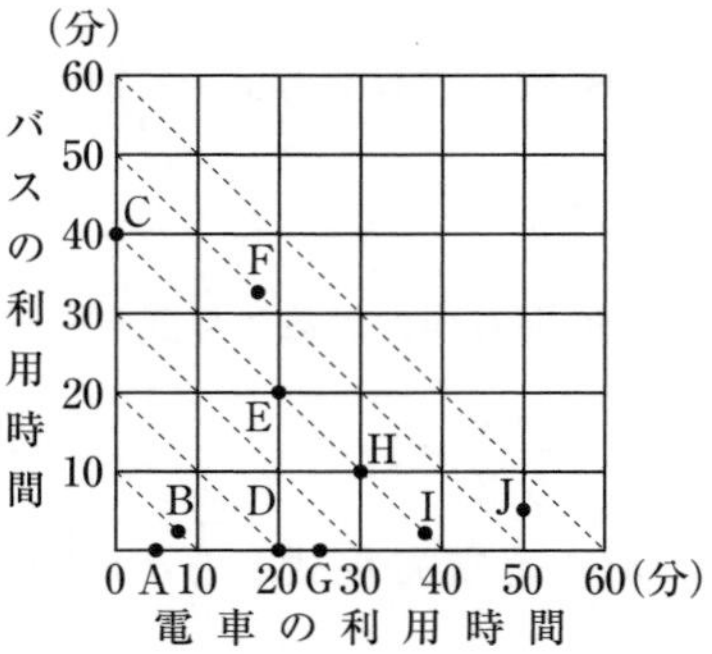

(1)＜バスを使わない生徒＞バスを使わずに登校する生徒は，バスの利用時間が 0 分なので，右図で，横軸上にある点で表されている生徒である。よって，A，D，G である。

(2)＜電車の利用時間が一番長い生徒＞右図で，電車の利用時間が一番長い生徒は，電車の利用時間が 50 分の J である。

(3)＜電車とバスの利用時間が同じ生徒＞右図で，電車とバスの利用時間が同じ生徒は，利用時間がともに 20 分の E である。

(4)＜利用時間の合計が同じ生徒，時間＞電車の利用時間を x 分，バスの利用時間を y 分とすると，電車の利用時間とバスの利用時間の合計は $x+y$ 分となる。その利用時間の合計を b 分とすると，$x+y=b$ が成り立ち，$y=-x+b$ となる。このことから，電車の利用時間とバスの利用時間の合計が b 分の生徒を表す点は，傾きが -1 の同じ直線上の点となる。右上図で，C，E，H，I が，傾きが -1 の同じ直線上にあるので，この 4 人が電車の利用時間とバスの利用時間の合計が同じ生徒となる。その利用時間の合計は，C の電車の利用時間が 0 分，バスの利用時間が 40 分より，$0+40=40$(分)となる。

(5)＜平均値＞(4)より，C，E，H，I の電車とバスの利用時間の合計はいずれも 40 分である。上図で，A は $5+0=5$(分)，D は $20+0=20$(分)，G は $25+0=25$(分)，J は $50+5=55$(分)である。また，点 B は，点 $(0,\ 10)$ を通る傾きが -1 の直線上にあるので，B は 10 分となり，同様に考えて，F は 50 分となる。以上より，10 人の電車とバスの利用時間の合計の平均値は，$(40\times4+5+20+25+55+10+50)\div10=325\div10=32.5$(分)となるので，解答群の中で一番近い値は 32 分である。

4 〔関数―関数 $y=ax^2$ と直線〕

(1)＜傾き，比例定数＞次ページの図で，A$(4,\ 12)$ は関数 $y=mx+6$ のグラフ上にあるから，$12=m\times4+6$ より，$6=4m$，$m=\frac{3}{2}$ である。また，A$(4,\ 12)$ は関数 $y=ax^2$ のグラフ上にあるから，$12=a\times4^2$ より，$a=\frac{3}{4}$ である。

(2)＜座標，面積＞次ページの図で，(1)より，点 B は関数 $y=\frac{3}{2}x+6$，$y=\frac{3}{4}x^2$ のグラフの交点だから，$\frac{3}{2}x+6=\frac{3}{4}x^2$，$x^2-2x-8=0$，$(x-4)(x+2)=0$ より，$x=4$，-2 となり，点 B の x 座標は -2 である。y 座標は $y=\frac{3}{4}\times(-2)^2=3$ より，B$(-2,\ 3)$ である。次に，関数 $y=\frac{3}{2}x+6$ のグラフと y 軸

の交点を点Eとすると，切片が6より，E(0, 6)であり，OE$=6$となる。△AOE，△BOEの底辺をOEとすると，高さは，2点A，Bのx座標より，それぞれ4，2である。よって，△OAB=△AOE+△BOE$=\frac{1}{2}\times6\times4+\frac{1}{2}\times6\times2=12+6=18$である。

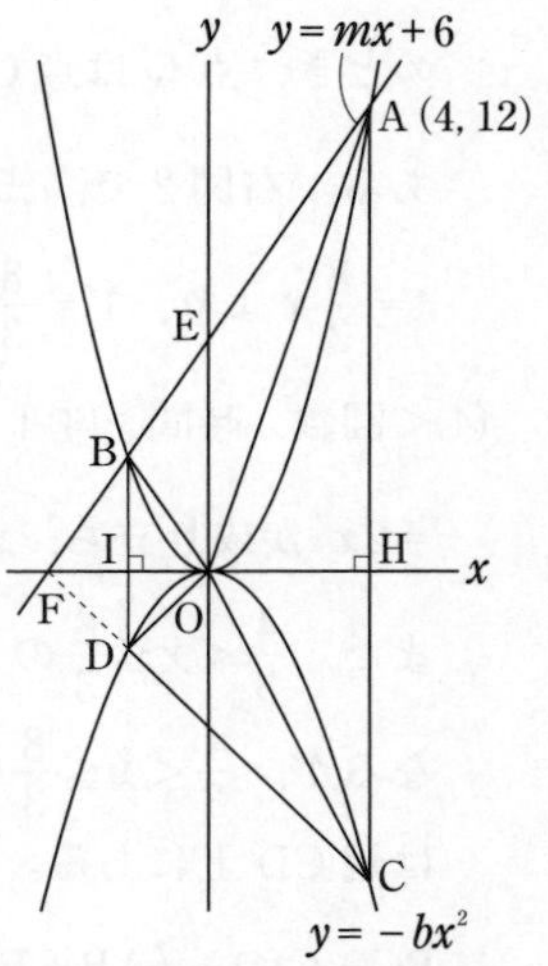

(3)＜比例定数，体積＞右図で，AC，BDはx軸に垂直だから，2点C，Dのx座標は，それぞれ2点A，Bのx座標と等しく，4，-2である。2点C，Dは関数$y=-bx^2$のグラフ上にあるから，$y=-b\times4^2=-16b$，$y=-b\times(-2)^2=-4b$より，C$(4,\ -16b)$，D$(-2,\ -4b)$である。よって，AC$=12-(-16b)=12+16b$，BD$=3-(-4b)=3+4b$と表せる。また，台形ABDCの高さは$4-(-2)=6$だから，台形ABDCの面積が75より，$\frac{1}{2}\times\{(12+16b)+(3+4b)\}\times6=75$が成り立つ。これを解くと，$20b+15=25$，$20b=10$，$b=\frac{1}{2}$となる。次に，直線CD，AC，BDと$x$軸の交点をそれぞれF，H，Iとする。△ODCを$x$軸を軸として1回転させてできる立体は，△FCHがつくる円錐から，△OCH，△ODI，△FDIがつくる円錐を除いたものとなる。2点C，Dのy座標はそれぞれ$-16b=-16\times\frac{1}{2}=-8$，$-4b=-4\times\frac{1}{2}=-2$だから，CH$=8$，DI$=2$である。また，△FDI∽△FCHとなるから，FI：FH=DI：CH$=2:8=1:4$となり，FI：IH$=1:(4-1)=1:3$である。台形ABDCの高さが6より，IH$=6$だから，FI$=\frac{1}{3}$IH$=\frac{1}{3}\times6=2$となり，FH$=4$FI$=4\times2=8$となる。OH$=4$，OI$=2$だから，△FCHがつくる円錐の体積は$\frac{1}{3}\times\pi\times8^2\times8=\frac{512}{3}\pi$，△OCHがつくる円錐の体積は$\frac{1}{3}\times\pi\times8^2\times4=\frac{256}{3}\pi$，△ODI，△FDIがつくる円錐の体積はともに$\frac{1}{3}\times\pi\times2^2\times2=\frac{8}{3}\pi$となり，求める立体の体積は，$\frac{512}{3}\pi-\frac{256}{3}\pi-\frac{8}{3}\pi\times2=80\pi$である。

5〔関数—関数と図形・運動〕

図1

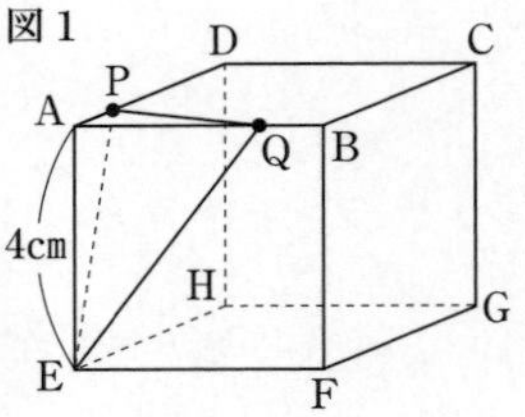

(1)＜面積＞右図1で，点Pは毎秒1cmの速さで動くから，1秒で$1\times1=1$(cm)動く。よって，1秒後，点Pは辺AD上にあり，AP$=1$である。このとき，△AEP$=\frac{1}{2}\times$AP$\times$AE$=\frac{1}{2}\times1\times4=2$(cm^2)である。

(2)＜xの範囲，関係＞右図1で，点Pの速さは毎秒1cm，点Qの速さは毎秒3cmだから，2点P，Qがt秒後に同じ位置に到達するとすると，2点P，Qが動いた距離の和は正方形ABCDの周の長さに等しいことより，$1\times t+3\times t=4\times4$が成り立つ。これより，$t=4$となり，このとき，$1\times4=4$より，点Pは4cm動いているので，2点P，Qが同じ位置に到達するのは，点Dである。よって，xのとりうる値の範囲は，$0<x\leqq4$である。点Pは辺AD上にあり，AP$=1\times x=x$だから，△AEP$=\frac{1}{2}\times x\times4=2x$より，$S=2x$となり，$S$は$x$に比例する。

(3)＜関係＞$3\times\frac{4}{3}=4$より，$x=\frac{4}{3}$のとき，点Qは点Bにあるから，$0<x\leqq\frac{4}{3}$のとき，点Qは辺AB上にあり，AQ$=3x$である。右上図1で，三角錐Q-AEPの体積は$\frac{1}{3}\times$△AEP$\times$AQ$=\frac{1}{3}\times2x\times3x=2x^2$より，$V=2x^2$と表せるから，$V$は$x$の2乗に比例する。次に，$3\times\frac{8}{3}=8=4+4$より，$x=\frac{8}{3}$

のとき，点Qは点Cにあるから，$\frac{4}{3}<x\leqq\frac{8}{3}$のとき，点Qは辺BC上にある。右図2で，三角錐Q－AEPの体積は$\frac{1}{3}\times\triangle\mathrm{AEP}\times\mathrm{AB}=\frac{1}{3}\times 2x\times 4=\frac{8}{3}x$より，$V=\frac{8}{3}x$と表せるから，$V$は$x$に比例する。

図2

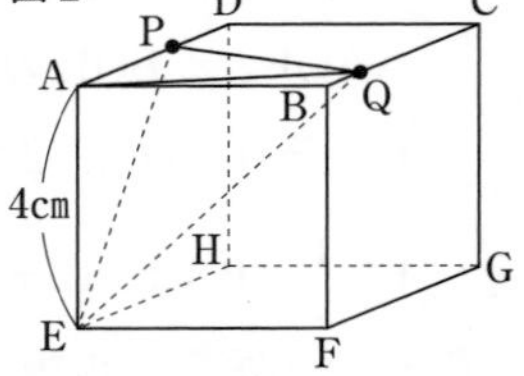

(4)＜回数，時間＞(3)より，$0<x\leqq\frac{4}{3}$のとき，$V=2x^2$だから，$V=2$より，$2=2x^2$が成り立ち，$x^2=1$，$x=\pm1$となる。$0<x\leqq\frac{4}{3}$より，$x=1$が適する。また，$\frac{4}{3}<x\leqq\frac{8}{3}$のとき，$V=\frac{8}{3}x$だから，$2=\frac{8}{3}x$が成り立ち，$x=\frac{3}{4}$となるが，$\frac{4}{3}<x\leqq\frac{8}{3}$を満たさないので適さない。$\frac{8}{3}<x<4$のとき，点Qは辺CD上にある。右図3で，$\mathrm{AB}+\mathrm{BC}+\mathrm{CQ}=3x$だから，$\mathrm{DQ}=(\mathrm{AB}+\mathrm{BC}+\mathrm{CD})-(\mathrm{AB}+\mathrm{BC}+\mathrm{CQ})=4\times3-3x=12-3x$であり，三角錐Q－AEPの体積は$\frac{1}{3}\times\triangle\mathrm{AEP}\times\mathrm{DQ}=\frac{1}{3}\times2x\times(12-3x)=8x-2x^2$となる。よって，$8x-2x^2=2$が成り立ち，$x^2-4x+1=0$より，$x=\frac{-(-4)\pm\sqrt{(-4)^2-4\times1\times1}}{2\times1}=\frac{4\pm\sqrt{12}}{2}=\frac{4\pm2\sqrt{3}}{2}=2\pm\sqrt{3}$となる。$\frac{8}{3}<x<4$より，$x=2+\sqrt{3}$が適する。以上より，三角錐Q－AEPの体積が$2\mathrm{cm}^3$となるのは全部で2回あり，最初は1秒後，最後は$2+\sqrt{3}$秒後である。

図3

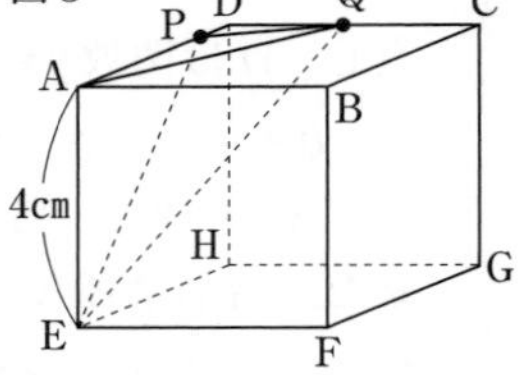

2021年度／日本大学櫻丘高等学校（Ａ日程）

国語解答

一　問一　(ⅰ)…ウ　(ⅱ)…ア　(ⅲ)…エ
問二　エ
問三　Ⅰ…ウ　Ⅱ…イ　Ⅲ…ア
問四　イ　問五　ウ　問六　ア
問七　④…エ　⑥…イ　問八　ア
問九　ウ　問十　ア　問十一　ウ
問十二　エ　問十三　イ

二　問一　エ　問二　ア　問三　ウ
問四　④…エ　⑤…イ　⑨…ウ
問五　ウ
問六　Ⅰ…ア　Ⅱ…イ　Ⅲ…ウ
問七　ア　問八　イ　問九　イ
問十　ア　問十一　エ　問十二　イ
問十三　エ　問十四　ウ

三　問一　エ　問二　①…ア　③…イ
問三　②…ア　⑥…エ　問四　イ
問五　ウ　問六　イ
問七　Ⅰ…エ　Ⅱ…ウ　Ⅲ…エ
問八　ア　問九　ア　問十　ウ
問十一　イ

一〔論説文の読解—芸術・文学・言語学的分野—読書〕出典；齋藤孝『読書する人だけがたどり着ける場所』「なぜ，いま本を読むのか」。

≪本文の概要≫インターネット上には大量の情報があるが，自分で知を深めていこうとする人は少ない。読書は，人に，全人格的なもの，総合的なものとしての「深さ」をつくる。専門分野の知識が豊富にあっても，その知識を生かすうえでは多角的な視点がないと難しいので，グローバル化が進む今，ますます教養が重要とされている。にもかかわらず，本を読んでいない人が多いのは，おかしなことである。また，今，AIに関心が集まっていて，AIと人間を比較してどちらがより優れているか，AIにできないことをできるようにして仕事を奪われないようにするためにはどうすればよいのかといった議論も，盛んに行われている。しかし，AIと人間を比較することはナンセンスで，AIが出てこようが出てこなかろうが，自分の人生をいかに深く生きるかということが重要である。そのために，人間に生まれたからこそ味わえる喜びである読書に，改めて向き合うことが重要である。

問一＜漢字＞(ⅰ)「摂取」と書く。アは「接戦」，イは「設置」，エは「折衝」。　(ⅱ)「課程」と書く。イは「仮説」，ウは「家庭科」，エは「通過」。　(ⅲ)「概念」と書く。アは「公害」，イは「外国」，ウは「感慨」。

問二＜品詞＞「知らない」「いない」「答えられない」の「ない」は，打ち消しの助動詞。「見たことのない」の「ない」は，形容詞。

問三＜接続語＞Ⅰ．「学生に対して教養を身につけさせる」には，先生自身に教養がなければならないのに，専門以外で教養になった３冊の本は何かと尋ねると「急に言葉に詰まってしまう人が多くなって」いる。　Ⅱ．「専門分野の知識が豊富にあっても，その知識を生かすうえでは多角的な視点がなければ難しい」ということの例として，「遺伝子工学を学んで，遺伝子操作の技術がわかったとしても，生命倫理とどう折り合いをつけるべきかという難しい問題に対処していくには歴史や宗教，哲学など幅広い知識が必要」であることが挙げられる。　Ⅲ．「チェスなら可能だった，『すべての手を覚え，計算して最適解を出す』というやり方」が，囲碁では「通用しづらい」ので，「囲碁では，コンピューターが人間に勝つのはまだ先だと思われて」いた。

問四＜文章内容＞「そのキーワードは聞いたことがあるんですが，どんな内容なんですか？」と言う人は，「キーワード」だけはインターネット上の情報で知っているが，「表面だけサーッと撫でてキーワードだけ拾っており，詳しいところまでは読んでいないよう」である。そのような人は，「海」のたとえでいえば，「深いところへ潜りにいく」ことをしていないのである。

問五＜文章内容＞インターネットという「海」を目の前にしたとき，「浅瀬で貝殻をとっている」ように「表面だけサーッと撫でて」読む人と，「深いところへ潜りにいく」ように「知らなかった世界」を求める人がいる。

問六＜文章内容＞「私」が大学の採用面接で，「あなた自身の教養になった３冊を専門以外で教えていただけますか？」という質問をするのは，専門分野に詳しいだけでなく，「そのバックグラウンドとして一般教養があるべきだ」と考えるからである。「専門分野の知識が豊富にあっても，その知識を生かすうえでは多角的な視点がなければ難しい」のに，「残念」なことに，質問に対して「専門なら」答えられるという人が多いのである。

問七＜語句＞④「実践的」は，実際に行動するさま。その対義語は，実際の行動と直接には結びついていない，知識に基づくさまを意味する「理論的」。　⑥「想像」は，実際に経験しているわけではないことを，こうだろうと推し量ること。その対義語は，頭の中で考えたり推し量ったりするのではなく，実地に経験することをいう「実際」。

問八＜文章内容＞「ますます教養が重要とされている時代」であるのに，その「教養」を身につけるための「本」を「読んでいない」というのは，奇妙なことである。

問九＜文章内容＞「『AI にできないこと』を予測したって簡単に覆る」し，「AI に負けないことを目的に据えて生きるなんて本末転倒」である。「AI が出てこようが出てこなかろうが，『自分の人生をいかに深く生きるか』が重要」なのである。

問十＜四字熟語＞「本末」は，大事なことと，どうでもよいこと。「本末転倒」は，その「本末」を取り違えて逆になっていること。

問十一＜慣用句＞大変な苦労をすることを，「身を削る」という。

問十二＜文章内容＞「地域や時代を超えたところにいたものたちが，何を考えていたかを知ること」ができるのは，本を読むことができる人間だけである。「読書は人間に生まれたからこそ味わえる喜び」で，「自分で自分の人生を深めていける最高のもの」である。

問十三＜要旨＞「ネット，SNS が悪い」というわけではなく，「軸足を完全にそちらに移してしまって，読書の喜びを忘れてしまう」ことが問題である(ア…×)。「ネット，SNS」で「表面だけサーッと撫でてキーワードだけ拾って」済ませるのでは，「自分で自分の人生を深めて」いくことはできないし，また，AI と人間を比較して「AI にできないこと」だけを学んでも，人生は「豊か」にならないので，読書をして幅広い教養を身につけることが重要である(イ…○，ウ・エ…×)。

二〔小説の読解〕出典；芥川龍之介『蜜柑』。

問一＜文の組み立て＞私の外に一人も乗客は「珍しく」「いなかった」のである。

問二＜表現技法＞「まるで雪曇りの空のような」のように，比喩であることを明示する「ような」などの語を用いて表現する技法を，直喩(法)という。

問三＜心情＞「私」は，「発車の笛」が鳴って「かすかな心の寛ぎ」を感じていたが，「けたたましい日和下駄の音」が聞こえ，「間もなく車掌の何か云い罵る声と共に，私の乗っている二等室の戸ががらりと開いて，十三四の小娘が一人，慌しく中へはいって来た」ことで，「かすかな心の寛ぎ」が乱された。しかし，汽車が動き出して，汽車が「プラットフォオム」を後にしたので，「私」は，やっと落ち着くことができた。

問四＜語句＞④「一瞥」は，ちらりと見ること。　⑤「漫然」は，特に何かを深く考えたり目的を持ったりすることがなく，とりとめがないさま。　⑨「頓着」は，気にかけること。

問五＜熟語の構成＞「平凡」と「基礎」は，同じような意味の漢字を二つ重ねた熟語。「異国」は，上の漢字が下の漢字を修飾している熟語。「好悪」は，意味が反対の漢字を組み合わせた熟語。「営業」

は，下の漢字が上の漢字の目的語になっている熟語。

問六＜表現＞Ⅰ．小娘は，「油気のない髪をひっつめの銀杏返しに結って，横なでの痕のある皸だらけの両頬を気持の悪い程赤く火照らせた」とあるように，容貌が「如何にも田舎者らしい」ものだっただけでなく，それに加えて，「垢じみた萌黄色の毛糸の襟巻がだらりと垂れ下った膝の上には，大きな風呂敷包み」があった。　Ⅱ．「夕刊の紙面を見渡しても」案の定，「私の憂鬱を慰むべく，世間は余りに平凡な出来事ばかりで持ち切って」いた。　Ⅲ．「あの小娘」が，まるで「卑俗な現実を人間にしたような面持ち」で座っていた。

問七＜語句＞「象徴」は，抽象的な思想や物事を，具体的な事物で表すこと。「私」には，「この隧道の中の汽車」と「この田舎者の小娘」と「この平凡な記事に埋っている夕刊」とが，「不可解な，下等な，退屈な人生」という抽象的な事柄を，具体的に表したものだと感じられた。

問八＜心情＞「私」は，「うつらうつら」し始めて数分後，「何かに脅されたような心もち」がして辺りを見回した。そのとき，小娘は，「私」の隣の席に来て「頻に窓を開けようとして」いた。しかし，汽車は間もなく「隧道」に入ろうとしているため，窓を開けるなど非常識な行為である。それゆえ，「私」は，小娘の行為を「気まぐれ」だとしか思えず，不快感を覚えた。

問九＜四字熟語＞小娘は，窓を開けようとしているが，「重い硝子戸は中々思うようにあがらない」らしく，苦心していた。困難に打ち勝とうとして懸命に努力することを，「悪戦苦闘」という。

問十＜表現＞建物や物などが狭苦しく雑然と並んでいるさまを，「ごみごみ」という。

問十一＜文章内容＞「私」は，小娘の容貌や服装や，隧道に入るというのにわざわざ窓を開ける「気まぐれ」な行為に，強い不快感を抱いていた。ところが，汽車が隧道を抜けると，外に立っている男の子たちに向かって，その小娘が蜜柑を投げた。その行為は「私」にとっては全く予想もしなかったことで，「私」は，思わず息を止めてしまうほど驚いた。「息を呑む」は，はっと驚いて息を止める，という意味。

問十二＜文章内容＞「私」は，汽車が「プラットフォオム」にとまっているときから「疲労と倦怠」を覚え，発車後新聞を読んでもその「憂鬱」は続いていた。

問十三＜表現＞男の子たちの着物は，「町はずれの陰惨たる風物と同じような色」であり，そこへ投げられた「蜜柑」は，「心を躍らすばかり暖な日の色に染まって」いた。着物の色が，冒頭からの暗く憂鬱な雰囲気のとおりのくすんだものであるだけに，ここで突然表れた「蜜柑」の色の対照的な明るさは，実に鮮やかである。

問十四＜文学史＞『それから』は，夏目漱石の小説。『伊豆の踊子』は，川端康成の小説。『人間失格』は，太宰治の小説。

三〔古文の読解―説話〕出典；無住法師『沙石集』巻第七ノ三。

≪現代語訳≫近頃，帰〈朝〉した僧の話として，ある人が語ったのは，唐に身分が低い夫婦がいた。(その夫婦は)餅を売って生計を立てていた。夫が道端で餅を売っていたとき，人が袋を落としたのを見つけたところ，(中を見ると)銀の貨幣が六つあった。(夫はそれを)家に持って帰った。

妻は，心が正直で欲のない者で，「私たちは商売をして過ごしているので，不足なこともありません。この(貨幣の)持ち主は，どんなに嘆いて捜しているでしょうか。気の毒なことです。持ち主を捜してお返しください」と言ったので，(夫は)「本当に(そうだ)」と言って，広く触れ歩いたところ，持ち主だという者が出てきて，これを受け取って，あまりにうれしくて，「三つを差し上げましょう」と言って，さあ分けようとなったとき，考え直して，面倒なことを引き起こすために，「七つあったのに，(ここには)六つしかないのは変だ。一つはお隠しになっているのではないか」と言う。「そんなことはない。もとから六つあった」と言い合ううちに，遂に，国司の長官のところで，この(正邪の)判断をしてもらうことになった。

国司の長官は，見抜く力に優れていて，「この〈持ち主〉は不実な者である。この男は正直者」と見ながら，不明な点もあるので，かの(拾い主の)〈妻〉を呼んで別の所で，事の詳しい事情を尋ねると，夫の言い分と少しも違わない。「この妻は非常に正直な者」と見て，かの持ち主が，不実であることは間違いないので，国司の長官の判決は，「この件は，確かな証拠がないので判断しがたい。〈ただし〉，ともに正直者と見えた。夫妻はまた話が食い違わない。〈持ち主〉の言うことも正直に聞こえるので，七つある貨幣を捜して取るがよい。これは六つあるので，別の人のものだろう」と言って，六つ全て(拾い主の)夫妻に下さった。

宋の時代の人は，すばらしい判決だと，広く賞賛した。心がまっすぐなので，自然と天が与えて，宝を得たのである。心が曲がっていると，目に見えぬ神仏のとがめで，宝を失う。この道理は少しも違うはずがない。返す返すも心清く素直であるべきである。

問一＜歴史的仮名遣い＞歴史的仮名遣いでローマ字表記にしたとき「eu」になるところは，現代仮名遣いでは「you」になる。

問二＜古語＞①「賤し」は，身分が低い，貧しい，という意味。　③「思ひ返す」は，考え直す，という意味。

問三＜現代語訳＞②「いとほし」は，気の毒だ，という意味。　⑥「〜ながら」は，〜全て，という意味。「給はりけり」は，下さるという意味の動詞「たまはる」の連用形に，過去の助動詞「けり」がついたもの。

問四＜古典文法＞「不思議なれ」は，形容動詞「不思議なり」の已然形。文中に係助詞「こそ」があると，結びは已然形になる。

問五＜古文の内容理解＞貨幣の持ち主は，貨幣が出てきたことで，はじめは喜んで，拾い主に貨幣三つを渡そうとした。しかし，さあ分けようというときになって，「煩ひを出さんが為に」拾い主が貨幣を一つ隠したと言いがかりをつけた。持ち主は，貨幣三つを渡すのが惜しくなったのである。

問六＜古文の内容理解＞持ち主は，貨幣は七つあったと言い，拾い主ははじめから六つだったと言って，言い争いになった。そこで，国司の長官にどちらの言い分が正しいかを判断してもらおうとした。

問七＜古文の内容理解＞Ⅰ・Ⅱ．優れた「眼」を持つ国司の長官は，すぐに，持ち主がうそをついていて，拾い主の男は正直者であると思ったが(…Ⅰ)，それでも不明な点もあったので，拾い主の妻を呼んで事情を尋ねた(…Ⅱ)。　Ⅲ．国司の長官は，拾い主の言うことが正しいと確信したが，判決では，持ち主も正直であるようだから，持ち主が言うとおり七つの貨幣が入っている袋を捜すようにと言った。

問八＜古文の内容理解＞国司の長官は，確かな証拠がないのでわからないとしたうえで，そうではあるが，持ち主も拾い主も正直者と見えたと言って，判決を下した。

問九＜古文の内容理解＞国司の長官は，拾い主と持ち主それぞれの話を聞いたうえで，持ち主の主張を逆手にとって，正直な夫婦が六つの貨幣全てをもらえるようにした。持ち主を一方的に否定することなく，それでいて，正直者が報われるようにした判決は，的確ですばらしいと評判になった。

問十＜ことわざ＞不実な者と正直者とが争った結果，「自ら天の与へて」，正直者が「宝」を得たのである。正直な人には，おのずから神の加護があることを，「正直の頭に神宿る」という。

問十一＜文学史＞『古今和歌集』と『今昔物語集』は，平安時代の作品。『おくのほそ道』は，江戸時代の作品で，作者は松尾芭蕉。

2021年度 日本大学櫻丘高等学校（B日程）

【英　語】（60分）〈満点：100点〉

■リスニングテストの音声は，当社ホームページで聴くことができます。（当社による録音です）
再生に必要なIDとアクセスコードは「収録内容一覧」のページに掲載しています。

Ⅰ　これから放送によるリスニングテストを始めます。放送の内容をよく聞いて答えなさい。聞きながらメモをとってもかまいません。

問題1　次の(1)〜(5)の写真について４つの英文が読まれます。写真の状況として最も適切な英文を１〜４の中から１つ選び，その番号をマークしなさい。**英文は１回のみ放送されます。**

(1)

1.　2.　3.　4.

(2)

1.　2.　3.　4.

(3)

1.　2.　3.　4.

(4)  1 .　　2 .　　3 .　　4 .

(5)  1 .　　2 .　　3 .　　4 .

問題 2　これから読まれる英文では，アメリカの料理店の話をします。英文を聞き，質問に対する答えとして最も適切なものを 1 ～ 4 の中から 1 つ選び，その番号をマークしなさい。**英文は 1 回のみ放送されます**。

Questions

(1) What kind of food do diners in Seattle serve ?

1 . Traditional sea food dinners
2 . Expensive fruit desserts
3 . True American meals
4 . Tasty French fries

(2) Who has a great time at restaurants in Seattle ?

1 . Travelers from around the world
2 . Many pilots in America
3 . Local people
4 . College students in Seattle

問題 3　これから読まれる 2 人の対話を聞き，質問に答える問題です。それぞれの質問に対する答えとして最も適切なものを 1 ～ 4 の中から 1 つ選び，その番号をマークしなさい。**英文は 2 回放送されます**。

Questions

(1) Which of the following will the girl NOT take part in on the sports day ?

1 . Marching　　2 . Dancing　　3 . Marathon　　4 . 800-meter relay race

(2) When does the girl practice running ?

1 . On Sundays　　2 . Before classes start
3 . During lunch break　　4 . After school

(3) What time does the girl usually leave for school ?

1．6:30　　2．6:45　　3．7:00　　4．7:10

以上でリスニングテストを終わります。引き続き問題に取り組んでください。

※**＜リスニングテスト放送原稿＞**は英語の問題の終わりに付けてあります。

Ⅱ　次の(1)～(5)の英文の（　）に入る最も適切な語(句)を１～４の中から１つ選び，その番号をマークしなさい。

(1) This butterfly is as (　　) as that butterfly.

1．beauty　　2．beautiful　　3．more beautiful　　4．most beautiful

(2) Jack ran as fast as possible to (　　) up with his friends.

1．have　　2．feel　　3．catch　　4．hit

(3) I have talked to her on the phone, but I've never (　　) her.

1．saw　　2．seeing　　3．to see　　4．seen

(4) Who (　　) you think will win tonight's game ?

1．do　　2．that　　3．to　　4．have

(5) I have to finish this science report (　　) tomorrow.

1．from　　2．by　　3．of　　4．until

Ⅲ　文意を考え，次の(１)～(５)に入る最も適切な語を下の語群からそれぞれ１つずつ選び，その番号をマークしなさい。同じ語を２度使用してはいけません。

I can't say my English is very good, but I still (　1　) studying English.　I always listen to the English conversation program on the radio in the morning.　I also take classes at an English conversation school (　2　) a week.

Why do I like studying English ?　Well, one reason is that it's (　3　) to know English.　Also, I've met many friends by studying English—both (　4　) and other Japanese.

Another reason is that it's fun to study English.　I learn a lot of things and have a good time at the same time.　So even though my English isn't (　5　), I still like to try to speak in English.

語群			
1．enjoy	2．decide	3．useful	4．magazines
5．foreigners	6．perfect	7．once	8．during

Ⅳ　次の設問に答えなさい。

(1) 次の英文を意味が通るように正しい順序で並べ替えた場合，**3番目にくるもの**はどれか，１～４の中から１つ選び，その番号をマークしなさい。

1．My oldest brother and his wife have a new baby.
2．Her parents hope that she will live happily.
3．Sachi means "happiness".
4．The baby's name is Sachi.

(2) 以下の英文中で意味が通るようにア～エの英文を並べ替えた場合，正しい順番になっているものはどれか，１～４の中から１つ選び，その番号をマークしなさい。

About one half of Australia is a large wild area.　This area is the Outback.　⇒　⇒

［　　⇒　　］ Not many people live in the Outback.

ア　But when it rains, there is water everywhere !
イ　Sometimes there is no rain for many years.
ウ　The weather is very hot and dry, and the winds are strong.
エ　The name comes from the words “out in the back of the mountain and cities”.

1．エ⇒ウ⇒イ⇒ア　　2．ウ⇒ア⇒イ⇒エ
3．ア⇒イ⇒エ⇒ウ　　4．イ⇒ア⇒エ⇒ウ

V　次の文中の１～５の(　)内にある語(句)を意味の通る文になるように並べ替えなさい。解答は例に倣って，１～４番目の順に番号で答えなさい。文頭に来る語も小文字になっています。

例題　We (1．school　2．students　3．are　4．high).
答え：この例では We are high school students. とするため，③，④，①，②を順にマークします。

$_1$(1．hundreds　2．of　3．although　4．American) piano companies were very successful in the nineteenth century, few are in business today. Less and $_2$(1．people　2．and　3．buy　4．less) practice pianos these days.

Frank Leslie’s companies no longer exist. It is well known that Miriam Leslie used to buy some of the $_3$(1．clothing　2．sold　3．fashionable　4．in) the ground-floor space of her building. She died in 1914 and left a building valued at two million dollars. Every other $_4$(1．been　2．building　3．replaced　4．has), and the Empire State building now rises in the background.

Please don’t $_5$(1．to　2．these　3．forget　4．visit) famous buildings when you go to New York.

VI　次のＡ，Ｂの会話文(１)～(８)に入る最も適切な文をそれぞれ選択肢から選び，その番号をマークしなさい。同じ選択肢を２度使用してはいけません。

Ａ

Mike : Hi. (　1　)
Scott : I’m wondering, I’ve just arrived in Auckland and I’m looking for information. What can I do here ? (　2　)
Mike : Well. What kind of things are you interested in ?
Scott : I heard about the dolphins. Can you see dolphins near here ?
Mike : Yes, you can do that here. You need to join a full-day trip. Usually starting at about eleven through till about four o’clock.
Scott : (　3　)
Mike : That is 40 pounds.
Scott : All right. And do you see dolphins every time ?
Mike : Yes . . . well, not 100 percent, but they do most of the time. They will see dolphins or whales.
Scott : Sounds good.
Mike : We also have adventure activity things to do.

Scott : What are the adventure activities ?
Mike : All sorts. You can go bungy jumping, go skydiving . . .
Scott : Skydiving !
Mike : Yes. (4) 45 seconds free fall.
Scott : I've always wanted to do that. It's great.

Aの選択肢

1 . What is there to see ?
2 . Anything OK.
3 . What time does the tour start ?
4 . How can I help you ?
5 . How much is that ?
6 . You go up to over 3,000 meters.
7 . May I ask a question ?
8 . Don't push other people.

B

Ted : (5)
Jack : Oh ? What did you buy ?
Ted : Not much. I just bought some clothes—a few shirts and some ties.
Jack : Where did you go ?
Ted : To the department store. It's very convenient.
Jack : I like to shop at the department store, too.
Ted : What did you do today ?
Jack : I played tennis in the morning. In the afternoon I went to the movies.
Ted : (6)
Jack : Well, I wanted to play in the park, but it was too crowded. So I went to my company's courts.
Ted : Oh ? Where are they *located ?
Jack : In the country. Near Springville.
Ted : How long does it take to get there ?
Jack : It just takes an hour.
Ted : Did you go by train ?
Jack : No. There's no train to Springville.
Ted : (7)
Jack : I went by bus. I came back at about two o'clock and went to the movies.
Ted : What kind of movie did you see ?
Jack : I saw a Western. It was very exciting.
Ted : I don't like Westerns. (8)
Jack : What kind of movies do you like ?
Ted : Romantic ones.
Jack : Romantic movies are all the same. I prefer Westerns.

注 *be located : ～にある

Bの選択肢

1．Is it easy to go there？
2．They're all the same.
3．They are very exciting and they are unique.
4．How did you go, then？
5．I have been to the nearest station.
6．Where did you play tennis？
7．Does your father like to play tennis too？
8．I went shopping today.

Ⅶ　次の英文を読み，それぞれの問に答えなさい。

The longest day of the year is called *the summer solstice. In Britain, it is on 21 June, and it is the first day of summer. The word *solstice comes from two Latin words : 'sol' means sun, and 'sistere' means to stand still.

Summer was always a good season for people in the past, because it was easy to find food. It was also a good time to find sweet honey, so the first full moon in June is called the honey moon. Many men and women marry in June. After they marry, they take the holiday, and it is still called the honeymoon.

At (1)*Stonehenge and *Avebury in *Wiltshire, England, there are some special circles made of big heavy stones, and they have been there for about five thousand years. How did they get there？ Why are they there？ Who put them there？ There are lots of different answers to these questions, but nobody can really be sure.

Because the summer solstice is traditionally a time of sun, light, food, love, and hot weather, people come from all over England to Stonehenge and Avebury on 21 June to celebrate. Some of the visitors are *Druids, and they follow an old *pagan *religion, older than *Christianity ; some are travelers, and they like to move around the country and live in lots of different places ; and some just want to stay up all night and then watch the sun come up in a famous, old and interesting place.

Soon [(2)] the summer solstice there is an important date in the USA—the Fourth of July. During the seventeenth and eighteenth centuries, many people sailed from Britain to North America and started a new life there. New homes like this in other countries were called *colonies. (3)The British King George was still king of the people in the colonies, and so they had to send taxes to Britain every year. But the thirteen American colonies wanted to be free from Britain : they wanted their government to be in America and they did not want to send money to Britain. (4)Many people became very angry.

In 1770 British soldiers shot some of these people in Boston, and in 1773 there was the famous Boston Tea Party. A tea ship came to Boston and there was a fight about the taxes on the tea. Three hundred and forty big boxes of tea went into the water！ Now King George and his government were angry too.

On 4 July 1776, the United States government in Philadelphia agreed to *the Declaration of Independence. This said that the United States was a free, or independent, country, and that King George was not its king any more. The British and the Americans fought each other until 1781, and finally the Americans won. In 1783 the United States of America was born.

The first Fourth of July *celebration was in Philadelphia in 1777, during the war. There were guns, parades, fireworks, music, and lots of noise. Now, every year on the Fourth of July, Americans celebrate this day as (5)Independence Day.

There are special church services at this time, but most of the celebrations are outside because it is summer. Many families have a barbecue, eat, and play games in their gardens or in a park.

In many towns, there are parades through the streets with loud music and lots of bright colours. The red, white, and blue (6)American flag flies everywhere. It has fifty white stars and thirteen stripes (seven red, six white). The fifty stars are for the fifty states in the USA, and the thirteen stripes are for the first thirteen states. The flag has changed many times but today's flag goes back to the Fourth of July 1960, and then Hawaii became the fiftieth state.

注 ＊the summer solstice：夏至　＊solstice：至点　＊Stonehenge：ストーンヘンジ(イギリスにある遺跡)
＊Avebury：エーヴベリー(イギリスにある遺跡)　＊Wiltshire：ウィルトシャー(イギリスの地名)
＊Druids：ドルイド僧(ケルト人社会の祭司・指導者)　＊pagan：異教徒　＊religion：宗教
＊Christianity：キリスト教　＊colonies：植民地　＊the Declaration of Independence：独立宣言
＊celebration：祭典

問1 次の質問に対する答えとして最も適切なものを１つ選び，その番号をマークしなさい。

According to the first paragraph, what does the Latin word sistere mean in English？

1．To rise higher in the sky
2．To grow bigger and hotter
3．To disappear suddenly
4．To stop moving

問2 下線部(1)について述べたものとして最も適切なものを１つ選び，その番号をマークしなさい。

1．No one has any idea how long Stonehenge and Avebury have been there, who made them, how they were made, or what they were made for.
2．Both Stonehenge and Avebury have mysterious circles of huge stones but it is still unknown how those stones were brought to the places.
3．Huge stones used in Stonehenge and Avebury have a round shape like the sun because people in those days needed to show their respect for the sun.
4．Thousands of years ago, people in Wiltshire wanted to know how to make statues with big, heavy stones, but no one could think of any good ideas.

問3 [(2)] に入る語として最も適切なものを１つ選び，その番号をマークしなさい。

1．after　2．until　3．toward　4．before

問4 下線部(3)について述べたものとして最も適切なものを１つ選び，その番号をマークしなさい。

1．He sent a lot of people and money to the thirteen colonies every year to grow tea in the United States.
2．The Declaration of Independence recognized King George as the king of the 13 American colonies as well as of England.
3．At the time of the Boston Tea Party in the American colonies, King George was still the king of England and American colonies.
4．King George was angry and made people in the colonies pay taxes because they held a tea party without his permission.

問5　下線部(4)の理由として最も適切なものを1つ選び，その番号をマークしなさい。

1．アメリカで新たな植民地を作るためには毎年一定額以上の税金を支払わなければならなかったこと。

2．アメリカに入植したにもかかわらず，自分たちは政治的・経済的な自由を認められなかったこと。

3．植民地で生活を始めた人たちは，イギリス政府ではなくアメリカ政府に納税しなければならなかったこと。

4．イギリスの国王と政府が13の植民地に住んでいる人たちに対して特別な税金制度を設けたこと。

問6　1770年代の出来事について，本文で述べられているものとして最も適切なものを1つ選び，その番号をマークしなさい。

1．King George decided to go to war with the United States because some British people were killed in the Battle of Boston.

2．British soldiers carried many boxes of tea to the United States, but they dropped them into the sea on their way.

3．The Declaration of Independence was made before the end of the war between the United States and Britain.

4．In the battle between the United States and Britain, the United States became independent despite losing.

問7　下線部(5)について述べたものとして最も適切なものを1つ選び，その番号をマークしなさい。

1．Independence Day in the United States is said to have begun more than ten years before the birth of America.

2．When the first 4th of July was celebrated, the war between the American colonies and Britain was not yet over.

3．Independence Day is a very important day because Americans must give special thanks to the first 13 colonies and its soldiers.

4．Druids considered the summer solstice to be an important day in the United States, and that was the beginning of Independence Day.

問8　下線部(6)について述べたものとして最も適切なものを1つ選び，その番号をマークしなさい。

1．In American history, the American flag has changed color several times, but the design has always stayed the same.

2．The American flag before 1960 differs from the American flag after 1960 in the number of stars.

3．As Hawaii became an American state in 1960, the number of stripes, red or white, on the American flag increased by one.

4．The number of stars, more than 50, on the American flag shows how many colonies became states.

問9　本文の内容と一致するものを1つ選び，その番号をマークしなさい。

1．In the seventeenth and eighteenth centuries in America, the people in the colonies had to pay taxes to England although they didn't want to.

2．The summer season was so important to the Druids that many of them got married at Stonehenge and Avebury on the summer solstice.

3．The Druids had to gather at Stonehenge and Avebury on the summer solstice to see the sun, the symbol of God.

4．Every year, all Americans go to church on the morning of July 4th, an Independence Day, to have a barbecue and eat a meal.

問10　本文の内容と一致するものを１つ選び，その番号をマークしなさい。

1．Although thirteen colonies wanted independence, only 7 states were included in the Declaration of Independence.

2．People in Boston wanted to buy tea from King George of England, but they couldn't because the war had begun.

3．Christians had a custom of getting married on the day of full moon in June because they believed the day was the best day in their religion.

4．Hawaii became a state in the United States of America 177 years after the birth of the United States.

＜リスニングテスト放送原稿＞

これから放送によるリスニングテストを始めます。放送の内容をよく聞いて答えなさい。聞きながらメモをとってもかまいません。

問題１　次の(1)～(5)の写真について４つの英文が読まれます。写真の状況として最も適切な英文を１～４の中から１つ選び，その番号をマークしなさい。**英文は１回のみ放送されます。**

(1)　Look at the picture marked No. (1) in your test booklet.

1．Two women are sitting on the same bench in a café.

2．Two women are looking at their mobile phones in a classroom.

3．Two women are sitting on different benches.

4．Two women are standing behind a bench.

(2)　Look at the picture marked No. (2) in your test booklet.

1．A man and boy are catching a fish with their hands.

2．A man and boy are giving a fish to a boy at a beach.

3．A man and boy are sitting and looking at the surface of the water.

4．A man and boy are taking off their shoes by a swimming pool.

(3)　Look at the picture marked No. (3) in your test booklet.

1．Almost all of the passengers are sitting on seats on both sides.

2．All of the passengers are getting off the train at a station.

3．Almost all of the passengers are standing on the train.

4．All of the passengers are drinking something on the train.

(4)　Look at the picture marked No. (4) in your test booklet.

1．A child is running on a beach with his parents.

2．A father and his son are playing with toys under a tree.

3．A mother is holding her son and looking at her husband.

4．A father is holding hands with both his wife and son.

(5)　Look at the picture marked No. (5) in your test booklet.

1．There are a lot of people sitting on the ground.

2．There are a lot of people wearing school uniforms.

3．There are a lot of people dancing on a stage.

4．There are a lot of people running at an athletic field.

問題２　これから読まれる英文では，アメリカの料理店の話をします。英文を聞き，質問に対する答えとして最も適切なものを１～４の中から１つ選び，その番号をマークしなさい。**英文は１回のみ放送されます**。

There are many popular restaurants in Seattle. They serve delicious sandwiches, homemade soups, fresh salads, and so on. People in Seattle are able to enjoy all types of homestyle dishes and don't have to spend a lot of money to eat them. These restaurants are known as diners, and they serve true American meals. Many tourists from all over the world visit these restaurants and have a great time there.

Questions

(1) What kind of food do diners in Seattle serve ?

1．Traditional sea food dinners

2．Expensive fruit desserts

3．True American meals

4．Tasty French fries

(2) Who has a great time at restaurants in Seattle ?

1．Travelers from around the world

2．Many pilots in America

3．Local people

4．College students in Seattle

問題３　これから読まれる２人の対話を聞き，質問に答える問題です。それぞれの質問に対する答えとして最も適切なものを１～４の中から１つ選び，その番号をマークしなさい。**英文は２回放送されます**。

A： Your school sports day is this Sunday, isn't it ?

B： Yes, now we are practicing marching every day to get ready. Also, we are practicing dancing after school.

A： Which sports are you going to take part in ?

B： I'm going to take part in the 800-meter relay race. Actually, I was chosen to run in the relay race by my classmates.

A： Great !

B： I'll run for 200 meters in the race, so I'm practicing running before classes start every morning.

A： I see. Do you leave for school earlier than usual ?

B： Yes, of course. These days I leave at 6:50, that's 20 minutes earlier than usual.

A： Oh, great ! I'll go watch you on sports day.

B： Thanks, grandpa !

Questions

(1) Which of the following will the girl NOT take part in on the sports day ?

1．Marching　2．Dancing　3．Marathon　4．800-meter relay race

(2) When does the girl practice running ?

1．On Sundays　2．Before classes start　3．During lunch break　4．After school

(3) What time does the girl usually leave for school ?

1．6:30　2．6:45　3．7:00　4．7:10

以上でリスニングテストを終わります。引き続き問題に取り組んで下さい。

【数　学】 (60分) 〈満点：100点〉

(注意)　1．定規・コンパス・分度器・計算機は使用できない。

2．問題[1]から問題[5]までの，ア，イ，ウ，……の一つ一つには，それぞれ0から9までの数字があてはまる。あてはまる数字を，ア，イ，ウ，……で示される解答欄にマークすること。

3．答えが分数の形で求められているときは，それ以上約分できない分数の形で答えること。例えば，$\frac{3}{4}$ を $\frac{6}{8}$ としてマークしないこと。

4．答えが比の形で求められているときは，最も簡単な整数の比の形で答えること。例えば，1：3を2：6としてマークしないこと。

5．答えが根号の中に数字を入れる形で求められているときは，根号の中の数はできるだけ小さな数にして答えること。例えば，$4\sqrt{2}$ を $2\sqrt{8}$ としてマークしないこと。

1　次の □ に当てはまる数値を答えなさい。

(1)　$(0.3)^2\times\left(7+\frac{11}{2}\right)+\left(\frac{2}{3}-\frac{1}{5}\right)\div\frac{8}{15}=\boxed{\text{ア}}$

(2)　$(\sqrt{5}-2)^{2022}(\sqrt{5}+2)^{2020}+(\sqrt{5}+2)^{2022}(\sqrt{5}-2)^{2020}=\boxed{\text{イウ}}$

(3)　自然数 x，y が，連立方程式 $\begin{cases}x+y=37\\x^2-y^2=p\end{cases}$ (p は素数)を満たすとき，$x=\boxed{\text{エオ}}$，$y=\boxed{\text{カキ}}$ である。

(4)　a，b は自然数とする。x についての2次方程式 $x^2+ax-b=0$……①において，$a=3$，$b=10$ のとき，①の解は，$x=-\boxed{\text{ク}}$，$\boxed{\text{ケ}}$ である。また，$x=-3$ が①の解の1つであるとき，これを満たす a，b の値の組は $\boxed{\text{コ}}$ 個ある。

2　次の □ に当てはまる数値を答えなさい。

(1)　A，B，Cの3つの袋がある。Aの袋には4，5，6と書かれた3個の球が，Bの袋には1，2，3と書かれた3個の球が，Cの袋には1，2と書かれた2個の球がそれぞれ入っている。A，B，Cの袋の中から球を1個ずつ取り出し，

Aの袋から取り出した球に書かれている数を a
Bの袋から取り出した球に書かれている数を b
Cの袋から取り出した球に書かれている数を c

とするとき，

$a+b+c=6$ となる確率は $\dfrac{\boxed{\text{ア}}}{\boxed{\text{イウ}}}$，$a+b+c\geqq10$ となる確率は $\dfrac{\boxed{\text{エ}}}{\boxed{\text{オ}}}$ であり，$a>b+c$ となる確率は $\dfrac{\boxed{\text{カ}}}{\boxed{\text{キ}}}$ である。ただし，3つの袋それぞれにおいて，どの球が取り出されるかは同様に確からしいものとする。

(2)　下の表は，A～Jの生徒10人が10点満点の英語のテストを行い，その得点をまとめたものである。

平均値が5.4(点)，範囲が8(点)であるとき，a，b の値は $a=\boxed{\text{ク}}$，$b=\boxed{\text{ケ}}$ である。また，中央値は $\boxed{\text{コ}}$ (点)である。ただし，$a<b$ とする。

生徒	A	B	C	D	E	F	G	H	I	J
得点	4	6	5	10	a	3	3	9	5	b

3　次の $\boxed{}$ に当てはまる数値を答えなさい。

(1)　右図のように，点Oを共通の中心とする2つの円があり，一方の円が他方の円の内部にある。半径が大きい円を円O_1，小さい円を円O_2とする。3点A，B，Cは円O_1の円周上の点で，線分BCは点Dで円O_2に接し，線分ACは円O_1の直径である。また，円O_2は線分ACと交わり，その交点を点Aに近いほうから点E，Fとする。円O_1の半径を6，$\angle$DFE$=62°$とするとき，$\angle$DOA$=\boxed{\text{アイウ}}°$であり，$\angle$BAO$=\boxed{\text{エオ}}°$である。

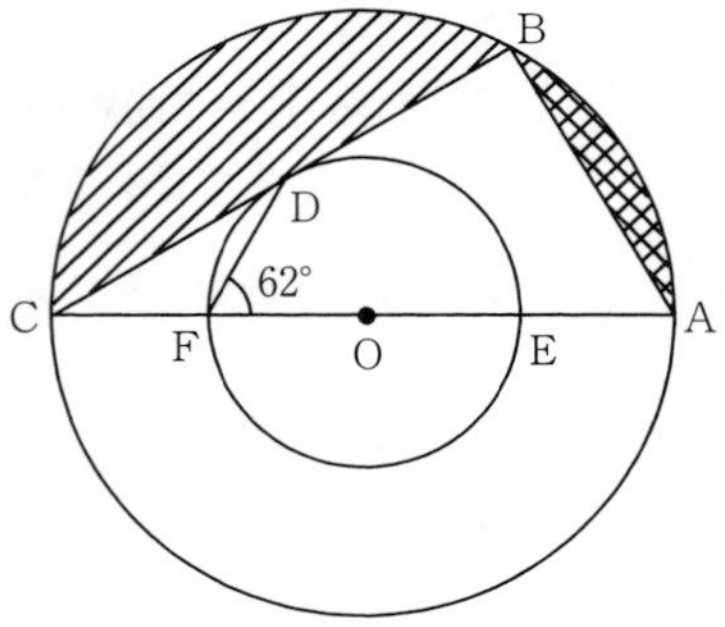

また，図の  の部分の面積をS_1， の部分の面積をS_2とすると，$S_1-S_2=\dfrac{\boxed{\text{カキ}}}{\boxed{\text{ク}}}\pi$である。

(2)　自然数Nにおいて，$f(N)$を$\sqrt{N}$の整数部分とする。例えば，$f(3)$の値は$\sqrt{3}$の整数部分であるから1，$f(9)$の値は$\sqrt{9}$の整数部分であるから3である。よって$f(3)=1$，$f(9)=3$となる。

$f(239)=\boxed{\text{ケコ}}$であり，$f(N)$は，$N=\boxed{\text{サシス}}$まで$\boxed{\text{ケコ}}$と同じ値が連続する。

また，$f(1)+f(2)+f(3)+\cdots+f(N)=100$($N=1,\ 2,\ 3,\ \cdots$)となるとき，$N=\boxed{\text{セソ}}$である。

4　座標平面上に2つの曲線$C_1：y=x^2$，$C_2：y=-\dfrac{3}{x}\,(x>0)$と直線$l：y=-x+2$がある。$C_1$と$l$の交点を$x$座標の小さい方からA，Bとし，$C_2$と$l$の交点をCとする。

さらに点Cを通り，直線OBに平行な直線と直線OAとの交点をD，C_2と直線OAの交点をEとする。

次の $\boxed{}$ に当てはまる数値を答えなさい。ただし，$\boxed{\text{キ}}$ は当てはまる番号を下記の解答群から選びなさい。

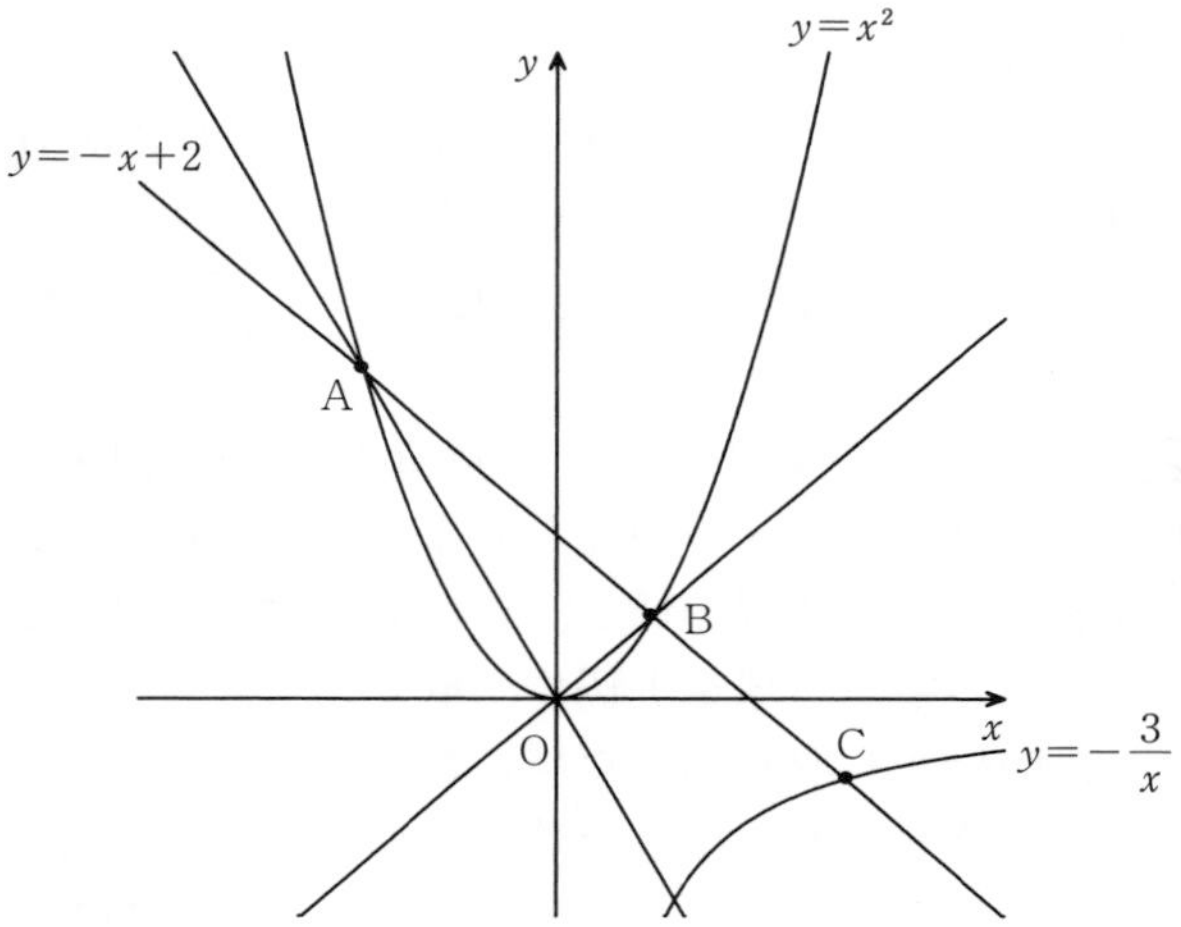

(1)　点Aの座標は$(-\boxed{\text{ア}},\ \boxed{\text{イ}})$，点Cの座標は$(\boxed{\text{ウ}},\ -\boxed{\text{エ}})$である。

(2)　点Dのx座標は$\dfrac{\boxed{\text{オ}}}{\boxed{\text{カ}}}$であるから，点Dと点Eは$\boxed{\text{キ}}$。

解答群

⓪　同じ点である
①　直線OA上にあり，点Dの方が点Eより原点に近い
②　直線OA上にあり，点Eの方が点Dより原点に近い

(3)　△OABの面積は$\boxed{\text{ク}}$，四角形OBCDの面積は$\dfrac{\boxed{\text{ケコ}}}{\boxed{\text{サ}}}$である。

5　図①のような直方体ABCD−EFGHにおいてAB：BC＝1：2であるとき，次の［　　］に当てはまる数値を答えなさい。

(1)　三角すいB−CGDの体積と四角すいD−ABFEの体積の比は［　ア　］：［　イ　］である。

(2)　この直方体において，ひもを点Aから点Eまで巻きつけるとき，辺BF，CG，DHと交わる点をI，J，Kとする。巻きつけるひもが最短となるとき，三角すいA−BCIの体積と四角すいA−FGJIの体積の比は［　ウ　］：［　エ　］である。

図①

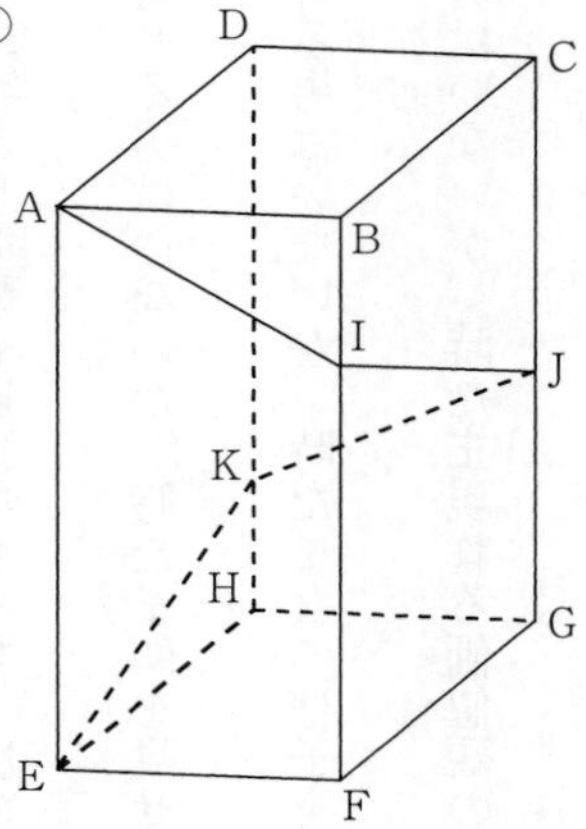

図②

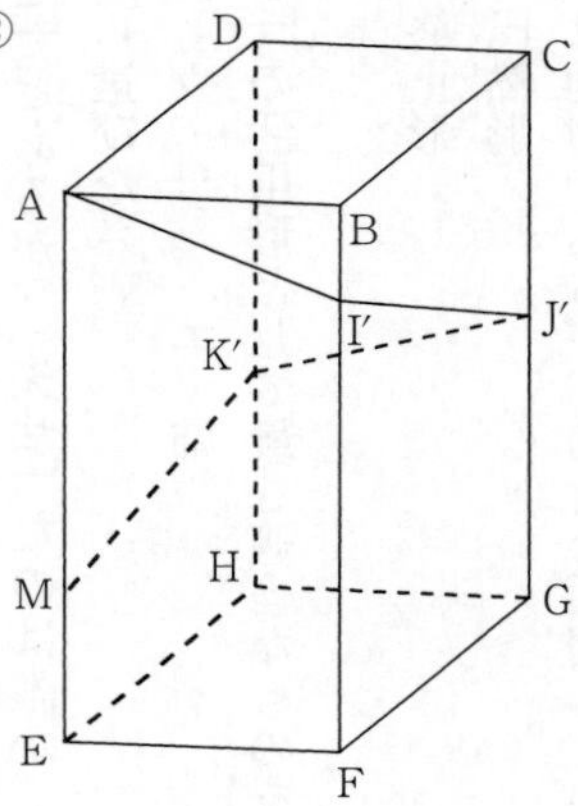

(3)　図②のように辺AE上に点Mをとる。(2)と同じように，点Aから点Mまで巻きつけるひもが最短となるとき，辺BF，CG，DHと交わる点をI′，J′，K′とする。三角すいC−ABI′の体積と三角すいH−EFI′の体積の比が2：13となるとき，AM：ME＝［　オ　］：［　カ　］である。

問五、傍線部④「わざとありつきたる男となくて、ただ時々通ふ人などぞありける」の内容として最も適当なものを、次の中から選びなさい。

ア　特別に思いを寄せる男はいないが、時たま顔を見せに来る男はいた。

イ　わざわざ言い寄る男はいないが、時たま女の様子を見に来る男はいた。

ウ　特に言い寄る男はいないが、時たま現れる価値《かち》観の似通った男はいた。

エ　結婚《けっこん》して共に暮らす男はいないが、時たま女を訪ねて来る男はいた。

問六、傍線部⑤「失せ」とあるが、「失せ」たのは誰か。最も適当なものを、次の中から選びなさい。

ア　男　イ　妹　ウ　母　エ　姉

問七、傍線部⑥「ける」の活用形として最も適当なものを、次の中から選びなさい。

ア　連用形　イ　終止形

ウ　連体形　エ　已然《いぜん》形

問八、傍線部⑦「率」は動詞であるが、何行で活用しているか。最も適当なものを、次の中から選びなさい。

ア　ア行　イ　ヤ行　ウ　ラ行　エ　ワ行

問九、傍線部⑧「あやしくて」⑨「あさまし」の本文中の意味として最も適当なものを、それぞれ後の中から選びなさい。

⑧　あやしくて

ア　変に思って　イ　悲しく思って

ウ　みじめに思って　エ　恐《おそ》ろしく思って

⑨　あさまし

ア　諦《あきら》める　イ　見捨てる

ウ　あきれる　エ　疑う

問十、空欄《くうらん》X には「少しも」という意味の語が入る。最も適当なものを、次の中から選びなさい。

ア　露《つゆ》　イ　雪　ウ　雨　エ　霜《しも》

問十一、傍線部⑩「あるべきならねば」の現代語訳として最も適当なものを、次の中から選びなさい。

ア　あってはならないので

イ　あるはずもないので

ウ　あるだろうと思われるので

エ　確かにあったと言えるので

問十二、本文の内容として最も適当なものを、次の中から選びなさい。

ア　姉妹《しまい》の両親は、前触《まえぶ》れなく突然《とつぜん》に行方《ゆくえ》をくらませてしまった。

イ　人々が気付いた時には、埋葬しようとした死骸《しがい》が無くなっていた。

ウ　男にだまされた姉妹は、とうとう重い病気になってしまった。

エ　人々は死骸を探すために、慌《あわ》てて女の家に帰ることにした。

問十三、本文の出典『宇治拾遺物語』より後に成立した作品を、次の中から選びなさい。

ア　万葉集　イ　枕草子《まくらのそうし》

ウ　おらが春　エ　土佐日記

問十八、本文の表現の特徴《とくちょう》を述べたものとして最も適当なものを、次の中から選びなさい。

ア　比喩《ひゆ》表現を所々に用いることで、登場人物の気持ちやその場の様子がイメージしやすいものとなっている。

イ　随所《ずいしょ》に見られる風景描写《びょうしゃ》によって、自然の中でたくましく成長する少年たちの様子が繊細《せんさい》に描《えが》かれている。

ウ　地域特有の言い回しや風物についての記述を排《はい》して、どの地域の読者にとっても読みやすい文章となっている。

エ　会話文の文体を大人と子どもとで使い分けることで、世代間にある微妙《びみょう》な価値《かち》観のずれや対立をにじませている。

三

次の文章を読んで、後の問いに答えなさい。

今は昔、①*長門前司《ながとのぜんじ》と②いひける人の、女《むすめ》二人ありけるが、姉は人の妻にてありける。【A】妹はいと若くて宮仕《みやづかへ》ぞしけるが、③後《のち》には家にゐたりけり。④わざとありつきたる男となくて、ただ時々通ふ人などぞありける。*高辻室町《たかつじむろまち》わたりにぞ家はありける。父母もなくなりて、奥《おく》の方《かた》には姉ぞ居たりける。【B】*南の表《おもて》の、西の方なる妻戸口にぞ常々*人に逢《あ》ひ、物などいふ所なりける。

二十七八ばかりなりける年、いみじく煩《わづら》ひて⑤失《う》せにけり。【C】奥は*所狭《ところせ》しとて、その妻戸口にぞ*やがて臥《ふ》したり⑥ける。*さてあるべき事ならねば、姉など*したてて*鳥部野《とりべの》へ⑦率《ゐ》て往《い》ぬ。【D】*例の作法《さほふ》にとかくせんとて、車より取りおろす。櫃《ひつ》かろがろとして蓋《ふた》いささかあきたり。⑧あやしくて、あけて見るに、いかにもいかにも［X］物なかりけり。「道などにて落ちなどすべき事にもあらぬに、いかなる事にか」と心得ず、⑨あさまし。すべき方もなくて、「さりとてあらんやは」とて、人々走り帰りて、「道におのづからや」と見れども、⑩あるべきならねば、家へ帰りぬ。

（『宇治拾遺《しゅうい》物語』による　一部改変）

《注》

*長門前司＝長門国の前の国司。

*高辻室町＝京都市下京区、高辻通りと室町通りの交差するあたり。

*南の表の、西の方なる妻戸口＝寝殿造の南に面した西寄りの出入り口の戸で、両開きの板戸。

*人＝ときどき通《かよ》って来る男。

*所狭し＝具合が悪い。

*やがて＝そのまま。

*さてあるべき事ならねば＝しかしいつまでもそのまま家の中に置いておくわけにはいかないので。

*したてて＝葬送《そうそう》の支度《したく》をして。

*鳥部野＝平安時代以来の京都の火葬場《かそうば》・墓地。

*例の作法＝遺体を火葬し、埋葬《まいそう》するというような葬儀《そうぎ》の手続き。

問一、傍線部《ぼうせんぶ》①「長門前司」の「長門」とは、現在のどこにあたるか。最も適当なものを、次の中から選びなさい。

ア　山口県の一部　イ　奈良県

ウ　愛知県の一部　エ　富山県

問二、傍線部②「いひ」と活用形が同じものを、次の中から選びなさい。

ア　御門《みかど》の御位《おほんくらゐ》はいともかしこし。

イ　のどやかに住みなしたる所は、

ウ　木のはしのやうに思はるるよ。

エ　もとより深き道は知り侍《はべ》らず。

問三、本文には「さて」が抜けている。補うのに最も適当な箇所《かしょ》を、本文中の【A】～【D】の中から選びなさい。

ア【A】　イ【B】　ウ【C】　エ【D】

問四、傍線部③「後には家にゐたりけり」を単語に分ける場合、どのようになるか。最も適当なものを、次の中から選びなさい。

ア　後／に／は／家／に／ゐ／たり／けり

イ　後／には／家／に／ゐたり／けり

ウ　後に／は／家／に／ゐた／り／けり

エ　後／に／は／家に／ゐたり／けり

(a)　にわかに
ア　一時的に　　イ　部分的に
ウ　急に　　エ　わずかに

(b)　しゃくりあげる
ア　厳しく責め立てる
イ　激しい呼吸とともに泣く
ウ　冷たく蔑《さげす》む
エ　大声でわめく

問十、空欄 C に入る語として最も適当なものを、次の中から選びなさい。
ア　隆々《りゅうりゅう》と　　イ　丸々と
ウ　悠々《ゆうゆう》と　　エ　福々と

問十一、傍線部⑦「『征人、大丈夫やさ』」と言った時の保生の気持ちとして最も適当なものを、次の中から選びなさい。
ア　征人には今回の出来事を早く忘れて欲《ほ》しい。
イ　動転している様子の征人を落ち着かせたい。
ウ　ほかにかける言葉が思いつかず恥《は》ずかしい。
エ　征人の父親も同じ星を見ているに違いない。

問十二、空欄 D に入る語として最も適当なものを、次の中から選びなさい。
ア　救助隊　　イ　由真
ウ　母ちゃん　　エ　父ちゃん

問十三、傍線部⑧「まるで映画でも見ているかのような光景だった」とあるが、その理由として最も適当なものを、次の中から選びなさい。
ア　突然《とつぜん》起こった重大な出来事を前にして、それを現実のものとして受け入れることができないでいたから。
イ　父親の安否が分からない状況に対し精神の防衛本能が働き、出来事を架空《かくう》のものととらえようとしていたから。
ウ　思いもよらない事件が発生し、多くの人が様々に発言し、時間の進行とともに話がどんどん進んでいたから。
エ　普段は暗い夜の港に灯りがともされている光景が、撮影《さつえい》のために用意された照明によるもののように見えたから。

問十四、傍線部⑨「今のこの時間がとてもきれいなものに感じられた」とあるが、その理由として**不適当なもの**を、次の中から選びなさい。
ア　真っ暗闇が自分の身に降りかかった不幸を、一時的でも忘れさせてくれたから。
イ　二人の友人が、どんな言葉も慰《なぐさ》めにならないことを理解して黙《だま》ってくれたから。
ウ　事態の深刻さゆえに、二人の友人は純粋《じゅんすい》な思いやり以外持ち得ない状況だったから。
エ　気ごころの知れた優《やさ》しい仲間と、美しい星空だけしか存在しなかったから。

問十五、傍線部⑩「胸がしんとした」とあるが、どういうことか。最も適当なものを、次の中から選びなさい。
ア　気をつかわせて悪かったと感じたこと。
イ　父親の安否不明のつらさが際立《きわだ》ったこと。
ウ　友人の温かい心づかいに感動したこと。
エ　同情されているのが寂《さび》しかったこと。

問十六、空欄 E に入る語として最も適当なものを、次の中から選びなさい。
ア　調律師　　イ　ペテン師
ウ　手品師　　エ　道化師《どうけし》

問十七、傍線部⑪「焼き飯を作りはじめた」とあるが、その理由として最も適当なものを、次の中から選びなさい。
ア　怖い思いをさせた妹への罪滅《つみほろ》ぼしをしたかったから。
イ　父親の代わりを務める覚悟ができたから。
ウ　父親のことを身近に感じたかったから。
エ　妹にいいところを見せたいと思ったから。

立つめずらしさから、おれは隣でずっと見ていた。ゴーヤーはこう切る、卵は二個、と、父ちゃんは作り方を丁寧《ていねい》に教えてくれた。手《て》際《ぎわ》のよさに驚《おどろ》いたのを覚えている。

父ちゃんの作った焼き飯は、ものすごくおいしかった。ご飯がパラパラで、母ちゃんが作る焼き飯よりも断然うまかった。おれはぺろりと平らげ、おかわりまでした。

――焼き飯だけできれば、なんとかなるさー。

そう言った父ちゃんの笑顔が、鮮明《せんめい》に頭に残っている。

（椰月美智子《やづきみちこ》『14歳《さい》の水平線』による　一部改変）

問一、空欄《くうらん》 A に入る語として最も適当なものを、次の中から選びなさい。

ア　ゆらめく　　イ　うごめく

ウ　ひしめく　　エ　ざわめく

問二、傍線部《ぼうせんぶ》①「このとき、おれの頭はやけにクリアだった。視界もさえざえとして、普段は目につかない部屋の隅の埃までもがよく見えた」理由として最も適当なものを、次の中から選びなさい。

ア　事態の深刻さを察して、どんな些細《ささい》な情報も見逃《みのが》すまいと集中力が高まったから。

イ　一家に不幸が起こったことがはっきりし、それから目をそらそうと必死になったから。

ウ　父親がいなくなった以上、母や妹をしっかり支えようという自覚が芽生えたから。

エ　父親の職業柄《しょくぎょうがら》、いつこのようなことが起こっても不思議はないと覚悟《かくご》ができていたから。

問三、空欄 B に入る語として最も適当なものを、次の中から選びなさい。

ア　逆　　イ　毛羽　　ウ　煮《に》え　　エ　粟《あわ》

問四、傍線部②「『由真はここで待っとけ！　いいか、ここで待っとけよ！』」とあるが、このように言った征人の気持ちとして**不適当なもの**を、次の中から選びなさい。

ア　妹を連れて行って周囲に迷惑《めいわく》をかけたくない気持ち。

イ　幼い妹には父親の死をまだ教えたくない気持ち。

ウ　不確かなことで妹を心配させたくない気持ち。

エ　一刻も早く港へ行きたいとあせる気持ち。

問五、傍線部③「夜の風がなまぬるく吹いていた」について、この表現の効果として最も適当なものを、次の中から選びなさい。

ア　日が沈《しず》み周囲が暗くなったことを暗示する効果。

イ　だんだん海に近づいていることを暗示する効果。

ウ　見えない力が支配していることを暗示する効果。

エ　不吉《ふきつ》なことが起こっていることを暗示する効果。

問六、傍線部④「そんなこと」が指している内容として最も適当なものを、次の中から選びなさい。

ア　父親の様子が普段通りであったこと。

イ　父親の操船技術が優《すぐ》れていること。

ウ　父親は遭難などしていないこと。

エ　父親が向かった海が穏《おだ》やかだったこと。

問七、傍線部⑤「ぜんぜん痛くなかった」とあるが、その理由として最も適当なものを、次の中から選びなさい。

ア　足がもつれて転倒しただけで傷は浅かったから。

イ　父親を失った悲しみが傷の痛みを上回ったから。

ウ　緊迫《きんぱく》した状況が通常の感覚を麻痺《まひ》させていたから。

エ　傷ができてからかなりの時間がたっていたから。

問八、傍線部⑥「怒っているような」とあるが、この時の「母ちゃん」の様子として最も適当なものを、次の中から選びなさい。

ア　なかなか進まない捜索《そうさく》活動に苛立っている様子。

イ　みんなを心配させている夫に腹を立てている様子。

ウ　息子《むすこ》が妹を一人残してきたことに失望している様子。

エ　激しい不安に何とか耐《た》えようとしている様子。

問九、傍線部(a)「にわかに」(b)「しゃくりあげる」の本文中での意味として最も適当なものを、それぞれ後の中から選びなさい。

「大丈夫やさ。あとは大人に任すさ」

保生が、おれの背中をしずかに押す。

「大丈夫やさ」

保生は港に来てから、何度大丈夫と言ってくれただろうか。真《ま》っ暗闇《くらやみ》のなかを三人で歩いた。誰もなにも話さない。ざっ、ざっ、という足音だけが耳に届く。不謹慎《ふきんしん》かもしれないけれど、⑨今のこの時間がとてもきれいなものに感じられた。孝俊と保生が、こうして一緒に歩いてくれていることが心強かった。隣《となり》にいる二人が、頼《たよ》りがいのある、いっぱしの大人のように思えた。

夜空が星で埋《う》め尽《つ》くされている。アルタイル、北斗七星、北極星。父ちゃんも今、同じ夜空を見ているはずだ。

「じゃあな」

家に着いて、保生がおれの腕を叩く。

「うん、ありがとう」

「また、明日な」

ぎこちない笑顔《えがお》で孝俊が言った。港にいるときからここに来るまで、孝俊はひと言も口を利《き》かなかった。いつもはおしゃべりなくせに、今はじめて口を開いた孝俊の不器用さがおかしくて、それなのに⑩胸がしんとした。

おれは玄関先で大きく深呼吸をして、ただいま！　と元気よく玄関を開けた。

「にいにいっ！」

飛び出して来た由真が、おれの顔を見た瞬間《しゅんかん》に(b)しゃくりあげる。

「遅《おそ》くなってごめんな。一人で怖《こわ》かっただろ。大丈夫。みんなが船を出してくれた。すぐ見つかるさ。心配ないさー」

おれの口からは、　E　のような言葉がすらすらと出てきた。妹にこんなふうにやさしく声をかけるなんて、はじめてのことだ。

「母ちゃんは？」

「もう少ししたら戻ってくるさ。先に寝とけって」

「……いやあ」

ひっくひっくと息を吸いながら、由真が涙《なみだ》を拭《ぬぐ》う。

「由真、お腹《なか》空いてないか。焼《や》き飯《めし》でも食べるか」

由真は涙を流しながら、首を振った。それでもおれは台所に立って、記憶《きおく》をたどりながら⑪焼き飯を作りはじめた。

ゴーヤーを薄切《うすぎ》りにして、島らっきょうをみじん切りにする。豚《ぶた》肉《にく》が見つからなかったから、ハムで代用した。炊飯《すいはん》ジャーに残っていたご飯をボウルに移して卵を割り入れて混ぜる。フライパンに油を引き、具材を炒《いた》める。そこに卵と混ぜたご飯を投入して、パラパラになるまで炒める。塩コショウをしたら出来上がりだ。

「できた。食べよう」

いらないよ、と言いつつ、由真がのろのろと食卓《しょくたく》の椅子《いす》に座《すわ》る。

「絶対おいしい、食べてみっ」

「にいにいが作るの、はじめて。食べられるねえ？」

「はじめてにしては上等。いいから食べてみー」

半べそのまま、由真がおそるおそる口に入れた。

「あ、おいしい」

「だろ？」

自分で言うのもなんだけど、本当にうまかった。ゴーヤーの苦味と島らっきょうの酸味が、絶妙《ぜつみょう》に卵ご飯に絡《から》んでいる。

「……こんなの、いつ覚えたの？」

「前に父ちゃんが教えよった。ご飯と卵を先に混ぜておくのが重要って。そしたらご飯がパラパラになる」

父ちゃんが言ったセリフを、そっくりそのまま口にした。あれは、小学六年生のときのことだ。その日、父ちゃんの漁は休みだった。台風が上陸したか近づいているかで、海が荒《あ》れて船を出せなかったのだ。家のなかには、どういうわけか父ちゃんとおれしかいなかった。

――お腹すいたなあ。焼き飯でも食べるか。

そう言って、父ちゃんが昼食を作ってくれた。父ちゃんが台所にたのには、なにか意味があるのだろうかと勘繰《かんぐ》ってしまう。

「大丈夫やさ、征人。なんでもない」

保生はおれと目が合うたびに、大丈夫と言ってくれる。

「え、征人、ケガしてるよ」

保生が言った。肘《ひじ》や膝《ひざ》、他もところどころがすりむけて血が出ていた。⑤ぜんぜん痛くなかった。なにも感じなかった。

大人たちの向こうに母ちゃんの姿が見えた。⑥怒《おこ》っているような、それでいて泣きそうな顔で、うろうろとあっちに行ったりこっちに来たりしている。まわりの大人たちは慌ただしげに、無線で連絡《れんらく》を取り合い、船の準備をしていた。

(a)にわかに騒《さわ》がしくなった港のその灯《あか》りで、空が紺色《こんいろ》に映る。島の大人の男たちがわらわらと動いている。日に焼けた肌。分厚い胸《むな》板《いた》。［C］した太い腕。筋肉が張ったふくらはぎ。父ちゃんの身体とおんなじだ。自然を相手にする男たちのたくましい身体。

頭上には満天の星があった。星が今にも降ってきそうな夜空だ。

「あの星の名前知ってるか」

東の空を指さして、おれは保生にたずねた。びっくりしたように、保生が眉《まゆ》を持ち上げる。場違いな質問に戸惑《とまど》っているようだった。

「あ、あれは、アルタイルじゃないかな。夏の大三角形のわし座」

「そうか」

保生が心配そうにこっちを見る。おれは後ろを振《ふ》り返《かえ》って、北の空を見上げた。あれが北極星で、こっちが北斗七星《ほくとしちせい》だ。北極星と北斗七星と、冬のオリオン座だけは知っている。

⑦「征人、大丈夫やさ」

「うん、わかってる」

ただ、あの東の空で輝《かがや》いている、星の名前を聞いてみたかっただけだ。きっと父ちゃんも、海の上で見ているはずだから。

おれに気付いた大人たちが、次々と声をかけて肩《かた》を叩《たた》いていく。そのたびに、おれは小さな苛立《いらだ》ちを感じた。やさしい言葉なんていらない。同情なんてほしくない。そのくせ、おれに気付いても声をかけてこない人がいると、冷たいじゃないかと、見当違《けんとうちが》いの憤《いきどお》りを感じた。

みんながいるのに、父ちゃんだけがいないことが、とんでもない間違いに思えた。［D］がここにいれば、いなくなった父ちゃんをすぐに見つけてくれるのに、とありもしないことを思ったりした。

「はい、子どもは、家に帰る！」

どのくらい経《た》った頃《ころ》だろう。誰《だれ》かが大きな声で言った。おれたち三人のことだ。

「征人。今日はうちに泊《と》まりなさい。由真と一緒《いっしょ》に」

保生の父ちゃんだ。保生も、そうしたほうがいいとうなずく。

「いえ、いいです」

何度か誘《さそ》ってくれたが断った。父ちゃんが帰ってくるかもしれない。帰ってきたとき、誰もいなかったら、父ちゃんが心配するだろうと思った。

「征人、もう家に戻りなさい」

母ちゃんがそばに来て言う。無理にやさしい顔を作ろうとしているのがわかった。

「由真をお願いね。頼《たの》んだよ」

「母ちゃんは？」

「まだもう少しここにいるさ。先に寝《ね》てなさい」

そう言って、小さく微笑《ほほえ》む。

「送っていくよ。行こう」

保生が言って、おれを促《うなが》した。

孝俊と保生と一緒に歩き出して、ふと、後ろを振り返った。騒がしく慌ただしい夜の港。⑧まるで映画でも見ているかのような光景だった。

おれは今、目に映るすべてのものを、ひとつ残さずしっかりと頭に焼き付けなければならないと思った。理由はわからないけれど、強く強くそう思った。

二　次の文章を読んで、後の問いに答えなさい。

> 主人公の「征人《ゆきと》」は中学二年の男子で、漁師の父、母、妹の「由真《ゆま》」の四人家族で南の島に暮らしている。島にいる中学二年生は、「征人」のほか、幼なじみの「保生《やすお》」と「孝俊《たかとし》」、東京から父親の仕事の関係で移住してきた「タオ」（本文中には登場していない）の四人だけである。この日、漁に出た「征人」の父はいつもの帰宅時間になっても戻《もど》って来ず、母が漁師仲間の所へ様子を聞きに向かった。

慌《あわ》ただしく孝俊の父ちゃんが来たのは、それから二十分後のことだ。

「政《まさ》さん、帰ってないのか」

おれと由真はきょとんとしていた。それから、ぎこちなくうなずいた。孝俊の父ちゃんはおれたちを見たあと、あごを少し上げて、言葉を押し込《こ》めるように息をくっと吸い、そして、慌てた様子で出て行った。

ただならぬ雰囲気《ふんいき》に、身体の細胞《さいぼう》のひとつひとつが［A］感覚があった。

「にいにい、父ちゃんいなくなったの？」

①このとき、おれの頭はやけにクリアだった。視界もさえざえとして、普段《ふだん》は目につかない部屋の隅《すみ》の埃《ほこり》までもがよく見えた。

「ねえ、にいにい……」

「にいにいってば！」

由真の声に、いきなり肌《はだ》が［B］立った。

立ち上がろうとしたけれど、気持ちだけが急《せ》いて腰《こし》が思うように動かなかった。這《は》うようにして玄関《げんかん》に向かう。

「にいにい！　どこに行くの！」

②「由真はここで待っとけ！　いいか、ここで待っとけよ！」

「にいにいっ！」

由真の悲鳴のような声を聞きながら、おれは港に向かってかけ出した。途中《とちゅう》、足がもつれて転んだ。立ち上がろうとして、また転倒《てんとう》した。

③夜の風がなまぬるく吹《ふ》いていた。早く早く！　と思うけれど、もどかしいくらい足がスムーズに繰《く》り出《だ》せない。おれはがむしゃらに走った。途中、また転んだ。見れば左右で違《ちが》うスニーカーを履《は》いていた。両方とも右足のものだった。

かまわずそのまま走った。港までをこんなに遠いと思ったのは、生まれてはじめてだった。どこまで走っても、永遠にたどり着けない気がした。

港にはすでに大勢の大人が集まっていた。そのなかに孝俊と保生もいた。二人が同時におれを見た。

「大丈夫《だいじょうぶ》やさ、征人。心配すんな。なんでもない。これから船を出すから、大丈夫」

保生がかけ寄ってきて言う。

父ちゃんの船は戻っていなかった。他の船はあるのに、父ちゃんの船だけがない。

「すいませんっ！」

漁業組合の顔見知りのおじさんに思わず声をかけた。

「父ちゃんの船、今日見ました？　朝、父ちゃんに会いましたか？　いつもと違わなかったですか？　今どんな状況《じょうきょう》ですか？」

勢《いきお》い込んでたずねた。

「朝はいつも通りだったよ。大丈夫、征人。政さんはすぐに見つかるよ。今日はずっと凪《なぎ》だったし、政さんぐらいの腕《うで》だったら……ありえんから。心配すんな」

かろうじてうなずく。④そんなことわかってる。父ちゃんが腕のいい漁師だということは知っている。今日の海が凪《な》いでいたことも知っている。だから父ちゃんが無事だということもわかっている。全部ちゃんとわかっている。

そう思いつつも、おじさんが遭難《そうなん》という言葉をあえて使わなかっ

問九、傍線部⑩「懸命」と同じ構成の熟語を、次の中から選びなさい。

ア　延期　　イ　娯楽《ごらく》　　ウ　非常　　エ　正確

問十、傍線部⑫「進化論を考案」した背景の説明として最も適当なものを、次の中から選びなさい。

ア　同郷の研究者であるウォレスの協力を得て導き出した。

イ　いったん現地から離《はな》れて落ち着ける故郷で考え直した。

ウ　偶然目を通した別の学問分野の考え方と結び付けた。

エ　成果が出なくても諦《あきら》めずに懸命に考え抜いて見出した。

問十一、傍線部⑬「この種の能力」とはどのような能力のことか。最も適当なものを、次の中から選びなさい。

ア　経験に基づいて周知の事柄を理解する能力。

イ　二つの事柄を比較《ひかく》して違いに気づく能力。

ウ　類似点《るいじてん》に注目して本質を見抜《みぬ》く能力。

エ　既得《きとく》の知識を活用して別の場面で使う能力。

問十二、空欄[1]～[3]に入る語の組み合わせとして最も適当なものを、次の中から選びなさい。

ア　1　一方　　2　ゆえに　　3　もっとも

イ　1　しかし　　2　たとえば　　3　もちろん

ウ　1　一方　　2　たとえば　　3　もっとも

エ　1　しかし　　2　ゆえに　　3　もちろん

問十三、空欄[X]に入る四字熟語として最も適当なものを、次の中から選びなさい。

ア　一進一退　　イ　温故知新

ウ　日進月歩　　エ　千載一遇《せんざいいちぐう》

問十四、この文章の説明として最も適当なものを、次の中から選びなさい。

ア　多くの具体例を挙げることで、専門的な内容が理解しやすい文章になっている。

イ　擬音《ぎおん》語や擬態《ぎたい》語を効果的に取り入れることで、臨場感のある文章になっている。

ウ　ユーモアや皮肉を交えることで、社会批判をしつつも痛快な文章になっている。

エ　対比表現を用いることで、人間と機械の違いが強調された文章になっている。

問十五、本文の内容と合致《がっち》するものを、次の中から選びなさい。

ア　エミーが作った作品と知らされて曲を聴いた人々は、予想以上の完成度の高さに驚《おどろ》き、拍手さえできなかった。

イ　コープは作曲方法について分析《ぶんせき》を加え、コンピュータが一流の作曲家の独創性を上回る可能性に言及《げんきゅう》している。

ウ　ジョブズの質問を受けた担当者は、積極的に開発に参加せず傍観者《ぼうかんしゃ》に徹《てっ》した己《おのれ》を恥《は》じて、罪悪感を覚えた。

エ　ダーウィンとウォレスはどちらも生物学者であり、創造性に対する考え方もほぼ同じである。

問十六、次は本文を読んだ四人の生徒が交《か》わした会話である。四人の発言のうち、本文の内容と合致するものを、次の中から選びなさい。

ア　生徒A「コープ氏が聴衆の反応を気にしてコンピュータの作品だと公開しない気持ちは理解できるな。人前で発表する時は勇気が必要だよね。」

イ　生徒B「独創的な作品を作るためには、子供の頃の経験が大事なんだね。大人になってからでは遅《おそ》いから、今のうちにしっかり勉強しなくちゃ。」

ウ　生徒C「天才と呼ばれる人は、偶然も味方にして結果を出すことがわかったよ。それなのに凡人《ぼんじん》は、これを簡単なことだと勘違《かんちが》いしてしまうんだね。」

エ　生徒D「私の兄は最近ゴルフを始めたんだけど、上達が早いみたい。高校まで野球を続けたお陰《かげ》だって言っていたよ。これが汎化能力なんだね。」

から選びなさい。

ア　エミーは正確なデータ処理能力を有しているので、作品が盗作と非難されることはない。

イ　エミーは芸術家たちの魂を受《う》け継《つ》ぎ、創造性の高い音楽を作っている。

ウ　エミーは幅広い作風の曲を作ることができるが、すべてが素晴らしい作品とは限らない。

エ　エミーは人為的《じんいてき》な音の組み直しよりも、自然界にある音を中心に作曲する傾向《けいこう》が強い。

問三、傍線部②「お眼鏡にかなう」⑨「画期的」⑪「淘汰」の本文中の意味として最も適当なものを、それぞれ後の中から選びなさい。

②　お眼鏡にかなう

ア　欠点を指摘《してき》される。

イ　認められ気に入られる。

ウ　細部まで確認《かくにん》される。

エ　実力以上に期待される。

⑨　画期的

ア　普通《ふつう》では思いつかないほど奇抜《きばつ》であるさま。

イ　特色も変化もなくすべてが一様であるさま。

ウ　新しく時代を区切るほどにめざましいさま。

エ　過去を研究して新しい事態に対処するさま。

⑪　淘汰

ア　弱者が強者の餌食《えじき》になること。

イ　必要なものを与えないこと。

ウ　他者との関わりを絶つこと。

エ　不要なものを取り除くこと。

問四、本文には次の一文が抜けている。補うのに最も適当な箇所《かしょ》を、本文中の【Ⅰ】～【Ⅳ】の中から選びなさい。

ただし、それは普通とは逆の見方に基づいています。

ア　【Ⅰ】　イ　【Ⅱ】　ウ　【Ⅲ】　エ　【Ⅳ】

問五、傍線部③「ベース」④「モチーフ」⑤「ケース」⑥「プロセス」とそれぞれの意味の組み合わせとして**不適当なもの**を、次の中から選びなさい。

ア　ベース＝土台　イ　モチーフ＝題材

ウ　ケース＝事例　エ　プロセス＝結果

問六、空欄《くうらん》［A］～［D］に入る語の組み合わせとして最も適当なものを、次の中から選びなさい。

ア　A　原始的　B　印象的　C　抽象《ちゅうしょう》的　D　演繹《えんえき》的

イ　A　潜在《せんざい》的　B　独創的　C　人間的　D　合理的

ウ　A　一時的　B　感覚的　C　内面的　D　一般的

エ　A　間接的　B　逆説的　C　基本的　D　客観的

問七、傍線部⑦「音楽は同じ音楽」とコープ氏が考える理由として**不適当なもの**を、次の中から選びなさい。

ア　人間とコンピュータの作曲方法は、既《すで》にある他の作品を基盤《きばん》にする点で同じだから。

イ　聴衆が感動するか否かは、聴衆の心理や認識の仕方にゆだねられているから。

ウ　素晴らしい音楽を生み出すためには、人間の内面的な要素は重要でないから。

エ　コンピュータに人間性はないが、シリコン・チップが同じ働きをするから。

問八、傍線部⑧「創造性」とはどのようなものか。最も適当なものを、次の中から選びなさい。

ア　参考となる資料や情報を再構成すると生じるもの。

イ　何も無いところから突如《とつじょ》として発生するもの。

ウ　複数の事柄の関連性を巧妙に消したところに現れるもの。

エ　体験に裏打ちされた直感から導かれるもの。

ネットはもともと、脳の視覚野の研究成果に基づいて開発されたため画像認識《にんしき》で高い性能を示しました。が、やがてグーグルの音声検《けん》索《さく》やマイクロソフトの同時通訳サービスにも応用されるなど、かなりの汎用性《はんようせい》を示しています。

特にマイクロソフトの同時通訳サービスに実装されたディープ・ニューラルネットは、スペイン語を学習すると、なぜか英語や中国語まで上達するなど、これを開発している研究者の期待を上回る汎化能力を示しています。

[3]この程度の能力では、「人口論」と「ガラパゴス諸島の変種動物」を結び付けたダーウィンの飛躍的《ひやくてき》な発想力の足元にも及《およ》びません。またニューラルネットが学習の対象とする範囲《はんい》は所詮《しょせん》、人間がシステムに与《あた》えたデータに限定され、それ以上のことは学ぶことができません。つまり私たち人間が生きる過程で蓄える広範囲の経験、それに裏打ちされた「常識」や「直観」をニューラルネットは備えていないのです。これがない限り、知的にすぐれた人間が持つ「全く異なる領域に属する事柄を結びつけて考えること」はできないと見る専門家もいます。【 Ⅳ 】

しかしあらためて断るまでもなく、今、この分野の技術は[X]で進化しています。今後、ニューロモーフィック・チップのような最先端《さいせんたん》のニューラルネットを搭載したロボットがこの世界を自由に動き回り、そこに搭載された各種センサーから外界の情報を吸(iii)シュウして学ぶようになれば、それは多彩《たさい》な経験から学んで成長する人間に急速に近づいていくでしょう。そこに人間並みの汎化能力が生まれることは十分考えられます。それはいずれ意識すらも備えた強いＡＩへとつながる道でもあります。

（小林雅一《こばやしまさかず》『ＡＩの衝撃《しょうげき》―人工知能は人類の敵か』による　一部改変）

《注》

＊エミー＝作曲用プログラムの名称《めいしょう》。過去の作曲家の作品をコンピュータに読《よ》み込《こ》ませて、そこから何らかのパターンを抽出《ちゅうしゅつ》し、これに沿って作曲をする。

＊コープ氏＝デビッド・コープ。エミーを開発した。

＊ベートーベン風の作品＝これより前の文章で、エミーの作品は「古典的で精緻《せいち》な音楽理論に従う作品の出来は素晴らしいが、ベートーベン風の自由度の高い作品になると今一つの出来」だという記述がある。

＊シリコン・チップ＝半導体の材料。半導体は電子機器や装置の頭脳部分として中心的な役割をする。

＊ニューラルネット＝脳の神経回路の一部を模して、人工的に再現したもの。

＊機械学習＝コンピュータに大量のデータからパターンやルールを発見させ、様々な物事に利用することで判別や予測をする技術。

＊ディープラーニング＝ニューラルネットの一種。大量のデータの中にあるパターンやルールの発見、学習等を機械が自動的に行う技術。

問一、傍線部《ぼうせんぶ》(i)～(iii)のカタカナ部分と同じ漢字を使う熟語として最も適当なものを、それぞれ後の中から選びなさい。

(i)　トウ合

ア　激しいトウ論の末に決着がついた。
イ　有能な人材をトウ用する制度がある。
ウ　彼女《かのじょ》は同じ系トウの言語を学習している。
エ　才能豊かな新人作家にトウ資するつもりだ。

(ii)　提ショウ

ア　近所に住む祖父母を夕食にショウ待する。
イ　オペラ歌手に歌ショウの指導を受ける。
ウ　彼は裁判で身の潔白をショウ明した。
エ　この契約書《けいやくしょ》の内容をショウ認できない。

(iii)　吸シュウ

ア　衣類をクローゼットにシュウ納する。
イ　新しい社長がシュウ任の挨拶《あいさつ》をする。
ウ　校舎の改シュウ工事が始まった。
エ　最後の戦いに向けて力を結シュウする。

問二、傍線部①「エミー」の説明として最も適当なものを、次の中いうのは物事を結びつけること(コネクション)にすぎない」と述べ、その真意を次のように説明しています。

【 Ⅱ 】

「クリエイティブ担当者にこれ(筆者注・創造的作品)はどうやったのかと訊《き》けば、彼らは少々罪悪感にとらわれる。実際には何もしていないからだ。彼らはただ見ただけだ。見ているうちに彼らにははっきりする。過去の経験をつなぎ合わせ、新しいものを(i)トウ合することができるからだ。それが可能なのは、彼らがほかの人間より多くの経験をしているから、あるいはほかの人間より自分の経験についてよく考えているからだ」(『スティーブ・ジョブズの流儀《りゅうぎ》』、リーアンダー・ケイニー、ランダムハウス講談社より)

これとほぼ同じことを、著名なSF作家のアイザック・アシモフも述べています。自身が生化学者でもあったアシモフは、1959年に記したエッセイの中で創造性について、次のような考えを述べています。

「(創造性とは)一見異なる領域に属すると見られる複数の事柄《ことがら》を、一つに結びつける能力を持った人から生まれる」

その具体的な事例としてアシモフは、英国の生物学者チャールズ・ダーウィンらが提(ii)ショウした「進化論」を挙げています。1831年に英ケンブリッジ大学を卒業したダーウィンはその年の末、測量船ビーグル号に乗船。さまざまな地域を巡《めぐ》った後、赤道直下の太平洋上に位置するガラパゴス諸島に到達《とうたつ》しました。ここで「ゾウガメ」や「イグアナ」など、これまで見たことのない奇妙《きみょう》な動物を多数目にしたダーウィンは、英国に帰国後、これらの存在を[D]に説明する理論を⑩懸命《けんめい》に考えますが、なかなかそれにたどり着けませんでした。

しかし、その後、偶然《ぐうぜん》、英国の経済学者トマス・ロバート・マルサスの書いた「人口論」を読み、ダーウィンは長年叶《かな》わなかったブレークスルーを成《な》し遂《と》げました。【 Ⅲ 】マルサスが人口の変化を説明するために使った「人口過剰《かじょう》」と「経済的弱者の淘汰《とうた》」という考え方(これは発表当時、「非人道的」と非難されました)を、ダーウィンはガラパゴス諸島で目撃《もくげき》した奇怪《きかい》な爬虫類《はちゅうるい》に結び付け、ここから「自然⑪淘汰に基《もと》づく生物の進化論」を作り上げたのです。

ダーウィンが⑫進化論を考案した19世紀中頃《なかごろ》、ガラパゴス諸島で目撃された変種動物の存在は英国の生物学者の間で広く知られていました。また彼らの多くは有名な経済学書である「人口論」を読んでいました。[1]、この両者、つまり異なる分野に属する事柄を一つに結びつけて進化論を考え出したのは、ダーウィンと(同じく英国の生物学者)アルフレッド・ウォレスの2人だけでした(ウォレスは自説を公表しなかったため、その名前が広く知られることはありませんでした)。

これがアシモフの言う「創造性」の本質なのです。つまり創造性とは全くのゼロから何かを生み出すことではありません。むしろ幅《はば》広《ひろ》い経験を通じて目撃したり学んだりしたさまざまな事柄、つまり一見すると無関係な事柄の間に他者が気づかない関連性を見出《みいだ》し、これに基づいて別々の事柄を一つにつなぎ合わせる能力です。

それは一見簡単そうにも見えますが、実は天才にしかできないことです。ダーウィンが進化論について書いた「種の起源」を読んだ英国の生物学者トマス・ハクスリーは「こんな簡単な事に気付かなかった自分はなんと馬鹿だろう」と嘆《なげ》いたそうです。

こうした創造性の萌芽《ほうが》を、最近のコンピュータは示し始めたようです。[2]＊ニューラルネットや＊機械学習の研究者たちは、最近のニューラルネットは「ある領域で学んだ事柄を別の領域へと応用する能力を示し始めている」と言います。それはちょうどダーウィンが「人口論」という経済学の知見を、多様な種を研究するための生物学に応用して自然淘汰(進化論)を導き出したのと同じ能力だというのです。ニューラルネット、つまりコンピュータが示す、⑬この種の能力を彼らは「汎化《はんか》能力」と呼んでいます。

その最たる事例が「＊ディープラーニング(ディープ・ニューラルネット)」の機械学習能力です。〔中略〕この最新鋭《さいしんえい》のニューラル

二〇二一年度　日本大学櫻丘高等学校（B日程）

【国　語】（六〇分）〈満点：一〇〇点〉

【一】　次の文章を読んで、後の問いに答えなさい。

＊エミーは短時間で大量の音楽を作曲しますが、その全てがすぐれた作品というわけではありません。それらの中から＊コープ氏が「これは人間が聴《き》くに値《あたい》する」と判断した曲だけ選《よ》り抜《ぬ》いて、演奏会に上げているのです。①エミーが作曲したショパン風の作品の場合、コープ氏の②お眼鏡にかなうのは4曲に1曲ですが、＊ベートーベン風の作品では60～70曲に1曲にまで下がります。

これらの曲がコンサートで演奏される際、コープ氏はこれらがエミー（コンピュータ）によって作曲されたことを聴衆《ちょうしゅう》に知らせない場合と知らせる場合があります。前者の場合、聴衆は演奏される音楽に深く感動した様子を示し、演奏後は拍手喝采《はくしゅかっさい》を贈《おく》りますが、逆にコンピュータの作品と知らされた場合、彼《かれ》らは全くその素振《そぶ》りを見せず、演奏後も会場は静まり返ったままです。こうした一種の実験を経て、コープ氏は「音楽が持つ意味は、結局、それを聴く者の耳（つまりその人の心理）の中に宿っている」と信じるようになりました。

このように素性《すじょう》を隠《かく》しさえすれば人を感動させることのできるエミーは、バッハやショパンのような芸術家と同じような創造性を持っているとコープ氏は考えています。【　Ｉ　】つまり「コンピュータが人間のように創造するのではなく、むしろ人間がコンピュータのように創造している」というのです。

同氏の見方に従えば、古来、作曲家はエミー（コンピュータ）と同じく、すでにある他人の作品を③ベースに作曲活動をしてきました。もちろん全部がそうだというわけではありません。ときには「鳥のさえずり」や「木の葉のざわめき」など自然界の音を④モチーフに曲が作られるかもしれません。でも、それはむしろ例外的な⑤ケースで、大多数の音楽家は子供の頃《ころ》から今まで聞いてきた大量の楽曲が［　Ａ　］な記憶《きおく》領域に蓄積《ちくせき》されています。

それら過去の作品を無意識のうちに細かく分解し、もう一度新たな形に組み直したものが、その音楽家の作品だというのです。この「分解と再構成の⑥プロセス」が粗雑《そざつ》で、ほとんど以前の誰《だれ》かの作品と同じであった場合、それは「盗作《とうさく》」と非難されます。しかし逆に、それが非常に上手《うま》く行われて、以前の作品を示す痕跡《こんせき》が巧妙《こうみょう》に消された場合、それは［　Ｂ　］な「新作」と評価されます。

こうした創造活動の水準（良《よ》し悪《あ》し）を左右するのは、結局、この音楽家が頭の中に蓄《たくわ》えた「過去の音楽データ」の量と、それらをいかに複雑かつ精巧《せいこう》に組み直すことができるか、つまりデータ再構成の能力にかかっています。この点から見て、大量の音楽データベースと超高速《ちょうこうそく》のデータ処理能力を備えるコンピュータは、一流の作曲家を凌《しの》ぐ独創性を発揮し得るとコープ氏は信じています。

「作曲家（人間）の持つ深い魂《たましい》や、豊かな人間性こそが素晴《すば》らしい音楽を生み出す」とする一般的《いっぱんてき》な見方は、人間が抱《いだ》いているロマンティックな偏見《へんけん》に過ぎないとコープ氏は考えています。魂を有する人間が作るにせよ、＊シリコン・チップを搭載《とうさい》したコンピュータが作るにせよ、⑦音楽は同じ音楽で、違《ちが》いは聴く人の受け止め方にあるというのです。

これまで人間とコンピュータ（機械）を分ける最大の要素は、「創造性」あるいは「独創性」にあると考えられてきました。しかし作曲活動のような最も［　Ｃ　］で創造的な作業までもが、コープ氏の言う「音楽データの量とそれを再構成する能力」などという無機質なコンピュータ科学の対象となりつつある今、その本質があらためて問い直されています。一体、⑧創造性とは何なのでしょうか？

マッキントッシュやアイフォーンを始めとする⑨画期的製品を次々と世に送り出し、２０１１年に他界したスティーブ・ジョブズ氏は、かつて米ワイアード誌によるインタビューの中で「創造性と

2021年度／日本大学櫻丘高等学校（B日程）

英語解答

I 問題1　(1)…3　(2)…3　(3)…1　(4)…4　(5)…1
問題2　(1)…3　(2)…1
問題3　(1)…3　(2)…2　(3)…4

II (1)　2　(2)　3　(3)　4　(4)　1　(5)　2

III 1…1　2…7　3…3　4…5　5…6

IV (1)　3　(2)　1

V 1　3→1→2→4
2　4→1→3→2
3　3→1→2→4
4　2→4→1→3
5　3→1→4→2

VI A　1…4　2…1　3…5　4…6
B　5…8　6…6　7…4　8…2

VII 問1　4　問2　2　問3　1
問4　3　問5　2　問6　3
問7　2　問8　2　問9　1
問10　4

数学解答

1 (1)　2　(2)　イ…1　ウ…8
(3)　エ…1　オ…9　カ…1　キ…8
(4)　ク…5　ケ…2　コ…2

2 (1)　ア…1　イ…1　ウ…8　エ…2
オ…9　カ…7　キ…9
(2)　ク…2　ケ…7　コ…5

3 (1)　ア…1　イ…2　ウ…4　エ…5
オ…6　カ…2　キ…2　ク…5
(2)　ケ…1　コ…5　サ…2　シ…5
ス…5　セ…3　ソ…0

4 (1)　ア…2　イ…4　ウ…3　エ…1
(2)　オ…4　カ…3　キ…②
(3)　ク…3　ケ…1　コ…6　サ…3

5 (1)　ア…1　イ…2
(2)　ウ…1　エ…8
(3)　オ…4　カ…1

国語解答

一 問一　(i)…ウ　(ii)…イ　(iii)…ア
問二　ウ
問三　②…イ　⑨…ウ　⑪…エ
問四　ア　問五　エ　問六　イ
問七　エ　問八　ア　問九　ア
問十　ウ　問十一　エ　問十二　イ
問十三　ウ　問十四　ア
問十五　イ　問十六　エ

二 問一　エ　問二　ア　問三　エ
問四　イ　問五　エ　問六　ウ
問七　ウ　問八　エ
問九　(a)…ウ　(b)…イ　問十　ア
問十一　イ　問十二　エ
問十三　ア　問十四　ア
問十五　ウ　問十六　イ
問十七　ウ　問十八　ア

三 問一　ア　問二　イ　問三　エ
問四　ア　問五　エ　問六　イ
問七　ウ　問八　エ
問九　⑧…ア　⑨…ウ　問十　ア
問十一　イ　問十二　イ
問十三　ウ

2020年度 日本大学櫻丘高等学校（A日程）

【英　語】（60分）〈満点：100点〉

■放送問題の音声は，当社ホームページ（http://www.koenokyoikusha.co.jp）で聴くことができます。
（当社による録音です）

Ⅰ　これから，放送によるリスニングテストを始めます。放送の内容をよく聞いて答えなさい。聞きながらメモをとってもかまいません。

問題１　次の(1)～(5)の写真について４つの英文が読まれます。写真の状況として最も適切な英文を１～４の中から１つ選び，その番号をマークしなさい。**英文は１回のみ放送されます。**

(1)

１．　２．　３．　４．

(2)

１．　２．　３．　４．

(3)

１．　２．　３．　４．

(4) 

1．　2．　3．　4．

(5) 
1．　2．　3．　4．

問題2　これから読まれる英文を聞き，質問に答える問題です。それぞれの質問に対する答えとして最も適切なものを1～4の中から1つ選び，その番号をマークしなさい。**英文は1回のみ放送されます**。

(1)　1．spicy foods　　2．salty foods
　　3．sweet foods　　4．Japanese foods

(2)　1．She gains weight easily.
　　2．She dislikes many kinds of food.
　　3．She worries about the high prices.
　　4．She skips breakfast often.

問題3　これから読まれる2人の対話を聞き，質問に答える問題です。それぞれの質問に対する答えとして最も適切なものを1～4の中から1つ選び，その番号をマークしなさい。**英文は2回放送されます**。

Questions

(1)　How much does the man pay ?
　1．30 dollars　　2．34 dollars
　3．38 dollars　　4．40 dollars

(2)　How many cookies does the man get in total ?
　1．4　　2．5　　3．7　　4．8

(3)　What's the date today ?
　1．16th　　2．17th　　3．18th　　4．20th

以上でリスニングテストを終わります。引き続き問題に取り組んでください。

※<**リスニングテスト放送原稿**>は英語の問題の終わりに付けてあります。

Ⅱ　次の(1)〜(5)の英文の（　）に入る最も適切な語(句)を１〜４の中から１つ選び，その番号をマークしなさい。

(1) Tim likes (　　) football games on TV every Sunday.

1．watch　2．watching　3．watched　4．watches

(2) Linda (　　) on a red sweater, but it was a little small for her.

1．made　2．changed　3．tried　4．bought

(3) That woman (　　) talked to me at the station was my aunt.

1．it　2．this　3．which　4．who

(4) Thank you (　　) inviting me for your birthday party.

1．for　2．of　3．about　4．with

(5) Last year, we traveled around New York for two weeks.　We had nice weather (　　) our stay.

1．while　2．during　3．ever　4．when

Ⅲ　文意を考え，次の（１）〜（５）に入る最も適切な語を下の語群からそれぞれ１つずつ選び，その番号をマークしなさい。同じ語を２度使用してはいけません。

Do you have good friends?　It is often said that good friends are very important in our lives.　I don't have so many (1) friends, though.　There are just a few people who are truly my friends.　Of course I know many people.　I know a lot of people from work.　I know my (2) and other people I see every day.　I like most of the people I know, but I think true (3) is more than just liking someone.　You should trust and respect them if they are truly your friends.　With a true friend you can talk about anything and they'll (4).　You enjoy their company and can share many nice experiences.　You can learn a lot from them and can help each other when you are in trouble.　When one of your friends (5) though, you might write to each other a lot at first.　After a few years, you may become too busy to write and lose touch in the end.

語群

1．moves	2．close	3．neighbors	4．knowledge
5．friendship	6．understand	7．jumps	8．skill

Ⅳ　次の設問に答えなさい。

(1) 次の英文を意味が通るように正しい順序で並べ替えた場合，**3番目にくるもの**はどれか，１〜４の中から１つ選び，その番号をマークしなさい。

1．Japanese people say, "*Domo*," very often.
2．This Japanese word means, "I'm sorry," "Thank you," "Hi," and so on.
3．Now I've learned that it has a lot of meanings.
4．First I thought it meant "Thank you."

(2) 以下の英文中で意味が通るようにア〜エの英文を並べ替えた場合，正しい順番になっているものはどれか，１〜４の中から１つ選び，その番号をマークしなさい。

Most animals are active during the day and sleep at night. It is easier for them to see in the daylight than in the dark, so they can find food during the day. [　⇒　⇒　⇒　] They are called nocturnal animals.

ア　They are adapted to living in the dark.
イ　There are also some animals like owls and cats which have special eyes that see well in the dark.
ウ　On the other hand, there are also animals that are most active during the night.
エ　For example, bats have very good hearing and use it for finding food during the night.

1．イ⇒ウ⇒エ⇒ア　　2．イ⇒ア⇒エ⇒ウ　　3．ウ⇒イ⇒エ⇒ア　　4．ウ⇒ア⇒エ⇒イ

Ⅴ　下の文中の1～5の(　)内にある語(句)を意味の通る文になるように並べ替えなさい。解答は例にならって，1～4番目の順に番号で答えなさい。文頭の文字も小文字で書かれています。

例題　We (1．school　2．students　3．are　4．high).
この例では，We are high school students. とするため，順に③，④，①，②のところにマークします。

$_{1}$(1．things　2．many　3．for　4．living), the life cycle follows the cycle of the year's four seasons : spring, summer, autumn, and winter.

For example, a sunflower *seed *sprouts from the ground in the spring.　The plant grows tall and makes flowers in the summer.　In the autumn, $_{2}$(1．the　2．once　3．is　4．plant) fully grown, the seeds ripen and fall to the ground.　In the winter, the plant dies.

Some of the $_{3}$(1．that　2．to　3．seeds　4．fell) the ground will start the sunflower's cycle all over.　The very next spring, seeds will sprout and new plants $_{4}$(1．to　2．begin　3．grow　4．will).

Spring, summer, autumn, winter : it's another cycle of nature.　The four seasons happen over and over again from year to year.　$_{5}$(1．how　2．look　3．let's　4．at) the lives of some plants and animals in an area of North America change with the different seasons.

注　*seed：種子　　*sprouts：芽が出る

Ⅵ　次のA，Bの会話文(1)～(8)に入る最も適切な文をそれぞれ選択肢から選び，その番号をマークしなさい。同じ選択肢を2度使用してはいけません。

A

Mary : This bus tour looks great!　We can see the city in one day.　I love bus tours.
Ken　: Really?　(　1　)　There's too much traffic for them.
Mary : Well, you told me the shopping here is really good.　What do you think of going shopping for shoes?
Ken　: Yes, you can get some real bargains.　But I don't like those big shopping centers.
Mary : (　2　)
Ken　: (　3　)　I love native parks.
Mary : Yes, so do I . . . but we only have one day!　So let's go to the museum.　We'll get a chance to see art that is never in the U. S.!
Ken　: (　4　)　And maybe there's a bus tour in the evening when there's not as much traffic. I know you love sight-seeing!
Mary : Let's check it out.

Aの選択肢

1．I can't stand bus tours！	2．How about going to the bird park？
3．Good idea.	4．Will you go to the shopping mall？
5．That's too bad.	6．I love shopping.
7．I'm sorry I can't.	8．Neither do I！

B

Max：Let's go swimming this afternoon.
Bill：No, not today.　I'm too tired.
Max：（　5　）
Bill：I'm sorry, but I'm going to be busy this afternoon.
Max：Oh？　What are you going to do？
Bill：I'm going to see Dr. White.　He's going to examine me.
Max：Don't you feel well？
Bill：I feel tired all the time.
Max：Do you take vitamins？
Bill：No, I don't need vitamins.
Max：（　6　）I'll go down to the drugstore now.　I'll buy you some vitamin pills.
Bill：Let's wait till later.　I want to see Dr. White first.　I'll ask him about taking vitamins.
Max：All right.　Well, I'm going to go downtown now.　I'll be back around five o'clock.
Bill：What are you going to do？
Max：I'm going to look around the department store.　Maybe I'll buy a few new clothes.
Bill：Oh, I see.　（　7　）
Max：Don't worry.　I won't.
Bill：Will you get me a copy of Time magazine？
Max：Sure.　I'll be glad to.　（　8　）
Bill：No.　That's all.
Max：O.K.　Well, I'll see you later.
Bill：All right.　See you.

Bの選択肢

1．Why do people get tired easily？
2．Shall we go to a movie, then？
3．Don't spend all your money.
4．Do you want anything else？
5．I think you should take them.
6．You need some new nice clothes, don't you？
7．I will buy you two textbooks you need.
8．I like taking vitamins too.

Ⅶ　次の英文を読み，それぞれの問いに答えなさい。

There was a long hot summer in London in 1666.　People were glad to enjoy the sunshine, and they felt that it probably helped the city to *get rid of the disease carried by (1)the rats. But in fact the disease was finally destroyed by something much more powerful : fire.

It was two o'clock in the morning on Monday 2 September 1666. (2)Thomas Farynor, who made bread for King Charles the Second, was asleep above his shop, near the River Thames and London Bridge. It was time for his men to start preparing bread for the King's breakfast ; the king liked fresh bread in the morning.

One of Mr Farynor's men woke up and went to light the kitchen fires. Mr Farynor kept a lot of wood in his kitchen, ready to cook the bread every day. That morning, the man discovered that some wood had caught fire, and the kitchen was beginning to burn !

Quickly, the man woke Mr Farynor and shouted 'Fire ! Fire !' Soon the whole house was awake, and people were running everywhere, trying to *escape. Mr Farynor escaped by climbing on to the roof of the next house. (3)One woman was not so lucky. She stayed in the house, hoping to save some of her money, but she burned to death.

In a short time the fire spread to other houses, and a strong wind blew the *flames towards the west. More and more people panicked, and they all tried to save their *valuables. The fire moved quickly through (4)the old city. The houses were made of wood, and were built very close together in *narrow streets. As the fire spread, it destroyed everything in its way, but it could not cross the River Thames. After some time, it reached the buildings beside the river where rich businessmen kept strange and exciting things from across the seas. Then London began to smell of hot pepper, and burning brandy began to flow like a river through the streets !

We have some very good descriptions of the fire that night. (5)Samuel Pepys was an important man in the government of King Charles, and every day he wrote a diary about his life in London at that time. He wrote that one of the women in his house 'called us up about three in the morning, to tell us of a great fire in the city. So I rose . . . and went to her window . . . I thought it far enough off, and went to bed again to sleep.'

By the time Pepys woke up again, the fire had already burnt three hundred houses in London. He went to King Charles to tell him that the fire was really serious.

(6)

The king soon realized the fire was completely *out of control. He called a meeting of the *Privy Council — a group of important men who could help and advise him. Together they decided to make several 'fire posts' in the city, where the fire-fighters were given everything they needed to fight the fire. King Charles led the fight. He worked for thirty hours without sleep, and he was much loved for his *bravery.

King Charles and his men decided to clear part of the city by pulling down some houses, so that the fire had [(7)] to burn there. This stopped the fire, and by Wednesday 5 September 1666, the fire was finally under control.

注 *get rid of：～を取り除く　*escape：逃げる　*flame：炎　*valuables：貴重品
*narrow：狭い　*out of control：制御できない　*Privy Council：枢密院　*bravery：勇敢さ

問１ 下線部(1)the rats について述べたものとして最も適切なものを１つ選びなさい。

1．Rats were used to get rid of the disease in London.

2．Nobody knew that rats were the cause of the disease at that time.

3．There were a lot of rats in London because the fire happened.

4．People thought that the cause of the disease was the rats.

問2　下線部(2)Thomas Farynorについて述べたものとして最も適切なものを１つ選びなさい。

1．He worked as a fire-fighter and helped many people in London when the serious fire spread.

2．When he was trapped by the fire, he was able to escape over the roof of the next house.

3．He started to work as a cook for King Charles the Second in 1666 and became a rich businessman in London after the fire.

4．When he was preparing bread for the King's breakfast, he accidentally started a big fire.

問3　下線部(3)One womanについて述べたものとして最も適切なものを１つ選びなさい。

1．When Mr Farynor escaped from the house, he did not notice the woman because of the big flames.

2．She lost her life because she was trying to protect her money and could not escape.

3．She refused to escape with Mr Farynor even though she lived in the same house as him.

4．Mr Farynor saw the woman stealing his money in the house when he climbed the roof.

問4　下線部(4)the old cityについて述べたものとして最も適切なものを１つ選びなさい。

1．There were several reasons why the fire could spread so quickly in the old city.

2．No rich businessmen lived in the old city because they needed large spaces to keep their valuables.

3．It was very difficult for people in the old city to cross the River Thames because they had to pay a lot of money to King Charles.

4．Because the fire destroyed some bridges on the River Thames people living in the old city could not escape across the river.

問5　下線部(5)Samuel Pepysについて述べたものとして最も適切なものを１つ選びなさい。

1．Although he was awakened by one of his family, he didn't try to get up that night.

2．Because he knew that the fire was so dangerous, he quickly got out of his house to escape.

3．Because he worked for the government of King Charles, he had to call one of the women in his house to make her write a diary.

4．Because he thought the fire was not near his house, he did not run away from the house at first.

問6　空欄(6)には以下のア～エの４つの英文を正しく並べ替えたものが入ります。正しい順序で並べ替えたものを１つ選びなさい。

ア　It was then that King Charles and his brother James decided to try and help. イ　But he soon realized that the job was more difficult than he expected. ウ　As Lord Mayor of London, Sir Thomas Bludworth was one of the most important and powerful men in the city. エ　He thought that the fire could be put out easily, so he tried to organize the fire-fighting.

1．ア⇒エ⇒イ⇒ウ　　2．イ⇒ア⇒ウ⇒エ　　3．ウ⇒エ⇒イ⇒ア　　4．エ⇒イ⇒ア⇒ウ

問7　文意から考えて，文中の (7) に入る最も適切なものを１つ選びなさい。

1．nothing　　2．something　　3．everyone　　4．nobody

問8　以下の英文に続くものとして最も適切なものを１つ選びなさい。

By reading the text above, we can understand ＿＿＿＿＿

1．many people, from children to the elderly, were killed in the fire of London in 1666.

2．people at that time lived in wooden houses so they realized quickly that the fire had broken out.

3．King Charles kept fighting the fire for over a day to save London and its people.

4．King Charles and his brother James had the fire-fighters repair the wooden houses and clean the city.

問9　次の英文のうち本文の内容と一致するものを1つ選びなさい。

1．When one woman started to cook her breakfast, the kitchen in her house began to burn and many people died because of the fire.

2．The fire of London started in the morning at the beginning of September 1666 and continued for several days.

3．It took a long time for the fire to spread all over London because a strong wind was blowing from the west.

4．Rich businessmen asked King Charles and his brother James to make several fire posts in the city.

問10　本文のタイトルとして最も適切なものを1つ選びなさい。

1．How Samuel Pepys and Thomas Farynor Saved London

2．The Mystery of King Charles and the Sad Story of London

3．The Great Fire of London and the Brave Actions of King Charles

4．The Lives of King Charles and his brother James

＜リスニングテスト放送原稿＞

これから，放送によるリスニングテストを始めます。放送の内容をよく聞いて答えなさい。聞きながらメモをとってもかまいません。

問題1　次の(1)～(5)の写真について4つの英文が読まれます。写真の状況として最も適切な英文を1～4の中から1つ選び，その番号をマークしなさい。**英文は1回のみ放送されます。**

Look at the picture marked No. (1) in your test booklet.

1．There are some tennis balls in a box.

2．There are two tennis players on the court.

3．There is a tennis racket and two balls on the court.

4．There are a lot of people watching a game of tennis.

Look at the picture marked No. (2) in your test booklet.

1．Two boys are drawing pictures in the park.

2．Two boys are playing musical instruments.

3．Two boys are standing next to a chair.

4．Two boys are listening to music with headphones.

Look at the picture marked No. (3) in your test booklet.

1．A man is trying to climb a snowy mountain.

2．A man is taking off his ski boots to take a rest.

3．A man is skiing on the slope of a snowy mountain.

4．A man is playing a skiing video game.

Look at the picture marked No. (4) in your test booklet.

1．All the people on the boat are wearing sunglasses.

2．Some people are watching a dolphin swim around the boat.

3．The children on the boat are holding umbrellas because of the rain.

4．Two people at the back of the boat are standing.

Look at the picture marked No. (5) in your test booklet.

1．Both the man and the woman are crossing their legs.

2．The man is crossing his arms and the woman is standing by the man.

3．The man and the woman are looking outside the window.

4．Both the man and the woman are buying coffee at a café.

問題2　これから読まれる英文を聞き，質問に答える問題です。それぞれの質問に対する答えとして最も適切なものを1～4の中から1つ選び，その番号をマークしなさい。**英文は1回のみ放送されます。**

I like many kinds of food. In fact, it's difficult for me to say what my favorite kind of food is. I like most kinds of Japanese and Western food. However, I don't like sweet foods very much. I like foods that are salty or spicy. I really like eating. And there are no foods which I cannot eat. The one problem I have with food, though, is that I gain weight easily. So sometimes I skip breakfast.

Questions

(1) Which food does she not like very much?

1．spicy foods　　2．salty foods

3．sweet foods　　4．Japanese foods

(2) What is her problem with food?

1．She gains weight easily.　　2．She dislikes many kinds of food.

3．She worries about the high prices.　　4．She skips breakfast often.

問題3　これから読まれる2人の対話を聞き，質問に答える問題です。それぞれの質問に対する答えとして最も適切なものを1～4の中から1つ選び，その番号をマークしなさい。**英文は2回放送されます。**

W： May I help you?

M： I ordered a birthday cake the day before yesterday.

W： Oh, I see. What's your name?

M： William White.

W： All right. Wait a minute . . . yes, you ordered a decorated cake on the 15th of December. Here you are. That will be 30 dollars.

M： These cookies look delicious, too. They're two dollars each, right?

W： Well, we're closing for the holidays tomorrow, so they're half price.

M： OK, I'll take four cookies, too.

W： Here, I'll give you an extra three cookies for free.

Questions

(1) How much does the man pay?

1．30 dollars　　2．34 dollars　　3．38 dollars　　4．40 dollars

(2) How many cookies does the man get in total?

1．4　　2．5　　3．7　　4．8

(3) What's the date today?

1．16th　　2．17th　　3．18th　　4．20th

以上でリスニングテストを終わります。引き続き問題に取り組んでください。

【数　学】 (60分) 〈満点：100点〉

(注意) 1．定規・コンパス・分度器・計算機は使用できない。

2．問題[1]から問題[5]までの，ア，イ，ウ，……の一つ一つには，それぞれ0から9までの数字があてはまる。あてはまる数字を，ア，イ，ウ，……で示される解答欄にマークすること。

3．答えが分数の形で求められているときは，それ以上約分できない分数の形で答えること。例えば，$\frac{3}{4}$ を $\frac{6}{8}$ としてマークしないこと。

4．答えが比の形で求められているときは，最も簡単な整数の比の形で答えること。例えば，1：3を2：6としてマークしないこと。

5．答えが根号の中に数字を入れる形で求められているときは，根号の中の数はできるだけ小さな数にして答えること。例えば，$4\sqrt{2}$ を $2\sqrt{8}$ としてマークしないこと。

[1] 次の $\boxed{}$ に当てはまる数値を答えなさい。

(1) $\{5-(-2)^2\}\times7+1-(5-2^2)=\boxed{\text{ア}}$

(2) $x=\sqrt{5}+\sqrt{2}$，$y=\sqrt{5}-\sqrt{2}$ のとき，$\dfrac{x^3y^2+x^2y^3}{x^2-y^2}$ の値は $\dfrac{\boxed{\text{イ}}\sqrt{\boxed{\text{ウ}}}}{\boxed{\text{エ}}}$ である。

(3) 2つの2次方程式 $x^2-x-3a=0$，$x^2-4ax+12a=0$ はともに $x=4$ を解にもつ。このとき，$a=\boxed{\text{オ}}$ であり，$x=4$ 以外の解の和は $\boxed{\text{カ}}$ である。

(4) $\sqrt{\dfrac{196}{xy}}$ が整数となる自然数 x，y の組は全部で $\boxed{\text{キク}}$ 組である。

[2] 次の $\boxed{}$ に当てはまる数値を答えなさい。

(1) 右図のように半径が2の半円Oと，半径が1の半円O′が組み合わされた図形がある。このとき，斜線部分(斜線)の面積を S_1，網線部分(網線)の面積を S_2 とすると，$S_1=\dfrac{\boxed{\text{ア}}\pi-\boxed{\text{イ}}\sqrt{\boxed{\text{ウ}}}}{\boxed{\text{エオ}}}$ であり，$S_2-S_1=\dfrac{\boxed{\text{カ}}}{\boxed{\text{キ}}}\pi$ である。

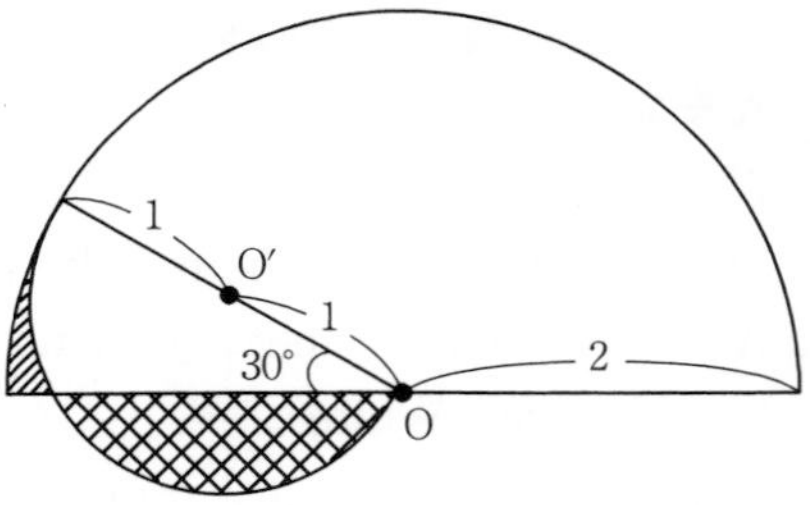

(2) 下の表は10点満点である漢字の小テストをA～Jの10人が受けた結果をまとめたものである。

名前	A	B	C	D	E	F	G	H	I	J
点数	x	3	7	4	6	10	3	1	9	y

このテストは平均値が5(点)，中央値が4(点)，$x\leqq3$，$x<y$ を満たしている。このとき，$x=\boxed{\text{ク}}$，$y=\boxed{\text{ケ}}$ である。

(3) 3つの箱A，B，Cがある。箱Aと箱Bには1から3までの番号が書かれたカードがそれぞれ1枚ずつ，箱Cには1から4まで書かれたカードが1枚ずつ入っている。それぞれの箱から1枚ずつカードを引くことを考える。ただし，それぞれの箱から1枚ずつカードを取り出す方法は同様に確からしいとする。

それぞれの箱から引いた３枚のカードの数の積が４となる確率は $\dfrac{\boxed{\text{コ}}}{\boxed{\text{サ}}}$ であり，積が６となる確率は $\dfrac{\boxed{\text{シ}}}{\boxed{\text{ス}}}$ である。また，それぞれの箱から引いた３枚のカードの数の積が k となる確率が $\dfrac{1}{12}$ であるとき，k の値は $\boxed{\text{セ}}$ 通りある。

3 右図のように床の上を底辺と高さが共に８である直角二等辺三角形と正方形が移動していく。

左にある直角二等辺三角形は右方向へ毎秒１の速さで移動し，右の正方形は左方向へ毎秒１の速さで移動していく。初めは図①のようにお互いが離れていたが，やがて図②のように図形どうしが重なり，さらに時間が経過すると図③のような状態となる。

このとき，図形が重なり始めてから経過した時間を t 秒として，次の $\boxed{}$ に当てはまる数値を答えなさい。

図①

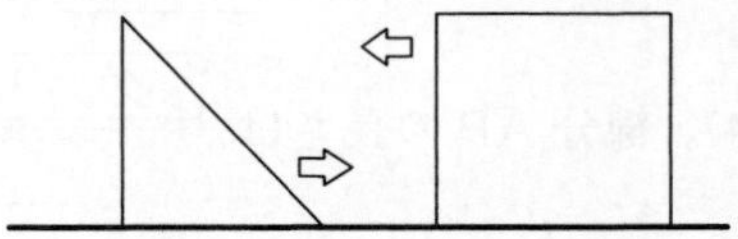

図②

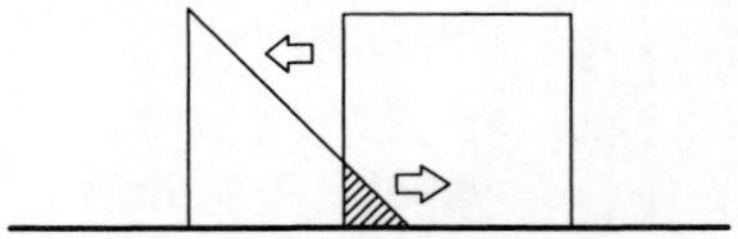

図③

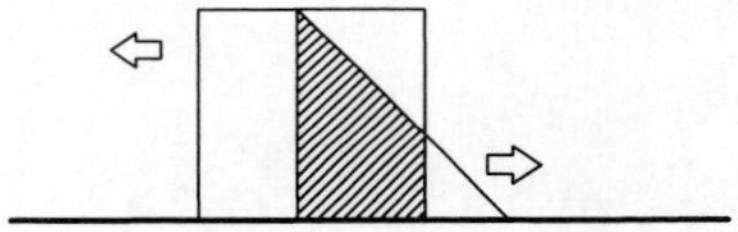

(1) 斜線部分の面積が最大となるのは $\boxed{\text{ア}}$ 秒後であり，そのときの面積は $\boxed{\text{イウ}}$ である。

(2) $0 \leqq t \leqq 4$ のとき，斜線部分の面積は $\boxed{\text{エ}}\,t^{\boxed{\text{オ}}}$ である。また，$4 \leqq t \leqq 8$ のとき，斜線部分の面積は $-\boxed{\text{カ}}\,t^2+\boxed{\text{キク}}\,t$ である。

(3) 斜線部分の面積が最大値の半分となるときは２回あり，その時間の差を求めると，$\boxed{\text{ケ}}$ 秒である。

4 右図は放物線 $y=ax^2$ と $y=bx^2$ $(a>b>0)$ のグラフである。x 座標が -3 である点Ａは $y=ax^2$ 上にあり，点Ｂは $y=bx^2$ 上にある。また，線分ABは x 軸と平行である。

さらに，直線OA上に点C$(1,\ -2)$があり，△ACBはAC＝BCの二等辺三角形である。

このとき，次の $\boxed{}$ に当てはまる数値を答えなさい。

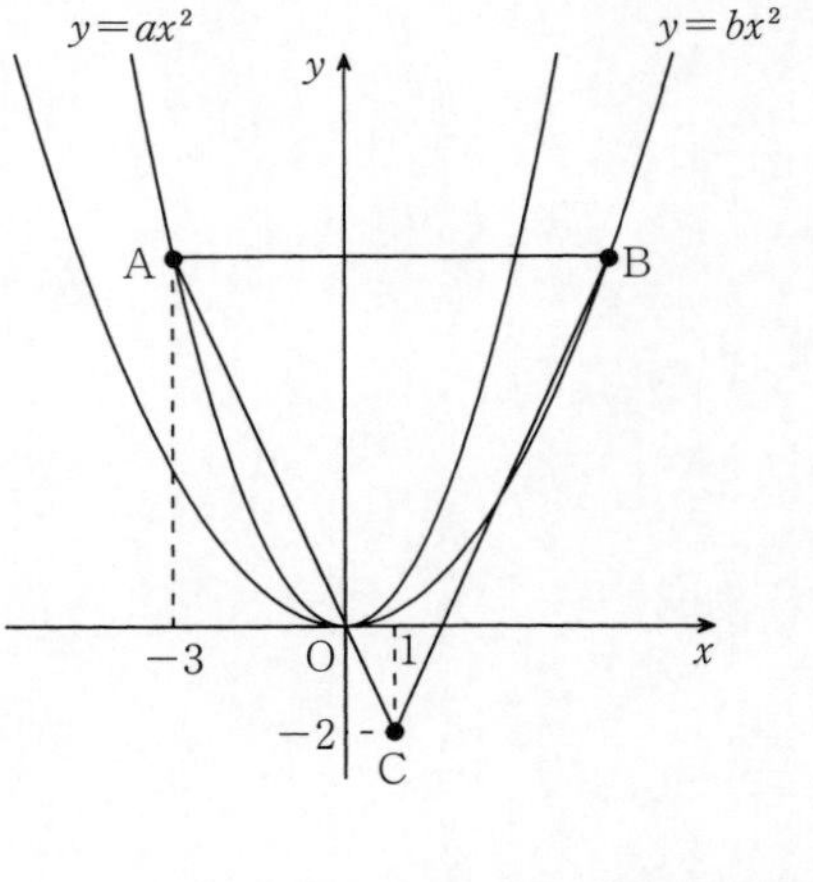

(1) 点Ａの座標は$(-3,\ \boxed{\text{ア}})$であり，点Ｂの座標は$(\boxed{\text{イ}},\ \boxed{\text{ウ}})$である。

(2) a，b の値を求めると，$a=\dfrac{\boxed{\text{エ}}}{\boxed{\text{オ}}}$，$b=\dfrac{\boxed{\text{カ}}}{\boxed{\text{キク}}}$ である。

(3) 線分BC上を動く点をＤとする。△ABDの面積が△ACDの面積の３倍となるとき，直線ADは $y=-\dfrac{\boxed{\text{ケ}}}{\boxed{\text{コ}}}(x-\boxed{\text{サ}})$ である。

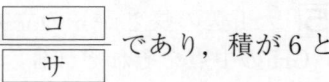

5　1辺の長さが8の立方体ABCD−EFGHにおいて，辺GF，GHの中点をそれぞれS，Tとし，△CTSと対角線AGとの交点をPとする。

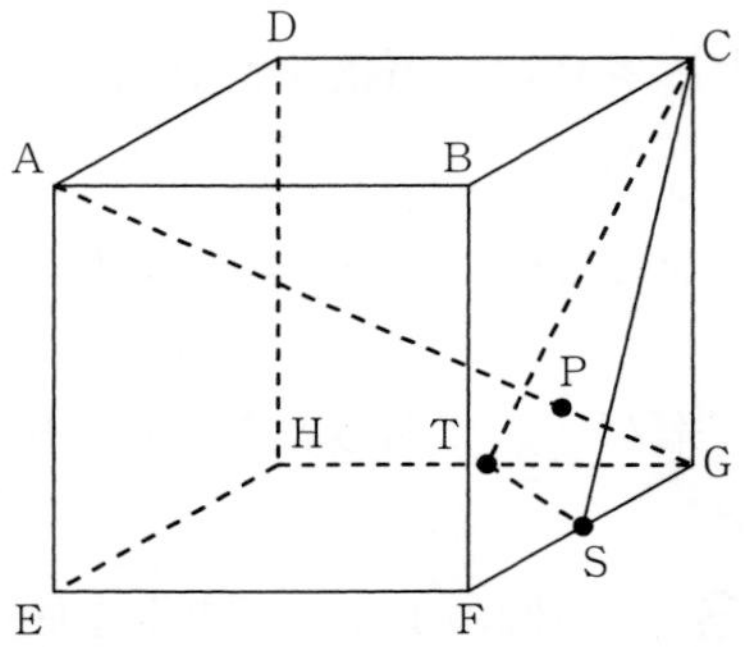

このとき，次の$\boxed{}$に当てはまる数値を答えなさい。

(1)　対角線AGの長さは$\boxed{\text{ア}}\sqrt{\boxed{\text{イ}}}$である。

(2)　四面体C−GTSの体積は$\dfrac{\boxed{\text{ウエ}}}{\boxed{\text{オ}}}$である。

(3)　△CTSの面積は$\boxed{\text{カキ}}$である。

(4)　線分APの長さは$\dfrac{\boxed{\text{クケ}}\sqrt{\boxed{\text{コ}}}}{\boxed{\text{サ}}}$である。

エ (d) おのづから＝おのずから

問九、 傍線部⑩「たはぶれ」の品詞を次の中から選びなさい。

ア　名詞　　イ　動詞　　ウ　副詞　　エ　形容詞

問十、 傍線部⑪「人のにくむをよしと言ひ、ほむるをもあしと言ふ人」とは作者のことを指すが、その解釈として最も適当なものを、次の中から選びなさい。

ア　作者は世間の人が治安の悪さを嘆き、その良さに歓喜するという傾向があると感じていることを表している。

イ　作者は子供が嫌がることの中に世の真理があり、好むようなことの中には価値がないと認識していることを表している。

ウ　作者は他人が否定的に見るものを肯定的に捉え、肯定的に見るものを否定的に捉える感覚を持っていることを表している。

エ　作者は大人が伝統を軽視する風潮に賛同し、過信する風潮に反対する芸術観を持っていることを表している。

問十一、 傍線部⑫「伊勢守」の「伊勢」は旧国名を表すが、現在の何県にあたるか。次の中から選びなさい。

ア　静岡県　　イ　三重県　　ウ　愛媛県　　エ　熊本県

問十二、 本文の内容と合致するものを、次の中から選びなさい。

ア　この草子には、作者が他人にとって不都合なことを言い過ぎてしまいそうな箇所もある。

イ　内大臣である伊周のもとへ妹にあたる中宮定子が献上品を渡すために参上した。

ウ　作者は、自身の作品が世間の人の目に触れることが多く有名になったことを喜んでいる。

エ　源経房は、作者の邸宅を訪れた際にこの草子を持ち帰ってしまい返さなかった。

問十三、 本文の出典である『枕草子』の作者を次の中から選びなさい。

ア　紀貫之　　イ　清少納言
ウ　紫式部　　エ　兼好法師

ふべき、(c)なほ選(え)り出でて、歌などをも、木、草、鳥、虫をも言ひ出だしたらばこそ、「思ふほどよりは⑨わろし。心見えなり」とそしられめ、ただ心一つに(d)おのづから思ふ事を⑩たはぶれに書き付けたれば、物に立ちまじり、人並み並みなるべき耳をも聞くべき（評判をも聞くようなもので）ものかは（あるはずがない）と思ひしに、「はづかしき（こちらが気後れするほど立派だ）」なんどもぞ、見る人はしたまふなれば、いとあやしうぞあるや。げに、そもことわり（なるほど、それも道理で、）、⑪人のにくむをよしと言ひ、ほむるをもあしと言ふ人は、心のほどこそ推し量らるれ。ただ、人に見えけむぞねたき（腹立たしい）。

＊左中将まだ⑫伊勢守(いせのかみ)と聞こえし時、里におはしたりしに（私の里の宅においでになった時に、）、端の方(かた)なりし畳をさし出でしものは、この草子載りて出でにけり。まどひ取り入れしかど、やがて持ておはして、いと久しくありてぞ返りたりし。それより歩(あり)き初(そ)めたるなめり、とぞ本に。

（『枕草子』による　一部改変）

《注》

＊宮の御前＝中宮定子(ちゅうぐうていし)を指す。藤原伊周(ふじわらのこれちか)の妹にあたり、作者が宮中でお仕えしている人物。

＊内の大臣＝内大臣である藤原伊周を指す。中宮定子の兄にあたる。

＊上の御前＝一条天皇を指す。中宮定子の夫にあたる。

＊左中将＝源経房(みなもとのつねふさ)を指す。

問一、傍線部①「見え」の動詞の活用の種類を、次の中から選びなさい。

ア　ヤ行四段活用　　イ　ワ行四段活用

ウ　ヤ行下二段活用　　エ　ワ行下二段活用

問二、傍線部②「人やは見むとする」の現代語訳として最も適当なものを、次の中から選びなさい。

ア　やはり人にも見えていて心の中で感じていることだろう。

イ　どうして人が見ようとするだろうか、いや見ないだろう。

ウ　きっと世間の人々はまだ見ていないはずだ。

エ　もしかして世間の人々は見たかもしれない。

問三、傍線部③、⑥、⑨の本文中での意味として最も適当なものを、それぞれ後の中から選びなさい。

③　つれづれなる

ア　物足りない　　イ　田舎じみた

ウ　所在ない　　エ　世間離れした

⑥　文

ア　手紙　　イ　和歌　　ウ　学問　　エ　書物

⑨　わろし

ア　よくない　　イ　最高だ

ウ　悪くない　　エ　普通だ

問四、傍線部④「(けり)」を本文に従って正しい形に直す場合に最も適当なものを、次の中から選びなさい。

ア　連用形　　イ　終止形　　ウ　連体形　　エ　已然形

問五、傍線部⑤「これ」の指すものとして最も適当なものを、次の中から選びなさい。

ア　枕　　イ　紙　　ウ　歌　　エ　畳

問六、傍線部⑦「のたまはせ」は敬語であるが、基本の動詞を次の中から選びなさい。

ア　与ふ　　イ　聞く　　ウ　行く　　エ　言ふ

問七、傍線部⑧「申ししかば」の主語として最も適当なものを、次の中から選びなさい。

ア　宮の御前　　イ　内の大臣

ウ　上の御前　　エ　作者

問八、波線部(a)～(d)を現代仮名遣いで表記した場合に**不適当なもの**を、次の中から選びなさい。

ア　(a)　おほかた＝おうかた

イ　(b)　をかしき＝おかしき

ウ　(c)　なほ＝なお

か。最も適当なものを、次の中から選びなさい。

ア　もうまもなく寿命が尽きるということ。
イ　子猫を産むことができないということ。
ウ　もう家に帰ってこなくなるということ。
エ　病気が完治することがないということ。

問十一、空欄 [Y] に共通して入る表現として最も適当なものを、次の中から選びなさい。

ア　時は金なり　イ　光陰矢のごとし
ウ　一寸先は闇　エ　石の上にも三年

問十二、傍線部⑨「今だにこの老いぼれ猫に一もく置いている」とあるが、どういうことか。最も適当なものを、次の中から選びなさい。

ア　ともに老いるうちに人間の言葉を理解することができるようになった猫に対して、驚きの気持ちを持っているということ。
イ　自分と同等の寿命を持つ猫と生活を続けていると、計り知れない自然の存在に怖れを抱くようになったということ。
ウ　年を取り、すっかり生物としての機能を失ってしまった小動物に対して、人間としての優越感に浸っているということ。
エ　長年家族のように接し、時には助けられながら、ともに時間を過ごした小動物に対して畏敬の念を抱いているということ。

問十三、次に掲げるのは、本文を読んだ四人の生徒が交わした会話である。四人の生徒の発言のうち、本文の内容をもとにしたものとして、**不適当なもの**を、次の中から選びなさい。

ア　生徒A「この物語の舞台になっている時代は、太平洋戦争が終わった直後の時代みたいだね。空襲で街が焼け野原になって、人々の食料が不足して闇屋という商売があったと授業で習った記憶があるな」
イ　生徒B「それにしてもたくさんの動物が出てくる話ですね。猫のほかにも、鼠、カナリヤ、チャボ、隼、鸚鵡、蝮、プリマスロック、鮠。こうやって並べてみると鳥がたくさん出ています」
ウ　生徒C「でも待って、よく読んでみると物語の中に実際に出てくるのは猫とチャボだけで、あとは物語のナレーションの部分と、登場人物の『私』と小鳥屋の親爺さんとの会話の話題の中に名前が出てくるだけよ」
エ　生徒D「斎藤さんの家には子どもがいないからチャボを子どものようにかわいがっていたけれど、『私』の猫に対する態度も、なんだか親が子どもに対して与える愛情に似たものを感じるなあ」

問十四、この小説の作者井伏鱒二の作品として最も適当なものを、次の中から選びなさい。

ア　黒い雨　イ　しろばんば
ウ　雪国　エ　或(あ)る女

[三]　次の文章を読んで、後の問いに答えなさい。

この草子、目に①見え心に思ふ事を、②人やは見むとすると思ひて、（私が）③つれづれなる里居(さとゐ)のほどに、書き集めたるを、あいなう（あいにく）、人のために便(びん)なき（具合が悪い）言ひ過ぐしもしつべき所々もあれば、よう隠し置きたりと思ひしを、心より外(ほか)に（心ならずも）こそ漏(も)り出(い)でに④（けり）。

＊宮の御前(おまへ)に、＊内の大臣(おとど)の奉(たてまつ)りたまへりける（献上なさったの）を、「⑤これに何を書かまし（書いたらいいかしら）。＊上(うへ)の御前には史記といふ⑥文(ふみ)をなむ、書かせたまへる」など⑦のたまはせしを、「枕にこそは侍(はべ)らめ」と⑧申ししかば、「さは、得(え)てよ」とて賜(たま)はせたりしを、あやしき事を、こよや何や（あれやこれや）と、尽きせず多かる紙を書き尽くさむとせしに、いと物おぼえぬ事ぞ多かるや。

(a)おほかた、これは世の中に(b)をかしき事、人のめでたしなど思

イ　事情を詳しく説明すること。
ウ　引き取り手を見つけること。
エ　鼠を取る訓練をすること。

(c)　ぶしつけ(だ)
ア　他人にとやかく言わせないさま。
イ　遠慮がなく礼儀正しくないさま。
ウ　自分の失敗を認めようとしないさま。
エ　先祖の威光を借りてえらぶるさま。

問二、傍線部①「年齢」と同じ構成の熟語として最も適当なものを、次の中から選びなさい。
ア　不乱　イ　近所　ウ　夫婦　エ　戦争

問三、傍線部②「がっかりしたように」とあるが、その理由として、最も適当なものを、次の中から選びなさい。
ア　家のチャボが御飯の食べ残しよりもむしろ林檎の種を好んだから。
イ　迷い込んだチャボが斎藤さんのものとは別であるとわかったから。
ウ　番兵を務めていた雄のチャボが高齢であまり元気がなかったから。
エ　斎藤さんのうちのチャボが盥の中で卵を温めているのを見たから。

問四、空欄 A ～ C に入る語として最も適当なものを、それぞれ次の中から選びなさい。
ア　ところが　イ　まるで　ウ　もしも　エ　すると

問五、空欄 X と Z に入る語の組み合わせとして最も適当なものを、次の中から選びなさい。
ア　X　のろのろ　Z　ぐったり
イ　X　うろうろ　Z　ぼんやり
ウ　X　うつらうつら　Z　じっと
エ　X　だらだら　Z　しょんぼり

問六、傍線部③「参り」⑥「存じて」に含まれる敬語の種類の組み合わせとして最も適当なものを、次の中から選びなさい。
ア　③　尊敬語　⑥　謙譲語
イ　③　謙譲語　⑥　尊敬語
ウ　③　尊敬語　⑥　尊敬語
エ　③　謙譲語　⑥　謙譲語

問七、傍線部④「私はこの日を境に、～決して飼わないことにした」とあるが、その理由として、最も適当なものを、次の中から選びなさい。
ア　戦争のせいで食べるものがないにもかかわらず、動物を飼うことで自分の食料を分け与えなければならないことがばからしくなったから。
イ　人間の引き起こした戦争のせいで、チャボのものである卵を奪って飢えをしのごうとする人間の身勝手さに気が付いて失望したから。
ウ　自分が大事にしていたものなのに、飼主であることを理由に返されることが当然であるかのようにふるまう人間の姿に嫌気がさしたから。
エ　チャボを取り返しにきた中年婦人の目的が卵であることに気が付き、子供のように可愛がっていたという言葉にいつわりを感じたから。

問八、傍線部⑤「平然としている」とあるが、ここから「私」が読み取っている猫の心情として**不適当なもの**を、次の中から選びなさい。
ア　信頼　イ　軽蔑　ウ　無関心　エ　安心

問九、傍線部⑦「どうして」が直接修飾している語句として最も適当なものを、次の中から選びなさい。
ア　子猫を　イ　引取る
ウ　ないのだろう　エ　思わせられる

問十、傍線部⑧「もう駄目なんだろうか」とあるが、どういうこと目のチャボである。先代のチャボは、七年前に斎藤さん夫妻の留守の間に亡くなった。斎藤さんが札幌《さっぽろ》へビル建築の仕事で出かけたので、奥さんも出かけて行って建築がすむまで三年間、札幌で一緒に暮《くら》していた。その留守に先代のチャボは亡くなったが、斎藤さんのお母さんは倅《せがれ》夫婦が力を落《おと》すと思って知らせなかった。二代目のチャボもその三年間、一個も卵を産まなかった。元気も悪くなって鶏冠《とさか》の色もあせてしまった。しかし斎藤さん夫婦が西荻窪に帰って来ると翌日から産みだした。留守中、お母さんがチャボを庭へ出してやらなかったせいもある。

　この二代目のチャボは、先代のチャボが大盥のなかで抱いていた卵から生《うま》れたチャボである。早いもので、それがもう十一歳になっている。先代と同じく、飛行機の爆音が聞《きこ》えると木の下に頭を突っこんで、コッココッコという鳴き声で同僚の＊プリマスロックにも待避させようとする。［C］プリマスロックは気の長い鶏だから、のっそり立っているだけで隠れない。チャボだけ一心不乱に頭を隠している。奥さんが買物に出かけようとすると、後を慕ってコッココッコと鳴いて呼びとめようとする。することなすことすべてが先代と同じやりかたである。奥さんの可愛がりかたも同じだが、今では買物籠に入れて持ち歩くのは止《よ》しているそうだ。

　私は奥さんが帰ってから家内に云った。

「あれでは却《かえ》って、［Y］を感じるだろうじゃないか。先代のチャボと二代目が、羽根の色も形も習性も同じだから、じっと見ていると却って自分が年とったと思うだろうじゃないか。錯覚でなくって、実感というやつだ。確かに実感ではその思いだろう」

　すると家内が云った。

「それよりも、うちの三毛を見ている方が、まだ［Y］です。毎日の私の実感です。うちの猫を見ていると、どんどん他が変《かわ》って行くのがわかります。あのときにはこの猫がいた。あのときのあれは、今ではあんなに変っている。猫だけが昔と同じ状態で、他ばかり変って行くのがわかります。子供の身のたけだってずいぶん伸びました。私には貴方《あなた》の仰有《おっしゃ》ることがわかりません」

　わからないと云うならそれでもいい。例えば私は二十年前にどこそこの川のどこかの淵《ふち》で、六寸の鮠《はや》を釣ったとする。今年また同じ淵で同じ寸法の鮠を釣ったとする。過ぎゆく早さを感ずること頻《しき》りなものがある。話はそれだけに終った。

　後から夕刊を取りに茶の間へ行くと、三毛が火鉢のふちにあがって置物のように［Z］うずくまっていた。毛並が三毛というだけで見るかげもなく瘠《や》せている。野良猫のように貧相になっている。これを見て猫だけが同じ状態だというのは解せない。

「共に老けましたと云うべきだ」

　猫は私が火鉢に凭《もた》れても身動きしなかった。夕刊を頭の上にかぶせても動こうとしなかった。

　私はこの猫を抱いたり膝に乗せたりしたことは一度もない。しかし⑨今だにこの老いぼれ猫に一もく置いている。

（井伏鱒二《ますじ》「猫」による　一部改変　原文の仮名遣いを変更）

《注》

＊闇屋＝正規の販路・価格によらないで取り引きした品物を扱う商売。

＊チャボ＝愛玩用の小型のにわとり。足が短く尾がふさふさしている。

＊濡縁＝雨戸の敷居の外にある幅の狭い縁側。

＊プリマスロック＝アメリカ原産のにわとりの一種。卵をよく産み肉もおいしい。

問一、傍線部(a)～(c)の本文中での意味として最も適当なものを、それぞれ後の中から選びなさい。

(a)　渡りに船

ア　望んでいたことがちょうど都合よくかなえられること。

イ　両方を求めようとしてどちらも得られないこと。

ウ　悪いことの上にさらにまた悪いことが重なること。

エ　苦労をせずに思いがけない幸運にめぐまれること。

(b)　始末

ア　高い値段で売買すること。

日、隣の町内の見知らぬ中年婦人が、バスケットを持ってチャボのことで掛合にやって来た。

「うちのチャボがお宅に来ているそうですから、頂きに③参りました。うちで子供のように可愛がっていたのです。どうして逃げて来たか知りませんが、八百屋さんで聞いたので頂きに参りました」

　これがその中年婦人の口上である。私はこの口上が気に入らなかったが、こんな(c)ぶしつけな口がきけるのは実際の飼主であったせいだと思って返してやった。

　婦人はチャボをバスケットに入れると、

「どうも失礼いたしました」と云うだけで帰って行った。
　④私はこの日を境に、うちに迷いこんで来る動物は犬だろうがカナリヤだろうが、決して飼わないことにした。しかし三毛猫だけは別で、今さら追い出すわけにもいかなかった。むしろ本気で飼ってやろうという気持《きもち》になっていた。
　この三毛猫については、数年前にも私は文章に書いて発表したことがある。私のうちに迷いこんで来て間もないころ、庭さきでこの猫が見事に蝮《まむし》を退治してくれたので、私は危《あやう》く蝮に噛《か》まれるところを助かった。

【中略】


　それからというもの私は、うちの猫に対して恩義に似た気持を覚えるようになった。抱いたり膝の上に乗せたりすることは一度もないが、相手は動物の直感力によって私が一もく置いているのを知っているようである。廊下で日向《ひなた》ぼっこをしているときでも、私がその上を跨《また》ぐようにして通るのに⑤平然としていることがある。

【中略：五年前の春、「私」は猫のお産のとき、手術を受けさせた。】

　私はその場にいなかったので知らないが、後で家内に聞いた話では、医者は猫を草取籠に入れて風呂敷に包んで病院に持って行き、二十四時間たつと同じ籠に入れて持って来てくれた。籠から出すと、まだ麻酔がきいて三毛はぐったりなっていた。胴体を繃帯《ほうたい》されていた。お医者は「炬燵《こたつ》に入れて温かくしてやって下さい」と云って帰って行った。

　一週間目に医者が繃帯を取ってくれた。入院料、帝王切開の手術料、その後の一週間ぶんの往診料、注射代などで合計一万三千円であった。家内は自分の病気は富山の薬で間に合わすといったたちだから、「うちでは文芸家協会の健康保険に入っているんですけれど」と云った。［B］医者が、「それはよく⑥存じておりますが、猫は扶養家族のうちに入らないんでして」と甚だ云いにくそうに云った。

　しかし家内は、猫がもうお産をしないからほっとしたと云った。うちの三毛は多産系で、ひところは一年に三回もお産したので子猫の始末に閉口した。それに私のうちは辻《つじ》道のところにあって生垣が空いているから、よその人が夜にまぎれて猫の子を垣根のなかに棄《す》てて行く。まだ目のあいてないのを棄てて行く人もある。⑦どうして子猫を引取る商売の店がないのだろうと、そのつど思わせられることである。

　手術を受けてから後は、うちの猫は医者の云った通り盛りはついても子を孕《はら》まなくなった。しかし病気がちで、食べたものを吐いたり鼻汁を出したりして医者の往診を受けることが多くなった。今年の春は鼻汁を流す病気で憔悴《しょうすい》した挙句、三日間もどこかに隠れて姿を見せなかった。⑧もう駄目なんだろうかと噂《うわさ》をしていたが、小さな地震があったので私が庭に出ると、どこからともなく三毛が出て来てしょんぼり敷石の上に坐《すわ》った。

　先日、斎藤さんの奥さんが久しぶりに見えた。

「うちの猫もだんだん弱りました。年が年ですから」

　と家内が云うと、

「うちのチャボも、だんだん弱りました」と奥さんが云った。「もう十一歳のお婆《ばあ》さんですから、せんだっては、卵黄のない卵を産みました。白身ばっかりの卵です」

　そのチャボは以前のチャボではなくて、昭和二十三年生れの二代

「ひょっとしたら、西荻窪《にしおぎくぼ》の斎藤さんのチャボかもしれないよ」

私は家内に、斎藤さんのうちへ問い合わせの連絡をさせ、チャボをカナリヤの空籠に入れた。

斎藤さんのうちでは戦争中から黒いチャボのつがいを飼っていた。雌の方は奥さんによくなついて、奥さんが買物に出かけようとすると、コッココッコと鳴いて後を慕うので、奥さんはそれを買物籠に入れて歩いていた。西荻窪から電車で荻窪へ買出しに来るときも、ついでに私のうちへ寄るときにも、買物籠に黒いチャボを入れていた。よく馴《な》れたチャボだから、人が林檎《りんご》の黒い種を手の平にのせてやると、籠から首を伸ばして啄《ついば》んだ。可愛《かわい》らしかった。

奥さんの話では、空襲のとき奥さんたちが防空壕《ぼうくうごう》に逃げこむと、チャボも後をつけて逃げこんで来る。飛行機が来ると、敵機と味方機の区別なく、木の下にかくれて雄を呼びながら頭だけ隠している。今が卵を産みごろの①年齢だと云っていた。

戦後になってからも、たまに奥さんは買物籠にチャボを入れて私のうちへ来ることがあった。別に用があるわけではない。私の家内と女学校時代の同級で、斎藤さんとの間に子宝がないから暇つぶしに来るのである。あるいは奥さんが荻窪のどこかの店に寄ったとき、買物籠から逃げ出したチャボかもしれぬ。そんな風にも考えた。

私はチャボを入れた籠を茶の間の濡縁の上に置いた。ここは私のうちで一ばん陽当《ひあた》りのいい場所である。餌にはハコベをやって林檎の食《た》べ滓《かす》もやった。人間も食糧に事を欠くころのことだから、人間の食べられないものをやることにした。ところがチャボは御飯の食べ残しよりも林檎の黒い種を好いた。それよりも林檎の酸っぱい芯のところを好いた。

家内は斎藤さんのうちから帰って来て、②がっかりしたように云った。

「斎藤さんのうちのチャボは、大きな盥《たらい》のなかで卵を温めていました。雄の方が番兵になって、盥のわきに立っているのです。しょんぼりとしたような番兵でした」

「そりゃ戦争中から飼ってるんだから、産室を守る番兵としては老兵だろう。もう五歳か六歳になる筈《はず》だ。人間にすれば僕くらいの年齢かね」

動物事典を出して見たが、チャボの寿命については触れてなかった。

その翌日か翌々日、私は小鳥屋へチャボの餌を買いに行った。小鳥屋といっても、そのころは笊《ざる》や籠など店に並べて内々で粉米なんか売っていた。私は粉米を買って、小鳥屋の主人にチャボの寿命について聞いてみた。普通、チャボは十年ぐらいで老いぼれるが、うまく寿命を持たせると三十年ぐらい生きのびるそうである。

「十五歳にもなれば、［A］置物の羽抜け鳥だ。鳥のうちで、寿命の長いのは隼《はやぶさ》だ。これは百年から百六十年。もっと長いのは鸚鵡《おうむ》だね。どこかのお屋敷には、江戸時代からの鸚鵡が戦争前までいたそうだ。俺は話に聞いたことがある」

本当かどうだか小鳥屋の親爺《おやじ》さんはそう云った。

この親爺はチャボの年齢の見分けかたを私に教えてくれた。鳥の脚は鱗《うろこ》で包まれたような外見になっている。それがつるりとしていれば年が若い。ささくれ立っていればいるほど年をとっているそうだ。

私のうちのチャボの脚は、ほんの少しささくれ立っていた。卵を産み盛りの年のような気がしたが、一ヶ月たっても二ヶ月たっても産まなかった。うちに三毛猫がいるためでもなさそうであった。うちの猫は初めのうちチャボを狙ったが、そのつど家内が叱っているうちに、よそのうちの猫が来ると追い払うようになっていた。昼間は籠のわきで［X］しながら番をして、よその猫が来ると勢いよく起きて飛びかかって行った。夜は籠を物置に入れるので、よその猫に脅やかされる心配はなかった。

やっと三ヶ月ぐらいたってから卵を一つ産んだ。小鳥屋の親爺さんが云っていたが、チャボや鶏は産みはじめると続いて卵を産むそうだ。明日もまた産むかもしれないと心待ちにしていると、その翌

ア　二十世紀では現実をなんとかしてくれる正解があると人々は信じ込んでいたが、本来そのような正解は存在しないということ。

イ　二十一世紀になって現実を解決する正解などないことがはっきりすることで、多くの人が絶望するようになったということ。

ウ　二十一世紀は情報が今まで以上に重要な社会になったからこそ、情報の精度を見極める眼力を養うことが必要になってくるということ。

エ　二十世紀は人間の進歩を当然のものだと人々が思い込んでいたが、人間は状況によっては退行する場合もあるのだということ。

問十一、傍線部⑧「権利」⑩「困難」の対義語として最も適当なものを、それぞれ後の中から選びなさい。

⑧　権利

ア　使命　イ　天命　ウ　任務　エ　義務

⑩　困難

ア　単純　イ　容易　ウ　裕福　エ　希望

問十二、傍線部⑨「二十世紀が終わって、人間は再び過去の次元に戻った」とあるが、その説明として最も適当なものを、次の中から選びなさい。

ア　二十一世紀になり、人間は再び正解となる解決策を一から求めなくてはならなくなったということ。

イ　二十一世紀になり、人間は再び正解に対して疑問を抱くことが禁じられるようになったということ。

ウ　二十一世紀になり、人間は再び他人に頼らずにわからないことに向き合う必要に迫られたということ。

エ　二十一世紀になり、人間は再び何の情報もない原始時代と同じ状況に陥ることになったということ。

問十三、本文の内容と合致するものとして最も適当なものを、次の中から選びなさい。

ア　二十一世紀は予測不能な事態が頻繁に起こる時代だから、私たちは正確な情報を見極めていく必要がある。

イ　二十世紀は多くの人に正解は一つしかないと信じ込ませることが、難しい時代だったと言える。

ウ　宗教と理論は、両者ともに合理的かつ人々を動かす力を持っているという点で共通している。

エ　自分オリジナルの挫折や疑問は自分にしか持ち得ないものだから、私たちは自力で何とか対処するしかない。

二　次の文章を読んで、後の問いに答えなさい。

私のところでは猫を一ぴき飼っている。十二年前に迷いこんで来てそのまま居ついている。そのころ鼠《ねずみ》が出て困ったので、うちの者が知りあいのところで子猫を一ぴき貰《もら》って来ると、偶然にも同じその日に野良猫が迷いこんで来た。

この迷い猫の方は三毛で身ごもっていた。貰って来た方は生後一ヶ月くらいの雄猫で、御目見得《おめみえ》料として鰹節《かつおぶし》を三本つけられていた。私はどちらを飼うか迷ったが、要は鼠を防ぐためだから三毛を飼うことにして、子猫は鰹節と一緒に返しに行った。

三毛は私のうちに居ついて二週間目か三週間目に六ぴき子を産んだ。子猫の目があいて暫《しばら》くすると、鉄道関係の人がほしいと云《い》うので(a)渡りに船と六ぴきともくれてやった。その人は、静岡へ持って行って、一ぴき二百円のキャッシュで売ったと後日に云っていた。静岡鉄道の方に関係しながら*闇屋に似たこともしていたらしい。静岡は戦争中に焼野原になって猫までいなくなったので、当時バラック街の人たちが鼠の害で困っていたそうだ。

子猫の(b)始末がついて暫くすると、黒い*チャボが迷いこんで来た。まだ戦後のどさくさがおさまらない当時のことだから、鶏まで落着きがなかったのだ。チャボは*濡縁《ぬれえん》の下に入って、巣についたようにうずくまっていた。うちでは交番へ届けに行った。近所のうちへも問いあわせた。

ウ　時代を超えて語り継がれる。
エ　ある時代に圧倒的に流行する。

⑦　不精者
ア　自分の頭で物事を考える人。
イ　自信がなくなってしまう人。
ウ　何事も面倒くさがる人。
エ　極めて楽観的に考える人。

問五、傍線部(i)～(iii)のカタカナ部分と同じ漢字を使う熟語として最も適当なものを、それぞれ後の中から選びなさい。

(i)　コク服
ア　時計の時コクを正しく合わせる。
イ　事実をコク明に記録する。
ウ　彼の性格は残コクそのものだった。
エ　真実をコク白するのは不可能だ。

(ii)　前テイ
ア　テイ防の縁をのんびり歩く。
イ　課題のレポートをテイ出する。
ウ　車両を緊急にテイ止させる。
エ　間違った答えをテイ正する。

(iii)　サン劇
ア　何とも悲サンな出来事だった。
イ　少数派の意見にサン成する。
ウ　会議終了後、解サンする。
エ　養サン業に従事する。

問六、傍線部③「思想さえもが流行になったら、その後では、『流行』さえもが思想である」とあるが、その説明として最も適当なものを、次の中から選びなさい。
ア　問題を解決するための正確な情報を求めていくうちに、情報の発信元の信頼度などの条件をもとに情報の正確さを推し量るようになっていくということ。
イ　自分の現実の問題を解決する正解を求めて次々と思想を変えていくと、時代に追いつくために多くの人に広まっている思想を追いかけるようになること。
ウ　多くの人々の信ずる思想を次々と取捨選択していくうちに、やがて自分の現実にあった理論を見つけて信じていくことができるようになるということ。
エ　自分の知っている情報を徐々に周囲の人々に広げていくことで、それを知らない人は損をするという焦りを誘発させ、やがてはその情報を社会の常識とすること。

問七、空欄[X]に入る語として最も適当なものを、次の中から選びなさい。
ア　手　イ　口　ウ　首　エ　頭

問八、空欄[Y]に入る四字熟語として最も適当なものを、次の中から選びなさい。
ア　一喜一憂　イ　切磋琢磨《せっさたくま》
ウ　猪突猛進《ちょとつもうしん》　エ　四苦八苦

問九、傍線部⑤「正解である可能性を含んでいる（はずの）情報をキャッチしなければならない」とあるが、人々がそう思う理由として**不適当なもの**を、次の中から選びなさい。
ア　皆が知っている情報を知らないことは恥ずかしいことだと思うから。
イ　必ずどこかに正解というものは存在するものだと思い込んでいるから。
ウ　情報社会の一員となることで仲間はずれにならなくて済むと感じるから。
エ　新しい情報を手に入れることで人々が進化してきたと信じているから。

問十、傍線部⑥「二十世紀が終わると同時にやって来たのは、『幻滅』ではなく、ただの『現実』なのだ」とあるが、その説明として最も適当なものを、次の中から選びなさい。

二十世紀に定着してしまったものは「個人の自由」だが、そこから生まれるのは、「自分の挫折は自分オリジナルの挫折である」と言い切る⑧権利である。「自分オリジナルの挫折」は、結局のところ、自分で切り開くしかないものなのである。

⑨二十世紀が終わって、人間は再び過去の次元に戻った。そこでは、⑩困難を切り開くものは、常に「自分の力」だった。「自分の力」がふるえるようになる前に、「どうしたらいいのかわからない、なにがなんだかわからない」という混迷に呑《の》み込まれても不思議ではない。人類は常に、そういうところからスタートしてきたのである。

「わからない」は、あなた一人の恥ではない。恥だとしたら、「この世のどこかに〝万能の正解〟がある」とばかり信じて、簡単に挫折しうる「自分自身の特性」を認めないことが恥なのである。「特性」がいいものだとは限らない。

「どこにも正解はない」という〝混迷〟の中で二十世紀は終わり、その〝混迷〟の中で二十一世紀がやって来た――そう思ってしまったら、もう二十一世紀は終わりだろう。「わかる」からスタートしたものが、「わからない」のゴールにたどり着いてしまった。これが間違いであるのは、既に言った通りで、であればこそ二十一世紀は、人類の前に再び訪れた、「わからない」をスタート地点とする、いとも当たり前の時代なのである。

（橋本　治『「わからない」という方法』による　一部改変）

《注》

＊イデオロギー＝その人またはある集団の歴史的・社会的立場に基づいて作られた、根本的な考え。思想。主義。主張。

＊タブー＝神聖なものとして禁じられていること（もの）。禁忌。

問一、本文には次の一文が抜けている。補うのに最も適当な箇所を、本文中の《A》～《D》の中から選びなさい。

> それをすることと、現実に生きる自分達が知らないままでいる「正解」を手に入れることとは、イコールだと思っていたのである。

ア《A》　イ《B》　ウ《C》　エ《D》

問二、空欄 Ⅰ ～ Ⅲ に入る語として、最も適当なものを、それぞれ次の中から選びなさい。

ア　しかし　イ　たとえば　ウ　だから　エ　ところで

問三、傍線部①「それ」の指示内容として最も適当なものを、次の中から選びなさい。

ア　会社を辞めて大学に入り直せば、問題にぶつからないで済むから楽になると考えること。

イ　社会人になって自分が持っていた常識が通用しなくなり、壁にぶつかったと感じること。

ウ　大学が自分たちの問題を解決してくれるような大した場所ではないと気づき、幻滅すること。

エ　大学に入って学び直せば、自分が得られなかった正解に近づき、成功できるようになると思うこと。

問四、傍線部②「メッキが剝げ（る）」④「一世を風靡（する）」⑦「不精者」の本文中での意味として最も適当なものを、それぞれ後の中から選びなさい。

②　メッキが剝げ（る）

ア　隠れていた悪い要素が明らかになる。

イ　事柄の意味や重要性を理解する。

ウ　予想もしなかった形で出現する。

エ　不吉な形でぼんやりと見えてくる。

④　一世を風靡（する）

ア　時代の方向性を大きく変える。

イ　いつでも変わることがない。

二十世紀は理論の時代で、「自分の知らない正解がどこかにあるはず」と多くの人は思い込んだが、これは「二十世紀病」と言われてしかるべきものだろう。「どこかに〝正解〟はある」と思い、「これが〝正解〟だ」と確信したら、その学習と実践に一路邁進《まいしん》する。二十世紀のそのはじめには社会主義があって、これをこそ「正しい」と思った人達は、これを熱心に学習し実践しようとした。やがてそこにさまざまな理論が登場して、第二次世界大戦後の二、三十年間は、「④一世を風靡《ふうび》したナントカ理論」の花盛りとなる。そこで激化したのは、子供の進学競争ばかりではない。大人だとてやはり、やたらの学習意欲で［Ｙ］をしていたのである。

学習――つまりは、「既に明らかになっているはずの〝正解〟の存在を信じ、それを我が物としてマスターしていく」である。ここでは、「正解」に対する疑問は＊タブーだった。それが「正解」であることを信じて熱心に学習することだけが正しく、その「正解」に対する疑問が生まれたら、「新しい正解を内含している(はずの)新理論」へと走る――これが一般的なあり方だった。

「どこかに〝正解〟はあるはずだ」という確信は動かぬまま、理論から理論へと走って、理論を漁ることは流行となり、流行は思想となる。やがては、なにがなんだかわからない〝混迷の時代〟となって、そこに訪れるのが、「⑤正解である可能性を含んでいる(はずの)情報をキャッチしなければならない」という、情報社会である。

どこかに「正解」はあるはずなのだから、それを教えてくれる「情報」を捕まえなければならない――そのような思い込みがあって、二十世紀末の情報社会は生まれるのだが、それがどれほど役に立つものかはわからない。しかし、「〝正解〟につながる(はずの)情報を仕入れ続けなければ脱落者になってしまう」という思い込みが、一方にはある。［Ⅲ］、それをし続けなければならない。それをし続けることによって得ることができるのは、「自分もまた〝正解はどこかにある〟と信じ込んでいる二十世紀人の一人である」という一体感だけである。だからこそ、情報社会の裏側では、得体の知れない孤独感もまた、同時進行でひっそりと広がって行く。情報社会でなにを手に入れられるのかは知らないが、情報社会の一員にならなければ、情報社会から脱落した結果の孤独を味わわなければならないからである。

そもそもが「恥の社会」である日本に、「自分の知らない〝正解〟がどこかにあるはず」という二十世紀病が重なってしまった。その結果、「わからない＝恥」は、日本社会に抜きがたく確固としてしまったのである。

しかし、その二十世紀は終わってしまった。終わって行く二十世紀には、「もしかしたらもう〝正解〟はないのかもしれない……」という不安感が漂っていた。どこにも「画期的な新理論」はない。理論の代用物でもあった「画期的なヒット商品」もない。パソコンやインターネットが画期的であったとしても、それがどこまで必要なのかはわからない。なぜかと言えば、その〝必要〟は、「どこかに正解があるはず」という、二十世紀的な思い込みの上に存在するものだからである。

よく考えてみればわかることだが、「なんでもかんでも一挙に解決してくれる便利な〝正解〟」などというものは、そもそも幻想の中にしか存在しないものである。「二十世紀が終わると同時に、幻滅もやって来た」と思う人は多いが、これもまた二十世紀病の一種である。⑥二十世紀が終わると同時にやって来たのは、「幻滅」ではなく、ただの「現実」なのだ。

人はこまめに挫折《ざせつ》を繰り返す。一度手に入れただけの自信は、たやすく役立たずになり変わる。人はたんびたんびに「わからない」に直面して、その疑問を自分の頭で解いていくしかない――これは、人類史を貫く不変の真理なのである。自分がぶち当たった壁や疑問は、自分オリジナルの挫折であり疑問である。「万能の正解」という便利なものがなくなってしまった結果なのではない。それを「幻滅」と言うのなら、それは「なんでも他人まかせですませておける」と思い込んでいた、⑦不精者の幻滅なのである。

二〇二〇年度
日本大学櫻丘高等学校（A日程）

【国語】（六〇分）〈満点：一〇〇点〉

一 次の文章を読んで、後の問いに答えなさい。

二十世紀は、「わかる」が当然の時代だった。自分はわからなくても、どこかに「正解」はある――人はそのように思っていた。既にその「正解」はどこかにあるのだから、恥ずかしいのだとしたら、その「正解」を知らないでいることが恥ずかしいのであり、「正解」が存在することを知らないでいることが恥ずかしかったのである。だから、人は競って大学へ行ったし、子供達を競わせて大学に行かせた。ビジネスの理論書を必死になって読み漁《あさ》ったし、誰よりも早く「先端の理論」を知りたがった。《 A 》

たとえば、大学へ行くことを当たり前にして、多くの日本人は、大学がそうたいしたものではないという幻滅に訪れられた。

[I]、それは果たして、「日本の大学がたいしたものではないから」なのか、あるいはまた、日本の大学に「自分達の思い込みをなんとかしてくれるだけの万能性がなかったから」なのかはわからない。だからこそ、「日本の大学はたいしたものではない」と思ってしまった人達の中には、「外国の大学だったらまた別かもしれない」という思い込みだって生まれる。外国の大学へ行くには金がかかる。「それだけの金がかかる以上、外国の大学にあるものは〝本物〟であるはずだ」という思い込みだって生まれる。外国の大学には外国の大学なりのよさとすごさはある。しかし、それと「外国の大学だからすごい」という思い込みとは、別である。それが、「自分達の知らない世界にはまだすごいものがあって、そこには〝正解〟があるはずだ」と思い込んだ結果なら、外国の大学だとて、「どうってことはない」のである。《 B 》

[II] また、大学を出て社会人になり、しばらくして壁にぶち当たることがある。その時に、「会社を辞めて大学に入り直そう」という決断をする人もいる。それは、あるいは必要なことかもしれない。しかし、もしかしたら①それは、錯覚かもしれない。「社会に出て未熟な自分の②メッキが剝《は》げた」という事実があるのなら、その未熟さは、自分で(i)コク服しなければならない。そのコク服手段が「大学に入って学び直せばなんとかなる」であるのは、もしかしたら、短絡かもしれない。この人が、「自分は正解から離れた。大学には正解がある。その正解に近づけば、もう一度成功を取り戻すことができる」と思い込んでいるのだとしたら、この人のあり方は、「どこかに自分の知らない正解はある」と思い込んでいる二十世紀病なのである。《 C 》

二十世紀は、＊イデオロギーの時代であり、進歩を前(ii)テイとする理論の時代だった。「その〝正解である理論〟をマスターしてきちんと実践できたら、すべてはうまく行く」――そういう思い込みが、世界全体に広がっていた。そういう状況の中では、「自分の現実をなんとかしてくれる〝正解〟はどこかにある」という考え方もたやすく生まれるだろう。その人達は学習好きになって、次から次へと「理論」を漁る。一つの理論がだめになったら、もう一つ別のナントカ理論へと走る。③思想さえもが流行になったら、その後では、「流行」さえもが思想である。「それを知らなかったら、時代からおいてきぼりを食らわされる」――そういう不安感の下では、流行もたやすく思想になり、であればこそ、二十世紀末には、わけのわからない「宗教もどき」がさまざまな事件を引き起こしもした。

「理論の合理性を求めて、どうして人は宗教という超理論へ走ってしまうのか？」――二十世紀末の「宗教もどき」が引き起こした(iii)サン劇に対して、多くの人達はこのように[X]をひねった。しかし、その求められた「理論」が、「なんでも解決してくれる万能の正解」と一つだったとしたら、この矛盾はたやすく解決されるだろう。「なんでも解決してくれる万能の正解」は幻想であり、これはそもそも宗教的なものだからだ。《 D 》

英語解答

Ⅰ 問題１ (1)…３ (2)…２ (3)…３
(4)…４ (5)…１
問題２ (1)…３ (2)…１
問題３ (1)…２ (2)…３ (3)…２

Ⅱ (1) ２ (2) ３ (3) ４ (4) １
(5) ２

Ⅲ １…２ ２…３ ３…５ ４…６
５…１

Ⅳ (1) ３ (2) ４

Ⅴ １ ３→２→４→１
２ ２→１→４→３
３ ３→１→４→２
４ ４→２→１→３
５ ３→２→４→１

Ⅵ Ａ １…１ ２…８ ３…２ ４…３
Ｂ ５…２ ６…５ ７…３ ８…４

Ⅶ 問１ ４ 問２ ２ 問３ ２
問４ １ 問５ ４ 問６ ３
問７ １ 問８ ３ 問９ ２
問10 ３

Ⅰ〔放送問題〕解説省略

Ⅱ〔適語選択・語形変化〕

(1)動詞 like の目的語になれるのは，選択肢の中では動名詞(～ing)の２。like ～ing「～することが好き」の形。 「ティムは毎週日曜日にテレビでフットボールの試合を見るのが好きだ」

(2)try on ～「～を試着する」 「リンダは赤いセーターを試着してみたが，彼女には少し小さかった」

(3)文の述語動詞は was なので，空所から station までは that woman を修飾する関係代名詞節と判断できる。先行詞が that woman で空所の後に動詞が続いているので，‘人’を先行詞とする主格の関係代名詞 who が適切。 「駅で私に話しかけたその女性は私のおばだった」

(4) Thank you for ～ing で「～してくれてありがとう」。 「私をあなたの誕生パーティーに招待してくれてありがとう」

(5)空所の後が名詞句 our stay「私たちの滞在」なので，前置詞 during「～の間」が適切。while「～する間」は接続詞なので，後ろには‘主語＋動詞…’が続く。 「昨年，私たちはニューヨークを２週間旅した。滞在中，天気はよかった」

Ⅲ〔長文読解―適語選択―エッセー〕

≪全訳≫あなたには親友はいるだろうか。親友は人生においてとても大切な存在だとよく言われている。といっても，私にはそんなに多くの親友はいない。本当の友達はほんの数人しかいない。もちろん私はたくさんの人を知っている。私は仕事でたくさんの人を知っている。毎日会う近所の人や他の人たちを知っている。私は知り合いのほとんどが好きだが，真の友情というのは誰かのことがただ好きであるということ以上のものだと思う。彼らが本当にあなたの友達なら，あなたは彼らのことを信頼して尊敬するべきだ。本当の友達とは何でも話をすることができ，彼らは理解を示してくれるだろう。あなたは彼らと一緒にいることを楽しみ，いい経験をたくさん分かち合うことができる。彼らから多くのことを学ぶことができ，困っているときにはお互いに助け合うことができる。だが，友達の１人が引っ越したときには，最初はたくさん手紙の交換をするだろう。数年後，あまりにも忙しくて手紙を書くことができず，ついには疎遠になってしまうかもしれない。

１．文末に‘逆接’の though「でも」があるので，前の文と相反する内容になる。「親友は大切だが，私にはあまり多くはいない」という流れ。close は形容詞で「親密な，親しい」。前の文の good friends を close friends で言い換えている。　2．空所の後に I see every day「私が毎日会う」と続いているので，neighbors「隣人，近所の人」が適切。　3．ただ誰かのことが好きという人の気持ちを超えるのは「真の友情」。 friendship「友情」　4．they'll の they は「親友」を指す。親友はあなたを理解してくれる。　5．手紙の交換をするようになるのは，友達が引っ越してしまうからと考えられる。move には「引っ越す」という意味がある。

Ⅳ〔文整序〕

⑴≪全訳≫1．日本人は「どうも」と頻繁に言う。／→4．最初，私はそれが「ありがとう」を意味すると思った。／→3．今では，私はその言葉には意味がたくさんあるということがわかっている。／→2．この日本語は「すみません」，「ありがとう」，「こんにちは」などを意味するのである。

＜解説＞外国人から見た日本語の難しさについての話。最初にくるのは主題となる1。この後は，その意味について最初どう思ったかについて述べる4，今ではたくさんの意味があることを知っていると述べる3の順に続け（3，4の it はともに1の“*Domo*”を受けている），最後に3の a lot of meaning の具体的な内容を述べる2を置く。

⑵≪全訳≫ほとんどの動物は昼間に活動し，夜に眠る。暗がりよりも日中の方がほとんどの動物にとって見やすいので，動物は昼間にエサを見つけることができる。／→ウ．これに対して，夜中にとても活動的な動物もいる。／→ア．それらの動物は暗がりでの生活に適応している。／→エ．例えば，コウモリにはとても優れた聴力があり，夜中にエサを見つけるためにそれを使う。／→イ．また，暗がりでよく見える特有の目があるフクロウやネコのような動物もいる。それらの動物は夜行性動物と呼ばれる。

＜解説＞昼間活動する動物と夜中活動する動物について書かれた文章。並べかえる部分は全て夜行性の動物に関する記述なので，まず on the other hand「これに対して」と昼間に活動する動物との‘対比’を示す表現のあるウを最初に置く。次に，主語の They が，ウの animals that are most active during the night を受けて，夜行性動物の一般的な特徴を述べるアが続く。この後は夜行性動物の具体例になるが，イに‘追加’を示す also「また」があるので，エ→イの順になる。 nocturnal「夜行性の」

Ⅴ〔長文読解─整序結合─説明文〕

≪全訳≫❶多くの生物にとって，生命の周期は春，夏，秋，冬という1年の4つの季節の周期に沿っている。❷例えば，ヒマワリの種子は春に地面から芽が出る。夏にその植物（＝ヒマワリ）の背は高くなり，花を咲かせる。秋になっていったん成長しきると，種子は熟して地面に落ちる。ヒマワリは冬に枯れる。❸地面に落ちた種子の一部はヒマワリの生命の周期をもう一度始める。そのまさに次の春，種子は芽を出し，新しい植物が成長し始めるのだ。❹春，夏，秋，冬，それは自然のもう1つの周期でもある。4つの季節は年ごとに何度も繰り返す。北アメリカのある地域におけるいくつかの動植物の生活が，異なる季節とともにどう変わるのか見てみよう。

1．まず living things「生物，生き物」の前に many を置く。前置詞は名詞（句）の前に置かれるので，この前に for「～にとって」を置けばよい。　2．後ろに過去分詞 grown があるので，the plant is fully grown という受け身の文にする。この文の主節はこの後に続く the seeds 以下なので，ここは once を「いったん～すると」という接続詞として用いる。　3．the の後には名詞がくるので，まず the seeds とする。後は that を主格の関係代名詞として用いれば that fell to the ground と，seeds を修飾する関係代名詞節になる。fall to ～で「～に落ちる」。　fall－fell－fallen　4．‘begin＋to不定詞’「～し始める」の形にすればよい。助動詞は‘助動詞＋動詞の原形’の語順で使うので，will は begin の前に置く。　5．‘Let's＋動詞の原形’で「～しましょう」。look at ～は「～を見る」。how は‘疑問詞＋主語＋動詞…’の間接疑問の一部となる。

Ⅵ〔対話文完成―適文選択〕

Ａ≪全訳≫❶メアリー(Ｍ)：このバスツアーはすごいわ！　１日で街を見ることができるよ。私，バスツアーが大好きなの。❷ケン(Ｋ)：本当？　1僕はバスツアーには耐えられないな！　渋滞ばかりだから。❸Ｍ：えっ，あなたがここでの買い物がとてもいいって私に言ったのよ。靴を買いに行くのはどうかしら？❹Ｋ：うん，お買い得品を買うことができるよ。でも，あの大きなショッピングセンターは好きじゃないな。❺Ｍ：2私もよ！❻Ｋ：3バードパークに行くのはどう？　僕は自然のままの公園が大好きなんだ。❼Ｍ：うん，私も好きだけど，時間は１日しかないのよ！　だから博物館に行きましょうよ。アメリカには決してない芸術を見るチャンスよ！❽Ｋ：4いい考えだね。それに，交通量がそれほど多くない夕方にバスツアーがあるかもしれない。君が観光が大好きなことはわかってるよ！❾Ｍ：確認しましょう。

1．この後の内容から，ケンはバスツアーが好きではないことがわかる。can't stand ～で「～を我慢できない，耐えられない」という意味。　2．ケンの否定的な発言に同調する８が適切。‘neither＋(助)動詞＋主語’は前の否定文を受けて「～もまた…(し)ない」という意味を表す。

3．後に続く内容から，公園に行くことを提案する２が適切。　How about ～ing?「～するのはどうですか」　4．この後，またバスツアーの話に話題が変わっていることから，博物館に行こうというメアリーの提案を受け入れたと考えられる。

Ｂ≪全訳≫❶マックス(Ｍ)：今日の午後，泳ぎに行こうよ。❷ビル(Ｂ)：いいや，今日はだめだ。とても疲れてるんだよ。❸Ｍ：5それなら映画に行こうよ。❹Ｂ：すまないけど，今日の午後は忙しいんだ。❺Ｍ：えっ？　何をするんだい？❻Ｂ：ホワイト先生に診てもらうんだ。先生が僕を診察してくれるんだよ。❼Ｍ：気分が優れないのかい？❽Ｂ：ずっと疲れている気がするんだ。❾Ｍ：ビタミンはとってる？❿Ｂ：いや，ビタミンは必要ないよ。⓫Ｍ：6ビタミンはとった方がいいと思うな。今からドラッグストアまで行ってくる。ビタミン剤をいくらか買ってきてあげるよ。⓬Ｂ：もう少し待って。まずはホワイト先生に診てもらいたいから。先生にビタミン摂取について尋ねてみるよ。⓭Ｍ：わかったよ。じゃあ，僕はこれから繁華街まで行ってくる。５時くらいには戻るよ。⓮Ｂ：何をするんだい？⓯Ｍ：デパートを見て回るつもりさ。ひょっとしたら新しい服を数着買うかもしれない。⓰Ｂ：ああ，なるほど。7お金を全部使わないように。⓱Ｍ：心配いらないよ。そんなことはしないさ。⓲Ｂ：雑誌『タイム』を１部買ってきてくれるかい？⓳Ｍ：いいよ。喜んで。8他に何か欲しいものはあるかい？⓴Ｂ：いや，それだけだよ。㉑Ｍ：わかった。じゃあ，また後で。㉒Ｂ：わかった。また。

5．ビルはマックスの最初の提案を断った後，空所の後で再び謝っていることから，空所ではマックスが再び何かを提案していると考えられる。２の then は「それなら」という意味。　6．ビタミンは必要ないと言うビルに対して，マックスはビタミン剤を買ってこようとしていることから判断できる。５の them は直前の vitamins を受けている。　7．直後のマックスのＩ won't に注目。won'tの後に省略されている語句を考える。I won't (spend all my money).ということ。

8．これを受けてビルは「いや，それだけだ」と答えているので，マックスは他に買ってくるものはないか尋ねたのだとわかる。

Ⅶ〔長文読解総合―伝記〕

≪全訳≫❶1666年，ロンドンでは暑い夏が長く続いた。人々は喜んで日光を楽しみ，おそらくそれで街はネズミが運んできた病気を取り除くことができるのではないかと思っていた。しかし，実際のところは，酷暑よりももっとずっと効力のあるものである炎によって病気は最終的に食いとめられたのだ。❷1666年9月2日月曜日の午前2時だった。トーマス・ファリナー――彼は国王チャールズ2世にパンをつくっていた――は，テムズ川とロンドン橋の近くにある彼の店の上で眠っていた。彼の従業員が王の朝食に提供するパンの準備をし始める時間だった。王は朝の焼き立てのパンが好物だった。❸ファリナー氏の従業員の1人が目を覚まし，キッチンの火をつけに行った。ファリナー氏はキッチンにまきをたくさん保管し，パンを毎日つくる準備をしていた。その日の朝，まきに火がついて，キッチンが燃え始めているのをその男が見つけたのだ。❹急いでその男はファリナー氏を起こして，「火事です！　火事です！」と叫んだ。すぐに家にいる全員が目を覚まし，逃げようとして辺りを走り回っていた。ファリナー氏は隣の家の屋根によじ登って逃げた。ある女性は運に恵まれなかった。彼女はお金を守ろうと思って家にとどまったが，焼死した。❺短時間で火は他の家に広がり，強風によって炎は西へと向かった。ますます多くの人々がパニックに陥り，彼らは皆，貴重品を守ろうとした。火はすぐにその歴史ある街中に燃え広がった。家は木造で，狭い通りに密集して建てられていた。火が広がるにつれ，行く手にあるあらゆるものを焼き尽くしたが，テムズ川を越えることはできなかった。しばらくすると，裕福な実業家たちが海の向こうから手に入れた，不思議でわくわくするものを保管していた川のそばの建物に火は到達した。すると，ロンドンはトウガラシのにおいがし始め，燃え上がるブランデーが川のように通りを流れ始めたのだ。❻その晩の火事についてよく書かれた記録がある。サミュエル・ピープスはチャールズ国王の政府における重要人物であり，彼は当時のロンドンでの生活を毎日日記に記していた。家の女性の1人が『街の大きな火事のことを私たちに伝えるため，明け方3時頃に私たちを起こした。それで私は起き上がり…そして彼女の部屋の窓まで行った…私はそれが十分に離れていると思い，再びベッドに入って眠った』と彼は書いていた。❼ピープスが再び目を覚ました頃には，火事はロンドンで300軒をすでに燃やしていた。彼はチャールズ国王に火事が本当に深刻だと伝えるために彼の所に行った。❽ウ．ロンドン市長として，トーマス・ブラッドワース卿《きょう》は街で最も有力な影響力のある人物の1人だった。／→エ．彼はその火事は簡単に消火できると思い，消防団を組織しようとした。／→イ．しかし，彼はすぐにその任務が思っていた以上に難しいとわかった。／→ア．チャールズ国王と弟のジェームズが手を差し伸べようと決めたのはそのときだった。❾国王は火事が完全に手に負えないものであるとすぐにわかった。彼は，枢密院――国王を助け，国王に助言をする有力な人物たちの集まり――を招集した。協力して，彼らは「消防署」を街にいくつかつくることを決めた。そこでは，消防士たちが火事と闘うために必要なもの全てが与えられた。チャールズ国王はその闘いを指揮した。彼は寝ずに30時間も指揮をとったので，その勇敢さで彼はとても愛された。❿チャールズ国王と彼のもとで働く男たちは，一部の家を取り壊すことによって街の一部からものを取り除いたので，そこでは火が燃え移るものがなくなった。こうして火事は収束し，1666年9月5日水曜日までに火事はようやく鎮火された。

問1＜内容真偽＞1．「ネズミはロンドンで発生した病気を取り除くために使われた」…×　2．「当時は誰もネズミが病気の原因だということを知らなかった」…×　3．「火事が発生したので，ロンドンにはネズミがたくさんいた」…×　4．「人々は病気の原因がネズミだと思っていた」…○　第１段落第２文参照。

問２＜内容真偽＞１.「深刻な火事が広がったときに，彼は消防士として働きロンドンの多くの人々を助けた」…×　　２.「火事に見舞われたとき，彼は隣の家の屋根に登って逃げることができた」…○　第４段落第３文参照。　３.「彼は1666年に国王チャールズ２世の料理人として働き始め，火事の後にロンドンで裕福な実業家になった」…×　　４.「国王の朝食のパンを準備していたとき，彼は誤って大きな火事を発生させてしまった」…×

問３＜内容真偽＞１.「ファリナー氏が家から逃げたとき，炎が大きかったので彼はその女性に気づかなかった」…×　　２.「お金を守ろうとして逃げることができなかったので，彼女は命を落とした」…○　第４段落最終文参照。　３.「彼女はファリナー氏と同じ家に住んでいたが，彼と一緒に逃げることを拒んだ」…×　　４.「ファリナー氏は屋根によじ登ったとき，その女が家のお金を盗んでいるのを見た」…×

問４＜内容真偽＞１.「火事がその歴史ある街でそんなにすぐに広がった理由がいくつかある」…○　第５段落第４文参照。　２.「貴重品を保管するための広い場所が必要だったので，その歴史ある街に住んでいた裕福な実業家はいなかった」…×　　３.「チャールズ国王に多額のお金を払わなければならなかったので，その歴史ある街の人々にとってテムズ川を渡るのはとても難しかった」…×　　４.「火事によってテムズ川沿いの橋がいくつか燃えてしまったので，その歴史ある街で暮らしていた人々は川の向こう側へ逃げることはできなかった」…×

問５＜内容真偽＞１.「彼は家族の１人に起こされたが，その夜起きようとしなかった」…×　２.「火事がとても危険だとわかっていたので，彼はすぐに家から出て逃げた」…×　　３.「彼はチャールズ国王の政府に仕えていたので，家の女性の１人を呼んで彼女に日記を書かせなければならなかった」…×　　４.「彼は火事が家の近くだとは思わなかったので，最初は家から走って逃げなかった」…○　第６段落最終文参照。

問６＜文整序＞イのButに注目し，イの前に対照的な内容となるエを置く。イとエのhe〔He〕は，ウのSir Thomas Bludworthを受けていると考えられるので，ウ→エ→イとする。アのthenはイの内容である「トーマス・ブラッドワース卿が事態の深刻さに気づいたとき」を指しているので，アは最後に置く。なお，このアの文は‘It is ～ that …’「…なのは～だ」の強調構文である。

問７＜適語選択＞前にあるso thatは「それで，その結果」という‘結果’を表す。家を取り壊して街の一部を一掃した結果，どうなったかを考える。nothing to burn there「そこには燃やすものは何もない」のto burnは形容詞的用法のto不定詞。　pull down ～「～を取り壊す」

問８＜内容一致＞「上の本文を読むことで，私たちは(　　)ことがわかる」―３.「チャールズ国王はロンドンとロンドンの人々を救うため，１日以上もの間火事と闘い続けた」…○　第９段落参照。

問９＜内容真偽＞１.「ある女性が朝食をつくり始めたとき，彼女の家のキッチンが燃え始め，その火事のために多くの人々が死んだ」…×　　２.「ロンドンの火事は1666年９月始めの朝に始まり，数日間続いた」…○　第２段落第１文および第10段落最終文参照。　３.「強風が西から吹いていたので，火事がロンドン中に広がるまで長い時間がかかった」…×　　４.「裕福な実業家たちはチャールズ国王と彼の弟のジェームズに街に消防署をいくつかつくるように頼んだ」…×

問10＜表題選択＞ロンドンで大きな火事が発生し，これを当時のチャールズ国王が先頭に立って消しとめた話なので，３.「ロンドン大火とチャールズ国王の勇気ある行動」が適切。

2020年度／日本大学櫻丘高等学校（A日程）

数学解答

1 (1) 7　(2) イ…9　ウ…2　エ…4
(3) オ…4　カ…9
(4) キ…1　ク…6

2 (1) ア…2　イ…3　ウ…3　エ…1
オ…2　カ…1　キ…6
(2) ク…3　ケ…4
(3) コ…1　サ…9　シ…1　ス…6
セ…5

3 (1) ア…4　イ…3　ウ…2
(2) エ…2　オ…2　カ…2　キ…1
ク…6
(3) 4

4 (1) ア…6　イ…5　ウ…6
(2) エ…2　オ…3　カ…6　キ…2
ク…5
(3) ケ…6　コ…5　サ…2

5 (1) ア…8　イ…3
(2) ウ…6　エ…4　オ…3
(3) カ…2　キ…4
(4) ク…3　ケ…2　コ…3　サ…5

1〔独立小問集合題〕

(1)＜数の計算＞与式 $=(5-4)\times7+1-(5-4)=1\times7+1-1=7$

(2)＜式の値＞与式 $=\dfrac{x^3y^2+x^2y^3}{x^2-y^2}=\dfrac{x^2y^2(x+y)}{(x+y)(x-y)}=\dfrac{x^2y^2}{x-y}=\dfrac{(xy)^2}{x-y}$ である。$x-y=(\sqrt{5}+\sqrt{2})-(\sqrt{5}-\sqrt{2})$ $=\sqrt{5}+\sqrt{2}-\sqrt{5}+\sqrt{2}=2\sqrt{2}$，$xy=(\sqrt{5}+\sqrt{2})(\sqrt{5}-\sqrt{2})=(\sqrt{5})^2-(\sqrt{2})^2=5-2=3$ だから，与式 $=\dfrac{(xy)^2}{x-y}$ $=\dfrac{3^2}{2\sqrt{2}}=\dfrac{9\times\sqrt{2}}{2\sqrt{2}\times\sqrt{2}}=\dfrac{9\sqrt{2}}{4}$ となる。

(3)＜二次方程式の応用＞$x^2-x-3a=0$ に $x=4$ を代入して，$4^2-4-3a=0$ より，$16-4-3a=0$，$-3a=-12$，$a=4$ となる。これより，この二次方程式は $x^2-x-12=0$ だから，$(x-4)(x+3)=0$　$\therefore x=4$，-3　よって，$x=4$ 以外の解は $x=-3$ である。また，$x^2-4ax+12a=0$ に $a=4$ を代入して，$x^2-16x+48=0$，$(x-4)(x-12)=0$　$\therefore x=4$，12　よって，$x=4$ 以外の解は $x=12$ である。したがって，$x=4$ 以外の解の和は，$(-3)+12=9$ である。

(4)＜数の性質＞$\sqrt{\dfrac{196}{xy}}=\dfrac{14}{\sqrt{xy}}$ だから，この式の値が整数となるとき，$\sqrt{xy}$ は 14 の約数である。よって，$\sqrt{xy}=1$，2，7，14 より，$xy=1$，4，49，196 である。$xy=1$ のとき，自然数 x，y の組は $(x,\ y)=(1,\ 1)$ の 1 組ある。$xy=4$ のとき，$(x,\ y)=(1,\ 4)$，$(2,\ 2)$，$(4,\ 1)$ の 3 組，$xy=49$ のとき，$(x,\ y)=(1,\ 49)$，$(7,\ 7)$，$(49,\ 1)$ の 3 組，$xy=196$ のとき，$(x,\ y)=(1,\ 196)$，$(2,\ 98)$，$(4,\ 49)$，$(7,\ 28)$，$(14,\ 14)$，$(28,\ 7)$，$(49,\ 4)$，$(98,\ 2)$，$(196,\ 1)$ の 9 組ある。したがって，x，y の組は全部で $1+3+3+9=16$（組）ある。

2〔独立小問集合題〕

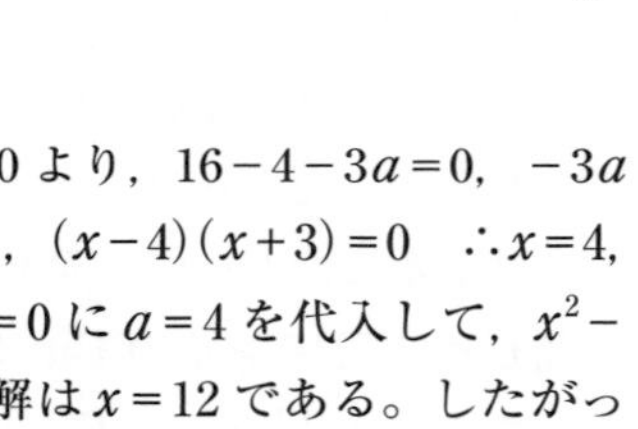

(1)＜図形―面積＞右図のように 3 点 A，B，C を定め，点 O′と点 A を結ぶ。△O′OA は O′O＝O′A の二等辺三角形だから，$\angle$OO′A＝180°－2$\angle$O′OA＝180°－2×30°＝120°，$\angle$AO′B＝180°－$\angle$OO′A＝180°－120°＝60°である。点 O′から線分 OA へ垂線 O′H を引くと，点 H は線分 OA の中点となる。$\angle$O′HO＝90°，$\angle$O′OA＝30°より，△O′OH は 3 辺の比が $1:2:\sqrt{3}$ の直角三角形だから，O′H＝$\dfrac{1}{2}$O′O＝$\dfrac{1}{2}\times1=$

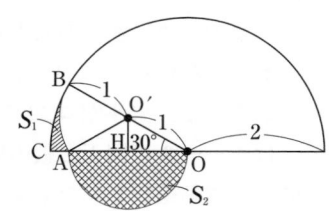

$\frac{1}{2}$，$\mathrm{OH}=\sqrt{3}\mathrm{O'H}=\sqrt{3}\times\frac{1}{2}=\frac{\sqrt{3}}{2}$である。これより，$\mathrm{OA}=2\mathrm{OH}=2\times\frac{\sqrt{3}}{2}=\sqrt{3}$である。よって，$S_1=$〔おうぎ形OBC〕−〔おうぎ形O′AB〕−△O′OA$=\pi\times2^2\times\frac{30^\circ}{360^\circ}-\pi\times1^2\times\frac{60^\circ}{360^\circ}-\frac{1}{2}\times\sqrt{3}\times\frac{1}{2}=\frac{\pi}{3}-\frac{\pi}{6}-\frac{\sqrt{3}}{4}=\frac{2\pi-3\sqrt{3}}{12}$である。また，$S_2=$〔おうぎ形O′OA〕−△O′OA$=\pi\times1^2\times\frac{120^\circ}{360^\circ}-\frac{\sqrt{3}}{4}=\frac{\pi}{3}-\frac{\sqrt{3}}{4}=\frac{4\pi-3\sqrt{3}}{12}$である。したがって，$S_2-S_1=\frac{4\pi-3\sqrt{3}}{12}-\frac{2\pi-3\sqrt{3}}{12}=\frac{1}{6}\pi$となる。

(2)＜資料の活用―平均値，中央値＞平均値が5点だから，10人全員の点数の合計は$5\times10=50$(点)である。よって，$x+3+7+4+6+10+3+1+9+y=50$が成り立ち，$x+y=7$である。$0\leqq x\leqq3$，$x<y$だから，$(x,\ y)=(0,\ 7)$，$(1,\ 6)$，$(2,\ 5)$，$(3,\ 4)$が考えられる。また，10人の点数の中央値は，全員の点数を低い順に並べたときの5番目と6番目の点数の平均値である。A，Jの2人を除いた8人の点数を小さい順に並べると，1点，3点，3点，4点，6点，7点，9点，10点となる。したがって，中央値が4点になるのは，5番目と6番目の点数がともに4点になるときで，$(x,\ y)=(3,\ 4)$が適する。

(3)＜確率―カード＞箱Aには3枚，箱Bには3枚，箱Cには4枚のカードがそれぞれ入っているから，それぞれの箱から1枚カードを引くとき，引き方は全部で$3\times3\times4=36$(通り)ある。3枚のカードの数の積が4となるカードの引き方は(A，B，C)＝(1，1，4)，(1，2，2)，(2，1，2)，(2，2，1)の4通りあるから，積が4になる確率は$\frac{4}{36}=\frac{1}{9}$である。また，積が6となるカードの引き方は(A，B，C)＝(1，2，3)，(1，3，2)，(2，1，3)，(2，3，1)，(3，1，2)，(3，2，1)の6通りあるから，積が6になる確率は$\frac{6}{36}=\frac{1}{6}$である。さらに，カードの数の積がkとなる確率が$\frac{1}{12}$のとき，$\frac{1}{12}=\frac{3}{36}$より，3枚のカードの数の積が$k$となるようなカードの引き方は3通りとなる。ここで，$k=1$，2，3，4，6，8，9，12，16，18，24，27，36の場合があり，$k=4$，6となるカードの引き方はそれぞれ4通り，6通りある。他の場合について，カードの引き方を調べる。$k=1$となるカードの引き方は(A，B，C)＝(1，1，1)の1通りある。$k=2$のときは(A，B，C)＝(1，1，2)，(1，2，1)，(2，1，1)の3通りある。$k=3$のときは(A，B，C)＝(1，1，3)，(1，3，1)，(3，1，1)の3通りある。$k=8$のときは(A，B，C)＝(1，2，4)，(2，1，4)，(2，2，2)の3通りある。$k=9$のときは(A，B，C)＝(1，3，3)，(3，1，3)，(3，3，1)の3通りある。以下，同様に調べると，$k=12$のときは5通り，$k=16$のときは1通り，$k=18$のときは3通り，$k=24$のときは2通り，$k=27$のときは1通り，$k=36$のときは1通りある。したがって，kの値は$k=2$，3，8，9，18の5通りある。

3〔関数―関数の利用〕

≪基本方針の決定≫(3)　$0\leqq t\leqq4$，$4\leqq t\leqq8$のそれぞれの場合で条件を満たすtの値を求める。

図1

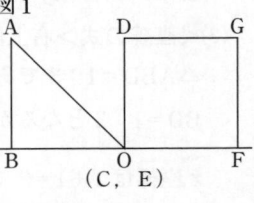

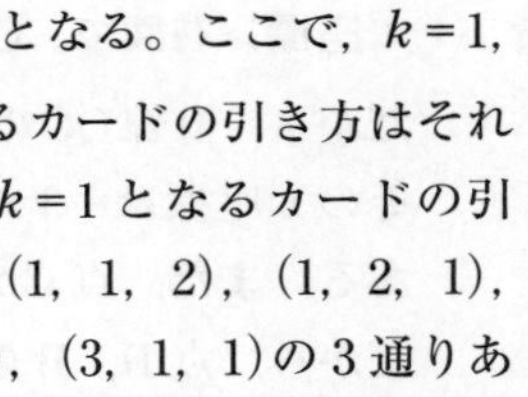

(1)＜面積＞直角二等辺三角形の3つの頂点をA，B，C，正方形の4つの頂点をD，E，F，Gとする。右図1のように，△ABCの頂点Cと正方形DEFGの頂点Eが重なったとき，重なった点の位置をOとする。△ABCと正方形DEFGはともに毎秒1の速さで移動するので，図形が重なり始めてからt秒後の線分OC，線分OEの長さについて，$\mathrm{OC}=\mathrm{OE}=1\times t=t$が成り立つ。これより，$\mathrm{CE}=\mathrm{OC}+\mathrm{OE}=t+t=2t$と表される。斜線部分の面積が最大となるのは，右図2のように点Cと点Fが重なるときで，$\mathrm{CE}=\mathrm{BC}=8$より，$2t=8$だから，$t=4$である。よって，このときの斜線部分の面積は，△ABC＝

図2

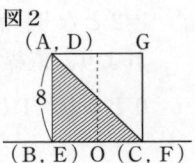

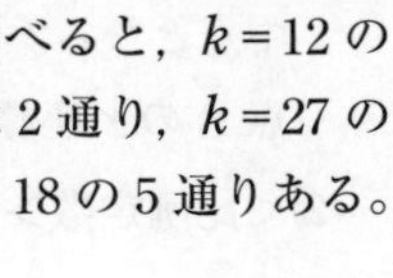

$\frac{1}{2}\times8\times8=32$ である。

(2)＜面積＞(1)より，$0\leqq t\leqq4$ のとき，△ABC と正方形 DEFG の位置の関係は右図３のようになる。辺 AC と辺 DE の交点を点 P とすると，∠PEC＝90°，∠PCE＝45°より，△PEC は直角二等辺三角形だから，$PE=CE=2t$ である。よって，斜線部分の面積は，$△PEC=\frac{1}{2}\times CE\times PE=\frac{1}{2}\times2t\times2t=2t^2$ となる。また，$4\leqq t\leqq8$ のとき，△ABC と正方形 DEFG の位置の関係は右図４のようになる。このとき，$CF=CE-EF=2t-8=2(t-4)$ である。辺 AC と辺 FG の交点を点 Q とすると，同様に△QFC は直角二等辺三角形だから，$QF=CF=2(t-4)$ である。よって，$△QFC=\frac{1}{2}\times2(t-4)\times2(t-4)=2(t-4)^2=2t^2-16t+32$ だから，斜線部分の面積は，$△ABC-△QFC=32-(2t^2-16t+32)=-2t^2+16t$ である。

図３

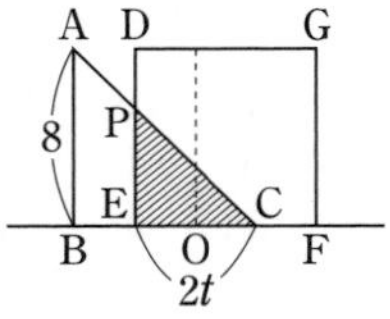

図４

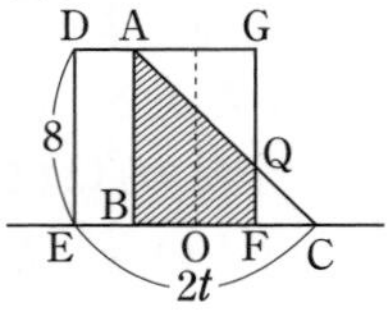

(3)＜面積＞(1)より，斜線部分の面積の最大値の半分は，$\frac{1}{2}\times32=16$ である。よって，(2)より，$0\leqq t\leqq4$ のとき，$2t^2=16$ である。これを解くと，$t^2=8$，$t=\pm2\sqrt{2}$ より，$t=2\sqrt{2}$ である。また，$4\leqq t\leqq8$ のとき，$-2t^2+16t=16$ である。これを解くと，$2t^2-16t+16=0$，$t^2-8t+8=0$ より，解の公式を用いて，$t=\frac{-(-8)\pm\sqrt{(-8)^2-4\times1\times8}}{2\times1}=\frac{8\pm\sqrt{32}}{2}=\frac{8\pm4\sqrt{2}}{2}=4\pm2\sqrt{2}$ より，$t=4+2\sqrt{2}$ である。したがって，２回の時間の差は $(4+2\sqrt{2})-2\sqrt{2}=4$（秒）である。

4 〔関数―関数 $y=ax^2$ と直線〕

≪基本方針の決定≫(3)　△ACD：△ABD＝CD：BD を利用する。

(1)＜座標＞右図で，C(1，−2) より，直線 OC の傾きは $\frac{(-2)-0}{1-0}=-2$ だから，直線 OC の式は $y=-2x$ である。直線 OC 上に点 A があり，その x 座標は −3 だから，$y=(-2)\times(-3)=6$ より，A(−3，6) である。また，点 C から AB へ垂線 CH を引くと，AB は x 軸と平行だから，点 H，B の y 座標は，点 A の y 座標 6 と等しく，H(1，6) であり，△ACB が AC＝BC の二等辺三角形より，点 H は辺 AB の中点となる。よって，$AH=1-(-3)=4$ より，$BH=AH=4$ だから，点 B の x 座標は $1+4=5$ となり，B(5，6) である。

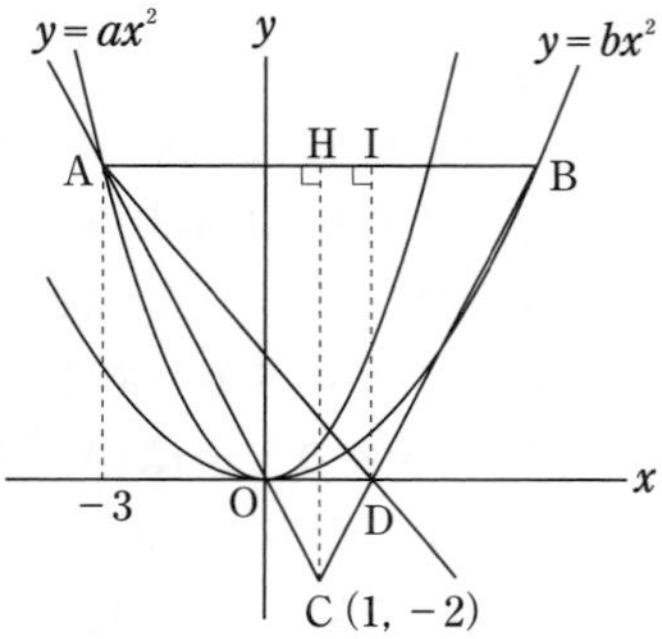

(2)＜比例定数＞右上図で，放物線 $y=ax^2$ は A(−3，6) を通るから，$6=a\times(-3)^2$ より，$a=\frac{2}{3}$ である。

また，放物線 $y=bx^2$ は B(5，6) を通るから，$6=b\times5^2$ より，$b=\frac{6}{25}$ である。

(3)＜直線の式＞右上図で，△ABD の面積が△ACD の面積の３倍であるとき，CD：BD＝△ACD：△ABD＝1：3 である。ここで，点 D から AB に垂線 DI を引くと，CH∥DI より，HI：BI＝CD：BD＝1：3 となるから，$HI=\frac{1}{1+3}BH=\frac{1}{4}\times4=1$ となる。よって，点 H の x 座標が 1 より，点 D の x 座標は $1+1=2$ である。さらに，直線 BC は B(5，6)，C(1，−2) を通るから，傾きは $\frac{6-(-2)}{5-1}=2$ となり，直線 BC の式は $y=2x+b$ とおけ，点 B の座標より，$6=2\times5+b$，$b=-4$ となる。これより，直線 BC の式は $y=2x-4$ で，点 D はこの直線上にあり，x 座標が 2 だから，$y-2\times2+4=0$ となり，D(2，0) である。以上より，直線 AD は A(−3，6)，D(2，0) を通り，傾きは $\frac{0-6}{2-(-3)}$

$=-\dfrac{6}{5}$となるから，直線 AD の式は$y=-\dfrac{6}{5}x+c$とおけ，点 D の座標より，$0=-\dfrac{6}{5}\times2+c$，$c=\dfrac{12}{5}$ である。したがって，直線 AD の式は$y=-\dfrac{6}{5}x+\dfrac{12}{5}$より，$y=-\dfrac{6}{5}(x-2)$である。

5〔空間図形―立方体〕

図1

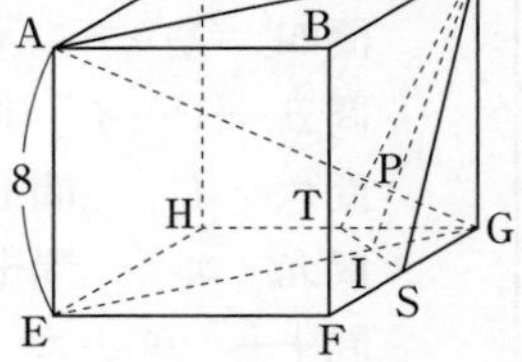

(1)＜長さ―三平方の定理＞右図1で，点Eと点Gを結ぶと，△AEG は∠AEG＝90°の直角三角形である。△EFG は FE＝FG の直角二等辺三角形だから，$\mathrm{EG}=\sqrt{2}\mathrm{FE}=\sqrt{2}\times8=8\sqrt{2}$である。よって，△AEG で三平方の定理より，$\mathrm{AG}=\sqrt{\mathrm{AE}^2+\mathrm{EG}^2}=\sqrt{8^2+(8\sqrt{2})^2}=\sqrt{192}=8\sqrt{3}$となる。

(2)＜体積＞右図1で，点S，T はそれぞれ辺 GF，GH の中点なので，$\mathrm{GS}=\mathrm{GT}=\dfrac{1}{2}\times8=4$である。よって，〔四面体 C-GTS〕$=\dfrac{1}{3}\times$△GTS×CG $=\dfrac{1}{3}\times\left(\dfrac{1}{2}\times4\times4\right)\times8=\dfrac{64}{3}$である。

(3)＜面積―三平方の定理＞右上図1で，△CGS≡△CGT だから，CS＝CT である。これより，△CGS で三平方の定理を用いると，$\mathrm{CS}=\sqrt{\mathrm{CG}^2+\mathrm{GS}^2}=\sqrt{8^2+4^2}=\sqrt{80}=4\sqrt{5}$より，$\mathrm{CT}=\mathrm{CS}=4\sqrt{5}$である。また，△GTS は GS＝GT の直角二等辺三角形だから，$\mathrm{TS}=\sqrt{2}\mathrm{GS}=\sqrt{2}\times4=4\sqrt{2}$である。よって，△CTS が二等辺三角形より，点 C から辺 TS に垂線 CI を引くと，点 I は辺 TS の中点となるから，$\mathrm{TI}=\dfrac{1}{2}\mathrm{TS}=\dfrac{1}{2}\times4\sqrt{2}=2\sqrt{2}$である。したがって，△CTI で三平方の定理より，$\mathrm{CI}=\sqrt{\mathrm{CT}^2-\mathrm{TI}^2}=\sqrt{(4\sqrt{5})^2-(2\sqrt{2})^2}=\sqrt{72}=6\sqrt{2}$となるから，△CTS$=\dfrac{1}{2}\times\mathrm{TS}\times\mathrm{CI}=\dfrac{1}{2}\times4\sqrt{2}\times6\sqrt{2}=24$である。

図2

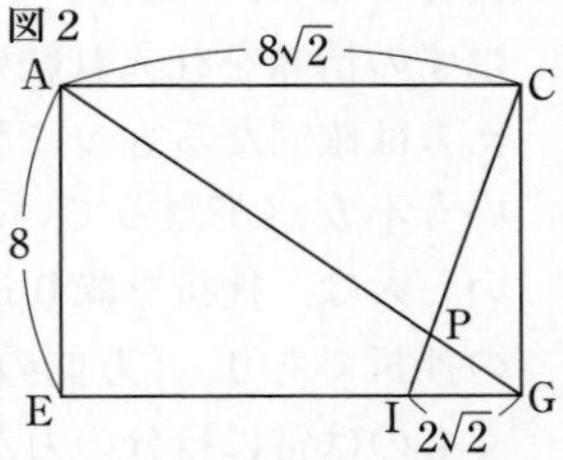

(4)＜長さ―相似＞右上図1で，(2)より，△GTS は GS＝GT の直角二等辺三角形で，点 I は線分 TS の中点である。このとき，△IGT は IG＝TI の直角二等辺三角形であり，$\mathrm{GI}=\mathrm{TI}=2\sqrt{2}$である。また，図形の対称性より，線分 EG は線分 TS の中点を通るので，点 I は線分 EG 上にある。よって，面 AEGC と面 CTS は直線 CI で交わり，点 P は線分 AG と面 CTS の交点だから，線分 CI 上にある。したがって，図1の面 AEGC は右上図2のような長方形となり，(1)より$\mathrm{AC}=\mathrm{EG}=8\sqrt{2}$である。AC∥IG より，△APC∽△GPI となるから，$\mathrm{AP}:\mathrm{GP}=\mathrm{AC}:\mathrm{GI}=8\sqrt{2}:2\sqrt{2}=4:1$である。よって，$\mathrm{AP}=\dfrac{4}{4+1}\mathrm{AG}=\dfrac{4}{5}\times8\sqrt{3}=\dfrac{32\sqrt{3}}{5}$となる。

国語解答

一　問一　ア

問二　Ⅰ…ア　Ⅱ…イ　Ⅲ…ウ

問三　エ

問四　②…ア　④…エ　⑦…ウ

問五　(i)…イ　(ii)…イ　(iii)…ア

問六　イ　問七　ウ　問八　ウ

問九　エ　問十　ア

問十一　⑧…エ　⑩…イ　問十二　ウ

問十三　エ

二　問一　(a)…ア　(b)…ウ　(c)…イ

問二　エ　問三　イ

問四　A…イ　B…エ　C…ア

問五　ウ　問六　エ　問七　ウ

問八　イ　問九　ウ　問十　ア

問十一　イ　問十二　エ

問十三　エ　問十四　ア

三　問一　ウ　問二　イ

問三　③…ウ　⑥…エ　⑨…ア

問四　エ　問五　イ　問六　エ

問七　エ　問八　ア　問九　ア

問十　ウ　問十一　イ

問十二　ア　問十三　イ

一〔論説文の読解—社会学的分野—現代社会〕出典；橋本治『「わからない」という方法』「『わからない』は根性である」。

≪本文の概要≫二十世紀は，「わかる」が当然の時代だった。人はどこかに「正解」はあると思い込み，自分の現実を改善してくれる「正解」を求めて，次々に理論をあさった。そうして思想さえも流行になり，「流行」さえもが思想になった。そこに，情報社会が訪れる。人は「正解」につながるはずの情報を仕入れ続けるが，一方で，孤独感も広がった。日本では，「わからない＝恥」という考え方は確固たるものになったが，二十世紀が終わるときには，もう「正解」はないのかもしれないという不安感が漂っていた。しかし，そもそも全て解決してくれる「正解」など，幻想の中にしかない。人は，挫折を繰り返し，そのたびに「わからない」に直面する。自分の挫折は，自分オリジナルの挫折であり，「万能の正解」などないのだから，自分で切り開くしかない。人間は，困難を切り開くものは常に自分の力だった過去の次元に戻った。「わからない」は恥ではない。二十一世紀は，「わからない」をスタート地点とする，当たり前の時代である。

問一＜文脈＞二十世紀には，「正解」はどこかにあり，「正解」を知らないでいることや「正解」が存在するのを知らないことは，「恥ずかしい」ことだと考えられた。そのため，人は，競って大学へ行き，子どもたちを大学に行かせ，ビジネスの理論書を読み，「先端の理論」を知りたがった。人は，そのようなことをすることと，自分たちが知らずにいる「正解」を手に入れることとは，「イコールだと思っていた」のである。

問二＜接続語＞Ⅰ.「多くの日本人は，大学がそうたいしたものではないという幻滅に訪れられた」けれども，「それは果たして，『日本の大学がたいしたものではないから』なのか，あるいはまた，日本の大学に『自分達の思い込みをなんとかしてくれるだけの万能性がなかったから』なのか」はわからない。　Ⅱ．社会人になって壁にぶち当たると「会社を辞めて大学に入り直そう」という決断をすることも，人が「どこかに『正解』はある」と思って「正解」を求めたことの一例である。Ⅲ.「〝正解〟につながる(はずの)情報を仕入れ続けなければ脱落者になってしまう」という思い込みがあるので，「〝正解〟につながる(はずの)情報」を仕入れ続けなければならなくなる。

問三＜指示語＞社会人になって壁にぶち当たったとき，会社を辞めて大学に入り直そうと決断する人がいる。大学に入り直すことは，あるいは必要なことかもしれない。しかし，もしかしたら，大学に入り直せばよいという考えは，「自分は正解から離れた。大学には正解がある。その正解に近づけば，もう一度成功を取り戻すことができる」という錯覚かもしれない。

問四②＜慣用句＞表面を飾っていたものが取れ，中の悪いものが現れる，という意味。　④＜慣用句＞ある時代に，その名を知らない人がいないほど有名になる，という意味。　⑦＜語句＞怠け者のこと。

問五＜漢字＞(ⅰ)「克服」と書く。アは「時刻」，ウは「残酷」，エは「告白」。　(ⅱ)「前提」と書く。アは「堤防」，ウは「停止」，エは「訂正」。　(ⅲ)「惨劇」と書く。イは「賛成」，ウは「解散」，エは「養蚕」。

問六＜文章内容＞「自分の現実をなんとかしてくれる〝正解〟はどこかにある」と考えると，人は，「次から次へと『理論』を漁る」ようになり，「一つの理論がだめになったら，もう一つ別のナントカ理論へと走る」ことになる。その人は，「それを知らなかったら，時代からおいてきぼりを食らわされる」という「不安感」から，「流行」についていくことこそが正しいと思うのである。

問七＜慣用句＞多くの人たちは，「『宗教もどき』が引き起こした惨劇」に納得できず，「理論の合理性を求めて，どうして人は宗教という超理論へ走ってしまうのか？」と考えた。理解・納得できず考えることを，「首をひねる」という。

問八＜四字熟語＞二十世紀は「進歩を前提とする理論の時代」で，人は「『どこかに〝正解〟はある』と思い，『これが〝正解〟だ』と確信したら，その学習と実践に一路邁進」した。大人も「やたらの学習意欲」で「正解」と思われる理論に向かって猛然と突進したのである。一つのことに向かって周りを考えずに猛烈な勢いで突き進むことを，「猪突猛進」という。

問九＜文章内容＞二十世紀，人は「どこかに『正解』はある」と思っていた(イ…○)。だから人は，「正解」を教えてくれる情報を捕まえなければならないと思い込み，同時に，「〝正解〟につながる(はずの)情報を仕入れ続け」て「情報社会の一員」にならなければ脱落者になってしまうとも思い込んだ(ウ…○)。そもそも日本は，「恥の社会」であるので，「〝正解〟につながる(はずの)情報」を「わからない＝恥」という考えが，根づいてしまった(ア…○，エ…×)。

問十＜文章内容＞「『なんでもかんでも一挙に解決してくれる便利な〝正解〟』などというものは，そもそも幻想の中にしか存在しない」ので，「どこかに『正解』はある」と思い込んでいた人々が，「二十世紀が終わると同時に，幻滅もやって来た」と思ったとしても，それは，「正解」はないという「現実」が見えたということでしかない。

問十一＜語句＞⑧「権利」は，あることをする(または，しない)ことができる自由のこと。その対義語は，あることをしなければならない(または，してはならない)ことをいう「義務」。　⑩「困難」は，難しいこと。その対義語は，たやすいことをいう「容易」。

問十二＜文章内容＞二十世紀，人は，「どこかに『正解』はある」と思い，それが「わかる」ことを追求した。しかし，人は，実際には「正解」などないことに気づき，「どうしたらいいのかわからない，なにがなんだかわからない」という状態に再び「自分の力」で向き合うほかなくなった。

問十三＜要旨＞二十世紀には，人は「どこかに『正解』はある」と思い込んで，その「正解」としての「理論」を追い求めたが(イ…×)，「なんでも解決してくれる万能の正解」とは，そもそも「超理論」の「宗教的なもの」である(ウ…×)。二十世紀に定着してしまった「個人の自由」から生まれるのは，「『自分の挫折は自分オリジナルの挫折である』と言い切る権利」であり，「『自分オリジナルの挫折』は，結局のところ，自分で切り開くしかないもの」である(エ…○)。「どこにも正解はない」という混迷の中で二十世紀は終わったが，二十一世紀は「人類の前に再び訪れた，『わからない』をスタート地点とする」時代である(ア…×)。

二　〔随筆の読解―自伝的分野―生活〕出典；井伏鱒二「猫」。

問一(a)＜慣用句＞困っているときに都合のよい状況になること。　(b)＜語句＞物事の締めくくりをつけること，片づけること。　(c)＜語句＞礼儀をわきまえないこと。

問二＜熟語の構成＞「年齢」と「戦争」は，同じ意味の字を重ねた熟語。「不乱」は，上の字が下の字を打ち消す関係の熟語。「近所」は，二字が修飾－被修飾の関係の熟語。「夫婦」は，対になる意味を持つ字を重ねた熟語。

問三＜文章内容＞チャボについて「私」が「斎藤さんのチャボかもしれない」と言ったので，家内は斎藤さんの家へ行った。しかし，予想に反して斎藤さんのチャボは家にいて，迷い込んできたチャボは，斎藤さんのチャボではないことがわかった。

問四＜表現＞Ａ．十五歳の年老いたチャボは，ちょうど「置物の羽抜け鳥」のようである。　Ｂ．家内が「うちでは文芸家協会の健康保険に入っているんですけれど」と言うと，医者は「それはよく存じております」が猫は扶養家族には入らないと言った。　Ｃ．チャボは，「飛行機の爆音が聞える」と，プリマスロックにも待避させようとするのに，プリマスロックは隠れない。

問五＜表現＞Ｘ．三毛猫は，昼間は竈のわきでうとうとしていて，よその猫が来ると「勢いよく起きて」飛びかかっていった。　Ｚ．三毛猫は，「置物のように」全く動かずにうずくまっていた。

問六＜敬語＞③「参る」は，「来る」の謙譲語。　⑥「存ずる」は，「知る」の謙譲語。

問七＜心情＞「私」は，迷い込んできたチャボを大切に世話していたが，ある日「見知らぬ中年婦人」が来て，「ぶしつけな口」をきいてそのチャボを引き取っていった。「私」は，飼い主なのだから返してもらうのが当然だという，その婦人の態度に不快感を覚え，そういうことが起こるのなら，迷い込んできた動物の世話などするものかと思ったのである。

問八＜心情＞三毛猫は，「私が一もく置いているのを知っている」のか，「私」が三毛猫の上を「跨ぐようにして通る」ようなことがあっても，気にせず(ウ…○)，「私」を信頼し(ア…○)，安心して「私」を受け入れ，落ち着き払った様子でいる(エ…○，イ…×)。

問九＜文の組み立て＞「子猫を引取る商売の店が」「どうして」「ないのだろう」という語順にしても意味が通る。「どうして」は，用言にかかる副詞。

問十＜文章内容＞「病気で憔悴した挙句」に「三日間もどこかに隠れて」姿を見せない，ということは，三毛猫は弱って死にそうになっていたのだと考えられる。

問十一＜ことわざ＞「私」は，斎藤さんは二代目のチャボを「じっと見ている」と「却って自分が年をとった」と「実感」するだろうと言った。家内は，「うちの猫」を見ていると，「どんどん他が変って行く」のがわかると言った。いずれにせよ，月日が早くたつことが感じられるのである。月日が早くたつことをたとえて，「光陰矢のごとし」という。

問十二＜文章内容＞「私」は，マムシにかまれそうなところを三毛猫に助けられて以来，この猫に「一もく置いて」きた。そして今もやはりこの猫に「一もく置いて」いる。「一目置く」は，相手の力量や才能などを認めて一歩譲って接する，という意味。

問十三＜文章内容＞「私」は，三毛猫を「抱いたり膝の上に乗せたり」することはないが，この猫には終始「一もく置いて」おり，相手に対して一種の敬意を抱いて一歩譲っている(エ…×)。

問十四＜文学史＞『しろばんば』は，井上靖の小説。『雪国』は，川端康成の小説。『或る女』は，有島武郎の小説。

三〔古文の読解―随筆〕出典；清少納言『枕草子』。

≪現代語訳≫この草子は，(私が)目に映し心に思うことを，どうして人が見ようとするだろうか(，いや見ないだろう)と思って，所在なく里で暮らしているときに，書きためたのを，あいにく，人にとって具合が悪い言いすぎもしたに違いないところもあるので，うまく隠しておいたと思っていたのに，心ならずも外に漏れ出てしまった。／中宮様に，内大臣が(紙を)献上なさったのを，「これに何を書いたらいいかしら。上様は『史記』という書物を，書写なさっている」などおっしゃったのを，「枕でございましょう」と申したところ，「それではあげましょう」と言ってくださったのを，変なことを，あれやこれやと，尽きないほど多くある紙全部に書こうとしたので，(自分でも)全く訳のわからないことがたくさんある。／いったい，この草子は世間でおもしろいことや，人がすばらしいと思うに違いないことを，さらに選び出して，歌などでも，木，草，鳥，虫のことでも描き出したなら，「思ったほど良くない。教養はこの程度か」とそしられるだろうが，(私は)ただもう心を一つにして自然に思い浮かぶことを遊び半分で書きつけたので，他の作品に交じって，人並みだという評判をも聞くようなものであるはずがないと思っていたのに，こちらが気後れするほど立派だなどと，見る人がおっしゃるので，本当に不思議なことだ。なるほど，それも道理で，人が嫌うものを良いと言い，ほめるものを良くないと言う人は，性質が推し量られる。ただ，(これを)人に見られただろうと思うと，腹立たしい。／左中将様がまだ伊勢守と申し上げた頃，私の里の宅においでになったときに，端の方にあった畳を差し出したところ，この草子が載っていて出てしまった。慌てて取り入れたのだけれど，そのまま(中将様が)持っていらっしゃって，たいそう長く時がたってから返ってきた。それ以来(この草子は)独り歩きし始めたのだろう，と本に(書いてあった)。

問一＜古典文法＞「見え」の終止形は，「見ゆ」。活用語尾は「え・え・ゆ・ゆる・ゆれ・えよ」である。

問二＜現代語訳＞「やは」は，反語を表す。どうして人が見ようとするだろうか，いや，見ないだろう，という意味になる。

問三＜古語＞③「つれづれなり」は，所在ない，という意味。　⑥「文」は，ここでは『史記』を指しているので，書物という意味になる。　⑨「わろし」は，良くない，という意味。

問四＜古典文法＞係助詞「こそ」があると，係り結びの法則により，文末は已然形になる。

問五＜古文の内容理解＞中宮に内大臣が紙を献上し，中宮は，それに何を書こうかと言った。

問六＜古語＞「のたまはせ」は，「のたまはす」の連用形。言う，という意味の尊敬語「のたまふ」の未然形に，尊敬の助動詞「す」がついて，尊敬の意味を強める。

問七＜古文の内容理解＞中宮が「これに何を書かまし」と言ったのに対して，作者は「枕にこそは侍らめ」と答えた。

問八＜歴史的仮名遣い＞歴史的仮名遣いの語頭以外にあるハ行の字は，現代仮名遣いでは原則として「わいうえお」にするので，「おほかた」は「おおかた」となる。

問九＜古語＞「たはぶれ」は，「戯れ」で，遊び半分のこと。

問十＜古文の内容理解＞直訳すれば，人が嫌うものを良いと言い，良いと言うものを良くないと言う人，ということ。作者の感性や価値観が普通の人とは違うことを言っている。

問十一＜古典の知識＞「伊勢」は，現在の三重県。

問十二＜古文の内容理解＞この草子には，人にとって具合が悪い言いすぎもしたに違いないところもある(ア…○)。作者が仕える中宮に，内大臣が献上品として紙を持ってきて(イ…×)，作者は，中宮からその紙をもらっていろいろなことをその紙に書きためたが，人の目にふれることは望まず，書いたものは隠しておいた(ウ…×)。ところが，作者の里の宅へ中将が来たとき，それが中将の目にふれ，中将はそのままその紙を持ち帰って，作者のところへその紙が戻ってきたのはかなり時がたってからだった(エ…×)。

問十三＜文学史＞『枕草子』は，平安時代に成立した清少納言の随筆。

2020年度 日本大学櫻丘高等学校（B日程）

【英　語】（60分）〈満点：100点〉

■放送問題の音声は，当社ホームページ（http://www.koenokyoikusha.co.jp）で聴くことができます。
（当社による録音です）

I　これから，放送によるリスニングテストを始めます。放送の内容をよく聞いて答えなさい。聞きながらメモをとってもかまいません。

問題１　次の⑴～⑸の写真について４つの英文が読まれます。写真の状況として最も適切な英文を１～４の中から１つ選び，その番号をマークしなさい。**英文は１回のみ放送されます。**

⑴

１．　２．　３．　４．

⑵

１．　２．　３．　４．

⑶

１．　２．　３．　４．

(4)

1．　2．　3．　4．

(5)

1．　2．　3．　4．

問題２　これから読まれる英文を聞き，質問に答える問題です。それぞれの質問に対する答えとして最も適切なものを１～４の中から１つ選び，その番号をマークしなさい。**英文は１回のみ放送されます。**

(1)　１．somewhere new in Japan
　　２．a beautiful foreign country
　　３．Hong Kong
　　４．Indonesia

(2)　１．New York　　２．Germany　　３．Guam　　４．Switzerland

問題３　これから読まれる２人の対話を聞き，質問に答える問題です。それぞれの質問に対する答えとして最も適切なものを１～４の中から１つ選び，その番号をマークしなさい。**英文は２回放送されます。**

Questions

(1)　How does she get to Exeter Park?
　１．By bus tour　　２．By the number 43 bus
　３．By subway　　４．On foot

(2)　How much does she pay for the tickets?
　１．$ 30.00　　２．$ 40.00　　３．$ 45.00　　４．$ 50.00

(3)　When does the next bus leave?
　１．9:45　　２．10:00　　３．11:15　　４．12:50

以上でリスニングテストを終わります。引き続き問題に取り組んでください。

※＜リスニングテスト放送原稿＞は英語の問題の終わりに付けてあります。

II　次の(1)〜(5)の英文の(　)に入る最も適切な語(句)を１〜４の中から１つ選び，その番号をマークしなさい。

(1) I haven't seen Mike (　　) last month because he moved to Yokohama city.
　1．since　2．from　3．into　4．at

(2) Andy is good at (　　) and always makes dinner for his wife.
　1．cook　2．cooks　3．to cook　4．cooking

(3) George didn't know (　　) to buy for his father's birthday, so he asked his mother.
　1．whose　2．what　3．why　4．who

(4) Because it's (　　) in many countries, English is very useful.
　1．spoken　2．spoke　3．speaks　4．speaking

(5) Because I found my favorite bag was dirty, I chose (　　) one.
　1．another　2．other　3．some　4．no

III　文意を考え，次の(１)〜(５)に入る最も適切な語を下の語群からそれぞれ１つずつ選び，その番号をマークしなさい。同じ語を２度使用してはいけません。

Have you heard of the *saying, "When in Rome, do as the Romans do"? When people use that saying today, they aren't really talking about the great city in Italy, are they? Here's another saying: "Rome wasn't (1) in a day." Again, when people use that saying today, they aren't really *referring to Rome. Instead, they (2), "Be patient. It (3) a long time to complete a great task."

These two sayings about Rome are still around because ancient Rome is still (4) to us. Like the *civilization of ancient Greece, ancient Rome still *affects us today. In our laws and government, in the design of many buildings, in our calendar, even in many words of the English language, ancient Rome lives on in these (5) times.

注　*saying：ことわざ　*refer to：〜に言及する　*civilization：文明　*affect：〜に影響を与える

語群

1．built	2．modern	3．mean	4．active
5．makes	6．tell	7．takes	8．important

IV　次の設問に答えなさい。

(1) 次の英文を意味が通るように正しい順序で並べ替えた場合，<u>**３番目にくるもの**</u>はどれか，１〜４の中から１つ選び，その番号をマークしなさい。

1．So you cannot tell when it is day and when it is night.
2．The sun does not set at night there.
3．It is in the far north.
4．Summer in Alaska is quite strange.

(2) 以下の英文中で意味が通るようにア〜エの英文を並べ替えた場合，正しい順番になっているものはどれか，１〜４の中から１つ選び，その番号をマークしなさい。

In Paris, people can buy food at supermarkets or at small shops. They are similar in some ways. In both places, you can buy meat, bread, fruit, vegetables, and other foods. Both supermarkets and small shops are found in every neighborhood. [　　⇒　　⇒　　⇒　　] But many people in Paris say that the food is fresher and tastier.

ア However, there are important differences.
イ Though the supermarkets are open all day and until late, small shops close early in the evening.
ウ Often the food is more expensive in small shops.
エ There is also a difference in their prices.

1．ア⇒ウ⇒エ⇒イ　　2．ア⇒イ⇒エ⇒ウ
3．エ⇒ウ⇒ア⇒イ　　4．エ⇒イ⇒ウ⇒ア

V 次の文中の１～５の(　)内にある語(句)を意味の通る文になるように並べ替えなさい。解答は例にならって，１～４番目の順に番号で答えなさい。文頭の文字も小文字で書かれています。

例題　We (1．school　2．students　3．are　4．high).
この例では，We are high school students. とするため，順に③，④，①，②のところにマークします。

If one part of the cycle of nature changes, other parts may feel the change. This happened not long ago in the southwestern United States, in Arizona. For centuries, wolves and *deer ${}_1$(1．side　2．had　3．by　4．lived) side in the forests in northern Arizona. Wolves, which are meat eaters, killed and ate the deer. Deer, which are plant eaters, ate *moss, leaves, fruits, and *twigs.

Then people moved in and began farming in that part of Arizona. The wolves started eating the cows and sheep on the farms. ${}_2$(1．animals　2．to　3．their　4．protect), the farmers killed the wolves. They ${}_3$(1．on　2．until　3．hunting　4．kept) there were no wolves left.

Without the wolves to eat some of the deer, more deer lived. More and more deer went looking for food, and they ate all the green ${}_4$(1．they　2．plants　3．find　4．could). They even ate the very young trees. As the years passed, no trees grew ${}_5$(1．to　2．enough　3．make　4．big) seeds from which new trees could grow. Finally, there were no plants left for the deer to eat.

注　*deer：シカ　*moss：コケ　*twigs：小枝

VI 次のＡ，Ｂの会話文(１)～(８)に入る最も適切な文をそれぞれ選択肢から選び，その番号をマークしなさい。同じ選択肢を２度使用してはいけません。

A

Ann : This is a great film festival, isn't it?
Bob : It sure is. This film looks wonderful.
Ann : Yes, it does. (　1　)
Bob : Yes, I was here last year.
Ann : This is my first time. You know, you look familiar. (　2　)
Bob : I'm not sure.
Ann : I think we were in the same computer class last year. With Mr. Clark?

Bob : (　　3　　)

Ann : My name is Ann. Ann Bingham.

Bob : I'm Bob. Bob Wilson. (　　4　　) Sorry I didn't recognize you at first.

Ann : Well, my hair was a lot longer then, and I wore glasses.

Aの選択肢

1 . Have you been to this film festival before ?
2 . I remember you now !
3 . Haven't we met before ?
4 . I'm a stranger here.
5 . That sounds interesting.
6 . I'd like to see more films !
7 . It's good to see you again.
8 . What can I do for you ?

B

David : Hello. I haven't seen you for a long time. How have you been ?

Rex : I've been fine, thanks. How have you been ?

David : Well, I've been pretty busy this month. I've been writing a book.

Rex : That sounds interesting. What kind of book have you been writing ?

David : A book about my trip to South America.

Rex : I've always wanted to go to South America. (　　5　　)

David : George did. Have you seen him lately ?

Rex : No, I haven't seen him for a year or so. (　　6　　)

David : No. He got married last December.

Rex : Married already ? How time flies ! We're all getting old.

David : Yes. I suppose so. You look rather tired today.

Rex : I've been studying all night. I still go to school, you know. I have an exam tomorrow.

David : (　　7　　)

Rex : Thanks. I'll need it. By the way, where's George now ? I'd like to see him again.

David : He's gone to Chicago. I've been there myself, you know. (　　8　　)

Rex : Are you going back soon ?

David : Yes. I'm leaving tomorrow.

Rex : Well, please say hello to George and his wife.

David : Yeah, sure.

Bの選択肢

1 . Did George go to Chicago ?	2 . Is he still single ?
3 . Oh, have a good time.	4 . That's why I haven't seen you lately.
5 . Is he happily married ?	6 . Well, good luck.
7 . Who went with you ?	8 . I never leave Chicago in my life.

VII　次の英文を読み，それぞれの問いに答えなさい。

In 1861, a small fossil was found in Germany. It was very small—no bigger than a chicken. Its bones looked like those of * *Compsognathus*, a small * theropod dinosaur which was found in the same place ten years earlier. But this new fossil's arms and legs were covered with feathers. Scientists called it * *Archaeopteryx*.

When the English scientist T. H. Huxley looked at *Archaeopteryx*, he noticed something else. Its bones were * hollow, just like the bones of birds. There was a lot of air in them, so they did not weigh very much. *Archaeopteryx* ran on two legs. And because *Archaeopteryx* had feathered wings, it could probably fly. This gave Huxley an idea: perhaps birds * evolved from theropods.

For the next hundred years, scientists argued about (2)this. It is a crazy idea, some people said: (3)how can a theropod dinosaur like * *Tyrannosaurus* be in the same family as the birds we see in our garden?

But then in 1964, the American scientist John Ostrom discovered * *Deinonychus* in the USA. *Deinonychus* was a theropod, but its bones were like those of birds. It could move its wrists and arms in the way a bird does, and its bones were hollow. *Tyrannosaurus* also had some hollow bones—that is why its * enormously long neck and tail are not as [(4)] as they look. So Ostrom decided that Huxley's idea was right.

[(5)]

* *Sinosauropteryx* was a theropod, like *Tyrannosaurus*, but it was covered in feathers like a bird.

No other animals have feathers—only dinosaurs and birds.

In the next few years, Chinese scientists discovered many more feathered dinosaurs. (6)The one most like a bird was * *Microraptor*, which had a long tail, a * beak with small teeth, and * claws on its hands and feet. It was smaller than *Archaeopteryx*, but it also had long feathers on its arms and legs. So perhaps it flew with four wings, not two.

Other Chinese dinosaurs, like * *Oviraptor*, had feathers but could not fly. So which came first—feathers or flying?

Today, scientists think that many dinosaurs had feathers. The feathers kept the dinosaurs warm. They also helped dinosaur mothers, like *Oviraptor*, to keep their eggs warm in their nests. So the feathers probably came first.

Much later, some small feathered dinosaurs, like *Microraptor* and *Archaeopteryx*, probably learned how to climb into trees. They used their claws and beaks to help them climb. They slept in trees at night, safe from their enemies. In the morning, they came down from the trees. As they came down, they sometimes opened their wings and jumped. This helped them to fall down more slowly.

Over millions of years, they learned to do (7)this better. Sometimes, when they jumped from the trees, they were able to catch small animals by surprise. Those with the best wings and feathers caught more food, so they lived longer, and had more children.

Some of their children were born with better wings and better feathers. And one day, they learned to fly in the sky.

注　＊Compsognathus：コンプソグナトゥス（ヨーロッパに生息した小型肉食恐竜）
＊theropod：獣脚類（肉食恐竜の分類型の１つ）　＊Archaeopteryx：始祖鳥　＊hollow：中が空洞の
＊evolve：進化する　＊Tyrannosaurus：ティラノサウルス（獣脚類に属する恐竜）

＊Deinonychus：デイノニクス（獣脚類に属する恐竜）　＊enormously：非常に
＊Sinosauropteryx：シノサウロプテリクス（獣脚類に属する恐竜）
＊Microraptor：ミクロラプトル（獣脚類に属する恐竜）
＊beak：くちばし　＊claws：かぎ爪　＊Oviraptor：オビラプトル（獣脚類に属する恐竜）

問1　第1段落から読み取れる内容として最も適切なものを1つ選びなさい。

1．The fossil of *Archaeopteryx* was discovered more than ten years earlier than the bones of *Compsognathus.*
2．The fossil of a small theropod dinosaur called *Compsognathus* was found in Germany in 1851.
3．*Compsognathus* and *Archaeopteryx* had large wings covered with feathers and they could fly well.
4．The fossil of a chicken found by German scientists in 1861 was very small.

問2　下線部(2)this の内容として最も適切なものを1つ選びなさい。

1．鳥の骨は空を飛ぶために軽量化されているのかどうかということ。
2．始祖鳥はどのように体重を支えていたのかということ。
3．なぜ始祖鳥の化石にだけは羽毛が残っていたのかということ。
4．鳥は肉食恐竜から進化してきたのかもしれないということ。

問3　下線部(3)とほぼ同じ内容を表しているものを1つ選びなさい。

1．a theropod dinosaur like *Tyrannosaurus* cannot be in the same group as birds.
2．a theropod dinosaur like *Tyrannosaurus* must be in the same group as birds.
3．a theropod dinosaur like *Tyrannosaurus* may be in the same group as birds.
4．a theropod dinosaur like *Tyrannosaurus* never lived in the same place as birds.

問4　文意から考えて，［(4)］に入る最も適切なものを1つ選びなさい。

1．soft　2．simple　3．cold　4．heavy

問5　空欄(5)には以下のア～エの4つの英文を正しく並べ替えたものが入ります。正しい順序で並べ替えたものを1つ選びなさい。

ア　It was very like *Compsognathus,* but there was an important difference.
イ　The sand where it had died was very fine and soft, so scientists could see that it had had feathers.
ウ　In 1996, scientists in China made another big discovery—a small dinosaur called *Sinosauropteryx.*
エ　*Sinosauropteryx* had feathers all over its body.

1．イ⇒エ⇒ア⇒ウ
2．ア⇒エ⇒イ⇒ウ
3．ウ⇒ア⇒エ⇒イ
4．エ⇒ウ⇒イ⇒ア

問6　下線部(6)の解釈として最も適切なものを1つ選びなさい。

1．最も鳥に似ていたのがミクロラプトルであった。
2．ほとんどすべての鳥がミクロラプトルのようであった。
3．最も羽毛が多かった鳥の1つがミクロラプトルであった。
4．中国の科学者たちは鳥の一種であるミクロラプトルが最も好きだった。

問7　下線部(7)<u>this</u>の示す内容として最も適切なものを１つ選びなさい。

1．To climb tall trees by using their sharp claws.

2．To open their wings and jump from the trees.

3．To put their eggs in nests on the trees.

4．To run around on the ground on their two legs.

問8　本文の内容と一致するものを１つ選びなさい。

1．Almost all of the scientists in the 1800s thought that *Tyrannosaurus* was the first theropod dinosaur with feathers.

2．The feathers were essential tools for everyday life in the world of dinosaurs.

3．The bones of dinosaurs with the best wings and feathers could be found anywhere because they could live longer than other dinosaurs.

4．Some small feathered dinosaurs, such as *Microraptor* and *Archaeopteryx*, used their claws to get food.

問9　本文の内容と一致するものを１つ選びなさい。

1．Only the Chinese dinosaur *Oviraptor* was not able to develop the ability to run and fly, but it was able to climb trees quickly.

2．T. H. Huxley and John Ostrom discussed why, among theropods, only *Deinonychus* had feathered arms.

3．Not only were the bones of *Archaeopteryx* hollow, the bones of the theropod *Tyrannosaurus* were hollow as well.

4．T. H. Huxley had been studying the differences between *Archaeopteryx* and other theropod dinosaurs carefully.

問10　本文の内容と一致するものを１つ選びなさい。

1．*Microraptor* and *Archaeopteryx* could not fly at all because their wings were not developed.

2．It seemed to be very difficult for *Archaeopteryx* to move quickly because they had large wings and a large head.

3．*Deinonychus*, the dinosaur the American scientist John Ostrom discovered, could move like a bird.

4．The American scientist John Ostrom named the fossil discovered in Germany *Archaeopteryx* and studied it with his research team.

＜リスニングテスト放送原稿＞

これから，放送によるリスニングテストを始めます。放送の内容をよく聞いて答えなさい。聞きながらメモをとってもかまいません。

問題1　次の(1)～(5)の写真について４つの英文が読まれます。写真の状況として最も適切な英文を１～４の中から１つ選び，その番号をマークしなさい。**英文は１回のみ放送されます。**

Look at the picture marked No.(1) in your test booklet.

1．There are some cars on both sides of the street.

2．There are a lot of bicycles on the road.

3．There are many buses along the street.

4．There is a man talking to a policeman.

Look at the picture marked No.(2) in your test booklet.

1．A man is reading a newspaper on the bench.
2．A man is standing by a taxi on the road.
3．A man is looking at his wrist watch at the bus stop.
4．A man is reading a book in a taxi.

Look at the picture marked No.(3) in your test booklet.

1．They are looking in different directions.
2．They are taking out books from their bags.
3．They are sitting in the middle of the bench in a park.
4．They are reading books on a bench in a park.

Look at the picture marked No.(4) in your test booklet.

1．There are many kinds of drinks on the shelves.
2．There are some drinks on a table.
3．There are a lot of snacks in front of the shelves.
4．There is a lot of meat in the refrigerator.

Look at the picture marked No.(5) in your test booklet.

1．A flag is waving at the top of the castle.
2．Many people are waiting to enter the castle.
3．An airplane is flying over the castle.
4．The castle is surrounded by many flowers.

問題2　これから読まれる英文を聞き，質問に答える問題です。それぞれの質問に対する答えとして最も適切なものを１～４の中から１つ選び，その番号をマークしなさい。**英文は１回のみ放送されます。**

Traveling is something I enjoy doing.　Of course, traveling is a little expensive so I can't travel all the time.　But every month I try to take a short trip to somewhere new in Japan.

Once a year I like to go overseas.　It's fun and, like they say, it broadens your horizons.　So far I've been to Guam, Hong Kong, Indonesia and New York.

In the future, I'd like to visit Europe.　I want to go to Germany, Switzerland, England, and Hungary, but maybe that's too many places for one trip.　So perhaps I'll just go to Switzerland on my next trip.　Switzerland seems like a very beautiful place.

Questions

(1)　Where does he try to take a trip to once a month ?

1．somewhere new in Japan
2．a beautiful foreign country
3．Hong Kong
4．Indonesia

(2)　What country is he likely to go to next time ?

1．New York　　2．Germany　　3．Guam　　4．Switzerland

問題3　これから読まれる２人の対話を聞き，質問に答える問題です。それぞれの質問に対する答えとして最も適切なものを１～４の中から１つ選び，その番号をマークしなさい。**英文は２回放送されます。**

A：What's the best way to get to Exeter Park from here ?　Can I take the subway ?
B：No, but you can catch the Number 34 bus in front of that hotel.　Get off at Harbor street.

Actually, it's just a short walk from here.

A : Really ? How far is it ?

B : About ten or fifteen minutes' walk. You know, we also have guided tours of the city you can take.

A : Oh ? What does the city tour include ?

B : It takes you around the major points of interest, including Exeter Park. You can get a good idea of where everything is.

A : That sounds good. We'll join the bus tour. How much is it ?

B : The Tickets are $10.00 per person for a one-hour tour. The tour bus stops across the street from here, and the bus runs every 15 minutes. Oh, the 11:00 o'clock bus has just left. You can buy the tickets on the bus.

A : Thanks. So, we are a group of five. Do you have any group discounts ?

B : Yes, we have a 10% discount ticket. It is available for groups of more than four people. Here you are.

A : Thanks a lot.

Questions

(1) How does she get to Exeter Park ?

1 . By bus tour　　2 . By the number 43 bus

3 . By subway　　4 . On foot

(2) How much does she pay for the tickets ?

1 . $30.00　　2 . $40.00　　3 . $45.00　　4 . $50.00

(3) When does the next bus leave ?

1 . 9:45　　2 . 10:00　　3 . 11:15　　4 . 12:50

以上でリスニングテストを終わります。引き続き問題に取り組んでください。

【数　学】 (60分)〈満点：100点〉

(注意) 1．定規・コンパス・分度器・計算機は使用できない。

2．問題[1]から問題[5]までの，ア，イ，ウ，……の一つ一つには，それぞれ0から9までの数字があてはまる。あてはまる数字を，ア，イ，ウ，……で示される解答欄にマークすること。

3．答えが分数の形で求められているときは，それ以上約分できない分数の形で答えること。例えば，$\frac{3}{4}$ を $\frac{6}{8}$ としてマークしないこと。

4．答えが比の形で求められているときは，最も簡単な整数の比の形で答えること。例えば，1：3を2：6としてマークしないこと。

5．答えが根号の中に数字を入れる形で求められているときは，根号の中の数はできるだけ小さな数にして答えること。例えば，$4\sqrt{2}$ を $2\sqrt{8}$ としてマークしないこと。

[1]　次の[　]に当てはまる数値を答えなさい。

(1)　$(0.75)^2-\left(\frac{5}{6}-\frac{5}{4}\right)\times\frac{3}{5}+\frac{5}{16}-\frac{7}{8}\div\left(\frac{2}{3}+\frac{1}{9}\right)=$ [ア]

(2)　$\frac{2\sqrt{6}-3\sqrt{2}}{\sqrt{3}}\times\{\sqrt{6}(1+\sqrt{3})-\sqrt{2}\}=$ [イ]

(3)　2次方程式 $x^2-px+q=0$ は異なる2つの整数解をもつ。p と q が素数であるとき，2つの整数解の組は [ウ] 組あり，$p=10$ かつ2つの整数解が素数であるとき，$q=$ [エオ] である。

(4)　1から6の目が書かれた大小2つのサイコロを振って出た目をそれぞれ a，b として，$\sqrt{\frac{180}{ab}}$ が自然数となるような確率は $\frac{[カ]}{[キ]}$ である。

[2]　次の[　]に当てはまる数値を答えなさい。

(1)　$999^2-1^2+999^2+4\times999+3=$ [ア] $\times10^{[イ]}$ である。

(2)　半径2の円を右図のように6枚重ね，次の条件を満たすように花びらを作る。

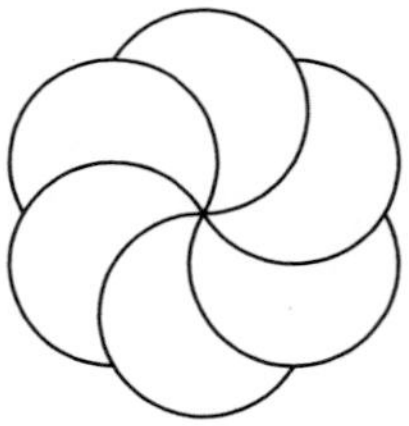

> 条件①　6つの円は1点で交わる。
> 条件②　実線で囲まれた部分の図形はすべて合同である。

このとき，実線の長さの和は [ウエ] π であり，実線で囲まれた部分の面積の和は [オ] $\pi+$ [カキ] $\sqrt{[ク]}$ である。

(3)　次のヒストグラムは，あるクラスの15人の生徒が受けた数学の2回のテストの得点を並べたものである。小テストは10点満点であり，得点は整数値である。

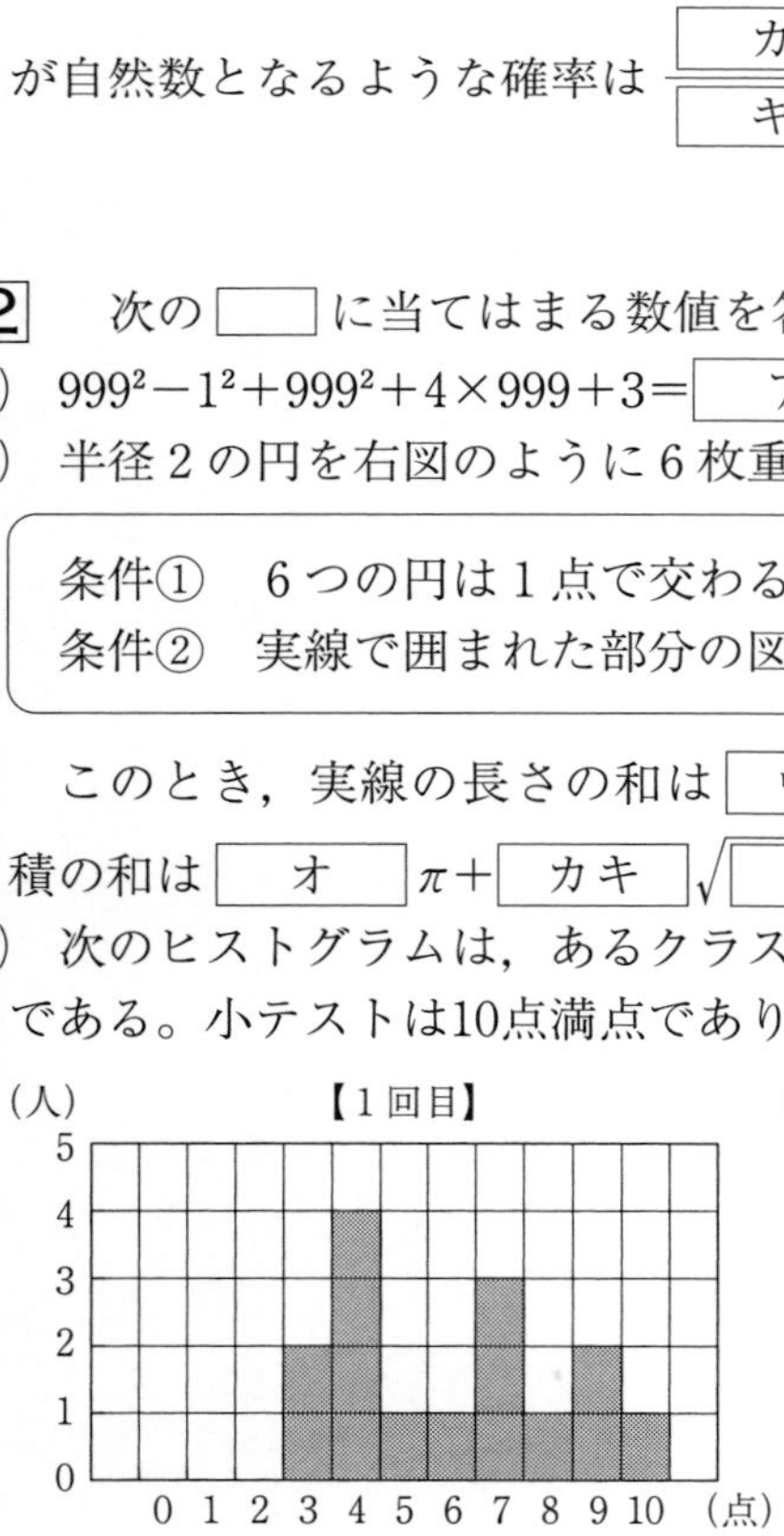

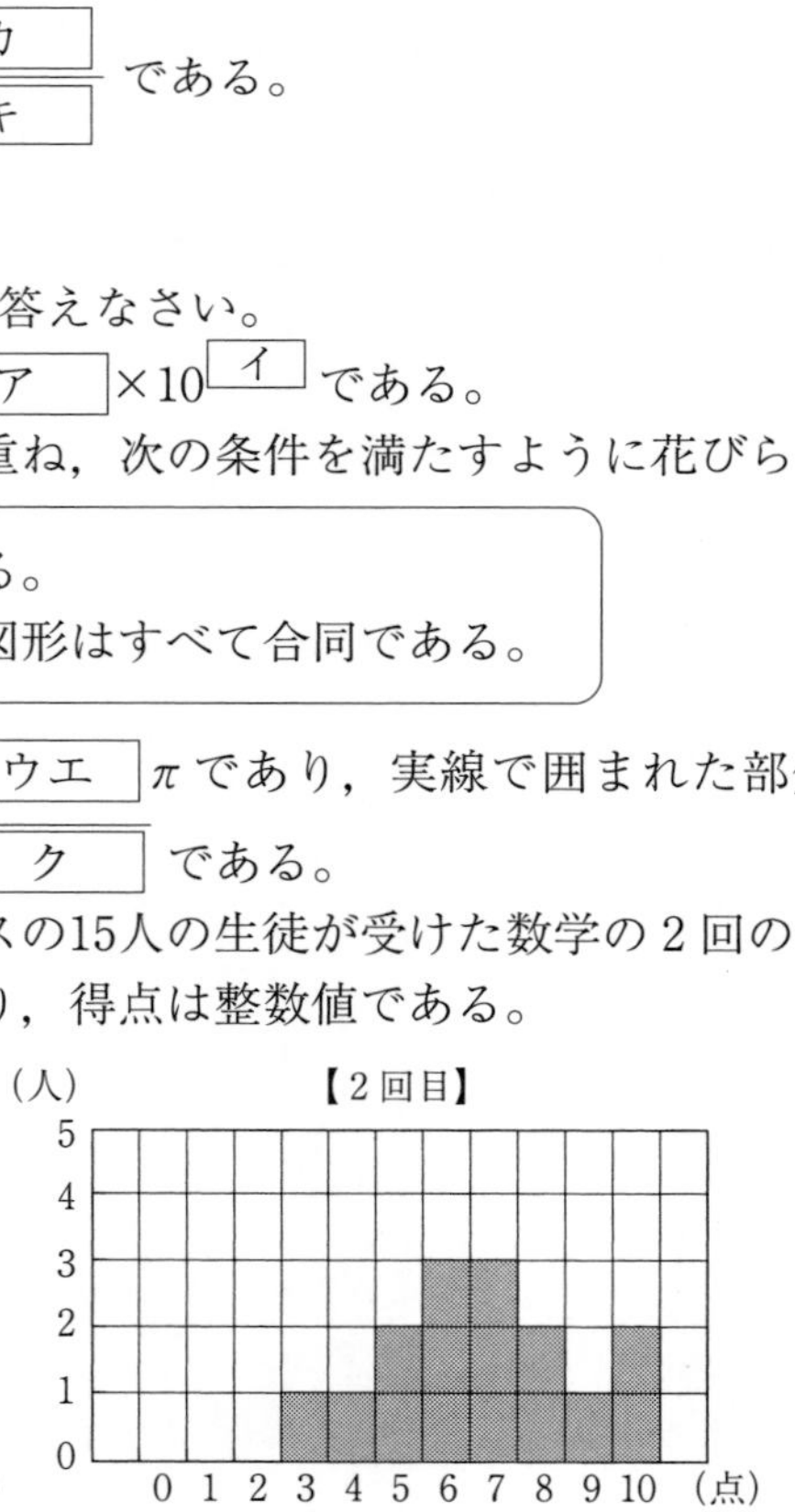

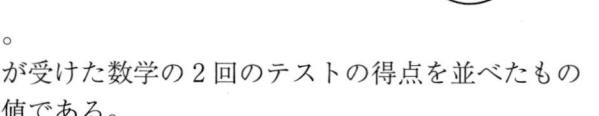

(i)　1回目のテストの平均値は [ケ] (点)である。また，範囲は [コ] である。

(ii)　与えられたデータから読み取れることとして，正しいことを述べている文章の組み合わせは [サ] である。[サ] には①〜⑦のいずれかの番号をマークすること。

①　1回目のテストと2回目のテストの中央値は異なる。

②　ある生徒は2回のテストで両方とも10点をとっている。

③　2回のテストでいずれも上位 $\frac{1}{3}$ 以上に入る生徒は必ず8点以上の点数をとっている。

①　①のみ　　②　②のみ　　③　③のみ　　④　①と②

⑤　①と③　　⑥　②と③　　⑦　①と②と③

3

次の [　] に当てはまる数値を答えなさい。

(1)　東西に延びる直線10kmの東京湾サクラライントンネル部分でA君は車で東側から時速60kmで，B君はバイクで西側から時速50kmで同時にトンネルに進入した。このとき，

(i)　A君とB君がすれ違うのはトンネル進入後からちょうど $\frac{[アイ]}{[ウエ]}$ 分後である。

(ii)　B君が途中で時速70kmに速度を上げて走行したところ，トンネルの中央でA君とすれ違った。B君が時速70kmで走行した時間は $\frac{[オ]}{[カ]}$ 分である。

(2)　Nを3桁《けた》の自然数とし，$S(N)$をNの各桁の和とする。例えば，$S(239)=2+3+9=14$となる。このとき，$N=20\times S(N)+202$を満たすNを求めることを考える。

まず，Nの一の位は [キ] であるから，Nの百の位をa，十の位をbとすると，aとbの関係式は [ク] $a-$ [ケ] $b=$ [コサ] となる。したがって，aとbの値を特定できるので，求めるNのうち一番大きいものは$N=$ [シスセ] である。

4

右図は2つの放物線$y=\frac{1}{2}x^2$，$y=ax^2(a>0)$のグラフである。$y=ax^2$上に点Aをとり，点Aとy軸に関して対称な点をBとする。

さらに，直線OAと$y=\frac{1}{2}x^2$の交点をCとする。ただし，点Aのx座標は正とする。このとき，次の [　] に当てはまる数値を答えなさい。

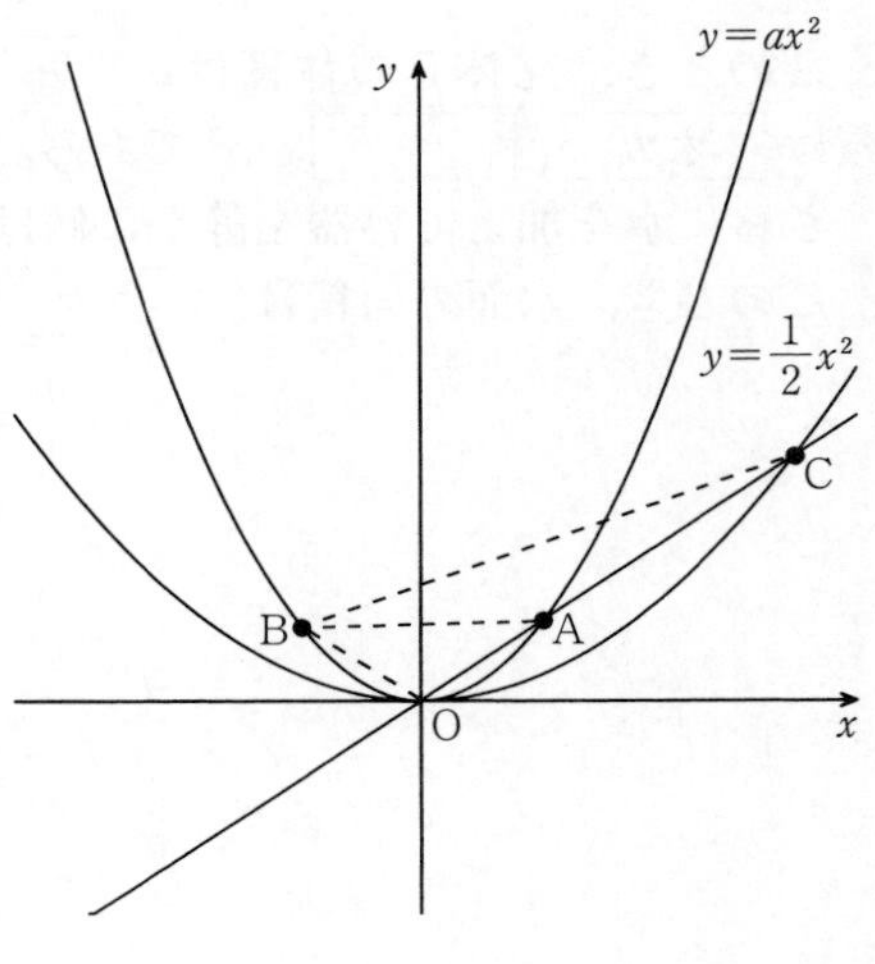

(1)　点Aのx座標が2かつ△OABの面積が12であるとき，

$a=\frac{[ア]}{[イ]}$ であり，点Cの座標は([ウ]，[エオ])

である。

(2)　$a=\frac{[ア]}{[イ]}$ かつ△OABが正三角形となるとき，点

Aの座標は$\left(\dfrac{\boxed{\text{カ}}\sqrt{\boxed{\text{キ}}}}{\boxed{\text{ク}}},\ \boxed{\text{ケ}}\right)$である。

(3) △OAB と △ABC の面積が等しくなるとき，$a=\boxed{\text{コ}}$である。

5 次の図①のような底面が一辺 6 cm の正六角形，高さが 4 cm であるふたのない容器がある。このとき，下の $\boxed{}$ に当てはまる数値を求めなさい。

図①

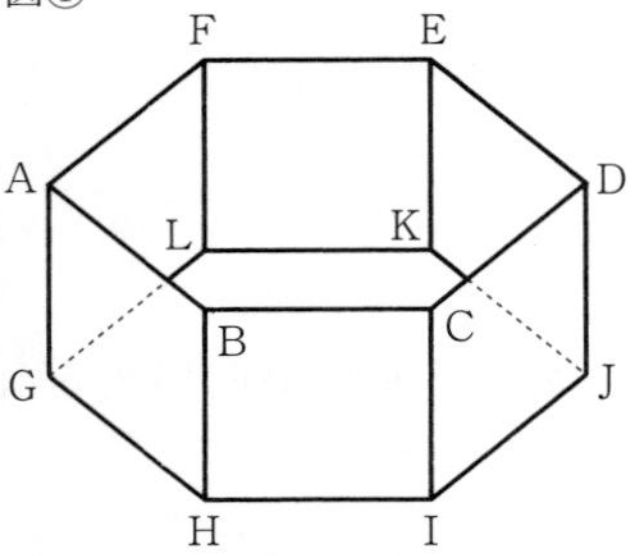

頂点Hから対角線 IL に下ろした垂線の長さは $\boxed{\text{ア}}\sqrt{\boxed{\text{イ}}}$ cm である。

いま，この容器の中に一定量の水を入れて容器を静かに傾けたところ，水面が辺 AB と対角線 IL を含む形となった。

図②は容器内にある水の部分を立体にしたものである。この立体の体積を求めるために立体を図③のように分割して考えた。

図②

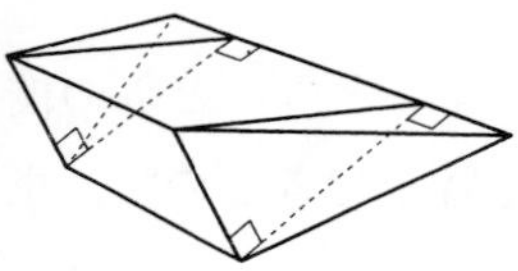

図③

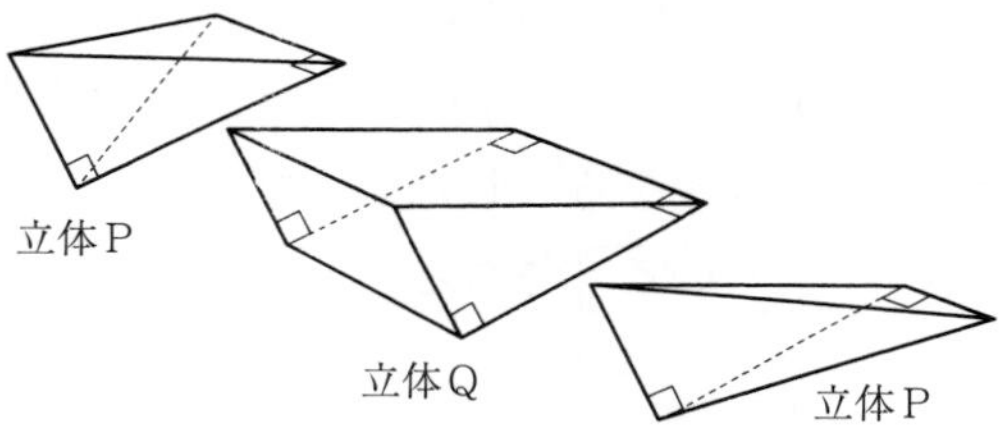

このとき，立体Pの体積は $\boxed{\text{ウ}}\sqrt{\boxed{\text{エ}}}$ cm^3 であり，立体Qと 2 つの立体Pを合わせた体積は $\boxed{\text{オカ}}\sqrt{\boxed{\text{キ}}}$ cm^3 である。

さらに水を加えて容器を静かに傾けたところ，水面が辺 AB と辺 JK を含む形となった。

このとき，水面の面積は，$\boxed{\text{クケ}}\sqrt{\boxed{\text{コサ}}}$ cm^2 である。

適当なものを、次の中から選びなさい。

ア　作者　　イ　等栽

ウ　侘しげなる女　　エ　このあたり何某

問二、傍線部②「あやしの小家」の意味として最も適当なものを、次の中から選びなさい。

ア　不審な小家　　イ　平凡な小家

ウ　粗末な小家　　エ　古風な小家

問三、傍線部③「侘しげなる女の出でて」を単語に分けるとしたら、どのようになるか。最も適当なものを、次の中から選びなさい。

ア　侘しげ／なる／女／の／出／で／て

イ　侘しげ／なる／女／の／出／でて

ウ　侘しげなる／女／の／出でて

エ　侘しげなる／女／の／出で／て

問四、傍線部⑤「昔物語」は紫式部が書いた長編物語を指している。作品名として最も適当なものを、次の中から選びなさい。

ア　源氏物語　　イ　平家物語

ウ　竹取物語　　エ　伊勢物語

問五、傍線部⑥「等栽」についての説明として**不適当なもの**を、次の中から選びなさい。

ア　作者の知り合いの世捨て人で、十年以上会っていない。

イ　年老いて死の淵をさまよっているとの噂《うわさ》が流れている。

ウ　街はずれの静かな場所で、妻とひっそり暮らしている。

エ　作者が訪れた時は、近所へ外出しており留守であった。

問六、本文の出典である『おくの細道』の作者を次の中から選びなさい。

ア　与謝蕪村　　イ　小林一茶

ウ　松尾芭蕉　　エ　松永貞徳

菅あり。今も年々十苻の菅菰《すがごも》を調《ととの》へて＊国守に献ずといへり。

《注》

＊加右衛門といふ者＝画工、版木彫刻を仕事とする俳人。

＊あせび咲くころなり＝あせびの花が咲く頃が趣深いと思われた。

＊みさぶらひ御笠＝『古今和歌集』東歌《あずまうた》「みさぶらひ御笠と申せ宮城野の木の下露は雨にまされり（お供の方々よ、御笠を召せと言いなさい。この宮城野の木の下に置く露は雨よりもひどく濡れるのだから）」を指す。

＊十苻の菅＝編み目が十筋ある菰《こも》を編むのに用いる菅。

＊国守＝仙台藩主伊達氏。

問一、傍線部①「年ごろ」の意味として最も適当なものを、次の中から選びなさい。

ア　だいたいの年齢　　イ　ここ最近

ウ　ふさわしい季節　　エ　数年の間

問二、傍線部②「たれ」の活用形を、次の中から選びなさい。

ア　連用形　　イ　終止形　　ウ　連体形　　エ　已然形

問三、傍線部③「はなむけす」は誰が何のためにどのようなことをしたのか。最も適当なものを、次の中から選びなさい。

ア　加右衛門が、作者一行の旅の安全を祈るために、餞別《せんべつ》として草鞋を贈った。

イ　加右衛門が、作者一行の俳句の上達を祈るために、草鞋を神社に奉納した。

ウ　作者が、加右衛門の商売繁盛を祈るために、餞別として草鞋を贈った。

エ　作者が、加右衛門の健康長寿を祈るために、草鞋を神社に奉納した。

問四、本文中の俳句の季節として最も適当なものを、次の中から選びなさい。

ア　春　　イ　夏　　ウ　秋　　エ　冬

問五、本文の内容と合致するものを、次の中から選びなさい。

ア　作者は昔なじみである加右衛門に会うため、仙台へやってきた。

イ　加右衛門は心優しい人物で、自宅に作者一行を無料で泊めた。

ウ　加右衛門は調査していた古歌の名所に、作者一行を案内した。

エ　作者は名所案内の礼に、訪問場所の絵画を加右衛門に贈った。

Ⅱ

福井は三里ばかりなれば、夕飯したためて出づるに、＊たそがれの道たどたどし。ここに＊等栽《とうさい》といふ古き隠士あり。いづれの年にや、江戸に来たりて①予を尋ぬ。遥か十年余りなり。いかに＊老いさらぼひてあるにや、はた死にけるにやと、人に尋ねはべれば、「いまだ存命して、＊そこそこ」と、教ゆ。市中ひそかに引き入りて、②あやしの小家に夕顔・へちまの延《は》へかかりて、鶏頭・帚木《ははきぎ》に＊戸ぼそを隠す。「さてはこの内にこそ」と門をたたけば、③侘《わび》しげなる女の出でて、「いづくより＊わたりたまふ＊道心の御坊にや。④あるじは、このあたり何某《なにがし》といふ者の方に行きぬ。もし用あらば尋ねたまへ」と言ふ。かれが妻なるべしと知らる。⑤昔物語にこそかかる風情ははべれと、やがて尋ね会ひて、その家に二夜泊まりて、名月は敦賀の港にと旅立つ。⑥等栽も共に送らんと、裾《すそ》をかしうからげて、＊道の枝折《しをり》と浮かれ立つ。

（『おくの細道』による　一部改変）

《注》

＊たそがれ＝夕暮れ時。

＊等栽＝正しくは等哉。神戸氏。福井俳壇の長老。

＊老いさらぼひて＝老い衰えて。

＊そこそこ＝どこそこに住む。

＊戸ぼそ＝戸口。

＊わたりたまふ＝おいでになった。

＊道心の御坊＝行脚《あんぎゃ》のお坊さん。

＊道の枝折＝道案内。

問一、傍線部①「予」④「あるじ」とはそれぞれ誰のことか。最も

エ　勤務地の変更により、今まで住んでいた所とは別の場所で暮らすために移動すること。

問十、傍線部⑦「どう答えていいのか、わからなかった」とあるが、その理由として最も適当なものを、次の中から選びなさい。

ア　自分の身に置き換えて考えたため心の整理がつかなかったから。

イ　気の利いた返事がすぐにできなくて戸惑ってしまったから。

ウ　優しいおばあさんの機嫌を絶対に損ねたくなかったから。

エ　おばあさんの作り話を本当に信用してよいのか悩んだから。

問十一、本文には次の一文が抜けている。補うのに最も適当な箇所を、本文中の【Ⅰ】～【Ⅳ】の中から選びなさい。

> そして、できることなら地震の前にタケルをつれて学校に行きなさいと、フウセンカズラを通して子どもの頃の自分に伝えたつもりです。

ア　【Ⅰ】　イ　【Ⅱ】　ウ　【Ⅲ】　エ　【Ⅳ】

問十二、空欄[4]に入る語として最も適当なものを、次の中から選びなさい。

ア　花　イ　風　ウ　虫　エ　鳥

問十三、傍線部⑧「動物のように」と同じ用法を含む文として最も適当なものを、次の中から選びなさい。

ア　登校時間に遅れないように早起きをする。

イ　佐藤君のように優秀な人間にあこがれる。

ウ　苦手なピーマンが食べられるようになった。

エ　蜂に刺されて手がグローブのようになった。

問十四、傍線部⑨「なんだか、安心したような顔になっていた」とあるが、おばあさんがそのような表情になった理由として最も適当なものを、次の中から選びなさい。

ア　自分が願う過去の時点にフウセンカズラのタネを飛ばせると思ったため。

イ　フウセンカズラが花を咲かせて子孫となる新たなタネを残せると確信したため。

ウ　危険を感じたフウセンカズラが自らの意志でタネを飛ばすことを知ったため。

エ　幼い頃に参道で拾ったタネは自分が飛ばしたものであることを悟ったため。

問十五、おばあさんにとってフウセンカズラは、どのような存在として描かれているか。最も適当なものを、次の中から選びなさい。

ア　自らの存在を人々の記憶に留めてくれる存在。

イ　幸せは必ず訪れることを教えてくれる存在。

ウ　感謝することの大切さを実感できる存在。

エ　自分の人生を語る上で無くてはならない存在。

三

以下のⅠ・Ⅱの文章は『おくの細道』のある条である（それぞれは連続しない）。これらの文章を読んで、後の問いに答えなさい。

Ⅰ

名取川を渡つて仙台に入る。あやめ葺《ふ》く日なり。旅宿を求めて四五日逗留《とうりう》す。ここに画工＊加右衛門《かゑもん》といふ者あり、いささか心ある者と聞きて知る人になる。この者、「①年ごろ定かならぬ名所《などころ》を考へ置きはべれば」とて、一日案内す。宮城野《みやぎの》の萩茂り合ひて、秋の気色思ひやらるる。玉田・横野、つつじが岡は＊あせび咲くころなり。日かげも漏らぬ松の林に入りて、「ここを木の下といふ」とぞ。昔もかく露深ければこそ、「＊みさぶらひ御笠」とは詠み②たれ。薬師堂・天神の御社《みやしろ》など拝みて、その日は暮れぬ。なほ松島・塩竈《しほがま》の所々画《ゑ》に描きて贈る。かつ紺の染緒《そめを》つけたる草鞋《わらぢ》二足③はなむけす。さればこそ風流のしれ者、ここに至りてその実を顕《あらは》す。

あやめ草足に結ばん草鞋の緒《を》

かの画図にまかせてたどり行けば、おくの細道の山際に＊十苻《とふ》の

＊急須＝茶を入れて注ぐ際に使用される容器。
＊玉露＝日本茶の一種で、収穫前に二週間程度、覆いをかぶせて栽培した茶葉を使用したもの。
＊関東大震災＝一九二三年九月一日の昼頃に南関東を襲った大地震。
＊東京大空襲＝第二次世界大戦下の一九四五年三月十日の夜に、アメリカ軍によって行われた大規模な戦略爆撃。
＊赤紙＝旧軍隊の召集令状。
＊行灯＝照明器具の一つ。

問一、傍線部①「畳」と同じ部首の漢字として最も適当なものを、次の中から選びなさい。

ア　男　イ　督　ウ　写　エ　盛

問二、傍線部②「いきさつ」の意味として最も適当なものを、次の中から選びなさい。

ア　状況　イ　経緯　ウ　中継　エ　過去

問三、傍線部③「初めて実が生ったときには、それはうれしかった」とあるが、この時の心情として**不適当なもの**を、次の中から選びなさい。

ア　周囲の人々の予想に反して、種子が多くの実をつけたことによる優越感。
イ　祖母とともに植木鉢に植えた種子を、立派に成長させたことによる達成感。
ウ　大切に育て続けた結果として、ようやく実が生ったことによる充実感。
エ　実が生ることを心待ちにしていた中で、無事に実をつけたことによる満足感。

問四、空欄［1］・［2］に入る語の組み合わせとして最も適当なものを、次の中から選びなさい。

ア　1　きっちり　2　ひっそりと
イ　1　てっきり　2　うっすらと
ウ　1　しっかり　2　しんみりと
エ　1　うっかり　2　ぼんやりと

問五、空欄［A］～［C］に入る語の組み合わせとして最も適当なものを、次の中から選びなさい。

ア　A　わずかに　B　やはり　C　あたかも
イ　A　はっきり　B　まさか　C　きっと
ウ　A　なかなか　B　さすがに　C　まるで
エ　A　まったく　B　すぐさま　C　さながら

問六、傍線部④「駄々をこねていた」の本文中での意味として最も適当なものを、次の中から選びなさい。

ア　欲求不満が原因で怒りが抑えられなくなること。
イ　子どもなどが甘えてわがままを通そうとすること。
ウ　他人の気を引くために自分勝手な行動をとること。
エ　わざと大げさに振る舞って相手の反応をうかがうこと。

問七、傍線部⑤「淡々と話した」とあるが、その理由として最も適当なものを、次の中から選びなさい。

ア　辛い出来事について自分の感情を交えたくなかったから。
イ　戦争への憎しみはすでに心の中から消え去っていたから。
ウ　空襲の悲惨さは言葉では表現し尽くせないと思ったから。
エ　自分の辛さを分かってくれる人はいないと諦めていたから。

問八、空欄［3］に入る語として最も適当なものを、次の中から選びなさい。

ア　山なり　イ　身なり　ウ　弓なり　エ　鈴なり

問九、傍線部⑥「疎開」の本文中での意味として最も適当なものを、次の中から選びなさい。

ア　危険を避けるため集団でその場から離れ、安全が確保できる別の場所に永住すること。
イ　兵役義務から逃れるために、誰にも見つからないように身を潜めて生活すること。
ウ　戦災による損害を減少させるために、都市に住んでいる住民が地方に引っ越すこと。

だか、こんなに話してしまって……」

⑦どう答えていいのか、わからなかった。フウセンカズラの中に、おばあさんの人生をかいま見たような気がした。

「こうしてまたタネのない実が生ると、弟や昔のことを思い出して、いてもたってもいられなくなるのです。そして、なにか悪いことが起きるのではないかと心配に思ってしまうのです。タケの花が咲くと、翌年は飢饉《ききん》になるというではありませんか。【　Ⅰ　】」

[4]の知らせ、いやフウセンカズラの知らせとでもいうのだろうか。

そんなことはないだろう。少しでもおばあさんを安心させてあげたいと思った。それぐらいしか、わたしにできることはない。

「あまり気にされないほうがいいですよ。タケの花の話も、迷信のようなところがありますからね。このフウセンカズラの場合、はじめのうちは確かにタネができているのに、熟れてくると痕も残さずに消えてしまうようですね。[C]、どこかへ飛んでいってしまったみたいに。こんな例は、わたしもはじめてですから」

「専門家の方にも、わからないことがおありなのですね」

「自然はまだまだ謎ですよ。植物の力には、驚かされることがありますからね。⑧動物のように動いて逃げることはできないので、子孫を残すためにいろいろな工夫をしているんですよ。たとえば、バンクシアという植物の実は非常に硬くて、ふつうはタネを飛ばさないのですが、山火事の時にだけ、火にあぶられた実が爆《は》ぜてタネを飛ばし、焼け跡に新しい生命が芽吹くのです。生育する環境が悪くなってくると、花を咲かせて子孫となるタネを残すともいいますから、もしかすると危険を感じたフウセンカズラが、タネをどこか安全なところへ飛ばそうとしているのかも知れませんね」

おばあさんを安心させるためとはいえ、我ながら少々適当なことを話してしまったと思った。

「そうですか。ご専門の方にそう言っていただくと、なにかほっといたします。【　Ⅱ　】そうやって、タネはどこか安全なところへ飛んでいくことができるのですね……。そうですか。わかりました」

すると、おばあさんはフウセンカズラの鉢植えのところへ行き、まだタネの入っている少しだけ茶色味を帯びた実にそっと触れ、目をつぶって念じはじめた。

しばらくして、おばあさんはわたしの方を向いた。⑨なんだか、安心したような顔になっていた。

「何を念じていらっしゃったんですか」

「タネを飛ばしてもらおうと、お願いをしたのです。【　Ⅲ　】」

「どこへですか?」

「わたくしの子どもの頃にですよ。あなたのお話を聞いて、祖母といっしょに石畳で拾ったタネは、ここから飛んでいったのではと思ったのです。【　Ⅳ　】」

思わず、そんなことはありえないでしょうと言ってしまいそうだった。どこかへタネを飛ばすにしても、時を超えることなどありえない。しかし、そんなことをおばあさんに言ったところで仕方がない。それでおばあさんの心が安まるのなら、タネがどこへ飛んでもかまわないのだから。

それにしても、おばあさんもよくそんなことを思いついたものだ。歳をとってくると、現実のフウセンカズラと、子どもの頃の記憶とが曖昧《あいまい》になって、つながっているように感じるのだろうか。

でも、もし本当におばあさんが子どもだった頃にタネを飛ばすことができるとしたら……そう考えたとき、フウセンカズラとしては、究極に安全な時と場所にタネを飛ばせることに気づいた。こうして、七十年以上にわたって、栽培し続けてくれる人のもとへ届くのだ。もしも、タネが時を超えられるのなら……

(藤田雅矢「トキノフウセンカズラ」による　一部改変)

《注》

＊フウセンカズラ＝ムクロジ科の植物の一種。花を観賞するためより、風船状の果実を見て楽しむために栽培される。

＊関東大震災のときの話だった。

「あの日の朝、自分もいっしょに学校へ行くんだと、タケルが④駄々をこねていたのをはっきりと憶えております。もし、あのときいっしょに連れて行ってやったなら、弟はいまも生きていたかも知れません。そう思うと……」

おばあさんの目に、【2】涙が浮かんでいるのがわかった。

「その火事で、家もフウセンカズラもみな焼けてしまいました。あのときのことは、思い出したくもありません。ようやく復興がはじまり、翌年、家のあった場所にフウセンカズラが生えているのを見つけました。もしかすると、タネがこぼれていたのかも知れません。ともかく、そのフウセンカズラを弟のタケルの形見と思って、育てることにいたしました」

おばあさんは、そこまで一気に話をしてくれた。誰かに聞いてもらいたくて、仕方がなかったのかも知れない。

「ところで、あなたは＊東京大空襲というのをご存じかしら」

「ええ、母から聞いたことはあります。その頃、わたしの母も東京に住んでおりましたから」

「そうですか。おかあさまは、あの空襲を生き延びられたのですね。わたくしも、昭和九年に結婚をして、この浅草の家に住むようになりました。息子に恵まれ、夫とともに子どもの成長を楽しみに暮らしていましたが、当時の日本は戦争への道を歩みはじめておりました。やがて夫のもとにも＊赤紙が届き、わたくしと子どもを置いて、お国のためにと出征して行ったのです」

おばあさんは、⑤淡々と話した。

「フウセンカズラの鉢植えは、毎年、＊行灯《あんどん》仕立てにして作っておりました。戦時中のぴりぴりとした嫌な雰囲気が、【3】の緑の風船を見ると、みんなどこか癒されるようでした。そんなとき、またタネのない空っぽの実が生りはじめたのです」

「いつのことですか」

「忘れもいたしません。昭和十九年の夏のことです。戦況は、次第に悪くなっておりました。本土にまで、亜米利加《アメリカ》が攻めて来るという噂《うわさ》までありました。その実を見たとたん、関東大震災のことがはっきりと思い出されました。どこかに逃げなくてはいけない。とにかく、ここにいてはいけない。そう感じたのです」

「⑥疎開されたのですか」

「ええ、まだ小さかった息子を連れて、長野の親戚を頼って汽車に乗りました。【B】、フウセンカズラの鉢植えを持って行くわけにもいかず、『必ず戻るから』とフウセンカズラに言い聞かせるようにして、近所の人に託して家を出たのです。そして、翌年の春、浅草は東京大空襲で壊滅したと聞きました。夫の戦死の知らせを聞いたのも、その頃でしたでしょうか」

おばあさんは、少し間をおいて目を閉じ、当時を思い出している様子だった。

「このフウセンカズラのおかげで、いままで生き長らえたのかも知れません。わたくしにとって、とても大切なものなのです」

あらためてフウセンカズラを見ると、ふと疑問がわいた。

「鉢植えは、浅草に置いて行かれたんですよね」

「そうです。預けた家も何もかも、焼けてしまいました」

「タネが残っていたのですか」

「いえ、みな焼けてしまったはずです。ところが、不思議なことに家の畳の上で、またフウセンカズラのタネを見つけたのです」

「家の中で……」

「戦後の復興で家が建ち、またこの浅草に戻ってきて住めるようになりました。その家の中で、タネを見つけたのです」

「息子さんが、拾ってきたとか」

「いいえ、そんなはずはありません。買い物から帰って鍵を開けて家に入ると、掃除したはずの居間の畳の上に、タネが三つあったのですから」

「不思議な話ですね」

「だから、これまで人に話したことがありませんでした。今日は何

ウ　生徒C「だったら、それまで運動する機会があまり持てなかった子は不利になるよ。いつでも運動できる環境にいる子よりも遅いのは当然だと思うけどな」

エ　生徒D「いずれにせよ、個人の能力と全体の平等のどちらを優先するかは、そのときどきの状況によって変わっていてもいいと思うな」

二

次の文章を読んで、後の問いに答えなさい。

> 京都の植物園に勤務している「わたし」は、東京都内の植物園を訪ねた帰りに浅草寺界隈《かいわい》を歩いていた。その際、とある家の庭先に置いてあった、タネがないのに大きくふくらんだ珍しい＊フウセンカズラの鉢植えが気になって見ていたところ、その家に住んでいる老婆に声を掛けられた。

しばらくして、おばあさんは＊急須や湯飲みを持って戻ってくると、丁寧に＊玉露を淹《い》れてくれた。

「あのフウセンカズラに、よく気づいてくださいました」

そう言うと、①畳に両手をついて、深々とわたしに頭を下げた。これには少し困惑した。

「どうぞ、顔を上げてください。お礼を言わないといけないのは、こちらの方ですよ。突然のお願いにもかかわらず、家にまで上げていただいて」

おばあさんは頭を上げると、あらためてきちんと座り直した。

「このフウセンカズラを育てはじめて、もうかれこれ七十年近くになるでしょうか」

ひとことで七十年と言っても、毎年育て続けるというのは、そう簡単にできることではない。

「フウセンカズラのタネを、初めて蒔《ま》いたときのことを、憶《おぼ》えていらっしゃいますか」

このタネをどこから入手したのかを、まず知りたかった。

「憶えておりますとも。わたくしがまだ小さな子どものときです。祖母に連れられてお参りに行った帰りに、参道でタネを拾ったのです」

おばあさんは、種子を入手した②いきさつを話してくれた。

「家に帰って、手に握りしめたフウセンカズラのタネを、祖母といっしょに植木鉢に蒔きました。③初めて実が生《な》ったときには、それはうれしかったものですよ。毎日、飽きずにこの実を眺めておりました」

「初めてタネのない実がついたのは、いつのことですか」

「そうですね……」

おばあさんは、しばし考えて答えた。

「その年は、いやに早くフウセンカズラが花をつけ、実が生りはじめました。わたくしには三つ違いの弟がいて、その弟のタケルが実をつぶすと、タネがなかったのです」

「全部ですか?」

「ええ、全部です。［1］タケルがいたずらしてタネをどこかへやってしまったのだと思って問いただすと、『はじめからなかった』などと返事をしたので、ケンカになりました。でも、結局タケルの言っていることが、正しかったようです」

「はじめからなかったと……」

「ええ、祖母も、母も、そのことを知って、『妙なことがあるものだ。何か悪いことでも起きなければいいが……』と話しておりました。そして、その年の九月一日。お昼休みで、たまたま校舎の外にいたのが幸いでした。突然、地面が大きく揺れて、小学校の古い木造の校舎は崩れて、中にいて怪我《けが》をした学友たちが助け出されていきました。その様子を見て、［A］現実のこととは思われませんでした。そして、騒ぎがおさまった頃に家に帰ると、自分の家もまた焼けてなくなっていたのです。そして、母が『タケル、タケル』と、大声で弟の名前を泣き叫んでいました。ようやく、それが現実なのだとわかりました」

イ　日本人がよくあいまいな態度を取る傾向にあるのは、当事者達の間で場が共有化されたためだと理解できるということ。

ウ　日本人が時々極端な行動を取るのは、当事者間で立場が違っているとはっきり認識されたためと考えられるということ。

エ　日本人は集団内の思想を自らの思想と同化させるため、集団によっては極端な行動を取る場合があると理解できるということ。

問八、傍線部⑥「ふたつの倫理観」とあるが、その説明として**不適当なもの**を、次の中から選びなさい。

ア　場の倫理と個の倫理

イ　父性的な倫理と母性的な倫理

ウ　加害者的な倫理と被害者的な倫理

エ　西洋的な倫理と日本的な倫理

問九、傍線部⑦「場の中の成員に完全な順序づけを行うこと」とあるが、日本人がそうする理由として最も適当なものを、次の中から選びなさい。

ア　集団の成員が場のパワーバランスを偏らせず、秩序が乱れない状態を保つため。

イ　集団のトップに立つ人間が、自ら作り上げた権力構造を崩さないようにするため。

ウ　集団の中のメンバーが個々の能力に応じて、自らの力を発揮できるようにするため。

エ　集団の上位層が集団内のバランスを保つことで、集団に貢献できるようにするため。

問十、空欄 Ⅰ ～ Ⅲ に入る語の組み合わせとして最も適当なものを、次の中から選びなさい。

ア　Ⅰ―被害者　Ⅱ―加害者　Ⅲ―被害者

イ　Ⅰ―加害者　Ⅱ―被害者　Ⅲ―加害者

ウ　Ⅰ―被害者　Ⅱ―被害者　Ⅲ―加害者

エ　Ⅰ―加害者　Ⅱ―加害者　Ⅲ―被害者

問十一、傍線部⑨「既述のような認識に立っていないため、彼らの集団もまた日本的な場をつくることになる」とあるが、その説明として最も適当なものを、次の中から選びなさい。

ア　場の構造は集団内における権力構造だととらえていないため、非常に保守的な集団が作られるということ。

イ　個の構造は集団内における権力構造だととらえていないため、非常に革新的な集団が作られるということ。

ウ　個の構造は場の釣り合いを重視するものだととらえていないため、非常に革新的な集団が作られるということ。

エ　場の構造は場の釣り合いを重視するものだととらえていないため、非常に保守的な集団が作られるということ。

問十二、本文の内容に合致するものとして最も適当なものを、次の中から選びなさい。

ア　加害者と被害者との間で共通の場に立てず対立関係になってしまうのは、加害者が言い逃れをした時に限られる。

イ　日本で「タテ社会」の人間関係が見られるのは、父性的な組織形態が日本にも存在することの何よりの証拠となる。

ウ　日本社会においては、状況によって個の倫理と場の倫理のどちらに従うかを判断して、対応していかなければならない。

エ　場の倫理より個の倫理を優先しがちであることが、日本人が、判断をあいまいにせざるを得ない大きな理由となっている。

問十三、次に掲げるのは、本文を読んだ四人の生徒が交わした会話である。四人の生徒の発言のうち、「父性原理」の立場に立っている生徒の意見として最も適当なものを、次の中から選びなさい。

ア　生徒A「僕の小学校の運動会では、五十メートル走で選手が手をつないでゴールしていたんだけど、あれは走るのが遅い子に対する配慮だったんだろうな」

イ　生徒B「でも人にはそれぞれ得意分野というのがあるのに、そのゴールの仕方だと勉強よりも運動のできる子が活躍できなくなってしまわないかな」

イ　決められた事柄に従うこと。
ウ　目標を話し合って決めること。
エ　ルールをもとにして拒否すること。

④　矛盾
ア　つじつまが合わないこと。
イ　互いの力が釣り合うこと。
ウ　ことごとく対立すること。
エ　報われるものがないこと。

問二、傍線部②「絶対」⑧「主観」の対義語として最も適当なものを、それぞれ後の中から選びなさい。

②　絶対
ア　応対　イ　敵対　ウ　反対　エ　相対

⑧　主観
ア　外観　イ　傍観　ウ　達観　エ　客観

問三、傍線部(i)〜(iii)のカタカナ部分と同じ漢字を使う熟語として最も適当なものを、それぞれ後の中から選びなさい。

(i)　ジュウ足
ア　施設をいっそう拡ジュウする。
イ　ジュウ道の選手の代表になる。
ウ　ジュウ廃絶のデモに参加する。
エ　ジュウ医になるのが将来の夢だ。

(ii)　追キュウ
ア　キュウ食をクラスに運ぶ。
イ　国際社会にキュウ状を訴える。
ウ　テストでキュウ第点をとる。
エ　学キュウ委員に立候補する。

(iii)　特チョウ
ア　国の予算は九十チョウ円になる。
イ　運営費をチョウ収する。
ウ　チョウ簿を調べて確認する。
エ　チョウ流に乗って島に到着した。

問四、空欄 A ～ C に入る語として最も適当なものを、それぞれ次の中から選びなさい。
ア　このため　イ　ところで
ウ　たとえば　エ　また

問五、傍線部③「この感情はわれわれ日本人としては納得できるが、西洋人には絶対了解できない」とあるが、その理由として最も適当なものを、次の中から選びなさい。
ア　日本人は金に対して淡白であるべきだという倫理観を持っている人が多いが、西洋人は法律や契約に基づくなら金を受け取ることをためらわない人が多いから。
イ　日本人は被害者と加害者両者に責任が問われる「場の倫理」で動いているが、西洋人は加害者のみに責任が問われる「個の倫理」で動いているから。
ウ　日本人は元来罪の意識が薄いために割合簡単に自分の非を認めるが、西洋人は契約社会に慣れているために簡単には自分の非を認めようとしないから。
エ　日本人は「場の倫理」と「個の倫理」とを区別して用いる場合が多いが、西洋人は「個の倫理」のみを用いて物事を考えようとするから。

問六、空欄 X に入る語句として最も適当なものを、次の中から選びなさい。
ア　白と黒　イ　青と黒
ウ　赤と白　エ　赤と青

問七、傍線部⑤「これは上述のような観点によると、よく理解されるのではないだろうか」とあるが、その説明として**不適当なもの**を、次の中から選びなさい。
ア　日本人は場を同じくする時と異にする時とで判断が変わることを理解できると、一見相反する日本人の特質もわかるということ。

るといえないだろうか。このような混乱を助長するもうひとつの要因として、次のようなことが考えられる。

場の平衡状態を保つ方策として、⑦場の中の成員に完全な順序づけを行うことが考えられる。つまり、場全体としての意思決定が行われるとき、個々の成員がその欲求を述べたてると場の平衡が保てぬので、順序の上のものから発言することによって、それを避けようとするのである。

ここで大切なことは、この順序の確立は、あくまで場の平衡状態の維持の原則から生じたもので、個人の権力や能力によって生じたものではないということである。このような特殊な状態を社会構造としてみると、「＊タテ社会」の人間関係となることは、文化人類学者の＊中根千枝氏がすでに見事に解明している。

これについては何らつけ加えることはないが、時に学生たちと話しあっていると、「タテ社会」という用語を彼らがしばしば誤って使用していることに気づく。つまり、彼らは「タテ社会」という用語を、権力による上からの支配構造のような意味で用いるのである。これはまったく誤解である。

タテ社会においては、下位のものは上位のものの意見に従わねばならない。しかも、それは下位の成員の個人的欲求や、合理的判断を抑える形でなされるので、下位のものはそれを権力者による抑圧と取りがちである。ところが、上位のものは場全体の平衡状態の維持という責任上、そのような決定を下していることが多く、彼自身でさえ自分の欲求を抑えねばならぬことが多いのである。

このためまことに奇妙なことであるが、日本では全員が［Ｉ］意識に苦しむことになる。下位のものは上位のものの権力による被害を嘆き、上位のものは、下位の若者たちの自己中心性を嘆き、ともに被害者意識を強くするが、実のところは、日本ではすべてのものが場の力の［Ⅱ］なのである。

この非個性的な場が［Ⅲ］であることに気がつかず、お互いが誰かを加害者に見たてようと押しつけあいを演じているのが現状であるといえよう。

場の構造を権力構造としてとらえた人は、それに反逆するために、その集団を脱《ぬ》けだして新しい集団をつくる。彼らの⑧主観に従えば、それは反権力、あるいは自由を求める集団である。ところが⑨既述のような認識に立っていないため、彼らの集団もまた日本的な場をつくることになる。そして、既存の集団に対抗する必要上、その集団の凝集性を高めねばならなくなるので、その「場」の圧力は既存の集団より強力にならざるを得ない。

［Ｃ］「革新」を目指す集団の集団構造がきわめて保守的な日本的構造をもたざるを得なくなったり、大企業のタテ社会を批判して飛びだした人が、ワンマン経営の子会社という強力なタテ社会をつくりあげたりする矛盾が生じてくるのである。

あるいは若者の要求にしても、絶対的平等観という母性原理をもとにして、個の権利を主張するという父性原理を混入してくるので、なかなか始末に負えなくなるのである。

場の倫理によるときは、場にいれてもらうために、おまかせする態度を必要とするし、個の倫理に従うときは個人の責任とか契約を守るとかの態度を身につけていなければならない。ところが、ふたつの倫理観の間を縫うようなあり方には、まったく対処の方法が考えられないのである。

（河合隼雄《はやお》『母性社会日本の病理』による）

《注》

＊相克＝互いに勝とうと争うこと。

＊ツキアゲ＝幹部の弱腰の行動・態度を非難し、改めるように要求すること。

＊タテ社会＝縦社会。身分の上下関係を重く見る社会。

＊中根千枝＝日本の社会人類学者。主著『タテ社会の人間関係』。

問一、傍線部①「準拠」④「矛盾」の本文中での意味として最も適当なものを、それぞれ後の中から選びなさい。

①　準拠

　ア　きまりを類推して当てはめること。

二〇二〇年度 日本大学櫻丘高等学校（B日程）

【国語】（六〇分）〈満点：一〇〇点〉

一 次の文章を読んで、後の問いに答えなさい。

現在日本の社会状勢の多くの混乱は、筆者の見解によれば、父性的な倫理観と母性的な倫理観の＊相克の中で、一般の人々がそのいずれに①準拠してよいか判断が下せぬこと、また、混乱の原因を他に求めるために問題の本質が見失われることによるところが大きいと考えられる。

このため、現在の日本は「長」と名のつくものの受難の時代であるとさえいうことができる。つまり、長たるものが自信をもって準拠すべき枠組みをもたぬために、「下からの＊ツキアゲ」に対して対処する方法が分からず、困惑してしまうのである。

母性原理に基づく倫理観は、母の膝という場の中に存在する子どもたちの②絶対的平等に価値をおくものである。それは換言すれば、与えられた「場」の平衡状態の維持にもっとも高い倫理性を与えるものである。

これを「場の倫理」とでも名づけるならば、父性原理に基づくものは「個の倫理」と呼ぶべきであろう。それは、個人の欲求の(i)ジユウ足、個人の成長に高い価値を与えるものである。

[A]交通事故の場合を例として考えてみたい。ここで、加害者が自分の非を認め、見舞に行くと、二人の間に「場」が形成され、被害者としてはその場の平衡状態をあまりにも危うくするような補償金など要求できなくなる。ここで金を要求すると、加害者のほうが「あれほど非を認めてあやまっているのに、金まで要求しやがる」と怒るときさえある。

③この感情はわれわれ日本人としては納得できるが、西洋人には絶対了解できない。非を認めたかぎり、それに相応する罰金を払う責任を加害者は負わねばならないし、被害者は正当な権利を主張できる。ところが、「場の倫理」では、責任が全体にかかってくるので、被害者もその責任の一端を担うことが必要となるのである。

日本人の無責任性がよく問題とされるが、それは個人の責任と場の責任が混同されたり、すりかえられたりするところから生じるものと思われる。

[B]、事故の場合、加害者が言い逃れをしたりすると、これは被害者と同一の「場」にいないものと判断し、徹底的に責任の追(ii)キュウができることになっている。つまり、わが国においては、場に属するか否かがすべてについて決定的な要因となるのである。場の中に「いれてもらっている」かぎり、善悪の判断を越えてまで救済の手が差しのべられるが、場の外にいるものは「赤の他人」であり、それに対しては何をしても構わないのである。

ここで善悪の判断を越えてという表現を用いてしまったが、実のところ、「場の倫理」の根本は、場に属するか否かが倫理的判断の基礎になっているのだから、その上、ここで善悪の判断などといっても、それは判断基準が異なるのだから論外である。

場の中においては、すべての区別があいまいにされ、すべて一様の灰色になるのであるが、場の内と外とは[X]のはっきりとした対立を示す。日本人の心性を論じる際に、そのあいまいさに特(iii)チョウを見いだす人と、逆に極端から極端に走る傾向を指摘する人があって、④矛盾した感じを与えるが、⑤これは上述のような観点によると、よく理解されるのではないだろうか。

場の内外の対比はあまりにも判然としており、そこに敵対感情が働くと絶対的な対立となり、少しの妥協も悪と見なされる。ところが、場の内においては、妥協以前の一体感が成立しており、言語化しがたい感情的結合によって、すべてのことがあいまいに一様になってくるのである。

交通事故の例をあげたが、現在のわが国では、さまざまな局面で⑥ふたつの倫理観がいりまじり、いろいろな混乱をまき起こしてい

英語解答

I 問題1 (1)…1 (2)…2 (3)…4 (4)…1 (5)…1
問題2 (1)…1 (2)…4
問題3 (1)…1 (2)…3 (3)…3

II (1) 1 (2) 4 (3) 2 (4) 1 (5) 1

III 1…1 2…3 3…7 4…8 5…2

IV (1) 3 (2) 2

V 1 2→4→1→3
2 2→4→3→1
3 4→1→3→2
4 2→1→4→3
5 4→2→1→3

VI A 1…1 2…3 3…2 4…7
B 5…7 6…2 7…6 8…4

VII 問1 2 問2 4 問3 1
問4 4 問5 3 問6 1
問7 2 問8 2 問9 3
問10 3

数学解答

1 (1) 0 (2) 2
(3) ウ…1 エ…2 オ…1
(4) カ…1 キ…9

2 (1) ア…2 イ…6
(2) ウ…1 エ…6 オ…8 カ…1
キ…2 ク…3
(3) (i) ケ…6 コ…7 (ii) ①

3 (1) (i) ア…6 イ…0 ウ…1
エ…1
(ii) オ…5 カ…2
(2) キ…2 ク…8 ケ…1 コ…2
サ…4 シ…4 ス…8 セ…2

4 (1) ア…3 イ…2 ウ…6 エ…1
オ…8
(2) カ…2 キ…3 ク…3 ケ…2
(3) 1

5 ア…3 イ…3 ウ…6 エ…3
オ…4 カ…8 キ…3 ク…1
ケ…8 コ…3 サ…1

国語解答

一 問一 ①…イ ④…ア
問二 ②…エ ⑧…エ
問三 (i)…ア (ii)…ウ (iii)…イ
問四 A…ウ B…イ C…ア
問五 イ 問六 ア 問七 エ
問八 ウ 問九 ア 問十 ウ
問十一 エ 問十二 ウ
問十三 イ

二 問一 ア 問二 イ 問三 ア
問四 イ 問五 ウ 問六 イ
問七 ア 問八 エ 問九 ウ
問十 イ 問十一 エ 問十二 ウ
問十三 イ 問十四 ア
問十五 エ

三 I 問一 エ 問二 エ 問三 ア
問四 イ 問五 ウ
II 問一 ①…ア ④…イ 問二 ウ
問三 エ 問四 ア 問五 イ
問六 ウ

高校を受験する生徒とご父母のための…

2025年度用 高校合格資料集

■首都圏有名書店にて今秋発売予定！

内容目次

1. まず試験日はいつ？ 推薦ワクは？競争率は？
2. この学校のことは どこに行けば分かるの？
3. かけもち受験のテクニックは？
4. 合格するために大事なことが二つ！
5. もしもだよ！ 試験に落ちたらどうしよう？
6. 勉強しても成績があがらない
7. 最後の試験は面接だよ！

※表紙は昨年のものです。

定価1430円（税込）

当社発行物の無断使用は固くお断りいたします。御使用の前はまずご相談ください。

当社発行物には500点余の首都圏中・高過去問をはじめ、6点の学校案内、そのほかいくつかの情報誌などがございます。その多くが年度版で、限られたスタッフが来るべき受験シーズン前に余裕を持って受験生へ届けられるよう、日夜作業にあたり出版を重ねております。

最近、通塾生ご父母や塾内部からの告発によって、いくつかの塾が許諾なしに当社過去問を複写（コピー）し生徒に配布、授業等にも使用していることが発覚し、その一部が紛争、係争に至っております。過去問には原著作者や管理団体、代行出版等のほか、当社に著作権がございます。当社としましては、著作権侵害の発覚に対しては著作権を有するこれらの著作権関係者にその事実を開示して、マスコミにリリースする場合や法的な措置を取る場合がございます。その事例としましては、毎年当社過去問の発行を待って自由にシステム化使用していたＡ塾、個別教室でコピーを生徒に解かせ指導していたＢ塾、冊子化していたＣ社、生徒の希望によって書籍の過去問代わりにコピーを配布していたＤ塾などがあります。

当社発行物の全部もしくは一部を無断使用することは固くお断りいたします。

当社コンテンツの中にはリーズナブルな設定で紙面の利用を許諾している塾もたくさんございますので、ご希望の方は、お気軽にご相談くださいますようお願いします。同時に、当社発行物を無断で使用している会社などにつきましての情報もお寄せいただければ幸いです。

株式会社 声の教育社

スーパー過去問の **解説執筆・解答作成スタッフ（在宅）募集！** ※募集要項の詳細は、10月に弊社ホームページ上に掲載します。

2025年度用
高校スーパー過去問

■編集人　声の教育社・編集部
■発行所　株式会社　声の教育社
〒162-0814 東京都新宿区新小川町8-15
☎03-5261-5061㈹ FAX03-5261-5062
https://www.koenokyoikusha.co.jp

禁無断使用・転載

※本書の内容についての一切の責任は当社にあります。内容・解説・解答その他の質問等は文書にて当社に御郵送くださるようお願いいたします。

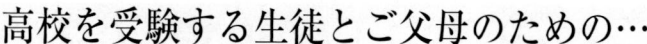

公立高校過去問シリーズ

定価1100円(税込)

●東京都立高校
●神奈川県公立高校
●千葉県公立高校
●埼玉県公立高校
●茨城県公立高校
●栃木県公立高校
●群馬県公立高校

掲載全問に
わかりやすい解説つき
各教科の
出題傾向と対策

都立独自高校 公立高校過去問シリーズ

定価2090円(税込)

251 都立日比谷高校
252 都立西高校
253 都立八王子東高校
254 都立国立高校
255 都立戸山高校
256 都立国分寺高校
257 都立立川高校
258 都立新宿高校
259 都立青山高校

高校ベスト10シリーズ

出題形式別、入試によく出る順!!

定価990～1100円(税込)

ベスト10Neo **国語** 読解問題

ベスト10Neo **数学** 図形問題

英語 文法問題ベスト10

高校受験面接ブック

別冊がウリ!! 首都圏の各高校の面接内容

定価1320円(税込)

本体 質問回答例ベスト150
面接ワークシート
自己PR書の書き方とワークシート

別冊 首都圏の私国立高校などの面接方法、時間、質問具体例
推薦・一般入試の面接内容
主要校の面接会場のようす
(各校図示)

小冊子 試験場に持って行けるチェックBOOK
など面接対策がつまった１冊

図解でわかる!! 作文・小論文

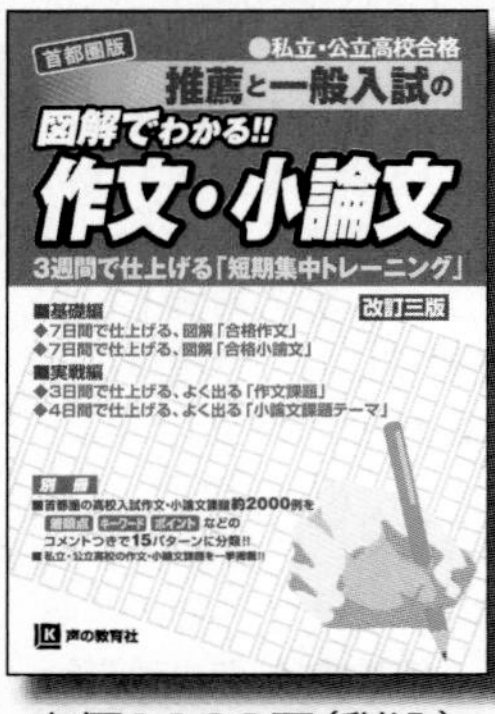

定価1100円(税込)

本体 **合格作文の書き方**
(88P) ①7日間で仕上げる基礎編
②4日間で仕上げる応用編

別冊 首都圏の各高校の作文課題、制限時間、文字数の具体例調査
(52P) ①首都圏の作文課題2000例を代表的な15パターンに分類(書き易くするため)
②着眼点、キーワード、ポイントを各パターンごとにコメント
③推薦と一般入試の作文出題校と課題例を一挙公開!!
④首都圏公立高校4年間課題調査

公立の漢字

公立高校の試験によく出る漢字

定価748円(税込)

1 漢字は全都道府県で出題!!
2 公立の漢字の配点は高い!!
3 10年間の頻度をデータ化!!
4 最頻出漢字を5段階評価!!

声の教育社 〒162-0814 東京都新宿区新小川町8-15
TEL.03(5261)5061 FAX.03(5261)5062

カコを追いかけ
ミライをつかめ
「今の説明、もう一回」を何度でも
web過去問
ストリーミング配信による入試問題の解説動画
声の教育社
詳しくはこちらから

これで入試は完璧

高校入試用

最新版 高校ベスト10シリーズ

ベスト10Neo 国語 読解問題

入試によく出る作品を著者別・作品別に分類し、出題頻度順にランキング。実際の入試問題を解きながら効率よく学習ができます。論理的文章と文学的文章を分野別に掲載した、取り組みやすい構成。学習の基礎となる読解力を着実に身につけるとともに、国語の入試問題の全体的傾向を知ることができる問題集です。

最新版 高校ベスト10シリーズ

ベスト10Neo 数学 図形問題

入試に頻出の図形問題を網羅した本書は、基礎を固めるBasic（基礎編）、テーマ別に分類し、出題ランキングを表示したStandard（標準編）、難関校レベルのChallenge（発展編）の3部構成。基礎から応用問題まで幅広く学べます。便利な別冊「らくらく解答シート」がついており、声の教育社webサイトで作図動画も公開中です。

新改訂版 高校ベスト10シリーズ

高校入試 英語 文法問題ベスト10

出題頻度の高い文法問題をパターン別に分類し、ランキング順に掲載。解法のヒントや頻出事項を確認しながら問題に取り組むことができます。さらに、他に類を見ない詳しい解説、文法用語の意味や用法といった基礎知識を分かりやすくまとめた「文法用語mini事典」もつくなど、英語の力を着実にＵＰさせる情報が満載です。

声の教育社　〒162-0814 東京都新宿区新小川町8-15
TEL.03(5261)5061　FAX.03(5261)5062

日本大学櫻丘高等学校

別冊 解答用紙

丁寧に抜きとって、別冊としてご使用ください。

★合格者最低点

年度	2024	2023	2022	2021
A日程	単 願 156 オープン 168	単 願 199 オープン 210	単 願 172 オープン 190	単 願 204 オープン 216
B日程	オープン 200	オープン 184	オープン 180	オープン 200

※上記は学科試験の合格者最低点。一般入試の合否は、学科試験・面接・調査書の総合判定となります。

解けると春が来るんだね。

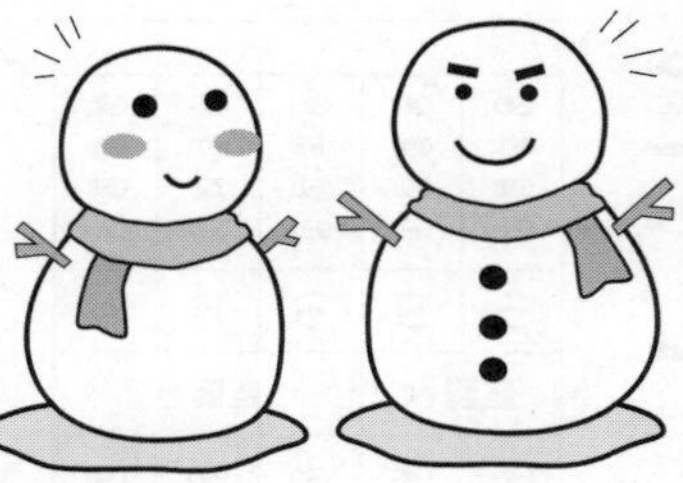

注意

○ 解答用紙は、収録の都合により縮小したものや、小社独自に作成したものもあります。
○ 学校配点は学校発表のもの、推定配点は小社で作成したものです。
○ 無断転載を禁じます。
○ 解答用紙を拡大コピーする場合、表示した拡大率に対応する用紙サイズは以下のとおりです。
101%～102%＝B5 103%～118%＝A4 119%～144%＝B4 145%～167%＝A3
(タイトルと配点表は含みません)

2024年度　日本大学櫻丘高等学校　A日程

英語解答用紙

評点
/100

受験番号				
万	千	百	十	一
	0	0	0	0
1	1	1	1	1
2	2	2	2	2
3	3	3	3	3
	4	4	4	4
	5	5	5	5
	6	6	6	6
	7	7	7	7
	8	8	8	8
	9	9	9	9

この欄にはなにも記入してはいけない　0

欠席者コード

この解答用紙は汚したり折りまげたりしてはいけない

ふりがな	
氏　名	

マーク記入例

（良い例）　（悪い例）

I	問題1	(1)	① ② ③ ④	問題2	(1)	① ② ③ ④
		(2)	① ② ③ ④		(2)	① ② ③ ④
		(3)	① ② ③ ④	問題3	(1)	① ② ③ ④
		(4)	① ② ③ ④		(2)	① ② ③ ④
		(5)	① ② ③ ④		(3)	① ② ③ ④

II	(1)	① ② ③ ④
	(2)	① ② ③ ④
	(3)	① ② ③ ④
	(4)	① ② ③ ④
	(5)	① ② ③ ④

III	(1)	① ② ③ ④ ⑤ ⑥ ⑦ ⑧
	(2)	① ② ③ ④ ⑤ ⑥ ⑦ ⑧
	(3)	① ② ③ ④ ⑤ ⑥ ⑦ ⑧
	(4)	① ② ③ ④ ⑤ ⑥ ⑦ ⑧
	(5)	① ② ③ ④ ⑤ ⑥ ⑦ ⑧

IV	(1)	① ② ③ ④
	(2)	① ② ③ ④

V	1	1番目	① ② ③ ④	4	1番目	① ② ③ ④
		2番目	① ② ③ ④		2番目	① ② ③ ④
		3番目	① ② ③ ④		3番目	① ② ③ ④
		4番目	① ② ③ ④		4番目	① ② ③ ④
	2	1番目	① ② ③ ④	5	1番目	① ② ③ ④
		2番目	① ② ③ ④		2番目	① ② ③ ④
		3番目	① ② ③ ④		3番目	① ② ③ ④
		4番目	① ② ③ ④		4番目	① ② ③ ④
	3	1番目	① ② ③ ④			
		2番目	① ② ③ ④			
		3番目	① ② ③ ④			
		4番目	① ② ③ ④			

VI	A	(1)	① ② ③ ④ ⑤ ⑥ ⑦ ⑧
		(2)	① ② ③ ④ ⑤ ⑥ ⑦ ⑧
		(3)	① ② ③ ④ ⑤ ⑥ ⑦ ⑧
		(4)	① ② ③ ④ ⑤ ⑥ ⑦ ⑧
	B	(5)	① ② ③ ④ ⑤ ⑥ ⑦ ⑧
		(6)	① ② ③ ④ ⑤ ⑥ ⑦ ⑧
		(7)	① ② ③ ④ ⑤ ⑥ ⑦ ⑧
		(8)	① ② ③ ④ ⑤ ⑥ ⑦ ⑧

VII	問1	① ② ③ ④	問6	① ② ③ ④
	問2	① ② ③ ④	問7	① ② ③ ④
	問3	① ② ③ ④	問8	① ② ③ ④
	問4	① ② ③ ④	問9	① ② ③ ④
	問5	① ② ③ ④	問10	① ② ③ ④

（注）この解答用紙は実物を縮小してあります。A３用紙に152%拡大コピーすると、ほぼ実物大で使用できます。（タイトルと配点表は含みません）

推定配点	
I～VI　各2点×35　VII　各3点×10	
100点	計

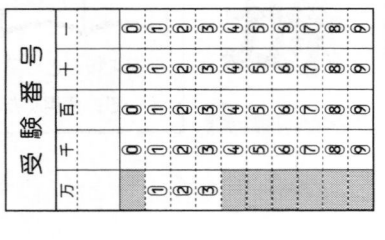

２０２４年度　日本大学櫻丘高等学校　Ａ日程

数学解答用紙

評点	／100

受験番号	万	千	百	十	一
		0	0	0	0
	1	1	1	1	1
	2	2	2	2	2
	3	3	3	3	3
		4	4	4	4
		5	5	5	5
		6	6	6	6
		7	7	7	7
		8	8	8	8
		9	9	9	9

この欄にはなにも記入してはいけない
欠席者コード

マーク記入例　（良い例）　（悪い例）

ふりがな	
氏　名	

1	(1)	ア	0 1 2 3 4 5 6 7 8 9
		イ	0 1 2 3 4 5 6 7 8 9
	(2)	ウ	0 1 2 3 4 5 6 7 8 9
	(3)	エ	0 1 2 3 4 5 6 7 8 9
		オ	0 1 2 3 4 5 6 7 8 9
	(4)	カ	0 1 2 3 4 5 6 7 8 9

2	(1)	ア	0 1 2 3 4 5 6 7 8 9
		イ	0 1 2 3 4 5 6 7 8 9
		ウ	0 1 2 3 4 5 6 7 8 9
		エ	0 1 2 3 4 5 6 7 8 9
		オ	0 1 2 3 4 5 6 7 8 9
		カ	0 1 2 3 4 5 6 7 8 9
		キ	0 1 2 3 4 5 6 7 8 9
		ク	0 1 2 3 4 5 6 7 8 9
		ケ	0 1 2 3 4 5 6 7 8 9
	(2)	コ	0 1 2 3 4 5 6 7 8 9
		サ	0 1 2 3 4 5 6 7 8 9
		シ	0 1 2 3 4 5 6 7 8 9
		ス	0 1 2 3 4 5 6 7 8 9
		セ	0 1 2 3 4 5 6 7 8 9
		ソ	0 1 2 3 4 5 6 7 8 9
		タ	0 1 2 3 4 5 6 7 8 9
		チ	0 1 2 3 4 5 6 7 8 9
	(3)	ツ	0 1 2 3 4 5 6 7
		テ	0 1 2 3 4 5 6 7 8 9
		ト	0 1 2 3 4 5 6 7 8 9
		ナ	0 1 2 3 4 5 6 7 8 9

3	(1)	ア	0 1 2 3 4 5 6 7 8 9
		イ	0 1 2 3 4 5 6 7 8 9
		ウ	0 1 2 3 4 5 6 7 8 9
		エ	0 1 2 3 4 5 6 7 8 9
		オ	0 1 2 3 4 5 6 7 8 9
	(2)	カ	0 1 2 3 4 5 6 7 8 9
		キ	0 1 2 3 4 5 6 7 8 9
		ク	0 1 2 3 4 5 6 7 8 9
	(3)	ケ	0 1 2 3 4 5 6 7 8 9
		コ	0 1 2 3 4 5 6 7 8 9
		サ	0 1 2 3 4 5 6 7 8 9

4	(1)	ア	0 1 2 3 4 5 6 7 8 9
		イ	0 1 2 3 4 5 6 7 8 9
		ウ	0 1 2 3 4 5 6 7 8 9
	(2)	エ	0 1 2 3 4 5 6 7 8 9
		オ	0 1 2 3 4 5 6 7 8 9
	(3)	カ	0 1 2 3 4 5 6 7 8 9
	(4)	キ	0 1 2 3 4 5 6 7 8 9
		ク	0 1 2 3 4 5 6 7 8 9

5	(1)	ア	0 1 2 3 4 5 6 7 8 9
		イ	0 1 2 3 4 5 6 7 8 9
	(2)	ウ	0 1 2 3 4 5 6 7 8 9
	(3)	エ	0 1 2 3 4 5 6 7 8 9
		オ	0 1 2 3 4 5 6 7 8 9
		カ	0 1 2 3 4 5 6 7 8 9
	(4)	キ	0 1 2 3 4 5 6 7 8 9
		ク	0 1 2 3 4 5 6 7 8 9
		ケ	0 1 2 3 4 5 6 7 8 9
		コ	0 1 2 3 4 5 6 7 8 9

（注）この解答用紙は実物を縮小してあります。Ｂ４用紙に139％拡大コピーすると、ほぼ実物大で使用できます。（タイトルと配点表は含みません）

推定配点		計
	1～3　各４点×14〔1(3)，2(3)(ii)はそれぞれ完答，2(1)，3(1)はそれぞれ各４点×２〕 4　(1)　各４点×２　(2)～(4)　各５点×３　　5　(1)～(3)　各５点×３　(4)　６点	100点

二〇二四年度　日本大学櫻丘高等学校　Ａ日程

国語解答用紙

評点	／100

受験番号	万	千	百	十	一
		0	0	0	0
	1	1	1	1	1
	2	2	2	2	2
	3	3	3	3	3
		4	4	4	4
		5	5	5	5
		6	6	6	6
		7	7	7	7
		8	8	8	8
		9	9	9	9

この欄にはなにも記入してはいけない
欠席者コード

マーク記入例　（良い例）　（悪い例）

ふりがな	
氏　名	

[一]						
問一	(i)	ア	イ	ウ	エ
問一	(ii)	ア	イ	ウ	エ
問一	(iii)	ア	イ	ウ	エ
問二		ア	イ	ウ	エ
問三		ア	イ	ウ	エ
問四	A	ア	イ	ウ	エ
問四	B	ア	イ	ウ	エ
問四	C	ア	イ	ウ	エ
問五		ア	イ	ウ	エ
問六		ア	イ	ウ	エ
問七		ア	イ	ウ	エ
問八		ア	イ	ウ	エ
問九		ア	イ	ウ	エ
問十		ア	イ	ウ	エ
問十一		ア	イ	ウ	エ
問十二		ア	イ	ウ	エ
問十三		ア	イ	ウ	エ
問十四		ア	イ	ウ	エ
問十五		ア	イ	ウ	エ
問十六		ア	イ	ウ	エ

[二]					
問一	A	ア	イ	ウ	エ
問一	B	ア	イ	ウ	エ
問二		ア	イ	ウ	エ
問三	③	ア	イ	ウ	エ
問三	⑧	ア	イ	ウ	エ
問三	⑪	ア	イ	ウ	エ
問四		ア	イ	ウ	エ
問五		ア	イ	ウ	エ
問六		ア	イ	ウ	エ
問七		ア	イ	ウ	エ
問八		ア	イ	ウ	エ
問九		ア	イ	ウ	エ
問十		ア	イ	ウ	エ
問十一		ア	イ	ウ	エ
問十二		ア	イ	ウ	エ
問十三		ア	イ	ウ	エ
問十四		ア	イ	ウ	エ
問十五		ア	イ	ウ	エ

[三]					
問一		ア	イ	ウ	エ
問二		ア	イ	ウ	エ
問三		ア	イ	ウ	エ
問四	③	ア	イ	ウ	エ
問四	⑤	ア	イ	ウ	エ
問五		ア	イ	ウ	エ
問六		ア	イ	ウ	エ
問七		ア	イ	ウ	エ
問八		ア	イ	ウ	エ
問九		ア	イ	ウ	エ
問十		ア	イ	ウ	エ
問十一		ア	イ	ウ	エ
問十二		ア	イ	ウ	エ

（注）この解答用紙は実物を縮小してあります。Ｂ４用紙に130%拡大コピーすると、ほぼ実物大で使用できます。（タイトルと配点表は含みません）

推定配点		計
	[一] 問一～問十一　各２点×15　問十二　１点　問十三～問十六　各２点×４ [二] 各２点×18 [三] 問一～問十一　各２点×12　問十二　１点	100点

2024年度　日本大学櫻丘高等学校　B日程

英語解答用紙

評点
/100

この解答用紙は汚したり折りまげたりしてはいけない

受験番号				
万	千	百	十	一
	0	0	0	0
1	1	1	1	1
2	2	2	2	2
3	3	3	3	3
	4	4	4	4
	5	5	5	5
	6	6	6	6
	7	7	7	7
	8	8	8	8
	9	9	9	9

この欄にはなにも記入してはいけない　0

欠席者コード

ふりがな	
氏　名	

マーク記入例

（良い例）　（悪い例）

I					
問題1	(1)	1 2 3 4	問題2	(1)	1 2 3 4
	(2)	1 2 3 4		(2)	1 2 3 4
	(3)	1 2 3 4	問題3	(1)	1 2 3 4
	(4)	1 2 3 4		(2)	1 2 3 4
	(5)	1 2 3 4		(3)	1 2 3 4

II	
(1)	1 2 3 4
(2)	1 2 3 4
(3)	1 2 3 4
(4)	1 2 3 4
(5)	1 2 3 4

III	
(1)	1 2 3 4 5 6 7 8
(2)	1 2 3 4 5 6 7 8
(3)	1 2 3 4 5 6 7 8
(4)	1 2 3 4 5 6 7 8
(5)	1 2 3 4 5 6 7 8

IV	
(1)	1 2 3 4
(2)	1 2 3 4

V					
1	1番目	1 2 3 4	4	1番目	1 2 3 4
	2番目	1 2 3 4		2番目	1 2 3 4
	3番目	1 2 3 4		3番目	1 2 3 4
	4番目	1 2 3 4		4番目	1 2 3 4
2	1番目	1 2 3 4	5	1番目	1 2 3 4
	2番目	1 2 3 4		2番目	1 2 3 4
	3番目	1 2 3 4		3番目	1 2 3 4
	4番目	1 2 3 4		4番目	1 2 3 4
3	1番目	1 2 3 4			
	2番目	1 2 3 4			
	3番目	1 2 3 4			
	4番目	1 2 3 4			

VI		
A	(1)	1 2 3 4 5 6 7 8
	(2)	1 2 3 4 5 6 7 8
	(3)	1 2 3 4 5 6 7 8
	(4)	1 2 3 4 5 6 7 8
B	(5)	1 2 3 4 5 6 7 8
	(6)	1 2 3 4 5 6 7 8
	(7)	1 2 3 4 5 6 7 8
	(8)	1 2 3 4 5 6 7 8

VII			
問1	1 2 3 4	問6	1 2 3 4
問2	1 2 3 4	問7	1 2 3 4
問3	1 2 3 4	問8	1 2 3 4
問4	1 2 3 4	問9	1 2 3 4
問5	1 2 3 4	問10	1 2 3 4

（注）この解答用紙は実物を縮小してあります。Ａ３用紙に152％拡大コピーすると、ほぼ実物大で使用できます。（タイトルと配点表は含みません）

推定配点	
I～VI　各2点×35　VII　各3点×10	
100点	計

２０２４年度　　日本大学櫻丘高等学校　Ｂ日程

数学解答用紙

評点	／100

受験番号	万	千	百	十	一
		0	0	0	0
	1	1	1	1	1
	2	2	2	2	2
	3	3	3	3	3
		4	4	4	4
		5	5	5	5
		6	6	6	6
		7	7	7	7
		8	8	8	8
		9	9	9	9

この欄にはなにも記入してはいけない

欠席者コード

マーク記入例　（良い例）　（悪い例）

ふりがな	
氏　名	

1	(1)	ア	0	1	2	3	4	5	6	7	8	9
	(2)	イ	0	1	2	3	4	5	6	7	8	9
		ウ	0	1	2	3	4	5	6	7	8	9
	(3)	エ	0	1	2	3	4	5	6	7	8	9
		オ	0	1	2	3	4	5	6	7	8	9
		カ	0	1	2	3	4	5	6	7	8	9
	(4)	キ	0	1	2	3	4	5	6	7	8	9

2	(1)	ア	0	1	2	3	4	5	6	7	8	9
		イ	0	1	2	3	4	5	6	7	8	9
		ウ	0	1	2	3	4	5	6	7	8	9
		エ	0	1	2	3	4	5	6	7	8	9
	(2)	オ	0	1	2	3	4	5	6	7	8	9
		カ	0	1	2	3	4	5	6	7	8	9
		キ	0	1	2	3	4	5	6	7	8	9
		ク	0	1	2	3	4	5	6	7	8	9
		ケ	0	1	2	3	4	5	6	7	8	9
	(3)	コ	0	1	2	3	4	5	6	7	8	9
		サ	0	1	2	3	4	5	6	7	8	9
		シ	0	1	2	3	4	5	6	7	8	9

3	(1)	ア	0	1	2	3	4	5	6	7	8	9
		イ	0	1	2	3	4	5	6	7	8	9
	(2)	ウ	0	1	2	3	4	5	6	7	8	9
		エ	0	1	2	3	4	5	6	7	8	9
	(3)	オ	0	1	2	3	4	5	6	7	8	9
		カ	0	1	2	3	4	5	6	7	8	9
		キ	0	1	2	3	4	5	6	7	8	9

4	(1)	ア	0	1	2	3	4	5	6	7	8	9
		イ	0	1	2	3	4	5	6	7	8	9
		ウ	0	1	2	3	4	5	6	7	8	9
	(2)	エ	0	1	2	3	4	5	6	7	8	9
		オ	0	1	2	3	4	5	6	7	8	9
	(3)	カ	0	1	2	3	4	5	6	7	8	9
		キ	0	1	2	3	4	5	6	7	8	9
		ク	0	1	2	3	4	5	6	7	8	9
		ケ	0	1	2	3	4	5	6	7	8	9
		コ	0	1	2	3	4	5	6	7	8	9

5	(1)	ア	0	1	2	3	4	5	6	7	8	9
		イ	0	1	2	3	4	5	6	7	8	9
		ウ	0	1	2	3	4	5	6	7	8	9
	(2)	エ	0	1	2	3	4	5	6	7	8	9
		オ	0	1	2	3	4	5	6	7	8	9
		カ	0	1	2	3	4	5	6	7	8	9
	(3)	キ	0	1	2	3	4	5	6	7	8	9
		ク	0	1	2	3	4	5	6	7	8	9
		ケ	0	1	2	3	4	5	6	7	8	9
	(4)	コ	0	1	2	3	4	5	6	7	8	9
		サ	0	1	2	3	4	5	6	7	8	9

（注）この解答用紙は実物を縮小してあります。Ｂ４用紙に132％拡大コピーすると、ほぼ実物大で使用できます。（タイトルと配点表は含みません）

推定配点		計
	1　各３点×４　　2, 3　各４点×８ 4　(1)　各５点×２　(2), (3)　各６点×３ 5　(1)　各５点×２　(2)〜(4)　各６点×３	100点

二〇二四年度　日本大学櫻丘高等学校　B日程

国語解答用紙

評点	／100

受験番号	万	千	百	十	一
		0	0	0	0
	1	1	1	1	1
	2	2	2	2	2
	3	3	3	3	3
		4	4	4	4
		5	5	5	5
		6	6	6	6
		7	7	7	7
		8	8	8	8
		9	9	9	9

この欄にはなにも記入してはいけない
欠席者コード

マーク記入例　（良い例）　（悪い例）

ふりがな	
氏　名	

[一]					
問一	(i)	㋐	㋑	㋒	㋓
	(ii)	㋐	㋑	㋒	㋓
	(iii)	㋐	㋑	㋒	㋓
問二		㋐	㋑	㋒	㋓
問三		㋐	㋑	㋒	㋓
問四		㋐	㋑	㋒	㋓
問五		㋐	㋑	㋒	㋓
問六		㋐	㋑	㋒	㋓
問七		㋐	㋑	㋒	㋓
問八	③	㋐	㋑	㋒	㋓
	⑥	㋐	㋑	㋒	㋓
	⑧	㋐	㋑	㋒	㋓
問九		㋐	㋑	㋒	㋓
問十	1	㋐	㋑	㋒	㋓
	2	㋐	㋑	㋒	㋓
	3	㋐	㋑	㋒	㋓
問十一		㋐	㋑	㋒	㋓
問十二		㋐	㋑	㋒	㋓
問十三		㋐	㋑	㋒	㋓
問十四		㋐	㋑	㋒	㋓
問十五		㋐	㋑	㋒	㋓

[二]					
問一		㋐	㋑	㋒	㋓
問二		㋐	㋑	㋒	㋓
問三	X	㋐	㋑	㋒	㋓
	Y	㋐	㋑	㋒	㋓
問四		㋐	㋑	㋒	㋓
問五		㋐	㋑	㋒	㋓
問六		㋐	㋑	㋒	㋓
問七		㋐	㋑	㋒	㋓
問八	⑥	㋐	㋑	㋒	㋓
	⑦	㋐	㋑	㋒	㋓
	⑨	㋐	㋑	㋒	㋓
問九		㋐	㋑	㋒	㋓
問十		㋐	㋑	㋒	㋓
問十一		㋐	㋑	㋒	㋓
問十二		㋐	㋑	㋒	㋓
問十三		㋐	㋑	㋒	㋓
問十四		㋐	㋑	㋒	㋓

[三]					
問一		㋐	㋑	㋒	㋓
問二		㋐	㋑	㋒	㋓
問三		㋐	㋑	㋒	㋓
問四		㋐	㋑	㋒	㋓
問五		㋐	㋑	㋒	㋓
問六		㋐	㋑	㋒	㋓
問七	⑦	㋐	㋑	㋒	㋓
	⑩	㋐	㋑	㋒	㋓
問八		㋐	㋑	㋒	㋓
問九	(i)	㋐	㋑	㋒	㋓
	(ii)	㋐	㋑	㋒	㋓
問十		㋐	㋑	㋒	㋓
問十一		㋐	㋑	㋒	㋓

（注）この解答用紙は実物を縮小してあります。Ｂ４用紙に130％拡大コピーすると、ほぼ実物大で使用できます。（タイトルと配点表は含みません）

推定配点		計
	[一]　各２点×21 [二]　問一～問十三　各２点×16　問十四　１点 [三]　問一～問四　各２点×４　問五　１点　問六～問十一　各２点×８	100点

2023年度　日本大学櫻丘高等学校　A日程

英語解答用紙

評点
/100

この解答用紙は汚したり折りまげたりしてはいけない

受験番号				
万	千	百	十	一
	0	0	0	0
1	1	1	1	1
2	2	2	2	2
3	3	3	3	3
	4	4	4	4
	5	5	5	5
	6	6	6	6
	7	7	7	7
	8	8	8	8
	9	9	9	9

この欄にはなにも記入してはいけない　0

欠席者コード

ふりがな	
氏　名	

マーク記入例

（良い例）　（悪い例）

I				
問題1	(1)	1 2 3 4		
	(2)	1 2 3 4		
	(3)	1 2 3 4		
	(4)	1 2 3 4		
	(5)	1 2 3 4		
問題2	(1)	1 2 3 4		
	(2)	1 2 3 4		
問題3	(1)	1 2 3 4		
	(2)	1 2 3 4		
	(3)	1 2 3 4		

II	
(1)	1 2 3 4
(2)	1 2 3 4
(3)	1 2 3 4
(4)	1 2 3 4
(5)	1 2 3 4

III	
(1)	1 2 3 4 5 6 7 8
(2)	1 2 3 4 5 6 7 8
(3)	1 2 3 4 5 6 7 8
(4)	1 2 3 4 5 6 7 8
(5)	1 2 3 4 5 6 7 8

IV	
(1)	1 2 3 4
(2)	1 2 3 4

V		
1	1番目	1 2 3 4
	2番目	1 2 3 4
	3番目	1 2 3 4
	4番目	1 2 3 4
2	1番目	1 2 3 4
	2番目	1 2 3 4
	3番目	1 2 3 4
	4番目	1 2 3 4
3	1番目	1 2 3 4
	2番目	1 2 3 4
	3番目	1 2 3 4
	4番目	1 2 3 4
4	1番目	1 2 3 4
	2番目	1 2 3 4
	3番目	1 2 3 4
	4番目	1 2 3 4
5	1番目	1 2 3 4
	2番目	1 2 3 4
	3番目	1 2 3 4
	4番目	1 2 3 4

VI		
A	(1)	1 2 3 4 5 6 7 8
	(2)	1 2 3 4 5 6 7 8
	(3)	1 2 3 4 5 6 7 8
	(4)	1 2 3 4 5 6 7 8
B	(5)	1 2 3 4 5 6 7 8
	(6)	1 2 3 4 5 6 7 8
	(7)	1 2 3 4 5 6 7 8
	(8)	1 2 3 4 5 6 7 8

VII			
問1	1 2 3 4	問6	1 2 3 4
問2	1 2 3 4	問7	1 2 3 4
問3	1 2 3 4	問8	1 2 3 4
問4	1 2 3 4	問9	1 2 3 4
問5	1 2 3 4	問10	1 2 3 4

（注）この解答用紙は実物を縮小してあります。Ａ３用紙に152％拡大コピーすると、ほぼ実物大で使用できます。（タイトルと配点表は含みません）

推定配点	
I～VI　各2点×35　VII　各3点×10	
100点	計

２０２３年度　日本大学櫻丘高等学校　Ａ日程

数学解答用紙

評点	／100

受験番号	万	千	百	十	一
		0	0	0	0
	1	1	1	1	1
	2	2	2	2	2
	3	3	3	3	3
		4	4	4	4
		5	5	5	5
		6	6	6	6
		7	7	7	7
		8	8	8	8
		9	9	9	9

この欄にはなにも記入してはいけない
欠席者コード

マーク記入例　（良い例）　（悪い例）

ふりがな	
氏　名	

問題	小問	記号	マーク
1	(1)	ア	0 1 2 3 4 5 6 7 8 9
	(2)	イ	0 1 2 3 4 5 6 7 8 9
		ウ	0 1 2 3 4 5 6 7 8 9
	(3)	エ	0 1 2 3 4 5 6 7 8 9
		オ	0 1 2 3 4 5 6 7 8 9
	(4)	カ	0 1 2 3 4 5 6 7 8 9
		キ	0 1 2 3 4 5 6 7 8 9
2	(1)	ア	0 1 2 3 4 5 6 7 8 9
		イ	0 1 2 3 4 5 6 7 8 9
		ウ	0 1 2 3 4 5 6 7 8 9
		エ	0 1 2 3 4 5 6 7 8 9
		オ	0 1 2 3 4 5 6 7 8 9
		カ	0 1 2 3 4 5 6 7 8 9
	(2)	キ	0 1 2 3 4 5 6 7 8 9
		ク	0 1 2 3 4 5 6 7 8 9
		ケ	0 1 2 3 4 5 6 7 8 9
		コ	0 1 2 3 4 5 6 7 8 9
		サ	0 1 2 3 4 5 6 7 8 9
		シ	0 1 2 3 4 5 6 7 8 9
	(3)	ス	0 1 2 3 4 5 6 7 8 9
		セ	0 1 2 3 4 5 6 7 8 9
		ソ	0 1 2 3 4 5 6 7 8 9
3	(1)	ア	0 1 2 3 4 5 6 7 8 9
		イ	0 1 2 3 4 5 6 7 8 9
	(2)	ウ	0 1 2 3 4 5 6 7 8 9
		エ	0 1 2 3 4 5 6 7 8 9
	(3)	オ	0 1 2 3 4 5 6 7 8 9
		カ	0 1 2 3 4 5 6 7 8 9

問題	小問	記号	マーク
4	(1)	ア	0 1 2 3 4 5 6 7 8 9
		イ	0 1 2 3 4 5 6 7 8 9
		ウ	0 1 2 3 4 5 6 7 8 9
		エ	0 1 2 3 4 5 6 7 8 9
	(2)	オ	0 1 2 3 4 5 6 7 8 9
		カ	0 1 2 3 4 5 6 7 8 9
		キ	0 1 2 3 4 5 6 7 8 9
	(3)	ク	0 1 2 3 4 5 6 7 8 9
		ケ	0 1 2 3 4 5 6 7 8 9
	(4)	コ	0 1 2 3 4 5 6 7 8 9
5	(1)	ア	0 1 2 3 4 5 6 7 8 9
		イ	0 1 2 3 4 5 6 7 8 9
		ウ	0 1 2 3 4 5 6 7 8 9
		エ	0 1 2 3 4 5 6 7 8 9
		オ	0 1 2 3 4 5 6 7 8 9
	(2)	カ	0 1 2 3 4 5 6 7 8 9
		キ	0 1 2 3 4 5 6 7 8 9
		ク	0 1 2 3 4 5 6 7 8 9
	(3)	ケ	0 1 2 3 4 5 6 7 8 9
		コ	0 1 2 3 4 5 6 7 8 9
		サ	0 1 2 3 4 5 6 7 8 9
		シ	0 1 2 3 4 5 6 7 8 9
		ス	0 1 2 3 4 5 6 7 8 9
		セ	0 1 2 3 4 5 6 7 8 9
		ソ	0 1 2 3 4 5 6 7 8 9
		タ	0 1 2 3 4 5 6 7 8 9
		チ	0 1 2 3 4 5 6 7 8 9
		ツ	0 1 2 3 4 5 6 7 8 9
		テ	0 1 2 3 4 5 6 7 8 9

（注）この解答用紙は実物を縮小してあります。Ｂ４用紙に137％拡大コピーすると、ほぼ実物大で使用できます。（タイトルと配点表は含みません）

推定配点		計
	1　各３点×４　2，3　各４点×10 4　(1)～(3)　各４点×５　(4)　５点 5　(1)　各４点×２　(2)，(3)　各５点×３	100点

二〇二三年度　　日本大学櫻丘高等学校　A日程

国語解答用紙

評点	／100

受験番号	万	千	百	十	一
		0	0	0	0
	1	1	1	1	1
	2	2	2	2	2
	3	3	3	3	3
		4	4	4	4
		5	5	5	5
		6	6	6	6
		7	7	7	7
		8	8	8	8
		9	9	9	9

この欄にはなにも記入してはいけない

欠席者コード

マーク記入例　（良い例）　（悪い例）

ふりがな	
氏　名	

一	問一	(i)	ア	イ	ウ	エ
		(ii)	ア	イ	ウ	エ
		(iii)	ア	イ	ウ	エ
	問二		ア	イ	ウ	エ
	問三		ア	イ	ウ	エ
	問四		ア	イ	ウ	エ
	問五		ア	イ	ウ	エ
	問六	(a)	ア	イ	ウ	エ
		(b)	ア	イ	ウ	エ
		(c)	ア	イ	ウ	エ
	問七	1	ア	イ	ウ	エ
		2	ア	イ	ウ	エ
	問八		ア	イ	ウ	エ
	問九		ア	イ	ウ	エ
	問十		ア	イ	ウ	エ
	問十一		ア	イ	ウ	エ
	問十二		ア	イ	ウ	エ
	問十三		ア	イ	ウ	エ
	問十四		ア	イ	ウ	エ

二	問一	(a)	ア	イ	ウ	エ
		(b)	ア	イ	ウ	エ
		(c)	ア	イ	ウ	エ
	問二		ア	イ	ウ	エ
	問三		ア	イ	ウ	エ
	問四		ア	イ	ウ	エ
	問五		ア	イ	ウ	エ
	問六		ア	イ	ウ	エ
	問七		ア	イ	ウ	エ
	問八		ア	イ	ウ	エ
	問九		ア	イ	ウ	エ
	問十		ア	イ	ウ	エ
	問十一		ア	イ	ウ	エ
	問十二		ア	イ	ウ	エ

三	問一		ア	イ	ウ	エ
	問二		ア	イ	ウ	エ
	問三		ア	イ	ウ	エ
	問四		ア	イ	ウ	エ
	問五		ア	イ	ウ	エ
	問六		ア	イ	ウ	エ
	問七	⑦	ア	イ	ウ	エ
		⑨	ア	イ	ウ	エ
	問八		ア	イ	ウ	エ
	問九		ア	イ	ウ	エ
	問十		ア	イ	ウ	エ
	問十一		ア	イ	ウ	エ
	問十二		ア	イ	ウ	エ
	問十三		ア	イ	ウ	エ

（注）この解答用紙は実物を縮小してあります。Ｂ４用紙に130%拡大コピーすると、ほぼ実物大で使用できます。（タイトルと配点表は含みません）

推定配点		計
	一　問一～問九　各２点×14　問十　３点　問十一，問十二　各２点×２ 問十三，問十四　各３点×２ 二　問一～問八　各２点×10　問九，問十　各３点×２ 問十一，問十二　各２点×２ 三　問一～問五　各２点×５　問六　３点　問七～問十三　各２点×８	100点

２０２３年度　日本大学櫻丘高等学校　Ｂ日程

英語解答用紙

評点
/100

受験番号				
万	千	百	十	一
	0	0	0	0
1	1	1	1	1
2	2	2	2	2
3	3	3	3	3
	4	4	4	4
	5	5	5	5
	6	6	6	6
	7	7	7	7
	8	8	8	8
	9	9	9	9

この欄にはなにも記入してはいけない　0

欠席者コード

この解答用紙は汚したり折りまげたりしてはいけない

ふりがな	
氏　名	

マーク記入例

（良い例）　（悪い例）

I	問題1	(1)	1 2 3 4		
		(2)	1 2 3 4		
		(3)	1 2 3 4		
		(4)	1 2 3 4		
		(5)	1 2 3 4		
	問題2	(1)	1 2 3 4		
		(2)	1 2 3 4		
	問題3	(1)	1 2 3 4		
		(2)	1 2 3 4		
		(3)	1 2 3 4		

II	(1)	1 2 3 4
	(2)	1 2 3 4
	(3)	1 2 3 4
	(4)	1 2 3 4
	(5)	1 2 3 4

III	(1)	1 2 3 4 5 6 7 8
	(2)	1 2 3 4 5 6 7 8
	(3)	1 2 3 4 5 6 7 8
	(4)	1 2 3 4 5 6 7 8
	(5)	1 2 3 4 5 6 7 8

IV	(1)	1 2 3 4
	(2)	1 2 3 4

V	1	1番目	1 2 3 4
		2番目	1 2 3 4
		3番目	1 2 3 4
		4番目	1 2 3 4
	2	1番目	1 2 3 4
		2番目	1 2 3 4
		3番目	1 2 3 4
		4番目	1 2 3 4
	3	1番目	1 2 3 4
		2番目	1 2 3 4
		3番目	1 2 3 4
		4番目	1 2 3 4
	4	1番目	1 2 3 4
		2番目	1 2 3 4
		3番目	1 2 3 4
		4番目	1 2 3 4
	5	1番目	1 2 3 4
		2番目	1 2 3 4
		3番目	1 2 3 4
		4番目	1 2 3 4

VI	A	(1)	1 2 3 4 5 6 7 8
		(2)	1 2 3 4 5 6 7 8
		(3)	1 2 3 4 5 6 7 8
		(4)	1 2 3 4 5 6 7 8
	B	(5)	1 2 3 4 5 6 7 8
		(6)	1 2 3 4 5 6 7 8
		(7)	1 2 3 4 5 6 7 8
		(8)	1 2 3 4 5 6 7 8

VII	問1	1 2 3 4	問6	1 2 3 4
	問2	1 2 3 4	問7	1 2 3 4
	問3	1 2 3 4	問8	1 2 3 4
	問4	1 2 3 4	問9	1 2 3 4
	問5	1 2 3 4	問10	1 2 3 4

（注）この解答用紙は実物を縮小してあります。Ａ３用紙に152％拡大コピーすると、ほぼ実物大で使用できます。（タイトルと配点表は含みません）

推定配点	
I～VI　各２点×35 VII　各３点×10	
100点	計

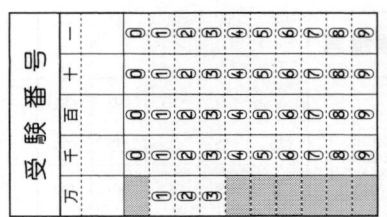

2023年度　日本大学櫻丘高等学校　B日程

数学解答用紙

評点	／100

受験番号	万	千	百	十	一
		0	0	0	0
	1	1	1	1	1
	2	2	2	2	2
	3	3	3	3	3
		4	4	4	4
		5	5	5	5
		6	6	6	6
		7	7	7	7
		8	8	8	8
		9	9	9	9

この欄にはなにも記入してはいけない

欠席者コード

マーク記入例　（良い例）　（悪い例）

ふりがな	
氏　名	

1	(1)	ア	0 1 2 3 4 5 6 7 8 9
	(2)	イ	0 1 2 3 4 5 6 7 8 9
	(3)	ウ	0 1 2 3 4 5 6 7 8 9
	(4)	エ	0 1 2 3 4 5 6 7 8 9
		オ	0 1 2 3 4 5 6 7 8 9

2	(1)	ア	0 1 2 3 4 5 6 7 8 9
		イ	0 1 2 3 4 5 6 7 8 9
		ウ	0 1 2 3 4 5 6 7 8 9
		エ	0 1 2 3 4 5 6 7 8 9
		オ	0 1 2 3 4 5 6 7 8 9
		カ	0 1 2 3 4 5 6 7 8 9
		キ	0 1 2 3 4 5 6 7 8 9
		ク	0 1 2 3 4 5 6 7 8 9
		ケ	0 1 2 3 4 5 6 7 8 9
	(2)	コ	0 1 2 3 4 5 6 7 8 9
		サ	0 1 2 3 4 5 6 7 8 9
		シ	0 1 2 3 4 5 6 7 8 9
		ス	0 1 2 3 4 5 6 7 8 9
		セ	0 1 2 3 4 5 6 7 8 9
		ソ	0 1 2 3 4 5 6 7 8 9
	(3)	タ	0 1 2 3 4 5 6 7 8 9
		チ	0 1 2 3 4 5 6 7 8 9
		ツ	0 1 2 3 4 5 6 7 8 9
		テ	0 1 2 3 4 5 6 7 8 9
	(4)	ト	1 2 3 4

3	(1)	ア	0 1 2 3 4 5 6 7 8 9
		イ	0 1 2 3 4 5 6 7 8 9
		ウ	0 1 2 3 4 5 6 7 8 9
		エ	0 1 2 3 4 5 6 7 8 9
		オ	0 1 2 3 4 5 6 7 8 9
		カ	0 1 2 3 4 5 6 7 8 9
		キ	0 1 2 3 4 5 6 7 8 9
		ク	0 1 2 3 4 5 6 7 8 9
	(2)	ケ	0 1 2 3 4 5 6 7 8 9
		コ	0 1 2 3 4 5 6 7 8 9
		サ	0 1 2 3 4 5 6 7 8 9
		シ	0 1 2 3 4 5 6 7 8 9
		ス	0 1 2 3 4 5 6 7 8 9

4	(1)	ア	0 1 2 3 4 5 6 7 8 9
		イ	0 1 2 3 4 5 6 7 8 9
	(2)	ウ	0 1 2 3 4 5 6 7 8 9
		エ	0 1 2 3 4 5 6 7 8 9
		オ	0 1 2 3 4 5 6 7 8 9
		カ	0 1 2 3 4 5 6 7 8 9
		キ	0 1 2 3 4 5 6 7 8 9
		ク	0 1 2 3 4 5 6 7 8 9
	(3)	ケ	0 1 2 3 4 5 6 7 8 9
		コ	0 1 2 3 4 5 6 7 8 9
		サ	0 1 2 3 4 5 6 7 8 9
		シ	0 1 2 3 4 5 6 7 8 9
		ス	0 1 2 3 4 5 6 7 8 9

5	(1)	ア	0 1 2 3 4 5 6 7 8 9
		イ	0 1 2 3 4 5 6 7 8 9
		ウ	0 1 2 3 4 5 6 7 8 9
		エ	0 1 2 3 4 5 6 7 8 9
		オ	0 1 2 3 4 5 6 7 8 9
	(2)	カ	0 1 2 3 4 5 6 7 8 9
		キ	0 1 2 3 4 5 6 7 8 9
		ク	0 1 2 3 4 5 6 7 8 9
		ケ	0 1 2 3 4 5 6 7 8 9
		コ	0 1 2 3 4 5 6 7 8 9

（注）この解答用紙は実物を縮小してあります。Ｂ４用紙に143％拡大コピーすると、ほぼ実物大で使用できます。（タイトルと配点表は含みません）

推定配点		計
	1　各３点×４　2　(1),(2)　各４点×４　(3),(4)　各３点×３ 3　各３点×５〔(1)(i)は完答〕　4, 5　各４点×12	100点

国語解答用紙

評点 ／100

受験番号

	万	千	百	十	一

この欄にはなにも記入してはいけない �ー⌐

欠席者コード

マーク記入例　（良い例）　（悪い例）

ふりがな

氏　名

一

問一	(i)
	(ii)
	(iii)
問二	①
	⑤
	⑧
問三	
問四	
問五	A
	B
	C
問六	
問七	
問八	
問九	
問十	
問十一	
問十二	
問十三	
問十四	
問十五	

二

問一	
問二	
問三	
問四	
問五	A
	B
問六	
問七	
問八	
問九	(a)
	(b)
	(c)
問十	
問十一	
問十二	
問十三	
問十四	
問十五	

三

問一	
問二	
問三	
問四	
問五	
問六	
問七	
問八	i
	ii
問九	
問十	
問十一	

(注) この解答用紙は実物を縮小してあります。Ｂ４用紙に130%拡大コピーすると、ほぼ実物大で使用できます。（タイトルと配点表は含みません）

推定配点	一　各２点×21 二　問一～問十　各２点×13　問十一　１点　問十二～問十五　各２点×4 三　問一～問八　各２点×９　問九　１点　問十，問十一　各２点×２	計 100点

2022年度　日本大学櫻丘高等学校　A日程

英語解答用紙

評点　／100

受験番号				
万	千	百	十	一
	0	0	0	0
1	1	1	1	1
2	2	2	2	2
3	3	3	3	3
	4	4	4	4
	5	5	5	5
	6	6	6	6
	7	7	7	7
	8	8	8	8
	9	9	9	9

この欄にはなにも記入してはいけない　0
欠席者コード

この解答用紙は汚したり折りまげたりしてはいけない

マーク記入例
（良い例）　（悪い例）

ふりがな	
氏　名	

I				
問題1	(1)	① ② ③ ④		
	(2)	① ② ③ ④		
	(3)	① ② ③ ④		
	(4)	① ② ③ ④		
	(5)	① ② ③ ④		
問題2	(1)	① ② ③ ④		
	(2)	① ② ③ ④		
問題3	(1)	① ② ③ ④		
	(2)	① ② ③ ④		
	(3)	① ② ③ ④		

II	
(1)	① ② ③ ④
(2)	① ② ③ ④
(3)	① ② ③ ④
(4)	① ② ③ ④
(5)	① ② ③ ④

III	
(1)	① ② ③ ④ ⑤ ⑥ ⑦ ⑧
(2)	① ② ③ ④ ⑤ ⑥ ⑦ ⑧
(3)	① ② ③ ④ ⑤ ⑥ ⑦ ⑧
(4)	① ② ③ ④ ⑤ ⑥ ⑦ ⑧
(5)	① ② ③ ④ ⑤ ⑥ ⑦ ⑧

IV	
(1)	① ② ③ ④
(2)	① ② ③ ④

V		
1	1番目	① ② ③ ④
	2番目	① ② ③ ④
	3番目	① ② ③ ④
	4番目	① ② ③ ④
2	1番目	① ② ③ ④
	2番目	① ② ③ ④
	3番目	① ② ③ ④
	4番目	① ② ③ ④
3	1番目	① ② ③ ④
	2番目	① ② ③ ④
	3番目	① ② ③ ④
	4番目	① ② ③ ④
4	1番目	① ② ③ ④
	2番目	① ② ③ ④
	3番目	① ② ③ ④
	4番目	① ② ③ ④
5	1番目	① ② ③ ④
	2番目	① ② ③ ④
	3番目	① ② ③ ④
	4番目	① ② ③ ④

VI		
A	(1)	① ② ③ ④ ⑤ ⑥ ⑦ ⑧
	(2)	① ② ③ ④ ⑤ ⑥ ⑦ ⑧
	(3)	① ② ③ ④ ⑤ ⑥ ⑦ ⑧
	(4)	① ② ③ ④ ⑤ ⑥ ⑦ ⑧
B	(5)	① ② ③ ④ ⑤ ⑥ ⑦ ⑧
	(6)	① ② ③ ④ ⑤ ⑥ ⑦ ⑧
	(7)	① ② ③ ④ ⑤ ⑥ ⑦ ⑧
	(8)	① ② ③ ④ ⑤ ⑥ ⑦ ⑧

VII			
問1	① ② ③ ④	問6	① ② ③ ④
問2	① ② ③ ④	問7	① ② ③ ④
問3	① ② ③ ④	問8	① ② ③ ④
問4	① ② ③ ④	問9	① ② ③ ④
問5	① ② ③ ④	問10	① ② ③ ④

（注）この解答用紙は実物を縮小してあります。A３用紙に152%拡大コピーすると、ほぼ実物大で使用できます。（タイトルと配点表は含みません）

推定配点	
I～VI　各2点×35　VII　各3点×10	
100点	計

２０２２年度　日本大学櫻丘高等学校　Ａ日程

数学解答用紙

評点	／100

受験番号	万	千	百	十	一
		0	0	0	0
	1	1	1	1	1
	2	2	2	2	2
	3	3	3	3	3
		4	4	4	4
		5	5	5	5
		6	6	6	6
		7	7	7	7
		8	8	8	8
		9	9	9	9

この欄にはなにも記入してはいけない　欠席者コード

マーク記入例　（良い例）　（悪い例）

ふりがな	
氏　名	

1	(1)	ア	0 1 2 3 4 5 6 7 8 9
	(2)	イ	0 1 2 3 4 5 6 7 8 9
		ウ	0 1 2 3 4 5 6 7 8 9
	(3)	エ	0 1 2 3 4 5 6 7 8 9
		オ	0 1 2 3 4 5 6 7 8 9
	(4)	カ	0 1 2 3 4 5 6 7 8 9

2	(1)	ア	0 1 2 3 4 5 6 7 8 9
		イ	0 1 2 3 4 5 6 7 8 9
		ウ	0 1 2 3 4 5 6 7 8 9
		エ	0 1 2 3 4 5 6 7 8 9
		オ	0 1 2 3 4 5 6 7 8 9
		カ	0 1 2 3 4 5 6 7 8 9
	(2)	キ	0 1 2 3 4 5 6 7 8 9
		ク	0 1 2 3 4 5 6 7 8 9
		ケ	0 1 2 3 4 5 6 7 8 9
		コ	0 1 2 3 4 5 6 7 8 9
		サ	1 2 3 4 5
	(3)	シ	0 1 2 3 4 5 6 7 8 9
		ス	0 1 2 3 4 5 6 7 8 9
		セ	0 1 2 3 4 5 6 7 8 9
		ソ	0 1 2 3 4 5 6 7 8 9

3	(1)	ア	0 1 2 3 4 5 6 7 8 9
		イ	0 1 2 3 4 5 6 7 8 9
		ウ	0 1 2 3 4 5 6 7 8 9
		エ	0 1 2 3 4 5 6 7 8 9
		オ	0 1 2 3 4 5 6 7 8 9
		カ	0 1 2 3 4 5 6 7 8 9
	(2)	キ	0 1 2 3 4 5 6 7 8 9
		ク	0 1 2 3 4 5 6 7 8 9

4	(1)	ア	0 1 2 3 4 5 6 7 8 9
		イ	0 1 2 3 4 5 6 7 8 9
		ウ	0 1 2 3 4 5 6 7 8 9
		エ	0 1 2 3 4 5 6 7 8 9
		オ	0 1 2 3 4 5 6 7 8 9
		カ	0 1 2 3 4 5 6 7 8 9
	(2)	キ	0 1 2 3 4 5 6 7 8 9
		ク	0 1 2 3 4 5 6 7 8 9
	(3)	ケ	0 1 2 3 4 5 6 7 8 9
		コ	0 1 2 3 4 5 6 7 8 9
		サ	0 1 2 3 4 5 6 7 8 9
		シ	0 1 2 3 4 5 6 7 8 9
		ス	0 1 2 3 4 5 6 7 8 9

5	(1)	ア	0 1 2 3 4 5 6 7 8 9
		イ	0 1 2 3 4 5 6 7 8 9
		ウ	0 1 2 3 4 5 6 7 8 9
		エ	0 1 2 3 4 5 6 7 8 9
	(2)	オ	0 1 2 3 4 5 6 7 8 9
		カ	0 1 2 3 4 5 6 7 8 9
		キ	0 1 2 3 4 5 6 7 8 9
		ク	0 1 2 3 4 5 6 7 8 9
		ケ	0 1 2 3 4 5 6 7 8 9
		コ	0 1 2 3 4 5 6 7 8 9
	(3)	サ	0 1 2 3 4 5 6 7 8 9
		シ	0 1 2 3 4 5 6 7 8 9
		ス	0 1 2 3 4 5 6 7 8 9
		セ	0 1 2 3 4 5 6 7 8 9
		ソ	0 1 2 3 4 5 6 7 8 9
		タ	0 1 2 3 4 5 6 7 8 9
		チ	0 1 2 3 4 5 6 7 8 9

（注）この解答用紙は実物を縮小してあります。Ｂ４用紙に139％拡大コピーすると、ほぼ実物大で使用できます。（タイトルと配点表は含みません）

推定配点		計
	1　各３点×４　2　各４点×７　3　各３点×４　4，5　各４点×12	100点

二〇二二年度　　日本大学櫻丘高等学校　Ａ日程

国語解答用紙

評点	／100

受験番号	万	千	百	十	一
		0	0	0	0
	1	1	1	1	1
	2	2	2	2	2
	3	3	3	3	3
		4	4	4	4
		5	5	5	5
		6	6	6	6
		7	7	7	7
		8	8	8	8
		9	9	9	9

この欄にはなにも記入してはいけない

欠席者コード

マーク記入例　（良い例）　（悪い例）

ふりがな	
氏　名	

一

問					
問一	(i)	ア	イ	ウ	エ
	(v)	ア	イ	ウ	エ
	(vi)	ア	イ	ウ	エ
問二		ア	イ	ウ	エ
問三		ア	イ	ウ	エ
問四		ア	イ	ウ	エ
問五		ア	イ	ウ	エ
問六		ア	イ	ウ	エ
問七		ア	イ	ウ	エ
問八		ア	イ	ウ	エ
問九	⑥	ア	イ	ウ	エ
	⑧	ア	イ	ウ	エ
	⑪	ア	イ	ウ	エ
問十		ア	イ	ウ	エ
問十一	A	ア	イ	ウ	エ
	B	ア	イ	ウ	エ
問十二		ア	イ	ウ	エ
問十三		ア	イ	ウ	エ
問十四		ア	イ	ウ	エ
問十五		ア	イ	ウ	エ

二

問					
問一		ア	イ	ウ	エ
問二		ア	イ	ウ	エ
問三		ア	イ	ウ	エ
問四		ア	イ	ウ	エ
問五		ア	イ	ウ	エ
問六		ア	イ	ウ	エ
問七	A	ア	イ	ウ	エ
	B	ア	イ	ウ	エ
問八		ア	イ	ウ	エ
問九		ア	イ	ウ	エ
問十		ア	イ	ウ	エ
問十一		ア	イ	ウ	エ
問十二		ア	イ	ウ	エ
問十三		ア	イ	ウ	エ
問十四		ア	イ	ウ	エ
問十五		ア	イ	ウ	エ
問十六		ア	イ	ウ	エ

三

問					
問一	①	ア	イ	ウ	エ
	④	ア	イ	ウ	エ
問二		ア	イ	ウ	エ
問三		ア	イ	ウ	エ
問四		ア	イ	ウ	エ
問五		ア	イ	ウ	エ
問六		ア	イ	ウ	エ
問七		ア	イ	ウ	エ
問八		ア	イ	ウ	エ
問九		ア	イ	ウ	エ
問十		ア	イ	ウ	エ
問十一		ア	イ	ウ	エ
問十二		ア	イ	ウ	エ

（注）この解答用紙は実物を縮小してあります。Ｂ４用紙に130％拡大コピーすると、ほぼ実物大で使用できます。（タイトルと配点表は含みません）

推定配点		計
	一～三　各２点×50	100点

２０２２年度　日本大学櫻丘高等学校　B日程

英語解答用紙

評点
/100

この解答用紙は汚したり折りまげたりしてはいけない

受験番号				
万	千	百	十	一
	0	0	0	0
1	1	1	1	1
2	2	2	2	2
3	3	3	3	3
	4	4	4	4
	5	5	5	5
	6	6	6	6
	7	7	7	7
	8	8	8	8
	9	9	9	9

この欄にはなにも記入してはいけない　0

欠席者コード

マーク記入例

（良い例）　（悪い例）

ふりがな	
氏　名	

I				
問題1	(1)	1 2 3 4	問題2 (1)	1 2 3 4
	(2)	1 2 3 4	問題2 (2)	1 2 3 4
	(3)	1 2 3 4	問題3 (1)	1 2 3 4
	(4)	1 2 3 4	問題3 (2)	1 2 3 4
	(5)	1 2 3 4	問題3 (3)	1 2 3 4

II	
(1)	1 2 3 4
(2)	1 2 3 4
(3)	1 2 3 4
(4)	1 2 3 4
(5)	1 2 3 4

III	
(1)	1 2 3 4 5 6 7 8
(2)	1 2 3 4 5 6 7 8
(3)	1 2 3 4 5 6 7 8
(4)	1 2 3 4 5 6 7 8
(5)	1 2 3 4 5 6 7 8

IV	
(1)	1 2 3 4
(2)	1 2 3 4

V					
1	1番目	1 2 3 4	4	1番目	1 2 3 4
	2番目	1 2 3 4		2番目	1 2 3 4
	3番目	1 2 3 4		3番目	1 2 3 4
	4番目	1 2 3 4		4番目	1 2 3 4
2	1番目	1 2 3 4	5	1番目	1 2 3 4
	2番目	1 2 3 4		2番目	1 2 3 4
	3番目	1 2 3 4		3番目	1 2 3 4
	4番目	1 2 3 4		4番目	1 2 3 4
3	1番目	1 2 3 4			
	2番目	1 2 3 4			
	3番目	1 2 3 4			
	4番目	1 2 3 4			

VI		
A	(1)	1 2 3 4 5 6 7 8
	(2)	1 2 3 4 5 6 7 8
	(3)	1 2 3 4 5 6 7 8
	(4)	1 2 3 4 5 6 7 8
	(5)	1 2 3 4 5 6 7 8
B	(6)	1 2 3 4 5 6 7 8
	(7)	1 2 3 4 5 6 7 8
	(8)	1 2 3 4 5 6 7 8

VII			
問1	1 2 3 4	問6	1 2 3 4
問2	1 2 3 4	問7	1 2 3 4
問3	1 2 3 4	問8	1 2 3 4
問4	1 2 3 4	問9	1 2 3 4
問5	1 2 3 4	問10	1 2 3 4

（注）この解答用紙は実物を縮小してあります。Ａ３用紙に152%拡大コピーすると、ほぼ実物大で使用できます。（タイトルと配点表は含みません）

推定配点	
I～VI　各2点×35　VII　各3点×10	
100点	計

２０２２年度　　日本大学櫻丘高等学校　Ｂ日程

数学解答用紙

評点	／100

受験番号	万	千	百	十	一
		0	0	0	0
	1	1	1	1	1
	2	2	2	2	2
	3	3	3	3	3
		4	4	4	4
		5	5	5	5
		6	6	6	6
		7	7	7	7
		8	8	8	8
		9	9	9	9

この欄にはなにも記入してはいけない
欠席者コード

マーク記入例　（良い例）　（悪い例）

ふりがな	
氏　名	

大問	小問	解答欄	マーク
1	(1)	ア	0 1 2 3 4 5 6 7 8 9
		イ	0 1 2 3 4 5 6 7 8 9
	(2)	ウ	0 1 2 3 4 5 6 7 8 9
		エ	0 1 2 3 4 5 6 7 8 9
	(3)	オ	0 1 2 3 4 5 6 7 8 9
		カ	0 1 2 3 4 5 6 7 8 9
	(4)	キ	0 1 2 3 4 5 6 7 8 9
		ク	0 1 2 3 4 5 6 7 8 9

大問	小問	解答欄	マーク
2	(1)	ア	0 1 2 3 4 5 6 7 8 9
		イ	0 1 2 3 4 5 6 7 8 9
		ウ	0 1 2 3 4 5 6 7 8 9
		エ	0 1 2 3 4 5 6 7 8 9
		オ	0 1 2 3 4 5 6 7 8 9
	(2)	カ	0 1 2 3 4 5 6 7 8 9
		キ	0 1 2 3 4 5 6 7 8 9
		ク	0 1 2 3 4 5 6 7 8 9
		ケ	1 2 3
		コ	1 2 3
	(3)	サ	0 1 2 3 4 5 6 7 8 9
		シ	0 1 2 3 4 5 6 7 8 9

大問	小問	解答欄	マーク
3	(1)	ア	0 1 2 3 4 5 6 7 8 9
		イ	0 1 2 3 4 5 6 7 8 9
		ウ	0 1 2 3 4 5 6 7 8 9
		エ	0 1 2 3 4 5 6 7 8 9
		オ	0 1 2 3 4 5 6 7 8 9
		カ	0 1 2 3 4 5 6 7 8 9
		キ	0 1 2 3 4 5 6 7 8 9
	(2)	ク	0 1 2 3 4 5 6 7 8 9
		ケ	0 1 2 3 4 5 6 7 8 9
		コ	0 1 2 3 4 5 6 7 8 9
		サ	0 1 2 3 4 5 6 7 8 9
		シ	0 1 2 3 4 5 6 7 8 9
		ス	0 1 2 3 4 5 6 7 8 9

大問	小問	解答欄	マーク
4	(1)	ア	0 1 2 3 4 5 6 7 8 9
		イ	0 1 2 3 4 5 6 7 8 9
		ウ	0 1 2 3 4 5 6 7 8 9
		エ	0 1 2 3 4 5 6 7 8 9
		オ	0 1 2 3 4 5 6 7 8 9
		カ	0 1 2 3 4 5 6 7 8 9
		キ	0 1 2 3 4 5 6 7 8 9
	(2)	ク	0 1 2 3 4 5 6 7 8 9
		ケ	0 1 2 3 4 5 6 7 8 9
	(3)	コ	0 1 2 3 4 5 6 7 8 9
		サ	0 1 2 3 4 5 6 7 8 9

大問	小問	解答欄	マーク
5	(1)	ア	0 1 2 3 4 5 6 7 8 9
		イ	0 1 2 3 4 5 6 7 8 9
	(2)	ウ	0 1 2 3 4 5 6 7 8 9
		エ	0 1 2 3 4 5 6 7 8 9
		オ	0 1 2 3 4 5 6 7 8 9
	(3)	カ	0 1 2 3 4 5 6 7 8 9
		キ	0 1 2 3 4 5 6 7 8 9
	(4)	ク	0 1 2 3 4 5 6 7 8 9
		ケ	0 1 2 3 4 5 6 7 8 9
		コ	0 1 2 3 4 5 6 7 8 9
		サ	0 1 2 3 4 5 6 7 8 9

（注）この解答用紙は実物を縮小してあります。Ｂ４用紙に139％拡大コピーすると、ほぼ実物大で使用できます。（タイトルと配点表は含みません）

推定配点		計
	1～5　各４点×25〔1(3)オ・カ，2(2)ケ・コ，5(2)はそれぞれ完答〕	100点

二〇二二年度　日本大学櫻丘高等学校　B日程

国語解答用紙

評点	／100

受験番号	万	千	百	十	一
		0	0	0	0
	1	1	1	1	1
	2	2	2	2	2
	3	3	3	3	3
		4	4	4	4
		5	5	5	5
		6	6	6	6
		7	7	7	7
		8	8	8	8
		9	9	9	9

この欄にはなにも記入してはいけない

欠席者コード

マーク記入例　（良い例）　（悪い例）

ふりがな	
氏　名	

[一]

問一	(c)	ア	イ	ウ	エ
問一	(i)	ア	イ	ウ	エ
問二		ア	イ	ウ	エ
問三		ア	イ	ウ	エ
問四		ア	イ	ウ	エ
問五		ア	イ	ウ	エ
問六		ア	イ	ウ	エ
問七		ア	イ	ウ	エ
問八		ア	イ	ウ	エ
問九		ア	イ	ウ	エ
問十		ア	イ	ウ	エ
問十一	⑥	ア	イ	ウ	エ
問十一	⑧	ア	イ	ウ	エ
問十二	X	ア	イ	ウ	エ
問十二	Y	ア	イ	ウ	エ
問十三		ア	イ	ウ	エ
問十四		ア	イ	ウ	エ
問十五		ア	イ	ウ	エ

[二]

問一		ア	イ	ウ	エ
問二	②	ア	イ	ウ	エ
問二	⑨	ア	イ	ウ	エ
問二	⑩	ア	イ	ウ	エ
問三		ア	イ	ウ	エ
問四		ア	イ	ウ	エ
問五		ア	イ	ウ	エ
問六		ア	イ	ウ	エ
問七		ア	イ	ウ	エ
問八		ア	イ	ウ	エ
問九	A	ア	イ	ウ	エ
問九	B	ア	イ	ウ	エ
問九	C	ア	イ	ウ	エ
問十		ア	イ	ウ	エ
問十一		ア	イ	ウ	エ
問十二		ア	イ	ウ	エ
問十三		ア	イ	ウ	エ
問十四		ア	イ	ウ	エ

[三]

問一		ア	イ	ウ	エ
問二		ア	イ	ウ	エ
問三		ア	イ	ウ	エ
問四		ア	イ	ウ	エ
問五		ア	イ	ウ	エ
問六	⑤	ア	イ	ウ	エ
問六	⑥	ア	イ	ウ	エ
問七	⑦	ア	イ	ウ	エ
問七	⑩	ア	イ	ウ	エ
問八		ア	イ	ウ	エ
問九		ア	イ	ウ	エ
問十		ア	イ	ウ	エ
問十一		ア	イ	ウ	エ

（注）この解答用紙は実物を縮小してあります。B４用紙に130%拡大コピーすると、ほぼ実物大で使用できます。（タイトルと配点表は含みません）

推定配点		計
	[一]　問一～問十四　各２点×17　問十五　３点 [二]　各２点×18 [三]　問一～問九　各２点×11　問十　３点　問十一　２点	100点

2021年度　日本大学櫻丘高等学校　A日程

英語解答用紙

評点	/100

この解答用紙は汚したり折りまげたりしてはいけない

受験番号				
万	千	百	十	一
	0	0	0	0
1	1	1	1	1
2	2	2	2	2
3	3	3	3	3
	4	4	4	4
	5	5	5	5
	6	6	6	6
	7	7	7	7
	8	8	8	8
	9	9	9	9

この欄にはなにも記入してはいけない

欠席者コード

ふりがな	
氏　名	

マーク記入例

（良い例）　（悪い例）

I					
問題1	(1)	1 2 3 4	問題2	(1)	1 2 3 4
	(2)	1 2 3 4		(2)	1 2 3 4
	(3)	1 2 3 4	問題3	(1)	1 2 3 4
	(4)	1 2 3 4		(2)	1 2 3 4
	(5)	1 2 3 4		(3)	1 2 3 4

II	
(1)	1 2 3 4
(2)	1 2 3 4
(3)	1 2 3 4
(4)	1 2 3 4
(5)	1 2 3 4

III	
(1)	1 2 3 4 5 6 7 8
(2)	1 2 3 4 5 6 7 8
(3)	1 2 3 4 5 6 7 8
(4)	1 2 3 4 5 6 7 8
(5)	1 2 3 4 5 6 7 8

IV	
(1)	1 2 3 4
(2)	1 2 3 4

V					
1	1番目	1 2 3 4	4	1番目	1 2 3 4
	2番目	1 2 3 4		2番目	1 2 3 4
	3番目	1 2 3 4		3番目	1 2 3 4
	4番目	1 2 3 4		4番目	1 2 3 4
2	1番目	1 2 3 4	5	1番目	1 2 3 4
	2番目	1 2 3 4		2番目	1 2 3 4
	3番目	1 2 3 4		3番目	1 2 3 4
	4番目	1 2 3 4		4番目	1 2 3 4
3	1番目	1 2 3 4			
	2番目	1 2 3 4			
	3番目	1 2 3 4			
	4番目	1 2 3 4			

VI		
A	(1)	1 2 3 4 5 6 7 8
	(2)	1 2 3 4 5 6 7 8
	(3)	1 2 3 4 5 6 7 8
	(4)	1 2 3 4 5 6 7 8
B	(5)	1 2 3 4 5 6 7 8
	(6)	1 2 3 4 5 6 7 8
	(7)	1 2 3 4 5 6 7 8
	(8)	1 2 3 4 5 6 7 8

VII			
問1	1 2 3 4	問6	1 2 3 4
問2	1 2 3 4	問7	1 2 3 4
問3	1 2 3 4	問8	1 2 3 4
問4	1 2 3 4	問9	1 2 3 4
問5	1 2 3 4	問10	1 2 3 4

（注）この解答用紙は実物を縮小してあります。A３用紙に152%拡大コピーすると、ほぼ実物大で使用できます。（タイトルと配点表は含みません）

推定配点	
I～VI　各2点×35　VII　各3点×10	
100点	計

２０２１年度　日本大学櫻丘高等学校　Ａ日程

数学解答用紙

評点	／100

受験番号

万	千	百	十	一
	0	0	0	0
1	1	1	1	1
2	2	2	2	2
3	3	3	3	3
	4	4	4	4
	5	5	5	5
	6	6	6	6
	7	7	7	7
	8	8	8	8
	9	9	9	9

この欄にはなにも記入してはいけない　⬭
欠席者コード

マーク記入例　（良い例）⬬　（悪い例）⦶ ⊘ ☑

ふりがな	
氏　名	

1	(1)	ア	0 1 2 3 4 5 6 7 8 9
	(2)	イ	0 1 2 3 4 5 6 7 8 9
	(3)	ウ	0 1 2 3 4 5 6 7 8 9
		エ	0 1 2 3 4 5 6 7 8 9
	(4)	オ	0 1 2 3 4 5 6 7 8 9
		カ	0 1 2 3 4 5 6 7 8 9

2	(1)	ア	0 1 2 3 4 5 6 7 8 9
		イ	0 1 2 3 4 5 6 7 8 9
		ウ	0 1 2 3 4 5 6 7 8 9
	(2)	エ	0 1 2 3 4 5 6 7 8 9
		オ	0 1 2 3 4 5 6 7 8 9
		カ	0 1 2 3 4 5 6 7 8 9
		キ	0 1 2 3 4 5 6 7 8 9
		ク	0 1 2 3 4 5 6 7 8 9
	(3)	ケ	0 1 2 3 4 5 6 7 8 9
		コ	0 1 2 3 4 5 6 7 8 9
		サ	0 1 2 3 4 5 6 7 8 9
		シ	0 1 2 3 4 5 6 7 8 9

3	(1)	ア	0 1 2 3 4 5 6 7 8 9
	(2)	イ	0 1 2 3 4 5 6 7 8 9
	(3)	ウ	0 1 2 3 4 5 6 7 8 9
	(4)	エ	0 1 2 3 4 5 6 7 8 9
		オ	0 1 2 3 4 5 6
	(5)	カ	0 1 2 3 4 5 6

4	(1)	ア	0 1 2 3 4 5 6 7 8 9
		イ	0 1 2 3 4 5 6 7 8 9
		ウ	0 1 2 3 4 5 6 7 8 9
		エ	0 1 2 3 4 5 6 7 8 9
	(2)	オ	0 1 2 3 4 5 6 7 8 9
		カ	0 1 2 3 4 5 6 7 8 9
		キ	0 1 2 3 4 5 6 7 8 9
		ク	0 1 2 3 4 5 6 7 8 9
	(3)	ケ	0 1 2 3 4 5 6 7 8 9
		コ	0 1 2 3 4 5 6 7 8 9
		サ	0 1 2 3 4 5 6 7 8 9
		シ	0 1 2 3 4 5 6 7 8 9

5	(1)	ア	0 1 2 3 4 5 6 7 8 9
	(2)	イ	0 1 2 3 4 5 6 7 8 9
		ウ	0 1 2 3 4
	(3)	エ	0 1 2 3 4
		オ	0 1 2 3 4
	(4)	カ	0 1 2 3 4 5 6 7 8 9
		キ	0 1 2 3 4 5 6 7 8 9
		ク	0 1 2 3 4 5 6 7 8 9
		ケ	0 1 2 3 4 5 6 7 8 9

（注）この解答用紙は実物を縮小してあります。Ｂ４用紙に128％拡大コピーすると、ほぼ実物大で使用できます。（タイトルと配点表は含みません）

推定配点		計
	1 各３点×４　2 各４点×５ 3, 4 各３点×12　5 各４点×８	100点

二〇二一年度　日本大学櫻丘高等学校　A日程

国語解答用紙

評点	／100

受験番号	万	千	百	十	一
		0	0	0	0
	1	1	1	1	1
	2	2	2	2	2
	3	3	3	3	3
		4	4	4	4
		5	5	5	5
		6	6	6	6
		7	7	7	7
		8	8	8	8
		9	9	9	9

マーク記入例　（良い例）　（悪い例）

この欄にはなにも記入してはいけない

欠席者コード

ふりがな	
氏　名	

一

問					
問一	(i)	ア	イ	ウ	エ
	(ii)	ア	イ	ウ	エ
	(iii)	ア	イ	ウ	エ
問二		ア	イ	ウ	エ
問三	Ⅰ	ア	イ	ウ	エ
	Ⅱ	ア	イ	ウ	エ
	Ⅲ	ア	イ	ウ	エ
問四		ア	イ	ウ	エ
問五		ア	イ	ウ	エ
問六		ア	イ	ウ	エ
問七	④	ア	イ	ウ	エ
	⑥	ア	イ	ウ	エ
問八		ア	イ	ウ	エ
問九		ア	イ	ウ	エ
問十		ア	イ	ウ	エ
問十一		ア	イ	ウ	エ
問十二		ア	イ	ウ	エ
問十三		ア	イ	ウ	エ

二

問					
問一		ア	イ	ウ	エ
問二		ア	イ	ウ	エ
問三		ア	イ	ウ	エ
問四	④	ア	イ	ウ	エ
	⑤	ア	イ	ウ	エ
	⑨	ア	イ	ウ	エ
問五		ア	イ	ウ	エ
問六	Ⅰ	ア	イ	ウ	エ
	Ⅱ	ア	イ	ウ	エ
	Ⅲ	ア	イ	ウ	エ
問七		ア	イ	ウ	エ
問八		ア	イ	ウ	エ
問九		ア	イ	ウ	エ
問十		ア	イ	ウ	エ
問十一		ア	イ	ウ	エ
問十二		ア	イ	ウ	エ
問十三		ア	イ	ウ	エ
問十四		ア	イ	ウ	エ

三

問					
問一		ア	イ	ウ	エ
問二	①	ア	イ	ウ	エ
	③	ア	イ	ウ	エ
問三	②	ア	イ	ウ	エ
	⑥	ア	イ	ウ	エ
問四		ア	イ	ウ	エ
問五		ア	イ	ウ	エ
問六		ア	イ	ウ	エ
問七	Ⅰ	ア	イ	ウ	エ
	Ⅱ	ア	イ	ウ	エ
	Ⅲ	ア	イ	ウ	エ
問八		ア	イ	ウ	エ
問九		ア	イ	ウ	エ
問十		ア	イ	ウ	エ
問十一		ア	イ	ウ	エ

（注）この解答用紙は実物を縮小してあります。Ｂ４用紙に130％拡大コピーすると、ほぼ実物大で使用できます。（タイトルと配点表は含みません）

推定配点		計
	一　各２点×18 二　問一～問十三　各２点×17　問十四　１点 三　問一～問十　各２点×14　問十一　１点	100点

2021年度　日本大学櫻丘高等学校　B日程

英語解答用紙

評点 ／100

この解答用紙は汚したり折りまげたりしてはいけない

受験番号				
万	千	百	十	一
	0	0	0	0
1	1	1	1	1
2	2	2	2	2
3	3	3	3	3
	4	4	4	4
	5	5	5	5
	6	6	6	6
	7	7	7	7
	8	8	8	8
	9	9	9	9

この欄にはなにも記入してはいけない　0

欠席者コード

ふりがな

氏　名

マーク記入例

（良い例）　（悪い例）

I	問題1	(1)	1 2 3 4		
		(2)	1 2 3 4		
		(3)	1 2 3 4		
		(4)	1 2 3 4		
		(5)	1 2 3 4		
	問題2	(1)	1 2 3 4		
		(2)	1 2 3 4		
	問題3	(1)	1 2 3 4		
		(2)	1 2 3 4		
		(3)	1 2 3 4		

II	(1)	1 2 3 4
	(2)	1 2 3 4
	(3)	1 2 3 4
	(4)	1 2 3 4
	(5)	1 2 3 4

III	(1)	1 2 3 4 5 6 7 8
	(2)	1 2 3 4 5 6 7 8
	(3)	1 2 3 4 5 6 7 8
	(4)	1 2 3 4 5 6 7 8
	(5)	1 2 3 4 5 6 7 8

IV	(1)	1 2 3 4
	(2)	1 2 3 4

V	1	1番目	1 2 3 4
		2番目	1 2 3 4
		3番目	1 2 3 4
		4番目	1 2 3 4
	2	1番目	1 2 3 4
		2番目	1 2 3 4
		3番目	1 2 3 4
		4番目	1 2 3 4
	3	1番目	1 2 3 4
		2番目	1 2 3 4
		3番目	1 2 3 4
		4番目	1 2 3 4
	4	1番目	1 2 3 4
		2番目	1 2 3 4
		3番目	1 2 3 4
		4番目	1 2 3 4
	5	1番目	1 2 3 4
		2番目	1 2 3 4
		3番目	1 2 3 4
		4番目	1 2 3 4

VI	A	(1)	1 2 3 4 5 6 7 8
		(2)	1 2 3 4 5 6 7 8
		(3)	1 2 3 4 5 6 7 8
		(4)	1 2 3 4 5 6 7 8
	B	(5)	1 2 3 4 5 6 7 8
		(6)	1 2 3 4 5 6 7 8
		(7)	1 2 3 4 5 6 7 8
		(8)	1 2 3 4 5 6 7 8

VII	問1	1 2 3 4	問6	1 2 3 4
	問2	1 2 3 4	問7	1 2 3 4
	問3	1 2 3 4	問8	1 2 3 4
	問4	1 2 3 4	問9	1 2 3 4
	問5	1 2 3 4	問10	1 2 3 4

（注）この解答用紙は実物を縮小してあります。Ａ３用紙に152%拡大コピーすると、ほぼ実物大で使用できます。（タイトルと配点表は含みません）

推定配点	
I～VI　各2点×35　VII　各3点×10	
100点	計

2021年度　日本大学櫻丘高等学校　B日程

数学解答用紙

評点	／100

受験番号	万	千	百	十	一
		0	0	0	0
	1	1	1	1	1
	2	2	2	2	2
	3	3	3	3	3
		4	4	4	4
		5	5	5	5
		6	6	6	6
		7	7	7	7
		8	8	8	8
		9	9	9	9

この欄にはなにも記入してはいけない

欠席者コード

マーク記入例　（良い例）　（悪い例）

ふりがな	
氏　名	

1	(1)	ア	0 1 2 3 4 5 6 7 8 9
	(2)	イ	0 1 2 3 4 5 6 7 8 9
		ウ	0 1 2 3 4 5 6 7 8 9
	(3)	エ	0 1 2 3 4 5 6 7 8 9
		オ	0 1 2 3 4 5 6 7 8 9
		カ	0 1 2 3 4 5 6 7 8 9
		キ	0 1 2 3 4 5 6 7 8 9
	(4)	ク	0 1 2 3 4 5 6 7 8 9
		ケ	0 1 2 3 4 5 6 7 8 9
		コ	0 1 2 3 4 5 6 7 8 9

2	(1)	ア	0 1 2 3 4 5 6 7 8 9
		イ	0 1 2 3 4 5 6 7 8 9
		ウ	0 1 2 3 4 5 6 7 8 9
		エ	0 1 2 3 4 5 6 7 8 9
		オ	0 1 2 3 4 5 6 7 8 9
		カ	0 1 2 3 4 5 6 7 8 9
		キ	0 1 2 3 4 5 6 7 8 9
	(2)	ク	0 1 2 3 4 5 6 7 8 9
		ケ	0 1 2 3 4 5 6 7 8 9
		コ	0 1 2 3 4 5 6 7 8 9

3	(1)	ア	0 1 2 3 4 5 6 7 8 9
		イ	0 1 2 3 4 5 6 7 8 9
		ウ	0 1 2 3 4 5 6 7 8 9
		エ	0 1 2 3 4 5 6 7 8 9
		オ	0 1 2 3 4 5 6 7 8 9
		カ	0 1 2 3 4 5 6 7 8 9
		キ	0 1 2 3 4 5 6 7 8 9
		ク	0 1 2 3 4 5 6 7 8 9
	(2)	ケ	0 1 2 3 4 5 6 7 8 9
		コ	0 1 2 3 4 5 6 7 8 9
		サ	0 1 2 3 4 5 6 7 8 9
		シ	0 1 2 3 4 5 6 7 8 9
		ス	0 1 2 3 4 5 6 7 8 9
		セ	0 1 2 3 4 5 6 7 8 9
		ソ	0 1 2 3 4 5 6 7 8 9

4	(1)	ア	0 1 2 3 4 5 6 7 8 9
		イ	0 1 2 3 4 5 6 7 8 9
		ウ	0 1 2 3 4 5 6 7 8 9
		エ	0 1 2 3 4 5 6 7 8 9
	(2)	オ	0 1 2 3 4 5 6 7 8 9
		カ	0 1 2 3 4 5 6 7 8 9
		キ	0 1 2
	(3)	ク	0 1 2 3 4 5 6 7 8 9
		ケ	0 1 2 3 4 5 6 7 8 9
		コ	0 1 2 3 4 5 6 7 8 9
		サ	0 1 2 3 4 5 6 7 8 9

5	(1)	ア	0 1 2 3 4 5 6 7 8 9
		イ	0 1 2 3 4 5 6 7 8 9
	(2)	ウ	0 1 2 3 4 5 6 7 8 9
		エ	0 1 2 3 4 5 6 7 8 9
	(3)	オ	0 1 2 3 4 5 6 7 8 9
		カ	0 1 2 3 4 5 6 7 8 9

（注）この解答用紙は実物を縮小してあります。Ｂ４用紙に133％拡大コピーすると、ほぼ実物大で使用できます。（タイトルと配点表は含みません）

推定配点		計
	1～5　各４点×25〔1(3)，(4)ク・ケ，2(2)ク・ケはそれぞれ完答〕	100点

二〇二一年度　日本大学櫻丘高等学校　Ｂ日程

国語解答用紙

評点	／100

受験番号	万	千	百	十	一
		0	0	0	0
	1	1	1	1	1
	2	2	2	2	2
	3	3	3	3	3
		4	4	4	4
		5	5	5	5
		6	6	6	6
		7	7	7	7
		8	8	8	8
		9	9	9	9

この欄にはなにも記入してはいけない

欠席者コード

マーク記入例　（良い例）　（悪い例）

ふりがな	
氏　名	

一					
問一	(i)	ア	イ	ウ	エ
	(ii)	ア	イ	ウ	エ
	(iii)	ア	イ	ウ	エ
問二		ア	イ	ウ	エ
問三	②	ア	イ	ウ	エ
	⑨	ア	イ	ウ	エ
	⑪	ア	イ	ウ	エ
問四		ア	イ	ウ	エ
問五		ア	イ	ウ	エ
問六		ア	イ	ウ	エ
問七		ア	イ	ウ	エ
問八		ア	イ	ウ	エ
問九		ア	イ	ウ	エ
問十		ア	イ	ウ	エ
問十一		ア	イ	ウ	エ
問十二		ア	イ	ウ	エ
問十三		ア	イ	ウ	エ
問十四		ア	イ	ウ	エ
問十五		ア	イ	ウ	エ
問十六		ア	イ	ウ	エ

二					
問一		ア	イ	ウ	エ
問二		ア	イ	ウ	エ
問三		ア	イ	ウ	エ
問四		ア	イ	ウ	エ
問五		ア	イ	ウ	エ
問六		ア	イ	ウ	エ
問七		ア	イ	ウ	エ
問八		ア	イ	ウ	エ
問九	(a)	ア	イ	ウ	エ
	(b)	ア	イ	ウ	エ
問十		ア	イ	ウ	エ
問十一		ア	イ	ウ	エ
問十二		ア	イ	ウ	エ
問十三		ア	イ	ウ	エ
問十四		ア	イ	ウ	エ
問十五		ア	イ	ウ	エ
問十六		ア	イ	ウ	エ
問十七		ア	イ	ウ	エ
問十八		ア	イ	ウ	エ

三					
問一		ア	イ	ウ	エ
問二		ア	イ	ウ	エ
問三		ア	イ	ウ	エ
問四		ア	イ	ウ	エ
問五		ア	イ	ウ	エ
問六		ア	イ	ウ	エ
問七		ア	イ	ウ	エ
問八		ア	イ	ウ	エ
問九	⑧	ア	イ	ウ	エ
	⑨	ア	イ	ウ	エ
問十		ア	イ	ウ	エ
問十一		ア	イ	ウ	エ
問十二		ア	イ	ウ	エ
問十三		ア	イ	ウ	エ

（注）この解答用紙は実物を縮小してあります。Ｂ４用紙に130%拡大コピーすると、ほぼ実物大で使用できます。（タイトルと配点表は含みません）

推定配点		計
	一　問一　各１点×３　問二～問十六　各２点×17 二　各２点×19 三　問一　１点　問二～問六　各２点×５　問七　１点 問八～問十二　各２点×６　問十三　１点	100点

２０２０年度　日本大学櫻丘高等学校　Ａ日程

英語解答用紙

評点
/100

受験番号				
万	千	百	十	一
	0	0	0	0
1	1	1	1	1
2	2	2	2	2
3	3	3	3	3
	4	4	4	4
	5	5	5	5
	6	6	6	6
	7	7	7	7
	8	8	8	8
	9	9	9	9

この欄にはなにも記入してはいけない 0

欠席者コード

この解答用紙は汚したり折りまげたりしてはいけない

ふりがな	
氏　名	

マーク記入例

（良い例）（悪い例）

I	問題1	(1)	1 2 3 4	問題2	(1)	1 2 3 4
		(2)	1 2 3 4		(2)	1 2 3 4
		(3)	1 2 3 4	問題3	(1)	1 2 3 4
		(4)	1 2 3 4		(2)	1 2 3 4
		(5)	1 2 3 4		(3)	1 2 3 4

II	(1)	1 2 3 4
	(2)	1 2 3 4
	(3)	1 2 3 4
	(4)	1 2 3 4
	(5)	1 2 3 4

III	(1)	1 2 3 4 5 6 7 8
	(2)	1 2 3 4 5 6 7 8
	(3)	1 2 3 4 5 6 7 8
	(4)	1 2 3 4 5 6 7 8
	(5)	1 2 3 4 5 6 7 8

IV	(1)	1 2 3 4
	(2)	1 2 3 4

V	1	1番目	1 2 3 4	4	1番目	1 2 3 4
		2番目	1 2 3 4		2番目	1 2 3 4
		3番目	1 2 3 4		3番目	1 2 3 4
		4番目	1 2 3 4		4番目	1 2 3 4
	2	1番目	1 2 3 4	5	1番目	1 2 3 4
		2番目	1 2 3 4		2番目	1 2 3 4
		3番目	1 2 3 4		3番目	1 2 3 4
		4番目	1 2 3 4		4番目	1 2 3 4
	3	1番目	1 2 3 4			
		2番目	1 2 3 4			
		3番目	1 2 3 4			
		4番目	1 2 3 4			

VI	A	(1)	1 2 3 4 5 6 7 8
		(2)	1 2 3 4 5 6 7 8
		(3)	1 2 3 4 5 6 7 8
		(4)	1 2 3 4 5 6 7 8
	B	(5)	1 2 3 4 5 6 7 8
		(6)	1 2 3 4 5 6 7 8
		(7)	1 2 3 4 5 6 7 8
		(8)	1 2 3 4 5 6 7 8

VII	問1	1 2 3 4	問6	1 2 3 4
	問2	1 2 3 4	問7	1 2 3 4
	問3	1 2 3 4	問8	1 2 3 4
	問4	1 2 3 4	問9	1 2 3 4
	問5	1 2 3 4	問10	1 2 3 4

（注）この解答用紙は実物を縮小してあります。Ａ３用紙に152%拡大コピーすると、ほぼ実物大で使用できます。（タイトルと配点表は含みません）

推定配点	
I～VI　各2点×35　VII　各3点×10	
100点	計

2020年度　日本大学櫻丘高等学校　A日程

数学解答用紙

評点	／100

受験番号	万	千	百	十	一
		0	0	0	0
	1	1	1	1	1
	2	2	2	2	2
	3	3	3	3	3
		4	4	4	4
		5	5	5	5
		6	6	6	6
		7	7	7	7
		8	8	8	8
		9	9	9	9

この欄にはなにも記入してはいけない

欠席者コード

マーク記入例　（良い例）　（悪い例）

ふりがな	
氏　名	

1	(1)	ア	0 1 2 3 4 5 6 7 8 9
	(2)	イ	0 1 2 3 4 5 6 7 8 9
		ウ	0 1 2 3 4 5 6 7 8 9
		エ	0 1 2 3 4 5 6 7 8 9
	(3)	オ	0 1 2 3 4 5 6 7 8 9
		カ	0 1 2 3 4 5 6 7 8 9
	(4)	キ	0 1 2 3 4 5 6 7 8 9
		ク	0 1 2 3 4 5 6 7 8 9

2	(1)	ア	0 1 2 3 4 5 6 7 8 9
		イ	0 1 2 3 4 5 6 7 8 9
		ウ	0 1 2 3 4 5 6 7 8 9
		エ	0 1 2 3 4 5 6 7 8 9
		オ	0 1 2 3 4 5 6 7 8 9
		カ	0 1 2 3 4 5 6 7 8 9
		キ	0 1 2 3 4 5 6 7 8 9
	(2)	ク	0 1 2 3 4 5 6 7 8 9
		ケ	0 1 2 3 4 5 6 7 8 9
	(3)	コ	0 1 2 3 4 5 6 7 8 9
		サ	0 1 2 3 4 5 6 7 8 9
		シ	0 1 2 3 4 5 6 7 8 9
		ス	0 1 2 3 4 5 6 7 8 9
		セ	0 1 2 3 4 5 6 7 8 9

3	(1)	ア	0 1 2 3 4 5 6 7 8 9
		イ	0 1 2 3 4 5 6 7 8 9
		ウ	0 1 2 3 4 5 6 7 8 9
	(2)	エ	0 1 2 3 4 5 6 7 8 9
		オ	0 1 2 3 4 5 6 7 8 9
		カ	0 1 2 3 4 5 6 7 8 9
		キ	0 1 2 3 4 5 6 7 8 9
		ク	0 1 2 3 4 5 6 7 8 9
	(3)	ケ	0 1 2 3 4 5 6 7 8 9

4	(1)	ア	0 1 2 3 4 5 6 7 8 9
		イ	0 1 2 3 4 5 6 7 8 9
		ウ	0 1 2 3 4 5 6 7 8 9
	(2)	エ	0 1 2 3 4 5 6 7 8 9
		オ	0 1 2 3 4 5 6 7 8 9
		カ	0 1 2 3 4 5 6 7 8 9
		キ	0 1 2 3 4 5 6 7 8 9
		ク	0 1 2 3 4 5 6 7 8 9
	(3)	ケ	0 1 2 3 4 5 6 7 8 9
		コ	0 1 2 3 4 5 6 7 8 9
		サ	0 1 2 3 4 5 6 7 8 9

5	(1)	ア	0 1 2 3 4 5 6 7 8 9
		イ	0 1 2 3 4 5 6 7 8 9
	(2)	ウ	0 1 2 3 4 5 6 7 8 9
		エ	0 1 2 3 4 5 6 7 8 9
		オ	0 1 2 3 4 5 6 7 8 9
	(3)	カ	0 1 2 3 4 5 6 7 8 9
		キ	0 1 2 3 4 5 6 7 8 9
	(4)	ク	0 1 2 3 4 5 6 7 8 9
		ケ	0 1 2 3 4 5 6 7 8 9
		コ	0 1 2 3 4 5 6 7 8 9
		サ	0 1 2 3 4 5 6 7 8 9

（注）この解答用紙は実物を縮小してあります。B4用紙に137%拡大コピーすると、ほぼ実物大で使用できます。（タイトルと配点表は含みません）

推定配点		計
	1～5　各4点×25〔2(2)は完答〕	100点

二〇二〇年度　日本大学櫻丘高等学校　A日程

国語解答用紙

評点	／100

受験番号	万	千	百	十	一
		0	0	0	0
	1	1	1	1	1
	2	2	2	2	2
	3	3	3	3	3
		4	4	4	4
		5	5	5	5
		6	6	6	6
		7	7	7	7
		8	8	8	8
		9	9	9	9

この欄にはなにも記入してはいけない
欠席者コード

マーク記入例（良い例）（悪い例）

ふりがな	
氏　名	

[一]		ア	イ	ウ	エ
問一		ア	イ	ウ	エ
問二	Ⅰ	ア	イ	ウ	エ
	Ⅱ	ア	イ	ウ	エ
	Ⅲ	ア	イ	ウ	エ
問三		ア	イ	ウ	エ
問四	②	ア	イ	ウ	エ
	④	ア	イ	ウ	エ
	⑦	ア	イ	ウ	エ
問五	(i)	ア	イ	ウ	エ
	(ii)	ア	イ	ウ	エ
	(iii)	ア	イ	ウ	エ
問六		ア	イ	ウ	エ
問七		ア	イ	ウ	エ
問八		ア	イ	ウ	エ
問九		ア	イ	ウ	エ
問十		ア	イ	ウ	エ
問十一	⑧	ア	イ	ウ	エ
	⑩	ア	イ	ウ	エ
問十二		ア	イ	ウ	エ
問十三		ア	イ	ウ	エ

[二]		ア	イ	ウ	エ
問一	(a)	ア	イ	ウ	エ
	(b)	ア	イ	ウ	エ
	(c)	ア	イ	ウ	エ
問二		ア	イ	ウ	エ
問三		ア	イ	ウ	エ
問四	A	ア	イ	ウ	エ
	B	ア	イ	ウ	エ
	C	ア	イ	ウ	エ
問五		ア	イ	ウ	エ
問六		ア	イ	ウ	エ
問七		ア	イ	ウ	エ
問八		ア	イ	ウ	エ
問九		ア	イ	ウ	エ
問十		ア	イ	ウ	エ
問十一		ア	イ	ウ	エ
問十二		ア	イ	ウ	エ
問十三		ア	イ	ウ	エ
問十四		ア	イ	ウ	エ

[三]		ア	イ	ウ	エ
問一		ア	イ	ウ	エ
問二		ア	イ	ウ	エ
問三	③	ア	イ	ウ	エ
	⑥	ア	イ	ウ	エ
	⑨	ア	イ	ウ	エ
問四		ア	イ	ウ	エ
問五		ア	イ	ウ	エ
問六		ア	イ	ウ	エ
問七		ア	イ	ウ	エ
問八		ア	イ	ウ	エ
問九		ア	イ	ウ	エ
問十		ア	イ	ウ	エ
問十一		ア	イ	ウ	エ
問十二		ア	イ	ウ	エ
問十三		ア	イ	ウ	エ

（注）この解答用紙は実物を縮小してあります。Ｂ４用紙に130%拡大コピーすると、ほぼ実物大で使用できます。（タイトルと配点表は含みません）

推定配点		計
	[一]　問一～問六　各２点×12　問七，問八　各１点×２　問九～問十三　各２点×６ [二]　問一　各２点×３　問二　１点　問三～問八　各２点×８　問九　１点　問十～問十三　各２点×４　問十四　１点 [三]　問一～問十二　各２点×14　問十三　１点	100点

2020年度　日本大学櫻丘高等学校　B日程

英語解答用紙

評点
/100

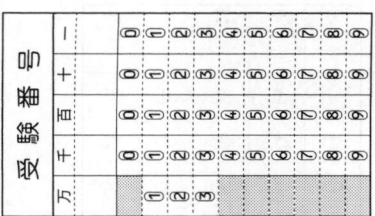

この解答用紙は汚したり折りまげたりしてはいけない

受験番号				
万	千	百	十	一
	0	0	0	0
1	1	1	1	1
2	2	2	2	2
3	3	3	3	3
	4	4	4	4
	5	5	5	5
	6	6	6	6
	7	7	7	7
	8	8	8	8
	9	9	9	9

この欄にはなにも記入してはいけない　0

欠席者コード

ふりがな	
氏名	

マーク記入例

（良い例）　（悪い例）

I					
問題1	(1)	1 2 3 4	問題2	(1)	1 2 3 4
	(2)	1 2 3 4		(2)	1 2 3 4
	(3)	1 2 3 4	問題3	(1)	1 2 3 4
	(4)	1 2 3 4		(2)	1 2 3 4
	(5)	1 2 3 4		(3)	1 2 3 4

II	
(1)	1 2 3 4
(2)	1 2 3 4
(3)	1 2 3 4
(4)	1 2 3 4
(5)	1 2 3 4

III	
(1)	1 2 3 4 5 6 7 8
(2)	1 2 3 4 5 6 7 8
(3)	1 2 3 4 5 6 7 8
(4)	1 2 3 4 5 6 7 8
(5)	1 2 3 4 5 6 7 8

IV	
(1)	1 2 3 4
(2)	1 2 3 4

V					
1	1番目	1 2 3 4	4	1番目	1 2 3 4
	2番目	1 2 3 4		2番目	1 2 3 4
	3番目	1 2 3 4		3番目	1 2 3 4
	4番目	1 2 3 4		4番目	1 2 3 4
2	1番目	1 2 3 4	5	1番目	1 2 3 4
	2番目	1 2 3 4		2番目	1 2 3 4
	3番目	1 2 3 4		3番目	1 2 3 4
	4番目	1 2 3 4		4番目	1 2 3 4
3	1番目	1 2 3 4			
	2番目	1 2 3 4			
	3番目	1 2 3 4			
	4番目	1 2 3 4			

VI		
A	(1)	1 2 3 4 5 6 7 8
	(2)	1 2 3 4 5 6 7 8
	(3)	1 2 3 4 5 6 7 8
	(4)	1 2 3 4 5 6 7 8
B	(5)	1 2 3 4 5 6 7 8
	(6)	1 2 3 4 5 6 7 8
	(7)	1 2 3 4 5 6 7 8
	(8)	1 2 3 4 5 6 7 8

VII			
問1	1 2 3 4	問6	1 2 3 4
問2	1 2 3 4	問7	1 2 3 4
問3	1 2 3 4	問8	1 2 3 4
問4	1 2 3 4	問9	1 2 3 4
問5	1 2 3 4	問10	1 2 3 4

（注）この解答用紙は実物を縮小してあります。Ａ３用紙に152%拡大コピーすると、ほぼ実物大で使用できます。（タイトルと配点表は含みません）

推定配点	
I～VI　各2点×35　VII　各3点×10	
100点	計

２０２０年度　日本大学櫻丘高等学校　Ｂ日程

数学解答用紙

評点	／100

受験番号	万	千	百	十	一
		0	0	0	0
	1	1	1	1	1
	2	2	2	2	2
	3	3	3	3	3
		4	4	4	4
		5	5	5	5
		6	6	6	6
		7	7	7	7
		8	8	8	8
		9	9	9	9

この欄にはなにも記入してはいけない

欠席者コード

マーク記入例　（良い例）　（悪い例）

ふりがな	
氏　名	

1	(1)	ア	0 1 2 3 4 5 6 7 8 9
	(2)	イ	0 1 2 3 4 5 6 7 8 9
	(3)	ウ	0 1 2 3 4 5 6 7 8 9
		エ	0 1 2 3 4 5 6 7 8 9
		オ	0 1 2 3 4 5 6 7 8 9
	(4)	カ	0 1 2 3 4 5 6 7 8 9
		キ	0 1 2 3 4 5 6 7 8 9

2	(1)	ア	0 1 2 3 4 5 6 7 8 9
		イ	0 1 2 3 4 5 6 7 8 9
	(2)	ウ	0 1 2 3 4 5 6 7 8 9
		エ	0 1 2 3 4 5 6 7 8 9
		オ	0 1 2 3 4 5 6 7 8 9
		カ	0 1 2 3 4 5 6 7 8 9
		キ	0 1 2 3 4 5 6 7 8 9
		ク	0 1 2 3 4 5 6 7 8 9
	(3)	ケ	0 1 2 3 4 5 6 7 8 9
		コ	0 1 2 3 4 5 6 7 8 9
		サ	1 2 3 4 5 6 7

3	(1)	ア	0 1 2 3 4 5 6 7 8 9
		イ	0 1 2 3 4 5 6 7 8 9
		ウ	0 1 2 3 4 5 6 7 8 9
		エ	0 1 2 3 4 5 6 7 8 9
		オ	0 1 2 3 4 5 6 7 8 9
		カ	0 1 2 3 4 5 6 7 8 9
	(2)	キ	0 1 2 3 4 5 6 7 8 9
		ク	0 1 2 3 4 5 6 7 8 9
		ケ	0 1 2 3 4 5 6 7 8 9
		コ	0 1 2 3 4 5 6 7 8 9
		サ	0 1 2 3 4 5 6 7 8 9
		シ	0 1 2 3 4 5 6 7 8 9
		ス	0 1 2 3 4 5 6 7 8 9
		セ	0 1 2 3 4 5 6 7 8 9

4	(1)	ア	0 1 2 3 4 5 6 7 8 9
		イ	0 1 2 3 4 5 6 7 8 9
		ウ	0 1 2 3 4 5 6 7 8 9
		エ	0 1 2 3 4 5 6 7 8 9
		オ	0 1 2 3 4 5 6 7 8 9
	(2)	カ	0 1 2 3 4 5 6 7 8 9
		キ	0 1 2 3 4 5 6 7 8 9
		ク	0 1 2 3 4 5 6 7 8 9
		ケ	0 1 2 3 4 5 6 7 8 9
	(3)	コ	0 1 2 3 4 5 6 7 8 9

5	ア	0 1 2 3 4 5 6 7 8 9
	イ	0 1 2 3 4 5 6 7 8 9
	ウ	0 1 2 3 4 5 6 7 8 9
	エ	0 1 2 3 4 5 6 7 8 9
	オ	0 1 2 3 4 5 6 7 8 9
	カ	0 1 2 3 4 5 6 7 8 9
	キ	0 1 2 3 4 5 6 7 8 9
	ク	0 1 2 3 4 5 6 7 8 9
	ケ	0 1 2 3 4 5 6 7 8 9
	コ	0 1 2 3 4 5 6 7 8 9
	サ	0 1 2 3 4 5 6 7 8 9

（注）この解答用紙は実物を縮小してあります。Ｂ４用紙に139％拡大コピーすると、ほぼ実物大で使用できます。（タイトルと配点表は含みません）

推定配点		計
	1～5　各４点×25	100点

二〇二〇年度　日本大学櫻丘高等学校　B日程

国語解答用紙

評点	／100

受験番号	万	千	百	十	一
		0	0	0	0
	1	1	1	1	1
	2	2	2	2	2
	3	3	3	3	3
		4	4	4	4
		5	5	5	5
		6	6	6	6
		7	7	7	7
		8	8	8	8
		9	9	9	9

この欄にはなにも記入してはいけない
欠席者コード

マーク記入例　（良い例）　（悪い例）

ふりがな	
氏　名	

一						
問一	①	ア	イ	ウ	エ
問一	④	ア	イ	ウ	エ
問二	②	ア	イ	ウ	エ
問二	⑧	ア	イ	ウ	エ
問三	(i)	ア	イ	ウ	エ
問三	(ii)	ア	イ	ウ	エ
問三	(iii)	ア	イ	ウ	エ
問四	A	ア	イ	ウ	エ
問四	B	ア	イ	ウ	エ
問四	C	ア	イ	ウ	エ
問五		ア	イ	ウ	エ
問六		ア	イ	ウ	エ
問七		ア	イ	ウ	エ
問八		ア	イ	ウ	エ
問九		ア	イ	ウ	エ
問十		ア	イ	ウ	エ
問十一		ア	イ	ウ	エ
問十二		ア	イ	ウ	エ
問十三		ア	イ	ウ	エ

二				
問一	ア	イ	ウ	エ
問二	ア	イ	ウ	エ
問三	ア	イ	ウ	エ
問四	ア	イ	ウ	エ
問五	ア	イ	ウ	エ
問六	ア	イ	ウ	エ
問七	ア	イ	ウ	エ
問八	ア	イ	ウ	エ
問九	ア	イ	ウ	エ
問十	ア	イ	ウ	エ
問十一	ア	イ	ウ	エ
問十二	ア	イ	ウ	エ
問十三	ア	イ	ウ	エ
問十四	ア	イ	ウ	エ
問十五	ア	イ	ウ	エ

三						
I	問一		ア	イ	ウ	エ
I	問二		ア	イ	ウ	エ
I	問三		ア	イ	ウ	エ
I	問四		ア	イ	ウ	エ
I	問五		ア	イ	ウ	エ
II	問一	①	ア	イ	ウ	エ
II	問一	④	ア	イ	ウ	エ
II	問二		ア	イ	ウ	エ
II	問三		ア	イ	ウ	エ
II	問四		ア	イ	ウ	エ
II	問五		ア	イ	ウ	エ
II	問六		ア	イ	ウ	エ

（注）この解答用紙は実物を縮小してあります。Ｂ４用紙に130％拡大コピーすると、ほぼ実物大で使用できます。（タイトルと配点表は含みません）

推定配点		計
	一　問一～問四　各２点×10　問五　３点　問六　２点 問七～問十三　各３点×７ 二，三　各２点×27	100点

Memo